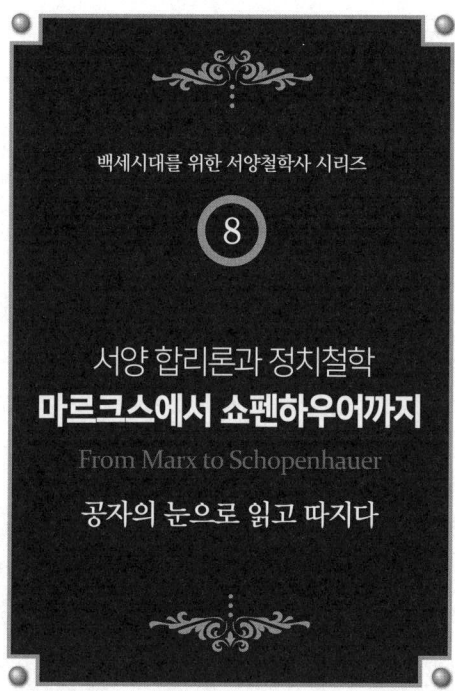

| 백세시대를 위한 서양철학사 시리즈 | 8 |

서양 합리론과 정치철학 **마르크스에서 쇼펜하우어까지**

공자의 눈으로 읽고 따지다

초판   1쇄 인쇄 2025년 11월 14일
       1쇄 발행 2025년 11월 18일

지은이   황태연
펴낸이   김영훈
펴낸곳   생각굽기
출판등록 2018년 11월 30일 제 2018-000070호
주 소   (07993) 서울 양천구 목동로 230 103동 201호
전 화   02-2653-5387
팩 스   02-6455-5787
이메일   kbyh33@naver.com

ⓒ 2025, 황태연

* 책값은 뒤표지에 있습니다.
* 잘못된 책은 바꾸어 드립니다.
* 이 책의 내용은 저작권법의 보호를 받는 저작물이므로 무단 전제 및 복제를 금합니다.
* 이 책의 본문은 ㈜한글과컴퓨터의 '함초롬' 서체를 사용하였습니다.

ISBN 979-11-989095-7-2

백세시대를 위한 서양철학사 시리즈

서양 합리론과 정치철학
마르크스에서 쇼펜하우어까지
From Marx to Schopenhauer

공자의 눈으로 읽고 따지다

지은이 황태연黃台淵은 서울대학교 외교학과를 졸업하고, 같은 학과 대학원에서 「헤겔에 있어서의 전쟁의 개념」으로 석사학위를 받고, 1991년 독일 프랑크푸르트 괴테대학교에서 『지배와 노동(Herrschaft und Arbeit)』으로 박사학위를 받았다. 그는 1994년 동국대학교 정치외교학과 교수로 초빙되어 30년 동안 동서양 정치철학과 정치사상을 연구하며 가르쳤다. 그러다 2022년 3월부로 명예교수가 되었다. 그는 지금도 동국대학교 학부와 대학원에서 강의를 계속하며 집필에 매진하고 있다.

그는 근 반세기 동안 동서고금의 정치철학과 제諸학문을 폭넓게 탐구하면서 동·서양 정치철학과 정치사상, 그리고 동서통합적 도덕·정치이론에 관한 연구에 헌신해 왔다. 그는 반세기 동안 총 87권(저서 49부작 75권+역서 12권)의 책을 썼다. 그는 서양정치 분야의 연구서로 *Herrschaft und Arbeit im neueren technischen Wandel*(최신 기술변동 속의 지배와 노동, Frankfurt/Paris/New York: 1992), 『환경정치학』(1992), 『포스트사회론과 비판이론』(공저, 1992), 『지배와 이성』(1994), 『분권형 대통령제 연구』(공저, 2003), 『계몽의 기획』(2004), 『서양 근대정치사상사』(공저, 2007), 그리고 「서양 경험론과 정치철학」의 연작집 『베이컨에서 홉스까지』(2024), 『로크에서 섀프츠베리까지』(2024), 『데이비드 흄에서 다윈까지』(2024)를 출간한 데 이어, 2025년 4월 「서양 합리론과 정치철학」의 연작집 『플라톤에서 아퀴나스까지』(2025), 『밀턴에서 데카르트까지』(2025), 『라이프니츠에서 루소까지』(2025)를 출간하고, 2025년 11월 『칸트에서 헤겔까지』(2025), 『마르크스에서 쇼펜하우어까지』(2025), 『니체에서 하버마스까지』(2025)를 출간함으로써 마침내 「백세시대를 위한 서양철학사 시리즈(전9권)를 완간했다. 그리고 『분권형 대통령제: 제왕적 대통령의 권력 나누기』(2025)를 공간했다.
동서통합적 연구서로는 『감정과 공감의 해석학(1, 2)』(2014-15)과 『패치워크문명의 이론』(2016)을 냈고, 2023-24년에는 『놀이하는 인간』(2023), 『공감적 해석학과 공감정의 이론』(2024), 『정의국가에서 인의국가로(상·하)』(2025)를 출간했다. 2026년 초에는 『예술의 미학, 정원의 미학』을 공간한다.

Profile

황태연 黃台淵

공자철학과 공자철학의 서천西遷에 관한 연구서로는 『실증주역(상·하)』(2008), 『공자와 세계(1-5)』(2011), 『공자의 인식론과 역학』(2018), 『공자철학과 서구 계몽주의의 기원(1-2)』(2019), 『근대 영국의 공자숭배와 모럴리스트들(상·하)』(2020·2023), 『근대 프랑스의 공자열광과 계몽철학』(2020·2023), 『근대 독일과 스위스의 유교적 계몽주의』(2020·2023), 『공자와 미국의 건국(상·하)』(2020·2023), 『유교적 근대의 일반이론(상·하)』(2021·2023) 등을 냈다. 그리고 『공자의 자유·평등철학과 사상초유의 민주공화국』(2021)에 이어 『공자의 충격과 서구 자유·평등사회의 탄생(1-3)』(2022)과 『극동의 격몽과 서구 관용국가의 탄생』(2022), 『유교제국의 충격과 서구 근대국가의 탄생(1-3)』(2022) 등을 연달아 공간했다. 공자관련 저서는 15부작 전29권이다.

한국정치철학 및 한국정치사·한국정치사상사 분야로는 『지역패권의 나라』(1997), 『사상체질과 리더십』(2003), 『중도개혁주의 정치철학』(2008), 『조선시대 공공성의 구조변동』(공저, 2016), 『대한민국 국호의 유래와 민국의 의미』(2016), 『갑오왜란과 아관망명』(2017), 『백성의 나라 대한제국』(2017), 『갑진왜란과 국민전쟁』(2017), 『한국 근대화의 정치사상』(2018), 『일제종족주의』(공저, 2019·2023), 『사상체질, 사람과 세계가 보인다』(2021·2023), 『대한민국 국호와 태극기의 유래』(2023), 『한국 금속활자의 실크로드』(2022)와 『책의 나라 조선의 출판혁명(상·하)』(2023), 『창조적 중도개혁주의』(2024) 『사상가 김대중』(편저, 2024) 등 여러 연구서를 냈다.

해외로 번역된 저자의 책으로는 중국 인민일보 출판사가 『공자와 세계』 제2권의 대중보급판 『공자, 잠든 유럽을 깨우다』(2015)를 중역中譯·출판한 『孔夫子與歐洲思想啟蒙』(2020)이 있다.

최근 저자는 동학애국전쟁(1894)에서 고종의 독시毒弑(1919)에까지 이르는 25년 동안의 근대사에 대한 연구를 다시 되돌아보고, 이와 연결지어 1919년에서 2024년에 이르는 100여 년의 한국현대사에 대한 연구에 매진하고 있다.

2018년부터 유튜브 "황태연아카데미아"를 통해 위 저서들과 관련된 대학원 강의를 시청할 수 있다. - 편집부 -

Hwang Tai-Youn

책머리에

제7권 『칸트에서 헤겔까지』, 제8권 『마르크스에서 쇼펜하우어까지』, 제9권 『니체에서 하버마스까지』가 출간됨으로써 전 6권의 「서양 합리론과 정치철학」 시리즈가 완간되었다. 동시에 이로써 마침내 고대에서 현대까지 서양 철학자들의 모든 철학사상을 공자의 눈으로 읽고 따지는 전 9권의 〈백세시대를 위한 서양철학사 시리즈〉가 완간되었다. 14명의 서양 경험주의 철학자들과 경험과학자들이 전개한 경험론과 정치철학을 공자의 눈으로 읽고 따지는 전 3권의 「서양 경험론과 정치철학」은 2024년 이미 완간되었다. 참고로 14명의 서양 경험론자와 경험과학자의 원전을 읽고 논한 「서양 경험론과 정치철학」의 연작 3권은 다음과 같다.

제1권 『베이컨에서 홉스까지』
제2권 『로크에서 섀프츠베리까지』

제3권 『데이비드 흄에서 다윈까지』

따라서 이 전 6권의 '서양 합리론과 정치철학'은 저 『서양 경험론과 정치철학』 연작 3권의 자매편인 셈이다. 『서양 합리론과 정치철학』 연작 6권은 다음과 같다.

제4권 『플라톤에서 아퀴나스까지』
제5권 『밀턴에서 데카르트까지』
제6권 『라이프니츠에서 루소까지』
제7권 『칸트에서 헤겔까지』
제8권 『마르크스에서 쇼펜하우어까지』
제9권 『니체에서 하버마스까지』

이 『서양 합리론과 정치철학』 연작 6권은 소크라테스·플라톤·아리스토텔레스에서 현대의 마르크스·쇼펜하우어·니체·하버마스에 이르기까지 총 20명의 서양 합리론자들의 인식론과 정치사상을 공자의 관점에서 분석했다. 독자는 서양의 모든 경험론자(14명)와 합리론자(20명) 도합 34명이 집필한 6백여 권의 서양 철학 원전을 70분의 1로 압축한 전 9권의 〈백세시대를 위한 서양철학사 시리즈〉만 읽으면 거의 모든 서양 철학자의 인식론과 정치철학을 익히 통달할 수 있다. 그리고 이 시리즈 9권을 다 독파하는 데는 9개월이면 족할 것이다.

이 9권의 시리즈가 자부할 것은 소소하게 많지만, 이 시리즈가 진짜 자부하는 바는 기실 다른 데 있다. 이 서양철학사 시리즈는 저자가 1974년 대학 1학년 때 플라톤의 『향연』을 꼼꼼히 읽고 요약문을 철학개론 수업

시간에 발표한 것을 시작으로 이 '백세시대를 위한 서양철학사 시리즈'에 등장하는 총 34명 철학자의 6백여 권의 원전을 반세기 동안 모조리 정독하고 저술한 것이다. 이 오랜 독서와 연구는 저자가 그간 저술한 84권의 저서에 흩어져 있다. 따라서 이 방대한 서양철학사 시리즈를 집필하는 작업은 이 흩어진 연구들을 빠짐없이 찾아 집대성하는 과정이었다. (이 '서양철학사 시리즈'에 집대성된 글들의 출처는 일부 밝히기도 했지만 구차하게 느껴져서 일일이 밝히는 것을 생략했다.) 따라서 이 시리즈는 34명의 철학자가 평생 저술한 6백여 권의 영어·프랑스어·독어·한문 원전 전집들을 저자가 그리스어·라틴어 원전인 경우에는 일일이 원문을 찾아 대조하면서 청년기 글에서 노년기의 작은 글 조각에 이르기까지 구석구석 꼼꼼하게 정독하고 정확하게 따져서 집필한 세계 최초의 서양철학사라고 자부한다.

그간의 보통 서양철학사 저서들은 몇몇 철학자들이 쓴 소수의 주요 원전만 읽고 나머지 철학자들의 원전은 직접 읽지 않은 채 남들이 쓴 글을 발췌해 실어놓았다. 헤겔의 '철학사강의'가 그렇고, 버트런드 러셀의 '철학사'가 그렇다. 그래서 아무리 읽어도 이해할 수 없었다. 아니면 수많은 전문가의 글을 모아 엮은 편찬서였다. '케임브리지·옥스퍼드 *Companion* 철학사'가 그렇고 이링 페처·밍클러의 사상사 핸드북이 그렇다. 이런 까닭에 이런 철학사·사상사 시리즈들은 관점의 일관성과 연속성을 잃어서 중구난방이다. 그러나 이 〈백세시대를 위한 서양철학사 시리즈〉는 한 저자가 '공자의 눈'으로 일관되게 읽고 저술했으므로 글의 흐름이 연속적이고, 또 저자가 모든 원전을 직접 읽고 썼기 때문에 서술 내용이 정확하고 정통적이며, 서양 철학자들의 말을 직접 듣고 있는 듯이 생생하고 구체적이어서 이해하기 쉽다.

*****

　서양 경험론과 합리론은 서로 영향을 주고받지 않은 채 서로에 대해 비판과 배척으로 일관하며 각기 자기 계통의 논의만을 계승해 왔다. 이 때문에 이 〈서양철학사 시리즈〉에서는 서양의 인식론과 정치철학을 이렇게 경험주의와 합리주의를 구분하여 그 전통에 따라 따로 논했다. 서양철학사를 이렇게 구분해서 논하면 두 계열의 철학이 지닌 연속성을 일목요연하게 보여줄 수 있다. 합리론은 경험론의 강점을 수용하는 경우에도 곧 경험론에 대한 비판으로 선회하여 더 철저한 합리론적 형이상학으로 되돌아갔다. 가령 임마누엘 칸트가 그러했다. 그는 데이비드 흄의 경험주의적 합리론 비판을 잠시 수용했으나 다시 흄의 경험론을 '회의주의'로 비난하고 나서 '순수이성 비판'이라는 양두구육羊頭狗肉의 간판 아래 미분화된 '표상(Votstellung)' 개념으로 '인상(impression)'과 '관념(idea)'의 차이, 곧 느낌(feeling)과 생각(thinking)의 차이를 뭉개버리고, '경험' 또는 '경험지식'까지도 '지성(Verstand)'의 작용으로 둔갑시킨 합리론적 인식론을 시대착오적으로 '신장개업'했다. 그리고 사단지심四端之心의 도덕감정과 도덕감각, 곧 감성적 '양심'을 경험적인 것으로 배격하고 이성입법적 도덕제정론으로서의 황당한 사이코패스적 도덕형이상학을 구축했다. 이런 까닭에 그는 우리 인간 가슴속의 가장 가까운 감시자인 '양심'을 실천이성적 도덕법칙으로 둔갑시켜 "별이 총총한 하늘"만큼 지극히 멀리 떨어진 신비 현상으로 날조했다.

　경험론과 합리론이 이처럼 상호 대립하고 배척해 온 까닭에 기존의 철학사처럼 서양철학을 시대순으로 전개하면 합리론자 데카르트 다음에 경험론자 홉스, 경험론자 홉스와 로크 다음에 합리론자 라이프니츠, 라이프니츠 다음에 다시 경험론자 흄과 애덤 스미스, 흄과 스미스 다음에 합리론자 칸트, 칸트 다음에 경험론적 도덕감각 학파와 철두철미한 경험론자 찰스 다윈을 취급하는 식으로 철학사상사가 단절과 단절을 면치 못하고 이 단절들을 맥락 없이 기계적으로 붙여놓을 수밖에 없게 된다. 이러면 보통 철학사 서술은 뒤죽박죽 철학사가 되고 마는데, 기존의 철학사 책들이 대개 그렇다.

서양 경험론 시리즈 3권에 이은 서양 합리론 시리즈 6권, 즉 이 9권의 서양철학사 시리즈의 저술로 서양에서 2500년간 전개된 모든 경험론·합리론 철학과 정치사상을 '공자의 눈으로 읽고 따지는' 작업이 완결되었다. 지금까지 동서양 학계에서 아무도 '공자의 눈'으로 서양철학과 정치사상을 전면적·총체적으로 비판하지 않았고, 또 비판하려고 시도하지도 않았다. 동아시아에서도 20세기 이래 그저 공자 배격과 서양 맹종만이 계속되어 왔을 뿐이다. 종래 동아시아의 철학자와 사상가들은 대개 이런 어리석고 무지몽매한 행태를 반복해 왔다. 동아시아 학자들의 공자 연구와 서양 이해는 일천하면서도 서양을 맹종하는 외눈박이들이 무대를 지배하고, 구석으로 밀려난 한 무리의 저질·저능한 동양철학자들은 여전히 구태의연하게 (공맹철학을 악랄하게 파괴한) 성리학만 되뇌고 있는 까닭이다. 여기에는 3대 인구어(영어·독어·프랑스어)와 한문을 동시에 읽을 줄 아는 학자나 공자철학과 서양철학, 이 동서의 두 철학에 다 능통한 철학자가 단 한 명도 없었던 탓도 있다.

이 서양 합리론과 정치철학을 서술하는 6권의 서양철학사 시리즈는 서양의 합리주의 인식론과 정치사상을 공자의 눈으로 읽고 따지는 저작들이다. 그런데 이에 필요한 공자철학의 정확하고 정교한 이해와 고도의 지식이 준비되어 있는가? 공자철학에 대한 동양 철학계의 논의가 거의 다 성리학에 의해 오염되어 있어 대개 함량 미달이거나 오류투성이기 때문에 하는 말이다. 이런 까닭에 저자는 기존의 경전 해석들을 다 물리치고 지난 30여 년 동안 독자적으로 정확하고 정교한 공자해석을 수행하고 현대화하여 이미 일련의 공자 연구서를 공간했다.『공자의 인식론과 역학: 지물知物과 지천知天의 지식철학』,『공자의 자유·평등철학과 사상초유의 민주공화국』,『감정과 공감의 해석학: 공자윤리학과 정치철학의 심층이해를 위한 학제적 기반이론(1-2)』,『공자철학과 서구 계몽주의의 기원(1-2)』,『근대 영국의 공자 숭배와 모럴리스트들(상·하)』,『근대 프랑스의 공자 열광과 계몽철학자들』,『근대 독일과 스위스의 유교적 계몽주의』,『공자와 미국의 건국(상·하)』,『유교적 근대의 일반이론(상·하)』,『공자의 충격과 서구 자유·평등사회의 탄생(상·중·하)』,『극동의 격몽과 서구 관용국가의 탄생』,『유교제국의 충격과 서구 근대국가의 탄생(상·중·하)』,『도덕의 일반이론: 도덕철학에서 도덕과학으로(상·하)』,『정의국가에서 인의국가로: 국가변동의 일반이론(상·하)』 등 18부작 전 35권이 모두 그런 차원의 공자 저서들과 공자 관련 연구서들이다.

공자철학과 중국 제국의 유교적 정치문화는 고대로부터 서양의 철학과 정치사상에 대해 강력한 영향을 미쳤다. 공자철학은 특히 서양 경험론 철학에 그야말로 '본질 구성적인(constitutive)' 영향을 미쳤다. 이에 대해서는 서양 경험론과 정치철학에 관한 3권의 시리즈의 서론에서 종합적으로 다루었다. 서양 합리론에 대한 공자철학의 영향은 그렇게 본질적이지 않았지만, 소크라테스와 플라톤의 고대 그리스 철학과 바로크 사상, 그리고 계몽주의 시대의 합리주의 철학과 정치사상에 간과할 수 없는 영향을 미쳤다. 공자철학을 배격하거나 외면한 서양 합리론 철학은 스토아·교부·

스콜라철학, 그리고 칸트·피히테·헤겔·마르크스·니체 등의 19세기 독일 철학이었다. 이 합리론 철학들은 모두 이성숭배·과학숭배주의로 인해 사특함이 가득해서 "투쟁유일주의(Kampfsingularismus)"에 무젖고 자연과 인간에게 파괴적 성향으로 점철되었다. 반면, 공자철학을 부분적으로 수용하여 이성의 독단과 폭주를 얼마간 완화하고 제한한 아리스토텔레스·라이프니츠·루소·쇼펜하우어 등의 일부 합리론 철학들은 사특함이 비교적 덜했고 어느 정도로는 친親인간적이었다.

소크라테스와 플라톤의 철학에 대해서는 불교(힌두교)와 유교가 둘 다 영향을 미쳤는데 그 결과는 위조와 변조가 섞여서 아주 양가치적이었다. 그럼에도 그들에 대한 불교·유교의 영향은 서양 합리주의 계열의 철학사조 안에서 예외적으로 상당히 본질적인 것이었다. 소크라테스·플라톤의 여러 대화편에 출몰하는 윤회(팔린게네시스)·정화(카타르시스)·해탈(뤼시스) 등의 힌두·불교사상, 이 가운데 특히 윤회사상은 그들의 상기설적 인식론의 본질적 기반이 되어 있다. 그리고 그들은 인도를 통해 유교의 사덕론四德論도 받아들여 변조했다. 플라톤은 공맹의 사덕(인·의·예·지)에서 사랑(仁)을 빼고 지혜와 정의의 두 덕목만 취해 각각 사덕의 상석과 말석에 배치하고 예법을 '절제(소프로쉬네, σωφροσύνη)'로 바꿔 제3석에 두고 용기를 끌어들여 차석에 둠으로써 지혜·용기·절제·정의 순서의 새로운 사덕론으로 리메이크했다. 그리고 소크라테스와 플라톤은 지식 탐구를 '지물知物'에서 '지인知人'으로 전환한 공자의 철학 혁명을 모방해 "너 자신을 알라"는 명제와 함께 철학의 주主 대상을 자연에서 인간으로 바꾸었다. 소크라테스와 플라톤이 힌두·불교와 유교를 수용하는 이 과정에서 공히 놓치거나 배제한 것은 바로 '자비'와 '인仁'으로 개념화된 '사랑'(인간사랑과 자연사랑)이었다.

이런 까닭에 고대 이래 서양은 사랑을 잊고 '정의의 주먹', '정의의 총칼'로 정의만을 추구하는 전쟁상태의 세계였다. 이런 전쟁상태의 적대 세계에서는 예수가 인도에서 가져온 사랑(자비)의 교설도 간단히 무력화되었다. 힌두·불교의 자비 사상이 뿌리내리기에는 유대 땅은 너무 척박했던 것이다. 구약에는 이웃사랑도 '거의' 나오지 않고, 심지어 십계명도 사랑을 빼먹고 있다. 이 때문에 구약과 플라톤 철학은 연합해서 신약의 사랑 설교를 무력화시켜 '기독교'를 '유대교'로 다시 변질시킨 신新플라톤주의 신학과 교부철학을 산출했다. 중세는 신플라톤주의적 교부철학의 지배 아래 구약이 신약을 제압하는 암흑시대였다. 오늘날도 이것은 기독교를 창시한 예수보다 유대교도였던 마리아를 앞세우고 '성모'로 숭배하는 가톨릭의 종교 관행과 교리에서 여실히 드러난다. 그러나 염주 사용, 입으로 중얼대는 독경, 독신 수도승·탁발승 제도, 불상 숭배를 본뜬 마리아상 숭배 등 가톨릭의 예배 의식과 제도에는 불교의 영향이 뚜렷하다. 물론 예수교에도 예수신성론神性論과 예수 부활·예수 재림·천년왕국설 등은 힌두·불교의 아바타·윤회 이론을 수용해 변조한 것이다.

동서를 연결한 13-14세기의 팍스 몽골리카(*Pax Mongolica*) 덕택에 동방과의 교역로가 활짝 열리게 된 르네상스·바로크 시대에 들어서서는 공자철학이 교부·스콜라철학(특히 가톨릭 정치사상)에 대해서도 영향을 미치기 시작했다. 뷰캐넌·벨라르민·수아레스·밀턴 등 바로크 신학자들의 유사類似인민주권론과 폭군방벌·이단군주폐위론 및 자연적 자유평등론 등은 유교적 반정反正·역성혁명론·민유방본론民惟邦本論(민본주의)·무위이치無爲而治·백성자치·성상근론性相近論 등을 수용한 것이다. 특히 『실낙원』과 『복낙원』을 쓴 존 밀턴은 '공자' 이름을 직접 언급하며 공자를 반신半神으로 숭배했다. 바로크 시대에 태동한 이 폭군방벌론과 유사類似

인민주권론은 계몽시대에 민주주의·시민혁명론으로 발전한다.

그리고 공자철학과 유교적 정치문화는 존 밀턴, 푸펜도르프, 라이프니츠, 크리스티안 볼프 등으로 대표되는 바로크·계몽시대 합리론자들의 철학에 대해 상당한 영향을 끼쳤다. 이 네 명의 철학자들은 합리주의자들임에도 모두 공자를 애호하고 중국에 열광했다. 그러는 가운데 그들은 공자의 '군자치국론'을 플라톤의 '철인치자론'으로 각색하기도 하고, 라이프니츠와 볼프의 경우에는 말년에 공자와 중국의 '서술적序述的 경험론'으로 기울어지기도 했다.

독일철학의 주도권이 공자찬양자 볼프로부터 칸트로 넘어간 18세기 말엽부터 유럽대륙에서 합리주의가 석권하면서 유럽대륙은 20세기까지 '반민주 독재'(프로이센 군국주의, 나치즘, 파시즘, 팔랑헤주의, 공산주의, 포르투갈·스페인·그리스의 극우 독재)로 치달았다. 18세기 말부터 이미 칸트는 공자와 중국 문명을 악랄하게 비방하기 시작했고, 칸트의 수강생 요한 헤르더도 한때 중국을 살아있는 "미라(Mumie)"라 조롱했다. (그러나 칸트의 합리론을 버리고 감성적 경험론자로 변신한 헤르더는 말년에 관점을 완전히 바꿔 공자와 중국문화를 죽을 때까지 예찬했다.) 칸트는 칸트주의자들이 계몽주의를 비판적으로 종합한 철학자로 '잘못' 홍보해 왔으나 실은 계몽 이념을 왜곡·변질시킴으로써 도도한 계몽의 과정을 중단시킨 대표적 반反계몽주의자, 바로 공언무실空言無實한 형이상학적 '몽매주의자(obscuratist)'였다.

가령 계몽 이념은 본래 몽매한 세상을 밝혀 인간을 억압·빈곤·무지·미신으로부터 해방하여 인간과 인간 사회를 자유롭게 하는 객관적·세계 변혁적 인간해방 기획이었다. 그러나 칸트는 이 객관적·세계 변혁적 계몽 이념을 "자기귀책적 미성년성을 탈피할 용기"라는 개인의 내심 문제로 내면화시켜 결국 모호한 주관적 흰소리로 변질시켜 몽매화했다. 이로써 그는 대륙에서 '계몽주의 혁명'을 저지하려고 했다. 물론 그의 이 반동적 기도는 성공할 수 없었다.

카를 마르크스는 『공산당선언』(1848)에서 "부르주아지의 상품의 저렴한 가격이 모든 중국장벽을 철저히 파괴하고 야만인들의 완고한 외국인 증오를 굴복으로 강요하는 중重대포다"라고 호언하면서 중국인을 '야만인'으로 취급했다. 또 막스 베버는 '서구 합리주의'를 기준으로 공자철학과 중국의 유교문화를 비판하고 중국의 자본주의 불가론을 강변했다. 그러나 웬걸 중국은 마르크스가 절대시한 기계적 '공장자본주의'나 베버가 중시한 합리적 자본회계의 '기업자본주의'(이윤율을 하락시키는 불변자본 폭증의 노동 절약적 생산방식)를 우회하여 이윤율 하락을 모르는 자본 절약적 '자호字號상인 주도의 네트워크 생산방식'(1970년대 이후 미국의 '브랜드 상인[이른바 빅 바이어]' 주도의 네트워크 생산방식'과 유사)을 통해 선진적 자본주의를 발전시켜 1920년대부터 다시 세계 4대 무역 대국으로 부상했다. 마르크스는 "부르주아지의 상품의 저렴한 가격이 모든 중국장벽을 철저히 파괴한다"고 호언장담했지만 서양 상품이 중국 상품보다 불량하고 비쌌기 때문에 중국인들은 서양 물건을 거의 사지 않았다. '중국장벽'은 건재했다.

서양 합리주의 철학들은 이렇듯 이론적 오류와 사특한 비방으로 점철되었다. 그러나 합리주의는 오류와 비방으로 그친 것이 아니라, 그릇된 정치철학으로 유럽을 실제로 멸망시키기도 했다. 서양 합리주의는 지식인·학자의 이성적으로 체계화된 지식 관점에 서서 인간의 주된 본성을 이성으로 보는 조선의 성리학과 유사한 철학이다. 그러나 세상 사람들은 이성적이기보다 감성적으로 행동하고, 운동선수는 몸으로 한다. 체육학 학자가 운동선수의 바른 신체 동작을 이성으로 이론화하더라도 체육학의 체육은 '이성의 사실'이 아니라 '육체의 사실'이다. 그러나 합리주의자들은 세상의 움직임을 이론화하고 나서 세상을 '이성의 사실'로 착각한다. 그러나 체육이 아무리 이론화되더라도 '이성의 사실'이 아니듯이 인간들의 행동으로 돌아가는 이 사회 세계도 '이성의 사실'이 아닌 것이다. 이 세계는 감성적 행동과 공감적 커뮤니케이션의 세계이고, 여기서 이성은 흄의 명제대로 감성의 노예일 뿐이다. 그러나 합리주의자들은 저런 지식인적 자기기만과 오인誤認 구조에서 반대로 생각한다. 그래서 "합리주의는 지식인의 아편"이라고 하는 것이다.

고려 말에 일어난 안향·정몽주 중심의 조선 성리학자들은 또 다른 성리학자 정도전이 도륙해 버렸다. 그러나 성리학자 집단의 나머지 절반인 정도전 중심의 성리학자 무리는 태종 이방원이 도륙해 버렸다. 이후 인조 때(1595-1649)까지 무려 250년 동안 성리학은 조선에서 중앙 정계에 발도 못 붙였고 주희가 지은 '소학'과 '근사록'조차도 조광조의 도학 정치 난동 이후 선조 즉위년까지 판금 당했다. 송시열이 효종을 끼고 비로소 중앙 정계로 끌어올린 성리학은 이후 숙종·정조·고종의 서원 탄압 속에서도 패권을 유지했다. 그러나 조선 성리학은 조선 후기 250년 동안 유교 사상을 왜곡시키고 결국 조선을 멸망시켰고 이후 스스로 친일화親日化되어 사라졌다.

조선 성리학처럼 서양 합리주의는 서양 제국諸國을 두 번이나 멸망시켰다. 합리주의는 소크라테스·플라톤의 지성주의적·반민주적·우생학적 철인치자론과 카스트 분업적 정의론, 데카르트의 단독적 철인입법자론, 칸트의 철인군주론과 사이코패스적 도덕형이상학, 헤겔의 이성국가론과 게르만지배민족론, 마르크스와 엥겔스의 '과학적' 사회주의·계급투쟁론·승자정의론·프롤레타리아독재론, 니체의 '과학적' 인종주의·철인총통론·인종전쟁론, 스탈린의 철인서기장론(아류로서 모택동의 철인주석론, 김일성의 철인수령론) 등으로 서양제국諸國을 계급독재와 파쇼독재로 왜곡시키고 서양 민주주의를 완전히 파괴했다. 반면, 공자의 '서술적 경험론'의 영향으로 탄생한 베이컨 이래의 서양 경험론, 곧 영·미의 '비판적 경험론'은 유럽대륙의 합리론 철학과 형이상학을 분쇄하고 영·미 제국諸國의 철학사상을 '경험과학'으로 격상시킨 데 이어 유럽과 동아시아를 파쇼독재와 계급독재로부터 구해내 민주화했다.

이런 민주와 반민주의 대립적 정치 사조는 상호 대립하는 경험주의 인식론과 합리주의 인식론에 기인했다. 경험주의 인식론은 대중적 경험(집단적 지식의 여론과 민심)을 합리적 지식에 앞세우는 반면, 합리주의 인식론은 대중의 경험적 인식으로서의 여론과 민심을 불합리한 '동물적 인식'으로 무시하고 철학자의 이성적 인식만을 진리로 간주하기 때문이다.

경험론은 인간의 절대지絶對知를 부정하고 "하늘조차도 우리 백성을 통해 보고 우리 백성을 통해 듣듯이(天視自我民視 天聽自我民聽)" 대중의 광범한 집단적 경험(博學·多聞多見)을 최고의 개연적 지식(probability)으로 중시하는 명제를 인식론의 금과옥조로 삼는다. 이 때문에 경험론적 정치철학은 대중의 집단적 경험으로서의 민심과 민의(국민의 집단적 지성과 견해)를 하늘처럼 받들고 따라서 본질적으로 민주주의와 친화적일 수밖에 없다. 반대로 합리론은 단독적 개인의 천재적 지성(=이성)을 금과옥조로 삼고 백성의 집단적 인식을 '동물적 인식'(라이프니츠) 또는 '이성의 가상假像'(der Schein der Vernunft, 헤겔)으로 깔본다. 이 때문에 합리론은 본질적으로 반민주적일 수밖에 없다. 여기서 주목해야 하는 것은 '민주정치론'과 '반민주 독재론'이 궁극적으로 제각기 경험론과 합리론의 대립적 '인식론'에 뿌리박고 있다는 것이다.

공자의 눈으로 서양 합리주의 인식론과 정치사상을 읽고 따지는 이 6권의 시리즈는 역사적으로 '과학적' 사회주의와 '과학적' 인종주의, 공산·파쇼독재의 이론을 산출한 서양 합리론에 대해 근본적으로 비판적일 수밖에 없다. 이 서양 합리론 시리즈는 인류를 두 번이나 세계대전으로 몰아넣고 반민주 독재체제를 통해 수많은 인명을 앗아간 합리주의의 사특한 반인간성과 반민주적 악마성을 낱낱이 드러낼 것이다. 독자들은 이 시리즈에서 독자의 목전에 전시될 적나라한 합리주의 논변과 주장 자체를 통해 여러 합리주의 철학의 공통된 반인간적 악마성과 사특한 반민주성을 여실히 명찰하게 될 것이다.

이 책은 이제 저자의 손을 떠나기 때문에 사색하는 독자를 만나 무두질 당하는 일만 남았다. 독자의 새삼스런 관심과 깊은 이해를 고대한다.

끝으로, 필자의 여러 책을 정성껏 제작해 온 데에 이어 이 시리즈를 만드는 데에도 열정과 심혈을 기울여준 김영훈 '생각굽기' 출판사 사장에게 깊은 감사의 마음을 표한다.

2025년 11월 어느 날 인천 송도에서
황태연 지識.

백세시대를 위한 서양철학사 시리즈 8

서양 합리론과 정치철학 **마르크스에서 쇼펜하우어까지**
공자의 눈으로 읽고 따지다

책머리에 · 9

제14장/ 마르크스의 자본주의 비판과 과학적 사회주의 · 25

제1절/ 자본주의 비판과 정치철학 · 35
　1.1. 마르크스의 유물론적 방법과 국가론 · 35
　1.2. 노동철학의 완성과 해체 · 54
　1.3. 착취·물화이론과 물적 토대의 무력화 · 67
　1.4 계급혁명론과 자본주의 붕괴론의 궤적과 잔해 · 77

제2절/ 폭력혁명론과 도덕적 파탄 · 91
　2.1. 마르크스의 투쟁유일주의 · 91
　2.2. 폭력혁명론의 윤리적 무원칙과 도덕적 파탄 · 96
　2.3. 마르크스의 폭력혁명 대對 공맹의 지인至仁혁명 · 109

제3절/ 사회주의 정의국가론의 제문제 · 129
　3.1. 마르크스의 사회주의 국가: 등가교환적 정의국가 · 129
　3.2. 오지 않을 먼 미래로 유예된 공산주의 국가 · 135
　3.3. 트라시마코스적 정의론과 미완의 절대적 정의개념 · 138

제4절/ 사회적 소유: 공동점유 안에서의 개인적 소유 · 143
　4.1. "자유로운 개성"과 "연대"의 이념 · 144
　4.2. 공자와 아리스토텔레스의 개인소유제 · 147
　4.3. 플라톤적 공산주의의 공유제에 대한 마르크스의 비판 · 165

C·O·N·T·E·N·T·S 차례

    4.4. 마르크스의 사회적 소유: 공동 점유 안에서의 개인적 소유 · 181
    4.5. 개인적 소유'에 대한 엥겔스의 오독과 사회주의의 불행 · 199

제15장/ 쇼펜하우어와 동양철학적 서양합리론 · 211

- **제1절/ 칸트철학에 대한 야유와 비판 · 217**
    - 1.1. 칸트의 정언명령에 대한 분석적 비판 · 217
    - 1.2. 칸트의 도덕철학에 대한 야유적 비판 · 236
- **제2절/ 쇼펜하우어의 성선론적 도덕철학 · 263**
    - 2.1. 동물사랑 없는 기독교적 사랑 개념에 대한 비판 · 263
    - 2.2. 동정심과 사랑에 기초한 성선론적 도덕철학 · 274
- **제3절/ 인애 없는 사법적 정의국가론 · 319**
    - 3.1. 사랑 없는 순수한 형사법적 정의국가 · 319
    - 3.2. 인정仁政의 방기와 사회단체로의 위임 · 324
    - 3.3. 복수 없는 예방적 형벌로서의 정의? · 326
    - 3.4. 소극적 동정심으로서 정의 개념? · 337
- **제4절/ 의지로서의 세계와 반야바라밀다 · 341**
    - 4.1. 표상으로서의 세계 · 342
    - 4.2. 의지(힘)로서의 세계 · 353
    - 4.3. 이데아와 반야바라밀다경(금강경) · 384

서양 경험론과 정치철학 [전3권]

1 Series

서양 경험론과 정치철학 베이컨에서 홉스까지

들어가기/ 공자철학의 서천西遷과 경험론의 세계사적 승리
제1장/ 에피쿠로스의 소박경험론
제2장/ 프랜시스 베이컨의 비판적 경험론
제3장/ 토머스 홉스의 에피쿠리언적 경험론과 정치적 절대주의
제4장/ 리처드 컴벌랜드의 인애적 자연상태론

2 Series

서양 경험론과 정치철학 로크에서 섀프츠베리까지

제5장/ 존 로크의 회의주의적 경험론과 근대 정치철학
제6장/ 아이작 뉴턴의 경험론적 자연철학과 과감한 '궐의궐태'
제7장/ 섀프츠베리의 도덕감정론적 도덕과학
제8장/ 프랜시스 허치슨의 경험론적 도덕감각론

3 Series

서양 경험론과 정치철학 데이비드 흄에서 다윈까지

제9장/ 데이비드 흄의 '온고지신'과 '비판적 경험주의'
제10장/ 애덤 스미스의 도덕감정론과 시장경제론
제11장/ 찰스 다윈의 경험과학적 인간진화론
제12장/ 현대의 진화론적 경험과학과 메타도덕론

서양 합리론과 정치철학 [전6권]

4 Series

서양 합리론과 정치철학 플라톤에서 아퀴나스까지

제1장/ 소크라테스와 플라톤의 합리론과 정치사상
제2장/ 아리스토텔레스의 전지적 자유지식과 형이상학
제3장/ 중세 교부철학과 스콜라철학

5 Series

서양 합리론과 정치철학 밀턴에서 데카르트까지

제4장/ 바로크 정치철학과 근세 자유평등론의 발아
제5장/ 존 밀턴의 유교적 정치철학과 청교도혁명론
제6장/ 스피노자의 범신론적 형이상학
제7장/ 데카르트의 네오-스콜라철학

6 Series

서양 합리론과 정치철학 라이프니츠에서 루소까지

제8장/ 라이프니츠의 사변적 형이상학과 경험론적 정치철학
제9장/ 피에르 벨의 회의론적 합리주의와 근대적 관용론
제10장/ 볼테르의 공자 숭배와 근대적 정치철학
제11장/ 루소의 근대적·반근대적 정치·도덕철학

7 Series

서양 합리론과 정치철학 칸트에서 헤겔까지

제12장/ 칸트의 인간학적 단잠과 정복적 과학주의
제13장/ 헤겔의 이성숭배와 관념철학

8 Series

서양 합리론과 정치철학 마르크스에서 쇼펜하우어까지

제14장/ 마르크스의 자본주의 비판과 과학적 사회주의
제15장/ 쇼펜하우어와 동양철학적 서양합리론

9 Series

서양 합리론과 정치철학 니체에서 하버마스까지

제16장/ 니체의 반도덕적 권력의지와 과학적 인종주의
제17장/ 하버마스와 소통 이론적 합리주의

백세시대를 위한 서양철학사 시리즈 [전9권]

백세시대를 위한 서양철학사 시리즈 · **8**

14

마르크스의 자본주의 비판과 과학적 사회주의

제1절/
자본주의 비판과 정치철학
제2절/
폭력혁명론과 도덕적 파탄
제3절/
사회주의 정의국가론의 제문제
제4절/
사회적 소유: 공동점유 안에서의 개인적 소유

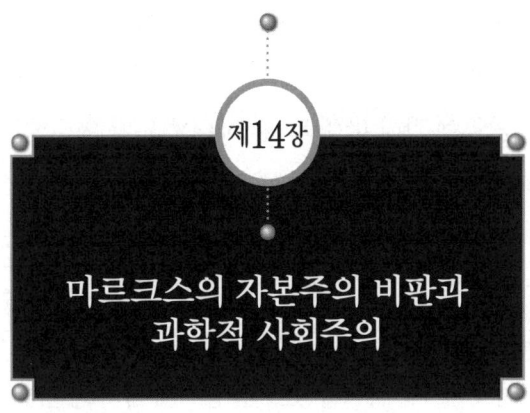

제14장
마르크스의 자본주의 비판과 과학적 사회주의

　혁명적 노동운동의 이데올로기적 실천 지침으로서 19세기 말부터 20세기 말까지 세계를 뒤흔든 사회주의와 공산주의의 혁명이론과 정치사상은 칼 마르크스(Karl Marx: 1818-1883)의 이론과 사상 체계에서 유래했고, 또 이것을 기준으로 혁명운동의 정통성과 순수성이 측정되었다. 마르크스의 이론과 실천 지침이 여러 가지 해석을 거치면서 정치운동 속에서 신봉되거나 존중된 시기는 19세기 중반부터 20세기의 70-80년대까지 약 130년 동안이었다. 세기 반에 가까운 이 세월 동안 수억 명의 지식인과 근로자들이 마르크스의 이데올로기를 위해, 또는 이 이데올로기 때문에 혁명 투쟁과 혁명전쟁 속에서 살다 죽었고, 자본주의 세계의 인간화에 기여하기도 하고 사상적 일탈과 교조적 타락 속에서 정치적 박해와 폐해를 초래하기도 하였다. 역사상 공맹철학을 제외하고는 한 철학자의 이론과 미래기획이 이처럼 오랫동안 강렬하게 인류의 현실 정치를 사로잡은 예는 없을 것이다. 이 점에서 플라톤과 아리스토텔레스, 칸트와 헤겔, 그리고 니체는 감히 마르크스에 비견될 수 없을 것이다.

하지만 계급 혁명에 동참한 사람들이든 이를 적대하는 사람들이든 그간 '맹신'과 '증오'에 가려 마르크스를 제대로 알기 어려울 수밖에 없었다. 차라리 사회주의·공산주의 운동과 여러 공산국가가 세계사적으로 종말을 고하고 잔존하는 정치적 매력과 반감反感조차도 고갈된 오늘날이 마르크스를 객관적으로 평가하기에 적절한 시점일 것이다. 나아가 특히 자본주의 체제와 관련된 당대의 예견들에 대한 평가도 현대자본주의의 새로운 경험 차원에서만 가능할 것이다. 동시에 사회 이론과 개념이 높은 수준으로 발전된 오늘날에야 비로소 마르크스에 대한 바르고 정교한 사회과학적 평가가 가능할 것이다.

물론 마르크스는 자신의 방법과 이론 체계를 자본주의 체제에 대한 노동계급의 실천적 '혁명 과학'으로 제시했을 뿐만 아니라, '과학적 사회주의'를 주장했듯이 자신의 이론 작업을 사회과학을 정초定礎하는 일종의 '과학혁명'으로 자부했다. 이런 의미에서 오늘날 칼 마르크스의 사상적 '사망과 유산'을 엄밀히 따져보는 것은 사회과학적으로도 의미 있는 일이다.

이 장章은 이런 문제의식을 견지하며 엄정한 이론적 잣대로써 좌우의 자칭 대가들과 정객들이 그간 퍼뜨려 놓은 갖은 오해와 소문들을 가차 없이 걷어내고 마르크스 자신의 진면목을 밝혀 보일 것이다. 이를 위해서는 마르크스의 핵심 이론을 마르크스 원전의 바탕 위에서 정밀하게 읽고 균형 있게 해석할 필요가 있다.

마르크스는 1818년 5월 5일 독일 트리어(Trier)에서 태어나 1883년 3월 14일 런던에서 사망했다. 그는 할아버지 마이어 할레비 마르크스가 랍비였으나 아버지부터 계몽주의와 휴머니즘 사상조류의 영향 아래에 개종

改宗해서 루터교도로 살아온 유대계 법률가 집안에서 태어나고 자랐다. 트리어에서 김나지움을 졸업한 후 1835년(17세 때) 그는 본 대학교에서 1년을 보낸 다음, 심장이 약하다는 이유로 병역을 면제받고 1836년 10월부터 베를린 대학교로 전학해서 1841년까지 아버지의 권유대로 학업을 법학으로 시작했으나 도중에 그만두고 철학과 역사학으로 전공을 바꿔 학업을 마쳤다. 그러나 그는 베를린 대학이 아니라 예나 대학 철학부에서 1941년 『데모크리토스와 에피쿠로스의 자연철학의 차이』라는 제목의 논문으로 박사학위를 받았다.

　박사학위를 받은 후 마르크스는 사상 탄압 분위기 때문에 공식적 학문의 길을 떠나 1842년 4월 『정치와 상공업을 위한 라인신문』에 취직하여 1년간 기자와 편집장의 일을 맡아보았다. 라인 지방의 저항적 부르주아지 세력에 의해 발행된 이 신문은 그의 주도하에 점차 민주 혁명적 성격을 띠어 갔고, 이 때문에 프로이센 정부에 의해 1843년 3월 폐간당하고 말았다. 하릴없이 마르크스는 그의 아내 제니(Jenny)와 함께 파리로 망명했다.

　마르크스는 청년 헤겔주의자 테두리 안에서 보낸 베를린 수학 시절 헤겔 철학으로부터 무신론적 혁명사상을 도출하려고 노력하던 중에 혁명적 민주주의와 공산주의로 기울어졌었고, 파리에서는 마침내 공산주의자가 되었다. 이것은 「유대인 문제」(1844), 「헤겔 법철학 비판 서문」(1844) 등의 저작에서 확인된다. 파리에서 그는 프랑스와 독일 노동운동의 대표자들과 접촉했고 하이네(Heinrich Heine), 헤어베그(Georg Herwegh) 등과도 사귀면서 프랑스혁명사를 연구하고 영국과 프랑스의 부르주아 정치 경제학자와 철학자들의 저작들을 탐독했다. "부르주아 사회의 해부는 정치경제학 안에서 찾아져야 한다"는 그의 인식의[1] 성립은 당대의 경제

---

1)　Karl Marx, *Zur Krititik der politischen Ökonomie*, 8쪽. *Marx Engels*

문제에 대한 탐구와 엥겔스(Friedrich Engels, 1820-1895)가 쓴 「국민경제학 비판 개요」(1844)의 자극에 기인했다. 이때부터 정치경제학은 평생 『자본론』에서 정점에 달한 그의 집필활동 근본 내용이 되었다.

마르크스와 엥겔스는 1844년 8월 말 또는 9월 초에 파리에서 만났다. 이때부터 노동운동의 세계관을 완성하고 혁명적 노동자정당을 창당하는 그들의 우정과 투쟁적 동지애는 종신토록 지속되었다. 그들은 브루노 바우어(Bruno Bauer)와 그 동조 집단을 비판한 『신성가족(Die heilige Familie)』(1844), 포이어바흐·바우어·쉬티르너(Stirner)와 독일의 소시민적 사회주의 조류를 비판한 『독일이데올로기(Die Deutsche Ideologie)』(1845/46)를 공동으로 저술했다. 그리고 1846-1847년 마르크스는 프루동의 소시민적 사회주의를 정치경제학 지식을 결한 채 철학적 말장난만 한다고 비판한 『철학의 빈곤(Das Elend der Philosophie)』을 썼다.

마르크스와 엥겔스는 1847년 초 '의인義人동맹(Bund der Gerechten)'에 가입했다. 이 '의인동맹'은 마르크스와 엥겔스의 영향 아래 최초의 혁명적 노동자정당인 '공산주의동맹'으로 발전했다. 이 동맹의 위임으로 마르크스와 엥겔스는 프랑스 '2월혁명' 직전인 1848년 2월 『공산당선언(Manifest der Kommunistischen Parte)』을 런던에서 출판했다. 마르크스는 같은 해 독일에서 3월혁명이 터지자 4월에 독일로 귀국해 혁명운동에 가담했다. 그는 자기 주도로 1848년 7월부터 1949년 5월까지 『신라인신문』을 발간했다. 그러나 혁명이 실패한 후 그는 다시 런던으로 망명길에 올랐고 런던에서 죽을 때까지 살았다. 그는 이곳에서 프랑스·유럽 혁명의 체험을 정리하여 『프랑스에서의 계급투쟁 1848-1850』(1850)과 『루이 보나파르트의 브뤼메르 18일』(1852)을 썼다. 1862년까지 약 12년 동안

Werke(MEW), Bd.13 (Berlin: Dietz Verlag, 1980).

그는 넓은 독자층을 가진 미국의 진보 신문 『뉴욕 데일리 트리뷴』에 유럽과 세계 각국의 정치 경제문제에 관하여 수백 건의 칼럼을 기고했다.

동시에 마르크스는 혁명운동에 더욱 치열하게 개입하여 1864년 '인터내셔널노동자연합'을 창립하고 이 인터내셔널의 강령격인 「의장취임 연설」을 발표했다. 인터내셔널총회에서 그는 『임금, 가격과 이윤』(1865)에 관해 강연하여 노동운동을 지원하고, 1867년 9월 14일 마침내 그의 주저인 『자본론』 1권을 출판했다. 또 그는 수많은 신문칼럼을 쓰고 베벨(August Bebel), 리프크네히트(Wilhelm Liebknecht) 등과의 지속적 연락을 통해 1869년 아이제나흐(Eisenach)에서 창당된 '독일사회민주노동당'을 이론적으로 뒷받침했다.

1871년 3월 18일 노동계급 혁명을 통해 최초의 노동자 국가인 '파리코뮌'이 수립되자 마르크스는 '파리코뮌'의 역사적 주도권을 높이 평가하고 정치군사적·경제적 조언을 아끼지 않았고 국제적으로 연대 투쟁을 전개했다. 그는 이 '파리코뮌'의 체험을 담아 인터내셔널 명의의 『프랑스에서의 내전』을 집필했다. 그는 자본주의에서 사회주의로 이행기의 국가형태인 '파리코뮌' 프롤레타리아 독재의 체험을 이론화하여 나중에 『고타 강령 비판』(1875)에 담았다.

1877-1878년에 출판된 엥겔스의 『반反뒤링론』을 해설하는 의미에서 마르크스는 「뒤링의 '비판적 국가 경제학사'에 대한 난외 주석」을 썼다. 그는 『자본론』 2·3권을 미완으로 남겨둔 채 1883년 3월 14일 65세의 나이로 마침내 숨을 거두었다. 그의 시신은 독일 노동운동과 국제 노동운동의 대대적 장례 참여 속에 17일 런던의 하이게이트(Highgate) 공동묘지에 안장되었다. 이후 100년은 마르크스주의 혁명 시대가 이어졌다.

사상적으로 18세기에 태동하여 19세기에 체계화되면서 혁명적 노동운동의 지침으로 20세기를 뒤흔든 사회주의·공산주의 혁명 이념은 19세기 중반부터 20세기의 70-80년대까지 마르크스의 이론과 실천 속에 응축된 해방 패러다임에 따라 실천적 변혁운동이 벌어졌고, 마르크스주의, 마르크스-레닌주의, 스탈린주의, 트로츠키주의, 모택동주의, 반제反帝민족해방론, 네오마르크스주의 등 여러 가지로 변용되었다. 이 1세기 반에 가까운 세월 동안 수억 명의 청년·지식인·노동자들이 마르크스의 이데올로기를 위해 또는 이 이데올로기 때문에 혁명 투쟁과 혁명전쟁 속에서 사회정의를 외치며 산화했다.

1990년대 초 소련·동구권이 무너질 때까지 그간 계급 혁명에 동참한 사람들이든 이를 적대하는 사람들이든 '맹신'과 '증오'에 가려 마르크스를 제대로 이해하지 못했다. 차라리 사회주의·공산주의 운동이 세계적으로 종말을 고하고 호감과 반감조차도 고갈된 오늘날이 마르크스를 객관적으로 평가하고, 이론적 정오正誤와 장단점, 그리고 역사적 공과功過를 규명하기에 적절한 시점일 것이다. 나아가 특히 자본주의 체제의 미래와 관련된 마르크스의 예견들에 대한 올바른 평가는 당대의 자본주의와 본질적으로 달라진 오늘날 3·4차 산업혁명 와중에 들어있는 'IT·AI 기반 자본주의'의 새로운 경험 차원에서만 가능할 것이다. 동시에 사회 이론과 개념이 높은 수준으로 발전된 오늘날에야 비로소 마르크스에 대해 바르고 정교한 사회과학적 평가가 가능할 것이다.

물론 마르크스는 자신의 방법과 이론 체계를 자본주의 체제에 대한 노동계급의 실천적 "혁명 과학"으로 제시했을 뿐만 아니라, '공상적' 사회주의와 '과학적' 사회주의를 구별했듯이 자신의 이론 작업을 일종의 "과학혁명"으로 간주했다. 그는 "자연과학"에 뒤떨어지지 않는 "사회과학"을 정초하려고 했기 때문이다. 그러나 막상 마르크스는 '과학'을 '자연과학' 이상의 의미로 정의하지 못한 채 막연히 '과학'을 숭상했다. 이런 막연한 과학숭배 또는 과학주의의 관점에서 종교를 "인민의 아편"으로 모는 합리주의적 과잉의식이 유래했다. 따라서 그는 '책상물림 지식인들'이 지어내 퍼트린 합리주의와 과학주의가 오히려 '지식인의 아편'이라는 사실을 죽을 때까지 깨닫지 못했다. 이것은 어리석은 체육학자가 운동선수들이 체육을 '이성'으로 하는 것으로 착각하는 꼴이었다.

제1절

자본주의 비판과 정치철학

1.1. 마르크스의 유물론적 방법과 국가론

마르크스에게 평생에 걸쳐 혁명적 사회 연구의 "지침으로 기여한" 방법론적 원리는[2] 이른바 "유물사관唯物史觀", 즉 유물론적 역사관이다. 1844년 『헤겔 법철학 비판 서문』, 『독일이데올로기』 등을 통해 헤겔 및 그 후계들의 독일철학에 대한 논박 과정에서 성립한 유물론적 방법은 1859년 『정치경제학 비판』의 서문에 가장 잘 요약되어 있다.

이에 따르면 사회적 생산 속에서 인간은 "자신들의 의지와 독립된" 일정한 "필연적 관계들", 즉 자신들의 물질적 생산력의 일정한 발전 수준에 조응하는 생산관계를 맺게 된다. 이 생산관계 전체가 사회의 "경제구조"

---

[2] Karl Marx, *Zur Kritik der politischen Ökonomie*, 8쪽("Vorwort"). *MEW* (*Marx Engels Werke*) Bd.13 (Berlin: Dietz Verlag, 1980).

를 이룬다. 이 경제구조는 "법률적·정치적 상부구조(Überbau)"를 지탱해 주는 "실재적 토대(reale Basis)"이고, "사회적 의식 형태들"도 이 토대에 조응하여 형성된다. 이 "물질적 생활"의 생산양식이 "사회적, 정치적, 정신적 생활 과정 일반"을 조건 짓는 것이다. 인간들의 "의식"이 인간들의 "사회적 존재"를 규정하는 것이 아니라 거꾸로 "사회적 존재"가 "의식"을 규정한다. 사회의 물질적 생산력은 일정한 발전 수준에서 종래 생산력이 운동하던 기존의 생산관계와 모순에 빠진다. 법률적으로 "소유관계"로 표현되는 생산관계가 생산력의 "발전 형식"에서 "질곡"으로 뒤바뀌는 것이다. 이때부터 "사회혁명의 시대"가 개막된다. 경제적 기반의 변화와 함께 "엄청난 상부구조 전체"가 "완만하게 또는 급격히" 변혁된다.

이러한 변혁에 대한 고찰에서는 "자연과학적으로 충실히" 확증될 수 있는 "경제적 생산 조건의 물적 변혁"과 "인간들이 이 갈등을 의식하고 이 갈등과 싸워나가는 법률적·정치적·종교적·예술적 또는 철학적, 즉 이데올로기적 형식들"을 구분해야 한다. ("자연과학적으로 충실한" 확증이라는 마르크스 자신의 말에서 그의 사회과학 개념이 자연과학의 아류에 지나지 않다는 것을 알 수 있다.) 어떤 사람이 자신에 관해 생각하는 것을 근거로 그 사람의 정체正體를 판단할 수 없듯이 이러한 변혁 시대를 이 시대의 의식으로부터 판단할 수 없는 법이다. 이것은 오히려 이 의식 자체를 "물적 생활의 제모순", 즉 "사회적 생산력과 생산관계의 현존하는 갈등"으로부터 설명해 내야 하는 것이다. 마르크스는 이 테제로써 역사상 최초로 '과학'과 '이데올로기적' 의식을 구별함과 동시에 사회 이론을 주관적 도그마나 망념妄念, 그리고 법률적·정치적·종교적·예술적·철학적 이데올로기로부터 탈피시켜 단순히 이구동성의 '관념적 객관성'에만 기초한 것이 아니라 사회의 물적 하드웨어를 반영하는 '물적 객관성'에 기초한 '사회과학'의 수준으로 끌어올리려고 시도하고 있다.

나아가 마르크스는 사회구성체(Gesellschaftsformation)가 이 구성체가 허용하는 모든 생산력이 다 발전되기 전에 몰락한 적이 없고, 더 고차적인 새로운 생산관계는 이것의 물질적 존립 조건이 옛 사회 자체의 품 안에서 부화되기 전에 등장한 적이 없다고 말한다. 그리고 사회구성체의 시대적 계열을 개략적으로 아시아적·고대적·봉건적 생산양식과 근대 부르주아적 생산양식으로 나눈다. 부르주아적 생산관계는 사회적 생산과정의 "마지막 적대적 형식"이라는 것이다. 이 적대는 개인적 적대가 아니라 "개인들의 사회적 생활 조건에서 생겨나는 적대"를 뜻하고, 부르주아 사회의 품 안에서 발전하는 생산력은 동시에 이 적대의 해소를 위한 물질적 조건을 창출한다. 따라서 "부르주아 사회구성체와 함께 인간 사회의 전사前史는 종결된다."[3]

이 유물론적 사회·역사·혁명관은 일견에 반박할 여지가 없어 보일 정도로 일목요연하지만, 실은 오해와 오류를 피할 수 없는 미흡·미숙한 요소들과 오랜 세월 풀 수 없었던 난제도 안고 있다.

우선 생산력, 생산관계 등 주요 범주들의 개념적 의미와 '토대와 상부구조의 규정 관계'가 문제로 떠오른다. 생산관계를 법률적 권리·의무 측면에서 포착하는 '소유' 개념은[4] 생산관계 그 자체를 드러내 주지 못한다.[5] 그러나 소유관계는 생산관계 속의 노동 형태 및 물자 취득 관계를 잘 드러내 준다. 소유는 자산(소지품·소비재 소유), 소小생산자의 소유, 남의 일손을 필요로 하는 규모의 생산수단 소유 등 다양하지만, 사회의 역사적 특징을 규정하는 소유는 '남의 일손을 필요로 하는 규모의 생산수단 소유'다. 이 소유는 경제적으로 남의 노동에 대한 점취로 나타나고,[6] 사

---

3) Marx, *Zur Kritik der politischen Ökonomie*, 8-9쪽("Vorwort").
4) Marx, *Zur Kritik der politischen Ökonomie*, 9쪽("Vorwort").
5) 소유권을 '절대적' 범주로 간주한 헤겔에 대한 마르크스의 비판은 참조: Karl Marx, *Das Kapital III*, 625쪽. *MEW* 25.
6) Peter Römer, *Entstehung, Rechtsform und Funktion des kapitalistischen*

회적으로는 '적대적' 관계로 전개된다. 따라서 타인의 노동으로 운영되어야 하는 소유관계의 본질은 권력관계다. "생산도구들에 대한 사적 소유는 하나의 픽션이다. 왜냐하면 소유권자들은 이 생산수단들을 자신이 이용할 수 없기 때문이다. 생산도구에 대한 소유는 소유권자들에게 오로지 그들이 다른 사람들을 자기들을 위해 노동하도록 강제할 생산수단에 대한 권력만을 줄 뿐이다."[7] 이 권력은 일정 규모 이상의 생산수단에 대한 소유에 내포되어 있다.[8] 남의 노동의 점취를 보장하는 강권 관계는 노동하는 자의 인신人身 자체에 대한 전면적 소유권(노예제) 또는 부분적 소유권(봉건 농노제)이나 인신과 결부된 산 노동시간에 대한 한정적 소유권(임금 노동제)으로 제도화됨으로써 특정 시대의 생산양식에서 정통적 지배관계로 공식적으로 확립된다.

마르크스에 의하면, 모든 '지배'(남의 의지의 적대적 장악)의 궁극목적이요 근본 원인은 '착취'(잉여노동의 점취)다. 따라서 '착취'가 사라지면 '지배'도 사라진다. 이런 의미에서 착취를 위한 '지배'와, 협업 과업을 지휘·관리하는 '지도'는 다른 것이다. '지도'는 생산적 기능인 반면, '지배'는 적대적·비생산적 기능이다. 착취가 없어져도 '지도'는 사라지지 않는다. 착취가 있는 곳에서 적대적 '지배'는 이 생산적 '지도'와 결합되어 있다. 소유권에 기초한 지배는 생산관계의 핵심 구조로서 한 시대의 경제적 지배관계를 이룬다.

토대의 이 '경제적 지배관계'는 상부구조의 '정치적 지배관계'와 다르다.[9] 국가 차원의 정치적 지배는 노동자 대중, 기타 이익집단의 정치투쟁

    Privateigentums (Köln: Kleine Bibliothek, 1978), 22쪽.
7) Karl Marx, "Aus dem Protokol der Sitzung des Generalrats " (20. Juli 1869), 561쪽. *MEW* 16.
8) 참조: Karl Marx, *Grundrisse der Kritik der politischen Ökonomie*, 408쪽. *MEW* 42.
9) 마르크스는 "소유권자의 강권"과 "정치적 강권"의 "두 종류의 강권"을 구분한다.

과 개별 자본가 및 여타 개인들의 위법 행동을 억압하고 상충되는 이익을 조정하는 것을 본질적 과업으로 삼는 반면, 경제적 지배는 착취(잉여노동의 압출壓出)를 과업으로 삼는다.

여기서 유물론적 방법과 관련하여 신중히 검토되어야 하는 것은 '경제적 지배'와 '정치적 지배'의 역사적 연관성이 과연 마르크스의 유물론적 방법으로 설명될 수 있는가 하는 점이다.

국가의 특징적 형태를 주어진 생산관계로부터 설명해야 하지만, 이때 직면하는 첫 번째 문제는 '생산관계'가 무엇이냐 하는 것이다. 광의의 생산관계는 '심층'의 생산관계와 '표면'의 여러 생산·교류 관계들을 다 포괄한다. 심층의 생산관계는 나머지 모든 생산관계에 위치와 영향력을 배정하고 토대를 역사적으로 특징짓는 "핵심 구조적 생산관계"다.[10] 마르크스에 의하면, 핵심 구조적 생산관계는 "잉여노동을 직접생산자로부터 압출하는 형태"다.[11] 이 착취·지배관계가 상부구조, 따라서 국가의 특유한 근본 특징도 규정짓는 것이다. 마르크스는 자본주의의 핵심 구조적 착취·지배관계를 "자본 관계"라 부른다.

유물론적 방법에 따르면, 근대 부르주아국가는 자본주의적 경제토대에 의해 산출되었고, 따라서 이 역사적 연관성과 근대국가의 역사적 특징은 바로 이 토대로부터만 설명될 수 있다. 그러나 우리가 경험하는 국가는 토대로부터 인과적으로 발생한 단순한 결과물이 아니다. 상부구조의 중핵인 국가와 국가권력을 둘러싼 정치투쟁은 토대의 움직임에 "첨예하게" 맞설 정도로 자립적인 실존 형식을 지니고 있기 때문이다. 이 정치투

Karl Marx, *Manifesto der Kommunistischen Partei* [1848], 337쪽. *MEW* 4. 또 마르크스는 "정치적 영역에서의 지배"와 "경제적 영역에서의 지배"도 구분한다. Marx, *Kapital* III, 398쪽.

10) Jürgen Ritsert, *Der Kampf um das Surplusprodukt. Einführung in den klassischen Klassenbegriff* (Frankfurt/New York: Campus Verlag, 1988), 88쪽.

11) Karl Marx, *Das Kapital I*, 231쪽. *MEW* 23.

쟁들 가운데 '(반)혁명적' 정치투쟁은 토대를 전복해 버리거나 토대의 발전을 장기간 저지하기도 한다.

따라서 근대국가의 역사적 특징을 자본주의적 토대로부터 직접 '도출하는' 것은 가당치 않다. 마르크스는 위에서 보듯 "사회적·정치적·정신적 생활 과정" 등 경제토대와 국가 사이에 끼어 있는 여러 상부 구조적 생활과정을 나열하고 있다. 인간들은 "법률적·정치적·종교적·예술적 또는 철학적 형식"으로 사회적·정치적·정신적 생활을 영위하고 이 형식으로 "갈등을 의식하고 이 갈등과 싸워나간다"는[12] 마르크스의 방법론적 테제를 진지하게 받아들인다면, 국가기구는 토대에 의해 단순히 인과론적으로 야기된 기제가 아니라 투쟁과 의사소통이 중첩된 인간 행위의 산물로 이해되어야 할 것이다.

따라서 경제적 토대는 국가의 역사적 형태를 직접 규정하는 것이 아니라 대체로 투쟁과 의사소통이라는 '사회적 관계'를 매개로 간접적으로 규정할 수밖에 없다. 이런 까닭에 이 '규정'은 '원인'으로서의 토대와 '결과'로서의 국가라는 식의 직접적 인과 규정으로 축소될 수 없다. 여기에는 사람들의 주체적 의사소통과 투쟁이 가하는 비非인과적 규정력(고통과 분노, 동정심·정의감 등 도덕감정, 여론, 주체적 동기, 성향, 의지와 의도, 창조적 계획, 자기반성, 전략 등)도 내포된다. 따라서 토대는 상부구조의 다채로운 내용과 파란만장한 움직임들까지 다 규정할 수 없다. 그러므로 상부구조의 내용과 움직임은 토대로부터 다 설명할 수 없는 법이다. 이것은 컴퓨터 하드웨어가 소프트웨어 발전에 근본적일지라도 프로그램, 콘텐츠, 인터넷 통신 등 무궁무진한 창조적 소프트웨어 관계를 다 설명할 수 없는 것과 마찬가지다.

그러나 인과관계를 넘어서는 토대와 국가 상부구조의 이런 변증법적

---

12) Marx, *Zur Kritik der politischen Ökonomie*, 9쪽("Vorwort").

관계에 관한 마르크스 자신의 논의는 전무하다. 이런 까닭에 토대와 상부구조의 관계는 자주 기계론적 인과관계로 오해되었고, 심지어 '토대에 의한 상부구조의 일방적 규정'이라는 '경제결정론'으로까지 전락했다. 생산 조건의 변혁 과정을 "자연과학적으로 충실히 확증할 수 있다"는[13] 마르크스의 시원스런 표현은 마르크스 자신이 자연과 사회, 나아가 자연과학과 사회과학을 동치同値 시키고 토대와 상부구조의 유물론적 규정 관계를 자연과학적 인과론에 의거하여 사고했을 것이라는 의혹을 낳기에 충분하다. 다시 말하자면, 자연과학은 '속성과 속성관계'를 인식하고 설명하는(erkennen und erklären) 인식론으로 족한 반면, 사회과학은 인식과 설명을 넘어 감정적 '의미와 의미관계'를 이해하고 해석하는(verstehen und deuten) 해석학의 방법으로 작업함으로써만 '과학성'을 갖출 수 있다.

경제결정론의 이러한 오해를 불식시키기 위해 엥겔스는 이 일방적 결정작용을 토대와 상부구조 간의 '상호작용'으로 수정하고,[14] 토대의 선차적 규정력은 상부구조와의 상호작용 속에서도 결국 "최종 심급에서(in letzter Instanz 또는 schließlich)" 관철된다는 식으로 '유연화'시킨 바 있다.[15] 유물론적 사회관은 이로써 오해와 비판을 벗어난 듯했다. 그러나 엥겔스가 손질한 이 유물론도 기계론적 '인과율'에 갇혀 있다는 점에서 사회과학의 독특한 '과학성' 차원에 이르지 못한 것이다. 상품·화폐분석과 자본논리 기술 등의 다른 이론 맥락에서는 그렇게 치밀하게 변증법적으로 사고하던 마르크스와 엥겔스가 불행히도 이 유물사관에서는 전혀

---

13) Marx, *Zur Kritik der politischen Ökonomie*, "Vorwort", 9쪽.
14) 참조: 엥겔스가 프란쯔 메링과 요셉 블로흐에게 보낸 엥겔스의 두 서신: Friedrich Engels, "An Franz Mehring" (Ende April 1895), 98쪽. *MEW* 39; Engels, "An Joseph Bloch" (21-22 Sept. 1890), 463쪽. *MEW* 37.
15) Engels, "An Joseph Bloch" (21-22 Sept. 1890), 463쪽.

변증법적으로 사고하지 않음으로써[16] 사적유물론은 절름발이 신세를 면치 못하고 있다.

토대의 선차성(Primat)에 대한 변증법적 이해를 보충해 보자면, 다음과 같은 세 측면이 특히 강조되어야 한다. 첫째, 토대는 "생산에서 시작하여 생산으로 귀환하는 원환운동"으로서 "전全 사회 안에서 재현된다"[17] 또는 "전 사회를 관통한다"는[18] 의미에서 선차적이다. "사회는 전체가 물질적 재생산과정"인 것이다.[19] 상부구조는 토대와 반대되는 '상부구조'로 기능하기 위해 반드시 자신의 정반대인 토대의 재생산과정과의 통일성을 유지해야 한다.("대립물의 통일성") 육체가 정신의 '근거(Grund)'이듯이 토대는 상부구조의 '근거'이기 때문이다. 따라서 "사회적, 정치적, 정신적 생활과정"과 – 국가는 말할 것도 없고 심지어 소년단, 노인회 등을 포함한 – 모든 상부 구조적 제도와 조직들까지도 토대의 물적 재생산과정에 참여하지 않고는, 아니 적어도 이 과정과 연결되지 않고는 예외 없이 몰락한다.

둘째, 핵심 구조적 생산관계의 규정력은 "특유한 방식으로 사회 전체를 관통해" 심지어 신성한 종교 생활 안에서도 특유한 경제적 강박을 주입한다는 의미에서 선차적이다. 상부구조에 대한 토대의 선차성은 – 인과론적 선차성으로 그치는 것이 아니라 – 내적 간섭·파급(übergreifen)의

---

16) 심지어 엥겔스는 변증법을 '상호작용'으로 오해한 것으로 보인다. 엥겔스의 다음 말을 참조: "여기에는 경직되게 상호 대립된 대극(對極)들로서의 원인과 결과(Ursache und Wirkung)의 통상적인 비변증법적 관념, 즉 상호작용의 절대적 망각이 바탕에 놓여 있다." Engels, "An Franz Mehring" (Ende April 1895), 98쪽.
17) Jürgen Ritsert, "Handlungsgründe und Verhaltensursachen" (Reasons and Causes), 44쪽. Jürgen Ritsert (Hg.), *Gründe und Ursachen gesellschaftlichen Handelns* (Frankfurt am Main/New York: Campus Verlag, 1975).
18) Jürgen Ritsert, *Das Bellen des toten Hundes. Über Hegelsche Argumentationsfiguren im sozialwissenschaftlichen Kontext* (Frankfurt am Main/New York: Campus Verlag, 1988), 25쪽 이하.
19) Ritsert, "Handlungsgründe und Verhaltensursachen", 44쪽.

관계라는 변증법적 선차성으로도 이해되어야만 하는 것이다.[20] 말하자면 경제적 토대의 사정이 좋으면 상부구조의 분위기와 형편도 좋은 것이고 토대의 사정이 나쁘면 이것이 상부구조에 파급되고 간섭하여 상부구조의 분위기와 형편도 나쁜 것이다. 또 경제적 토대에서의 적대·우호관계는 상부구조에 파급되어 심지어 학술적·종교적·예술적 상부구조의 학자, 종교인, 예술인 간에도 토대에 조응하는 적대와 우호를 주입시킨다. 상부구조의 어떤 요소들과 움직임은 때로 토대와 '첨예한 대립'에 질 수 있을지라도 토대의 '내면적인 간섭적 파급'을 인용認容해야만 이 '첨예한 대립'을 견지할 수 있다.[21]

셋째, 상부구조는 토대의 인과적 영향을 도덕적 의미와 주체적 계획·전략의 관점에서 여과·변형·이해·해석하여 비非인과적으로 토대를 규정하고 토대에 첨예하게 맞서 토대를 변혁할 수도 있다. 따라서 인간행위의 '이유'('근거')를 중심으로 짜여지는 소통적·투쟁적 생활세계의 비인과적 규정력은 때로 토대의 규정력을 상쇄·압도할 수 있는 것이다. 자신들의 물적 이익, 문제, 대립을 오직 '법적·정치적·종교적·예술적 또는 철학적' 형식으로만 인식하고 평가하고 싸우는 계급들과 개인들의 투쟁과 소통 등 상부구조의 제반 움직임은 토대에 의해 – 이 인과성이 일방적이든 상호적이든, 또 '최종 심급'에서든 '최초 심급'에서든 – 단순히 인과적으로 야기 당하는 것이 아니다. 소통, 투쟁 등 사회적 행위 일반은 – 원인(cause)과 구별되는 – 이유(reason)에도 의거하기 때문이다.[22] 계급과 사

---

20) Ritsert, *Das Bellen des toten Hundes*, 25쪽 이하 Jürgen Ritsert, *Ästhetische Theorie als Gesellschaftskritik. Umrisse der Dialektik in Adornos Spätwerk* (Frankfurt am Main: Campus Verlag, 1990), 60쪽 이하.
21) "대립물의 통일"의 가장 극적인 양상이다. 상부구조는 언제나 자신의 정반대인 토대의 물적 영양공급을 필요로 하지만, 토대와의 첨예한 대립 속에서도 이 영양공급에서 탈피할 수 없다는 뜻.
22) 사회적 행위의 '이유'(=근거; Grund; reason)와 '원인'(Ursache; cause)의 구분에 관해서는 참조: Ritsert, "Handlungsgründe und Verhaltensursachen".

회집단의 소통과 투쟁은 특유하게 '이유'('근거')가 되는 (1) 지식 동기와 도덕적 의미, (2) 의도적 계획과 전략 (3) 자기반성적 주체성을 지니고 있어서 경제적 토대의 압박에 대한 단순한 인과적·기계적 반응을 뛰어넘어 그 의미를 이해하고 해석하여 대응하는 '사회적 행위'이고 이런 까닭에 경우에 따라서는 토대에 "첨예하게 맞서" 이 토대를 변혁시킬 수도 있는 것이다. 이런 변증법적 관계는 개인적·집단적 주체들에 의한 의미의 공감적 이해와 해석, 계획적 의도와 의지를 반드시 포함하기 때문에 그 어떤 형태의 인과적 '상호작용'으로 축소될 수 없는 것이다.

공감적 이해와 해석, 그리고 여론에 바탕을 둔 사회적 행위와 투쟁이 벌어지는 주된 영역은 경제나 국가가 아니고 시민사회다. 따라서 국가의 형태와 활동은 토대에 의해 직접 규정당하기보다 대체로 이 시민사회의 독자적 흐름과 움직임을 매개로 영향받는다. 마르크스는 한 서한에서 시민사회의 위치와 내포를 다음과 같이 규정한다. "생산·교류·소비의 발전을 전제하면 이에 조응하는 사회적 체제, 즉 이에 조응하는 가족, 신분 또는 계급들의 조직, 한마디로 말하면 이에 조응하는 시민사회(société civile)가 얻어진다. 이 시민사회를 전제하면 이에 조응하는 정치적 국가(état politique)가 얻어지는데, 이 국가는 시민사회의 공식적 표현물일 뿐이다."[23] 마르크스는 프랑스어로 쓴 이 서한에서 "société civile" 개념을 [24] 경제적 토대와 구별되는 '사회적' 상부구조의 의미로 사용하고 국가를 이 시민사회의 '공식적 표현물'로 규정하고 있다.

사회를 토대, 시민사회, 국가로 삼분三分하는 마르크스의 이 사회관과 '시민사회' 개념 및 이중적 상부구조(시민사회와 국가)는 줄곧 무시되어

23) Friedrich Engels und Karl Marx, *Die heilige Familie, oder Kritik der kritischen Kritik. Gegen Bruno Bauer & Consorten* (Frühjahr 1845), 548쪽. MEW 4.
24) 국가로부터만이 아니라 경제적 토대로부터도 구별되는 순수한 '사회적' 관계로서의 시민사회는 가족을 뺀 경제·사회부문까지 포함하는 (헤겔의) "시민사회(bürgerliche Gesellschaft)" 개념과 구별된다.

왔다.[25] 이것은 "bürgerliche Gesellschaft"라는 용어를 다의적으로 사용하는 마르크스 자신의 비일관성 탓이다.[26]

"시민사회의 공식적 표현물"로서의 국가라는 마르크스의 정의定義는 국가가 토대의 직접적 필요에서 생겨나는 것이 아니라 시민사회 내의 계급 간의 갈등과 타협을 대변하고 억압적으로 통합하려는 2차적 필요에서 생겨남을 분명히 해준다.

따라서 근대국가의 역사적 특징과 유형별 차이는 경제적 토대에 대한 상대적 자립성 속에서 발전하는 시민사회의 내적 구성과 세력 관계에 따라 다양하게 분화된다. 따라서 근대국가의 유물론적 설명을 위해서는 토대의 핵심 구조적 요소들의 인과적 작용 및 영향에 대한 탐구와 연계하여 자율적 시민사회의 변화무쌍하고 파란만장한 사회·정치적 움직임과 정치적 성숙 정도를 탐구해야 한다. 게다가 "주요 요소 면에서 동일한 경제적 토대조차도 수없이 다양한 경험적 사정, 자연조건, 인종 관계, 외부로부터 작용하는 역사적 영향 등을 통해 무한한 변형과 명암 차이를 보여줄 수 있다"는[27] 사실까지 고려하면 사정은 더욱 복잡해진다. 이에 따라 국가도 무한한 변형과 차이를 보여줄 수밖에 없다.

이 무한한 변형과 명암 차이 속에서 토대의 '주요 요소'를 간파해 내는 것은 간단치 않은 일이나, 마르크스는 자본주의적 경제토대의 핵심 구조적 '주요 요소'와 국가의 역사적 특징 및 양자의 연관관계를 다음과 같이

---

25) '사회적' 상부구조로서의 방대한 시민사회를 처음 인식하고 강조한 마르크스주의자는 그람씨였다. 참조: Antonio Gramsci, *Zu Politik, Geschichte und Kultur* (Frankfurt am Main: Röderberg, 1980), 228쪽.
26) 마르크스는 1844년 이전의 초기 저작에서 경제적 사회를 뜻하는 헤겔적 의미의 '시민사회'로 쓴다. 그러나 나중에는 주로 '부르주아사회'의 의미로 쓴다. 가령 참조: Karl Marx, *Der achtzehnte Brumaire des Luis Banaparte* [1852], 116쪽. *MEW* 8. 하지만 때때로 위의 '시민사회'(société civile) 의미로 쓰는 경우도 있다. 가령 참조: Marx, *Der achtzehnte Brumaire des Luis Banaparte*, 150쪽.
27) Marx, *Das Kapital III*, 800쪽.

간단히 지적해 주고 있다. "공동체로부터의 사적소유의 해방을 통해 국가는 시민사회와 나란히 그리고 이 시민사회 외곽에 위치한 특수한 실존태가 된다."[28]

여기서 사적 소유가 "공동체로부터 해방"되었다는 말은 많은 일손을 쓰는 사적 소유권자가 국가공동체의 경제외적經濟外的 강권에 의지하지 않고도 오직 경제적 강제 관계에만 근거하여 생산과정의 지배 장치를 설치할 수 있게 되었다는 것을 뜻한다. 이리하여 고대 노예제국가나 중세 봉건국가와 달리 근대국가는 자본의 순純 경제적인 노동 지배력 덕택에 경제적 착취 권력으로 기능할 필요가 없어지고 이로 인해 경제적 토대와 분리될 수 있게 됨으로써 "사회와 나란히, 그리고 그 외곽에" 위치한 "특수한 실존체"가 되었다. 그리하여 근대국가는 단지 계급적으로 분열된 시민사회의 억압적 통합이라는 정치 목적을 위해서만 강권을 사용하면 되는 것이다.[29] 이런 의미에서 부르주아 국가는 경제적 토대로부터 분리되고 시민사회의 외곽에 위치하는 실존을 얻게 되었다는 것이다.

마르크스는 『자본론』 3권에서 유물론적 국가론을 다음과 같이 피력하고 있다. "무지불 잉여노동을 직접생산자로부터 추출하는 특유한 경제적 형태는 (…) 지배 종속관계를 결정한다. 이 지배 종속관계 위에 경제적 공동체의 전숲 구조와, 이 공동체의 특유한 정치적 형태도 기초하게 된다. 우리가 주권-종속관계의 정치적 형태, 즉 매 시대의 특유한 국가형태의 가장 내밀한 비밀, 은폐된 기초를 발견하는 곳은 항상 직접생산자와 생산조건 소유자의 직접적 관계이다."[30] 따라서 앞서 논했듯이 부르주아 국가형태도 토대의 자본주의적 지배·착취관계('자본 관계')에서 설명해야 하

---

28) Karl Marx, *Die Deutsche Ideologie* [1845-1846], 62쪽. *MEW* 3.
29) 고대의 노예제국가와 중세 봉건국가는 계급갈등의 억압만을 위해서만이 아니라 생산과정의 착취를 위해 소유권자들에게 강권을 지원해야 했다.
30) Marx, *Das Kapital III*, 799쪽.

는 것이다. "노동이 자본 아래로 포섭되면서 잉여노동을 위한 강제는 착취관계로부터 모든 가부장제적·정치적 또는 종교적 혼효물을 분비한 형태를 취한다. 이 새로운 생산관계는 당연히 새로운 상명하복의 질서를 산출해 내고, 나아가 자신의 정치적 표현도 생산한다."[31] 말하자면 부르주아국가의 역사적 특징은 본질적으로 오로지 '자본 관계'(경제적 상명하복 관계)로부터만 설명될 수 있는 것이다. 자본 관계가 노동자의 인신에 대한 그 어떤 (가부장제적, 정치적, 신정적) 강제력 행사 없이도 노동자를 완전히 지배할 수 있게 되면서 정치적 강제력 등에 대한 의존으로부터 '해방'되었기 때문에 근대국가는 공동체 관리와 계급 억압의 일반적 정치 기능으로 순화된 것이다. 마르크스의 이 설명은 실은 "공동체로부터의 사적소유의 해방"이라는 말과 내용상 일맥상통하는 것이다.

자본 관계의 일반적 관철과 함께 국가는 경제로부터 인퇴, 경제 영역에서 폭력, 협박 등 경제외적 강권 사용을 불법화하고 모든 물리적 폭력 수단을 독점하기에 이른다. 이와 동시에 신분적 인신 종속과 폭력으로부터 해방된 시민들의 자유로운 활동공간인 경제 외곽의 '시민사회'가 발전되어 나온다. 따라서 경제 영역, 시민사회, 국가의 분화 자체가 바로 특유하게 근대적인 성과인 것이다.

이 삼분 구조를 전제로 마르크스는 자본·소유관계의 혁명적 변혁 과정에 조응하는 과도기적 프롤레타리아의 혁명독재 단계를 거쳐 이 독재마저 사멸하는 "정치적 국가의 사멸" 이론을 전개하고 있다. "국가 제도는 공산주의 사회에서 어떤 변화를 겪을까? 지금의 국가 기능과 유사한 어떤 사회적 기능이 거기에 남을까? 이 물음은 오로지 과학적으로만 답변될 수 있다."[32] 이 "과학적 답변"을 위해서는 우선 근대국가의 대내적 기

---

31) Karl Marx, *Resultate des unmittelbaren Produktionsprozesses* [1863-1865] (Frankfurt am Main: Verlag Neue Kritik KG Frankfurt, 1969), 52쪽.
32) Karl Marx, *Kritik des Gothaer Programms* [1875], 28쪽. *MEW* 19.

능의 이중성을 분석할 필요가 있다.

전근대적 계급국가와 마찬가지로 근대적 계급국가도 모든 기능이 다 '계급 억압적'인 것이 아니다. 기업과 국가의 감독과 지도 업무는 "이중적 성격"을 지닌다. 먼저 "모든 협업 노동에서 노동과정의 연관성과 통일성"은 오케스트라 지휘의 경우와 마찬가지로 "지휘 의지"와 전체 작업활동의 지휘 "기능"으로 보장된다. 이 지휘·지도 기능은 착취 기능이 아니라 모든 협업에 필수적인 "생산적 노동"이다. 이와 함께 "노동자와 생산수단 소유권자 간의 대립" 때문에 필수적인 억압적 지배 기능이 혼재한다. 대립이 적으면 적을수록 이 억압적 지배 기능은 줄어들지만, 반대로 "대립이 크면 클수록" 이 억압적 지배 기능은 늘어난다. 이 억압적 지배 업무는 자본주의 기업에서도 "필수불가결하다." 자본주의적 생산과정은 동시에 "노동력의 소비 과정", 즉 기업주가 노동자를 부리는 지배 과정이기도 하기 때문이다. 기업 관리가 '생산적' 지도 기능과 '억압적' 지배 기능이 중첩된 양면적 성격을 지니듯이 국가의 통치 기능도 "양면적인 것"이다. 모든 계급국가와 마찬가지로 근대국가도 "정부와 인민대중의 대립에서 생겨나는 특수기능"과 함께 "모든 공동체의 본성에서 생겨나는 공동 업무"를 동시에 수행하는 것이다.[33]

그런데 정당한 노동 저항의 제도화로 토대의 지배관계가 완화되어 기업 기능이 지배로부터 순화되면, 정치적 계급 갈등도 완화되어 간다. 이러면 계급적 경계를 뛰어넘는 '보통민주주의'의 관철로 국가는 일반적으로 민주화될 수 있다. 이에 따라 근대국가는 부르주아 계급국가의 양면적 업무 기구에서 '공동체적 공동 업무' 기구로 순화·중립화될 수도 있는 것이다. 이러한 변화와 발전을 몰각하고 '어떤 자본주의국가든 본질적으로 부르주아 계급국가'라는 기계적 테제 하에 '급격한 변혁'에만 집착하는

---

33) Marx, *Das Kapital III*, 397쪽.

극단주의 노선은 엄밀히 말해 마르크스의 유물론적 논리와 상치되는 것이다. 마르크스는 위에서 살펴보았듯이 "완만한 변혁"의 가능성, 기업과 국가의 양면적 기능 및 변화 가능성, 토대와 국가의 "무한한 변형과 명암 차이" 등에 관해 언급하고 있기 때문이다.

자본 관계는 애당초 경제와 국가로부터 독립된 시민사회가 자율적으로 발전할 수 있는 사회적·정치적 공간을 창출한다. 인권과 주권의 확장과 노동자 참정권의 실현은 본질적으로 각국의 정치·사회적 투쟁과 소통적 합의의 시점과 수준에 달려 있다.

'계급국가'가 '사멸한다(absterben)'는 말은 일단 기존 계급국가의 양면적 기능에서 계급 억압적 지배 기능이 없어지고 공동 업무만을 수행하게 된다는 것을 뜻한다. 이렇게 되면 국가가 시민사회를 지배할 일이 없고 역으로 이제 사회가 국가를 통제한다. 마르크스는 "국가가 사회의 상위를 차지하던 기관에서 사회에 하복下服하는 기관으로 전환된다"고 말한다.[34] 마르크스의 이 구상에서 시사되듯이 경제, 시민사회, 국가의 분화가 그대로 유지된 상태에서 사회에 의한 국가의 통제란 국가기구를 시민사회의 각종 시민·이익단체와 정당으로 분해, 흡수하는 무정부적·관료조직적 통제를 의미할 수 없다. 근대의 인권 이념과 보통민주주의의 계승을 전할 때 그것은 국민의 주권적 통제(민주적 공직 임면권)와 여론의 통제를 뜻할 것이다. 경제, 시민사회, 국가는 그 기능과 위치가 뒤바뀌고 자유공론은 계급적 편향으로부터 완전 해방되어 만개하는 것이다.

말하자면 마르크스의 "국가 사멸론"은 정치와 국가 기능의 일반적 소멸을 뜻하는 것이 아니라, 정치적·경제적 강권으로부터 해방된 시민사회가 민주주의와 여론정치를 통해 국가를 통제하는 것으로 재건될 수 있는 것이다. 청년 마르크스는 일찍이 시민적 여론정치를 '새로운 정치'로 꿈

---

34) Marx, *Kritik des Gothaer Programms* [1875], 27쪽.

꾼 바 있다. 자유언론을 통한 사회적 공동업무의 "숨김없는 공개적 공론화"에 의해 전개되는 "진정한 공론"은[35] 국가 관료의 정치가 아니라 새로운 공민적·시민적 정치이다.[36] 엥겔스는 원시 공산사회에서도 유일하게 정통적인 "강제 수단"은 "여론"이었다는 사실을 강조하고 있다.[37]

　마르크스와 엥겔스의 희미한 정치적 해방기획을 해독해 보면 "정치적 국가의 사멸"은 국가의 계급 억압적 '지배' 기능의 사멸과 민주·여론정치의 완전한 발전으로 재해석될 수 있다. 그러나 완숙기의 마르크스와 엥겔스에게는 '비상非常 정치'인 혁명 투쟁 이외에 민주적인 '정상正常 정치' 및 공감적·공론적 정치의 관점이 완전 결여되어 있다. 더구나 이 민주·여론정치를 국가 사멸론과 접맥시키는 논리도 전무하다. 마르크스의 유물론적 해방기획이 공산당 국가의 언론탄압 논리로 뒤집힐 수밖에 없었던 것은 바로 이 치명적인 이론적 결손으로 말미암은 것이다. 동시에 마르크스는 여기서 필자가 시도한 것같이 기존 국가의 분석에서 상당히 정교한 접근을 가능케 하는 방법적 편린들을 여기저기 남겨 두었지만, 포괄적 국가론을 전개한 적이 없다. 또한 기존의 국가를 넘어가는 공산주의 공동체의 구성원리와 관련해서도 과도기적 '혁명적 프롤레타리아 독재국가' 만을 언급하고 있을 뿐, 논의와 공론장에 기초한 새로운 공동체적 통합의 원리를 제시하지 못하고 있다. 이것은 마르크스의 치명적인 이론적 결손에 속하는 것이다. 이런 결손 때문에 마르크스는 암암리에 공산사회를 "내 것과 네 것이 없이 만인이 형제처럼 사는, 가족공동체같이 따뜻한 사

---

35) Karl Marx, "Rechtfertigung des ††-Korrespondenten von der Mosel" [*Rheinische Zeitung*, Nr.19 vom 19. Januar 1843], 192쪽. *MEW* 1(*Marx Engesl Werke*, Band 1).
36) Karl Marx, "Debatten über die Preßfreiheit der Landständlichen Verhandlungend"[Die Verhanlungen des 6. rheinischen Lantags: Erster Artikel], 61쪽. *MEW* 1.
37) Friedrich Engels, *Der Ursprung dr Familie des Privateigentum und des Staats* [1884], 164쪽. *MEW* 21.

회"로, 즉 헤겔이 민족공동체를 '가족의 확대판'으로 생각했듯이 봉건적 가족 온정주의적 공동체에 대한 자본주의의 가차 없는 침파로 빚어진 충격에서 공산사회를 '가족의 확대 재건'으로 생각하는 '봉건적 사회주의자들'의 이른바 '새로운' 봉건적 공동체 관념에 의탁해 버릴 수밖에 없었던 것으로 보인다. 이로 인해 러시아와 동유럽, 그리고 동아시아의 반半봉건적 후진 지역에서 생겨난 실제의 공산국가들은 대체로 '사회주의 형제국가', '큰형 국가', '어버이 수령 동지' 등 봉건적·가부장제적 실천을 탈피하지 못한 봉건적 공동체의 모습을 보여주었던 것이다.

나아가 마르크스에게는 정상적正常的 '정치' 개념이 결여되어 있는 점도 마르크스 이론의 치명적 결손에 속하는 것이다. 가령 엥겔스는 무계급사회에서는 계급투쟁이 소멸하기 때문에 '정치'가 소멸하고 사물 행정('사물의 관리')만 남을 것으로 생각하였다. 계급 억압(지배)이나 계급·혁명 투쟁만을 '정치'로 보는 이 불구화된 정치 개념은 자유언론을 제거하고 모든 정치조직을 투쟁 기구화·군사화·정보 기구화·홍보 기구화하게 한다.

또 마르크스의 정치 이론에는 공감적 이해와 해석, 의사소통과 공론을 통해 형성되는 공동 확신과 연대력으로서의 상호주관적 '권력(Macht)'과 각종 수단에 의존하는 도구적 '강권(Gewalt)' 간의 구별도,[38] 하드파워와 소프트파워의 구별도[39] 결여되어 있다. 이런 까닭에 폭력적 강권에 대한 정치적 태도가 윤리적으로 애매모호하다. 혁명적 폭력, 폭력혁명 등 폭력 사용이 정당방위나 '최후 이성(ultima ratio)'으로 거론되는 것이 아니라 혁명적 계급투쟁의 '효율성'을 제고하기만 한다면 허용되는 식이기 때문

---

38) 참조: Hannah Arendt, *Macht und Gewalt* [*On Violence*, New York: 1970] (München/Zürich: Piper Verlag, 1990).
39) Joseph S. Nye, Jr., *Soft Power. The Means to Success in World Politics* (New York, NY: PublicAffairs, 2004).

이다. 마르크스는 '연속혁명(permanente Revolution)' 전략 등 혁명 전략을 정교화하는 데는 기여했는지 모르겠으나, 민주주의적 정치발전에 전혀 기여하지 못하였을 뿐만 아니라 모든 정치를 군사화·탈脫윤리화함으로써 민주주의와 인권 관념을 망가뜨리는 결정적인 동기를 제공하였다.

　마르크스에서 정치적 진보는 노동자의 해방을 기준으로 측정되고 정치 자체 및 정치 자체의 진보를 측정하는 정치적 기준은 부재한 것이다. 그리하여 노동자의 해방을 위하는 일이라면 정치적으로 수단과 방법을 가리지 않아도 된다는, 즉 권력의 길을 택하든 폭력의 길을 택하든, 민주주의를 하든 독재를 하든 노동자가 해방되기만 하면 그만이라는 비윤리적·반反진보적 정치관이 유포되었다. 그러나 정치공동체는 단순히 물질적 이익의 증진을 위한 수단일 뿐만이 아니라 그 자체로서 개인들에게 윤리 도덕적·미학적 의미의 공동체이기도 한 것이다. 따라서 공동체적 합의의 도출과 갈등 처리라는 정치활동이 권력과 폭력 중 어느 것에 더 의존하느냐 하는 문제는 결정적으로 중요한 것이다. 마르크스는 소위 '형식적 민주주의'에서 노동자의 인간다운 생활과 권익의 보장을 뜻하는 '실질적 민주주의'로 나아가는 것을 '정치적 진보'로 보았으나, 이것은 실은 '사회적 진보'에 불과한 것이다. 진정한 의미에서 '정치적 진보'는 만인에게 선거권이 보장되는 보통민주주의와 여론정치가 정착함으로써 '권력'이 '폭력'을 대체해 나가고 '권력'에 의한 갈등 해결이 원칙으로 정착하는 것이다.

　앞서 지적했듯이 토대와 상부구조의 관계에 대한 '변증법적' 규명을 전혀 남겨놓지 않은 마르크스의 방법론적 결손도 유물론적 역사관을 경제결정론으로 둔갑시킬 만큼 치명적인 것이었다. 이로 인해 아도르노, 하버마스 등 걸출한 사회 비판이론가들조차도 유물론을 그릇되게 이해했다. 아도르노와 하버마스는 완전 과학화된 경제구성체에 도달하면 사적 유물론이 폐기될 것으로 생각했다.[40] 이들은 경제적 토대의 '선차적 규정력'을 물자 결핍에 기인한 인과적 강제로서만 이해한 것이다. 그러나 변증법적 관점에서 토대를 '근거'로 규정하면, 인류 사회가 결핍 강제로부터 탈피하더라도 토대는 여전히 선차적인 역할을 수행한다. 따라서 해방된 풍요사회에서도 사적 유물론의 종말은 오지 않을 것이다. 결핍 강제의 종식을 경제토대의 '근거' 역할의 종식으로 오해되어서는 안 될 것이다.

유물론이 오늘날의 세계에 대해서는 맞지만, 가톨릭이 지배했던 중세나 정치가 지배했던 고대 세계에는 맞지 않다는 주장에 대해 마르크스는 "중세가 가톨릭을, 고대 세계가 정치를 먹고 살지 않았다는 것은 명백하다"고 말한 바 있다. 오히려 중세와 고대가 먹고 산 방식이 "왜" 고대에는 "정치"가, "왜" 중세에는 "가톨릭이 주요 역할을 수행했는지를 설명해 준다"는 것이다.[41] 여기서 마르크스는 중세와 고대에 상부구조 관계(종교와 정치)가 '주요 역할'을 수행했다는 점을 인정하면서도 마치 모순되게 토대의 '근본적' 선차성을 다시 주장하고 있다. 여기서 마르크스가 '주요 역할'과 '근거 역할'을 구별하고 있는 점을 응용하면 아도르노와 하버마스의 오류를 극복할 수 있는 길이 열릴 수도 있을 것이다.

가령 자본주의에서는 관료 체제가 '주요 역할'을 한다. 관료조직은 모든 상부구조의 대중조직 및 대기업에서 보편적으로 만연하고 있다. 그러나 자본주의적 토대는 관료조직의 이 '주요 역할'에도 불구하고 관료조직을 포함한 상부구조 전체의 '근거'로 기능한다. 관료조직이 자본과 노동을, 관료가 자본가를 대체하지 못하기 때문이다. 완전자동화된 "무인 생산공정"과 지식·문화산업에 기초한 지식경제에서 과학과 문화는 경제

---

40) Jürgen Habermas, *Technik und Wissenschaft als 'Ideologie'* (Franfurt am Main: Suhrkamp, 1968), 66쪽; Theodor Adorno, *Philosophische Terminologie II* [1974], 277쪽. Ritsert, *Ästhetische Theorie als Gesellschaftskritik*, 123쪽 각주에서 재인용.
41) Marx, *Das Kapital I*, 96쪽.

에 직접 영향을 미치며 '주요 역할'을 수행할 것이다. 그러나 예를 들면 예술과 같은 최고의 정신활동도 실현을 위해서는 실재적 토대와의 내적 연관으로부터 분리될 수 없다.[42] "정신은 애당초 움직이는 공기층, 음성, 즉 언어의 형식으로 등장하는 물질에 '사로잡혀' 있으라는 저주를 안고 있기" 때문이다.[43] 예나 지금이나 정신에 실재성實在性을 부여하는 것은 최종적으로 물질과 육체이기 때문이다. 따라서 자유로운 "지식 노동"의 체계로 해방될 미래의 경제적 토대도 다종다양한 상부구조 조직들에 실재성을 보장하는 '포월적 근거'로 남아 있을 것이다. 다만 이번에는 토대가 인과적으로 작용하는 물자 부족의 강제로서가 아니라 상부구조에서의 자유의 "근거"로서 기능할 것이다. 따라서 변증법적으로 재건된 사적 유물론은 아무리 풍요롭고 자동화된 지식기반 사회에서도 종식되는 것이 아니라, 지금까지 물자 부족 때문에 끈질기게 맥이 이어진 경제결정론적 속단으로부터만 마침내 해방될 뿐이다. 말하자면, 노동가치설이 붕괴할 정도로 고도로 과학화된 지식정보화·자동화 사회도 나락(Abgrund)으로 떨어지지 않으려면 경제적 토대에는 의거해야 하는 것이다. 그러나 19세기의 마르크스는 미래를 위해 이렇게 정교한 방법론적 논리를 미리 예비해 둘 처지에 있지 못했다. 이로 인해 그의 사적 유물론은 거듭거듭 경제결정론으로 추락할 내재적 유인誘因을 탈피하지 못했던 것이다.

1.2. 노동철학의 완성과 해체

경제적 토대가 사회적·정치적·이데올로기적 상부구조를 규정짓는다는 유물론적 역사관이 계급 혁명의 성격을 내포하고 있는 것은 경제적 토대

---

42) Ritsert, *Ästhetische Theorie als Gesellschaftskritik*, 76쪽.
43) Marx, *Die Deutsche Ideologie*, 30쪽.

의 핵심 구조적 관계인 노동의 착취·지배관계 때문이다. 노동에 대한 대가가 공정치 않고 이 불공정을 항구화하기 위해 경제적 관계가 억압적이기 때문에 가령 자본주의적 토대는 도덕적으로 정의롭지 못하다. 토대가 정의롭지 못하다면 토대에 의해 규정당하는 상부구조도 정의롭지 못하다. 결국 사회 안에서는 필연적으로 이 총체적 불의不義를 타파하려는 도덕적 용트림이 일어난다. 이 도덕적 용트림으로부터 혁명적 에너지가 분출되는 것이다. 이 유물론적 혁명 논리에서 토대와 상부구조를 관통하여 정의와 불의의 평가를 규정하는 궁극적 척도는 바로 '노동'이다.

그렇다면 노동이 과연 인간의 정의 문제를 독점할 만큼 그렇게 인간에게 중요한 것인가? 노동이란 도대체 인간에게 무엇이란 말인가?

마르크스는 일단 노동을 "인간이 자연과의 물질대사를 자신의 행위를 통해 매개하고 규제하고 통제하는" 인간과 자연 간의 과정으로 파악한다.[44] 이 '물질대사로서의 노동'의 개념은 다른 동물과 공통된 육체적 "자연력"의 계기와 유독 인간적인 사유思惟의 계기가 중첩된 내적 모순 속에 들어 있다. 인간은 이 과정에서 다른 동물과 마찬가지로 육체의 자연력으로 자연을 제압하는 동시에 이와 상반된, 인간에게 특유한 두뇌의 사고력思考力으로 노동과정과 생산물을 두뇌 속에서 미리 기획하고 구상하며 자연 대상 속에 인간의 목적을 실현시키기 때문이다.[45] 두뇌의 사고력에 의한 이 기획·구상과 인간적 목적 실현의 측면에서 보면 노동은 "인간에게 배타적으로 속한 것"이다.[46]

그러나 이 '배타적으로' 인간적인 노동도 실은 인간의 육체적 '자연력'에 의거한 완력 구사의 계기 때문에 아직 완전히 인간적이지 못하다. 노동에는 완력으로 자연과 대결하는 적대적 계기가 상존하기 때문이다. 노

---

44) Marx, *Das Kapital I*, 192쪽.
45) Marx, *Das Kapital I*, 192-193쪽.
46) Marx, *Das Kapital I*, 193쪽.

동자는 (1) 안간힘을 써 구사되는 육체적 자연력으로써, (2) "주의력으로서 표현되는 합목적 의지"로써 자연과 대결함으로써만 자신의 목적을 실현하기 때문이다. 이 안간힘과 합목적 의지는 노동이 "덜 매혹적이면 덜 매혹적일수록, 따라서 인간이 노동을 "자신의 고유한 육체적·정신적 힘들의 유희"로서[47] 더 적게 즐기면 즐길수록"[48] 더 많이 요구된다. 거꾸로 뒤집어 보면, 노동이 매혹적이고 유희로서 즐길 수 있으면 자연과의 대결로 인한 노고(勞苦)는 줄어들거나 없어진다.

노동 내용이 매력적이지 않고 유희적 성격이 결여된 것은 자연과의 대결로 인한 고통이 노동의 다른 의미들을 압도하기 때문이다. 이 '대결'의 고통 정도는 자연법칙의 인식·인정 정도와 반비례하고, 인간의 무지한 억지와 정비례한다. 인간이 자연을 인식하여 자연의 순리대로 자연을 인간을 위해 통제할 수 있게 되면, 자연과의 대결은 줄어들고 '힘의 유희'의 즐거움은 늘어난다.

마르크스는 적대적 자연점취에서 유희적 자연점취로 전환하는 역사적 과정에서 '노동의 종식', 즉 노동의 폐기 또는 지양止揚의 이념을 구상한다. 유희적 자연점취는 (1) 직접적 육체노동이 '제2의 자연 과정'(자동화)에 의해 대체되어, (2) 새로이 나타난 노동이 대체로 기획, 구상하는 두뇌노동일 것을 전제한다. "인간이 사물들로 하여금 인간을 위해 행하도록 할 수 있는 것을 노동 속에서 행할 때" 노동은 자연과의 대결로 인한 노고가 줄어 유희의 즐거움이 압도하고 인간의 목적 실현·자기실현이 부각되어 "노동은 종식되는 것"이다.[49]

따라서 마르크스의 '노동의 지양' 이념 속에서는 생산 형태가 자연과의 대결에서 자연과의 화해로 전환되는, 그리하여 적대의 '전사前史'가 끝나

---

47) 원어는 "Spiel seiner eigenen körperlichen und geistigen Kräfte".
48) Marx, *Das Kapital I*, 193쪽.
49) 참조: Marx, *Grundrisse der Kritik der politischen Ökonomie*, 244쪽.

고 화해의 참된 역사가 시작되는 이른바 개벽開闢사상이 들어 있다. 물론 종래의 경험적 노동은 육체를 통한 자연 대상과의 대결(육체노동)과 두뇌에 의한 인간 목적의 구상·실현(두뇌 노동)이라는 두 가지 상반된 계기가 모순적으로 중첩된 행위로 남아 있다.

종래의 노동에 내포된 이 육체와 두뇌의 상반된 행위 성격의 중첩된 구조는 노동의 의미론적 이중구조와 조응하는 것이다. 노동은 목적론적 의미로 보면 '살기 위한 수단'일 뿐만 아니라, 동시에 자연 대상을 자기 생각대로 재창조하는 인간의 대상적 자기실현 활동이기도 하다. 노동의 '생계수단적' 계기는 다른 동물들과 마찬가지로 인간의 육체적 생존을 위해 필수 불가결한 행위 요소인 한편, '대상적 자기실현'의 계기는 인간에게만 고유한 필수적 행위 요소다.

마르크스는 하버마스·호네트 등의 그릇된 해석과[50] 달리 초기 저작에서 후기 저작에[51] 이르기까지 대상적 자기실현(대상화)으로서의 노동 개념을 견지한다. 마르크스는 청년기 저작에서 노동을 통한 대상화의 의미를 자기 개성의 대상적 실현과 타인 욕구의 충족이라는 '이중적 긍정', 즉 개인성과 사회성의 이중적 기쁨으로 정의한다.

- 우리들 각자는 생산 속에서 나 자신과 타자를 이중적으로 긍정한다. 나는 ① 나의 생산 속에서 나의 개성, 나의 고유성을 대상화하여 활동

---

50) 참조: Jürgen Habermas, "Replik auf Einwände"[1980]. Habermas, *Vorstudien und Ergänzungen zur Theorie des kommunikativen Handelns* (Frankfurt am Main: Suhrkamp, 1984); Axel Honneth, "Arbeit und instrumentales Handeln". Axel Honneth und Urs Jaeggie (Hg.), *Arbeit, Handlung, Normativität: Theorien des Historischen Materialismus 2* (Frankfurt am Main: Suhrkamp, 1980). 이런 해석에 대한 비판은 참조: Tai-Youn Hwang, *Herrschaft und Arbeit im neueren technischen Wandel* (Frankfurt/Paris/New York: Peter Lang Verlag, 1992), 329-330쪽; 황태연·엄명숙, 『포스트사회론과 비판이론』 (서울: 푸른산, 1994), 78쪽.

51) "자기실현, 주체의 대상화, 실질적 자유, 이런 자유의 활동이 바로 노동이다." Marx, *Grundrisse der Kritik der politischen Ökonomie*, 514쪽.

중에도 개인적인 생명 표현을 즐기고 대상의 직관 속에서도 나의 개성을 대상적인, 감성적으로 직관 가능한, 따라서 모든 회의를 초월한 힘으로 아는 개인적 기쁨을 누린 것이다. ② 나의 생산물을 네가 향유하고 사용하는 속에서 나는 나의 노동으로 한 인간적인 욕구를 충족시켰다는, 그리하여 인간적 본질을 대상화하고 다른 인간적 존재의 요구에 상응하는 대상을 마련하였다는 의식의 즐거움을 얻는 것이다.[52]

이 생산 개념은 착취로부터 벗어나고 인간적 조건에서 수행되는 해방된 생산의 이상적 개념이다. 마르크스는 역사적으로 이 이상적 생산·노동 개념에 도달하는 질적 변화를 저 상반된 의미 계기의 '양-질 상호 전환의 변증법'에 따라 구성한다. 인간과 자연 간의 '물질대사'로서의 '노동'은 이 두 계기 중에서 수단적 계기가 자기실현의 계기를 양적量으로 압도하는 생산 행위로 이해된다. 역으로 '노동'의 자기실현적 계기가 생계 수단적 계기를 압도하게 되면, 노동은 종식된다. 노동은 이제 '노동'이기를 그치고 생산적 '활동(Tätigkeit)'으로 고양되는 것이다. 이때 노동은 "살기 위한 수단"에서 "제일가는 생명 욕구(erstes Lebensbedürfnis)"로 바뀌는 것이다.[53]

바로 이 "제일가는 생명 욕구"로의 '노동의 지양'이라는 전망의 맥락에서 마르크스의 노동가치론은 애덤 스미스의 노동가치론과 결별한다. 마르크스에 의하면 노동의 가치는 노동이 인간의 '고통'이나 '희생'이라는 주관적·심리적 느낌이 있기 때문에 창출되는 것이 아니라 노동의 고통 여부와 별도로 노동이 인간존엄성의 '대상화'이기 때문에 창출된다. 그러나 애덤 스미스는 노동이 불쾌, 즉 "희생"이기 때문에 "가치 정립적"이라

---

52) Karl Marx, *Ökonomische-philosophische Manuskripte* [1844], 462쪽. MEW 40. Ergänzungsband 1(Erster Teil).
53) Karl, *Kritik des Gothaer Programms*, 21쪽.

고 말한다.[54] 따라서 기쁨과 자부심을 심어주는 노동, "예를 들어 반半예술적인 노동"은[55] 가치를 창출하지 못하는 것이 된다. 노동은 주관적 쾌·불쾌의 이 이러한 감지적 관계이자 타인들과의 객관적 관계이기도 하다. "첫째는 A의 공연한 희생은 B에게 전혀 유익하지 않을지도 모르기 때문이고, 둘째는 노동은 개인과 사물 간의, 그리고 개인과 자기 소질 간의 일정한 관계이기 때문이다". "노동은 긍정적, 창조적 활동이다."[56] 노동이 가치를 창조하는 것은 타인들에 대한 '객관적·사회적' 유용성(사용 가치) 관계 속에서 인간적 가치를 생산물 속에 대상화하기 때문이다. 노동시간에 따라 양적으로 측정되는 노동의 가치는 실은 인간적 가치의 객관적·사회적 실현인 것이다.

이런 까닭에 "보통의 건강, 힘, 활동성, 기량, 재주를 지닌 개인"은 누구나 "적당한 양의 노동에 대한 욕구, 휴식의 중지에 대한 욕구도 아울러 가진다."[57] 따라서 노동시간이 적당한 양으로 축소되고 노동의 내용이 매력적으로 바뀐다면, '희생'과 '고통'으로서의 '노동'은 폐기될 수 있다. 애덤 스미스는 바로 이런 것들을 알지 못한 것이다. 이 대목에서도 우리는 양질量質전환의 변증법적 관점에서 이해해야 한다. 즉, 해야 할 노동의 양이 너무 많으면 '고통'이지만, 노동은 '적당한 양'으로 줄어드는 그 어떤 임계점臨界點부터 누구나 하고 싶은 자기실현의 활동으로 전환된다는 것이다. 노동의 '과다'에서 '적당량'으로 바뀌는 이 임계점부터 노동에 내포된 자기실현적 계기가 고통스런 생계 수단적 계기를 양적으로 압도하게 되기 때문이다.

물론 노동을 사회 전체적으로 인간에게 적당한 양으로 줄이는 것은 생

---

54) Marx, *Grundrisse der Kritik der politischen Ökonomie*, 513쪽.
55) Marx, *Grundrisse der Kritik der politischen Ökonomie*, 512쪽.
56) Marx, *Grundrisse der Kritik der politischen Ökonomie*, 514쪽.
57) Marx, *Grundrisse der Kritik der politischen Ökonomie*, 514쪽.

산의 전반적 과학화·자동화를 전제한다. 또한 적당량으로 줄어든 노동도 자연에 육체적 근력으로 맞서는 육체노동에서 자연을 인식하고 관리하는 과학적 지식·두뇌 노동으로 바뀌어야만 자연과의 적대적 대결로 인한 고통의 원인이 완전히 해소될 수 있다. 이런 까닭에 마르크스는 '노동'이 자기실현적 생산 '활동'으로 지양(止揚)되는 이 변증법적 전환의 기술적 조건과 사회경제적 조건을 각각 ① 생산의 과학화, 자동화를 통한 노동의 형태 변화, 즉 과학적 지식·두뇌 노동의 출현과 확산, ② 적당한 양으로의 노동의 축소(과학적 생산력 진보 및 착취의 완화·철폐)로 규정한다. 주로 두뇌로 수행하는 이 과학적 지식·두뇌 노동을 마르크스는 "일반적 노동(allgemeine Arbeit)"이라 명명했다.

'일반적 노동' 개념은 인간이 자연의 자립적 법칙을 인식하고 자기 고집을 지닌 자연과 조화로운 타협 속에서 보편적으로 창조하는 데 필요한 지적 능력인 사유思惟에 기초한다. 자연의 척도를 '아는' 사유는 감성과 반대로 '일반적 범주'로 사유한다. 따라서 두뇌 위주의 생산은 마침내 '인간적 생산'의 보편성에 부합되는 것이다.

- 인간은 보편적으로 생산한다. 동물은 오로지 자기 자신만을 재생산한다. 이에 반해 인간은 전 자연을 재생산한다. 동물은 자신이 속하는 종種의 척도와 욕구에 따라서만 형성하는 데 반해, 인간은 모든 종의 척도와 욕구에 따라 생산할 줄 알고 도처에서 대상에 고유한 척도를 적용할 줄 안다. 따라서 인간은 미美의 법칙에 따라서도 형성하는 것이다.[58]

이 '보편적 생산'의 이념은 한편으로 '인간적 생산'을 '자연적 생산'과

---

58) Marx, *Ökonomische-philosophische Manuskripte* [1844], 517쪽.

동화시키는 일체의 자연주의적 신비론을 배척할 뿐만 아니라, 다른 한편으로는 자연 인식조차 자연의 정복을 위한 간계奸計로 보는 이기주의적 효용 관점에 입각한 적대적 자연점취를 배제하고 있다. 마르크스는 '미의 법칙'을 강조하고 있기 때문이다.

이 '미의 법칙'은 사고력으로 인식한 대상과의 조화를 본질로 하는 "보편적 생산"의 원리로서 유독 인간적인 생산의 발전 정도를 재는 척도이다. 이것은 사유의 보편성에 의거하는 '보편적 생산'의 정도가 자연적 생산에 대한 인간적 생산의 구별 기준인 것이다.[59]

'미의 법칙', 즉 인간과 자연 간의 적대와 불화를 넘어선 '조화'는 사물의 본질을 인식하는 사유 속에서만 이성적으로 창설될 수 있다. 그런데 자연과의 '조화'를 가능케 한다는 이 '인식'은 자연을 그 자체로서 인정하는 진정한 것인가, 아니며 인정의 허울 속에서 결국 자연을 이용해 먹으려는 '간계'인가? 자본주의는 과학적 인식조차도 "자연을 인간적 욕망에 굴복시키기 위한 간계"로 전락시킨다.[60] 따라서 이런 자본주의적 관점에서 헤겔도 이론적 인식에 기초한 자동화 생산을 인간과 자연 간의 '조화'와 '화해'가 아니라 "이성의 간계"로 규정하고 있다.[61] 자본주의적 생산 이념의 이 간계적 이성에 경탄하는 헤겔과 정반대로 마르크스는 - 수만 년에 걸친 자연과의 적대적 대결에 지친 노동의 시각에서 - 완전 자동화 생산과정을 '보편적 생산'의 최고 단계로 간주하고 있다. 이 "보편적 생산"의 이성은 정복과 억압의 '간계적 이성'이 아니라 앞서 살펴본 유희의 '미메시스적 이성'이다.

---

59) Hans-Peter Krüger, *Kritik der kommunikativen Vernunft*: Kommunikationsorientierte Wissenschaftsforschung im Streit mit Sohn-Rethel, Toulmin und Habermas (Berlin: Akademie Verlag, 1990), 102쪽.
60) Marx, *Grundrisse der Kritik der politischen Ökonomie*, 323쪽.
61) Georg W. F. Hegel, *Enzyklopädie der philosophischen Wissenschaften*, 365쪽. *Hegel Werke*, Bd.10 (Frankfurt am Main: Suhrkamp, 1986).

'일반적 노동'은 이 '보편적 생산'의 이념과 결합될 수 있다. 마르크스는 『자본론』 3권에서 일반적 노동을 "모든 종류의 과학적 노동, 모든 종류의 발견, 모든 종류의 발명"으로 정의한다.[62] 일반적 노동은 항상 "산 자들"과 "선조들의" 지식, 말하자면 "과학, 즉 일반적 역사 발전의 산물의 추상적 정수精髓"에[63] 의존하지만, 결코 물질적 생산 저편에 있는 정신적 지식생산을 위한 과학적 활동이 아닌, 물질적 "생산과정 속에서 역할을 하는"[64] "인간적 정신의 일반적 노동"이다.[65] "협업 노동에 의한 일반적 노동의 사회적 적용"은 오로지 물질적 재화의 "생산과정 안에서"만 벌어진다. 일반적 노동은 일단 "자연과학의 기술 공학적 적용"을 본질로 하되, 물질적 생산에 종사하는 과학적 두뇌 노동이다.[66]

마르크스는 이 '일반적 노동'이 미래에 지배적인 노동으로서 육체의 "직접적 노동"을 대체할 것이라고 생각한다. 전체적 생산과정은 "과학의 기술 공학적 응용"으로 발전하며 "직접적인 노동은 이 과정의 한 단순한 계기로 격하된다."[67] 다른 곳에서 "손노동, 즉 직접적 육체노동"과 등치되는[68] 이 직접적 노동이 마르크스는 미래에 "양적으로 격감되고", "질적으로 부차적인 계기로 격하될 것"이라고 전망하는 것이다.[69] 정보화 시대에야 비로소 의미를 다시 얻을 수 있는 마르크스의 이 천재적인 예견은 '노동의 지양'이라는 근본이념과 접목되어 있다.

- 물질적 생산의 노동은 (1) 노동의 사회적 성격이 정립되고, (2) 노동이

---

62) Marx, *Das Kapital III*, 113쪽.
63) Karl Marx, *Theorien über den Mehrwert I*, 365쪽. MEW 26.1.
64) Marx, *Das Kapital III*, 113쪽.
65) Marx, *Das Kapital III*, 114쪽.
66) Marx, *Grundrisse der Kritik der politischen Ökonomie*, 596쪽.
67) Marx, *Grundrisse der Kritik der politischen Ökonomie*, 595쪽.
68) Marx, *Grundrisse der Kritik der politischen Ökonomie*, 490쪽.
69) Marx, *Grundrisse der Kritik der politischen Ökonomie*, 596쪽.

과학적 성격의 노동이면서 동시에 일반적 노동이 됨으로써야, 즉 일정하게 훈련된 자연력으로서의 인간이 발휘하는 안간힘의 노력이 아니라 생산과정 안에서 단순한 자연적, 원시적 형식이 아닌, 도리어 모든 자연력을 규제하는 활동으로 등장하는 주체로서의 인간의 노력이 됨으로써야 비로소 진정 자유로운 노동으로서의 성격을 획득한다.[70]

'과학적 성격'의 '일반적 노동'은 안간힘의 고통을 동반하는 '노동'을 넘어서 "모든 자연력을 규제하는 진정 자유로운 노동"으로 올라서는 핵심 개념인 것이다. 자본주의 안에서도 서구사회에서처럼 착취와 억압이 완화되어 노동의 '사회적 성격'이 정립된다면, 이 '일반적 노동'의 경우에 '제일 가는 생명 욕구'로서의 자기 목적적 계기가 자연히 생계 수단적 계기를 압도하게 된다. 그리하여 '일반적 노동'은 더 이상 '노동'이 아니라, 생산적 '활동'으로 고양된다.

나아가 마르크스는 지금까지의 인간을 자기의 노동의 결과물로 이해할 만큼 역사적 인간 형성에서 노동을 절대화하여 인간 생활의 중심에 위치시킨다. 마르크스는 이 때문에 "현실적이고 참된 인간을 자기의 노동의 결과물로 개념화하는 것은 헤겔의 『정신현상학』과 그 최종 결론의 위대한 점이다"라고[71] 헤겔을 극찬한다. 마르크스의 이 노동 중심적 인간관은 유희적 행위, 미학적 행위, 도덕적 행위, 교제적 행위 등 인간의 다른 중요한 사회적 행위를 제쳐두고 '공리적 행위'만을 특화하고 있다.

지금까지 요약된 마르크스의 노동철학은 이론적 완결성을 갖추고 있고 오늘날에도, 아니 정보화시대인 오늘날에야 비로소 그 진가를 발휘할 수 있는 측면이 있는 것이 사실이다. 그러나 이 노동철학도 정보화 사회

---

70) Marx, *Grundrisse der Kritik der politischen Ökonomie*, 512쪽.
71) Marx, *Ökonomische-philosophische Manuskripte* [1844], 574쪽.

가 야기하는 경제적·사회적 대변동 속에서 사유 지평의 역사적 제약성과 협소성을 노정하면서 그 타당성이 급격히 축소·침식되고 있다.

마르크스의 노동철학은 지식기반·정보화 시대를 맞아 (1) 물질적 생산에 경도된 노동관의 개념적 부식, (2) 가치론적 의미의 침식, (3) 노동 중심성의 해체 등 적어도 세 가지 측면에서 역사적 붕괴 위험에 직면해 있다.

첫째, 마르크스의 노동철학은 노동을 기본적으로 '인간과 자연 간의 물질대사'로 이해함으로써 물질적 생산의 테두리에 갇혀 있다. 그러나 오늘날 정보화시대에 '물질적 생산'은 퇴조하는 반면, 지식·정보·문화산업 및 관련 서비스산업 등 '정신적·비물질적 생산'이 경제의 주력 부문으로 올라서고 있다. 이와 함께 경제 영역이 확대되면서 물질적 생산 바깥에서 벌어지는 경제활동이 물질적 영역의 노동을 압도한다. 지식·정보·문화산업 및 관련 서비스산업은 결코 '인간과 자연 간의 물질대사(Stoffwechsel)'가 아니다. 그것은 제대로 규정하자면 각종 감정적 의미들과 관련된 '인간과 인간 간의 의미 대사(Sinnwechsel)'이다. 이런 까닭에 오늘날과 미래의 경제활동은 대부분 '물질대사'로서의 마르크스의 노동 개념으로는 포착할 수 없고 미래로 갈수록 이 개념적 낙후성과 시대착오성은 더 심화될 것이다.

둘째, 마르크스의 노동철학은 가치론적 근거로서 실제적 기반을 잃고 있다. 그에 의하면 재화와 서비스의 경제적 가치를 창출하는 노동은 양적 측정이 가능하다. 그는 비숙련·단순노동의 주도적 확산을 전제하기 때문에 이 노동 형태를 기준으로 삼아 숙련노동도 비숙련·단순노동의 곱절로 환산한다. 그런데 마르크스의 '일반적 노동' 개념과 부합되는 물질적 생산 분야의 지식 노동이든 '일반적 노동'으로도 포착될 수 없는 비물질적·정신적 생산 분야의 두뇌활동이든 그 본질적 특징은 창의성이다. 이 창의성은 노동시간으로, 즉 양적으로 측정할 수 없고 환산 공식도 적용될 수 없다. 가령 정보산업과 문화산업으로 떼돈을 벌고 있는 빌 게이츠와 스필버그의 창의적 두뇌활동을 어떻게 단순노동 시간으로 환산하여 양적으로 측정한다는 말인가? 창의적 두뇌활동은 양적 측정도 양적 환산도 불가능한, 전통적 숙련·비숙련노동과는 본질적으로 다른 유형의 '창조 활동'인 것이다. 이 정신적 창조 활동은 때로는 1초 동안의 영감으로 새것을 발명(개발)하고, 때로는 퀴리 부인처럼 수십 년을 허탕 치다 갑자기 새것을 발견하여 세계를 뒤덮는 엄청난 가치를 창출한다. 오늘날 경제적 가치의 대부분은 맥락과 시점에 따라 천양지차의 변화무쌍한 가치량으로 평가되는 이 창조적 두뇌활동에서 나오고 있다. 이로 인해 마르크스의 노동철학은 이중적 이유에서 가치론적 토대를 상실한다. 우선 오늘날의 '지식경제(knowledge economy)'를 주도하고 있는 '지식 노동자들(knowledge workers)'의 '일반적 노동'과 비물질적 두뇌 생산 활동은 노동시간을 기준으로 한 양적 계산이 불가능하다. 게다가 경제적 가치의 대부분이 '물질대사'가 아니라 정신적 '의미 대사'인, 따라서 노동이 아닌 새로운 비물질적 두뇌 생산 활동으로부터 나오고 있기 때문에 노동가치론은 내적으로 부식된다. 이와 표리관계로서 단순·비숙련 노동자들은 주변적 경제 영역으로 내몰린다.[72] 이것은 물질적 경제에 경도되고 노동 가치의 시간적·양적 측정에 기초한 과거의 산업자본주의가 끝나고 이와 본질적으로 다른 (양적 노동 가치 개념으로 환원하거나 측정할 수 없는 새로운 '창조적 노동'에 기초한) 지식기반 자본주의가 도래했다는 것을 뜻하는바, 이로 인해 마르크스의 노동철학만이 아니라 이에 기초한 정치경제학도 그만큼 무력화된다.[73]

---

[72] 노동 가치의 무력화는 마르크스의 예견대로 엄청난 규모의 생산수단과 극소화된 노동 간의 불비례 때문이다. Marx, *Grundrisse der Kritik der politischen Ökonomie*, 601쪽. 노동가치의 침식은 이윤율 하락 때문이 아니라, 양적으로 측정할 수도 없고 또 비노동(非勞動)인 비물질적 두뇌 생산 활동의 지배적 확산 때문이다.

[73] 필자는 1996년까지도 마르크스의 노동가치론이 IT 정보화와 이윤율 하락 법칙의 무

셋째, 경제가 오늘날도 사회의 결정적 기반이지만 점차 탈脫 물질화되어 물질적 생산과 노동 가치에 경도된 정치경제학이 퇴출됨으로써 노동 중심의 사회관 및 노동자 중심의 정치관도 해체에 직면했다. 지식·정보·문화·서비스산업의 비약적인 확대로 국부國富 개념은 갈수록 무형화無形化 되고 지식·정보·문화·정신·취향 등 정신적 의미요소의 경제적 역할이 강화되어 정신적 고부가가치 산업이 21세기 주도산업으로 올라서고 있다. '정신적 생산' 분야의 경제적 비중이 '물질적 생산'을 마침내 압도하고 '비非노동'으로서의 정신적·문화적 두뇌활동에서 경제적 가치 대부분이 나오는 시대 상황에서 노동 중심의 인간·사회관은 시대착오적인 것이고 노동자(노조) 중심의 정치관도 과거에 귀속되는 것이다. 노동은 인간의 여러 경제적 활동 가운데 주변적 요소로 축소되었을 뿐 아니라, 인간이 수행하는 창조적 두뇌활동, 의사소통(토론과 논의), 사회활동, 정치, 투쟁, 예술, 오락·유희 등 여러 사회적 행위 가운데 한 요소일 뿐이다. 오늘날의 인간은 과거 인간과 달리 노동보다 다양한 사회적 활동들에 의해 형성되고 따라서 "인간이 자기의 노동의 산물"이라는 마르크스의 인간 개념은 시대착오적 개념인 것이다.

'노동'이 경제의 주변으로, 나아가 사회적 행위의 변두리로 밀려나면서 노동 중심의 인간관, 사회관, 정의관, 진보관은 붕괴한다. 이와 나란히 좌익정당은 노동자 중심성을 고수하다가 스스로 시대착오적인 극좌 정당 또는 자본주의의 '하수종말처리장' 같은 말단 군소정당으로 쇠락하든가 아니면 노조와의 연관성을 완화하면서 사회적 기반을 확대하면서 중도개혁적 국민정당으로 자기 지양止揚과 변신을 감행할 수밖에 없는 것이다.

력화에도 불구하고 모든 노동이 양적 노동 가치로 환원·측정 가능할 것으로 생각했었다. 참조: 황태연, 『지배와 이성』(서울: 창비, 1996), 399쪽. 그러나 창조적 지식경제로의 변동 방향이 뚜렷해진 시점부터 이러한 이론적 입장을 수정했다. 참조: 황태연, 「자본주의의 근본적 변화와 제국주의의 종식」, 계간 『사상』, 1999·겨울호(통권 43호), 125쪽 각주6). 여기서 이 수정된 입장을 재확인한다.

1.3. 착취·물화이론과 물적 토대의 무력화

마르크스는 자본주의 사회의 불평등과 사회적 불의不義를 '착취 이론'으로 논증하고 탄핵한 한편, 착취 메커니즘이 야기하는 사회적 주객전도, 부조리 의식, 정신적 병리 현상은 '소외·물화 이론'으로 논증하고 있다. 이 두 이론은 마르크스의 핵심 이론에 속하는 것이다. 마르크스에 있어 '수탈'은 남의 '재산(소유)'을 빼앗는 행위인 한편, '착취'는 남의 '노동(시간)'을 빼앗는 행위를 뜻한다. 기술적·조직적·운영 기법적 생산력 발전에 따라 1인의 노동은 노동자의 생계를 재생산하는 데 드는 '필요노동'을 넘는 '잉여노동'이 가능하다. '착취'는 바로 이 잉여노동을 빼앗는 것이다. '잉여가치'는 이 잉여노동이 상품을 통해 대상화된 것이고, '이윤'은 이 잉여가치의 시장 평가액이다. 이 이윤은 최종적으로 시장 메커니즘을 통해 기업가 이문, 지대, 이자, 유통마진 등으로 분배된다.

사회적 세력 관계가 피 착취자에게 불리해질수록 전체 노동시간은 10시간, 12시간, 14시간 등 육체적 생존이 가능한 최대한으로까지 늘릴 수 있고, 이에 반비례하여 착취자가 빼앗는 잉여노동은 늘어난다. 이런 식으로 늘리는 잉여가치 생산은 '절대적 잉여가치 생산'이다. 이에 반해 노동시간이 8시간으로 불변인 상태에서도 생산력이 발전할수록 전체 '필요노동' 시간이 가령 4시간에서 3시간으로 줄어들면, 잉여노동 시간은 4시간에서 5시간으로 늘어나는 데, 마르크스는 이런 식으로 늘리는 잉여가치 생산을 '상대적 잉여가치 생산'으로 정의한다.

마르크스는 시간이 흐를수록 생산기술이 발달하여 실업자가 누적될 것이기 때문에 사회적 세력 관계가 노동자에게 계속 불리해져 노동 억압과 착취가 심화될 것으로 내다보았다. 그리하여 더 많이 노동하면 노동할수록 고용 노동자의 생활 수준은 궁핍화된다. "자본왕들의 수가 끊임없이 줄어들면서 동시에 궁핍, 억압, 예속, 타락, 착취의 양이 증가하기"[74] 때문이다. 즉, 노동하는 자는 노동하면 노동할수록 더욱 궁핍해질 수밖에 없는 것이다.

노동자=빈자의 등식에 결정적 근거를 제공하는 마르크스의 이 착취이론은 하지만 비물질적 경제 영역의 창의적 두뇌활동의 주도적 역할 및 노동 개념과 노동가치론의 주변화와 퇴출로 인해 필요·잉여노동, 절대적·상대적 잉여가치 등의 개념 도구와 함께 이론적으로 해체될 수밖에 없다. 역사적 발전 추세는 마르크스의 예상과 사뭇 다른 행로를 밟았고, 현재와 미래의 상황은 더욱 마르크스의 예측 저편에 있는 것이다.

지난 100년 동안 노동자의 억압 상황은 결정적으로 완화되었고, 마르크스의 예견과 달리 노동자 대중의 생활 수준은 크게 향상되었다. 여기에는 다양한 이유가 있다.

첫째, 마르크스가 말한 대로 "자본주의적 생산과정 자체에 의해 단련되고 단합되고 조직된 노동자계급의 분노"에[75] 기초한 노동운동과 노동자정당의 저항 투쟁 덕택에 억압과 착취는 크게 완화되었고, 노동자들의 대항권력(노동조합)이 제도적으로 승인되고 노동삼권이 국민의 기본권이 되고 복지제도가 헌정 체제로 정착하면서 노동자는 궁핍을 벗어났다.

둘째, 18-19세기와 20세기 초의 궁핍화 시대에 억압과 착취, 궁핍을 피해 5,000만 명 이상이 신대륙으로 이주함으로써 유럽과 아시아 지역에서 착취·억압이 극화되지 않을 수 있었다.

셋째, 세계시장에 기초한 21세기 지식경제에서 '착취로 인한 궁핍'은 거의 사라지면서 이른바 '착취'를 당할 기회조차도 없는 '사업 실패·경쟁 패배·퇴출로 인한 궁핍'으로 바뀌고 있다. 근력과 자원 중심의 경제에서

---

74) Marx, *Das Kapital I*, 790쪽.
75) Marx, *Das Kapital I*, 790-701쪽.

두뇌와 지식 중심의 경제로 이동하는 지식기반화·정보화 과정에서 주목할 것은 중공업·농업의 축약縮約(miniaturing)으로 궁핍 개념과 불가분적인 인연을 맺어온 육체노동자가 수적으로 축소·주변화되는 반면, '화이트칼라·골드칼라' 두뇌 인력 또는 '신중산층'이 주력 생산자로 등장하면서 자본과 인력의 시장 지향성은 획기적으로 강화되어 가지만 착취성과 억압성은 결정적으로 약화되고 있다. 지식·문화·정보·정신적 가치가 주도적 경제가치가 되고 문화적·정신적·미학적 요소의 역할이 강화되면서 국부國富 개념이 무형화無形化 되는 가운데 핵심 인력으로 떠오른 '지식근로자'의 두뇌 창의력은 착취와 억압으로부터 벗어난 상태에서만 제대로 발휘된다. 이런 이유에서 이들은 대체로 스톡옵션 등 자본지분 베이스에서 거의 동업자적 지위의 근로계약을 맺거나 프리랜서와 유사한 근로관계를 맺고 있다. 따라서 19세기 '산업자본주의'에 비하면 오늘날의 '지식 자본주의'는 착취·억압·종속이 결정적으로 완화된 '리버럴한(liberal)' 자본주의(마르크스)인 것이다.[76]

이런 까닭에 빈부의 차별선도 오늘날 결정적으로 완화된 착취·피착취 개념을 중심으로 그어지는 것이 아니다. 시장화와 지식기반화의 끊임없는 소용돌이와 치열한 세계적 경쟁에 휩싸여 있는 '고高 리스크 경제

---

76) 이든(Sir Frederic M. Eden)은 18세기 말 그의 『빈자들의 처지 또는 노동계급의 역사』라는 책(1797)에서 당시(산업자본주의 이전의) 자본주의적 종속을 봉건적 종속에 비해 "편안하고 자유로운 종속"으로 규정한다. "부자를 빈자와 구별해주는 것은 땅과 돈의 점유가 아니라 노동에 대한 명령권(the command of labour)이다. (…) 그런데 빈자에게 승인되는 것은 비루하거나 예종적인 상황이 아니라 편안하고 리버럴한 종속 상태(a state of easy and liberal dependence)이고 재산가들에게는 자신들을 위해 노동하는 사람들에 대한 충분한 영향력과 권위가 주어진다. 인간 본성의 어떤 전문가도 알다시피 이런 정도의 종속관계는 노동자들 자신의 편익을 위해 필수적인 것이다." Marx, *Das Kapital I*, 644쪽에서 재인용) 가혹한 지배·종속관계의 19-20세기 산업자본주의 시대에서는 위선적으로 느껴졌던 자유주의(liberalism)가 18세기 말 무렵에는 아직 이런 실재적 근거가 있었던 것이다. 오늘날 '지식 자본주의적' 종속은 18세기의 이런 '리버럴한' 종속에 재접근하는 것으로 보인다.

(high-risk economy)'인 21세기 지식경제에서는 이 고 리스크에 대한 기술적·정신(지식)적 대처 능력의 유무가 자본의 유무에 기초한 착취의 유무를 압도한다. 따라서 빈부 구분의 선은 기술적·정신적 창의력과 도전정신으로 고 리스크를 돌파하는 지 여부에 따라 그어진다. 21세기 지식근로자들은 운이 좋으면 웬만한 자본가의 연 소득을 능가하는, 이른바 CEO나 '골드칼라'로 떠오를 수도 있고, 쉽사리 근로계약을 떠나 자영업자로 전신하여 군소 벤처기업가가 되거나 빌 게이츠같이 세계를 제패하는 슈퍼 대기업가가 될 수도 있고, 경쟁 패배, 사업 실패, 기술 낙후 등으로 주변부의 단순 서비스노동자로 전락하거나 실업자, 심지어 노숙자로 퇴출당할 수도 있는 것이다. 또한 문화산업의 급성장으로 직업적 1급 활동가, 2급 이하의 후진後進, 지망자 등의 인적 기반이 더욱 두터워진 영화감독, 배우(탤런트), 가수, 소설가, 체육인의 경제적 소득은 자본력이나 노동착취를 통해서가 아니라 창의성, 능력, 지명도와 호감 때문에 하늘과 땅 차이로 차별화된다. 노벨문학상을 받은 소설가 또는 '해리 포터' 작가 등 세계적 유명 소설가와 마이클 조던, 타이거 우즈, 박찬호, 박세리 등 세계적 유명 체육인의 소득은 무명 소설가와 무명 선수의 소득과 비교할 수 없는 것이다. 21세기 경제는 이와 같이 자본의 유무와 무관하게 천태만상의 대大 변신과 끝 모를 상승의 기회도 제공하지만, 직업생활을 그만큼 큰 위험과 불안정, 그리고 천양지차로 확대된 차별에 빠뜨린다.

그리하여 착취·피착취로 인한 빈부격차는 주변으로 밀려나고 리스크 대처 능력의 유무와 경쟁적 능력주의(meritocracy)에 기인하는 성패, 승패, 진퇴로 인한 빈부격차가 지배하는 것이다. 따라서 21세기 복지 이념도 '착취로 인한 빈곤'을 사후적으로 상쇄하고 완충하는 시혜적 복지를 탈피하여 '실패·패배·퇴출로 인한 빈곤'을 사후에 해소할 뿐만 아니라 이런 빈곤 위험을 사전에 방지하는, 즉 사전·사후의 재교육·재도전·재고용·

재활을 집중적으로 지원하는 패자부활전 성격의 생산적 복지를 지향해야 하는 것이다.

마르크스의 착취 이론의 이러한 무력화는 마르크스이론의 다른 초석인 소외·물화物化 이론을 붕괴시킨다. 이 소외·물화 이론은 마르크스의 이론 체계에서 휴머니즘의 자본주의적 유린, 인간적 의식과 의미의 자본주의적 전도와 파괴를 설명하는 핵심 축에 해당한다.

마르크스에 의하면 노동은 노동 내용이 매력적이고 양이 적당하면 삶에 기쁨을 준다. 그러나 착취로 인해 노동시간이 너무 길고 노동 내용이 육체적 근력 사용에 집중되어 있거나 단순반복적이면 노동은 고통이다. 상술한 바와 같이 애덤 스미스는 이 착취당하는 노동을 노동 '일반'으로 착각하고 '모든' 노동을 '고통스러운 것'으로 파악하였다. 스미스의 이 부르주아 국민 경제학적 노동관에서는 불가피하게 노동이란 애당초 창조적 생산 행위(=자기실현)이면서 동시에 고통스런 자기 상실이라는 숙명적 양가치성을 띤 것으로 현상한다. 스미스는 착취와 육체적 근력 사용으로부터 벗어나 '고통'이 아니라 '기쁨'을 수반하는 '자유로운 노동'을 알지 못했고 따라서 기존의 착취당하는 노동도 착취관계를 탈피하면 '자유로운 노동'으로 변하리라는 것을 상정하지 않았다.

헤겔의 외화外化(Entäußerung)개념은 자기실현의 대가로서 고통스런 자기 상실의 측면을 숙명적으로 수반하는 스미스의 이 숙명론적인 양가치적 노동관을 그대로 반영하고 있다. 마르크스는 이미 1844년 『경제-철학초고』에서 이 점을 예리하게 지적하며 헤겔의 외화·노동 개념을 비판하고 있다. "헤겔은 인간의 자기 산출을 과정으로 파악하고 대상화를 탈脫대상화로, 외화와 외화의 지양으로 파악한다".[77] 헤겔에게서는 자신의 꿈과 기획, 능력을 물적 대상에 표현하여 실현하는 '대상화', 즉 자

---

77) Marx, *Ökonomische-philosophische Manuskripte* [1844], 574쪽.

기실현이 동시에 숙명적으로 대상 속에서 자기를 다시 상실하는 것(="탈대상화")로 나타나는 것이다. 대상화는 외화(=외적 자기실현)이면서 동시에 외화의 취소(=자기 상실)이다. 이리하여 헤겔에게서 '외화'로 개념화된 노동도 자기실현과 자기 상실의 숙명적 양가치성을 짊어진다. 마르크스는 이 자기상실의 측면을 '소외(Entfremdung)' 또는 '자기소외(Selbst-Entfremdung)'의 개념으로 포착했다. 동시에 마르크스는 착취관계 속의 양가치적 노동과, 자유로운 조건에서의 자기실현으로서의 자유로운 노동을 구별한다.

마르크스에 의하면 자본주의적 착취관계 속의 노동은 4중의 소외에 처한다. 첫째, 노동은 자기 생산물로부터 소외된다. 모든 노동 생산물은 남의 재산에 귀속되기 때문에 "낯선 존재"로서, "생산자와 독립된 권력"으로서 노동과 대립한다. 따라서 노동이 생산물을 많이 생산할수록 노동을 누르는 권력이 더 강화된다. 노동의 입장에서 보면 이것은 아이러니이다. "노동 생산물은 대상에 고정된, 물건으로 만들어진 노동", "노동의 대상화", "노동의 실현"이므로 대상화된, 실현된 노동이 산 노동을 억압하는 형국이기 때문이다. 이 "노동의 실현"은 자본주의적 착취 상태에서 "노동자의 현실 상실로, 대상화는 대상의 상실과 예속으로, 취득은 소외로, 양도로 나타난다."[78]

둘째, 노동은 노동과정에서 소외된다. 노동이 노동자 자신에게 낯설고 노동자 자신을 부정한다. 노동이 노동자의 육체를 갉아 먹고 정신을 황폐케 하는 고통스런 "강제노동"인 것이다. 노동을 하는 동안에는 노동자 자신은 자기 것이 아니라 남의 것이다. 노동자는 노동 속에서는 자기를 상실하고 노동을 하지 않을 때만 자기를 되찾는다.[79] 쉽게 말하면 노동은

---

78) Marx, *Ökonomische-philosophische Manuskripte* [1844], 511-512쪽.
79) Marx, *Ökonomische-philosophische Manuskripte* [1844], 514쪽.

괴롭고 고통스런 반면, 노동을 벗어난 휴식은 더할 나위 없는 기쁨인 것이다.

셋째, 자본주의적 노동 속에서는 노동자가 "인간의 유적類的 본질", 즉 인간성으로부터 소외된다. 인간적 본질을 기껏 "인간의 개인적 생존 수단"으로 이용하기[80] 때문이다.

넷째, 위 세 가지 소외의 귀결로서 인간이 인간으로부터 소외된다. 인간들이 다른 인간과 연대하지 못하고 대립한다.[81]

마르크스의 이 소외개념은 노동하는 주체의 관점에서 상실과 억압을 표현하는 것이다. 그런데 이 소외 관계를 객체적 관점에서 보면, 주체는 객체가 되고 객체는 주체로 전도되며, 인간은 사물이 되고 사물은 인간이 된다. 말하자면 주체가 대상화하면 할수록, 주체의 권력과 부가 증가하는 것이 아니라, 역으로 주체가 원래의 이 주체로부터 생명력을 빼앗아 스스로 주체를 참칭하는 자립적 객체 세계의 '대상'으로 전락하는 것이다. 마르크스는 이 인간 유린적 주객전도를 통해 인간 간의 사회·경제적 관계가 흡사 자립적으로 운동하며 인간을 지배하는 마력을 지닌 "감각적이면서 초감각적인 사물"로 나타나는 현상을 "물화物化(Verdinglichung 또는 Versachlichung)"로 개념화한다. 또한 이 흡사 자립적인 양 운동하며 가치와 마력을 발휘하는 "감각적이면서 초감각적인 사물"을 '물신物神(Fetisch)'으로, 그리고 이 사물의 가치와 권력이 사회경제적 관계에 기인하는 것이 아니라 사물의 물리·화학적 자연속성에 기인하는 것으로 착각하는 것을 물신주의(Fetischismus)로 개념화한다.

"물화" 개념은 공자가 이미 "화물化物" 개념으로 파악한 바가 있다. 마르크스의 물화 개념이 전적으로 새롭고 신기원적으로 창조적인 개념인

---

80) Marx, *Ökonomische-philosophische Manuskripte* [1844], 517쪽.
81) Marx, *Ökonomische-philosophische Manuskripte* [1844], 517-518쪽.

것은 아니다.

- 사람이 살아 있으면서 고요히 정지해 있는 것은 하늘이 내린 본성이고 사물에 감동하여 움직이는 것은 본성의 욕구다. 사물을 지각하고 지각한 뒤에 이에 호오가 형성된다. 호오가 안에서 무절제하고 지각이 외부에 유인되어 자신을 돌이키지 못하면 천리가 멸한다. 사물이 사람을 감동하게 하는 것이 무궁하고 사람의 호오가 무절제하면 이 사물이 극에 이르고 사람은 사물이 된다(化物). 사람이 사물이 된다는 것은 천리를 멸하고 사람의 욕망을 다 한다는 것이다. 이에 패역과 사기의 마음이 생기고, 음란이 끓어오르고 난을 일으키는 일이 있다. 이 때문에 강자가 약자를 위협하고, 다중에 소수를 폭압하고, 지자가 우자를 속이고, 용자가 비겁자를 괴롭히고, 질병자를 양호하지 않고, 늙은이와 어린이, 고아와 독거노인이 제 자리를 얻지 못한다. 이것은 대란大亂의 길이다.[82]

공자의 이 '화물化物' 개념은 꼭 자본주의를 겨냥한 것은 아니지만 호오가 무절제하여 외물에 유인되어 사물이 지상至上의 것이 되면 사람이 사물로 전도된다는 뜻이다. 따라서 공자의 '화물化物'은 의미론적으로 마르크스의 '물화'와 대략 일치한다. 공자 시대의 경제도 국내외 시장의 상당한 발달로 거의 모든 물건이 상품화된 시장경제였다.[83]

---

82) 『禮記』「樂記 第十九」(1): "人生而靜 天之性也, 感於物而動 性之欲也. 物至知, 知然後好惡形焉. 好惡無節於內 知誘於外 不能反躬 天理滅矣. 夫物之感人無窮, 而人之好惡無節, 則是物至而人化物也. 人化物也者 滅天理而窮人欲者也. 於是有悖逆詐僞之心, 有淫泆作亂之事. 是故强者脅弱, 衆者暴寡, 知者詐愚, 勇者苦怯, 疾病不養, 老幼孤獨不得其所. 此大亂之道也."

83) 공자시대 국내시장에 대해서는 다음을 참조하라. 『易經』「繫辭下傳(2)」: "해가 중천에 뜨면 시장을 열어 천하의 백성을 초치하고 천하의 재화를 모으며, 교역하고 물러나 각기 제 것을 얻는다."(日中爲市 致天下之民 聚天下之貨 交易而退 各得其所.). 공자

마르크스는 이미 자본주의적 생산양식의 "가장 일반적이고 가장 미발전된" 또는 "가장 단순한" 범주인 상품에서 사회적 관계가 상품의 재료가 된 '사물의 속성'으로 전도되고 화폐에서는 생산관계가 '하나의 사물'로 둔갑하는 "전도" 현상 또는 "신비화하는 성격"이 나타난다고 말한다.[84] 자본주의적 생산양식의 지배적 범주이자 결정적 생산관계인 '자본'에서는 "주술에 걸리고 전도된 세계"가 훨씬 더욱 발전된다. "상대적 잉여가치의 발전과 함께 직접적인 노동과정 속의 노동의 생산력과 사회적 연관은 노동에서 자본으로 전치(轉置)된 것으로 나타난다. 이와 함께 노동의 모든 사회적 생산력이 노동에 속하는 것이 아니라 자본에 속하는, 그리고 자본의 고유한 품 안에서 솟아나는 힘으로 현상함으로써 자본은 이미 신비적 존재가 된다."[85] 유통과정에서는 아예 "자본물신"이 판을 치고 "이자를 낳는" 대부자본은 자본의 "가장 소외된 형식"이다.[86] 이윤은 자본에서, 이자는 대부자본에서, 지대는 토지에서, 임금은 노동에서 나온다는 경제적 삼지三肢등식 속에서 "자본주의적 생산양식의 신비화, 즉 사회적 관계의 물화, 말하자면 소재적素材的 생산관계와 그 역사적·사회

는 자유시장과 자유 상업을 진흥하는 방책에 대해서도 논한다.『禮記』「第六 月令」: "이달(추석날이 있는 달 - 인용자)에는 관문과 시장을 드나드는 것을 쉽게 하고, 상단들을 오게 하여 재화와 물건을 시장에 납품하게 하며, 이를 통해 백성을 편하게 한다. 이리하여 사방에서 와서 모이고 먼 타향에서 다 오면 재물은 바닥나지 않고, 조정도 소비품이 모자라지 않아, 온갖 일들이 이내 성취된다."(是月也 易關市 來商旅 納貨賄 以便民事. 四方來集 遠鄉皆至 則財不匱 上無乏用 百事乃遂.) 또 공자는 국제무역과 통역관에 대해서도 논한다.『禮記』「王制」: "중국과 이만융적(夷蠻戎狄)은 다 안거(安居), 조화로운 입맛, 적합한 의복, 유용한 기구들을 가지고 있다. 이 오방五方의 백성은 언어가 불통하고 기호가 같지 않다. 그 뜻을 전달하고 그 욕망을 통하게 함에 동방의 통역자는 '기(寄)'라 하고, 남방의 통변자는 '상(象)'이라 하고, 서방의 통역자는 '적제(狄鞮)'라 하고, 북방은 '역(譯)'이라 한다."(中國夷蠻戎狄 皆有安居 和味 宜服 利用 備器. 五方之民 言語不通 嗜欲不同. 達其志 通其欲 東方曰寄 南方曰象 西方曰狄鞮 北方曰譯.)

84) Marx, *Das Kapital I*, 85-98쪽; *Das Kapital III*, 835쪽.
85) Marx, *Das Kapital III*, 835쪽.
86) Marx, *Das Kapital III*, 837쪽.

적 규정성의 직접적 유착이 완성된다. 그것은 자본 씨氏와 대지大地 마담이 사회적 분장 인물로서, 그리고 직접 단순한 사물로서 야단법석을 떠는 주술 걸린, 전도된, 물구나무선 세계이다."[87]

그러나 마르크스 자신이 인정하듯이 "사물의 인격화와 생산관계의 사물화"가 벌어지는 이 신비적 세계는 고전 경제학이 불완전하기는 하지만 이미 해체했다.[88] 이 이론적 해체는 마르크스의 비판 이론 속에서 완결된다. 자본주의적 착취관계를 전제한 이 소외·물화 현상은 이론적 해체에 이어 앞서 입증했듯이 착취관계가 이미 역사적으로 퇴조했기 때문에 실천적으로도 해체될 수밖에 없다. 이와 함께 '쉽사리 투시할 수' 없는 물화 현상과 물신은 착취·지배관계의 퇴조와 함께 그 소외 성격을 잃고 투명하고 편리·유용한 '상징적 객관화'과 '상징물'로 바뀐다. 상품·화폐·자본 등은 우리의 의식 속에서 더 이상 우리를 억압하지도 않고 마술도 부리지 않는 편리·유용한 가치 상징물일 따름이다.

사물이 주체로 전도된다는 "사물의 인격화", 즉 사물의 자율운동과 자립화 현상도 이제 우리를 소외시키고 억압하며 기만하는 현상이 아니라 인간과 국가가 문제가 생기면 충분히 투시하고 통제할 수 있는 자유시장의 자율 법칙 현상이다. 그러나 이 "사물의 인격화", 즉 객체의 주체화 현상이 문제없이 자율적으로 순항順航하는 동안은 이를 의식하지 않아도 되며 이로써 의식의 부담을 덜 수 있다. 의식의 부담을 덜어주는 이 전술적 무의식 또는 전술적 허상 의식은 인간의 신경과 노동을 절감해 주는 거대한 절약인 것이다. 이러한 상황 변화 속에서도 인간이 경제 흐름을 모조리 알고 의식해야 한다고 주장한다면 이것은 인간을 의식 과잉으로 내모는 계획 경제적 강박증이고, '물화'가 '객관화'로, '물신'이 유용한 '상

---

87) Marx, *Das Kapital III*, 838쪽.
88) Marx, *Das Kapital III*, 838쪽.

징물'로 전환되었는데도 자본주의 세계를 몽땅 소외·물화 범주로 덮어씌우다면 이것은 정신적 피해망상에 불과한 것이다.

이로써 마르크스의 소외·물화 이론은 무력화되었다. 마르크스가 인간의 노동이 모두 다 숙명적 양가치성을 지닌 것은 아니라고 애덤 스미스와 헤겔을 올바로 비판했듯이, 착취관계가 무력화되는 지식 자본주의 경제에서 고용된 노동이 모두 소외된 노동은 아니다. 또한 지식 자본주의 경제는 더 이상 물신과 물신주의가 '야단법석을 떠는' 물화된 경제가 아닌 것이다.

1.4. 계급혁명론과 자본주의 붕괴론의 궤적과 잔해

마르크스는 이미 살펴보았듯이 시민사회를 "가족, 신분 또는 계급들의 조직"으로 정의한다. 이 정의는 사적 차원의 무정형의 친목관계와 단체들, 그리고 소비자협회, 학술단체, 종교단체(사원, 교회 및 기타 종교 조직) 등 각종 사회·시민단체들을 생략하고 있다. 마르크스는 연대적으로 행동하는 '대자적對自的' 계급이 아니라 존재하는 계급을 다음과 같이 정의하고 있다.

- 수백만의 가족들이 이들의 생활양식, 이익, 교육수준을 다른 계급들과 분리시키고 이들과 적대적으로 대립시키는 경제적 생활조건 아래 살고 있다면, 그들은 하나의 계급을 이룬다.[89]

이와 같이 마르크스에 있어서 계급이익, 교양, 생활양식, 영예는 '존재하는' 계급의 구성요소이다. 또 소유는 가족관계로 승계되고 직접 경제활

---

89) Karl Marx, *Der achtzehnte Brumaire des Louis Bonaparte*, 198쪽. *MEW* 8.

동에 참여하지 않는 가족구성원의 계급 소속은 가족 범주로 정의된다. 계급사회는 이 가족관계와 가족적 상속제도 없이 재생산될 수 없다. 따라서 계급 성원은 늘 가족이다. 이런 이유에서 마르크스의 계급이론에서 1) 가족과 경제적 생활 조건, 2) 이익, 3) 교육·교양, 4) 생활양식, 5) 적대적 대립 등은 근본 범주를 이룬다. 이를 기준으로 볼 때 "임금노동자, 자본가, 토지소유자"를 "자본주의적 생산양식에 기초한 근대사회의 커다란 세 계급"으로 규정한다.[90]

'존재하는' 계급은 따라서 임의의 기준에 따라 분류된 명목적인 '범주'가 아니다. 마르크스의 계급은 동일한 경제적 생활 조건에 근거한 동일한 생활양식, 동일한 이익 및 이익 대립, 동일한 교양 수준을 갖고 살고 있는 객관적으로 실존하는 사회적 집단이기 때문이다. 계급 구성원들은 적대계급 간의 사회적 교류(가령 결혼 및 우정 관계 등)의 결여 또는 이 교류의 거부, 회피, 배척, 몸가짐 및 의상, 즐기는 음식, 스포츠, 차종(車種)의 차이 및 이로 인한 위화감 등 무수히 많은 요소로 구성되는 생활양식에서 일상적, 무의식적으로 서로를 견인하고 배제함으로써 자기와 서로를 계급적으로 분류한다. 따라서 사회과학자들의 이론적 계급 분류도 생활인 자신의 이러한 일상적 계급 분류의 실재實在를 재현하는 것 외에 다른 것이 아니다.

이 점에서 마르크스의 계급 개념은 실재론적이다. 그러나 계급은 직접적으로, 즉 개인에 앞서 존재하는 것이 아니라, 동일한 이익 상황에 처한 동일한 생활양식의 개인들을 매개로 구성된다. 따라서 마르크스는 개인들의 실존에 앞서는 "계급의 사전적事前的 실존(Präexistenz)"을 주장하는 소박한 실재론(naiver Realismus)을 다음과 같이 비판하고 있다. "부르주아 개인이 부르주아 유類의 한 견본이라는" 명제는 "부르주아 계급

---

90) Marx, *Das Kapital III*, 892쪽.

이 이미 부르주아 계급을 구성하는 개인들에 앞서 실존했다는" 말이나[91] 다름없이 불합리한 것이다. 따라서 개개인은 자신의 이익을 잘못 인지할 수 있지만 계급 전체는 자신의 이익에 대해 '불가 오류'라는 카우츠키(Karl Johann Kautsky)의 믿음은 마르크스의 계급 개념과 무관한 것이다.

개인적 이익의 동일성은 '존재하는' 계급의 실존을 조건 짓지만, 자신 간의 공동성, 즉 연대성은 아직 아니다. 계급 이익의 객관적 동일성은 개인 간의 특유한 사회적 교류 행위 없이 '대자적 계급'을 창출할 수 없다. 동일한 이익 상황이 결코 공동의식을 인과적으로 야기하는 것이 아니기 때문이다. 마르크스는 말한다. "한낱 국지적인 연관만이 소농들 간에 존재할 뿐이고 그리하여 그들의 이익 동일성(Dieselbigkeit)이 그들 간의 아무런 공동성(Gemeinsamkeit)도, 아무런 전국적 접촉 연관도, 아무런 정치적 조직도 창출하지 못하는 한에서 이 소농들은 전혀 계급을 형성하지 못한다."[92] 따라서 이 존재할 뿐인 소농 계급은 제아무리 동일한 경제적 조건과 생활양식 속에서 대규모로 살고 있을지라도 계급적 연대 행위를 통해 자신의 이익을 관철할 정치적 능력이 결여되어 있다. 이것은 초기 계급 형성 과정에서 프롤레타리아에게도 적용된다. 자본의 지배하에서 동일한 이익 상황에 처한 대중도 "자본에 대해서는 하나의 계급"일지 모르지만, "대자적으로는", 즉 스스로에게는 "아직 계급이 아니다."[93]

한 걸음 더 나아가 모든 개인적 계급 주체들의 계급 이익에 대한 개인의 의식적 각성(=계급의식)도, 또 일정한 경제적, 사회적 현상에 대한 대중적인 동일한 인과적 반응 행위(주체-객체 행위 관계)도 아직 계급주체 간의 공동성 및 연대적인 공동행위를 산출할 수 없다. 이것은 소비자대중이 물가 인상에 대해 대중적으로 보이는 동일한 반응과 같은 수준의 것이

---

91) Marx, *Die Deutsche Ideologie*, 75쪽.
92) Marx, *Der achtzehnte Brumaire des Louis Bonaparte*, 198쪽.
93) *MEW* 4, 181쪽.

기 때문이다. 게다가 동일한 계급적 상황에 있는 개인들이 적대계급의 개인들과 개별적인 투쟁을 전개한다 하더라도 이 투쟁은 계급 행위가 아니다.

연대의 토대 위에서만 공동의 의지적 목적 추구, 동일한 상징, 윤리·도덕적 세계관이 발전된다. 그런데 이 연대는 마르크스에 의하면 상호적 소통과 공동 투쟁의 변증법(주체와 주체의 관계)에 의해서 비로소 창출될 수 있다. 마르크스에게 있어 "대자적 계급"의 개념은 한편으로 항상 개인 간의 소통(과 소통적 공론) 및 기술적, 경제적, 사회적, 정치적 소통 조건을 전제한다. 따라서 마르크스는 계급적 단결을 위해서는 개인들을 좁은 공간에 밀집시키는 "산업도시"와 "저렴하고 신속한 소통"이 필요하지만 이런 조건에서도 "모든 조직된 권력"은 "장구한 투쟁" 후에야 창설된다고 말한다.[94]

이 관점에서 보면 소농은 대자적 계급을 형성하기가 가장 어려운 계급이다. 소농적 생산양식은 "그들을 상호적 교류 속에 집어넣는 것이 아니라", 상호 "고립시킨다." 이 고립성은 농민들의 "조악한 소통 수단"과 "빈곤"에 의해 더 강화된다.[95] 소통이 없으니 연대도 없는 것이다. 이에 반해 부르주아와 프롤레타리아트는 계급적 소통에 상대적으로 유리한 조건을 갖는다. "상업"의 확장, 이에 촉진된 도시 간 "소통의 산출"은 마르크스에 의하면 개별적으로 고립된 "시민 도시들"로 하여금 동일한 적수인 봉건세력과의 "투쟁" 속에 들어 있는 동일한 이해 관심을 지닌 "다른 도시들"을 "사귀게 만들었다". 이 소통과 사귐을 통해 수많은 국지적 시민집단으로부터 아주 점진적으로 시민"계급"이 성립했다. 동일한 이익과 동일한 적대 방향은 소통에 의해 도처에서 동일한 윤리와 세계관을 창출한

---

94) Marx, *Die Deutsche Ideologie*, 61쪽.
95) Marx, *Der achtzehnte Brumaire des Louis Bonaparte*, 198쪽.

것이다.[96] 물론 봉건주의와 절대왕정하에서의 부르주아계급의 사회적 발전의 첫 단계는 장구한 것이었고 "상대적으로 큰 노력"을 요하였다.[97]

임금노동자들은 밀집된 지역에서 거주하고 노동한다. "대공업이 서로 모르는 수많은 사람을 한 장소에 집합시키기" 때문이다.[98] 이것은 노동자들의 결속을 위한 좋은 소통 조건을 이룬다. 그러나 기업 권력과 국가 권력을 돌파하는 실제적인 소통만이 비로소 동일한 이해 관심을 가진 노동자들을 연대적인 행위로 이끌 수 있다. 동일한 이익 상황과 이익 대립은 계급 개인들의 개인적 행위 습성을 등질화시키는 원인일 수 있지만, 의지적 공동행위의 이유는 아닌 것이다. 공동의 의지적 행위 일반은 인과적으로 벌어지는 것이 아니라, 이유에 의해 논증됨으로써만 수행되기 때문이다. 이 연대적 공동행위의 이유는 오직 도덕적, 윤리적, 문화적 가치관의 기초 위에서 의사소통을 통해서만 산출되고 기존의 특정 가치관이 분쇄될 필요가 있는 경우에도 이 낡은 가치의 분쇄와 새로운 가치의 도입은 오직 소통을 통해서만 수행될 수 있기 때문이다. 수평적인 소통의 계기는 마르크스의 대자적 계급 개념에 있어서 본질적 계기인 것이다. 이 소통의 계기는 지금까지 대부분의 '마르크스주의적', '마르크스-레닌주의적' 계급 이론들에서 철저히 망각된 요소였다. 물론 이 간주체적인 소통의 계기에 대한 강조는 객관적인 계급 이익을 소멸시키는 선까지 절대화되어서는 안 될 것이다. 계급적 교류와 소통을 위한 자연스런 사회적 조건을 산출해 주는 것은 다시 동일한 경제적 이익 상황이기 때문이다.

다른 한편 동일한 방향의 적대성에 기초한 공동 투쟁은 소통을 전제할 뿐만 아니라, 계급 주체 간의 내적 소통과 연대를 활성화, 긴밀화하고, 나아가 적수 집단에 대항하는 선명한 당파적 연대를 촉진시킨다. "개별적

---

96) Marx, *Die Deutsche Ideologie*, 61쪽.
97) *MEW* 4, 181쪽.
98) Karl Marx, *Das Elend der Philposophie* [18461847], 181쪽. *MEW* 4.

개인들은 다른 계급에 대해 공동 투쟁을 수행해야 하는 한에서만 하나의 계급을 이룬다."[99] 또는 "투쟁 속에서 이 대중은 함께 모여 자신들을 대자적 계급으로 구성한다."[100] '존재하는' 노동자 소통과 투쟁을 통해 계급이 '대자적' 계급으로 조직되면, 바로 이 '조직된 계급'이 계급 혁명의 집단적 주체가 되는 것이다.

따라서 마르크스의 계급 개념은 객관적 이익과 대립 관계를 소홀히 하는 계급 명목론, 반대로 소통과 투쟁을 소홀히 하고 불꽃 같은 계급의식의 자연발화로 연대 행위가 형성된다고 믿는 경제주의적 소박실재론, 계급의식을 외부로부터 가르치도록 하는 공산주의적 교육 독재론과 무관한 것이다.

물론 마르크스도 자본주의에서 영예의 차등적 분배 질서인 '신분' 범주를 완전히 추방한 것은 아니다. 자본주의에서는 계급관계가 지배적이지만, "물적 종속이 다시 모든 환상을 벗어 던진 특정한 인격적 종속관계로 전환되기"[101] 때문에 자본주의 내에서도 사회적 권위와 영예의 질서가 형성되는 것이다. 마르크스는 이런 신분적 관점에서 '노동 귀족층',[102] '금융 귀족층',[103] 봉록관들'과 '용관(冗官)들'[104]을 언급한다.

그러나 베버의 계급론보다 이론적으로 더 탄탄한 것처럼 보이는 마르크스의 계급이론은 지식경제의 도래와 함께 급격히 무력화되고 노동자 대중의 계급 혁명을 통한 노동해방 패러다임의 영향력도 퇴조한다. 마르크스 계급 개념의 한 핵심 요소인 '적대'는 일단 착취 개념의 무력화와 함께 거론할 상황이 아니다. 게다가 고高 리스크 경제 속에서는 한 집단이

---

99) Marx, *Die Deutsche Ideologie*, 54쪽.
100) Marx, *Das Elend der Philposophie* [18461847], 181쪽.
101) Marx, *Grundrisse der Kritik der politischen Ökonomie*, 98쪽.
102) Marx, *Das Kapital I*, 697쪽.
103) Marx, *Das Kapital III*, 983쪽.
104) Marx, *Das Kapital* I, 622쪽; Marx, *Theorien über Mehrwert I*, 253쪽.

다른 집단을 착취, 지배하는 관계가 개재되더라도 항구성과 고착성을 결한다. 고용관계의 획기적 유동화로 착취자가 이내 곧 피착취자나 자영업자의 위치로 바뀌고 역逆의 전환도 가능하다.

또한 마르크스의 계급 규정의 기저에 놓인 소유관계도 오늘날은 스톡옵션, 종업원지주제, 국민주 보급, 중산층과 서민의 광범한 주식시장 편입 등으로 많이 무력화되었다. 게다가 소득과 위계적 지위에 대한 창의적 지식·정보 능력 보유(인적자본)의 규정력이 소유(물적자본)의 그것을 능가하면서 소유의 사회적 비중도 낮아졌다. 마지막으로 활동, 소득, 향유 등의 기회가 소유권보다 이른바 각종 '접속(access)'에서 더 많이 나오고, 소유관계가 인터넷상의 정보 접속, 콘도 회원권, 입회권 등 각종 접속 관계로 변해 갈수록 소유관계는 사회의 중심에서 밀려나고 있는 것이다.[105] 이로 인해 재산 소유의 차등적 분배 질서로서의 '계급'은 급속히 약화되고 있다.

또한 계급 규정에서 중요한 요소인 교육·교양 수준도 의무교육의 확대, 고등교육 기회의 보편화, 직업교육 제도, 전직 교육, 제2차 교육과정의 증설, 고등교육의 무료화, 장학제도의 발전 등으로 계급적 경계를 탈피하였고, 역으로 교육격차가 계급 구분과 상당히 어긋나는 상황으로 발전하였다. 대졸자가 피고용인이고, 중졸·고졸자가 사용자인 경우가 허다하다는 말이다.

또한 부르주아 집단과 노동자 대중에게만 제각기 고유한 계급적 생활양식은 계급 차별 없이 모든 개인의 거실과 침실 속으로 파고든 대중매체의 일상적 지배로 인해 결정적으로 완화되었다. 이로 인해 노동자들끼리만의 계급적 가치관과 윤리관을 발전시키고 보존할 사회적 공간이 남아

---

[105] Jeremy Rifkin, *The Age of Access* [2001]. 리프킨,『소유의 종말』(서울: 민음사, 2001).

있지 않고 다만 직업별·연령별·성별로 차이진 특수한 생활양식과 취향이 두드러져 생활양식의 계급적 차별성을 거의 지워버리는 상황이다.

마지막으로 계급 간 경계 자체가 희미해지는 시대에 '자연발생적' 계급의식을 기대하거나 이것을 주입하려는 것은 시대착오일 것이다. 또한 계급 상황의 희석에 이어 초계급적 국민·시민의식과 국가·민족의식을 강조하는 매스컴의 지배로 인해 노동자 대중에게만 특유한 계급의식이 희석되었다. 계급 대립의 완화와 함께 국가는 더 이상 계급국가가 아니라 '온 국민의 국가'가 되면서 매스컴과 공교육기관의 국민·국가 의식 전파는 이데올로기적 허위성을 탈피, 사실과 일치하는 단계에 도달했다. 이로 인해 매스컴과 공교육이 전파하는 국가·시민의식은 강력한 신빙성과 진리성을 확보하였고 '계급국가에 대항하는 혁명적 계급의식'이라는 계급 혁명 패러다임은 완전히 붕괴되었다.

사회의 경제적 편차와 불평등은 마르크스 시대에 비해 벌어졌을지라도 더 이상 계급 범주로 포착될 수도 없다. 그리고 이 편차와 불평등은 이제 '계급의 해체'로 인해 불가능해진 혁명적 계급운동으로 해소할 수 있는 대상도 아닌 것이다. 19세기 중후반 마르크스는 계급구조가 영국에서조차도 "순수하게 부각되지 않는다"고 말하면서 그 원인을 "중간적·과도적 단계들이 경계 규정들을 덮고 있는 것"에서 찾고 있다. 하지만 이 "중간적·과도적 단계들"은 자본주의가 더 고도로 발전하면 사라질 것으로 예상하고 있다.[106] 그러나 오늘날 어중간하고 과도적인 처지들은 사라질 성질의 것이 아니라 더욱 늘어나는 경향을 보이고 있는 것이라서 계급적 경계선은 더욱 모호해진다.

이런 이유에서 마르크스가 기획한 계급 혁명의 대상인 '부르주아 계급국가'는 이미 사라졌거나 혁명의 다른 대상인 자본주의적 '계급관계' 및

---

106) Marx, *Das Kapital III*, 829쪽.

'소유' 구조는 갈수록 모호해지면서 변두리로 주변화되고 있다. 또 사회적 '의미 대사'로서의 '정신적 생산'과 '지식근로자'가 지배하는 '지식 자본주의'의 도래와 함께 '물질대사'로서의 '노동'과 '물질적 생산'은 경제 영역에서 주도권을 상실하였고 착취·소외·물화는 결정적으로 완화된 것이다. 이로 인해 노동자 대중이 집단적 주체가 된 계급 혁명과 노동해방의 패러다임은 최종적으로 모든 주체적 측면에서 무력화된 셈이다.

계급 없이는 계급 혁명도 없고, 노동 없이는 노동해방도 없다. 이와 같이 한편으로 혁명과 해방을 추진할 '주체의 소멸'로 인해 계급 혁명과 노동해방의 패러다임은 무력화되었다.

다른 한편으로 지식경제의 도래로 인해 이윤율 저하의 법칙이 무력화되면서 혁명의 '객관적 가능성'마저 소멸한다. 마르크스의 이론 구조 안에서 이윤율의 경향적 하락의 법칙으로 체계화된 자본주의 붕괴론은 바로 혁명의 '객관적 가능성'을 논증하는 이론이다. 그러나 이제 이윤율 하락 법칙이 무력화됨으로써 마르크스의 이 자본주의 붕괴론 자체가 붕괴한다. 따라서 지식인과 대학생들이 '체제에 통합된' 노동자계급을 대신해 룸펜을 동원하여 추진해 온 지식인 혁명의 전망도 소멸한 것이다.

본래 칼 마르크스는 이윤율의 경향적 저하의 법칙을 자본주의 법칙 중 "가장 본질적인 법칙"으로 이해했다. 종래 산업자본주의의 객관적 생산력은 산 노동을 절약하고 단순화하는 역학적 기계 체제에 기초했다. 역할적 기계화 과정은 점점 더 많은 기계의 투입을 통해 산 노동을 절감하고 평가절하하는 것을 직접 겨냥하였고 이런 한에서 불가피하게 자본의 유기적 구성도의 지속적인 고도화와 생산수단의 소재적素材的·가치량적 규모의 폭증을 초래하였다. 이것은 불변자본을 소재적으로, 따라서 가치량적으로 증대시키는 데 반해 투하 노동량, 노동자의 수와 숙련도, 결국 이로 인해 가변자본을 상대적으로 감소시키는 한에서 자본주의적 기계화 과정의 체계 필연적 귀결이었다. 이런 유형의 확대재생산은 생산 규모, 생산 시설, 공장 부지면적 등의 지속적 확대를 초래할 수밖에 없었다. 이것은 경우에 따라 단기적으로 자본의 유기적 구성도의 고도화 없이도 진행될 수 있지만 장기적으로는 이것의 고도화를 동반하는 생산수단 및 불변자본의 절대적, 상대적 증대로 말미암은 것이다. 마르크스는 『자본론』 제II권에서 이러한 성장(확대재생산)을 외연적 확대재생산으로 정의하고 있다.[107] 외연적 확대재생산은[108] 점점 더 많은 역학적 기계의 투입에 의한 '산 노동'(가변자본)의 절약에 근거하는 한 불가피하게 이윤율의 경향적 하락 및 19세기에서 20세기로의 세기전환기의 체제 위기를 야기하였다.

마르크스와 엥겔스는 주지하다시피 이 체제 위기를 자본주의 일반의 궁극적 위기로 해석하였다. 엥겔스는 1870년대 이래 이 위기 법칙을 바탕으로 세계대전과 유럽 일부 국가에서의 사회주의 혁명을 예견했다.[109] 1차 세계대전에 잇대어 러시아, 독일, 오스트리아, 헝가리, 벨기에, 노르웨이, 스웨덴, 핀란드 노동자당은 실제로 권력을 잡았다. 제2차 세계대전 이후에는 이 움직임은 '사회주의 세계 체제'로까지 발전하였다. 따라서 엥겔스의 예견은 적어도 부분적으로 사실로 입증된 셈이다.

테일러-포드주의로 한동안 지연되던 이윤율 하락의 경향은 1960년대 말에서 1980년대 초반까지 다시 나타났고 결과는 제로성장, 살인적인 군

---

107) Marx, *Das Kapital II*, 172쪽.
108) 이 『자본론』 II권의 이 재생산이론적인 '외연적' 범주는 『자본론』 I권의 착취이론적인 '외연적' 범주(Marx, Das Kapital I, 645쪽 이하)와 다른 것이고 '조절이론가'들이 사용하는 '외연적', '내포적' 범주와도 무관한 것이다.
109) Friedrich Engels, "Einleitung zu Sigismund Borkheims Broschüre 'Zur Erinnerung für die deutschen Mordspatrioten. 1806-1807'"[15. Dezember 1887], 350쪽. *MEW* 21; Friedrich Engels, "An August Bebel" (24-26. Okt. 1891), 188쪽 이하. *MEW* 38; Friedrich Engels, *Kann Europa abrüsten* [1893], 371쪽. *MEW* 22.

비 강화, 가치 없는 환경파괴였다. '생산수단을 위한 생산수단의 생산'이 가장 빨리 성장하고, '소비 수단을 위한 생산수단의 생산'이 다음 순으로 빨리 성장하고, '소비 수단의 생산'은 가장 느리게 성장하기 때문이다. 불변자본이 가변자본보다 더 빨리 성장한다는 자본의 유기적 구성도의 고도화 법칙을 국민경제 전반에 적용하면 소비 수단 생산(경공업)보다 생산수단의 생산(중공업)이 더 빨리 성장한다는 결론이 도출되는 것이다.[110] 이것은 외연적 확대재생산이 반복되면 소비재(≒국민복지)의 증가율을 수십 배 초월하는 제1부문(생산재 생산 부문=중공업 부문)의 기형 팽창으로 인해 이윤율의 하락과 체제 위기가 초래된다는 것을 잘 보여준다.

마르크스는 이윤율의 하락에 대항하는 유력한 방법으로 기계의 효율화를 위한 개량, 동력 사용, 동력 전달에 있어서의 절약, 생산을 효율화하는 새로운 발명, 건물과 건물 부지의 이용의 효율화, 노동자의 건강을 희생한 생산 시설의 절약, 생산수단의 주인다운 효율적 이용 등 생산수단을 절약하는 여러 가지 방법 등을 나열하고 있다.[111] 그러나 여기서 노동자의 저항을 유발하지 않는 노동 기구, 인프라 시설, 건물 등을 효율화하고 절약하는 여러 가지 합리적 생산방법이 가장 유력한 방법이다.

가령 생산수단을 두 배 효율화하거나 절약하면, 국민경제 전체에 소요되는 생산수단의 소재적인, 따라서 가치량적인 규모, 말하자면 사회적 총자본의 기술적 및 유기적 구성도는 반감된다. 이 새로운, 보다 효율적인 생산방법과 기계의 연구, 개발, 설치 및 운용에는 유동하는 불변자본의 감가상각적 축장분이 투하될 수 있다. 이러한 투자 방식은 – 기존의 상품시장이 불변이라는 전제하에서 – 소모되는 생산수단의 소재적 양을 축소시키고 경쟁 능력 없는 자본들을 몰락시킴으로써 물질적 생산 분야에

---

110) Wladimir I. Lenin, "Zur sogenannten Frage der Märkte", 76쪽. *Lenin Werke*, Bd.1 (Berlin: Dietz Verlag, 1962), 78쪽.
111) Marx, *Das Kapital III*, 87쪽 이하.

서의 사회적 총자본의 가치량을 축소시킨다. 사업 규모를 늘리는 게 아니라 거꾸로 축소시키는 이런 유형의 확대재생산을 마르크스는 저 외연적 확대재생산 방식과 구별하기 위해 내포적 확대재생산이라 명명하고 있다.[112] 이러한 경제성장은 감가상각비로 축장된 자본량을 재투자하여 이전보다 효율적인 시설 및 기계로 기존의 낡은 시설과 기계를 대체해 나가는 것을 뜻한다.

이 내포적 성장은 효율화에 기초한 생산수단의 소재적 절약을 통한 불변자본의 가치량적 절약에 있다. 따라서 내포적 성장유형에서 전체 경제의 자본 구성도는 단순히 가치량적으로뿐만 아니라 기술적(소재적)으로도 감소한다. 오늘날의 지식기반화·정보화는 바로 생산수단의 혁명적 절약을 통한 내포적 성장을 추구한다. 따라서 정보기술에 기초한 내포화는 창조적 두뇌 인력('지식근로자')의 성장을 동반한다.[113]

게다가 지식기반화는 물질적 생산을 위해 필요한 사회적 총자본이 상대적으로 감소되기 때문에 정보 가공 및 정보전달 서비스산업(대중매체, 인터넷, 컴퓨터통신 등), 문화·관광산업, 교육·지식산업, 의료산업, 유흥·여가·서비스산업 등 강력히 확장된 비물질적인 문화·서비스 산업 분야에서 자본의 새로운 활동영역이 개척된다.

따라서 지식경제는 자본의 유기적 구성도의 고도화를 상쇄시킬 뿐만 아니라 아예 이윤율의 경향적 하락의 법칙 자체를 폐기한다. 생산수단이 계속 절약되는 가운데 근로자들은 물질적 생산 분야에서 수적으로 감소하면서 고도로 지식화되는 한편, 비물질적 생산 분야에서는 수적으로 팽창한다. 가령 물질적 생산 분야의 노동자의 수가 반감되지만 남은 노동자

---

112) Karx Marx, *Das Kapital II*, 172쪽. *MEW 24*.
113) 이 정보자동화에서도 부분적으로 산 노동이 절약되지만 이것의 가치량적 효과는 그리 의미심장하지 않다. 전반적으로 노동절감보다 자본절감이 훨씬 더 강력한 것이다. 참조: Rudolf Hickel, *Ein neuer Typ der Akkumulation?* (Hamburg: VSA-Verlag, 1987), 103쪽.

의 노동 기능의 숙련도가 두 배 더 상승하고 비물질적 분야에서 근로자의 수가 급증한다면, 총자본의 유기적 구성도는 하락하고 따라서 이윤율은 상승하면서 경제는 다시 성장한다. 1985년 이래 지속된 새로운 성장 붐은 바로 이러한 설명을 보증해 주는 것이다.

역학적 자동기계 체계는 생산수단의 규모를 점점 증대시키고 노동을 단순화하고 노동자의 머릿수를 상대적으로 축소시켰다. 따라서 자본의 증식 토대는 점점 협소해졌다. 마르크스의 이 지적은 단순한 기계화를 전제할 때 전적으로 올바른 파악이지만, 마르크스는 이 기계화가 점차 전 경제에 파급될 것으로 가정했다. 이런 이유에서 마르크스는 자신 있게 "기계의 적용이 노동자의 수를 줄임으로써만 잉여가치율을 높이는 점에서 잉여가치의 생산을 위한 기계의 적용에는 내재적인 모순이 들어 있다"[114]고 말한 것이다. 주지하다시피 마르크스는 이것을 『자본론』 3권에서 이윤율 하락의 법칙으로 체계화했다. 그는 노동자의 수가 감소하더라도 동시에 잔존하는 노동자가 수 배 더 높이 지식화되는 것과 비물질적 생산 분야에서 지식 근로자들이 급증하는 것을 예상치 못한 것이다. 마르크스는 당시의 역학적 기계화 과정이 숙련 노동자의 수를 상대적으로 감소시키고 동시에 노동을 점진적으로 단순화, 탈 숙련화시켰기 때문에 이 가능성을 예상할 수 없었다. 또 마르크스는 교육, 문화·예술, 유흥 등 정신적 생산 영역에서도 자본주의적 가치 생산은 가능하지만,[115] 당시 경제에서는 "완전히 무시되어도 좋을 만큼" 빈약했기[116] 때문에 지식·문화·서비스산업의 비약적 확장 가능성을 도외시했다. 이로 인해 마르크스는 역학적 공업화의 특성을 자본주의의 궁극적 미래에까지 확장하여 이론적으로 자본주의 일반의 내재적 근본모순으로 격상시키는 오류를 범한 것

---

114) Marx, *Das Kapital I*, 429쪽.
115) Marx, *Das Kapital I*, 532쪽; Marx, *Theorien über Mehrwert I*, 385, 386쪽.
116) Marx, *Theorien über Mehrwert I*, 386쪽.

이다. 이러한 일반화는 신기술의 확산과 더불어 완전한 오류로 입증되고 있다. 역학적 기술에 기초한 이윤율 하락의 법칙은 지식·정보화의 토대 위에서 타당성을 상실한다. 이 법칙은 산업자본주의 단계에까지만 타당했던 것이다.[117]

마르크스의 이윤율 하락 법칙은 네 가지의 (명시적, 묵시적) 전제에 입각해 있다. (1) 유기적 구성도의 고도화, (2) 노동자 수의 상대적 감소, (3) 노동자 평균 숙련도의 하락(또는 적어도 상승하지 않을 것), (4) '완전히 무시되어도 좋을 만큼' 문화산업 및 서비스산업 분야의 근소함 등이 그것이다. 하지만 오늘날의 내포적 성장 체제에서는 이 네 가지 전제가 다 역방향으로 발전하고 있다. 두 번째 전제(노동자 수의 상대적 감소)도 오늘날 물질적 생산에서만 타당할 뿐 정신적 생산 분야까지 고려할 때 그릇된 것이다. 그리하여 마르크스가 이윤율 하락의 법칙에 대한 '대항 요소'로 파악한 것들이 역으로 주요 흐름으로 반전되고 이윤율 하락의 경향이 오히려 대항 요소로 바뀐 것이다.

노동, 착취, 소유, 계급, 계급국가, 소외·물화, 이윤율 등과 관련된 마르크스의 모든 이론이 붕괴하거나 중심적 타당성을 잃은 오늘날 계급 혁명과 노동해방의 패러다임은 완전히 붕괴하였다. 이 말은 혁명과 혁명적 노동운동이 이제 불가능해졌다는 것을 뜻하는 데 그치지 않는다. 노동계급 범주를 중심으로 기획된 어떤 정치적 개혁운동도 또 그런 개혁정당도 살아남지 못하거나 원외 또는 국회 언저리의 군소 세력을 벗어나지 못할 것이라는 사실이다.

---

[117] 정보기술의 확산으로 인한 이윤율 하락 법칙의 무력화에 관한 히켈의 시사도 참조: Hickel, *Ein neuer Typ der Akkumulation?* 103, 108쪽.

제2절

폭력혁명론과 도덕적 파탄

2.1. 마르크스의 투쟁유일주의

마르크스의 정치 이론에서 보통 사람들을, 특히 극동 사람들을 경악케 하는 것은 '투쟁'과 '폭력'을 유일한 역사적·정치적 동력으로 당연시하는 '투쟁유일주의' 또는 '투쟁유일론'(Kampfsingularismus)이다. 마르크스는 『공산당선언』의 첫 구절에서 "지금까지 사회의 역사는 계급투쟁의 역사다"라고 천명했다.[118] 이 천명은 역사적 '확인'일 뿐만 아니라, 투쟁의 '선동'이고 '정당화'다.

'투쟁유일주의'는 마르크스만의 병폐가 아니라 서양 사상사 전체의 정신병이기도 하다. 서구에서는 투쟁이나 전쟁을 인간관계와 역사의 유일

---

118) Karl Marx, *Manifesto der Kommunistischen Partei* [London: I. E. Burghart, 1848. 2.]. *MEW* 4: [459-493쪽].

한 동력으로 본다. 서양의 면면한 철학사와 정치사상사에서는 늘 '투쟁'을 당연시하고 선동했다. 소크라테스와 플라톤의 '이상 국가'는 고대 그리스적 투쟁 문화를 반영한 수호자들의 군사·전쟁 국가다. 그리고 베버가 확인하듯이 유대교와 기독교는 원래 "전사戰士 종교"다.[119] 또 상술했듯이 키케로도 전쟁상태 가설을 "확실한 것", "보편적으로 인정된 것"으로 상정했다. 주지하다시피 홉스는 자연 상태와 국제관계를 "만인의 만인에 대한 전쟁(condition of war of every man against every man)"으로 규정했고,[120] "군주들은 전쟁 태세로써 신민들의 근면을 유지시킨다"는 말로 전쟁을 예찬했다.[121] 스피노자는 홉스의 이 전쟁 상태적 자연상태론을 그대로 수용했다.[122] 푸펜도르프도 공자와 컴벌랜드를 읽기 전까지 한동안 홉스의 테제를 옳은 것으로 받아들였다.[123] 상론했듯이 칸트는 흡사 '홉스의 밀정'처럼 "'인간들의 자연 상태는 만인의 만인에 대한 전쟁이다'

---

119) 베버는 "고대 이슬람교와 더 고대적인 여호와 종교(der alte Islam und auch die ältere Jahvereligion)"를 "전사 종교(Kriegerreligion)"로 기술한다. Max Weber, *Wirtschaft und Gesellschaft* (Tübingen: J.C.B. Mohr, 1985), 345쪽. 베버는 이렇게 밝힘으로써 서양 제국과 서양인들의 호전적 폭력투쟁을 어쩔 수 없는 문명 요소로 수용했다.
120) Hobbes, *Leviathan*, 113, 114, 115쪽. 홉스는 '만인의 만인에 대한 전쟁' 상태로서의 자연 상태에서 "만인은 만인에게 적(every man is enemy to every man)"이라고도 말한다.
121) "왕국의 변경에 설치된 요새·수비대·대포와 인방隣邦에 대한 지속적 스파이 활동 등, 이것은 전쟁 태세다. 그러나 그들이 이럼으로써 그 신민들의 근면을 유지시키기 때문에, 이런 자세로부터는 개별적 인간들의 자유에 따르는 참화가 생겨나지는 않는다." Thomas Hobbes, *Leviathan or The Matter, Form, and Power of a Commonwealth Ecclesiastical and Civil*. 114-115쪽. *The Collected Works of Thomas Hobbes*. Vol. III. Part I and II, collected and edited by Sir William Molesworth (London: Routledge/Thoemmes Press, 1992).
122) Benedict de Spinoza, *Tractatus Theologoco-Politicus* [1670], 201-202쪽. *The Chief Works of Benedict de Spinoza*, Vol. I (London: George Bell and Sons, 1891).
123) Samuel von Pufendorf, *The Whole Duty of Man According to the Law of Nature* [1673] (Indianapolis: Liberty Fund, 2003), 114, 115-117쪽 곳곳.

는 홉스의 명제"는 "오류가 없다"고 천명했다.[124] 나아가 칸트는 "전쟁"을 "국제연맹으로 가는 데 필수적인 이송 수단"으로 간주했다.[125]

또 헤겔은 주지하다시피 『정신현상학』에서 "자기의식과 자기의식의 첫 조우"를 호기심 어린 교제 또는 반가운 만남이나 사랑의 포옹으로 본 것이 아니라, "사활을 건 인정투쟁(Kampf um Anerkennung)"으로 단정했다. 나아가 헤겔은 전쟁은 절대 악이 아니라 제국민의 정신적 건강을 지켜주는 "보다 고차적인 의의"가 있는 윤리적 계기로 보아야 한다며 전쟁을 예찬했다.[126] 그리고 헤겔은 세계사는 (전쟁에 의한) 세계 심판으로 규정함으로써 세계사를 유혈 낭자한 전쟁판에 내동댕이쳤다.[127] 헤겔의 세계사는 지배 민족이 열등한 민족들을 심판·정복하는 세계정신의 전쟁판이다. 마르크스와 거의 동시대인인 니체는 "평화 일반이 아니라 전쟁이 행복이다"라는 반反인간적 역설을 늘어놓는가 하면,[128] "전쟁은 필

---

124) Immanuel Kant, *Kritik der praktischen Vernunft* [1788], A151쪽. *Kant Werke*, Bd.6. Erster Teil (Darmstadt: Wissenschaftliche Buchgesellschaft, 1983); Immanuel Kant, *Metaphysische Anfangsgründe der Tugendlehre*, §13 (A103), §49 (A163). *Die Metaphysik der Sitten* [1797·1798], Zweiter Teil. *Kant Werke*, Bd.7. *Schriften zur Ethik und Religionsphilosphie*. Zweter Teil (Darmstadt: Wissenschaftliche Buchgesellschaft, 1983); Immanuel Kant, *Die Religion innerhalb der Grenzen der bloßen Vernunft* [1793·1794], B134-135. *Kant Werke*, Bd.10 (Darmstadt: Wissenschaftliche Buchgesellschaft, 1983). 자연 상태의 전쟁·불화 성격 및 인간의 '비사회적 사회성(ungesellige Geselligkeit)'에 대한 칸트의 다른 논의들은 다음을 참조: Immanuel Kant, *Idee zu einer allgemeinen Geschichte in weltbürgerlicher Absicht* (1784). *Kant Werke*, Bd.9, Teil 1 (Darmstadt: Wissenschaftliche Buchgesellschaft, 1983), 37-42쪽.
125) 칸트의 원문: "자연(자연 상태)은 전쟁을 통해, 너무 긴장된, 결코 늦추지 않는 군비증강을 통해, 이로 인해 모든 국가가 마침내 평화 속에서도 내적으로 느낄 수밖에 없는 궁경을 통해 (…) 이성이 그토록 많은 슬픈 경험 없이도 말해줄 수 있었을 상태로, 말하자면, 야만인들의 무법상태에서 빠져나와 국제연맹으로 들어가는 상태로 내몬다." Kant, *Idee zu einer allgemeinen Geschichte in weltbürgerlicher Absicht*, 42쪽.
126) Georg W. F. Hegel, *Grundlinien der Philosophie des Rechts*, §324(492-493쪽). *Hegel Werke*, Bd.3 (Frankfurt am Main: Suhrkamp, 1986).
127) Hegel, *Grundlinien der Philosophie des Rechts*, §340(503쪽).
128) Friedrich Nietzsche, *Der Antichrist. Fluch auf das Christenthum* [1888-1889], §

수 불가결하다"고 강변하면서[129] "고도로 문명화되고 따라서 필연적으로 무미건조한 인류는 가장 크고 가장 공포스런 전쟁들을 필요로 한다"고 코앞에 다가온 제1차 세계대전을 선동했다.[130]

마르크스 사후 막스 베버는 '트로츠키파 비밀당원'처럼 "국가는 합법적인 물리적 폭력의 독점체다"라고 천명하고[131] "정치의 본질은 권력투쟁이다"라고 선언했다. 미셸 푸코는 홉스 이래의 정치적 전쟁 담론을 전복시켜 "정치는 다른 수단에 의한 전쟁의 연속이다"라고 집대성함으로써 '정치'의 본질을 아예 '전쟁'으로 못 박았다.[132]

또한 서양의 철학자들은 '사회'의 전쟁상태를 '자연'에 투사해 한결같이 '자연'을 전쟁판으로 만들어놓았다. 근세 초에서 현재까지 면면히 이어진 이런 서양 정치철학 테제들이 거듭거듭 충동질하듯이 서양의 역사는 투쟁과 전쟁과 대학살의 역사였다. 막스 셸러에 의하면, '투쟁일원주의'가 자연과 사회를 원자들의 충돌로 환원하는 데모크리토스·에피쿠로

---

2 (240쪽). Giorgio Colli und Mazzino Montarinari (Hg.), *Nietzsche Werke*. 3.Bd. v. VI. Abteilung (Berlin: Walter de Gruyter & Co, 1968).
129) Friedrich *Nietzsche, Menschliches*, Allzumenschliches. Erster Band [1878], Nr.477 (321-322쪽). Giorgio Colli und Mazzino Montarinari (Hg.), Nietzsche Werke. 2.Bd. v. IV. Abteilung (Berlin: Walter de Gruyter & Co, 1967).
130) Nietzsche, Menschliches, Allzumenschliches. Erster Band, Nr.477 (321-322쪽).
131) 원문: "국가는 행정 참모들이 성공적으로 질서 관철을 위한 합법적인 물리적 강제력의 독점을 장악하는 정치적 시설 기업이라고 해야 한다." 또는 "합리적 국가는 합법적 폭력을 가진 시설적 지배단체". "사회학적 고찰의 관점에서 정치적 단체와 특히 국가는 국가가 하는 것의 내용으로부터 정의될 수 없다. (…) 우리는 오히려 근대국가를 사회학적으로 모든 정치단체에 그렇듯이 국가에 특유한 특수 수단, 물리적 폭력 수단(das Mittel der physischen Gewaltsamkeit)으로부터만 궁극적으로 정의할 수 있다. 트로츠키는 당시에 브레스트-리토프스키에서 '모든 국가는 폭력에 기초해 있다'고 말했는데, 이것은 사실 옳은 말이다. (…) 국가는 일정한 영역 안에서 (…) 합법적인 물리적 폭력의 독점을 자기를 위해 (성공적으로) 주장하는 인간공동체다." Weber, *Wirtschaft und Gesellschaft*, 29쪽 및 821-822쪽.
132) Michel Foucault, *Vom Licht des Krieges zur Geburt der Geschichte* (Berlin: Merve, 1986).

스 등으로까지 거슬러 올라간다.[133] 공자의 '무위이치無爲而治'와 '자연지도自然之道', 맹자와 사마천의 무위無爲시장의 '자연지험自然之驗' 이념이 서양으로 전해지기 전에는 서양 철학자들이 무위자연의 조화이념을 몰랐기 때문이다.[134]

셸러는 서양철학의 이 "투쟁유일주의" 또는 "투쟁일원론"을 서양의 '정신병'으로 비판했다.[135] 서양 철학자들은 좌우를 가리지 않고 개나 소나 '투쟁', '폭력', '전쟁'을 '최후 이성'으로 정당화하고 부추겨 왔다. 투쟁일원론을 설파하는 서양 철학자들의 호전적·폭력적 전쟁 명제들은 일일이 다 열거할 수 없을 정도로 무수하다.『공산당선언』의 첫 구절에서 밝힌 마르크스의 일반적 계급투쟁론은 서양 특유의 이런 투쟁일원론으로부터 나온 것이다. 마르크스는 역사만이 아니라 당대의 모든 사회적·정치적 문제들도 이 계급투쟁일원론의 관점에서 분석했다.

투쟁일원론은 자연스럽게 투쟁만이 아니라 '폭력'을 요청하고 아무런 윤리적 근거 없이 정당화한다. 그리하여 '폭력'도 '투쟁'과 더불어 동등한 권리들의 우열을 판결하는 '최후의 이성(ultima ratio)'으로서 재판관이자, 사회발전의 유일한 '동력'으로 간주된다. 마르크스는 "전쟁은 어떤 것이 참된 권리인가를 결정하는 것이 아니라 - 왜냐하면 쌍방 모두 참된 권리를 지니고 있기 때문이다 - 다만 어떤 권리가 다른 권리에 굴복해야 하는가를 결정한다"는 헤겔의 명제를[136] 거의 그대로 본떠서 주지하다시피

---

133) Max Scheler, *Wesen und Formen der Sympathie*, hrg. v. Manfred S. Frings (Bern·München: Francke Verlag, 1973 [6. Aufl.]), 209-228쪽.
134) 이에 관해서는 참조: 황태연,『유교제국의 충격과 서구 근대국가의 탄생 (제2권): 중국 자유시장의 충격과 서구 시장경제의 탄생』.
135) Scheler, *Wesen und Formen der Sympathie*, 139쪽, 226쪽. 지난 세기의 군소 사회다원주의자들도 거의 다 다윈의 입장을 '투쟁일원론'으로 해석했다. 참조: Mike Hawkins, *Social Darwinism in Europe and American Thought 1860-1945* (Cambridge: Cambridge University Press, 1997).
136) Georg W. F., Hegel, *Die Verfassung Deutschlands* [1800-1802], 541쪽. *G.W.F. Hegel Werke*, Bd.1: *Frühe Schriften* (Frankfurt am Main: Suhrkamp, 1986).

『자본론』 1권에서 "동등한 권리들 사이에서는 폭력이 결정한다"고 언명한다.[137] 그리고 "현실적 역사 안에서는 주지하다시피 정복·복속·강탈 살인, 간단히 폭력이 큰 역할을 한다"고 확인한다.[138] 또 그는 "폭력은 새로운 사회를 잉태한 모든 낡은 사회의 산파(Geburtshelfer)이고, 그것 자체가 경제적 힘(ökonomische Potenz)이다"라고 천명한다.[139] 따라서 마르크스에게 계급투쟁은 '폭력' 투쟁이다. 폭력적이지 않은 계급투쟁을 벌이는 때는 전술적으로 여론을 고려해서 비폭력투쟁이 폭력투쟁보다 더 효과적이고 덜 역효과적일 때뿐이다.

2.2. 폭력혁명론의 윤리적 무원칙과 도덕적 파탄

마르크스는 평화혁명을 '바랄만한 것'이라고 생각하고 폭력혁명보다 평화혁명을 더 원했다. 하지만 그는 폭력과 폭력혁명이 윤리 도덕적으로 불가피하고 윤리적으로 허용되는 경우는 오직 상대방의 임박한 폭력 행사에 대한 정당방위로서만 허용된다는 원칙적 입장을 끝내 확립하지 못했다. 그는 폭력의 사용 여부를 혁명적·정치적 '효과'의 관점에서 바라보았다. 마르크스는 민주화된 정치 상황에서 폭력투쟁이 역효과가 크고 비폭력투쟁이 더 효과적일 때 폭력을 쓰는 것은 '어리석다'고 생각했다.

마르크스는 1852년 *New York Daily Tribune*에 게재한 기고문 "The Chartists"에서 이렇게 말한다.

- 보통선거권은 영국의 노동계급에게 정치권력과 동의다. 왜냐하면 프롤레타리아 계급은 거기서 인구의 대다수를 이루고 은폐되어 수행될

---

137) Marx, *Das Kapital I*, 249쪽.
138) Marx, *Das Kapital I*, 742쪽.
139) Marx, *Das Kapital I*, 779쪽.

지라도 장구한 내전 속에서 프롤레타리아의 계급 상황에 대한 명백한 의식을 쟁취했다. (…) 보통선거권의 관철은 따라서 대륙에서 이런 명칭으로 영예가로 주어진 그 어떤 조치보다 더 고차적인 정도로 하나의 사회주의적 내용의 쟁취물이다. 여기서는 보통선거권의 불가피한 성과는 노동계급의 정치적 지배(politische Herrschaft)일 것이다.[140]

마르크스는 보통선거권이 관철되면 영국에서 "노동계급의 정치적 지배"는 폭력혁명으로 이루어지는 것이 아니라, 평화적 "보통선거권의 불가피한 성과"로 이루어질 것이라고 내다보고 있다.

그리고 15년 뒤인 1867년 『자본론』 1판에 붙인 서문에서 마르크스는 영국 상황을 다시 이렇게 평가한다,

- 영국에서 변혁 과정은 손으로 잡힐 수 있다. 이 변혁 과정은 일정한 고점高點에서 대륙에 역작용할 수밖에 없다. 거기에서 노동자계급 자체의 발전 정도에 따라 이 변혁 과정이 더 험악한 형태로, 또는 더 인간적인 형태로 진행될 것이다. 보다 고차적인 동기들을 도외시하면 현재의 지배계급들의 가장 고유한 이익이 노동계급의 발전을 옥죄고 있는 모든 법적으로 통제가능한 장애물들의 청산을 이 지배계급들에게 명령할 것이다.[141]

마르크스는 여기에서 심지어 "노동계급의 발전을 옥죄고 있는 모든 법적으로 통제가능한 장애물들의 청산"이 부르주아지의 계급 이익에도 부

---

140) Karl Marx, "Die Chartisten" [*New York Dalily Tribune*, 25 August, 1852], 344쪽. MEW 8 (Berlin: Dietz Vwerlag, 1981).
141) Karl Marx, "Vorwort zur ersten Auflage" des *Kaptals I*, 15쪽. MEW 23 (Berlin: Dietz Verlag, 1984).

합될 것이라고 말하고 있다. 그리하여 행간에 평화혁명이 가능할 것이라는 생각이 숨어있다. 이 글은 일부 노동자들에게 의회 진출의 기회를 제공한 제2차 선거법 개정(1867.8.) 이후 쓴 글이다.[142]

1867년 1월 22일 폴란드인 회합에서 마르크스는 유사한 입장을 공개 연설로 천명했다.

- 그리고 사회혁명 – 이것이 계급투쟁과 달리 무엇을 뜻하겠는가? 노동자와 자본가 간의 투쟁이 옛적 영국과 프랑스에서의 봉건영주와 부르주아지 간의 투쟁보다 덜 가공스럽고 덜 유혈적인 것은 가능하다. 우리는 그것을 희망한다.[143]

마르크스는 "덜 가공스럽고 덜 유혈적인" 계급투쟁의 사회혁명을 희망한다고 언명하고 있다.

그리고 1871년 7월 3일(보도 일자: 18일) 마르크스는 *New York World*의 랜더(R. Lander) 기자와의 인터뷰에서 평화혁명에 대해 명확하게 언명한다.

- 영국에서 (…) 노동자들이 정치권력을 보여주는 길은 노동계급에게 열려있다. 평화적 선전·선동(agitation)이 더 빠르고 확실하게 일을 할 곳에서 봉기는 미친 짓(madness)일 것이다. 프랑스에서는 100개의 억압 법률과 사활적 계급적대가 사회적 전쟁의 폭력적 해결을 필연화하

---

142) Shlomo Avineri, *Karl Marx: Philosophy and Revolution* (New Haven: Yale University Press, 2019), 167쪽. 제2차 선거법 개정으로 유권자 수가 영국 전체적으로 130만 명에서 250만 명(인구의 1/12, 성인 남자의 1/3)으로 확대되었다.
143) Karl Marx, "Rede auf dem Polenmeeting in London am 22. Januar 1867", 204쪽. *MEW* 16.

는 것으로 보인다.[144]

이 인터뷰는 미국 주간지 *Woodhull & Craftin's Weekly*에 1871년 8월 12일 자 기사로 리프린트되었는데 텍스트가 조금 수정되어 보도되었다.

- 가령 영국에서 노동계급이 그들의 정치권력을 발전시킬 길은 열려 있다. 노동계급이 평화적 선전(propaganda)으로 더 빨리, 그리고 더 확실하게 자기들의 목표를 달성할 수 있는 곳에서 봉기는 우행愚行(a folly)일 것이다.[145]

그리고 마침내 1872년 9월 15일 마르크스는 '헤이그 회의에 대한 연설'에서 미국·영국·네덜란드, 이 세 나라에서는 평화혁명이 가능하다고 보다 명확하게 말한다.

- 노동자는 노동의 새로운 조직을 건설하기 위해 어느 날 정치권력을 장악해야 할 것이다. (…) 그러나 우리는 이 목표에 도달하기 위한 길이

---

144) *New York World*, "Interview with Karl Marx, Head of L'Internationale; Revolt of Labor against Capital - the Two Faces of L'Internationale - Transformation of Society - its Progress in the United States" (1871: July 3 Interview, July 18 report) [open.conted.ox.ac.uk (beta). Date created: Monday, September 17 2012. http://history.hanover.edu/texts/marx/MARXINT2.html: 검색 2023. 9. 22일; 또는 Marx-Engels Internet Archive]: "In England, for instance, the way to show political power lies open to the working class. Insurrection would be madness where peaceful agitation would more swiftly and surely do the work. In France, a hundred laws of repression and a mortal antagonism between classes seem to necessitate the violent solution of social war. The choices of that solution is the affair of the working classes of that country."

145) Avineri, *Karl Marx: Philosophy and Revolution*, 167쪽.

도처에서 동일한 길이라고 주장하지 않았다. 우리는 상이한 나라들의 제도·도덕·전통을 고려해야 한다는 것을 알고, 노동자들이 평화적인 길로 자기들의 목표에 도달할 수 있는, 미국·영국과 같은 나라들이 있다는 것을 안다. 그리고 당신들의 제도가 내게 더 잘 알려져 있다면 어쩜 네덜란드를 추가할 수 있을 것이다. 그것이 사실이라면, 우리는 대륙의 대부분의 나라에서는 혁명의 지렛대가 폭력일 수밖에 없다는 것도 인정해야 할 것이다. 폭력은 노동의 지배를 달성하기 위해 어느 날 호소해야 하는 것이다.[146]

여기서 마르크스는 "일의적一義的"으로 명확하게 "평화적 길"의 노동자혁명을 말하고 있다.[147]

그리고 1871년 9월 17일부터 22일까지 개최된 국제노동자연맹(Internationale Arbeiterassoziation) 런던대회의 21일 미팅에서도 마르크스는 이렇게 선언한다.

- 우리는 (유럽과 미국의) 정부들을 향해 성명한다. 우리들은 너희들이 프롤레타리아를 겨냥한 무장 권력이라는 것을 안다. 우리는 가능한 곳에서 평화적 방법으로, 그리고 필연적인 곳에서는 무기를 가지고 너희들을 향해 전진할 것이다.[148]

---

146) Karl Marx, "Rede über den Haager Kongreß" (15. September 1872), 160쪽. *MEW* 18.
147) Rustam Singh, "Status of Violence in Marx's Theory of Revolution", *Economic & Political Weekly*, vol.4 (Jan. 28, 1989), 16쪽.
148) Karl Marx, "Rede von Karl Marx über die politische Aktion der Arbeiterklass [Aus dem Protokol der Sitzung der Londoner Konferenz der Internationalen Arbeiterassoziation vom 21. September 1871]", 652쪽. *MEW* 17.

여기서 마르크스가 "평화적 방법의 전진이 가능한 곳"이라는 말로 의미한 나라들은 영국·미국·네덜란드다. 여기서 정당방위론과 관련하여 주목을 요하는 것은 유럽과 미국의 정부들을 "프롤레타리아를 겨냥한 무장 권력"으로 지목하는 구절이다. 이 구절을 다음과 구절과 겹쳐 읽으면 전체 문장은 이 "무장 권력들"을 향해 전진할 때의 "무기"의 사용이 정당방위라는 뜻을 내포한 것으로 보인다. 그러나 마르크스는 여기로부터 임박한 폭력행사에 대한 정당방위로서의 폭력 대응이라는 명확한 법적·윤리적 관념을 도출하는 데까지 나아가지 않고 있다.

따라서 마르크스가 영국·미국·네덜란드 등의 선진적 민주국가들에서 평화적 프롤레타리아혁명의 가능성을 언급했다고 해서 폭력사용의 윤리적 문제가 해결된 것이 아닌 것이다. 게다가 그는 "평화적 선전으로 더 빨리, 그리고 더 확실하게 자기들의 목표를 달성할 수 있는 곳"에서만 평화혁명을 인정하고 있을 뿐이다. 따라서 비폭력의 평화적 방법은 윤리적 원칙이 아니라, "더 빠른, 그리고 더 확실한" 목표 달성의 효율성 원칙에 불과하고, 폭력혁명이냐 평화혁명이냐 하는 문제는 폭력사용과 선전·선동의 정치적 효과를 달리 만드는 영미와 대륙 간의 '상황'의 차이에 의해 결정된다.

따라서 스탈린과 모택동처럼 거꾸로 폭력이 새 사회로 가는 "가장 빠른 길"이라고 판단한다면 혁명은 아무런 윤리적 고려 없이 무조건 '폭력혁명'으로 교조화된다. 폭력에 대한 마르크스의 사고가 이처럼 투쟁의 효과와 정치적 효율성의 지평을 뛰어넘지 못하기 때문에, 달리 말하면 마르크스의 혁명이론에서 투쟁과 폭력사용 여부에 대한 윤리적 의식과 도덕 감각이 없거나 아주 취약하기 때문에 좌익 세계에서 폭력투쟁에 대한 반윤리적 태도가 만연한 것이다.

우리의 도덕 상식에서 폭력은 '절대 악'이고, 단지 '정당방위'로서만 윤리 도덕적으로 정당화될 수 있을 따름이다. 하지만 마르크스는 어디에서도 폭력의 죄악성을 조각阻却하는 정당방위 개념을 예외적·윤리적 정당화의 근거로 논하지 않고, 오직 폭력투쟁이냐, 비폭력투쟁이냐의 문제를 투쟁의 '효과' 또는 '효율성'의 관점에서만 결정한 것이다. 한마디로, 정당방위 개념을 결한 그의 폭력투쟁론과 폭력혁명론은 '반反윤리적'일 수밖에 없는 것이다. 마르크스는 폭력 자체를 부당한 것으로 규정하고 급박한 폭력에 대한 정당방위로서만 정당화되는 것이라고 생각하지 않았다. 그는 '목적이 수단을 정당화한다'는 반윤리적 관념에 의거해 '폭력 수단'이 평화적 수단보다 혁명적 목적 달성에 더 효과적이라면 혁명의 '목적'이 폭력 수단의 사용을 충분히 정당화해 준다는 암묵적 입장을 끝까지 견지한 것이다.

엥겔스도 평화적 혁명을 '바랄만한 것'으로 여겼으나 폭력에 대해 뚜렷한 윤리 도덕적 입장을 세우지 않았다. 1847년 "사유재산의 철폐가 평화적인 길로 가능한가"라는 물음에 대해 그는 이렇게 답한다.

- 이런 일이 일어날 수 있다면 그것을 바랄만한 것이다. 그리고 공산주의자들은 필경 이에 반대할 마지막 사람일 것이다. 공산주의자들은 모든 음모가 무용지물일 뿐만 아니라 심지어 해롭다는 것을 너무 잘 알고 있다. 공산주의자들은 혁명이 의도적으로, 그리고 자원해서 일으켜지는 것이 아니라 도처에서, 그리고 모든 시기에 개별 정당들과 모든 계급의 의지와 지도와 전적으로 독립적인 상황의 필연적 결과라는 것도 너무 잘 알고 있다. 그러나 또한 공산주의자들은 프롤레타리아계급의 발전이 거의 모든 문명국가에서 폭력적으로 억압당하고 이로써 공산주의자들의 적수들이 전력으로 혁명을 촉진한다는 것도 보고 있다. 이를 통해 피압박 프롤레타리아 계급이 최종적으로 혁명으로 내몰린

다면 우리 공산주의자들은 이에 말로만이 아니라 행동으로도 프롤레타리아들의 대의를 방어하게 될 것이다.[149]

"말"로만이 아니라 "행동"으로도 "프롤레타리아들의 대의를 방어하게 될 것"이라는 말은 폭력혁명 노선을 추구하게 될 것이라는 말이다. 엥겔스는 혁명을 토론과 논쟁, 선전과 시위 등으로 추진하는 평화혁명의 길이 반드시 추구해야 할 길이고 부당하고 임박한 폭력에 대해 정당방위를 해야 하는 상황에서는 '어쩔 수 없이' 폭력으로 대응할 수밖에 없다고 말하는 것이 아니라, 마르크스처럼 폭력의 문제를 '상황'에 내맡겨 버리고 있다. '평화적' 비폭력 혁명은 원칙이 아니라, 단지 "바랄만한" 것일 뿐이다.

이런 까닭에 좌파의 정치 세계에서는 비윤리적 성격의 정치 폭력과 폭력투쟁관이 만연되었던 것이다. 상론했듯이 가령 조르주 소렐은 "민주주의가 확립되는 가운데 스며드는 사회평화를 프롤레타리아 폭력으로 깨부수고 계급투쟁을 활성화해야 한다"고 촉구함으로써 "프롤레타리아 폭력"을 적시의 신비적 "평화 교란자"로서 예찬했다.

- 우리는 마르크스의 관념이 죽었다고 생각해야 하는가? 결코 아니다. 왜냐하면 프롤레타리아 폭력은 사회평화의 관념이 분쟁을 완화할 것을 요구하는 바로 그 순간에 무대에 오르기 때문이다. 프롤레타리아 폭력은 고용주들을 생산자로서의 역할에 가두고 이들이 바야흐로 민주주의 늪에 빠져드는 것으로 보이는 바로 그때 계급구조를 복원하는 경향이 있다.[150]

---

149) Friedrich Engels, "Grundsätze der Kommunismus" [1847], 372쪽. *MEW* 4.
150) Georges Sorel, *Reflections on Violence* (Cambridge: Cambridge University Press, 1999), 78쪽.

그리고 스탈린은 "테러는 새로운 사회로 가는 가장 빠른 길이다"고 선언했다.[151] 주지하다시피 모택동은 "권력은 총구에서 나온다"고 천명함으로써 무장 폭력을 정당화하고 유일시 했다. 그리고 북한노동당은 남한 동포에 대한 동족상잔의 침략적 계급 전쟁도 불사했고, 심지어 '학습도 생산도' 항일유격전식 '학습·생산 투쟁'으로 관념하고 있다.

그러나 150년 전 토머스 제퍼슨은 마르크스·엥겔스와 달리 1776년의 『독립선언문』의 첫 구절에서 미국혁명을 위한 독립전쟁을 부당하고 급박한 폭력에 대한 정당한 대응이라는 정당방위적 관념 틀로 정당화했다.

- 우리는 만인은 평등하게 창조되었고, 만인은 창조주에 의해 일정한 불가양의 권리들을 부여받았고, 이 권리들에는 생명·자유와 행복 추구가 포함되고, 이러한 권리들을 확보하기 위해 인간들 사이에 정부가 설립되었으며 정부는 자기의 정당한 권력을 피치자의 동의로부터 도출하는 것이고, 어떠한 형태의 정부라도 이러한 목적들에 파괴적이 될 때면 언제든 그 정부형태를 변경하거나 폐지하고 새 정부를 설립하고 인민들에게 자신들의 안전과 행복을 성취하기에 가장 가망 있는 것으로 보이는 원칙들에 토대를 두고, 또 그러기에 가장 가망 있는 것으로 보이는 이런 형태로 권력을 조직하는 것은 인민의 권리라는 것, 이 진리들을 자명한 것(self-evident)으로 여긴다.

제퍼슨은 "생명·자유와 행복추구권의 확보"라는 정부 설립의 "목적들"을 "파괴"하는 정부를 언제든 "변경하거나 폐지하는 것"을 "인민의 권리"로 선언하고 있다. 그는 정부가 "자유"와 "행복추구권"의 파괴를 넘어

---

151) Edvard Radzinsky, *Stalin: The First In-depth Biography Based on Explosive New Documents from Russia's Secret Archives* (Albany, New York: Anchor, 1997).

"생명"에 대한 폭력적 파괴까지 자행하는 경우에 인민이 "자신들의 (생명)안전"을 확보하기 위한 정당방위로서 정부를 당연히 폭력적으로 "폐지한다"고 말하고 있다. 은나라 주왕紂王을 타도한 무왕의 혁명선언문인 『서경』「태서泰誓」를 모방한 『독립선언문』은[152] 첫 구절에서 '정방방위'라는 용어를 사용하지 않았지만 정당방위의 논법을 함의하고 있다. 그리고 그 뒤에 열거되는 조지 3세 영국 국왕의 18개 항 죄목 중에 ⑹ 주州들을 "외부로부터의 침범과 내부로부터의 격동"에 방치한 것, ⑽ "우리 백성을 괴롭힌 것", ⒀ "우리들 사이에 대규모의 무장 군대를 주둔시키고", "주민州民들에 대해 범한 어떤 살인에 대한 처벌로부터도 이 군대를 모의재판에 의해 보호한 것", ⒁ "우리를 적대해 전쟁을 감행하고". "이곳의 정부를 폐적廢嫡한 것", ⒂ "우리의 바다를 약탈하고 우리의 해안을 노략질하고 우리의 도시들을 불태우고, 우리 백성의 삶을 파괴한 것", ⒃ "죽음·황폐·폭정의 작업을 완성하기 위해 외인 용병의 대군을 수송해 오고", "잔학행위와 배신행위의 요란을 떨기 시작한 것", ⒄ "공해에서 나포된 우리의 동포 시민들을 그들의 조국을 향해 무기를 들도록, 그들의 친구와 형제들의 처형자가 되거나 그들의 손에 전사하도록 강제한 것", ⒅ "우리들 사이에서 내부 반란을 부추기고 우리의 변경 주민들에게 모든 연령대, 성별, 조건의 무차별적 파괴를 알려진 전투 규칙으로 삼는 무자비한 인디언 토인족들을 데려다 놓으려는" 것 등 7개항을[153] "절대적 폭정"의 증거로 열거함으로써 미국 13개 주의 무장봉기와 혁명전쟁이 인민의 생명을 파괴하고 위협하는 영국 정부의 부당하고 급박한 폭력에 대한 '정당방위'의 대항 폭력임을 더욱 분명히 했다.

반면, 마르크스는 1844년 「헤겔 법철학 비판(Zur Kritik der Hegel-

---

152) 이것에 대한 상론은 참조: 황태연, 『공자와 미국의 건국(하)』(서울: 한국문화사, 2023), 1248-1267쪽.
153) ⑴에서 ⒅까지 번호 매김은 인용자.

schen Rechtsphilosophie)」에서부터 급박한 부당폭력에 대한 정당방위로서의 전쟁이 아니라, 무차별적 투쟁과 일반적 전쟁을 선동한다.

- 독일의 현상태에 대한 전쟁을! 물론이다! 독일의 현상태는 역사의 수준 이하에 처해있고, 모든 비판의 아래에서 있지만, 인간성의 수준 아래에 있는 범법자가 사형집행인의 대상으로 남아 있는 것처럼 비판의 대상으로 남아 있다. 독일 상태와의 투쟁에서 비판은 머리의 정열이 아니라 정열의 머리다. 비판은 해부용 칼이 아니라 무기다. 비판의 대상은 비판이 반박하는 것이 아니라 섬멸하고자 하는 적이다.[154]

이 글에서 마르크스는 기존 정부를 전복하는 혁명을 요청하지만 리더십 교체의 문제가 아니라 철학적 문제로 보고 있다. 그는 비판이 문제를 완화하는 것이 아니라고 선언하고, "독일의 현상태"를 현재의 지배적 철학 자체가 폭력적으로 "섬멸해야" 할 "적"이라고 천명하고 있다.

또 마르크스는 *Neue Rheinische Zeitung* 1848년 11월 7일 자에 기고한 기사에서 '혁명적 테러리즘(der revolutionären Terrorismus)'를 새로운 사회의 탄생의 산고産苦를 줄이는 '유일한 방법'으로 제시한다.

- (…) 옛 사회의 사경死境의 살인적 고통, 즉 새로운 사회의 유혈 산고를 단축하고 단순화하고 집중시키는 단 하나의 방법이 있다. 그 단 하나의 방법은 혁명적 테러리즘이다.[155]

마르크스의 이 1848년 공개 기사를 보면 1844년 「헤겔 법철학 비판」의

---

154) Karl Marx, "Zur Kritik der Hegelschen Rechtsphilosophie. Einleitung" [1844], 380쪽. *MEW* 1.
155) Karl Marx, "Sieg der Kontrerevolution zu Wien" [1848], 457쪽. *MEW* 5.

무차별적 투쟁과 일반적 혁명전쟁의 선동이 일시적 흥분에서 나온 것이 아니라는 것을 알 수 있다. 1848년 11월의 이 기사는 1848년 2-3월 "지금까지 사회의 역사는 계급투쟁의 역사다"라고 선언한 『공산당선언』의 폭력혁명론과 일직선상에 있는 것이다.

마르크스는 대중이 자본주의 체제에 아주 익숙해져서 피착취 노동자들까지도 그들의 억압이 정당하다고 믿는다는 사실에 주목한다. "이 무슨 광경인가! (…) 다양한 인종들은 그들이 지배당하고 통치당하고 소유당하는 것을 하늘의 용인으로 인정하고 승인하지 않을 수 없다."[156] 마르크스는 자본주의 체제가 노동자들의 의식 속에 내면화된 이런 상황에서 이 체제를 전복하는 방법으로 폭력적 테러를 생각한 것이다.

마르크스는 자본주의 질서를 폐절하기 위해 혁명가들이 자본가들만이 아니라 그 지지자들까지 근절해야 한다고 주장한다. 세뇌된 자들까지 다 죽여야 한다. 그는 살해될 사람들에 개의치 않는다. 왜냐하면 "이 내용에 관계하는 비판은 격투의 비판이고, 이 격투에서는 적수가 귀족인지, 대등한 자인지, 이해당사자인지는 중요치 않고 적수를 때리는 것이 중요하기"[157] 때문이다. 마르크스에게 계급 차이는 이런 견지에서 중요치 않다. 어떤 자가 부르주아든, 프롤레타리아든 그들은 자본주의 정서를 마음속에 안고 있으면 혁명의 적이다. 마르크스는 자본주의적 세뇌를 암적 현상으로 간주했다. 사회가 참으로 자유·평등해지기 위해서는 암적 세포들은 제거되어야 하고 세뇌된 사람들은 숙청되어야 한다.

마르크스의 이 제거·숙청 철학은 실천적 차원에서 '영구폭력'인 한편, 정의로운 혁명 투쟁 과정에서 인간 생명을 소모품으로 보고 살인을 허용하는 무원칙적 이론이다. 정의는 살인면허다! 혁명 폭력에 대한 마르크

---

156) Marx, "Zur Kritik der Hegelschen Rechtsphilosophie. Einleitung", 380-381쪽.
157) Marx, "Zur Kritik der Hegelschen Rechtsphilosophie. Einleitung", 381쪽.

스의 정당화는 무한폭력을 요청한다. 혁명가들은 자본주의적 정서를 마음에 품은 모든 사람을 자본가에 대해서든, 노동자에 대해서든 폭력을 사용해야 한다. 마르크스가 보기에 어떤 사회도 이견들이 제거될 때까지 진정으로 자유·평등할 수 없다. 그러나 인간 역사에서 사람들의 생각이 획일적으로 같은 적이 없다. 민주공화국에서든, 전체주의 체제에서든 다양한 의견이 언제나 존재했다. 소련에서도 마찬가지였다. 그러므로 마르크스의 혁명은 무한폭력을 부른다. 혁명의 완전성을 위해서 폭력은 계속되어야 한다. 끝나지 않는 폭력은 궁극적으로 내적 안정성을 유지할 사회의 버팀목까지 파괴할 것이다. 혁명 폭력의 비윤리적·효과론적 정당화는 항구적 폭력사용으로 통하는 실천적 결함이 있는 것이다.

하지만 주지하다시피 마르크스의 혁명적 폭력관은 윤리 도덕적 관점에서 오류이다. 제퍼슨은 조지 3세의 "절대적 폭정"에 대해 혁명적 폭력을 사용하는 것을 변호했다. 정부가 인민의 생명을 파괴한다면 인민은 무기를 들 방어적 권리가 있다. 정당방위다. 그러나 마르크스는 이런 정당방위 논리를 구사하지 않았다. 그는 자본주의 체제를 전복하기 위해 공격적 폭력이 요구된다고 생각했다. 마르크스는 폭력의 범위를 자본주의적 억압자들에 대해서만 한정하지 않았다. 그는 "인민에게 용기를 주입하기 위해 인민에게 자기 자신에 대해 경악하는 것을 가르쳐야 한다"고 주장했다.[158] 궁극적으로 마르크스는 폭력의 목적이 사회변혁을 자극하기 위해 전全 주민을 공포에 떨도록 만드는 테러리즘이라고 믿었다. 마음 깊은 곳에서 마르크스는 젊은 시절부터 서양사상 전통의 폭력투쟁유일주의를 확신하고 폭력이 인민 일반을 겨냥한다면 인민들은 공포심에서 현행의 시스템과 이데올로기(자본주의)를 배격하고 새로운 시스템(공산주의)을 채택하리라고 생각했다. 결백한 생명들까지도 기꺼이 희생시키려는 마

---

158) Marx, "Zur Kritik der Hegelschen Rechtsphilosophie. Einleitung", 381쪽.

르크스의 의도에서 인간성에 대한 그의 가장 깊이 간직한 확신의 차원에서 '윤리 도덕적 부패와 타락'이 드러난다. 인간 생명은 내재적 가치가 없고 그러므로 정치적 변혁을 위해 소모될 수 있다는 식이다.

마르크스는 '생명'을 인간의 천부인권으로 보지 않았다. 세상은 그의 장기판이고, 사람들은 장기판의 졸쭈이다. 사람들은 정치적 결과를 이루기 위해 소모될 수 있는 조각들이다. 정치적 목적을 위해 아무 죄 없는 결백한 사람들을 냉혹하게 희생시키려는 그의 확신은 목적을 위해 폭력을 정당화하는 도덕적 파탄을 보여준다. 마르크스의 이 반윤리적 폭력관은 혁명적 폭력사용에 대한 견해에서 공자를 숭배했던 제퍼슨과[159] 정반대 되는 것이다.

2.3. 마르크스의 폭력혁명 대對 공맹의 지인至仁혁명

마르크스는 공산주의 사회를 이상사회로 제시했고, 공자는 대동사회를 이상사회로 제시했다. 마르크스의 공산주의 유토피아는 공자의 '대동사회' 유토피아와 그 정치적·사회경제적 내용이 유사하다. 마르크스의 공산사회는 특히 계급도, 계급투쟁도 없는 '평화로운 사회'인 점에서 공자의 대동사회를 닮았다. 마르크스는 이 공산사회에 '혁명'을 통해 도달해야 한다고 주장했다.

공자와 맹자도 대동사회에 도달하기 위해 때로 탕왕과 무왕의 혁명, 즉 "탕무혁명湯武革命"과 같은 '혁명'도 피할 수 없다고 여겼다. 공자는 '혁명'이라는 말의 주조자다. 공자는 『역경』의 혁革괘 '단전彖傳'("革 已日乃孚 元亨利貞 悔亡")에 붙인 '단사彖辭'에서 이렇게 주석한다. "탕무혁명은

---

[159] 제퍼슨의 유학적 정치사상에 대한 상론은 참조: 황태연, 『공자와 미국의 건국 (상)』 (서울: 한국문화사, 2023), 242-478쪽.

하늘에 순종하고 사람에 호응했으니, 혁의 때는 위대하도다(彖曰 […] 湯武革命 順乎天而應乎人 革之時大矣哉)."[160] 이것이 유교 경전 전체에서 딱 한 번 나오는 "혁명"이라는 단어다. 같은 뜻의 말로는 혁革괘 4효 효사에 "개명改命"이 있는데, 이 말도 딱 한 번 나온다.

하지만 마르크스와 공맹은 혁명의 수단과 방법이 완전히 정반대다. 혁명 수단으로부터 마르크스와 공맹은 결별한다. 마르크스는 폭력으로 혁명을 이룩해야 한다고 주장한 반면, 공맹은 '지인至仁'으로, '지극한 인덕仁德'으로 선양禪讓 또는 무혈혁명을 통해 왕조 교체와 사회변혁을 이룩해야 한다고 확언했다. 이것은 폭력과 살상을 (정당방위의 경우에만 그 죄악성이 조각阻却되는) '절대 악'으로 생각했기 때문이다.

폭력과 살상을 절대 악으로 여기는 공자의 윤리관은 모든 생명체의 '생명'을 생명체의 자연적 권리로 여기는 그의 도덕적 생명관에 기인한다. 공자는 사냥하거나 고기를 잡더라도 함부로 잡지 않았다. "공자는 낚시질했으나 주낙으로 마구 잡지 않았고, 주살질을 했으나 잠자는 놈은 쏘지 않았다(子釣而不網 弋不射宿)."[161] 또 공자는 부모의 생계를 마련하고 제사를 지내기 위해 짐승을 죽이는 경우에도 그때를 가려야 한다고 말했다. "금수는 때맞춰 잡아야 한다. (…) 공자는 '(…) 짐승 한 마리를 죽여도 그때를 어기면 (이것으로 부모를 봉양하더라도) 효가 아니다'라고 말했다.(樹木以時伐焉 […]. 夫子曰 […] 殺一獸 不以其時 非孝也)".[162] 짐승을 때맞춰 잡는다는 것은 물고기라면 산란기가 아닌 때에 맞춰 잡고, 산짐승과 가축이라면 새끼 밴 놈을 잡지 않는 것을 말한다. 그리하여 공자는 "죽이는 때에 맞지 않는 금수, 물고기, 자라는 시장에 내다 팔아서는 아니 된다(禽獸

---

160) 『易經』, 제49번 혁(革)괘 단사(彖辭).
161) 『論語』「述而」(7-27). '주낙'은 많은 낚시를 늘어뜨려 단 낚싯대고, '주살'은 가는 줄을 맨 화살이다. 주살은 빗맞은 경우 줄을 당겨 화살을 다시 찾을 수 있다.
162) 『禮記』「祭義」(24027).

魚鼈不中殺 不粥於市)"는 금법을 언명했고,¹⁶³⁾ "천자는 새끼 밴 소를 먹지 않으니 새끼 밴 소는 상제에 대한 제사에도 쓰지 않는다(天子 牲孕弗食也 祭帝弗用也)"고 말한 것이다.¹⁶⁴⁾ 그러므로 공자는 "겨울잠에서 깨어나는 동물들을 죽이지 않은" 제자 고시高柴의 행동을 "하늘의 도다(高柴 […] 開蟄不殺 則天道)"라고 하며 칭찬했다.¹⁶⁵⁾

공자는 우리가 부리는 가축들의 복지도 성군의 국사國事로 간주했다. "거룩한 임금의 바름은, 소 3마리를 나란히 멍에 매지 않게 하고, 말은 항상 수레를 끌지 않게 하고, 타는 것을 우려하지 않게 하고, 암말은 (…) 곡식을 때맞춰 주고, 꼴과 건초의 짐은 무겁지 않게 하는 데 있다."¹⁶⁶⁾ 두세 마리 소에게 나란히 멍에를 매는 것은 소들을 해치는 것이다. 힘센 마소도 항상 수레를 끌게 하고 너무 무거운 짐을 지우면 지친다. 그래서 한국 농민들은 소달구지에 짐을 다 싣지 않고 일부 짐을 지게로 나눠진 채 소달구지를 끌었던 것이다. 그리고 새끼를 밴 암말은 특별히 먹이를 더 많이 주고, 더 잘 보살펴주었다.

공자는 인仁 개념을 식물 복지로까지 확장했다. 증자는 공자의 뜻을 받들어 이렇게 말한다. "수목은 때맞춰 벌목한다. (…) 공자는 가로되, '나무 한 그루를 베도 (…) 그때를 어기면 (이 나무로 부모의 방을 덥히더라도) 효가 아니다'라고 하셨다.(樹木以時伐焉 […]. 夫子曰 '斷一樹 殺一獸 不以其時 非孝也')"¹⁶⁷⁾ 부모에게 효도한답시고 한창 자라는 나무를 베어 부모의 방을 데우는 것은 '불효'라는 말이다. 또 공자는 자연 식물까지 아끼는 제자 고시의 식물 사랑의 행동을 이렇게 극찬했다. "고시는 공자를 뵙고 나

---

163) 『禮記』「王制」(5045).
164) 『禮記』「郊特生 第十一」(001).
165) 『大戴禮』「第十九 衛將軍文子」.
166) 廖名春 釋文,「馬王堆帛書 '二三子'」, 16-17쪽. "聖王之正 牛參弗服 馬恒弗駕 不憂乘 牝馬□□□□□□□□□栗時至 芻槀不重." '□'는 판독불가 부분.
167) 『禮記』「祭義」.

서부터 문호를 들어가면 남의 신발을 넘지 않았고, 왕래하면서 남을 지나 치면 그의 그림자를 밟지 않았고, (…) 한창 자라는 것을 꺾지 않았다. (…) 이것이 고시의 행동이다. 공자는 말하기를, '고시가 (…) 한창 자라고 있는 식물을 꺾지 않은 것은 공감이고, 공감은 인애이니, 탕임금은 공감으로 공경했고 이런 까닭에 나날이 발전했다'라고 했다."[168] 그래서 공자는 이와 부합되게 "벌목하는 때에 맞지 않는 나무는 내다 팔아서는 아니 된다(木不中伐 不粥於市)"는 금법도[169] 언명했다. 시장이 "벌목하는 때에 맞지 않는 나무"를 가려낼 능력이 없기 때문에 이 가려내는 일을 시장에 맡기지 않고, 때를 어겨 벌목한 나무를 시장에 내는 것을 금지하는 '유위有爲의 금법'이 필요하다고 생각한 것이다.

주지하다시피 맹자도 '애물愛物'을 입론하고 인간의 생명애를 강론한다. "군자가 자연 생물(동식물)에 대해서는 그것을 아끼지, 인애하지 않는다. 백성들에 대해서는 그들을 인애하지, 친애하지 않는다. 양친을 친애하고 백성을 인애하고, 백성을 인애하고 자연 생물을 아낀다.(孟子曰 君子之於物也 愛之而弗仁 於民也 仁之而弗親. 親親而仁民 仁民而愛物)."[170] '애물'은 생물(동식물)의 생명을 아끼고 사랑하는 것이다.

맹자는 도살될 소의 울음소리에 대한 제선왕의 측은지심을 높이 평가하면서 인간의 생명애를 강론한다. 맹자는 제사용으로 도살당할 소의 구슬픈 울음소리와 두려움을 동정해 이 소의 도살을 중지시킨 이 군주의 측은지심을 '왕자王者의 자질'로 칭송했다. 맹자는 동물의 고통에 공감할 능력이 있는 인간만이 왕 노릇할 자격이 있다고 생각했다. 맹자가 제선왕에게 묻기를, "왕께서 당상堂上에 앉아 계실 때 소를 끌고 당하堂下를 지

---

168) 『大戴禮』「第十九 衛將軍文子」: "自見孔子 入戶未嘗越屨 往來過人不履影 […] 方長不折 […]. 是高柴之行也. 孔子曰 […] 方長不折 則恕也 恕則仁也. 湯恭以恕 是以日蹐也."
169) 『禮記』「第五 王制」.
170) 『孟子』「盡心上」(13-45).

나는 자가 있어 그것을 보고 '소가 어디로 가느냐'고 물으셨는데, 그자가 대답하기를, '장차 흔종釁鐘의식(새로 지은 종에 제사 지낼 때 종에다 소피를 바르는 의식)을 하려고 합니다'라고 하니, 왕께서 '그만두어라! 그 소가 벌벌 떠는 것이 죄 없이 죽으러 가는 것과 같으니 견디지 못하겠다'고 하셨는데, 그자가 대꾸하기를, '흔종을 폐하리이까?'라고 하니, 왕께서 '어찌 폐할 수 있겠느냐? 양으로 바꿔라!'라고 하셨다는데, 모르겠습니다만 이런 일이 있었습니까?"라고 물었다.(曰 […] 王坐於堂上 有牽牛而過堂下者 王見之 曰 牛何之? 對曰 將以釁鐘. 王曰 舍之! 吾不忍其觳觫 若無罪而就死地. 對曰 然則廢釁鐘與? 曰 何可廢也? 以羊易之! 不識有諸?) 이에 왕이 "그런 일이 있었습니다"라고 답했다(曰 有之).[171] 그러자 맹자는 이 일을 이렇게 평가했다. "이 마음으로는 족히 왕 노릇을 할 만합니다. 백성은 다 이를 왕께서 (재물을) 아끼는 것으로 여기는데 신은 왕께서 차마 그것을 견디지 못했음을 압니다(曰 是心足以王矣. 百姓皆以王爲愛也 臣固知王之不忍也)."[172] 이에 제선왕은 "제나라가 비록 작아도 내가 어찌 소 한 마리를 아끼겠습니까? 그 소가 벌벌 떠는 것이 죄 없이 죽으러 가는 것 같아서 소를 양으로 바꾸라고 했습니다"라고 말했다.[173] 이에 대해 맹자는 이렇게 화답했다. "군자는 금수에게서 그것이 살아있는 것을 보았다면 차마 그것이 죽어가는 것을 보지 못하고, 그것이 죽는소리를 들었다면 차마 그 고기를 먹지 못합니다. 이것이 군자가 푸줏간을 멀리하는 까닭입니다(君子之於禽獸也 見其生 不忍見其死 聞其聲 不忍食其肉. 是以君子遠庖廚也)."[174] "금수에게서 그것이 살아있는 것을 보았다면 차마 그것이 죽어가는 것을 보지 못한다"는 맹자의 이 명제에서 생명 사랑이 유감없이 표

---

171) 『孟子』「梁惠王上」(1-7).
172) 『孟子』「梁惠王上」(1-7).
173) 『孟子』「梁惠王上」(1-7): "曰 是心足以王矣. 百姓皆以王爲愛也 臣固知王之不忍也. 王曰 […] 齊國雖褊小 吾何愛一牛? 卽不忍其觳觫 若無罪而就死地 故以羊易之也"
174) 『孟子』「梁惠王上」(1-7).

현되고 있다. 그래서 보통 사람들은 짐승이 죽는소리를 듣고 나서 그 짐승의 고기를 먹는 것을 꺼리는 것이다.

   금수와 식물의 생명도 아끼는 공맹철학에서 금수를 살상하고 식물을 해치는 폭력은 절대 악이다. 사람을 살상하는 폭력이 절대 악인 것은 두말할 나위 없다. 그래서 공자는 괴기·난·신과 더불어 힘(폭력)을 입에 담지 않았다(子不言怪力亂神).[175] 폭력은 사람과 동식물의 생명을 가벼이 해치기 때문이다. 따라서 정치에서 사형에 의한 합법적 살인도 꺼렸다. 계강자가 공자에게 정치를 논하면서 "무도한 자를 죽여 도道를 세우면 어떻습니까?"라고 물었다. 그러자 공자는 "정치를 하면서 어찌 살인을 씁니까? 당신이 선을 원하면 백성도 선해집니다"라고 대답했다.[176] 이렇듯 공자는 윤리적 관점에서 사람과 생물의 생명을 해치는 살상의 '폭력'을 절대 악으로 여겨 정치에서 배제했다. 따라서 공자는 정치에서 정형政刑(권도와 형벌)을 배제한 덕치를 주장했던 것이다.[177]

   또한 공자는 국가가 "유비무환有備無患"의 상무 정신에서[178] 정당방위의 자위적 군사력을 갖춰야 함을 강조했다. 하지만 공자는 풍족한 의식주("足食")를 강병("足兵")에 앞세웠다.[179]

   공자는 사람을 죽이는 학정과 폭정을 사악四惡(虐·暴·賊·有司)에 집어넣고 폭정을 혁명으로 폐절해야 한다고 생각한 것이다. 자장이 "4악은 무엇을 일컫습니까?"라고 묻자, 공자는 "가르쳐 주지 않고 죽이는 것을 학

---

175) 『論語』 「述而」(7-21).
176) 『論語』 「顔淵」(12-19): "季康子問政於孔子曰 如殺無道 以就有道 何如? 孔子對曰 子爲政 焉用殺? 子欲善而民善矣. (…)"
177) 『論語』 「爲政」(2-3): "子曰 道之以政 齊之以刑 民免而無恥 道之以德 齊之以禮 有恥且格"
178) 『書經』 「商書·說命中第十三」: "惟事事乃其有備 有備無患.(일마다 유비해야 하고, 유비면 무환이다.)"
179) 『論語』 「顔淵」(12-7): "子貢問政. 子曰 足食 足兵 民信之矣. 子貢曰 必不得已而去 於斯三者何先? 曰 去兵. (…)"

虐이라고 하고, 경계하지 않고 성취를 보려고 하는 것은 폭暴이라고 하고, 영을 태만히 하고 기한을 치는 것은 적賊이라고 하고, 어차피 사람들에게 줄 것을 출납하는 데 인색한 것을 유사라고 한다"라고 했다.(子張曰 何謂四惡? 子曰 不教而殺謂之虐 不戒視成謂之暴 慢令致期謂之賊 猶之與人也出納之吝謂之有司)[180] 아무도 폭력에는 복종하지 않는다. "걸왕과 주왕이 천하를 폭력으로 이끄니 백성이 처음에 그들에게 복종했으나 그들이 명령하는 것이 백성이 좋아하는 것에 반해서 나중에는 백성이 불복했다."(堯舜帥率天下以仁而民從之. 桀紂帥天下以暴而民從之 其所令 反其所好 而民不從.)[181] 결국 탕왕과 무왕은 나라를 폭력으로 다스린 이 두 폭군을 정당방위의 혁명으로 제거했다. 그래서 공자는 "나라를 가진 위정자가 편벽되면 천하에 의해 죽임을 당하는 것이다(有國者 不可以不愼 辟則爲天下僇矣)"고 천명했다.

맹자도 잔적殘賊한 군주를 주살할 수 있다고 강론했다. 제선왕이 "탕왕이 걸왕을 방벌하고 무왕이 주왕을 방벌했다는데 그런 일이 있었소?" 하고 물었다. 이에 맹자가 "전해오는 바에 의하면 있었습니다"라고 대답했다. 그러자 선왕이 "신하가 그 임금을 시해할 수 있소?"라고 물었다. 그러자 맹자가 "인仁을 해치는 자는 적賊이라고 하고 의義를 해치는 자를 잔殘이라고 하는데 잔적자는 일부一夫라고 합니다. 일부 주紂를 주살했다는 소리를 들었지만 아직 시군弑君했다는 소리를 듣지 못했습니다."[182] 그리고 맹자는 "폭력으로 인仁을 가장하는 패도覇道(以力假仁者覇)"를 경멸했다. 폭력으로는 사람을 복종시키는 것은 심복이 아니니 폭

---

180) 『論語』「堯曰」(20-2).
181) 『大學』(傳9章).
182) 『孟子』「梁惠王下」(2-8): "齊宣王問曰 湯放桀 武王伐紂 有諸? 孟子對曰 於傳有之. 曰 臣弑其君 可乎? 曰 賊仁者謂之賊 賊義者謂之殘 殘賊之人謂之一夫. 聞誅一夫紂矣 未聞弑君也."

력은 도움이 되지 못하기(以力服人者 非心服也, 力不贍也) 때문이다.[183]

그리하여 공자는 가능하면 무력을 동원하는 혁명적 왕조 교체보다 선양을 통한 왕조 교체를 더 선호했다. 공자가 말한 "탕무혁명은 하늘에 순응하고 사람에 호응한(湯武革命順乎天而應乎人)" 혁명이지만,[184] 혁명은 아무래도 유혈流血이 전무하기 어렵기 때문이다. 나아가 공자는 거의 무혈이었지만 무력을 동원하고 주왕을 처형한 무도武道혁명보다 '지인至仁'한 요순이 이룬 왕조 교체를 더 높이 쳤다. 즉 '혁명'보다 '선양'을 더 높이 친 것이다. 이 뜻을 공자는 "소韶(순임금을 찬양한 음악)는 지극히 아름답고 또 지극히 선하지만 무武(무왕의 공덕을 찬양한 음악)는 지극히 아름다웠으나 지극히 선하지는 않았다"(子謂韶 盡美矣 又盡善也. 謂武 盡美矣 未盡善也)는 음악 평가로[185] 넌지시 밝혔다.

그래서 공자는 용기와 굳센 힘을 투쟁이 아니라 예법의 시행과 외적을 물리치는 데만 쓰라고 한다.

- 그것(군신 관계를 바르게 하고 부자를 친하게 하고 장유를 인화하게 하는 것)을 행하는 것을 도의가 있다고 하고, 도의가 있는 것을 일러 용감하다고 한다. 그러므로 용감함을 귀히 여기는 것은 도의를 능히 세우는 것을 귀히 여기는 것이다. 도의를 세우는 것을 귀히 여긴다는 것은 도의를 행하는 것을 귀히 여기는 것이고, 도의를 행하는 것을 귀히 여긴다는 것은 그 예법을 행함을 귀히 여긴다는 것이다. 그러므로 용감함을 귀히 여긴다는 자는 예의禮義를 감행하는 것을 귀히 여기는 것이다. 용감하고 굳세고 힘 있는 자는 천하가 무사하면 용기와 굳셈과 힘

---

183) 『孟子』「公孫丑上」(3-3): "孟子曰 以力假仁者霸 (…) 以力服人者 非心服也 力不贍也."
184) 『易經』, 제49번 혁革괘 단사(象辭).
185) 『論語』「八佾」(3-25).

을 예의에 쓰고 천하에 사변事變이 있으면 그것을 (외침을 물리치는) 전승戰勝에 쓴다. 그것을 전승에 쓰면 무적이고, 그것을 예의에 쓰면 순치順治된다. 밖으로 무적이고 안으로 순치되는 것, 이것을 일러 성덕이라고 한다. 그러므로 성왕이 용감함과 굳셈과 힘 있음을 귀히 여김은 이와 같았던 것이다. 용감하고 굳세고 힘 있으나 이것을 예의와 전승에 쓰지 않고 투쟁에 쓰면 이런 자를 일러 난적이라 한다. 형벌이 나라에 행해진다면 주살되는 자는 난적이다. 이와 같다면 백성은 순치되고 나라는 편안하다.[186]

공자는 '용勇'을 아예 "도의를 행하는 것"으로, 나아가 "예의를 감행하는 것"으로 정의하고 용감함·굳셈·힘을 투쟁에 쓰지 말고 백성을 순조롭게 다스리게 해주는 예의의 과감한 시행과, 외적을 물리치는 전승에 쓸 것을 논변하고 있다. 그리고 용기와 굳센 힘을 투쟁에 쓰는 자, 정의의 이름으로 계급투쟁이나 인종 투쟁을 하는 데 용기와 무력을 쓰는 자를 "난적"으로 벌해야 한다고 하고 있다.

공자는 혁명적 폭력사용도 윤리적으로 정당화되어야 한다고 생각했다. 윤리적 정당성을 결한 폭력혁명은 따르는 사람이 없는 반면, 폭력을 정당방위에 한정하고 폭력을 정당방위로 쓰더라도 최소화하려는 뜻을 천명해 윤리적 정당성을 얻은 혁명은 믿고 따르는 사람들이 생기기 때문이다. 그래서 『주역』「혁革」괘 4효의 효사爻辭는 "믿고 따르는 사람들이

---

[186] 『禮記』「聘義 第四十八」(10): "有行之謂有義, 有義之謂勇敢, 故所貴於勇敢者, 貴其能以立義也. 有行之謂有義, 有義之謂勇敢, 故所貴於勇敢者, 貴其能以立義也. 所貴於立義者, 貴其有行也. 所貴於有行者, 貴其行禮也. 故所貴於勇敢者, 貴其敢行禮義也. 故勇敢强有力者, 天下無事則用之於禮義, 天下有事則用之於戰勝. 用之於戰勝則無敵, 用之於禮義則順治. 外無敵, 內順治, 此之謂盛德. 故聖王之貴勇敢强有力如此也. 勇敢强有力而不用之於禮義戰勝而用之於爭鬪, 則謂之亂人. 刑罰行於國, 所誅者亂人也. 如此則民順治而國安也."

생겼으니 천명을 고치면 길할 것이다(有孚 改命吉)"라고 하고 있다. 이에 대해 공자는 "천명을 고치는 것이 길한 것은 (혁명의) 뜻을 믿기 때문이다(象曰, 改命之吉 信志也)"라고 주석했다.[187]

또한 공자는 무력을 동원한 혁명의 경우에도 무력 사용을 윤리적·법적 정당방위로서만 인정했다. 공자가 편집한『서경』「태서」, 즉 미국『독립선언서』의 본보기가 된 무왕의 혁명선언문은 주왕을 타도하는 혁명 이유들을 여러 항목으로 열거하면서 사람의 생명을 가벼이 여겨 신민들을 살상한 죄목들을 제시하며 무력 혁명의 정당방위 성격을 부각시키고 있다. 그 가운데 폭력적 살상에 대한 지적은 ① 노인들을 내버린 것, ④ 붕가朋家(세신가문)를 권도로 위협해 서로 멸망시킨 것(播棄犂老 […] 朋家[…] 脅權相滅)", ⑤ 원량元良을 박피剝皮해 죽인 것, ⑥ 충신을 해치고 학대한 것(剝喪元良 賊虐諫輔)"이고, 또 「태서(하)」에서는 "① 조정에 간섭하는 사람의 정강이를 벤 것, ② 어진 이의 심장을 가른 것, ③ 위력으로 살육한 것, ④ 온 세상을 해독으로 괴롭힌 것, ⑧ 바른 선비들을 가두고 노예화한 것(斮朝涉之脛 剖賢人之心 作威殺戮 毒痛四海 […] 囚奴正士)" 등을 열거·적시했다.[188] 무왕은 무기를 들고 일어나는 것이 왜 정당한 것인지, 즉 정당방위 인자를 여러 신민을 살상한 주왕의 부당한 폭력행위들을 9개 항목이나 열거함으로써 입증하고 있다. 혁명적 폭력사용을 이렇게 정당방위로 입증해 윤리적·법적으로 정당화하는 무왕의 이 논법을 제퍼슨은 1776년『독립선언문』에서 그대로 모방했다.

공자는 폭력투쟁만이 아니라 전쟁도 반대했고, 군자의 도리에서 투쟁이나 싸움도 배격했다. 공자는 "군자는 싸우지 않는다"고 말한다(子曰 君子無所爭).[189] 그리고 전쟁을 멀리했다. "공자가 신중히 한 것은 재계齋戒

---

187) 참조: 황태연,『실증주역(하)』(파주: 청계, 2009),「혁(革)」, 855쪽.
188)『書經』「泰誓下 第三」.
189)『論語』「八佾」(3-7). 다음도 참조:『論語』「衛靈公」(15-22): "子曰 君子矜而不爭 羣而

와 전쟁과 질병이었다(子之所愼齊戰疾)."[190] 공자는 전장의 설진設陣에 대해 묻자 모르는 체했다. "위령공이 공자에게 진에 대해 물었다. 이에 공자는 예의의 일이면 일찍이 들었으나 군사의 일은 아직 배우지 못했다고 대답하고 다음 날 거기를 떠났다.(衛靈公問陳於孔子. 孔子對曰 俎豆之事 則嘗聞之矣 軍旅之事 未之學也. 明日遂行.)" 반전反戰·평화주의를 지향하는 공자는 위령공의 폭력적·침략적 패도霸道를 반대한 것이다.

맹자는 공자를 이어 이 반전·평화주의를 더 견결하게 대변한다. "군자는 전쟁하지 않아야 한다. 전쟁을 하게 되면 반드시 승리할 따름이다(君子有不戰. 戰必勝矣)."[191] "전쟁을 하게 되면"의 전쟁은 침략전쟁이 아니라 침략을 물리치는 방어적 자위自衛전쟁을 말한다. 이런 전쟁은 오늘날의 국제법에서도 허용되는 정당방위로서의 방어 전쟁이다. 또 맹자는 침략전쟁을 격렬하게 성토한다.

- 임금이 인정을 하지 않는데도 임금을 부유하게 하는 것은 모두 공자에게서 버림을 받았다. 하물며 그를 위해 전쟁을 함에랴! 전쟁으로 땅을 다투고 사람을 죽여 들녘을 가득 채우고 전쟁으로 성城을 다투고 사람을 죽여 성을 가득 채우는 것은 이른바 땅 때문에 사람고기를 먹는 것이니, 그 죄는 죽어도 용서받지 못하리라. 그러므로 전쟁을 잘하는 자는 최상의 형벌에 처하고 제후를 연대시키는 자는 그다음의 형벌에 처하고, 초지를 개간해 그 토지를 마음대로 하는 자는 그다음의 형벌에 처해야 한다.[192]

不黨."
190) 『論語』 「述而」 (7-13).
191) 『孟子』 「公孫丑下」 (4-1).
192) 『孟子』 「離婁上」 (7-14): "孟子曰 (…) 君不行仁政而富之 皆棄於孔子者也. 況於爲之强戰? 爭地以戰 殺人盈野 爭城以戰 殺人盈城 此所謂率土地而食人肉 罪不容於死. 故善戰者服上刑 連諸侯者次之 辟草任土地者次之."

같은 취지에서 맹자는 임금에게 전쟁하도록 하는 것을 폭군을 돕는 짓으로 성토한다. "나는 임금을 위해 다른 나라와 맹약을 하여 전쟁하면 반드시 이긴다고 하니 지금의 이른바 좋은 신하는 옛날의 이른바 백성의 적 구적寇賊다. 임금을 도道로 향하도록 하는 것이 아니라 인에 뜻을 두지 않으면서 임금을 위해 억지로 전쟁을 추구하는 것은 폭군 걸桀을 돕는 것과 같다."[193]

또 맹자는 전쟁을 인정仁政의 각도에서 바라보고 '쓸모없는 것', 즉 '무용지물'로도 비판한다.

- 어떤 사람이 "나는 진을 잘 친다, 나는 전쟁을 잘한다"고 말하는데, 그것은 대죄다. 나라 임금이 인을 좋아하면 천하무적이다. 남쪽을 보고 정벌하면 북쪽 오랑캐가 원망하고, 동쪽을 보고 정벌하면 서쪽 오랑캐가 원망해서 말하기를 "왜 나를 뒤로하는가?"라고 한다. 무왕이 은나라를 정征함에 병거가 300량이고 용사가 3,000명에 불과했다. 무왕은 "두려워하지 말라. 당신들을 편안하게 하려 함이지 백성을 적으로 여기는 것이 아니니라" 하니, 모두(은나라 군사)가 산이 붕괴하듯이 이마를 땅에 대고 머리를 조아렸다. 정征은 정正을 말하는 것임에 각자가 자기를 바르게 하고 싶어 하면 전쟁을 어디에다 쓰겠는가?[194]

위와 같이 공맹은 마르크스와 반대로 선양을 바랐고 혁명을 위해 군사를 동원해도 혁명 세력의 인정仁政 이념에 동조한 반혁명 군사들이 태산

---

193) 『孟子』「告子下」(12-9): "我能爲君約與國 戰必克. 今之所謂良臣 古之所謂民賊也. 君不鄕道 不志於仁 而求爲之强戰 是輔桀也."
194) 『孟子』「盡心下」(14-4): "孟子曰 有人曰 我善爲陳 我善爲戰. 大罪也. 國君好仁 天下無敵焉. 南面而征 北狄怨 東面而征 西夷怨 曰 奚爲後我? 武王之伐殷也. 革車三百兩 虎賁三千人. 王曰 無畏! 寧爾也 非敵百姓也. 若崩厥角稽首. 征之爲言正也 各欲正己也. 焉用戰?"

처럼 무너져 항복해서 하나가 되는 '무혈혁명'을 말했다.

그러므로 공맹은 폭력투쟁 없이 인자仁者가 입법 조치와 법적 절차로 혁명(통치권과 통치 체제의 교체)을 이룩할 것을 주장한 것이다. 근대민주주의의 핵심적 묘미는 '혁명의 제도화' 또는 '제도화된 혁명'에 있다. 민주적 선거를 통한 정권교체는 바로 법적 절차로 이루어지는 '제도화된 혁명', 마르크스도 인정했을 정도로 확실하고 유력한 '정치혁명'이다. 한 번의 선거 혁명은 '정치혁명'으로 그칠 가능성이 크지만 경제변동과 이로 인한 사회변동에 적응하기 위해 좌우로 반복되는 누적적 선거 혁명은 '정치혁명'을 넘어 점진적으로 '사회혁명'까지도 이룰 수 있다.

레닌은 근대민주주의를 소수에 대한 다수의 체계적 폭력사용의 제도적 장치, 즉 '폭력적 다수결 제도'로 축소·경멸했다. 민주국가는 "다수에 대한 소수의 복종의 원리를 인정하는 국가", 또는 "인구의 다른 부분에 대한 일부의 체계적 폭력사용의 조직"이라는 것이다.[195] 근대민주주의를 '폭력적 다수결 제도'로 둔갑시킨 레닌의 이 천박하고 위험한 민주주의관은 한때 모든 마르크스-레닌주의자들과 마르크스주의자들이 공유했다. 그러나 레닌의 이 천박한 근대민주주의관은 영국·미국·네덜란드 등의 선진 민주국가와 관련해 '평화혁명 가능성' 테제를 인정한 마르크스의 견해와도 정면으로 반하는 것이다.

민주적 입법자들이 불가피한 경우에 다수결로 결정을 내린다는 말은 맞지만, 민주적 입법과정에서 늘 다수결로 의정議定하는 것은 아니다. 그리고 다수결은 오직 진리 추구와 내적 관계를 유지하는 경우에만 토의적 타협(deliverative compromise)의 이념과 결합될 수 있다. 그래서 공론적 논의가 만인의 의사 형성과 정당적 인민 대표자의 다수결적 의사 형성 사

---

195) Wladimir I. Lenin, *Staat und Revolution*, 386쪽. Lenin, *Ausgewählte Werke*, Bd.II (Berlin: Dietz Verlag, 1970).

이를 매개하는 것이다. 이 공론적 논의의 전제하에서 다수결은 이 다수결에 의한 결정의 내용이 임박한 실천의 압박 때문에 잠정적으로 종결된 토론의 단순한 일시적 결과로 받아들여지고 그 결과가 합리적 동기를 갖추었을지라도 오류일 수 있는 것으로 간주되는 만큼 일시적으로만 용인容忍 된다. 말하자면 다수결 제도는 민주주의제도가 '아니라' 무한 진행의 민주적 토론을 현재의 실천을 위해 잠정적으로 중단시키는 '실용적' 제도에 지나지 않는 것이다. 다수결의 결과는 언제든 오류로 판명 날 수 있기 때문에 집단의 존재 여부 또는 이것이 걸린 실체적 사안 등에 대해서는 적용 불가능하다. 또 실무 안건의 다수결적 의정議定의 경우에도 사후에 이 결정을 대체할 수 있는 대안代案 집단(일시적 소수파)의 존재와 자유로운 비판적 대안 형성이 보장되어야 하는 것이다. '토의(deliberation)'는 여러 사람들의 정신 속에서 형성된 확신들을 상호작용하도록 만들고 서로 계몽하고 승인의 범위를 확장한다. 법의 실천적 규정은 사회 속의 선행하는 이론적 법의식의 발전과 승인의 결과이지만, 표결과 다수결의 경로를 통해서만 성취된다. 다수결은 조건부적 잠정 합의, 즉 다수의 의사에 입각한 일시적 실행에 대한 소수의 조건부 동의에 지나지 않는 것이다. 따라서 잠정적 소수파에게는 자기 의사를 일시 유보했다는 이유에서 자기 의사를 오류로 자인하라고 요구받지도 않고, 그들의 목적을 포기하라는 요구도 강요받지 않는다. 다수결은 다만 일시적 소수파가 자신들의 논거를 더 타당하게 다듬고 동조자를 더 규합할 때까지 자신들의 확신을 실천으로 옮기는 것을 잠정적으로 보류하라는 요구일 뿐이다.[196]

따라서 진정한 근대민주주의에서 다수파와 소수파는 언제든 뒤집힐 수 있다. 이 때문에 집권당도 무한히 교체된다. 일찍이 프뢰벨(Julius Pröbel)은 다수결에 의한 집권당의 무한 교체를 "합법적 영구혁명(legale

---

196) 참조: 황태연, 『계몽의 기획』 (서울: 동국대학교출판부, 2004), 116-118쪽.

und permanente Revolution)"이라 불렀다. 그는 주장했다.

- 정당은 자신들의 분파적 목적을 국가 안에 관철시키고자 하고, 붕당(Sekte)은 분파적 목적으로 국가를 넘어서고자 한다. 정당은 국가 안에서 지배권을 잡고자 하고 붕당은 국가를 자신들의 존재 형식에 굴복시키고자 한다. 정당은 국가 안에서 지배에 도달함으로써 국가 안에 자신을 녹이고자 하고, 붕당은 국가를 자신 속에 녹임으로써 지배에 도달하고자 한다.[197]

프뢰벨은 '정당'을 공론적 의견 및 의지 형성의 과정에 일단 논증으로 영향을 미치는 것을 전업專業으로 하는 자유 결사로 이해했다. 정당은 다양한 목소리로 토론하는 주권적 시민 공중의 핵심 조직이라는 것이다. 그는 다수 정당의 권력과 합법적 권력 독점을 '인격체적'으로 체현하는 루소의 구체주의적 주권자 개념을 물리치고 다성적多聲的 공론 과정의 매체로 파악했다. 붕당들의 말다툼이 아니라 정당 간의 공론적 논쟁과 타협은 사회계약 행위를 "합법적 영구혁명"의 형태로 영속화하는 기능을 한다는 것이다.[198] 이런 '합법적 영구혁명' 과정에서 좌파에게로 넘어가고 우파에게로 넘어가고 때로 중도파에게로 넘어가는 민주적 정권교체의 항구적 반복은 '제도화된 사회혁명'을 부지불식간에 저만치 밀어붙이고 거듭 손질하고 다듬는 것이다.

이런 마력을 가진 근대민주주의는 오늘날 확고하게 자리 잡았다. 이런 까닭에 극소수의 테러리스트를 제외하면 네오나치 세력도, 변두리 극좌

---

197) Julius Pröbel, *System der sozialen Politik* (Mannheim: 1847), 277쪽. Jürgen Habermas, *Faktizität und Geltung* (Frankfurt am Main: Suhrkamp, 1992), 615에서 재인용. 다음도 참조: 황태연, 『계몽의 기획』, 118-119쪽.
198) Pröbel, *System der sozialen Politik*, 113쪽. Habermas, *Faktizität und Geltung*, 615쪽에서 재인용. 다음도 참조: 황태연, 『계몽의 기획』, 119쪽.

세력들도 대부분 이 확립된 자유민주주의의 틀에 감히 도전하지 못한다. 가장 인덕仁德이 많은 것으로 보이는 사람을 선출해 권력을 교체하는 근대 민주주의는 공맹이 주장한 바로 그 인덕자에 의한 평화적·절차적 혁명 테제와, 용기와 힘을 투쟁에 쓰는 난적을 배제하는 테제와 무혈혁명의 요청을 둘 다 충족시켜 준다.

맹자는 폭력과 전쟁을 배제하고 공자의 선양 방식의 정권 교체론과 무혈혁명론을 발전시켜 '지인至仁'으로 혁명을 하는 지인혁명론至仁革命論을 전개했다. 맹자는 말한다.

- 인자는 천하무적이니, 지인至仁으로 지극한 불인자不仁者를 방벌하는데 어찌 그 피가 절구공을 떠내려 보냈겠는가?(仁人無敵於天下 以至仁伐至不仁 而何其血之流杵也)[199]

이것은 맹자가 무왕의 무도혁명武道革命을 두고 한 말이다. 무도혁명 때 무왕은 군대를 몰고 갔으나 폭군 주紂의 군대와 싸울 필요가 없었다. 무왕은 겨우 300대의 전차, 4만 5,000명의 병력, 3,000명의 용사(특전 병사)를 데리고 갔다.[200] 반면, 주왕의 군사는 70만 명이었다. 혁명군의 사기는 드높았고 병사들은 노래하고 춤추었다. 8개 타민족 제후국도 동정에 합류했다. 무왕은 주왕을 여러 죄목으로 탄핵했다. 무왕의 군사와 주왕의 군사 목야牧野에서 조우했으나 주왕의 70만 군대가 무왕의 혁명적 의거義擧에 동조해 무왕에게 길을 열어주고 혁명에 가담했다. 이로써 은나라는 무왕의 무혈혁명으로 종말을 고했다.[201] 인자는 무적이고 동시에 인자

---

199) 『孟子』「盡心下」(14-3).
200) 司馬遷(정범진 외 역), 『史記本紀』(서울: 까치, 2002), 76쪽.
201) Alfred Huang, The Complete I Ching (Rochester & Vermont: Inner Traditions, 1998), 47쪽.

의 지인혁명은 무혈이다.

맹자는 백 리의 땅만 있어도 지극히 인정仁政을 베푸는 지인자至仁者에게 백성이 몰려들어 혁명이 일어나는 '지인혁명至仁革命', 즉 지극한 인덕의 혁명을 양나라 혜왕에게 설파한다.

- 사방 백 리 땅이면 왕이 될 수 있다(地方百里而可以王). 왕이 백성들에게 인정을 베풀고 형벌을 줄이고 세금을 가볍게 하고 밭갈이를 깊게 하고 김매기를 쉽게 한다면, 장년들은 휴일에 효제충신을 닦아서 집안에 들어가면 그 부형을 섬기고, 나가면 그 어른들을 섬긴다. 몽둥이를 만들어서라도 진나라와 초나라의 견고한 갑옷과 예리한 병장기라도 칠 수 있다. 저들이 그 백성으로부터 때를 빼앗는다면 밭 갈고 김매고 부모를 봉양할 수 없게 하는 것이다. 그러면 부모는 얼고 굶주리고 형자처자는 이산될 것이다. 저들이 그 백성을 빠트려 죽일 경우에 왕이 가서 정벌하면 누가 왕을 적대하겠는가? 그러므로 '인자무적仁者無敵'이라고 하는 것이다."[202]

맹자는 양혜왕에게 이렇게 인자무적론을 편 데 이어 다른 기회에도 지인혁명론을 되풀이해서 부연한다.

- 힘으로 인을 가장하는 것은 패도覇道이고 패도는 반드시 큰 나라가 있어야 한다. 덕으로 인을 행하는 것은 왕도이고 왕도는 큰 나라를 갖추지 않는다. 탕왕은 칠십 리 땅으로 왕도를 폈고, 문왕은 백 리 땅으로

---

202) 孟子』「梁惠王上」(1-5): "地方百里而可以王. 王如施仁政於民 省刑罰 薄稅斂 深耕易耨, 壯者以暇日修其孝悌忠信 入以事其父兄 出以事其長上 可使制梃以撻秦楚之堅甲利兵矣. 彼奪其民時 使不得耕耨以養其父母. 父母凍餓 兄弟妻子離散. 彼陷溺其民 王往而征之 夫誰與王敵? 故曰 仁者無敵."

왕도를 폈다. 힘으로 사람을 복종시키는 것은 마음으로 복종하는 것이 아니요, 힘으로는 불충분한 것이다. 덕으로 사람을 복종시키는 것은 속마음이 기쁘고 참으로 복종한다. 이것은 70제자가 공자에 복종한 것과 같다.[203]

맹자는 또 말한다. "무릇 나라 임금이 인仁을 좋아하면 그는 천하무적이다(夫國君好仁 天下無敵)."[204] 천하에 적을 없애려면 인을 베풀기만 하면 되는 것이다. "나라 임금이 인을 좋아하면 천하에 무적이다. 남면해서 방벌하면 북쪽 오랑캐가 원망하고 동면해서 방벌하면 서쪽 오랑캐가 '어찌 우리가 뒤냐'고 하면서 원망한다. 무왕이 은나라를 방벌함에 전차 300량, 용사 3,000명에 지나지 않았다. 무왕은 '두려워하지 말라, 너희들을 안녕케 하리니 백성을 적대하는 것이 아니다'라고 말했다. 그러자 산이 무너지듯 이마를 땅에 대고 머리를 조아렸다. 정征은 정正을 말하기 위함이다. 각기 자기 자신을 바로잡고 싶은데 전쟁을 어디에다 쓰리오?"[205] 맹자가 말하는 이 혁명이 바로 지극한 인덕으로 사람의 지지를 모아 권력을 얻고 대동의 인의국가를 수립하는 무혈의 "지인혁명"이다.

공자는 무혈혁명도 물론 폭군의 처형을 동반할 수 있다고 말했다.[206] 그러나 맹자는 폭군의 처형도 무도·무법해서는 아니 되고 사법 절차에 따라야 한다고 주장했다. 맹자는 "천하에 적이 없는 자"를 "천리天吏"(無敵

---

203) 『孟子』「公孫丑上」(3-3): "孟子曰 以力假仁者霸 霸必有大國 以德行仁者王 王不待大――湯以七十里 文王以百里. 以力服人者 非心服也, 力不贍也. 以德服人者 中心悅而誠服也, 如七十子之服孔子也. (…)"
204) 『孟子』「離婁上」(7-7).
205) 『孟子』「盡心下」(14-4): "國君好仁 天下無敵焉. 南面而征 北狄怨 東面而征 西夷怨 曰 奚爲後我? 武王之伐殷也, 革車三百兩 虎賁三千人. 王曰 無畏! 寧爾也 非敵百姓也. 若崩厥角稽首. 征之爲言正也 各欲正己也 焉用戰?"
206) 『大學』(傳10章): "나라를 영유한 자는 신중하지 않을 수 없으니, 편벽되면 천하에 의해 죽임을 당할 따름이다.(有國者 不可以不愼, 辟則爲天下僇矣)"

於天下者 天吏也)라 했다.[207] 폭군방벌의 혁명이라도 아무나 폭군을 방벌할 수 있는 것이 아니라, "천하에 적이 없는" 지인至仁의 천리만이 할 수 있고, 천리의 방벌도 재판관의 재판절차에 입각해야 한다고 말한다.

- 그가 "누가 그를 방벌할 수 있는가?"라고 물었다면 나는 마땅히 "천리라면 방벌할 수 있다"고 대꾸했을 것이다. 지금 살인자가 있을 때 혹자가 "사람을 죽일 수 있는가"라고 묻는다면 마땅히 "그렇다"고 응답했을 것이다. 그가 "누가 그를 죽일 수 있는가?"라고 묻는다면 나는 마땅히 "재판관이라면 그를 죽일 수 있다"고 답할 것이다.[208]

이렇듯 맹자는 혁명이라도 폭력투쟁과 유혈을 조심스럽게 배제하고 "지인至仁"을 갖춘 무적無敵의 인자가 혁명을 일으키고 재판 등의 법적 절차에 따라 제폭제폭除暴해야 한다고 주장했다.

맹자가 논변한 이 지인至仁한 천리天吏에 의한 무혈혁명론과 폭군의 사법 절차적 처형론은 공자의 탕무혁명론과 선양 방식의 평화적 무혈혁명론을 계승한 것이다. 따라서 전반적·종합적 관점에서 현재 선진적 인류는 확고한 민주주의적 자유·평등 질서에 의지해서 여전히 투쟁을 연호하는 네오파쇼 세력과 극좌세력을 제압하고 좌우간에 확대된 공동 목표를 연결고리로 삼아 굳건한 '중도 블록'을 형성하고 계급 투쟁적 정의국가를 화합적 인의국가로 전환시키는 국가 변동을 이룩할 수 있다. 계급 투쟁적 정의국가를 화합적 인의국가로 전환시키는 국가 변동은 하나의 거대한 혁명이다. 공맹이 설파한 지인至仁의 혁명 철학을 확신하고 확립된 근대

---

207) 『孟子』「公孫丑上」(3-5).
208) 『孟子』「公孫丑下」(4-8): "彼如曰 孰可以伐之? 則將應之曰 爲天吏 則可以伐之. 今有 殺人者 或問之曰 人可殺與? 則將應之曰 可. 彼如曰 孰可以殺之? 則將應之曰 爲士師 則可以殺之."

제14장/ 마르크스의 자본주의 비판과 과학적 사회주의 | 127

민주주의를 신뢰한다면, 우리 인류는 이 새로운 대혁명을 충분히 평화적·화합적으로 일으킬 수 있다.

　마르크스나 마르크스주의자들은 맹자의 이 '지인至仁혁명론'을 공상적 혁명론으로 간주할 것이다. 그러나 비근한 예를 들자면 '비폭력 정치투쟁'으로서 3·1운동은 일제의 폭압을 무력화시키고 대한민국 임시정부를 창건한 '지인혁명'이었다. 이승만 민간 독재와 박정희·전두환 군부독재를 물리치고 한국에서 서구를 능가하는 고도의 민주주의를 확립한 '30년 민주화운동'(1960년의 4·19혁명, 반反유신투쟁, 1979년 10월의 부마민주항쟁, 1980년 5·18광주민주항쟁, 1987년의 6월항쟁으로 줄기차게 이어진 장구한 민주화투쟁)도 살신성인의 도덕적 자기희생을 '주主무기'로 삼고 무장폭력을 정당방위의 대항폭력에 한정한 '지인혁명'이었다. 3·1운동이든, 30년 민주화투쟁이든, 한국 혁명가들이 이 운동과 투쟁에서 동원한 권력은 '하드파워'가 아니라 도덕적 '소프트파워'였다. 따라서 맹자의 '지인혁명'은 바로 살신성인의 도덕 문화적 소프트파워에 의한 혁명으로 이해한다면 충분히 현대적인 것이리라!

제3절

사회주의 정의국가론의 제문제

마르크스는 인간적 '연대' 또는 '연대적 삶'을 '휴머니즘'의 견지에서 중시하고 이런 삶을 회복하는 것을 정치적 목표로 삼았지만 사회주의적 미래국가의 구상에서는 '정의국가'를 우선시하고 "필요에 따라 분배받는" 연대적 인정仁政을 (까마득히 먼) 미래의 공산주의 국가로 미뤄버렸다. 마르크스가 '연대'를 중시한 것이나 당면의 미래 국가를 정의국가로 기획한 것은 스미스나 쇼펜하우어와 유사하다. 다만 이들 간의 차이점은 스미스와 쇼펜하우어가 연대적 인정을 시민사회의 자선사업으로 떠넘긴 반면, 마르크스는 먼 미래의 공산주의국가로 떠넘긴 것이다. 이런 연기된 사회정치적 비전은 이제 시대에 뒤떨어진 것으로 입증되고 있다.

3.1. 마르크스의 사회주의 국가: 등가교환적 정의국가

마르크스의 저작들 가운데 공산주의 사회에 관해 쓴 유일한 글은 1875년에 작성한 「독일노동자당 강령에 대한 난외주석(Randglossen zum Programm der deutschen Arbeiterpartei)」이다. 이 「난외주석」은 짧지만 중요하다. 이것은 1891년 사후에 「고타강령 비판(Die Kritik des Gothaer Programms)」 제목으로 공표되었고, 이후 이 제목으로 더 많이 알려졌다. 이 「고타강령(Der Gothaer Programm)」은 1875년 사회민주의 노동자당(SDAP; Sozialdemokratische Arbeiterpartei)이 일반독일노동자동맹(ADAV; Allgemeine Deutsche Arbeiterverein)과 통합해서 독일 사회주의노동자당(SAPD; Sozialistische Arbeiterpartei Deutschlands)으로 확대 발전하면서 의결한 강령이다. 마르크스는 이 강령을 비판하면서 공산국가를 "제1단계의 공산주의"와 "높은 단계의 공산주의"로 구분하고 각기 다른 분배원칙을 제시했다. 이후 공산당들은 용이한 이해를 위해 "제1단계 공산주의"를 '사회주의'로 별칭하고, "높은 단계의 공산주의"는 그냥 '공산주의'라 칭해서 두 단계를 구분 지었다.

마르크스는 「고타강령 비판」에서 「고타강령」 속의 문구 "정의로운 분배(gerechte Verteilung)"의 모호성을 지적하면서 정의가 다양하다는 것을 상기시킨다.

- "정의로운 분배"는 무엇인가? 부르주아들은 오늘날의 분배가 "정의롭다"고 주장하지 않는가? 그리고 이것이 사실 오늘날의 생산양식의 토대 위에서 유일하게 "정의로운 분배"가 아닌가? 경제 관계가 법 개념에 의해 규제되는가, 아니면 거꾸로 법적 관계가 경제 관계로부터 생겨나지 않는가? 사회주의 당파들도 "정의로운" 분배에 관해 극히 상이한 관념들을 가지고 있지 않던가?[209]

---

209) Karl Marx, *Die Kritik des Gothaer Programms* [1875], 18쪽. *MEW* 19

마르크스는 정의로운 분배의 모호성을 비판한 뒤 사회주의 단계의 미래 국가에서 채택해야 할 '정의'를 '등가교환적 정의'로 제시한다.

- 생산수단의 공동재산에 기초한 협동체적 사회(genossenschaftliche Gesellschaft) 안에서는 생산자들이 생산물을 교환하지 않는다. 마찬가지로 여기서는 생산물에 투입된 노동이 이 생산물들의 '가치'로, 이 생산물들에 의해 점유된 물적 속성으로 나타나지 않는다. 왜냐하면 자본주의 사회와 반대로 개인적 노동들은 이제 우회로를 통해 존재하는 것이 아니라 직접 총노동의 구성 부분으로 존재하기 때문이다. (…) 여기서 우리가 관계하는 것은 자기의 고유한 토대 위에서 발전된 것이 아니라 거꾸로 자본주의 사회에서 막 생겨난, 따라서 모든 관계에서 아직 그것이 유래한 태반을 가진 옛 사회의 배꼽에 경제적·윤리적·정신적으로 사로잡힌 공산주의 사회다. 따라서 개별적 생산자들은 - 털 것 다 턴 뒤에 - 그가 이 사회에 주는 것을 정확하게 되돌려 받는다. 그가 이 사회에 준 것은 그의 개인적 노동량이다. 가령 사회적 노동일은 개인적 노동시간의 총화로 구성된다. 개별 생산자의 개인적 노동시간은 사회적 노동일 가운데 그에 의해 공급된 부분, 즉 이 안에서의 그의 몫이다. 그는 사회로부터 그가 (사회적 기금을 위한 그의 노동을 제한 뒤) 이러저러한 노동을 공급했다는 증명서를 받고, 이 증명서로 소비재의 사회적 예비 창고로부터 동일하게 많은 노동을 소모한 만큼 많은 양의 소비재를 인출한다. 그가 사회에 이런 형식으로 주었던 것과 동일한 양의 노동을 그가 저런 형식으로 되돌려 받는 것이다.[210]

마르크스는 이 '준 것만큼 되돌려 받는 것'을 실은 부르주아적 등가교

---

210) Marx, *Die Kritik des Gothaer Programms*, 19-20쪽.

환 원칙과 본질적으로 동일한 것으로 간주한다.

- 여기에서는 명백히 등가적 상품들(Gleichwertige)의 교환인 상품교환(Warenaustausch)을 규제하는 것과 동일한 원칙이 지배한다. 내용과 형식은 변했다. 왜냐하면 변화된 상황에서는 아무도 자기의 노동 외에 무엇인가를 줄 수 없고, 또 다른 한편으로 개인적 소비재 외에 아무것도 개인들의 소유로 넘어갈 수 없기 때문이다. 그러나 개별적 생산자들에 대한 개인적 소비재의 분배에 관한 한, 상품 등가물들의 교환에서와 동일한 원칙, 즉 이 형식의 동일하게 많은 노동이 저 형식의 동일하게 많은 노동과 교환되는 원칙이 지배한다. 따라서 상품교환 시에 등가물의 교환이 단지 평균적으로만 존재할 뿐인, 즉 개별적인 경우에는 존재하지 않는 반면, 원칙과 실천이 더 이상 격투하지 않을지라도, 동등한 권리는 여기서 여전히 - 원칙에 따라 - 부르주아적 권리다. (원칙과 실천의 일치라는) 이러한 진보에도 불구하고 항상 아직 부르주아적 한계에 사로잡혀 있다. 생산자들의 권리는 그들의 노동 공급에 비례적이다. 평등은 '동일한 척도'로, 즉 노동으로 측정된다는 사실에 있다.[211]

그러나 '준 것만큼 되돌려 받는 것'을 "부르주아적" 등가교환 원칙으로 간주하는 것은 큰 오류다. '준 것만큼 되돌려 받는' 원칙은 부르주아적 자본주의에 앞서는 시장 교환의 원칙일 뿐만 아니라 모든 상호주의, 모든 보은報恩의 원칙이기 때문이다. 마르크스에게 "부르주아적"은 "자본주의적"과 동의어이고, "자본주의적" 교환은 노동자와 자본가 간의 착취를 포함한 부등가교환을 뜻한다. 따라서 "부르주아적 등가교환"이라거나,

---

211) Marx, *Die Kritik des Gothaer Programms*, 20쪽.

"동등한 권리는 부르주아적 권리"라거나, "부르주아적 한계"라거나 하는 표현들은 모두 그릇된 것이다.

아무튼 마르크스는 사회주의적 평등이 소질의 불평등이 암묵적으로 인정하고, 따라서 이 '불평등'이 정의라고 인정한다.

- 그러나 이 사람은 저 사람보다 육체적으로 또는 정신적으로 우월하고, 따라서 동일한 시간에 더 많은 노동을 제공하거나 또는 더 많은 시간 동안 노동할 수 있다. 그리고 노동은 척도로서 기능할 수 있기 위해서 연장이나 강도에 따라 규정되어야 하고, 그렇지 않으면 척도이기를 그칠 것이다. 이 동등한 권리는 불평등한 노동에 대한 불평등한 권리다. 동등한 권리는 만인이 다른 사람처럼 다 노동자일 뿐이기 때문에 어떤 계급 차이도 인정치 않지만, 암묵적으로 노동자들의 불평등한 개인적 생득재능(Begabung), 따라서 불평등한 능률능력을 자연적 특권으로 인정한다. 따라서 이 동등한 권리는 모든 권리처럼 그 내용에 따라 불평등의 권리(Recht der Ungleichheit)다. 권리는 그 본성에 따라 동일한 척도의 적용에만 있을 수 있다. 그러나 불평등한 개인들은 (그리고 그들이 불평등한 개인들이 아니라면 그들은 서로 다른 개인들이 아닐 것이다) 동일한 척도로 측정 가능한데, 우리가 이 불평등한 개인들을 동일한 관점으로 옮겨 놓고 일정한 측면에서만 파악하는, 가령 주어진 경우에 그들을 '노동자'로서 고찰하고 그 이상의 것을 그들에게서 보지 않고 모든 다른 것들을 도외시하는 한에서만 동일한 척도 측정 가능할 뿐이다. 나아가 이 노동자는 결혼했고, 저 노동자는 결혼하지 않았다. 또 이 노동자는 저 노동자보다 자식들이 더 많다는 등등.[212]

---

212) Marx, *Die Kritik des Gothaer Programms*, 20-21쪽.

제14장/ 마르크스의 자본주의 비판과 과학적 사회주의 | **133**

마르크스는 노동이라는 동일한 척도로 측정된 각 개인의 노동량과 노동능력에 비례해서 소비재를 불평등하게 분배하는 이 '불평등의 정의'가 불가피하다고 인정한다.

- 따라서 동일한 노동능률과 사회적 소비재에서의 동일한 배당의 경우에 이 노동자는 저 노동자보다 사실상 더 많이 받고, 이 노동자는 저 노동자보다 더 부유하다. 등등. 이 모든 병폐를 피하기 위해서라면 권리는 평등하기보다 오히려 불평등해야 할 것이다. 그러나 이 병폐는 자본주의 사회로부터 오랜 산고 끝에 탄생하는 만큼 공산주의 사회의 제1단계에서 불가피하다.[213]

"노동자들의 불평등한 개인적 재능, 따라서 불평등한 능력"을 "자연적 특권"으로 인정하는 이 "제1단계 공산주의 사회", 즉 사회주의 사회의 "등등한 권리"는 아리스토텔레스가 말하는 사랑의 '양적 평등'의 정의가 아니라, 능력과 기여에 따른 '비례적 평등'의 정의다.

그런데 마르크스가 말하는 사회주의 사회의 이 노동 비례적 정의는 무자비하리만치 '가혹하고 엄격한' 비례적 정의다. 왜냐하면 이 비례적 정의의 분배는 노동자의 결혼 여부와 자식의 유무 및 다소多少조차도 깔아뭉개는 노동의 양과 질(시간과 강도, 단순성과 복잡성)에만 비례하는 '노동산술적' 분배이기 때문이다. 마르크스의 사회주의적 정의 사회에서 연대적 인정仁政을 위한 기금은 다만 "학교·보건 등과 같은 필요의 공동 충족을 위한 기금" 및 "노동 불능자를 위한 기금 등", 즉 "오늘날 공식적 빈민구호에 속하는 것을 위한" 기금" 등만을[214] 인정할 뿐이다. 이 학교·보건·

---

213) Marx, *Die Kritik des Gothaer Programms*, 21쪽.
214) Marx, *Die Kritik des Gothaer Programms*, 19쪽.

노동 불능자 등을 위한 기금들이 이 사회주의 사회에서 승인받는 3대 인정仁政 정책이다. 여기서 학교 기금은 학생들의 무상교육과 더불어 무상 숙식이 포함되는지 확실치 않다.

그런데 이 세 가지 목적의 사회보험들은 자본주의에서도 비스마르크 때 도입된다. 그리고 자본주의적 임금의 경우에 노동자들은 임금에 부양가족의 수에 비례하는 얼마간의 부양가족수당도 수령하고, 근속 수당도 수령한다. 이 부양가족·근속 수당들은 마르크스의 개념 구조에서라면 사회주의적 요소가 아니라 이미 '공산주의적' 요소들이다. 따라서 막말로 마르크스의 사회주의 사회는 오늘날 자본주의 회사의 봉급 체계만도 못한 것이다.

3.2. 오지 않을 먼 미래로 유예된 공산주의 국가

노동자 가족의 '필요'에 따라 부양가족 수당과 근속 수당을 주는 인정仁政 과업은 "필요에 따라 분배하는" 연대적 공산주의 사회 단계로 연기된다. 필요에 따라 분배하는 까닭은 사람의 위장이 하나이고 이 위장의 견지에서 인간은 평등하므로 가족의 수(위장의 수)에 따라 필요가 증가하기 때문이다. 마르크스는 말한다.

- 어느 보다 높은 단계의 공산주의 사회에서 노동 분업 아래로의 개인들의 노예적 굴종, 따라서 정신노동과 육체노동의 대립도 사라지고 난 뒤, 노동이 생활수단이 아니라 그 자체가 제1의 생활 필요가 된 뒤, 개인들의 전측면적 개발과 더불어 그들의 생산력도 성장하고 공동체적 부富의 모든 원천이 가득 넘쳐흐른 뒤에야 협애한 부르주아적 권리 지평선을 완전히 뛰어넘고 사회가 그 깃발에 "각자는 능력에 따라, 각자

에게는 그 필요에 따라!(Jeder nach seinen Fähigkeiten, jedem nach seinen Bedürfnissen!)"[215]

높은 단계의 공산주의 사회에 가서야 각자가 능력에 따라 일하고 필요에 따라 분배를 받는 연대적 인정仁政 정책이 베풀어진다.

그런데 이 공산주의적 인정 사회의 도래에는 IT·AI 경제의 도래로 노동 자체의 "제1의 생활 필요"로의 탈바꿈이 가능하다고 치더라도 "노동 분업 아래로의 개인들의 노예적 굴종", 특히 "정신노동과 육체노동의 대립"의 소멸이라는 불가능한 조건들이 붙어 있다. 청년 마르크스는 노동자가 정신노동과 육체노동의 분업으로부터 해방된 세상이 오면 낮에 일을 하고 밤에 시를 쓰고 음악을 즐기는 노동자를 그려봤었다.

마르크스는 앞서 "노동자들의 불평등한 개인적 생득 재능"을 불가피하게 개인의 "자연적 특권"으로 인정했다. 개인의 생득적 재능 중에서 생득적 지능의 차이는 공자가 일찍이 "천재와 천치는 (학습으로도) 바뀌지 않는다(上知與下愚不移)"는 명제로 명확히 했듯이 천재에서 천치까지 그야말로 천양지차이고, 그 차이는 학습과 교육으로도 바뀌지 않는다. 따라서 프란츠 카프카가 취미로 목공을 배워 가구를 만들었듯이 시인과 철학자 같은 정신노동자들도 육체노동을 조금 할 수 있을 것이다. 그러나 이것은 아마추어 수준의 손노동에 지나지 않을 것이다. 마르크스가 이것을 정신-육체노동 분업의 해소로 생각했는데, 이것은 대단히 지식인적·공상적인 사고방식이다. 한편, 육체노동자는 아무리 가르치더라도 다크호스 같은 극소수 외에 전문가 수준으로 시와 소설을 쓰거나 철학, 예술, 정치, 기업경영, 엔지니어링 등을 할 수 없을 것이다. 왜냐하면 지능이 미달해서 공부를 못해서 육체노동밖에 수행하지 못하는 대부분의 단순 노동자

---

215) Marx, *Die Kritik des Gothaer Programms*, 21쪽.

는 제아무리 많은 교육을 받더라도 전문적 수준의 문예나 철학·정치·기업 경영이나 산업로봇과 AI의 발명·제작·수리와 같은 고도의 정신노동을 수행할 수 없기 때문이다. 한마디로, 정신노동과 육체노동의 사회적 분업과 대립은 아무리 사회적 노동이 자동화되고 AI화화되더라도 영원히 사라질 수 없다. AI 혁명과 더불어 주력 일자리가 축소되면, 육체노동자는 줄어들겠지만, 서비스 형태의 단순한 손 노동자·감정 노동자들은 급증할 것이다. 급증한 이런 서비스노동은 대개 정신노동이 아니라, 손노동이거나 감정·신경 노동 등 단순노동들이다. 변호사·의사·카운셀링·교사 등의 정신노동은 AI에 의한 대체로 인해 오히려 줄어드는 반면, 마사지, 코스메틱, 미용, 코디네이션, 음식 판매·전시·상품 판매, 무대 설치, 경호·수행 등 각종 서비스·점원·보조 노동 형태의 단순노동은 증가하고 있기 때문이다.

따라서 제4차 산업혁명 시대에도 정신노동과 (근력 노동·손노동·3D 노동·감정노동 등 위주의) 새로운 육체적 서비스노동 간의 분업은 변화되지만 사라지지 않는다. 그리고 이에 따라 새로운 육체적 서비스노동이 폭증하는 한에서 "노동이 생활수단이 아니라 그 자체가 제1의 생활 필요가 되는" 날도 주력 노동자들의 경우를 제외한 사회 전체에서 도래하지 않을 것이다.

따라서 노동자가 낮에 일을 하고 밤에 시를 쓰고 음악을 즐기는 탈脫분업사회는 도래하지 않을 것이다. 정신노동과 육체노동의 분업이 사라진 사회는 영원히 존재하지 않을 것이고, 이 분업의 소멸 후에 온다는 공산주의도 불가능할 것이다. 이런 공산주의는 결국 공상인 것이다. 마르크스와 엥겔스는 '공상적' 사회주의·공산주의를 비판하고 '과학적' 사회주의·공산주의를 주창했으나 그들의 '과학적' 공산주의도 도로 '공상적인' 것이다.

결국, 높은 단계의 공산주의 사회는 결코 도래할 수 없는 공상이다. 정신노동과 육체노동의 대립이 해소되고 "노동이 생활수단이 아니라 그 자체가 제1의 생활 필요가 되는" 날이 오지 않을 것이기 때문이다. 따라서 마르크스는 온전한 인정仁政 정책을 의도치 않게 결코 오지 않을 공산주의 사회로 연기해 버린 것이다. 이런 까닭에 우리는 마르크스가 실질적으로 인정을 학교·보건·노동 불능자를 위한 기금 설치로 국한시키고 가족수당도, 근속 수당도 없는 냉혹한 사회주의 정의국가만을 기획했다고 결론 지을 수 있을 것이다.

종합하면, 마르크스의 '과학적 사회주의'는 가족수당도, 근속 수당도 주지 않는 발가벗은 냉혹한 자본주의의 아류이고, '과학적' 사회주의가 전제한 '과학'도 과학 혁명적 '사회과학'이 아니라 '자연과학'의 아류에 불과한 것이다. 그리고 '과학적 사회주의' 개념을 높은 단계의 공산주의 사회로까지 확대해 '과학적 공산주의'로 이해하면 '과학적' 공산주의 사회는 시장경제를 파괴한 계획경제만큼 '공상적인' 사회다. 계획경제의 과학적 사회주의, 과학적 공산주의는 맹목적 과학숭배와 과학주의적 미신만 남기고 역사의 무대에서 사라진 것이다.

3.3. 트라시마코스적 정의론과 미완의 절대적 정의개념

마르크스는 그 어떤 절대적 정의 개념에 입각한 사회주의와 공산주의 정의국가를 염두에 두었으나 자본주의적 등가교환의 정의 외에 그 절대적 정의 개념을 전혀 밝히지 않았다. 다만 공산혁명 이전 계급투쟁의 역사와 관련된 경우에 절대적 정의와 완전히 반대되는 상대적 정의론, 지배계급 관점의 트라시마코스적 강자정의론을 냉소적으로 인정했다. 그는 노동자와 자본가의 계급투쟁을 정의와 정의의 대결 투쟁으로 보고, 이 중 궁극적 정의는 계급투쟁에서 승리하는 강자의 계급적 이익이라고 말한다. 이것은 "정의는 강자의 이익"이라는 트라시마코스 주장의 냉소주의적 재판이다.

마르크스는 『자본론』 I권에서 가령 노동일에 관한 결정을 계급적 폭력투쟁에 위임한다.

- 우리는 완전히 신축적인 한계를 도외시하면, 상품교환 자체의 본성으로부터는 노동일의 어떤 경계선도, 따라서 잉여노동의 어떤 경계선도 도출되지 않는다는 것을 본다. 자본가는 노동일을 가능한 한 길게, 가능한 곳에서는 하루 노동일부터 이틀의 노동일을 만들어내려고 기도한다면 구입자로서의 자기의 권리를 주장한다. 다른 한편, 팔리는 상품의 특유한 본성은 구입자에 의한 그 상품 소비의 한계를 포함하고, 노동자는 노동일을 일정한 정상 수준으로 한정하려고 한다면 판매자로서의 자기의 권리를 주장한다. 따라서 여기에서 둘 다 상품교환의 법칙에 의해 봉인된 '권리 대 권리의 대립(Recht wider Recht)'이라는 하나의 이율배반이 발생한다. 동등한 권리들 사이에서는 폭력(Gewalt)이 결정한다. 그리고 자본주의적 생산의 역사에서 노동일의 일률적 규정은 그렇게 노동일의 한계를 둘러싼 투쟁 – 전체 자본가로서의 자본가계급과 전체 노동자로서의 노동자계급 간의 투쟁 – 으로 전개된다.[216]

"동등한 권리들"의 '동등성'이란 노동자계급과 자본가계급의 권력이 동등하다는 것이 아니라, 그들이 주장하는 권리의 정당성(정의로움)이 동등하다는 것을 뜻할 것이다. 따라서 "권리 대 권리의 대립"의 "이율배반"이란 "정의 대 정의의 이율배반"을 말하는 것이다. 따라서 "동등한 권리

---

216) Marx, *Das Kapital I*, 249쪽.

들 사이에서는 폭력이 결정한다"는 명제는 두 동등한 정의들의 승패 또는 존부를 "폭력"이라는 '최후의 이성(ultima ratio)'에 위임하고, 이 두 정의 가운데 궁극적 정의는 계급 간 폭력투쟁에서 승리한 강자에게 귀속된다는 말이다. 한마디로, 자본가계급의 관점주의적 정의와 노동자계급의 관점주의적 정의 가운데 진정한 궁극적 정의는 폭력적 계급투쟁에서 승리한 강자의 이익이라는 말이다. (공자라면 대등한 권리 간의 타협을 폭력에 위임하는 것이 아니라, 사랑[仁]에 위임할 것이다.)

결국 마르크스는 두 계급의 이익과 '계급적 정의'를 초월·포괄하는 어떤 '보편적·절대적 정의'를 제시한 것이 아니라, "정의는 강자의 이익이다"고 주장한 트라시마코스의 강자정의론을 시니컬하게 승인한 셈이다. 이 트라시마코스적 정의의 본질은 강자의 관점주의적 정의다. 따라서 마르크스의 계급적 정의국가도 다른 정의국가들과 마찬가지로 여러 다른 정의 개념들을 폭력으로 분쇄·제압하고 자기의 정의 개념을 일방적으로 내리먹이는 조폭적 '패도국가'에 불과한 것이다.

또 마르크스는 강자 계급 또는 지배계급의 이 관점주의적 정의론을 전 全역사에 걸쳐 일반화하기도 했다.

- 지배계급의 사상은 각 시대에 지배하는 사상이다. 즉, 사회의 지배하는 물질적 권력인 계급은 동시에 그 사회의 지배하는 정신적 권력이다.[217)]

"각 시대에 지배하는 사상"은 도덕철학과 정의 개념도 포함하고 있다.

---

217) Karl Marx und Friedrich Engels, *Die deutsche Ideologie*, 46쪽. MEW 3: "Die Gedanken der herrschenden Klasse sind in jeder Epoche herrschende Gedanken, d.h. die Klasse, welche die herrschende materielle Macht der Gesellschaft ist, ist zugleich ihre herrschende geistige Macht."

따라서 마르크스는 냉소적으로 트라시마코스처럼 전全 역사시대의 정의 개념을 지배계급의 관점주의적 정의로 풍자하고, 역사적 정의 개념을 역사적 상대주의의 트라시마코스적·지배 계급적 정의관에 지나지 않는다고 냉소한 것이다. 이 역사적 일반화의 말들이 다 '풍자와 냉소'이기 때문에 마르크스가 역사를 관통하는 '절대적 정의 개념'까지 부정한 것으로 해석하는 것은 오류일 것이다.

마르크스는 아리스토텔레스식의 '비례적 평등'과 '양적 평등' 개념을 절대적 정의 개념으로 견지하고, 사회주의와 공산주의 단계에 각각 배치했다. 노동량에 비례해 분배하는 사회주의 사회의 등가교환적 정의는 아리스토텔레스의 '비례적 평등'을 말하고, "필요에 따라" 분배하는 공산주의의 인애적 정의는 '양적 평등'을 말하는 것이다. 마르크스는 오직 사회주의 혁명 이전까지의 역사만을 역사적 상대주의의 트라시마코스적·지배 계급적 정의관이 지배한다고 보고 이를 냉소적으로 풍자한 것이다. 지배계급의 관점주의적 트라시마코스 정의 이론를 '냉소적으로 풍자한다'는 것은 이미 '절대적 정의 개념'을 비판의 기준으로 전제하고 있음을 함의한다. 그러나 마르크스는 이 '절대적 정의' 개념을 어디에서도 밝히지 않았다. 그는 등가교환적 정의론과 시니컬한 강자정의론만 남겼을 뿐이다. 그의 정의론은 미완인 것이다.[218]

---

218) 절대적 의미의 '정의' 개념에 대한 본격적 논의는 참조: 황태연, 『도덕의 일반이론 (상)』 (서울: 한국문화사, 2024), 860-902쪽.

제4절

사회적 소유:
공동점유 안에서의 개인적 소유

    마르크스는 적대세력에 의해서든 추종 세력에 의해서든 가장 많은 왜곡과 오해에 시달린 학자였다. 마르크스는 가령 대자본가가 중소 자본가를 "수탈하는" 자본 병합 과정을 기술한 다음(MEW 23, 790), 이 대자본가를 수탈자로 규정하고 이들을 혁명적 수탈의 대상으로 설정했다. 이런 의미에서 마르크스는 "수탈자는 수탈된다"고 썼던 것이다.[219] 그러나 실제의 혁명 과정에서는 "착취자는 수탈된다"로 왜곡되었고, 그리하여 러시아·동유럽·중국·쿠바 등지 공산혁명 과정에서는 모든 중소 기업가와 중소 농가들까지도 수탈했다. 또한 마르크스는 사회주의적 소유("사회적 소유") 제도로서 "협업 및 대지大地와 – 노동에 의해 생산된 – 생산수단의 공동점유의 기반 위에서의 개인적 소유"를[220] 제시했지만, 이 소유제도

---

219) Marx, *Das Kapital I*, 791쪽.
220) Marx, *Das Kapital I*, 791쪽.

는 구舊공산권에서 '공동소유'나 '국가소유'로 왜곡되었다. 여기서 주목해야 하는 것은 마르크스가 "소유(Eigentum)"와 여기로부터 파생된 "점유(Besitz)"를 명확하게 구별해 사용하고 있는 점이다. 마르크스는 의식적으로 이 두 범주를 준별하여 "개인적 소유"와 "공동점유"를 사용한 것이다.

한마디로, 마르크스의 "사회적 소유"는 공동'점유' 상태의 생산수단에 대한 개인적 '소유'의 이중구조적 소유관계다. 개인은 생산수단의 소유권자인 반면, 공동체는 같은 생산수단의 공동점유자인 것이다. 이것은 '국가 소유'와 정면 대립되는 것이다. 이 "개인적 소유"는 소유의 유일하게 정당한 천부 인권적 원천으로서의 자기의 노동에 기초한 소유이다. 그런데 공동점유와 결부된 개인적 소유는 개개 노동자들에게 분할되어 개개 노동자들의 손에 들어가 있되, "공동점유", 즉 공동사용('사회적 운용')의 형태로 결합된 소유이다. 마르크스는 주식회사를 사회주의 기업으로의 이행하는 과도적 형태로 파악했는바,[221] 주식회사는 이미 생산수단의 '공동점유' 상태이기 때문에 노동자들이 주식을 개인적으로 소유하게만 된다면 마르크스가 기획한 사회주의적 소유제도는 완성되는 것이다. 마르크스 이론의 잔해 속에서 건질 수 있는 것은 생산수단의 공동점유와 개인적 소유를 통합한 이 사회적 소유론과 이 속에 담긴 자유로운 개성의 연대 이념을 것이다.

4.1. "자유로운 개성"과 "연대"의 이념

우리 노동해방 패러다임, 혁명적 대안으로서의 과학적 사회주의, 암암리에 전제된 '따뜻한 가족 같은' 봉건적·가부장제적 공산사회관 등의 잔

---

221) Marx, *Das Kapital III*, 454-455쪽.

해로부터 우리가 건질 수 있는 유산은 무엇인가? 그것은 아마 '공동점유 안에서의 개인적 소유'라는 '사회적 소유' 기획과 그 속에 내포된 자유로운 개인과 연대의 이념일 것이다.

마르크스의 사회주의적 소유권 기획 속에 들어 있는 '개인적 소유' 범주는 "개인들의 독창적이고 자유로운 발전이 더 이상 빈말이 아닌" 사회,[222] 그리하여 개인들의 독창적이고 자유로운 발전이 바로 "만인의 자유로운 발전의 조건"이 되는 사회라는[223] 그의 해방사회관과 연장선상에 있는 것이다. 마르크스는 일관되게 "각 개인의 완전하고 자유로운 발전"을 "보다 고차적인 사회"의 "근본원리"로 설정하고 있다.[224]

마르크스에 의하면 "우리가 역사를 거슬러 올라갈수록 개인은 (…) 비자립적인 것으로, 보다 큰 전체에 종속된 것으로 나타난다."[225] 반대로 역사를 아래로 내려올수록 개인은 전체로부터 분리되어 개인화된다. 이 개인화의 관점에서 부르주아사회는 "지금까지 가장 발전된" 사회이다. 그러나 부르주아사회도 원자화된 개인들을 국가와 자본의 강권으로 강제 통합하고 그리하여 개인적 자유를 다시 "빈말"로 격하시키는 경향이 있다. 인간은 "사회적 동물", 즉 "사회 안에서만 개인화될 수 있는 동물"이다.[226] 따라서 마르크스에 의하면 사회적 해방의 척도는 연대 속에서 독창적인 개인이 될 자유와 여유이다.

따라서 마르크스가 꿈꾼 "보다 고차적인 사회"는 결코 이 '개인화'를 억압하는 '집단주의 사회'일 수 없는 것이다. '집단성'은 고차성의 상징이 아니라 어디까지나 "개별적으로 고립된 개인의 취약성의 산물이기"[227] 때

---

222) Marx, *Die Deutsche Ideologie*, 424쪽.
223) Marx, *Manifesto der Kommunistischen Partei*, 482쪽.
224) Marx, *Das Kapital I*, 618쪽.
225) Marx, *Grundrisse der Kritik der politischen Ökonomie*, 20쪽.
226) Marx, *Grundrisse der Kritik der politischen Ökonomie*, 20쪽.
227) Karl Marx, "Enwürfe einer Antwort auf den Brief von V. I. Sassulitsch" [Erster

문이다. '보다 고차적인 사회'의 사회통합 원리는 마르크스에 의하면 개인을 "희생"시키는 이 집단주의도 아니고 프라이버시 영역에 국한되는 "사랑의 원리"도 아니다.[228] 또 개인을 탄압하는 '반동적 사회주의'나 '조야한 공산주의'의 원리인 "노동"도 아니다.

마르크스의 '보다 고차적인 사회'의 원리는 개인의 자유로운 발전을 만인의 발전과 결합시키는 데에 "필수적인 연대"이다.[229] 연대는 정의상 개성적이고 주체적인 개인들의 자발성에 기초한 결속이다. 마르크스의 자유 철학은 집단주의와 개인주의를 둘 다 지양한 연대 속의 '자유로운 개성'의 이념인 것이다.[230] 바로 이것이 노동해방 패러다임의 잔해 속에서 건질 수 있는 가장 값지고 향후에도 인류의 중요한 과업으로 남을 사상적 유산일 것이다.

이 유산은 인간의 주체성과 개성의 이념을 중심으로 짜인 17-18세기 계몽 기획의 연장선상에 있는 것이다. 마르크스의 이론도 당대의 포악한 자본주의에 대항하여 '개인의 자유'를 지키고 확장시키려는 계몽의 한 조류로 분류될 수 있는 것이다. 과거에 좌우 이론가들이 독점자본, 나치즘, 스탈린주의의 계좌에 집어넣어야 할 '전체주의' 혐의를 자꾸 마르크스의 계좌에 집어넣고 있다 할지라도 마르크스의 계급해방 기획은 어디까지나 계급으로부터의 개인의 해방('계급 없는 사회')의 기획인 것이다.

하지만 거의 모든 전통적 마르크스주의 사조와 운동들이 이 '개인의 해방' 기획을 마르크스의 이름으로 유린하였다. 이것은 마르크스에게 커다란 개인적 불행이었고 인류에게 가장 큰 역사적 비극이었다. 과거에 중동유럽과 동아시아 '마르크스주의자들'은 자신들의 반半봉건적 세계관 속

Enfwurf], 388쪽. *MEW* 19.
228) Marx, *Die Deutsche Ideologie*, 425쪽.
229) Marx, *Die Deutsche Ideologie*, 424쪽.
230) Marx, *Grundrisse der Kritik der politischen Ökonomie*, 91쪽.

에서 마르크스이론을 가부장제적 집단주의와 전체주의로 변조하여, 마르크스를 아리스토텔레스, 존 로크, 칸트를 잇는 개인 자유의 사상조류에서 빼내어 플라톤, 토머스 모어, 모렐리를 잇는 전체주의적 사상 조류 속으로 옮겨 놓았던 것이다. 이리하여 마르크스주의는 실천선상에서 수많은 개인을 억압하고 인간의 자유와 인권을 유린했던 것이다. 이로 말미암아 마르크스의 정치사상은 장구한 세월 동안 유례없이 강렬하게 인류의 현실 정치를 사로잡았을지라도 끝내 진면목을 드러내지 못하고 오해와 왜곡, 그리고 공포와 증오 속에 파묻히고 말았던 것이다.

4.2. 공자와 아리스토텔레스의 개인소유제

오늘날 종업원소유제(Employee Ownership), 또는 종업원 주식 소유제도(Employee Stock Ownership Plan; ESOP)는 재산소유의 배타적 독점성을 완화·극복하는 방도 중에 가장 유망하고 가장 유력한 방도다. 영미 등 선진국에서 이 제도의 확산에는 좌우가 따로 없다.

종업원소유제는 국민 대다수가 자본(생산수단) 소유와 분리되어 무산자로 사는 자본주의 시대에 거시적으로 국민과 자본 소유의 점진적 결합을 가능케 한다. 이 제도는 미국에서 처음 도입되어 시행되고 있고, 한국에서도 1970년대 이래 권장되고 있으나, 어느 나라에서도 국정 차원에서 본격적으로 권장되거나 성실하게 집행되지 않았다. 이 제도는 시간이 갈수록 소홀히 되어 알리바이용 '치장'으로 존재할 뿐이다.

종업원소유제는 궁극적으로 자본 소유와 노동의 계급적 분리를 해소해서 종업원들이 역으로 자본 소유와 노동의 결합 속에서 스스로 노동권에 입각한 '임금인상'과 주식 소유권에 입각한 '주식 배당금 제고'를 선택하거나 양자의 비율을 정하게 하는 제도다. 따라서 외적 계급 대립은 임금·투자·배당금의 관계를 숙고·자결自決하는 종업원 주주 개개인의 심적 갈등으로 전환되어 '노사 간 계급투쟁'은 사라지고, 종업원과 경영진은 이 제도에 기인한 새로운 이익 추구 동학 덕택에 불가피하게 자본과 노동의 결합에 근거한 '자본-노동 연대'의 실질적 노사협력 체제의 수립을 추구하게 된다. 따라서 국가가 종업원소유제를 중장기 정책으로 채택해 본격적으로 확대·실시한다면, 이른바 '무계급사회'는 망상적·기만적 공산주의에 의해서가 아니라, ESOP의 연대적 개인 소유제 자본주의에 의해 궁극적으로 이룩될 것이다.

WTO 세계 경제질서와 'AI 혁명' 시대에는 글로벌 플랫폼 자본과 대기업집단의 경영권을 장악한 슈퍼리치들과 종업원 간에는 재산·소득·권력 면에서의 양극화와 분단이 하늘과 땅 차이로 심화되고 있고, 앞으로 더 심화될 것이다. 그대로 방치하면 이것은 불가역적이다. 반면, 종업원소유제는 중소기업과 중견기업에서의 자본-노동 대립과 재산·소득격차를 완화할 뿐만 아니라, 글로벌 플랫폼 자본과 대기업집단에서의 재산·소득·권력 격차를 완화하는 대항 기제로도 역할을 할 수 있을 것이다. 여기에 '경영참여제도'가 추가로 실시된다면 종업원소유제도 힘을 받을 것이다. 성패는 인의국가를 건설하려는 의지에 달려 있을 뿐이다.

이 종업원 주식 소유제와 관련하여 생산수단의 공동점유제 안에서 근로자들의 개인적 소유를 보장하는 마르크스의 '사회적 소유'의 이론은 그의 이론의 폐허 속에서 찾을 수 있는 유의미한 이론이다. 종업원소유제를 처음 창시하고 확산 운동을 벌인 루이스 켈소(Louis Kelso, 1913-1991)도 마르크스의 개인적 소유제를 참조한 것으로 보이기 때문이다.

종업원소유제는 공자철학적으로 충분히 이해되고 또 정당화될 수 있다. 공자는 일찍이 대동사회론에서 인애적 개인 소유제를 명문화했다. 다시 인용해 보면,

- 재화는 땅에 버려지는 것을 싫어해도 꼭 자기에게만 사장私藏되어 있지 않았고, 힘은 몸에서 나오는 것을 싫어하지만 꼭 자기만을 위해 나오지 않았다.(貨惡其弃[棄]於地也不必藏於己 力惡其不出於身也 不必爲己.)[231]

이것은 소유권과 경제력을 개인소유로 인정하되 이 개인소유를 연대적·우의적으로 사용하는 대동사회의 독특한 개인소유제를 말하는 것이다. 이 개인소유 제도는 연대적·우의적 사용을 또 다른 원리로 삼는 점에서 사적소유제(사유재산제)와 본질적으로 다르다. 사적소유제는 '연대적'이 아니라 '배타적·독점적'이기 때문이다.

대동사회의 이 연대적 공동사용의 개인소유 이념은 유교 국가에서 대동시대를 앞당기고 모방한다는 취지에서 일정한 사회적 제도화로 구현되기도 한다. 국가에 의해 공인된 유교 제국諸國의 향약, 사창社倉, 한·송·명·청대 중국의 양민복지제와 (관의 지지나 지원 또는 관민 합작의) 민간 자선 복지 활동, 권분勸分 등의 제도가 그것이다. 국가가 인정하고 권장한 향약의 4대 강목 중 하나인 '환란상휼患亂相恤'은 개인적 소유를 연대적으로 사용하는 이념이다. 유교 국가에서 여씨향약이 유명했고, 도처에서 모방되었다. 그리고 유교제국 정부의 황정荒政·복지제도, 민간 자선 운동, 유력자들의 사창社倉과 환란구휼 등은 다 개인적 소유를 인심仁心에서 나눠 쓰는 그런 대동적 소유 이념에 따른 것이다. 중국과 조선의 '권분勸分'도 이런 취지의 상부상조 제도다. '권분'은 관청의 권고에 따라 흉년에 마을 부자들이 곡식과 재물을 친인척, 마을 사람들, 궁한 환과고독과 나눠 쓰는 제도다. '권분'은 모든 유교 국가에서 왕명으로 제도화되어 있었다.

---

231) 『禮記』「禮運 第九」.

현대적 종업원소유제도도 핵심적 취지에서 이 '개인적 소유의 일반적 인정과 개인적 소유의 일정한 연대적 사용'의 대동적 소유제와 그대로 합치된다. 두 제도가 다 나의 개인적 재산권을 존중하되 남들이 필요하면 기꺼이 내 재산을 사랑 또는 인심仁心으로 남들과 나눌 수 있는 인의적·연대적 개인소유'이기 때문이다.

이런 우의적 사용의 개인적 소유 관념은 상론했듯이 소크라테스와 플라톤의 재산공유제와 처자妻子공유제를 비판한 아리스토텔레스에게서도 발견된다. 소크라테스와 플라톤은 고대 아테네 도시국가의 사적소유제의 사회적 병폐를 해결한다는 구실로 수호자 계급의 경우 생산수단 및 소비 수단의 공동소유와 처자공유제를 주장했다. 그들은 가족을 사적소유의 뿌리로 간주하고 가족을 철폐하기 위해 부녀·자식 공유제까지 주장한 것이다. 말하자면 '완전한' 공유제다. 그러나 처자공유제는 혈족적 유대 질서에 기초한 원시 공산사회 단계 이전의 잡혼 단계로의 회귀나 다름없는 것이다.

아리스토텔레스는 소크라테스와 플라톤의 이 완전한 공산주의 주장을 정면으로 맹박하고 다른 해결책을 제시한다. 아리스토텔레스는 먼저 공유재산의 병폐를 들어 재산공유제를 비판한다.

- 일반적으로 공동생활과 모든 인간사人間事에서의 공동은 어렵고 특히 이 인간사에서의 공동은 어렵다. 이것은 가령 여행단체들이 보여준다. 대부분의 여행단체는 일상적인 일과 사소한 일로 서로 다투고 결국 서로 맞붙어 싸우기 때문이다. 우리는 우리가 가장 빈번하게 일상적 일 처리에 사용하는 저 하인들에 대해서도 가장 많이 화를 낸다. 따라서 재산의 공유는 이런, 그리고 유사한 어려움을 안고 있다.[232]

---

232) Aristoteles, *Politik*, übersetzt v. Olof Gigon (München: Deutscher Taschenbuch

아리스토텔레스는 이런 병폐를 지닌 공유재산제 대신 내 것, 네 것을 분명히 가르되 친구들끼리는 소유물을 같이 쓰는 원칙으로서 우의적 공동사용의 개인소유제를 주장한다.

- 공유에 반해 현재의 소유제도가 도덕과 올바른 법률의 지침에 의해 개선된다면 적지 않은 이점을 제공할 것이다. 이 제도는 양자의 좋은 면을 가지는데, 이는 재산의 공동소유 원리와 개인소유 원리의 이점을 의미한다. 왜냐하면 특정한 의미에서는 재산이 공동적이어야 하되, 일반적 의미에서는 개인적이어야 하기 때문이다. 각자가 자기 것을 돌본다면, 서로서로에 대한 어떤 불평불만도 제기되지 않고, 우리는 더 많이 전진할 것이다. 왜냐하면 각자가 자기 것에 몰두하기 때문이다. 다시 덕성은 재산의 사용을 "친구들에게 모든 것은 공동이다"는 격언에 따라 규제할 것이다. 이미 지금 이것은 몇몇 국가에서 이런 방식으로 스케치 되고 있어서 이 일은 불가능한 것이 아니다. 무엇보다 좋은 제도를 갖춘 국가들에서 많은 것들이 실현되어 있고, 많은 것들이 더 실현될 수 있을 것이다. 각자는 개인적 재산을 가지지만 이러저런 것들을 친구의 처분에 이용하도록 맡기고, 다른 것들은 친구가 공유재산처럼 사용한다. 가령 스파르타에서는 각자가 타인의 노예를 일정한 정도로 자기의 노예처럼 이용하고, 시골에서 여행비용을 필요로 한다면 말이나 개도 자기 것처럼 쓴다. 따라서 재산이 개인적으로 남아 있되, 사용을 통해 공동적이 되는 것이 명백히 더 나은 것이다. 하지만 시민들이 이에 따라 행동하는 것은 입법자의 특별한 과업이다.[233]

Verlag, 1955·1986), 1262a 15-23.
233) Aristoteles, *Politik*, 1262a 23-40.

이것은 바로 우의적 공동사용의 개인 소유제이고, 이 소유제도의 취지는 "재화는 땅에 버려지는 것을 싫어해도 꼭 자기에게만 사장私藏 되어 있지 않는" 공자의 대동시대 소유제와 거의 완전히 일치한다.

아리스토텔레스는 자기의 소유에서 기쁨을 느끼는 사람들의 본성적 심리를 올바로 고려한다.

- 무언가를 자기의 소유로 규정할 수 있는 것이 어떤 기쁨을 보장하는 것인지도 형언할 수 없다. 확실하게 각자는 자기 자신에 대한 사랑을 그냥 가지는 것이 아니다. 이것은 본성상 그런 것이다. 이기적 자기 사랑은 정당하게 탓할 것이지만, 자기 사랑 자체가 문제가 아니라 수전노에게서처럼 자기 자신에 대한 지나친 사랑이 문제인 것이다. 반면, 이른바 만인은 각자의 소유 몫을 사랑한다.[234]

아리스토텔레스는 자기 소유의 이 기쁨만이 아니라, 남을 돕는 베풂의 큰 즐거움도 잊지 않고 짚는다.

- 그러나 친구들, 손님들, 그리고 동료들에게 친절이나 도움을 베푸는 것도 최대의 즐거움을 산출해 준다. 그런데 이 즐거움은 우리가 개인적 소유가 존재할 때만 산출된다. 소유의 기쁨이든 도움의 즐거움이든 이 모든 것은 국가를 너무 많이 통일적으로 만드는 그런 사람들이 성취하지 못한다. 게다가 그들이 두 개의 덕목, 즉 여성에 대한 자기기율(자기 기율에서 남의 부인을 존경하는 것은 고상한 행동이니까)의 덕목과 재물을 잘 베푸는 덕목의 발휘를 폐절해 버릴 것이 분명하다. 왜냐하면 잘 베푸는 심정은 가시화될 수 없고, 잘 베푸는 행위는 일어날 수 없

---

234) Aristoteles, *Politik*, 1262a 41-1263b 5.

기 때문이다. 잘 베푸는 심정과 행위의 효과는 바로 개인적 소유의 사용이기 때문이다.[235]

아리스토텔레스는 베푸는 심정과 효과로서의 즐거움을 최대의 즐거움으로 거론하면서 이 즐거움을 낳는 베풂의 덕목과 여성 존중의 덕목을 폐절해 버릴 획일적 공유제 국가의 문제점을 지적하고 있다.

그리고 아리스토텔레스는 획일적 공산주의 이론과 그 가정의 근본적 오류를 파고든다.

- 저 (공유제) 입법은 위대하고 인간 친화적으로 보이고, 누가 이에 대해 듣든지 특히 지금 국가 안에 현존하는 악폐들을 소유가 공유가 아니라는 사실 탓으로 돌린다면 (만인의 만인에 대한 경이로운 우의가 생겨날 것이라고 생각하니까) 이 입법을 기꺼이 수락하기는 한다. 악폐란 계약을 둘러싼 상호적 소송, 위증으로 인한 법정 심판, 부자들에 대한 아부 등을 말한다. 그러나 이런 일들은 재산공유제의 부재로 생겨나는 것이 아니라, 인간들의 악덕에서 생겨나는 것이다. 공유재산을 가지고 공동으로 사용하는 저 사람들이 개인적 소유의 보유자들보다 훨씬 더 많이 다투는 것도 우리는 알고 있다. 그런데도 우리는 공유재산을 두고 다투는 소수의 사람에만 주목하고 이 소수의 사람을 개인적 재산을 가진 많은 사람들과 비교한다.[236]

아리스토텔레스는 공유제의 "위대한 인간 친화적" 환상을 놓치지 않고 정확히 짚고, 인간의 덕성 부재로 인한 사회적 악폐를 공유제의 부재, 즉

---

235) Aristoteles, *Politik*, 1262b 7-14.
236) Aristoteles, *Politik*, 1262b 15-27.

사유재산제로 돌리는 것은 소크라테스와 플라톤의 공산주의 테제의 근본적 오류라고 지적하고 있다. 나아가 그는 덧붙인다. "또한 재산공유제에서 사라질 많은 병폐만을 나열할 것이 아니라 공유제에서 사라질 수많은 이점을 나열하는 것이 공정할 것이다. 왜냐하면 이런 식으로 사는 것이 완전히 불가능하다는 것이 입증될 것이기 때문이다."[237]

아리스토텔레스는 원시 공산주의를 넘어선 이 고대 그리스 사회 단계에서 이미 공산주의적 생활이 불가능하다는 것을 알고 정확하게 그 불가능성을 천명하고 있다. 소크라테스와 플라톤의 오류를 그들의 그릇된 전제前提 탓으로 지적한다.

- 소크라테스의 오류에 대한 책임은 그의 올바르지 않은 전제 탓으로 돌려야 한다. 가정과 국가는 물론 얼마간 하나이어야 하지만, 단적으로 그래서는 아니 된다. 국가 일반이 더 이상 존재하지 못하는 통일성의 정도가 있고, 국가가 거의 더 이상 국가가 아닌, 아무튼 더 나쁜 국가가 되는 통일성의 정도가 있다. 이것은 심포니를 단일 음조로, 그리고 리듬을 단일 박자로 만들어 버리는 경우와 같은 것이다. 오히려 다양성의 국가를 교육을 통해 공동체와 통일체로 만들어야 한다. 교육하고 국가를 교육에 의해 유능하게 만들기를 희망하는 사람이 국가를 그러한 수단으로 정연하게 만들려고 하면서도, 가령 스파르타와 크레타에서 입법자가 공동식사를 통해 재산의 공유를 성사시킨 것처럼 습관들이기, 철학과 법률을 통해서 정연하게 만들지 않는 것은 이상하다. 우리는 그 제도가 옳다면 그것이 숨겨져 있지 않고 드러나 있을 긴 시간과 여러 해를 고려해야 한다. 왜냐하면 그렇게 어지간히 모든 것이 이미 발견되어 있었고, 다만 이런저런 것들이 수집되지 않았을 뿐이고,

---

237) Aristoteles, *Politik*, 1262b 28-29.

다른 것들은 알려져 있었어도 적용되지 않았기 때문이다. 우리가 이러한 헌법 제도가 한번 사실상 도입된 것을 본다면 이것은 가장 명백할 것이다. 사람들은 여러 일들을 식탁공동체, 씨족공동체, 부족공동체로 나누고 분리시키지 않은 채 국가를 건설할 수 없을 것이다. 따라서 법률적 개선이 가능한 것은 단지 수호자들이 땅을 갈지 않아야 한다는 것에 불과할 뿐이다. 이것은 스파르타 사람들이 현재 도입하려고 시도하는 것과 다른 것이 아니다.[238]

국가 안에서 모든 일들은 나뉘고 분리되고 다양하고 복잡하므로 심포니와 리듬처럼 조화롭게 배치되어야 하는 까닭에 결코 확일화될 수 없다는 말이다. 공동식사·식탁공동체를 운영하는 스파르타조차도 수호자 군인들을 군사 활동만 하도록 농사일을 그만두게 하고 군사 기능을 전문화시키도록 입법을 추진하고 있다는 것이다.

아리스토텔레스는 소크라테스와 플라톤의 공산주의 국가 구상에 대한 비판의 강도를 더 높인다.

- 소크라테스는 또한 전체 국가의 생활 방식에서 어느 것이 공동이어야 하는지를 말하지 않았다. 말하기 쉽지도 않다. 왜냐하면 국가 안의 대중은 많은 보통 시민들로 구성되어 있기 때문이고, 또 농부들도 재산을 공유해야 하는지 여부, 그리고 여성과 자식들이 공유되어야 하는지 여부가 규정되고 있기 때문이다. 동일한 방식으로 만물이 만인에게 공유된다면 이 만인은 수호자들과 어떤 점에서 구분되는가? 또는 수호자들이 만인에게 봉사해야 한다면 그들은 만인에 대해 뭐라고 말해야 하는가? 또는 어떤 사실을 근거로 그들은 만인에게 봉사해야 하는

---

238) Aristoteles, *Politik*, 1262b 30-1263a 10.

가? 크레타 사람들과 유사한 것을 생각해 내지 않는다면, 그들은 모든 것에서 스스로를 노예와 동일한 토대 위에 놓았고, 노예들에게만은 체육과 무기 소유를 금지했다. 이에 반해 이것들이 다른 나라들에서처럼 농부들에게도 제도화되어 있어야 한다면, 이것은 어떤 종류의 공동체일까? 이런 국가 안에는 불가피하게 두 국가가 존재할 것이고, 이 국가들은 서로 대립 속에 존재할 것이다. 왜냐하면 소크라테스는 수호자들을 일종의 수비대로 만들고, 농민·공인 등을 시민들로 만들기 때문이다. 그리고 고소, 소송, 그리고 그가 다른 국가들 탓으로 돌린 다른 악폐들도 모두 남아 있을 것이다. 하지만 소크라테스는 시민들이 교육 때문에 국가경찰·시장 경찰 등에 관한 법률이 많이 필요하지 않다고 말한다. 그러나 그는 교육을 수호자들에게만 보장한다. 나아가 소크라테스는 농민들을 납세를 대가로 자기 재산의 주인으로 만든다. 그러나 이런 식이라서 농민들이 헬로텐(스파르타 노예들), 페네스텐(테살로니카 노예들), 그리고 다른 곳의 기타 노예들보다 훨씬 더 다루기 힘들고 더 오만하다고 상정되어야 할 것이다.[239)]

아리스토텔레스는 소크라테스와 플라톤이 주장하는 재산공유제에서 수호자 계급과 농민·공인 계급 간의 모호한 정치적 관계를 문제 삼고 있다.

아리스토텔레스는 농민·공인 계급의 이런 제도화에 대해 아무런 규정도 말하지 않고 있는 것도 지적하고 농토의 사유제와 모순되는 부녀공유제의 제도적 부조리도 계속 비판한다.

- 따라서 이 제도가 마찬가지로 필요한지 여부에 대해서도 아무것도 말

---

239) Aristoteles, *Politik*, 1263a 11-36.

하지 않고, 또한 이 농민들의 헌법 체제, 교육, 그리고 법률과 연관된 것에 대해서도 말하지 않는다. 이것은 쉽게 생각해 낼 수 없다. 이런 것이 어떤 성격을 갖게 되든 이런 것들은 수호자공동체의 보존을 위해서도 아무런 작은 차이도 만들지 않는다. 가령 입법자가 여자들을 공유하게 하면서도 농토는 사적소유로 놓아둔다면, 남자들이 농토를 경작하듯이 누가 집을 관리할 것인가? 그러나 농민들의 부녀자와 재산이 공유라면 농민을 다루기는 훨씬 더 힘들어질 것이다. (여자들이 남자들과 똑같은 일을 수행해야 한다는 것을) 짐승들과 비교하는 것도 부조리할 것이다. 물론 짐승들은 전혀 가사家事를 돌보지 않기 때문이다.[240]

아리스토텔레스는 농토사유제와 부녀공유제 간의 제도적 충돌과 모순을 지적한 데 이어 소크라테스와 플라톤이 기획한 '철인치자' 개념의 문제점도 비판한다.

- 소크라테스가 설치하는 치자의 일도 곤란하다. 왜냐하면 그는 언제나 동일한 사람들을 치자로 삼기 때문이다. 이 때문에 아무런 자존심도 없는 사람들도 반란을 일으킬 것이고, 정열적이고 호전적인 남자들은 그야말로 제대로 반란을 일으킬 것이다. 그러나 언제나 동일한 사람들로 하여금 통치하도록 강요되는 것은 명백하다. "신으로부터 생겨나는 금"은 이 영혼에게 부여했다가 저 영혼에게 부여했다가 하는 것이 아니라 항상 동일한 영혼에게 부여하기 때문이다. 그는 물론 탄생하자마자 신이 이 영혼들에게 금을 부여하고, 다른 영혼들에게는 은을 부여하고, 농민과 공인이 되도록 정해진 영혼들에게는 동과 철을 부여한다고 말한다. 마침내 소크라테스는 수호자들로부터 행복을 **빼앗는** 경

---

240) Aristoteles, *Politik*, 1263a 37-1263b 6.

우에 입법자가 전체 국가를 행복하게 만드는 것이 틀림없다고 주장한다. 모두가 행복을 가지지 못한다면, 아니 대부분이, 또는 몇몇 부분이 행복을 가지지 못한다면 국가 전체가 행복해지는 것은 불가능하다. 왜냐하면 2로 나뉘는 수가 그런 것처럼 행복은 2로 나뉠 수 없기 때문이다. 여기에서 전체는 부분들의 그 어느 부분이 아니면서도 2로 나뉘는 숫자일 수 있다. 그러나 행복의 경우에는 그럴 수 없는 것이다. 하지만 수호자들이 행복하지 않다면 누가 행복해야 하는가? 아무튼 공인들과 속물 군중은 아닐 것이다. 소크라테스가 말한 헌정 체제는 이런저런 적지 않은 어려움이 있는 것이다.[241]

아리스토텔레스는 여기서 언제나 동일한 치자의 통치 체제의 전복 위험성을 예리하게 지적하고, 수호자 계급이 나라 '전체'의 행복을 위해 자기들의 행복을 포기하고 나라를 지키고 다스린다는 논변에 담긴 논리적 모순, 즉 나라의 '일부'인 수호자들과 치자들이 불행하므로 전체가 행복할 수 없게 되는 논리적 자가당착을 비판하고 있다.

또한 아리스토텔레스는 소크라테스와 플라톤이 주장하는 처자공유제의 부조리도 날카롭게 비판한다. 그는 "더 큰 자급자족이 더 바람직하다면 더 작은 통일성도 더 바람직하다"는 명제를 전제로 이렇게 말한다.

- 하지만 공동체가 가급적 통일적인 것이 최선일지라도 이것은 사물의 이치에 따라 모든 것이 "나의 것"이면서도 "나의 것이 아닌 것"이라고 말함으로써 달성될 수 없다. 소크라테스는 바로 이것이 국가 완전히 하나라는 사실에 대한 표시다고 주장한다. "모두(alle)"라는 개념은 그럼에도 이중적 의미가 있다. 이 개념이 "각 개인 자체"를 뜻한다면, 소

---

241) Aristoteles, *Politik*, 1263b 7–23.

크라테스가 추구하는 것이 이미 본래적으로 실존한다. 각자는 자기의 아들을 자기의 아들로, 그리고 자기의 아내를 자기의 아내로 지칭하고, 각자는 자산과 그와 관련된 모든 것에 대해서도 그렇게 똑같이 말할 것이기 때문이다. 그러나 처자식을 공동으로 가지는 자들은 바로 그렇게 말할 수 없다. 모두는 다 합쳐서 그럴 수 있지만 각자는 개별적으로 그럴 수 없고, 마찬가지로 모두는 합쳐서 자산에 대해 대해 그렇게 말할 수 있지만, 각자가 개별적으로 자산에 대해 그렇게 말할 수 없다. 따라서 여기에서 "모두"를 언급하는 것은 명백히 오추리인 것이다. (…) 게다가 저 학술은 더한 오류도 안고 있다. 가장 많은 사람들에게 공유되는 것은 보살핌을 가장 적게 받는다. 왜냐하면 우리는 자기의 것을 가장 많이 돌보고, 공동의 것은 더 적게, 또는 각자에게 관계되는 만큼만 돌본다. 왜냐하면 그 밖의 것을 도외시하면 사람들은 다른 사람이 돌볼 것이기 때문에 오히려 소홀히 하기 때문이다. 이것은 흡사 가사 노동에서 많은 하인들이 때때로 적은 사람들보다 더 적게 일하는 것과 유사하다. 그러나 이제 각 시민이 천 명의 아들들을 받고, 이 아들들을 각 개인의 아들들로 받는 것이 아니라면 각각의 임의적 아들은 획일적으로 각 임의적 개별인의 아들이 된다. 따라서 그들은 그들 모두를 획일적으로 소홀히 할 것이다.[242]

아리스토텔레스는 제일 먼저 자식공유제의 문제점을 '모두의 자식은 아무의 자식도 아니다'는 식으로 논증하고 있다.

- 나아가 각자는 어떤 시민에 대해, 이 시민에게 좋든 나쁘든, 아버지의 수에서 차지하는 부분이 큰 정도만큼의 관심을 갖고 "나의 아들"이라

---

242) Aristoteles, *Politik*, 1261b 16-40.

고 말할 것이다. 각자는 1,000명 아들 또는 국가가 가진 수의 아들들 중 각 아들과 관련해서 "나의 아들", "X의 아들"이라고 말하되 여전히 불확실성을 안고 겨우 말한다. 왜냐하면 누가 자식을 낳았는지, 그리고 누구의 자식이 살아남았는지 알려지지 않은 채이기 때문이다. 각 개인이 "나의 자식"에 관해 그렇게 언급하고 이 언급을 2,000명의 타인들, 또는 만 명의 타인들과 나누는 것이, 또는 지금 여러 나라에서 "나의 것"이 이해되듯이 나누는 것이 더 나을까? 오늘날 이 사람은 자기의 아들을, 저 사람은 자기의 형제를 "나의 것"이라는 동일한 명칭으로 부르고 제3의 인물은 사촌이나 그 어떤 친척을 직접 그 자신을 통해서나 친척을 통해서나 혈연이든 소속이든 사위·며느리든 이런 근거로 그런 명칭으로 부른다. 다른 사람은 다시 자기의 씨족·부족 구성원을 그렇게 말한다. 왜냐하면 저 가짜 아들이 되기보다 진짜 사촌인 것이 더 낫기 때문이다. 몇몇 사람들이 자기들의 형제, 자식, 아버지와 어머니를 알아채는 것도 피해 갈 수 없을 것이다. 왜냐하면 자식들이 생부모와 가진 닮음에 따라 그들은 서로서로로부터 이것을 받아들이지 않을 수 없기 때문이다. 우리는 이것이 실제로 발생한다는 사실을 지구의 기록에서 읽는다. 상부 리비아의 몇몇 부족들은 여성을 공유하지만 자식들은 닮음에 따라 분배된다. 말과 소 같은 다른 생명체들의 경우에는 놀랍게도 수컷에게 닮은 새끼를 낳아주는 소질을 가진 암컷들이 있다. 파르살로스(남부 테살로니카의 도시)의 암말이 그러한데, 정의로운 암말이라고 일컫는다.[243]

 아리스토텔레스는 그야말로 번뜩이는 논리로 소크라테스와 플라톤의 자식공유제에 대해 설득력 있는 비판을 가하고 있다. 사람들이 서로 닮은

---

243) Aristoteles, *Politik*, 1262a 1-23.

점을 보고 자신의 형제, 자매, 자식, 부모를 알아차린다. 이것은 동물들의 경우에도 막을 수 없는 것이다. 이 때문에 자식공유제를 통해 부모·형제·자매들이 서로를 알아보지 못하게 하여 사유재산의 원천인 가족과 혈족을 해소하려는 시도는 실현되기 불가능할 것이라는 것이다. 또한 자식공유제는 "가짜 아들이 되기보다 진짜 사촌이 되는 것이 더 낫다"는 격언에서 표현되는 혈족적 애착과 유대의 본성 질서를 몰각하고 파괴하는 망상이라는 것이다.

또한 아리스토텔레스에 의하면 가족과 친족관계의 파괴가 가져올 폐해는 다음과 같이 엄청나다.

- 이러한 공유제를 세우는 사람 다음의 어려움들도, 가령 (부분적으로 자발적인, 부분적으로는 비자발적인) 살상, 싸움과 욕설도 쉽사리 피할 수 없다. 이것은 아마도 먼 사람들에게 일어나는 일이지만, 아버지나 어머니, 그리고 가까운 친족들에 대해서는 일어나사는 아니 되는 일들이다. 하지만 서로를 알아보지 못한다면 이런 일들은 서로를 알아보는 경우보다 더 자주 발생할 수밖에 없다. 그리고 이런 일들이 벌어졌으면 서로 아는 사람 간에는 통상적 사죄가 이루어질 수 있지만, 자식공유제의 경우에는 그럴 수 없다.[244]

아리스토텔레스는 자식공유제하에서 사람들이 서로를 모르기 때문에 부모와 자식, 또는 친족도 서로 살상하고 싸움하고 욕설하기 십상이고, 그렇지만 사죄나 화해도 있을 수 없다는 폐해를 논증적으로 지적하고 있다. 곁들여 그는 두 가지 부조리를 더 들춘다. "자식들을 공유하게 하고서도 애인들이 자기의 애인 집에서 자는 것을 금하지만 사랑 자체를 금지하

---

244) Aristoteles, *Politik*, 1262a 24-33.

지 않고, 아버지와 자식 간에, 그리고 형제끼리는 극단적으로 부적합한 기타 성교도 사랑 감정 그 자체처럼 금지하지 않는 것이 부조리하다. 성욕이 격렬하다는 이유 외에 어떤 다른 이유도 없이 동침을 금지하는 것도 마찬가지로 부조리하다. 그러나 여기서 문제는 아버지와 아들, 형제들일 수 있다는 것을 결코 알 수 없다는 점이다."[245]

이어서 처자공유제에 대한 비판을 다른 각도에서 바라보아 이 제도가 수호자 계급에게보다 농민들의 분리 지배에 더 유리할 것이라고 비판한다.

- 나아가 처자공유자는 수호자들에게서보다 농민들에게 유익한 것처럼 보인다. 가령 부녀와 자식이 공유되는 곳에서 우의友誼 또는 사랑(필리아)이 더 적게 존재할 것이고, 이것은 피치자들이 더 쉽사리 복종하고 혁신을 기도하지 않는 한에서 합목적적이다.[246]

수호자들은 형제애·전우애 등과 같은 필리아(우의와 사랑)로 단단히 단결할 필요가 있다. 그런데 부자·모자·형제·애인·친족·붕우 사이의 모든 필리아(인애仁愛; 사랑·효애·자애·형제애·친애)를 없애버리는 처자공유제는 군인들의 이 필리아도 약화시킬 것이다. 반면, 혁명과 반란을 일삼는 불복종적 대중인 농민들에게 처자공유제를 실시하면 저들끼리의 전통적 필리아나 믿음이 약화되고 치자에 대한 복종심은 더 커져서 혁신이니 혁명이니 하는 것은 줄어들 것이다. 따라서 아리스토텔레스는 처자공유제를 수호자 군대에 적용하는 것보다 농민대중에게 적용하는 것이 정치적으로 "합목적적"일 것이라고 조롱하고 있다.

---

245) Aristoteles, *Politik*, 1262a 34-39.
246) Aristoteles, *Politik*, 1262a 40-1262b 3.

아리스토텔레스는 공자처럼 "필리아(사랑)"를 "국가의 최고선"으로 간주하는 견지에서 이 필리아 문제를 더 파고들어 처자공유제에 대해 최후의 치명적 공박을 가한다.

- 일반적으로, 이러한 법제는 필연적으로 바른 법제가 이룩해야 할 것과 정반대되는 것, 소크라테스가 처자의 관계에 대해 이런 식의 조치를 취하지 않을 수 없다고 믿었던 이유와 정반대되는 것을 이룩할 것이다. 우리는 말하자면 (내전이 거의 발발하지 않기 때문에) 필리아(仁)는 국가의 최고선이라고 생각하고, 소크라테스는 국가의 통일성을 최고로 찬양했는데, 이 통일성은 (그가 말하듯이, 그리고 맞는 말이기도 하듯이) 필리아의 작품이다. 왜냐하면 그렇게 우리는 사랑에 관한 대화에서 아리스토파네스가 사랑하는 사람들이 그 사랑의 격렬성 때문에 한 몸처럼 결속하기를 욕망하고 둘이 하나가 되고 싶어 한다고 말하는 것을 듣고 있기 때문이다. 그런데 이런 곳에서는 둘 다 또는 둘 중 하나가 필연적으로 몰락할 수밖에 없다. 국가 안에서는 다시 이러한 공유제의 경우에 필리아는 시들해지고, 아버지와 아들들은 서로에 대해 "나의(아버지, 자식)"라는 단어를 거의 말하지 않을 것이다. 왜냐하면 많은 양의 물에 탄 적은 양의 단 것이 이 혼합을 알 수 없게 만드는 것과 같은 일이 이러한 이름("나의 …") 아래 들어 있는 상호적 친숙성에 대해서도 발생하기 때문이다. 이러한 국가에서는 아버지가 아들을, 아들이 아버지를, 또는 형제들이 서로서로를 돌보듯이 우리가 서로 돌볼 의무감을 느끼게 되는 경우가 거의 없을 것이다. 왜냐하면 자기의 것과 귀중한 것(존중하는 것)이라는 두 가지 것은 무엇보다도 인간들의 배려와 사랑을 일깨우기 때문이다. 하지만 이러한 국가의 시민들에게는 이것

도 저것도 존재하지 않는다.[247]

　한 마디로, 아리스토텔레스는 처자공유제 국가는 "필리아(인애)"와 인애적 상호 배려의 부재로 망할 것이라고 논박하고 있다. 아리스토텔레스의 "필리아"는 공자의 인仁처럼 백성들이 서로를 돌보고, 치자가 백성을 사랑하고 보살피게 만들고 궁극적으로는 내전을 발발하지 않게 하는 까닭에 "국가의 최고선"인 것이다. 그런데 처자공유제는 이 국가의 최고선을 고갈시켜 국가를 무너뜨리고 말 것이다. 그리고 아리스토텔레스는 신생아를 남에게 넘겨주거나 남과 바꾸는 일이 사실상 벌어질 수 없어서 이 자식공유제는 불가능하고 그렇게 된다면 부자간에도 때리고 살상하는 일이 벌어질 것이라고 비판한다. "그러나 농민과 공인工人의 신생아들을 수호자로 전치轉置하는 것이나 역으로 전치하는 것은 커다란 혼돈을 야기한다. 이런 전치가 어떻게 일어난단 말인가? 자식들을 넘겨주거나 교환하는 사람들이 자기들이 누구에게 어떤 자식을 주는지를 반드시 알려고 들 것이다. 게다가 교환된 자식들의 경우에는 상술한 일들, 즉 살해, 치정 갈등, 살인이 훨씬 더 많이 발생하지 않을 수 없다. 왜냐하면 다른 시민들에게 넘겨준 아이들을 수호자들은 형제·자식·아버지·어머니라 부르지 않고, 역으로 수호자로 전치된 아이들은 다른 시민들을 그렇게 부르지 않기 때문이다. 그리하여 그들은 가령 저런 짓들을 하는 것으로부터 친족애에서 서로를 보호할 수 없다."[248]

　이렇게 아리스토텔레스는 소크라테스와 플라톤의 재산·처자공유제를 원천적으로 비판했다. 그런데 여기서 우리에게 중요한 망상적 처자공유제에 대한 비판보다 재산공유제에 대한 비판이 중요하고, 더욱 중요한 것

---

247) Aristoteles, *Politik*, 1262b 4-24.
248) Aristoteles, *Politik*, 1262b 25-34.

은 그가 대안으로 제시한 우의적(연대적) 사용의 개인적 소유제도다. 그 원칙은 "재산은 일반적 의미에서 개인적 소유이되", 연대적 공동사용의 견지에서는 재산의 공유적 효과를 올리는 것이다. 각 개인은 자기 것을 애지중지하며 자기 것에 몰두하기 때문에 자기 것을 잘 돌볼 것이고 이러면 발전과 전진이 있을 것이다. 아리스토텔레스는 재산의 연대적 공동사용을 "친구들에게 모든 것은 공동이다"는 원칙에 따라 규제한다고 말한다. 한마디로 종합하면, 그의 대안적 소유제도는 재산이 네 것과 내 것이 분명히 나뉘는 '개인적 소유'이되, 이 개인적 소유의 우의적 공동사용을 통해 공유적 효과를 갖추는 제도다. 이것은 공자의 대동사회적 소유제도, 즉 "재화는 땅에 버려지는 것을 싫어해도 꼭 자기에게만 사장私藏되어 있지 않는" 소유제도와 일맥상통하는 것이다. 동시에 공자가 말하는 대동사회의 '연대적 사용의 개인적 소유제도'와 아리스토텔레스의 '우의적 공동사용의 개인적 소유제'는 다시 둘 다 좌우합작 노선이 된 현대의 종업원소유제를 정당화하고 뒷받침해 주는 이론들이다. 인의仁義(대도大道=지도至道)의 원리에 개인소유를 공동 사용하는 공자의 대동적 소유제와, 개인소유를 필리아(사랑·우정)의 제1국가원칙에 따라 우의적으로 공동 사용하는 아리스토텔레스의 이상적 소유제는 '대동적·인의적 개인소유제'라고 통칭할 수 있겠다.

4.3. 플라톤적 공산주의의 공유제에 대한 마르크스의 비판

아리스토텔레스의 예리한 분석적 비판과 논증적 공박에도 불구하고 플라톤의 재산공유제는 플라톤 철학으로 기독교 교리를 정리한 교부철학을 거쳐 금욕적 중세기독교 교회와 수도원의 소유 원리로 정착하고 중세 후반기의 종교적·혁명적 농민운동, 공동소유제를 수호자 계급에만 국한시킨 플라톤을 넘어 만인에게 확장한 토머스 모어(Thomas More, 1478-1535)의 『유토피아』(1516), 모든 재산의 공동소유, 과학자와 사제, 정치가의 기능을 한 몸에 겸한 통치자에 의해 관리되는 국가, 국가적 출산 통제 등을 주장한 톰마소 캄파넬라 (Tommaso Campanella, 1568-1639)의 『태양의 나라(La città del sole)』(1602), 소비·학습 수단을 제외한 모든 생산수단의 공유제의 기초 위에서 혼인제도·교회·경찰이 없는 나라를 주장한 모렐리(Étienne-Gabriel Morelly, 1717-1778)의 『자연의 법전(Code de la nature, ou le véritable esprit de ses lois)』(1755), 또는 종교개혁기에 무수한 개신교 교파들이 벌인 종교운동의 이념으로 되살아나거나 미주 신대륙에서는 공유제에 입각한 수많은 종교공동체로 나타나기도 했다[249].

그리고 19세기 들어 간혹 플라톤의 가족 파괴적 여성공유제와 함께 들끓던 에티엔 카베(Etienne Cabet), 테오도르 데자미(Théodore Dézamy), 빌헬름 바이틀링(Wilhelm Weitling) 등의 "조야한 공산주의"는 산업혁명과 기계화 과정에서 실업 당한 수공업적 노동자들의 초기 음모 조직체들의 지도 이념이었다. 바이틀링은 『조화와 자유의 보장책(Garantien der Harmonie und Freiheit)』(1842)에서 재산공유제에 기초한 사회관계의 평등을 유일하게 신뢰할 만한 '조화와 자유의 보장'이라고 단호하게 주장했다.[250] 데자미는 그의 주저 『공동체의 법전(Code de la communauté)』(1842)에서 마찬가지로 다음과 같이 선언한다. "재산공유

---

249) 이것의 구체적인 소유형태·운영·노동 및 생활양상에 관해서는 참조: Friedrich Engels, "Beschreibung der in neuerer Zeit entstandenen und noch bestehenden kommunistischen Ansiedlungen". MEW 2, 521쪽; Engels, "Zwei Reden in Elberfeld". MEW 2, 536쪽.
250) W. Seidel-Höppner und J. Höppner, Sozialismus vor Marx. Beiträge zur Theorie und Geschichte des vormarxistischen Sozialismus (Berlin: Akademe-Verlag, 1987), 125쪽.

제는 가장 자연스럽고 가장 단순하고 가장 완벽한 연합방식이요, 사회적 원칙의 관철을 가로막는 모든 저항을 극복하는 유일하게 솔직한 수단이다. 왜냐하면 재산공유제는 모든 욕구를 충족시켜 주고 모든 열정에 적절한 발전을 보장하기 때문이다."[251] 이 주장은 실천적으로 다음을 의미했다: "자연의 제 법칙에 복종하고 연합의 원칙을 완벽하게 도입하기 위해서는 토지와 모든 생산물을 유일한 대규모 사회적 소유로 만드는 것으로 착수해야 한다."[252]

마르크스는 개인과 개성을 말살하는 소크라테스·플라톤식의 이러한 공산주의 공유제 전통의 면면한 흐름에 강력 대항해 '연대적·우의적 공동사용의 개인적 소유제'에 기초한 공자와 아리스토텔레스의 '대동적·인의적 개인소유제' 전통을 계승·부활시키고자 했다. 아리스토텔레스는 공자보다 160여 년 뒤에 태어난 철학자다. 기원전 300년대 전후 시대는 아테네와 그리스 세계에 인도·중국철학이 전파되어 유행하고 있었다. 따라서 힌두이즘·불교사상·유학사상은 피타고라스와 소크라테스·플라톤, 그리고 데모크리토스·에피쿠로스·피론 등의 철학 안에 여기저기 반영되어 있었다. 소크라테스와 플라톤의 사덕론(공맹 사덕론의 변형태)·윤회설·카타르시스(해탈)·상기설, 그리고 데모크리토스와 에피쿠로스의 원자론(중국 '기론氣論'의 변형태), 피론의 회의주의(용수의 '중론中論') 등이 모두 그런 동양 사상적 요소나 그 편린들이다. 아리스토텔레스 철학에서도 유학적 요소가 발견되는데, 그것은 그가 사랑(인내)을 국가의 사덕四德에서 배제한 소크라테스·플라톤의 정의국가론에 맞서 필리아(사랑과 우정)를 "국가의 최고선"으로 치는 점이다. 이것은 사덕 중 인仁을 최고 덕목으로 치고 이상국가로서의 대동사회를 인仁이 정의에 앞서는 '인의국가'로 기술하

---

251) Seidel-Höppner u. Höppner, *Sozialismus vor Marx*, 124쪽에서 인용.
252) Seidel-Höppner u. Höppner, *Sozialismus vor Marx*, 124쪽에서 재인용.

고 동경한 공자의 정치철학과 그대로 맞닿아 있다. 그리고 아리스토텔레스의 연대적·우의적 공동사용의 개인적 소유제도 자기의 개인재산을 지극히 소중히 여기지만 자기만 쓰지 않고 여럿이 나눠 쓰는 공자의 대동사회적 소유제도와 그대로 맞닿아 있는 것으로 보인다.

아리스토텔레스가 소크라테스와 플라톤의 소피아적 정의국가론에 맞서 돌발적으로 국가의 제1원리로 규정한 '필리아(사랑)'가 공자철학이 아닌 다른 출처에서 왔다면 아마 힌두교와 불교의 '자비' 개념일 것이다. 그러나 힌두교와 불교는 '자비'를 인간의 제1덕성으로 보았지만 국가의 제1원리로 보지 않았다. 따라서 아리스토텔레스의 필리아 국가론은 인자仁者만을 치자로 인정하는 공자의 인의국가 외에 다른 출처가 있다고 추론하기 어렵다.

마르크스가 주창한 사회주의 소유제도는 바로 생산수단의 "공동점유"(공동사용, 공동 운용, 공동 수익)에 기초한 "개인적 소유"다. 대지와 생산수단의 공동사용에 기초한 개인적 소유제도의 핵심 취지는 생산수단에 대한 소유권이 없다는 의미에서의 무산자들에게 개인적 소유를 회복시키고 연대적 공동이용의 제도적 틀을 통해 이 개인적 소유들에다 사회성을 부여하고 접합시키는 일종의 '대동적·인의적 개인소유제'다. 마르크스는 공자의 대동사상이나 인의적 개인소유제를 접하지 않았으나 아리스토텔레스를 익히 잘 알았고, 아리스토텔레스를 통해 공자의 대동사회론과 '대동적·인의적 개인소유' 이념을 간접적으로 접한 셈이다. 따라서 공자와 아리스토텔레스와 마르크스의 소유 이론과 사회 이론은 모두 '대동적·인의적 개인소유제'의 한 이름으로 꿸 수 있다. 그러나 미국과 유럽에서 시행되는 종업원소유제에 대해 직간접적으로 철학적·이론적 기반이 되어준 것은 마르크스의 소유이론이었다.

국유제든, 협동조합적 공유제共有制든 공산주의적 '공유제公有制'가 노예제적·봉건적·자본주의적 사유재산에 대한 대안이 될 수 없다는 것은 아리스토텔레스에 의해 비판적으로 입증되었고, 소련·동유럽 사회주의 체제의 붕괴와 중국과 북한 국유체제의 내적 와해로 현실적으로 원시 공산사회의 소규모 공동소유제의 붕괴에 의해 현실적으로 입증되었다.

마르크스는 이러한 공산주의적 '공유제'로부터 '생산수단의 공동점유에 토대를 둔 개인소유제'로 입장을 바꾼 것이 아니다. 그는 애당초 1843년 이래 "조야한 공산주의"나 "병영적 공산주의" 사조의 공유제 관념을 아리스토텔레스만큼 논리적으로 가차 없이 비판했다. 마르크스는 이 공산주의를 "교조적 추상물"로 규정했다. 여기서 마르크스가 비판하는 공산주의는 "꾸며낸, 있을 법한 공산주의가 아니라, 카베·데자미·바이틀링 등이 설파하고 있는 기존 공산주의"다.

- 이 공산주의는 그 자체가 인도주의 원리의 반대에 의해, 즉 사적 본질에 촉발된 인도주의 원리의 별난 현상에 불과한 것이다. 그러므로 사적소유의 폐지와 공산주의는 결코 동일한 것이 아니고, 공산주의는 푸리에·프루동 등의 교리가 우연히가 아니라 필연적으로 대립해서 생겨나는 것을 보는 것처럼 다른 사회주의 교리를 가지고 있다. 왜냐하면 공산주의 자체는 사회주의 원리의 특수한 일면적 실현에 불과하기 때문이다. 그리고 전술 사회주의 원리도 다시 참된 인간 본질의 실재성과 관련된 한 측면일 뿐이다. 우리는 인간의 이론적 존재를, 따라서 종교·과학 등을 우리 비판의 대상으로 삼기 위해 마찬가지로 다른 측면도 신경 쓴다.[253]

---

253) Karl Marx, "M. an R." (Kreuznach, September 1843), Marx Briefe aus dem *Deutsch-Französischen Jahrbüchern*, 344쪽. *MEW* 1.

마르크스는 카베·데자미·바이틀링 등이 대변하는 소크라테스·플라톤식의 '조야한 공산주의'를 "인도주의 원리의 반대" 또는 "인도주의 원리의 별난 현상"이라고 비판하고 있다.

1844년에 쓴 한 경제·철학 원고에서 마르크스는 기존의 사적소유제는 소수의 사적 자산가에게 생산수단에 대한 소유권을 보장하고 생산수단(심지어 주거의 경우에는 주택 등의 소비 수단)에 대한 소유권으로부터 대다수의 대중을 배제·소외시키는 데 반해, 저 "조야한" 공산주의의 공유제는 생산수단으로부터 전 국민의 소외·배제를 관철하는 점에서 실은 "일반적 사유私有", "사적소유의 일반화요 완성에 불과한 것"이라고 비판한다.

- 이 공산주의는 그 자체가 이중적 방식으로 현상한다. 한편으로는 이 공산주의에서는 물적 소유가 아주 지배적인 까닭에, 이 체제는 만인에 의해 소유될 수 없는 사적소유로서의 모든 것을 파괴하고자 한다. 가령 재능과 같은 것을 폭력적 방식으로 도외시하려고 한다. 물리적·현시적 소유만이 생과 생활의 유일한 목적으로 간주되는 것이다. 노동자라는 규정은 폐지되는 것이 아니라, 만인에게 확장된다.[254]

마르크스는 모든 재산으로부터 전 국민을 배제하는 이 조야한 공산주의는 물질적 소유에 치우쳐 인간 개개인의 재능, 정신적 자산, 전신적 생과 생활 등을 파괴한다고 비판하고 있다. 조야한 공산주의에 대한 마르크스의 비판은 이처럼 가차 없고 신랄했다.

마르크스는 카베·데자미·바이틀링 등이 설파하는 플라톤식 부녀공유제도 비판한다.

---

254) Karl Marx, "Privateigentum und Kummunismus", *Ökonomisch-philosophosche Manuskripte* [1844], 534쪽. *MEW* 40. Ergänzungsband. Erster Teil.

- 사적소유에 일반적 사적소유를 대립시키려는 이런 움직임은 결국 동물적 형태로 표현되어, 기존의 혼인제도에 여성을 비속한 공동 소유물로 만드는 여성공유제를 대립시킨다. 이 여성 공유 사상이 이 완전히 조야한 반이성적 공산주의의 노골적 비밀이라고 말할 수 있다. 여성이 혼인제도에서 일반적 매춘으로 이행하듯이 부富의 세계, 즉 인간의 대상적 존재의 전 세계는 사적소유자와의 배타적 혼인 관계에서 공동체와의 일반적 매춘 상태로 이행한다. 이 공산주의는 – 인간의 개성 또는 개인적 인격(Persönlichkeit)을 도처에서 부정함으로써 – 바로 이러한 부정 자체인 사적소유의 수미일관된 표현에 지나지 않는다.[255]

마르크스는 여성공유제를 "완전히 조야한 반이성적 공산주의의 노골적 비밀"로, "공동체와의 일반적 매춘" 제도로 맹박하고 이 반이성적 공산주의를 "인간의 개성 또는 개인적 인격을 도처에서 부정하는" 것으로 규탄하고 있다.

또 마르크스는 공유제란 누군가 어떤 것을 소유하는 것을 시기한 나머지 아무도 소유하지 못하도록 하는 것을 본질로 한다고 지적한다.

- 권력으로 제도화된 일반적 시기 질투는 물욕을 (…) 다른 방식으로 충족시키는 은폐된 형식이다. 그런데 그 어떤 사적소유의 이념이든 경쟁의 본질인 시기 질투와 획일화 성벽으로서 적어도 자신보다 부유한 사적소유에 저항하는 법이다. 조야한 공산주의자는 이러한 시기 질투의 완성태, 상상할 수 있는 한 최저수준에서의 획일화의 완성태다. 그는 일정한 제한된 척도를 정해 놓고 있다. 이런 식의 사적소유의 폐지가 (인간의) 진정한 (본질)회복과 얼마나 무관한 것인가는 바로 교양과 문

---

255) Marx, "Privateigentum und Kimmunismus", 534쪽.

명의 전체 세계에 대한 추상적 부정, 즉 사적소유를 넘어선 것이 아니라 아직 사적소유의 수준에도 이르지 못한 빈한한 무욕적無慾的 인간의 소박성으로의 복귀가 입증해 준다.[256]

말하자면,

- 조야한 공산주의는 한낱 실정법적 공동체로 확립되고자 하는 사적소유의 저열성의 한 현상 형태에 불과한 것이다.[257]

마르크스는 조야한 공산주의를 "인도주의 원리의 반대" 현상으로 비하하더니 이제는 아예 "시기 질투와 획일화 성벽"의 표현, 아니 "사적소유의 저열한 현상 형태"로까지 비하하고 있다. 여기서 개성과 개인적 인격을 말살하는 공유제와 공산주의에 대한 마르크스의 경멸과 거부감을 익히 알 수 있다.

마르크스는 이어서 이런 공산주의 공동체의 본질을 심지어 '공동체 자본', 아니 '공동체 자본가'로까지도 깎아내린다.

- 이 공동체는 한낱 노동 공동체요, 공동체 자본, 즉 일반적 자본가로서의 공동체가 지불하는 급여의 평등에 지나지 않는 것이다.[258]

사적소유에 의해 부정적으로 제약된, 사적소유에 촉발된 상태를 탈피하지 못한 이 공산주의는 ① 국가체제를 간직하는 경우에 "정치적 성격에 따라 민주적이거나 전제적인" 것과, ② 국가를 지양止揚한 형태가 있

---

256) Marx, "Privateigentum und Kimmunismus", 534-535쪽.
257) Marx, "Privateigentum und Kimmunismus", 535-536쪽.
258) Marx, "Privateigentum und Kimmunismus", 535쪽.

는데, 국가가 지양되는 경우에도 "아직 불완전한 본체, 사적소유, 즉 인간 소외에 촉발된 본체"이기는 마찬가지다. 왜냐하면 이 두 유형의 "공산주의는 사적소유의 긍정적 본질을 아직 파악하지 못하고, 또한 욕구의 인간적 본성도 이해하지 못함으로써 아직 사적소유에 사로잡혀 있다. 그것은 자신의 개념을 파악했지만, 아직 자신의 본질은 파악하지 못한 것이다."[259] 사적소유가 지닌 부정적 측면은 배타성·적대성·독점성·시기 질투이고, 그 "긍정적 본질"은 개인적 인격성·개성의 보호와 강화, 자기의 것을 알뜰하게 관리하고 정성껏 가꾸도록 만드는 관심과 열성의 증진, 자기 것을 소중히 여기는 마음, 자기의 것을 키우고 늘리려는 증식 의지의 고취 등이다.

마르크스는 19세기의 이 "조야한 공산주의"의 비판에 그친 것이 아니다. 『자본론』에서는 소크라테스와 플라톤의 공산국가를 "이집트 카스트 제도의 아테네적 이상화"에 불과한 것으로 비판하고,[260] 1874년에 이르러서는 개인적 소비 수단을 포함한 모든 재화의 공동소유, 그리고 소비품의 배급제와 공동 숙식 등 플라톤 이론을 표절·반복한 바쿠닌·네차예프 등의 무정부주의적 공산주의를 "교육·생산·소비, 한마디로 말해 모든 사회적 활동의 후견적 통제"를 위한 "천치 같은 조직계획"이라고, 아니 "병영공산주의(Kasernenkommunismus)"라고 가차 없이 비판했다.[261]

그러나 모든 형태의 공산주의적 공유제에 대한 마르크스의 이러한 가차 없는 비판에도 불구하고 마르크스주의를 표방하는 이후 모든 유럽 노동운동은 공산주의자, 사회주의자, 사회민주주의자를 가릴 것 없이 마르크스의 (공동점유에 기초한) 개인소유 이론이 아니라 플라톤식 공산주의

---

259) Marx, "Privateigentum und Kimmunismus", 536쪽.
260) Marx, *Das Kapital I*, 388쪽.
261) Karl Marx und Friedrich Engels, *Ein Komplott gegen die Internationale Arbeiterassoziation* [1873], 425쪽. *MEW* 18.

의 공유제 이념을 추종했다. 그들은 '소유(Eigentum)'와 '점유(Besitz)'의 개념적 차이를 알지 못한 채 마르크스의 "개인적 소유"의 기반인 주식회사식 "공동점유"를 공유제로 오해했고 국유제로 둔갑시켰다. 이러한 비극적 오해는 마르크스와 엥겔스가 관여하지 않은 『자본론』의 외국어 번역본에서도 결정적 오역을 초래한다.

　이러한 집단적 오해 속에서 거대하게 건설되고 여러 나라로 전파된 소련의 국유제와 이에 기초한 국영기업·국영농장·협동농장 제도는 참담하게 스스로 붕괴되었다. 그러나 이 공동소유 노선은 소련 붕괴 10여 년 전 실은 서유럽에서 먼저 실패하고 만다. 전후 장기 집권한 영국노동당은 광산업을 포함한, 전全 산업의 20%에 육박하는 산업체를 국유화했으나, 국영기업들은 방만한 경영과 비효율로 말미암아 엄청난 재정적자에 허덕이다 모두 부실화되었다. 이로 인해 영국노동당은 정치권력까지 상실했고, 이어 집권한 대처 정부는 국영기업들을 모조리 재再민영화했다. 이러한 민영화 과정에 대한 노동자들의 저항은 전무했고, 거꾸로 국영기업에 근무하던 노동자들과 사무직원들은 이것을 환영하기까지 했다. 프랑스사회당은 공산당과의 연립정부 협정으로 합의된 '20대 재벌 국유화' 정책을 집권(1980)과 동시에 관철시키지만, 곧 국유화된 기업들이 적자에 빠져들고 이것이 국민경제의 성장을 저해함으로써 실패로 끝난다. 이로 인해 사회당은 권력을 상실했다. 국유화된 20대 기업은 이후 2년간 짧게 집권한 보수연합 정부인 시락 정부가 네 개 기업을 제외하고 모조리 재민영화했다. 이후 영국노동당과 프랑스사회당은 국유화 노선을 완전 포기했다. 이로써 당강령에서 국유화 조항을 일찍이 삭제했던 독일 사민당 및 스웨덴 사회민주주의노동당과 노선이 같아졌다. 말하자면 서유럽 진보정당 안에서 영국노동당과 프랑스사회당을 마지막으로 1980년대까지 소유권 정책은 당 강령에서 자취를 감추었고, 사회주의 정책은 사회복지

정책, 기업 민주주의, 문화정책 등으로 축소되었다.

이와 같이 동서유럽에서 공산당과 사회당의 공유제(국유화) 정책의 실패로 말미암아 전 세계 사회주의운동 안에서 마르크스가 "운동의 근본 문제"로 규정한 바 있는 소유권 정책은 실종되었다. 그리고 각 공산주의·사회주의 정당들이 자신들의 국유화 노선을 불행히도 공유제와 국유제의 일관된 비판자였던 마르크스의 이름으로 정당화해 왔기 때문에 마르크스의 사회 이론마저도 일시 그 타당성과 인기를 잃고 말았다.

마르크스는 만인의 연대적 행복을 안중에 두지 않는 '배타적 개인주의'에 대한 일관된 반대자였지만, 셀 수 없이 많은 사람들이 오해해 왔고 또 오해하고 있는 것과는 달리 그는 개인의 자유와 개성을 압살하는 '집단주의'에 대한 근본적인 반대자였다. 그가 집단이나 국가가 소유권자로 나타나는 공유제 이론에 일관된 비판적 입장을 보인 것은 바로 이 이론이 안고 있는 "도처에서 인간의 개성을 파괴하는" 집단주의의 문제점 때문이었다. "자유로운 개성의 발전"을 강조하는 마르크스의 이러한 근본적 입장은 그가 공유제(공동 소유제)에 대한 비판에 이어 제시하고 있는 미래 사회의 이념과 '사회적 개인소유' 이론 속에 응집되어 있다.

마르크스의 특유한 변증법적 '자유의 철학'은 개인과 개성을 부정·말살하는 공산주의를 혹독하게 맹박하고 '자유로운 개성의 발전'을 일관되게 강조한다. 그는 일단 자본주의적 개인주의·이기주의의 자유를 '소외된 자유', '환상적 자유'로 비판했다. 이 자본주의 사회가 연대적·사회적 개인들을 배타적·사적 개인으로 원자화함으로써 자유롭게 수평적으로 경쟁하도록 놓아두는 것 같지만 실은 분업을 통해 개인 간의 관계를 필연적으로 불구화·위계화·적대화시키고 이에 저항하는 개인들을 국가와 기업의 강권으로 강제 통합하고 있는 한에서 소위 저 배타적-개인주의적 자유를 다시 소수의 특권적 자본가 집단의 자유로 둔갑시켜 "빈말"로 전락시키기 때문이다. 즉, 대다수인들에게 자유는 배타적·개인주의적 자유의 이기주의적 추구 속에서 출현하는 경제적·사회적·정치적 강자强者들의 강권 작용에 의해 소멸하고 이 강자들을 제외한 모든 개인에게 있어 자유란 오직 주관적 환상에 지나지 않는 것이다. 『독일이데올로기』에서 마르크스는 갈파한다. "계급적 개인에 대한 인격적·개성적 개인(persönliches Individium)의 차이, 개인에 대한 생활 조건의 우연성은 계급의 출현과 함께 비로소 등장하는데, 이 계급 자체가 부르주아지의 생산물이다. 개인들의 상호 경쟁과 투쟁은 비로소 이러한 우연성 자체를 산출하고 발전시킨다. 관념 속에서 부르주아사회의 개인들은 자기들의 생활 조건이 우연적이기 때문에 이전에 비해 보다 자유롭다. 그러나 실은 그들은 물적 강권에 더 많이 굴종당하기 때문에 당연히 더 부자유스런 것이다."[262]

따라서 마르크스에게 역사적 과업은 결코 개인적 자유를 완전히 철폐하는 데 있는 것이 아니라 자본주의 사회에 사는 개인들의 환상적 자유를 현실적 자유로 실현시키는 새로운 사회 원리로서의 '진정한' 공산주의의 이론적 이념 정립에 있었다. 그는 『독일이데올로기』가 보통 앞 부문만 읽히기 때문에 묻혀버린 뒷부분에서 이러한 이념을 선명하게 정식화해 놓고 있다.

- 나아가 우리는 사유재산이 개인들의 전측면적 발전의 조건 아래서만 폐지될 수 있다는 것을 입증했다. 왜냐하면 바로 목전의 교류와 목전의 생산력이 전측면적이고, 오직 전측면적으로 자기를 개발하는 개인들에 의해서만 점취될 수 있기 때문이다. 즉, 개인 생활의 자유로운 활동으로 삼아질 수 있기 때문이다. 우리는 생산력과 교류 형태가 사적 소유의 지배 아래서 파괴력이 될 정도로 발전했고, 계급 대립이 최고

---

[262] Marx, *Die Deutsche Ideologie*, 76쪽.

의 정점으로까지 극화되었기 때문으로 현재의 개인들이 사적소유를 폐지할 '수밖에 없다'는 것을 입증했다. 마지막으로 우리는 사적소유와 분업의 폐지 자체가 지금의 생산력과 세계적 교류를 통해 주어진 기반 위에서 개인들을 통합시키는 것이라는 것을 입증했다. 개인들의 독창적이고 자유로운 발전(die originelle und freie Entwicklung der Individuen)이 더 이상 빈말이 아닌 유일한 사회인 공산주의 사회 안에서 이러한 발전은 바로 개인들의 상호 연관에 의해, 한편으로는 경제적 전제에 본질을 두고, 다른 한편으로는 만인의 자유로운 발전의 필연적 연대(Solidarität)에, 그리고 최종적으로 현존하는 생산력의 토대 위에서의 보편적 활동 방식에 본질을 두는 개인들의 상호 연관에 의해 조건 지어진다.[263]

만인과 연대한 "개인들의 독창적이고 자유로운 발전"의 이념은 『공산당선언』에서도 다시 "각 개인의 자유로운 발전이 만인의 자유로운 발전의 조건인 사회"라는 완결된 표현을 써서 미래 사회의 근본이념으로 반복된다.[264]

또 상론했듯이 미완성 원고 『정치경제학 비판 강요』에서도 마르크스는 개인들의 보편적 종속 단계(제1단계)를 해체시킨 사회적 해방의 자본주의 단계(제2단계)에 이어지는 사회적 해방의 "제3단계", 즉 궁극적 단계를 "자유로운 개성(freie Individualität)"으로 규정하고, 이 "자유로운 개성"을 "개인들의 보편적 발전에 기초하고 개인들의 공동체적·사회적 생산성의, 개인들의 사회적 능력으로서의 복속에 기초한 것"으로 파악하고 있다.[265] 마르크스가 이 "자유로운 개성"의 이념을 미래 사회의 근본원리

---

263) Marx, *Die Deutsche Ideologie*, 424-425쪽.
264) Marx, *Das Manifesto der Kommunistischen Partei*, 482쪽.
265) Marx, *Grundrisse der Kritik der Politischen Ökonomie*, 91쪽.

로 평생 고수했음은 최후의 저서나 다름없는 『자본론』 I권에서 그가 다시 "각 개인의 완전하고 자유로운 발전"을 미래 사회의 "근본원리"로 규정하고 있는 점에서[266] 바로 직감할 수 있다.

  수많은 마르크스주의자는 엥겔스의 원시사회에 관한 저작에 기반을 두고 미래 사회의 원리나 소유제도를 원시 공산사회로부터 유추해 내거나 심지어 미래의 공산주의 사회를 원시 공산사회의 – 현대적 기술에 기초한 – 거대한 재판再版 정도로 생각했다. 그러나 상론했듯이 원시 공산사회란 각 개인과 개성의 미성숙성으로 인해 개인들이 전체에 종속되어 있던 사회로서 해방사회의 조직원리와 대척적인 사회체제다. "협동적·집단적 생산의 원시적 유형"은 (군대식 집단성은 말할 것도 없고) 성숙한 개인들의 '연대'에 기초한 것이 아니라, "고립된 개별적 개인의 취약성의 소산"이기[267] 때문이다. "역사를 거슬러 올라갈수록 개인은, 따라서 생산하는 개인도 비자립적인 것으로, 보다 커다란 전체에 종속된 것으로 나타난다."[268] 반대로 현대로 내려올수록 개인의 능력과 개성의 자유는 확대된다. 이런 관점에서 보면 "부르주아 사회"는 원자화된 개인을 국가와 자본의 강권으로 강제 통합함으로써 개인적 자유를 경향적으로 다시 "빈말"로 만들 망정 "지금까지 가장 발전된 사회관계"다.[269] 마르크스는 인간이란 글자 그대로의 의미에서 "사회적 동물"이라는 아리스토텔레스의 명제를 "오로지 사회 안에서만 개별화될(vereinzelt) 수 있는 동물"이라고 이해한다.[270] 이런 뜻의 아리스토텔레스의 명제가 여전히 현재적 의미를 간직하고 있는 한, 인간들의 자유와 해방의 척도는 각 인간이 사회 안에

---

266) Marx, *Das Kapital I*, 618쪽.
267) Marx, "Entwürfe einer Antwort auf den Brief von V. I. Sassulisch" [Erster Entwurf], 388쪽.
268) Marx, *Grundrisse det Politischen Ökonomie*, 20쪽.
269) Marx, *Grundrisse det Politischen Ökonomie*, 20쪽.
270) Marx, *Grundrisse det Politischen Ökonomie*, 20쪽.

서 자연적·생태학적·경제적·사회적·정치적 생명 부담 없이 "자유롭게 개별화될 수 있는" 정도일 것이다.

해방된 사회의 사회통합 원리는 마르크스에 의하면 개인들의 "희생(Dévoûment)"을 요구하는 집단주의도 아니고, 프라이버시로서의 작은 "사랑의 원리(Liebesprinzip)"도 아니고,[271] "반동적 사회주의자들"이 주장했듯이 "노동"도 아니다: "반동적 사회주의로부터 스스로를 구별하는 공산주의의 가장 본질적인 원리 중의 하나는 (…) 활동의 차이, 즉 노동의 차이가 소유와 향유의 어떤 불평등도, 어떤 특권도 창출해서는 아니 된다는 인간의 본성에 근거한 견해에 있다."[272] 그리하여 마르크스는 『신약성서』데살로니가후서 3장 10절에 나오는 "일하지 않는 자는 먹지도 말라(if anyone will not work, neither shall he eat)"는 노동 교리에 따라 재산과 향락을 배분하고 노동의 신성함이나 근면성을 강조함으로써 노동 중심 사회를 조직하려는 주장을 "모든 종교적·세속적 지배욕의 근본 교리요 모든 음험한 향락욕의 신비적 베일이요 모든 저열성의 호도요 수많은 정신착란의 원천이다"고 맹박한다.[273]

마르크스의 노동철학은 인간의 노동이 수직분업과 착취의 굴레, 하루의 모든 시간을 흡수할 만큼 인간 활동의 중심으로 정착된 장시간 노동, 기술의 낙후성으로 인해 험난하고 힘들고 더러운 노동의 굴레 속에서 여전히 '고통'으로, '여호와의 저주'로 남아 있는 한, 즉 남에 의해서 강제되든 자신의 생계에 의해서 강제되든 내키지 않게 수행되는 노동으로 남아 있는 한, 이런 노동으로부터 벗어난 자와 이런 노동의 전담반으로 밀려 처박힌 자 간의 사회적 분할을 피할 수 없어서 지배의 뿌리는 뽑을 수 없는 것이기 때문에 착취 체제의 철폐뿐만이 아니라 노동시간 단축과 생산

---

271) Marx, *Die Deutsche Ideologie*, 425쪽.
272) Marx, *Die Deutsche Ideologie*, 528-529쪽.
273) Marx, *Die Deutsche Ideologie*, 528쪽.

노동의 과학화를 통한 '노동 분업(특히 두뇌 노동과 육체노동의 분업)의 폐지'와 '노동의 폐지'를 겨냥하고 있다.[274] '노동의 폐지'와 '두뇌 노동과 육체노동의 분업의 폐지'는 마르크스의 궁극적 목표였다. 마르크스가 생산·노동패러다임에 사로잡혔다고 지적하는 하버마스의 비판은 그야말로 무식의 소치일 뿐이다.[275] 마르크스는 생산노동의 과학화와 더불어 육체노동이 완전히 소멸하지 않더라도 극소화될 것으로 내다보고[276] 생산의 인간적 주요 기능은 사실 "노동"이 아니라 "생산활동"이라 불리어야 적절할 – 과학 지식에 기초한 – "인간적 정신"의 "일반적 노동"으로 전환될 것으로 내다보았다.[277] 이 전망에 입각할 때 육체노동과 두뇌 노동의 분업적 대립은 "지식인하방" 식이 아니라 육체노동이 사실상 소멸하고 대부분의 육체노동이 과학적으로 교육된 두뇌 노동과 정신노동으로 치환됨으로써 극복된다. 이것은 오늘날의 3·4차 산업혁명 속에서 점차 현실이 되고 있는 한에서 이제 결코 공상 소설로 치부될 수 있는 것이 아니

---

274) Marx, *Die Deutsche Ideologie*, 54, 65-70, 74, 77, 186쪽; Marx, *Grundrisse det Politischen Ökonomie*, 512쪽. "정신-육체노동의 분업의 폐지"와 "노동의 폐지"에 관해 상세한 논의는 참조: Hwang, *Herrschaft und Arbeit*, 227쪽 각주 및 229-266쪽; 황태연, 『지배와 이성』, 346-379쪽.
275) 하버마스가 생산 패러다임을 소통 패러다임으로 교체할 것을 주장하면서 마르크스주의자들뿐만 아니라 마르크스도 생산 패러다임으로 추락했다고 비판한 것은 잘 알려져 있는 사실이다. 참조: Habermas, *Technik und Wissenschaft als Ideologie*, 45-46쪽. 그러나 이 비판은 두 가지 중대한 착각으로 말미암은 것이다. 첫째, 그는 "생의 일차적 욕구"로서의 활동, 자기실현 속으로서의 노동의 "지양·폐지"에 관한 마르크스의 사상을 몰각함으로써 마르크스를 "반동적 사회주의자"로 만들고 있다. 둘째, 하버마스의 소통 패러다임이 불가피하게 오늘날 노동이 이미 인간 활동의 중심에서 물러난 것으로 전제하는 오류를 깔고 있다. 그리하여 그의 언어적 소통행위론은 노동을 생활 의미에서 소통보다 열등한 것, 또는 기껏해야 언어적 소통(=생)에 수단으로 복무하는 "도구적 행위"로 규정, 노동을 소통에 종속시키는, 노동에 대한 "소통독재론"으로 귀착된다. 이에 대한 자세한 비판은 참조: Hwang, *Herrschaft und Arbeit*, 349-353쪽; 황태연, 『지배와 이성』, 407-454쪽.
276) Marx, *Grundrisse der Kritik der Politischen Ökonomie*, 512, 595쪽.
277) Marx, *Grundrisse der Kritik der Politischen Ökonomie*, 512, 596쪽 이하; Marx, *Das Kapital III*, 113쪽 이하. MEW, Bd.25.

다.[278]

4.4. 마르크스의 사회적 소유: 공동점유 안에서의 개인적 소유

마르크스에게 있어서 새로운 사회통합의 원리가 강권이 아니라는 것은 말할 나위도 없다. 새로운 원리는 바로 각 개인의 독창적이고 자유로운 발전을 만인의 자유로운 발전과 결합시키는 데 필수적인 연대의 개념이다. 새로운 경제적 소유관계에 의해서 조성되는 비교적 등질적인 물질적 이익에 근거한 실질적 연대는 그 정의상 성숙한 개인들의 자발성으로부터 출발해서 "만인의 자유로운 발전"을 관철시키는 인본적 결속 의지에 있다. 이 점에서 연대의 개념은 강권이 실려 있기 마련인 집단성 개념과 엄격히 구별되는 것이다. 연대는 반드시 조직적 형태를 취하는 것은 아니라서 연대적 실천을 할 수 있는 개인들 (복수!)의 규범적으로 조직된 간間주체적 능력이라는 의미에서의 권력과 다른 것이긴 하지만, 도구적인 강권에 맞서고 결국 이 강권을 대체할, 해방된 사회의 권력 및 권력구조는 오직 간間주체적(공감적·소통적) 연대의 토대 위에서만 생성되고 성장할 수 있다.[279]

---

[278] 이에 관해서는 참조: Hwang, *Herrschaft und Arbeit*, 349-353쪽.
[279] 정치를 계급 억압의 의미에서만 이해한 많은 마르크스주의자들이 해방된 사회에서는 정치도 권력도 사라질 것이라고 생각한 것은 주지의 사실이다. 이 정치관은 실은 정치를 우적의 구분과 우적 간의 투쟁으로 일면화 시킨 파시스트 정치학자 칼 슈미트(Carl Schmitt)의 정치 개념(1933)과 상통한다. 레닌도 미래 사회에서는 도덕만 남고 정치는 국가의 완전한 사멸과 함께 사라질 것으로 보았다. 그러나 차라리 정치를 사회 전체의 공동 이익을 공감과 소통을 통해 산출하고 권력을 통해 집행하는 과정으로 정의하고 계급사회의 정치를 공동 이익의 공감적·소통적 산출이 이익 적대로 불가능하기 때문에 강권을 통해 억압적으로 산출하는 특수 형태로 이해하는 것이 합당할 것이다. 다른 한편 시민사회 개념을 위요한 논의는 강권과 대립되는 권력 개념에 의해 뒷받침되어야 할 것으로 보인다. 그렇지 않을 경우 시민사회 개념은 문화주의적·소통이론적·담화론적으로, 말하자면 "언어유희 제국주의적으로"(Jürgen Ritsert) 희석화되고 말 것이다. 여기서 간단히 적시하자면 청년 벤냐민은 권력과 강권을 처음으로 구분

마르크스에 의하면, 해방된 사회의 근본이념은 이 사회가 자유로운 개인들의 자유로운 발전을, 개인의 자유의 이념이 "빈말"이 된 부르주아사회보다 더 잘 보장하고, 개인들의 개인적 자유와 개인적 성숙성을 전체의 발전 및 정치적 권력구조와 시민적 정치조직 간의 – "강권 투쟁"과 대립되는 의미에서의 – 자유로운 권력 경쟁을 위한 연대적 조건으로 만드는 데 있다. 그러나 배타적 개인주의와 개성 파괴적 집단주의 양자에 대해 반대하고 개인들과 전체의 변증법적 통일을 본질로 하는 이 새로운 사회는 경제적 이해관계의 적대적 대립 위에서는 불가능하기 때문에 이 시민적 연대구조와 권력관계를 가능케 하고 나아가 촉진시킬 새로운 소유관계를 경제적 토대로서 전제한다. 그런데 실은 이 전체와 개인 간 역사적 진보의 변증법은 경제체제와 관련해 마르크스가 "공동점유" 상태의 생산수단에 대한 "개인적 소유"로 정식화한 특유한 "사회적 소유" 개념에서 선명한 실천적 표현을 얻고 있다.

마르크스는 미래 사회의 소유 구조에 관해 직접 언급한 구절은 많지 않지만 공동소유제(공유제)에 대한 그의 일관된 비판과 그의 변증법적 '자

했다. 참조: Walter Benjamin, "Zur Kritik der Gewalt". Water Benjamin, *Zur Kritik der Gewalt und andere Aufsätze* (Frankfurt am Main: Suhrkamp, 1965) 이 구분을 이어 수행한 학자는 한나 아렌트이다. 참조: Arendt, *Macht und Gewal*, 193쪽 이하. 하버마스는 '구조적 강권'과 '찌그러진 소통'의 경우에 대한 고찰을 결여한 이 아렌트의 권력개념을 비판적으로 수정해서 수용했다. Jürgen Habermas, *Philosophisch-politische Profile* (Frankfurt am Main: Suhrkamp, 1987), 228쪽 이하. 비판자들의 반박에 밀려 불리할 때는 스스로 사용하기도 했다. 참조: Jürgen Habermas, "Replik auf Einwände" [1980], 547쪽. Jürgen Habemas, *Vorstudien und Ergänzungen zur Theorie des kommunikativen Handelns* (Frankfurt am Main: Suhrkamp, 1984). 그러나 그는 파슨스의 매개론적 "권력" 개념을 수용한 뒤부터 사실상 완전히 망각한 것이나 다름없다. 아렌트와 하버마스의 권력 개념은 언어적 "의견 교환"(아렌트) 및 언어 소통적 "합의"(하버마스)의 일면적 강조로 말미암아 구변 좋고 말하기 좋아하는 지식인 쪽으로 너무 편향되어 있다. 지속적으로 언어적 표현의 문턱 아래 머무를 수도 있는 "말 없는" 이익(관심), 공감적 연대 개념, 신뢰, 심정적 공감 등의 개념을 끌어안는 방향으로 재건되어야 할 것으로 보인다. 이에 관해서는 참조: 황태연, 『감정과 공감의 해석학(1-2)』(파주: 청계, 2014·2015).

유철학'에 비추어 달리 해석될 수 없는 '결정적 정식'을 최후의 저서 『자본론』 I권의 종결 부분에 남겨두고 있다. 그는 "자본주의적 축적의 역사적 경향" 절에서 다음과 같이 천명한다:

- 자본주의적 생산양식으로부터 생겨나는 자본주의적 점취양식, 즉 자본주의적 사적소유는 자기 노동에 근거한 개인적 사적소유(das individuelle Privateigentum)의 첫 번째 부정이다. 그러나 자본주의적 생산은 자연적 과정의 필연성으로 자신의 고유한 부정을 낳는다. 이것은 부정의 부정이다. 이 부정은 사적소유를 다시 생산하지는 않지만, 당연히 자본주의 시대의 쟁취된 업적의 기초 위에서, 즉 노동 자체에 의해 생산된 생산수단과 대지의 공동점유(Gemeinbesitz)와 협업의 기초 위에서 개인적 소유(das individelle Eigentum auf Grundlage der Errungenschft der kapitalistischen Ära: der Kooperation und des Gemeinbesitzes der Erde und der durch die Arbeit selbst produzierten Produktionsmittel)를 다시 생산한다. 개인들의 자기노동에 기초한 분산된 사적소유가 자본주의적 사적소유로 전환된 것은 사실상 이미 사회적 생산 운용에 기초한 자본주의적 소유(das kapitalistische Eigentum)를 사회적 소유(gesellschaftliches [Eigentum])로 전환시키는 것보다 당연히 비교할 바 없이 장구하고 가혹하고 험난한 과정이다.[280]

이 글은 짧지만 제대로 이해하기 참으로 어렵다. 그렇기 때문에 이 글은 150여 년 동안 공유제·국유제 선언으로 오해되었다. 그래서 신경제정책(NEP)을 끝내고 국유화 조치를 한 지 60여 년 만에 망해버린 소련의 그

---

280) Marx, *Das Kapital I*, 791쪽.

국유제 공산주의가 나타났던 것이다.

윗글에서 반드시 유의해야 하는 것은 '소유'(사적'소유', 개인적 '소유')와 '점유'(공동'점유')의 차이, 사적소유와 개인적 소유의 차이, 마르크스 표현의 작은 오류다. 이 작은 오류는 바로 '자연적 대지(Erde)'도 "자본주의 시대의 쟁취된 업적" 속에 집어넣은 것이다. "대지"는 노동 자체에 의해 생산된 것이 아니기 때문에 "노동 자체에 의해 생산된 생산수단"과 별개로 열거하면서도 깜박 착각해서 "자본주의 시대의 쟁취된 업적"의 범주 속에 때려 넣은 것이다. 누군가 대지도 인간의 손질로 개량되기 때문에 "자본주의 시대의 쟁취된 업적"이라고 우긴다면, "대지"를 "노동 자체에 의해 생산된 생산수단"과 별개로 열거할 필요가 없었을 것이라고 바로 반박될 수 있을 것이다. 이 작은 오류를 제하면 본질적으로 중요한 것은 '소유'와 '점유'의 차이와 '사적소유'와 '개인적 소유'의 차이다. 그간 이 글을 읽은 독자들이 이 차이를 몰각했기 때문에 모두 '마르크스 킬러'가 되고 말았던 것이다.

위 인용문에서 "첫 번째 부정"은 "개인들의 자기 노동에 기초한 분산된 사적소유"가 "자본주의적 사적소유"로 "전환"하는 것을 말하는 것이다.[281] 이 전환 과정은 미셸 푸코가 유토피아처럼 "고전적 시대"라 부르는 중세 말과 자본주의적 근세 초 사이에 낀 비非 자본주의적 과도기에 지배적이었던 자유 소농과 도시수공업자의 "자기 노동에 기초한 개인적 사적소유"가 부정되어 "자본주의적 사적소유"로 전환되는 소위 "시원적 축적 과정"을 가리킨다. 이 구절에서는 "개인적 사적소유"와 "자본주의적 사적소유" 간의 차이에 주목해야 한다. 전자는 자기 노동에 기초한 것인 반면, 후자는 타인의 노동에 기초한 것이기 때문이다. 따라서 여기서 중요한 것은 마르크스가 맨 먼저 "자기 노동에 근거한 개인적 사적소

---

281) Marx, *Das Kapital I*, 791쪽.

유"와 남의 노동의 착취에 기초한 "자본주의적 사적소유"를 엄밀히 가르고 있다는 점이다. "사회적·집단적 소유에 대한 대립물로서의 사적소유는 노동수단과 외적 노동조건이 사인私人들에게 속하는 곳에서만 존재한다. 그러나 이 사인들이 노동자냐 비노동자냐에 따라 사적소유도 다른 성격을 가진다. 첫눈에 사적소유가 보여주는 무한한 음영 차이는 단지 이 두 극단 사이에 가로놓인 중간상태들을 반영할 따름이다. 자기의 생산수단에 대한 노동자의 사적소유는 소기업의 기초이고, 소기업은 사회적 생산의 발전과 노동자의 자유로운 개성의 발전을 위한 필수 조건이다."[282] 마르크스는 이 차이를 몰각하는 자본주의 정치경제학을 이렇게 비판한다. "(부르주아) 정치경제학은 하나는 자기 자신의 노동에 기초해 있고 다른 하나는 남의 노동의 착취에 근거해 있는 두 가지 종류의 사적소유를 원리적으로 혼동한다. 이 정치경제학은 후자가 전자와 정반대일 뿐만 아니라, 오직 전자의 무덤에서만 자라난다는 사실을 망각한다."[283]

그런데 마르크스는 위 표준인용문의 마지막 구절에 등장하는 "사실상 이미 사회적 생산 운용에 기초한 자본주의적 소유를 사회적 소유로 전환시키는 것(die Verwandlung des tatsächlich bereits auf gesellschaftlichem Produktionsbetrieb beruhenden kapitalistische Eigentum in gesellschaftliches [Eigentum])"에서 "사적(Privat)"이라는 접두어가 없는 "자본주의적 소유(das kapitalistische Eigentum)"라는 범주를 도입해서 "사회적 소유(gesellschaftliches [Eigentum])"와 대립시키고 있다. 이 "자본주의적 소유"라는 용어는 "자본주의적 사적소유"의 약어나 실수가 아니다. 마르크스가 말하는 "부정의 부정"은 "개인들의 자기 노동에 기초한 분산된 사적소유가 ("첫 번째 부정", 제1차 수탈 과정

---

282) Marx, *Das Kapital I*, 789쪽.
283) Marx, *Das Kapital I*, 792쪽.

을 통해) 자본주의적 사적소유로 전환된" 뒤에 이 자본주의적 사적 소유들이 다시 "부정의 부정"(제2차 수탈 과정, 자본 병합 과정)을 통해 거대한 자본 소유로 전환되는 자본 병합을 함의하는데, 이 거대한 자본 소유가 바로 "자본주의적 소유"다. "거기에서('첫 번째 부정'과 '부정의 부정'에서)의 요지는 소수의 수탈자들에 의한 인민대중의 수탈이다".

접두어 '사적'을 떼버린 이 "자본주의적 소유"는 이제 여러 사적소유들과 자본주의적 사적소유를 병합한, 따라서 사적 성격을 초월한 소유다. 마르크스는 원래 『자본론』 I권 1·2판(1867·1873)에서는 바로 그 자리에 "자본주의적 사적소유"라는 그릇된 범주를 썼다가[284] 제3·4판(1883·1890)에서 위 인용문의 새 범주 "자본주의적 소유"로 바로잡은 것이다. 수많은 자본주의적 사적소유(중소기업)를 삼킨 이 '자본주의 소유'는 소수의 수탈자들(자본왕들)의 손아귀 안에 들어 있다. 따라서 "사실상 이미 사회적 생산 운용에 기초한 자본주의적 소유를 사회적 소유(gesellschaftliches [Eigentum])로 전환시키는 것"이라는 구절에서의 "요지는 인민대중에 의한 소수의 수탈자를 수탈하는 것이다".[285] 마르크스는 바로 이 "사회적 소유"를 바로 앞 구절에서 "노동 자체에 의해 생산된 생산수단과 대지의 공동점유와 협업의 기초 위에서 개인적 소유"로 정의했다.

이상의 분석 내용에 입각할 때 마르크스가 말하는 소유 형태들은 자기 노동에 기초한 개인적 사적소유 → 남의 노동에 기초한 자본주의적 사적소유 → 자본주의적 소유 → 사회적 소유("노동 자체에 의해 생산된 생산수단과 대지의 공동점유와 협업의 기초 위에서 개인적 소유")로 정리될 수 있다.

여기서 주의를 요하는 것은 "개인적"과 "사적"을 혼동해서는 안 된다

---

284) Karl Marx & Friedrich Engels, *Marx Engels Gesamtausgabe (MEGA)* II/6 (Berlin: Dietz Verlag, 1975-), 683쪽.
285) Marx, *Das Kapital I*, 791쪽.

는 것이다. "개인적(individuell)"은 천부인권의 기초인 생명권의 연장으로서 자신의 노동(생명의 활동)에 대한 권리에서 당연히 파생되는 자신의 노동 생산물, 자기의 노동에 기초한 재산에 대한 개인적 권리, 즉 자기 노동에 입각한, 노동과 통일된 소유를 함의하는 반면, "사적(privat)"은 배타성(대립성)만이 아니라 박탈성(Privativität)까지도 함의한다. 따라서 사적 소유자들은 서로 배척하고 수탈하는 관계에 서 있다. 이런 한에서 "개인적인 사적소유"는 일면 긍정적인 측면("개인적")과 동시에 부정적인 의미("사적")를 안고 있다. 그리하여 이 소유 형태는 상호 수탈 과정을 거쳐 필연적으로 "자본주의적 사적소유"로 변화되고, 이것은 다시 상호 수탈(병합) 과정을 거쳐 "자본주의적 소유"로 전화된다. 물론 이 논리적인 설명은 주어진 단계의 지배적인 소유 형태만을 적시하는 것이기 때문에 "자본주의적 소유"가 지배적인 단계에서 다른 소유 형태들의 잔존을 부정하는 것이 아니다.

마르크스의 관점에서 보면, "개인적 사적소유"(개인적 사유재산)는 그것이 지닌 긍정성(노동과 소유의 "개인적" 통일성 및 "노동자의 자유로운 개성의 발전")과 함께 자본주의적 사적소유들로 몰락하고 다시 "자본주의적 소유", 즉 주식회사식의 자본주의적 "공동점유" 상태로 넘어감으로써 사적 성격(배타적·상호 수탈적 성격)을 잃는다. 그리고 나서 "개인적 사적소유"의 긍정적(개인적) 측면은 사회주의 혁명과 더불어 기업 종사자들이 주식회사식의 자본주의적 "공동점유" 상태에서 모두 개인적으로 주식을 소유함으로써 "개인적 소유"로 재생산된다. "개인적인 사적 소유"가 지닌 긍정성을 '다시 생산한다'는 이 표현의 의미는 "생산수단과 대지의 공동점유와 협업의 기초 위에서 개인적 소유를 다시 생산한다(wieder herstellen)"는 명문에서 마르크스가 "다시(wieder) 생산한다"는 표현을 씀으로써 분명해진다.

생산수단의 "공동점유"의 기초 위에서 "개인적 소유"를 다시 생산한다는 구절의 뜻은 생산수단의 공동점유제 안에서 개인적 소유"를 다시 생산한다는 것이다. 여기서 생산수단의 "공동점유"의 기초 위에서 "개인적 소유"를 다시 생산한다는 구절의 의미구조를 정확히 규명하는 것이 미래 사회의 소유 구조에 대한 마르크스의 입장을 밝히는 열쇠가 된다. 여기서 주목해야 하는 것은 마르크스가 "점유"와 "소유"라는 상이한 범주를 사용하고 있는 점이다. 마르크스는 헤겔과 마찬가지로 "점유"와 "소유"를 엄격히 준별하여 사용하고 있기 때문에[286] 여기서 상이한 두 범주를 동시에 사용하고 있는 것은 정밀성을 기하기 위한 의도적 표현 방식인 것이다. 마르크스는 예를 들면 『정치경제학 비판 강요』의 "정치경제학의 방법"이라는 절에서 다음과 같이 말하고 있다.

- 가령 헤겔은 올바로 주체의 가장 단순한 법적 관계로서 점유(Besitz)로부터 법철학을 시작하고 있다. 그러나 가족 이전이나 훨씬 더 구체적인 관계인 지배 예속관계 이전에는 어떤 점유도 존재하지 않는다. 반대로 단지 '점유하기(besitzen)'만 하고, '소유(Eigentum)'가 없는 가족·부족집단들이 존재한다고 말하는 것이 올바를 것이다. 따라서 더 단순한 범주(점유)는 소유와의 관계에서 더 단순한 가족 또는 부족 협동체들의 관계로 현상한다. 보다 더 고차적인 사회에서 그 더 단순한

---

[286] 헤겔은 비록 관념론적 애매성을 노정하고 있지만 우연적 점유와 실체적 소유를 다음과 같이 구분하고 있다: "내가 어떤 것을 자연적 욕구·충동·자의에서 나의 것으로 만드는 특수한 사실이 점유의 관심사항이듯이 내가 어떤 것을 나 자신의 외적 통제력 안에 지니는 것은 '점유'를 구성한다. 그러나 내가 자유의지로서 나의 점유 안에서 나에게 대상적으로 되고 그리하여 실로 자유의지 그 자체에게 되면, 이것은 그 안에 참된 것, 권리적인 것, 즉 '소유'의 규정을 이룬다." 참조: Hegel, *Grundlinien der Philosophie des Rechts*, §78. 이 "소유와 점유의 차이"는 가령 소유권자가 어떤 물건을 남에게 "사용"하도록 임대·증여 등의 "양도"를 행한 경우 나타난다. 소유권자는 물건을 양도했기 때문에 이제 이 물건을 "점유"하지 않지만, "여전히 소유권자"로 남아있기 때문이다(§80).

범주(점유)는 발전된 조직의 더 단순한 범주로 현상한다.[287]

점유와 소유를 개념적으로 구별하고 있는 이 글의 요지는 '점유'가 '소유'보다 "더 단순한 범주"이고, 더 고차적인 사회에서는 '점유' 범주가 '소유'의 더 단순한 하위범주로 쓰인다는 말이다.

마르크스는 『자본론』 Ⅲ권에서도 점유와 소유를 개념적으로 명확하게 구별한다.

- 보다 고차적인 경제적 사회구성체의 관점에서 보면 대지에 대한 개인들의 사적소유는 (…) 완전히 밥맛 떨어지는 것으로 비친다. 그런데 전 全사회, 일 민족, 아니 동시대의 모든 사회를 몽땅 합해도 대지의 소유자(Eigentümer)일 수 없다. 이것은 대지의 점유자(Besitzer), 수익권자에 불과하며 좋은 아버지로서 후대에 개선해서 물려주어야 한다.[288]

마르크스는 여기서 점유와 소유를 범주적으로 구별하면서 점유권을 수익권과 동일시하고 있다.

마르크스가 점유와 소유를 개념적으로 구분해서 사용했다는 사실은 다시 『자본론』 Ⅰ권의 1·2판(1867·1873)에 대한 마르크스 자신의 교정작업에서도 분명히 드러난다. 처음 1·2판에서는 그가 "공동점유(Gemeinbesitz)"가 아니라 실수로 "공동소유(Gemeineigentum)"라는 범주를 사용했었으나, 이미 불역판에서부터 결정적 수정을 가했다. 불어판이 독일어판을 그대로 따랐을 경우 "*propriété commune*"이라고 쓰여 있어야 할 곳에서 마르크스 자신이 통독하고 교열을 본 불어판은

---

287) Marx, *Grundrisse der Kritik der Politischen Ökonomie*, 36쪽. 괄호 속 우리말은 인용자.
288) Marx, *Das Kapital III*, 784쪽. 또한 다음도 참조: 798쪽 이하, 801쪽 등.

"*possession commune*"을 사용하고 있다.[289] 마르크스는 불어판에 각별한 관심을 기울였고 이 불어판에 "독립적인 과학적 가치"를 부여했다. 그는 불어판 후기(1875년 4월 28일)에 다음과 같이 적고 있다.

- 루와(J. Roy - 『자본론』I권 불역자) 씨는 이 번역 작업을 지독히도 정확하게 수행했다. 그러나 그의 지독한 정확성으로 인해 오히려 나는 문장 체제를 바꾸어 독자들에게 더 쉽사리 받아들여지도록 만들지 않을 수 없었다. 이 책이 시리즈 식으로 분할 출판되기 때문에 매일매일 이루어진 이 수정작업은 각별히 주도면밀하게 수행된 것이다. (…). 나는 이 수정작업을 겪은 뒤 이 수정작업을 이 프랑스 번역의 기초가 된 원본(독일어 원본 제2판)에도 적용해서 몇몇 설명을 단순화하고 또 다른 설명을 완전하게 하고 보충적 역사 자료나 통계자료를 싣고 비판적 논평을 덧붙이게 되었다. 이 불어판의 문체적 흠이 어떤 것이든 간에 이 판은 독일어 원본과 독립적인 과학적 가치를 지닌 것이고 독일어에 능한 독자들에 의해서도 인용되어야 할 것이다.[290]

마르크스는 우리가 오늘날 읽고 있는 독일어본 제3·4판(1883·1890)에서 불역본에 입각해서 "공동소유"를 "공동점유"로 교체했다. 이 3·4판 준비 작업은 1883년 그가 사망할 때까지 계속된다. 따라서 이 3·4판이 마르크스의 최후의 저작이고 여기에 기술된 소유권 정식은 최종적 완성태를

---

289) 불어판의 해당 원문은 다음과 같다. "(…) C'est la négation de la négation. Elle rétablit non la propriété privée, mais sa propriété individuelle, fondée sur la acquêts de l'ére capitaliste, sur la coopération et la possession commune de tous les mdyens de production, y compris le sol." Karl Marx, *Le Capital* [1872-1875], 679쪽. *Marx Engels Gesamtausgabe* (*MEGA*) II (Berlin: Diets Verlag, 1982; Seit 1990, Amsterdam: Internationale Marx-Engels-Stiftung [IMES]).

290) Karl Marx, "Nachwort zue französischen Ausgabe": "An den Leser", *Das Kapital I*, 31-32쪽.

뜻한다.[291] "점유"는 법률적으로 볼 때 "소유"로부터 파생되는 소유의 하급 범주로서 이용·수익권만을 뜻한다. 반면, 소유권은 사물에 대한 전면적 통제권, 사용·이용·수익권, 처분권(판매·임대권) 등을 포괄한다. 가령 어떤 물건을 임대하는 경우 임차인은 그 물건의 점유권(이용·수익권)을 갖지만, 임대자는 소유권자로서 임대료를 취득하고 의연히 그 물건의 최종적 처분권자로 남아 있다. 이런 한에서 자본집중과 대기업적 협업에 의해 필연적이 된 생산수단의 – 사실상의 – "공동점유"(주식회사의 점유)도 주식들에 대한 주주들의 "개인적 소유"에서 파생된 하급 권한으로 이해되어야 한다. 이 "사실상"의 자본주의적 "공동점유" 권한은 보통 주주(개인적 주식 소유자)들로부터 경영권을 위임받은 최고경영자들에 의해 주식이 없는 종업원(노동자)들에 대해 적대적 경영권으로 행사된다. 물론 이 하급 권한으로서의 점유권도 일정한 자립성을 지닌 것이다. 가령 계약기간 내에는 또는 일정 조건에서는 소유권자라도 점유권자의 권리를 임의로 침범하거나 무효화할 수 없다. 한 물건을 두고 이와 같이 소유권과 점유권이 임대차·위임 관계를 통해 이중화되는 일은 현실 속에서 비일비재한 일이다.

그런데 소유권의 이러한 이중화가 사회적 재생산의 근본 조건인 생산수단에 대해서도 벌어져 개별적 당사자들이 임의로 해제할 수 없는 객관적 경제구조로 정착하기도 한다. 이런 사례는 전前자본주의 시대에도 일반적이었다. 가령 서양 봉건제에서는 동일한 생산조건(토지와 부대물)을 두고 "토지"에 대한 "소유권자"(봉건영주)와 사적 "점유권자"(소작인 예농)는 소유와 점유의 이중구조를 이루고 있었다.[292] 이것은 법학에서 상

---

291) 그러나 김수행본을 제외한 『자본론』의 한국어번역판은 바로 이 결정적 지점에서 "공유"(김영민본), "공동소유"(북한본) 등으로 옮김으로써 치명적 오역을 범하고 있다. 북한본이 러시아본을 대본으로 삼았기 때문에 추측컨대 러시아본도 "공동소유"로 되어 있을 가능성이 있다.
292) Marx, *Das Kapital III*, 798쪽.

급소유권과 하급소유권으로 파악되기도 한다. 사적소유와 상속 가능한 사적 점유의 이러한 봉건적 이중구조는 전근대적 인도에서는 여러 개의 촌락공동체 위에 올라서 지대를 공동체 단위로 징수하는 '봉건 태수의 사적소유'와 '촌락공동체의 공동점유'의 이중구조로 변형되기도 한다. 이때 촌락공동체의 개인적 성원들은 아무런 소유권도 점유권도 지니지 못하고, 따라서 개인적으로는 봉건 태수에게 지대 납부의 의무도 지지 않는다. 이런 지대 납부 의무는 토지의 점유권자로서 토지의 공동경작을 지도하고 생산물을 보관·분배·관리하는 촌락공동체 회의체 또는 촌장이 관장했다. 이 공동경작 사업은 점유권의 고유한 내용에 따라 봉건 태수의 소유권에 대해 일정한 자립성을 향유한다. 즉, "이러한 자립성은 가령 인도에서처럼 소농들이 자기들 간에 다소 자연발생적인 생산공동체를 형성하고 있는 경우에도 사라지지 않는다. 왜냐하면 여기서 자립성이란 명목상의 지주地主에 대한 자립성을 뜻하기 때문이다. 이 경우 명목상의 토지소유권자를 위한 잉여노동은 경제외적 강제에 의해 징수된다."[293]

수천수만, 아니 수십만 명의 주식 소유권자들이 소유한 크고 작은 규모의 주식자본들이 결속된 "자본주의적 소유"의 경우 소유권은 주주들의 주주총회에서 행사되지만, 기업을 실제 이용·운영하는 점유권은 주주들에 의해 주식회사의 대표로 선임된 최고경영자 CEO들에게 있다. 주주들은 주주총회 이외의 경로로 경영에 간섭할 수 없으며 최고경영자들에게 찾아가 주식의 액면가에 해당하는 액수의 반환을 요구하거나 기계나 주식을 대가로 그 밖의 실물자산을 가져올 수도 없고 차압을 부칠 수도 없다. 즉, 주식은 최악의 경우 차압을 부쳐서라도 권리를 배타적으로 관철시키는 사적(배타적·박탈적) 채무 요구권이 아니다. 따라서 노동자가 아닌 주주들의 주식 소유는 그 자본주의적(노동 착취적) 성격을 아직 지니고 있

---

293) Marx, *Das Kapital III*, 799쪽.

으면서도 이미 사적소유가 아닌 것이다. 즉, 이 소유 형태에 있어서 소유권의 사적 성격은 주식자본들의 주식회사 형태로의 제도적 결속과 주식회사의 자본주의적 공동점유를 통해 이미 해소된 것이다.

자본주의적 주식회사를 통한 소유의 사적 성격의 지양止揚·해소와 관련해 마르크스는 특히『자본론』III권에서 충분한 고찰을 남겨 두고 있다.

- 사회적 생산양식에 기초하고 생산수단과 노동력의 사회적 집중을 전제하는 자본은 (주식회사 제도에서) 사적 자본과 대립되는 회사 자본(직접 연합한 개인들의 자본)의 형식을 취하고 이 회사 자본의 기업은 사적 기업과 대립되는 회사기업으로 등장한다. 이것은 자본주의적 생산양식의 한계 안에서의 사적소유로서의 자본의 지양이다.[294]

『자본론』III권이 미완의 책이기 때문에 이 문장처럼 아직 술어 상의 정확성이 미진한 곳이 많다. 예를 들면: "이것은 자본주의적 생산양식 자체 안에서의 자본주의적 생산양식의 지양이고 따라서 일견에도(prima facie) 새로운 생산 형태로의 단적인 이행 지점을 뜻하는 자기를 지양하는 모순이다. 이 모순은 현상으로 표현되기도 한다. 그것은 일정한 영역에서 독점을 산출하고 그리하여 정부의 개입을 초래한다. (…) 그것은 사적소유의 통제를 받지 않는 사적 생산이다."[295] 이 구절은 위 인용문과 취지상 동일한 것이지만, 이 마지막 표현은 술어 상의 부정확성을 보이고 있다.『자본론』I권의 최종적 정식에 입각해서 바로잡자면 "사적소유의 통제를 받지 않는 자본주의적 생산"이라고 해야 할 것이다. 마르크스는 위와 동일한 취지를 표현하려고 하고 있지만 또 다른 부정확한 술어 사용

---

294) Marx, *Das Kapital III*, 452쪽.
295) Marx, *Das Kapital III*, 456쪽.

의 용례를 남기고 있기도 한다. "주식회사에서는 이미 사회적 생산수단이 개인적 소유로 등장하는 옛 형태에 대한 대립성이 존재한다. 그러나 주식 형태로의 이러한 전환은 아직 자본주의적 한계에 사로잡혀 있다. 따라서 이 전환은 사회적 부富로서의 부의 성격과 사적 부로서의 부의 성격 간의 대립을 지양하는 것이 아니라 이 대립을 새로운 형태로 완성할 뿐이다."[296] 이 문장의 "개인적 소유"나 "사적 부"는 『자본론』 I권의 최종적 개념 술어에 따르면 "개인적 사적소유"와 "자본주의적 부"로 각각 수정되어야 한다. 이것으로써 마르크스 자신도 저 최종적 정식에 도달하기까지 술어적·개념적 혼동과 혼란을 계속 겪었음이 잘 드러난다.

그럼에도 불구하고 『자본론』 III권의 위 인용문에서 마르크스는 분명하게 주식회사와 더불어 "사적 자본", "사적 기업", "사적소유로서의 자본"은 "회사 자본", "회사기업"으로 지양된다고 적고 있다. 엥겔스는 이런 취지에서 1891년 『사회민주당 강령 초안 비판』에서 이 점을 분명히 하고 있다. 이 강령 초안은 제4조에 "자본주의적 사적 생산의 본질에 근거한 무계획성"이라는 표현을 담고 있었다. 이에 대해 엥겔스는 다음과 같이 "사적"이라는 접두어를 지우라고 하고 있다.

- "자본주의적 사적 생산의 본질에 근거한 무계획성"은 크게 개선될 필요가 있다. 나는 자본주의적 생산을 사회형태로, 경제적 단계로 인식하고, 자본주의적 사적 생산을 이 단계 안에서 이러저러하게 등장하는 하나의 현상으로 인식하고 있다. 도대체 여기서 자본주의적 사적 생산이란 무엇을 말하는가? 개별 기업가에 의한 생산, 그것은 이미 점차 예외가 되어 가고 있다. 주식회사에 의한 자본주의적 생산은 이미 더 이상 사적 생산이 아니라, 다수의 연합 경리에 의한 생산이다. 게다가 우

---

296) Marx, *Das Kapital III*, 456쪽.

리가 관심을 주식회사에서 전체 산업 부문들을 지배하고 독점하고 있는 트러스트로 옮기면 사적 생산뿐만 아니라 무계획성도 종식된다. "사적"이라는 접두어를 지워라. 그러면 그 문장은 그래도 통과될 수 있다."[297]

주식 소유권과 기업 점유권의 이중구조 속에 있는 자본주의적 주식회사를 진보적으로 변혁하는 것은 자본의 기旣폐기된 사적 성격을 또다시 폐기하는 문제가 아니라, 자본주의적(노동 착취적) 성격의 지양의 문제이다. 자본주의적 주식회사는 주주(주식 소유권자+CEO)와 종업원(블루·화이트칼라) 간의 대립, 주식 소유와 노동 간의 대립을 아직 전혀 극복하지 못하고 있는 것이다.

CEO(최고경영자)의 권력은 주주들로부터 위임받은 자본주의적(노동 적대적) "공동 점유권"을 대표한다. 이 CEO는 화폐자본을 차용해 자본가로 기능하는 이른바 "기능하는 자본가(fungierender Kapitalist)"와도 다르다. 이 '기능하는 자본가'는 차용한 자본에 대한 적법한 소유권자인 데 반해 최고경영자들은 이런 법적 의미의 자본 소유권조차도 전혀 가지고 있지 않다. 이런 까닭에 이들의 계급적 지위를 판명하는 데 수많은 마르크스주의 이론가들이 오류를 범해 왔을 뿐만 아니라, 마르크스의 원전을 자의대로 잘못 해석해서 소유관계에 기초한 마르크스 계급이론의 과거 귀속성을 강변해 온 것도 사실이다.[298] 즉, 마르크스가 아무런 소유권이 없는 최고경영자에 관한 적절한 이론을 전개하지 못했다거나 이들의 출현을 인지하지 못했다는 것이다. 그러나 마르크스주의자와 비마르크스

---

297) Friedrich Engels, "Zur Kritik des sozialdemokratischen Programmenentwurfs", 231-232쪽. *MEW* 22.
298) 이에 관해서는 참조: Hwang, *Herrschaft und Arbeit*, 71-94쪽; 황태연, 『지배와 이성』, 121-160쪽.

주의자가 묘하게도 한편이 된 이 집단적 비난과는 정반대로 당대에 자본주의가 가장 발전된 영국에 살고 연구했던 마르크스는 이 자립적 최고경영자들의 출현을 정확히 포착하고 있었다. 마르크스의 매니저 이론이 오랜 오해 속에 시달려 왔기 때문에 『자본론』 Ⅲ권에서 마르크스 자신이 하고 있는 정확한 설명을 일부러 길게 인용한다.

- 자본주의적 생산의 토대 위에서 주식회사의 경우 진짜 관리자들과 나란히 그리고 이들 상단에 실은 주주의 약탈과 자기 치부의 구실에 지나지 않는 관리와 감독을 하는 상당수의 이사와 감사들이 등장함으로써 관리 임금의 새로운 사기행각이 벌어진다. 이에 관해서는 *The City or the Physiology of London Business; with Sketches on Change and the Coffee Houses* (London: 1845)에서 아주 훌륭한 상세 정보를 얻을 수 있다. "은행가들과 상인들이 8-9개의 서로 다른 회사의 이사진에 참여함으로써 얼마나 많이 벌어들이는지는 다음의 예에서 알 수 있다: 티머시 에이브러햄 커티스(Timothy Abraham Curtis) 씨가 파산할 때 파산 법정에 제출한 그의 개인 회계 결산은 이사직 명목으로 매년 800-900파운드 스털링의 소득을 받았음을 보여주고 있다. 커티스 씨가 잉글랜드은행과 동인도회사의 이사였기 때문에 모든 주식회사는 그를 이사로 획득하게 된 것을 행운으로 여겼다." (…) 파산 법정에서의 심리는 이 이사 봉급이 보통 이 명목적 경영자들(nominelle Direktoren)에 의해 진짜로 수행되는 감독 업무와 반비례 관계에 있다는 것을 보여준다.[299]

마르크스는 – 차용한 자본이든 자기자본이든 – 자본을 소유하고 있기

---

299) Marx, *Das Kapital III*, 402쪽.

때문에 주식회사의 이사로 초빙되는 것이 아니라 단순히 은행이나 큰 회사의 고위직 경력만을 근거로 선임되는 이 이사들을 여기서 "명목적 경영자"로 규정하고 있다. 그러나 커티스는 잉글랜드은행·동인도회사 이사를 하는 등 경력이 최고로 좋았기 때문에 다른 곳에는 거의 명예직 이사 자리를 꿰차고 생산적 기능 없이 고액 소득만을 먹어 치우는 시위소찬 尸位素餐의 용관冗官에 지나지 않았지만, 오늘날의 CEO 최고경영자들은 대개 실질적 최고경영자들이다. 물론 실제로 생산적 관리와 감독은 이 CEO 아래 배치된 진짜 관리자들, 즉 오늘날은 중간관리자들로 불리는 중간 간부들(부장, 차장, 과장, 대리)이 수행한다. 그러나 자본투자·회사합병·감원·증원·정리해고 등에 관한 결정적 최고 경영 업무는 모두 CEO들에 의해서만 수행된다.

마르크스는 "커티스 씨" 같은 이 "'명목적 경영자들"을 "새로운 금융 귀족층"으로 분류하고 있다.

- 이 모순은 새로운 금융 귀족층, 즉 프로젝트 수립가·발기인·명목적 경영자들의 형상을 한 일군의 기생충 부류를 재생산한다.[300]

이 실질적 최고경영자들은 최고 투자 결정자로서 "프로젝트 수립가"의 일종이다. 따라서 실질적 최고경영자도 "명목적 경영자"와 함께 "새로운 금융 귀족층"으로 분류되어야 할 것이다. 실질적 CEO도 무無소유권자라는 이유에서 프롤레타리아로 분류되어야 하는 것이 아니라, 회사 점유권을 장악·행사하고 주주들에게 보고 책임을 지는 금융 귀족적 '기생충'으로 분류되어야 한다. 그리고 CEO들은 보통 대량의 주식을 보상으로 받

---

300) Marx, *Das Kapital III*, 454쪽.

는다.[301] 이 '신新 금융 귀족적 기생충'은 종업원들이 주주가 되어 CEO들을 직접 선임함으로써만 소멸할 것이다.

이상의 개념적·이론적·문헌학적 설명을 토대로 할 때 마르크스의 "개인소유"의 개념이 노동과 소유의 통일의 천부인권적 이념을 지향하고 있다는 것을 간파할 수 있다. 그리고 생산수단의 "공동점유"의 토대 위에서 "개인적 소유"를 "재산출"한다는 말은 생산수단의 협업적 공동사용에 의해 사실상 공동점유 상태에 있는 주식회사의 주식을 종업원들의 "개인적 소유"로 분배함으로써 소유와 노동의 대립을 극복하기 위한 것이라는 점도 쉽사리 간파할 수 있다.

"공동소유" 상태가 아니라 "공동점유" 상태에 있는 생산수단에 대한 "개인적 소유"의 이중구조는 결정적 의미를 지니는 것이다.[302] 이에 입각할 때 미래 주식회사에서 생산수단의 소유권자는 종업원 개인들이고 주식회사 법인체와 그 대표자는 공동 점유자에 지나지 않으며, 이 공동 점유자의 사회경제적·법적 지위는 오직 종업원(노동자와 관리자)들의 개인적 주식 소유권으로부터만 도출될 수 있고, 따라서 이 개인적 소유권자들의 총회에 복종하는 것이다. 마르크스의 이 공동점유 상태의 개인적 소유 구조는 생산수단에 대한 개인적 소유를 범죄시했던 구舊 사회주의권과 북한의 공유제와 정면으로 대립되는 것이다. 이 "개인적 소유"는 주식

---

301) 최고경영자의 권력지위는 주식회사의 주식분포에 따라 상이하다. 이에 관해서는 Hwang, *Herrschaft und Arbeit*, 79쪽; 황태연, 『지배와 이성』, 138-152쪽.
302) 두 개의 상이한 범주 "점유"와 "소유"로 이루어진 "사회적 소유"의 이 이중구조는 1970년대와 80년대의 모든 네오마르크스주의자들에 의해서도 완전히 간과되었고, 1990년에 새로운 소유권이론을 모색한 반교조적 마르크스주의자들에 의해서도 해명되지 않은 채 남겨졌었다. 참조: Michael Brie, *Wer ist Eigentümer im Sozialismus? Philosophische Überlegungen* (Berlin: Dietz Verlag, 1990); Joachim Bischoff und Michael Menard, *Marktwirtschaft und Sozialismus. Der dritter Weg* (Hamburg: VSA Verlag, 1990), 126쪽 이하; Joachim Hirsch, *Kapitalismus ohne Alternativ? Materialistische Gesellschaftstheorie und Möglichkeiten einer sozialistischen Politik heute* (Hamburg: VSA Verlag, 1990), 177쪽.

회사 법인체의 "공동점유" 형태로 사회화되어 연대해 있는 이상 이제 상호 배타적으로 배척하고 수탈하는 "사적소유"도 아니고, '자본주의적(노동 적대적·노동 착취적) 소유'도 아니다. 여기서 공동 점유자인 주식회사와 이것을 대행하는 최고경영자도 '지주持株종업원들', 즉 주식을 개인적으로 소유한 종업원들에 의해 선임·면직되고 통제될 것이기 때문에 노동자가 아닌 자본주의적 주주들에 의해 임명된 노동 적대적 최고경영자와 자연히 구별된다. 이것으로써 주식을 개인적으로 소유한 노동자들은 자본주의적 기업 권력과 착취로부터 자유로운 노동자로 해방된다. 따라서 "생산수단의 공동점유의 기초 위에서의 개인소유제" 또는 "생산수단의 공동점유" 안에서의 "개인소유제"는 상호 연대한 개인들의 "자유로운 개성"을 해방의 근본이념으로 삼는 마르크스의 자유 철학이 소유권 이론에 적용된 것 외에 다른 것이 아니다.

4.5. '개인적 소유'에 대한 엥겔스의 오독과 사회주의의 불행

마르크스의 이러한 '사회적 소유' 개념을 '공유제'로 오해해 속류화하는 데에는 불행히도 프리드리히 엥겔스가 결정적 영향을 끼쳤다. 엥겔스는 마르크스가 말한 '생산수단'에 대한 개인적 소유를 '소비 수단'에 대한 개인적 소유로 오독함으로써 전 세계 사회주의 제국諸國의 생산수단 소유를 국유·공유제로 변질시켜 사회주의 국가의 세계적 몰락이라는 불행을 초래했다. 이것은 사회주의에 '불행 중의 불행'이었다.

엥겔스의 이런 오독은 마르크스의 사회적 소유('공동점유 안에서 개인적 소유')에 대한 오이겐 뒤링(Eugen Dühring)의 비판을 반 비판하는 과정에서 드러났다. 뒤링은 『국민경제학과 사회주의의 비판적 역사(Kritische Geschichte der Nationalökonomie und des Socialismus)』라는 책의 개정판(1875)에서 『자본론』 I권의 소유권 정식에 대해 다음과 같은 신랄한 비난을 퍼붓는다.

- (영국에서의 이른바 시원적 축적의 생성의) 이 역사적 스케치는 마르크스 저서 안에서 비교적 가장 나은 것인데 이것도 박식성의 지팡이 외에 변증법적 지팡이의 도움을 받지 않았더라면 훨씬 더 나았을 것이다. 헤겔의 '부정의 부정'은 여기서 보다 나은 명확한 수단을 결여한 채 미래를 과거의 품 안에서 분만시키는 산파 역할을 떠맡고 있다. 16세기에 앞서 시사된 방식으로 관철된 개인적 소유의 지양은 첫 번째 부정이다. 여기에 부정의 부정으로 그리고 '개인적 소유'의 재산출, 즉 토지와 노동수단의 공동점유(Gemeinbesitz)에 기초한 보다 고차적인 형태로의 재산출로 특징지어지는 두 번째 부정이 뒤따른다. 이 새로운 '개인적 소유'가 마르크스 씨에게서는 동시에 '사회적 소유'라 불린다면, 모순이 지양되는, 즉 말장난에 따르면 극복되면서 보존된다는 헤겔의 보다 고차적인 통일이 여기서 선보이고 있다. (…) 수탈자의 수탈은 이에 따르면 물적·외적 관계 속의 역사적 현실의 흡사 자동적인 성과다. (…) 부정의 부정이 일종의 부정이라는 헤겔의 허풍을 믿고는 어떤 진지한 사람도 토지와 자본의 공동성의 필연성을 확신하기 어려울 것이다. (…) 게다가 마르크스 구상의 안개 같은 잡종 형상은 무엇이 과학적 토대로서 헤겔 변증법과 리듬이 맞는 것인가, 아니면 무엇이 오히려 리듬에 맞지 않는 것인가를 아는 사람을 생경하게 하지 않을 것이다. 그런데 이 기술을 통달하지 못한 사람을 위해 명확히 얘기되어야 하는 것은 첫 번째 부정은 헤겔에게 있어서 원죄적 타락의 교리 문답식 개념이고, 두 번째 부정은 구원으로 이끌리는 고차적 통일의 개념이라는 것이다. 종교 영역에서 차용한 이러한 비유 규범에 의해서

사실의 논리는 정초 될 수 없다. (…) 마르크스 씨는 개인적이면서 동시에 사회적인 소유의 몽롱한 연막煙幕 세계 안에서 유유자적하면서 이 심오한 변증법적 수수께끼를 푸는 일은 연금술사들에게 맡겨 놓고 있다.[303]

엥겔스는 빌헬름 리프크네히트의 요청에 따라 1877년 『반뒤링론』에서 뒤링의 이 비난을 불행히도 『자본론』 1권의 제1·2판을 인용하며 다음과 같이 반격한다.

- 마르크스의 해당 문장은 다음과 같다. '이것은 부정의 부정이다. 이 부정은 개인적 소유를 다시 산출하지만, 자본주의 시대의 쟁취된 성과, 즉 자유로운 노동자들의 협업 및, 노동 자체에 의해 생산된 생산수단과 대지의 공동소유(Gemeinsigentum)의 토대 위에서 다시 산출한다. 개인들의 자기 노동에 기초한 분산된 사적소유가 자본주의적 사적 소유로 전환되는 것은 사실상 이미 사회적 생산 경영에 기초한 자본주의적 사적소유가 사회적 소유로 전환되는 것보다 더 장구하고 가혹하며 어려운 과정이다.' 이것이 전부다. 따라서 수탈자의 수탈에 의해 조성된 상황은 노동 자체에 의해 생산된 생산수단과 대지의 사회적 소유의 토대 위에서 개인적 소유의 재산출로 기술되고 있다. 독일어를 아는 모든 이들에게 이것은 사회적 소유는 대지와 다른 생산수단에 적용되고 개인적 소유는 생산물, 즉 소비 대상에 적용된다는 것을 뜻한다.[304]

---

303) Eugen Dühring, *Kritische Geschichte der Nationalökonomie und des Socialismus* (1875). *Friedrich Engels, Herrn Eugen Dührings Umwälzung der Wissenschaft* [1878] (*Anti-Dühring*), 120-121쪽에서 재인용. *MEW* 20.
304) Engels, *Herrn Eugen Dührings Umwälzung der Wissenschaf*, 121-122쪽.

엥겔스는 여기서 『자본론』 I권의 1·2판(1867·1873)을 인용하고 있고 따라서 조금 전 마르크스가 바로 이 구절을 붙어 번역본에서 수정을 가했음을 알지 못했음이 틀림없다. 이런 까닭에 그는 "공동소유"와 "사회적 소유"를 등치시켜 "개인적 소유"를 '소비 수단'에 대한 개인소유로 해석하고 있다. 생산수단에는 "사회적 소유"를, 소비 수단에는 "개인적 소유"를 제각기 적용한 엥겔스의 이 분리·절충 해석은 훗날 공산당의 공통된 소유권 교리로 채택된다. 그러나 이 해석은 인용 상의 심각한 오류를 내포하고 있을 뿐만 아니라, 당장 해석상의 문제를 노정하고 있다. 엥겔스가 여기서 도입하고 있는 "소비 수단" 문제는 마르크스에 의해 위 소유권 정식에서도, 전후 맥락에서도 언급되지 않고 있고, 오직 대지와 생산수단의 소유 형태의 변화만을 추적하고 있기 때문이다.

1877년 당시 엥겔스는 마르크스를 만나기 이전부터 변함없이 선전·옹호하던 공동소유관에 사로잡혀 마르크스가 가한 수정이 지니는 의미변화에 주목하지 못한 것이다. 이에 반해 마르크스는 공동소유를 1844년, 즉 엥겔스와의 첫 만남이 있기 이전에 이미 카베·데자미·바이틀링 등의 공유제 이론에 대해 근본적 비판을 수행한 바 있다. 따라서 마르크스와 엥겔스의 사상적 입장을 너무 예리하게 구분하려는 대부분의 시도가 안고 있는 문제점에도 불구하고, 그리고 마르크스와 엥겔스 간의 오랜 개인적·사상적 교분에도 불구하고 이 사회주의적 소유권 문제에서 양인은 정서적으로 미묘한 분화에 처해 있었음이 분명하다.

그런데 엥겔스는 나중에 『자본론』 I권의 제3·4판(1883·1890)을 마르크스의 육필 수정본에 따라 수정·출판한 당사자다. 그리고 영역본 『자본론』 I권에서 "공동점유"와 "개인적 소유"를 "common possession"과 "individual property"로 올바로 영역하도록 지도한 사람이었다. 따라서 그도 1880-90년대에는 마르크스가 사회주의 소유제도의 정의定義를 정교하게 수정한 사실을 알았을 것이다. 하지만『반뒤링론』의 그 잘못된 해석은 나중의 제3판(1894)에서도 교정되지 않았다. 그의 사망(1895. 8.) 1년 전인 1894년은 그가 식도암을 앓고 있어서 그런 교정에 신경을 쓸 마음의 여유가 없었을 것이다.

아무튼 마르크스는 이 이중구조의 "사회적 소유", 즉 '공동점유 상태의 생산수단에 대한 개인적 소유'로서 두 가지 구체적 형태를 염두에 두고 있었다. 마르크스는『자본론』Ⅲ권에서 이렇게 말한다.

- 노동자 자신들의 협동조합 공장은 당연히 도처에서 이 공장들의 현실적 조직에서 기존 체제의 모든 흠결을 재생산하고 재생산하지 않을 수 없을지라도 낡은 생산 형태 안에서 낡은 형태의 첫 번째 돌파다. 그러나 자본과 노동 간의 대립은 일단 노동자들이 연합체로서 자기 자신의 자본가인 형태, 즉 생산수단을 자기들의 노동을 가치증식하기 위해 적용하는 형태일지라도 이 협동조합 공장 안에서 지양된 상태다. 이 공장은 물질적 생산력과 이에 상응하는 사회적 생산 형태의 일정한 발전단계에서 어떻게 한 생산양식으로부터 새로운 생산양식이 자연스럽게 발전되어 나오고 형성되는가를 보여준다. 자본주의적 생산양식에서 생겨난 공장제도 없이, 또 같은 생산양식에서 생겨난 신용제도 없이 협동조합 공장은 발전할 수 없을 것이다. 이 후자, 신용제도는 자본주의적 사적 기업이 자본주의적 주식기업으로 점진적으로 전환하기 위한 주요 토대인 만큼 동일하게 협동조합기업을 점차 전국적 차원으로 확산시키는 수단을 제공한다. 자본주의적 주식기업은 협동조합 공장과 마찬가지로 자본주의적 생산양식에서 연대적 생산양식(assozierte Produktionsweise)으로의 이행 형태로 고찰되어야 한다. 다만 자본주의적 주식기업에서는 대립이 소극적으로 지양되어 있고,

협동조합기업에서는 적극적으로 지양되어 있을 뿐이다.[305]

협동조합기업은 노동자들이 자금이나 실물자산을 추렴해 공동점유 자산을 형성, 경영자(조합장)를 자기 중에서 선출하거나 외부에서 초빙하는 형태의 기업을 말한다. 이 경우 노동자들은 조합재산의 지분에 대한 개인적 소유권을 가지며 이를 통해 소유자와 노동자의 동일성을 회복한다. 그러나 소득의 분배는 원칙적으로 개인이 수행하는 노동의 양과 질(성과급 원칙)에 따른 매월 임금 지불과 연말 지분 비례 이익 배분으로 이루어진다.[306] 조합원은 조합으로부터 자유 탈퇴할 수 있되, 탈퇴 시에는 반드시 지분을 조합에 매각해야 하며 매각 시에는 (주식과 달리) "액면가 원칙(Nominalprinzip)"에 따라 지분의 액면가만을 받으며 조합 설립 후 조합이 취득한 수익에 대한 요구는 자동 포기해야 한다.[307] 조합기업 형태는 지분 결속의 물적 이익연대에도 기반하고 있지만, 무엇보다도 서로 아는 조합원 간의 비非익명적·직접적 소통에 의존한 직접적 연대 의식과 연대 규범에 기초하기 때문에 100명 이하의 노동자가 일하는 중소 규모의 기업에 적절하다.

서유럽에는 현재 이런 조합기업이 자본주의적 기업들과 경쟁 속에서

---

305) Marx, *Das Kapital III*, 456쪽.
306) 협동조합기업을 창립하는 데 드는 시초생산자산이나 이후의 자금증액 시에는 당분간 큰 자금을 내놓은 조합원들에게 자금의 규모에 비례하는 이자나 배당금 형식의 추가적 소득을 분배할 수밖에 없을 것이다. 이에 관해 마르크스는 제1인터내셔날의 『중앙위원회 위원에 대한 훈령』(1867)에서 다음과 같이 말하고 있다. "협동조합회사가 통상적 부르주아 주식회사(sociétés par actions)로 타락하지 않도록 하기 위해 그 안에 고용된 모든 노동자들은 주식소유자든 아니든 이익의 동일한 지분을 받아야 할 것이다. 그런데 우리는 주식소유자가 오직 당분간의 조치로서 낮은 이자율의 이자를 수령하는 것을 인정할 용의도 있다." Karl Marx, "Instruktionen für die Delegierten des Provisorischen Zentralrats zu den einzelnen Fragen", 196쪽. *MEW* 16.
307) 참조: Arno Mersmann und Klaus Novy, *Gewerkschaften Genossenschaften Gemeinwirtschaften - Hat eine Ökonomie der Solidarität eine Chance?* (Köln: Bund-Verlag, 1991), 186쪽.

도 수익을 올리며 번창하고 있고 가령 독일의 함부르크, 프랑크푸르트 암 마인, 베를린 등만도 조합기업이 도합 20만여 개소에 달한다. 그리고 세계최고의 농업생산성을 자랑하는 미국의 그것을 2배 앞지르는 네덜란드와 덴마크의 농업이 주로 조합기업으로 이루어져 있음은 주지의 사실이다. 그러나 이 조합들은 거개가 중소규모의 기업들이다. 이 기업들은 자본주의적 중소기업을 수적으로 압도할 만큼 전국적 확산에 이르지 못하기 때문에 아직 이행형태의 성격을 벗지 못하고 있을 뿐이다.

기존 사회주의권에서 "집단농장"과 "국영농장"의 실패는 결코 "협동조합" 이념의 몰락을 의미하는 것이 아니라, 개인적 소유의 이념을 정면으로 위배한 기업형태의 몰락을 의미할 뿐이다. "집단농장"과 "국영농장"은 자유 탈퇴를 사실상 불가능케 하여 조합원의 "개인적 소유권"과 경제적 자유를 폐하고 조합원들을 봉건적 예농처럼 경작지에 붙박아 거주이전의 자유를 박탈했을 뿐만 아니라, 군·도 단위의 초거대 농장의 형태를 취하고 있어서 조합원 간, 그리고 조합지도부와 조합원 간 직접적 소통과 연대를 파괴하고, 조합 농민을 소외시켰으며 수십, 수백만 헥타르에 산개된 수만, 아니 수십만, 수백만 명의 조합 농민을 관리·감독하기 위한 비효율적 관료와 관료적 감독비용을 폭증시켜 이른바 '규모의 비경제(uneconomy of scale)'에 빠져 들었다.

또 다른 이행 형태로서 마르크스가 의도한 기업형태는 자본주의적 주식회사다. 이 주식회사 유형의 개인적 소유제도는 영국·미국·한국 등지에서 종업원주식소유제로 법제화되어 있다. 이 종업원소유제가 마르크스의 생산수단의 공동점유 상태에서의 개인적 소유의 바른 해석을 통해 나왔는지, 『자본론』 III권의 (연대적 생산양식으로의) 이행 형태로서의 주식회사 개념에 착안해서 안출되었는지는 구체적으로 입증할 수 없다. 하지만 이 아이디어의 창안자인 미국 경제학자 루이스 켈소가 마르크스이론에 나름대로 친숙한 학자였다는 점에서 이 종업원주식소유제는 필경 마르크스의 개인소유제 구상으로부터 도출되었다고 추정하는 것도 무리가 아닐 것이다.[308]

마르크스는 위 인용문에서 드러나듯이 자본주의적 주식회사가 "사적 기업과 대립되는 회사기업(Gesellschaftsunternehmungen)으로 등장한다"고 말했다.[309] 그렇다면 대내적으로 노동자들의 "개인적 소유"에 대해 "공동점유"의 하급적 지위에 있는 새로운 연대적 주식회사의 선임된 최고경영자도 주주 집단 이외의 다른 단체나 다른 자본주의 회사들을 "회사자본" 또는 "회사 소유"라는 법의제적法擬制 소유 주체로 상대할 것이다.[310] 이런 의미에서 마르크스는 다음과 같이 말하고 있다:

- 주식회사에서 기능(Funktion)은 자본 소유와 분리되고, 따라서 노동도 생산수단과 잉여노동에 대한 소유로부터 완전히 분리된다. 이 자본주의적 생산의 최고 발전 단계의 성과는 자본이 생산자들의 소유로 재전환되는, 하지만 이제 고립된 생산자들의 사적소유가 아니라 직접적 회사소유(unmittelbares Gesellschaftseigentum)로서의 연대한 생산자들의 소유로 재再전환되는 필연적 통과점이다. 다른 한편으로 그것

---

[308] 켈소의 종업원주식소유제와 마르크스 소유론의 관계에 대한 심층적 논의는 참조: 황태연, 『정의국가에서 인의국가로(하)』, 제4장 인의국가의 일반이론의 제4절 4.5. "부와 경제력의 균제를 위한 경제개혁" 소제 아래의 "루이스 켈소(Louis Kelso)의 종업원소유제도". 마르크스에 대한 켈소의 다음 두 논고도 보라. Louis Orth Kelso, "Karl Marx: The Almost Capitalist", *American Bar Association Journal* (March, 1957). Center for Economic and Social Justice' Reprint; Louis O. Kelso and Patricia Hetter Kelso, "Looking in a Marxist Mirror", *The Journal of Commerce* (January 11, 1991). The Kelso Institute's Reprint.
[309] Marx, *Das Kapital III*, 452쪽.
[310] 소유권자로부터 물건을 빌려 "점유권자"의 지위에 있는 임차인이 소유권자 이외의 타인에 대해 대외적으로 "소유권자"로서 행세할 권리와 의무가 있다. 임차인은 가령 원소유권자 이외의 타인이 자신의 "점유물"에 입힌 손해에 대한 소송당사자가 된다. 이와 같이 최고경영자도 대외적으로 소유권자로 행세한다.

은 재생산과정 안에서 자본 소유와 지금까지 결합된 모든 기능이 연대적 생산자들의 단순한 기능들로, 즉 사회적 기능들로 전환되는 통과점이다.[311]

자본주의적 주식회사, "*Hic Rhodus, hic salta*". 여기가 로도스다, 여기서 뛰어라! 주식회사가 자본주의에서 사회주의로 건너뛸 바로 그곳이다. 따라서 마르크스가 『자본론』 I권의 소유권 정식에서 "공동소유"(1·2판)를 "공동점유"(불어판과 3·4판)로 교정한 것은 주식회사의 극도로 복잡한 소유관계를 정교하게 정식화하기 위한 것임을 알 수 있다.[312] 연대적 주식회사, 즉 사회주의적 주식회사는 바로 종업원주식소유제가 실질적으로 확립된 주식회사다.

공자가 인의仁義의 대도大道가 행해지는 대동사회의 소유제도로 정식화한 '인의적 공동사용의 개인소유제', 아리스토텔레스의 '우의적 공동이용의 개인소유제', 그리고 마르크스의 '생산수단의 공동점유에 기초한 개인소유제'는 그 취지가 하나다. 그 공통된 함의는 생산수단에 대한 사회적 공동'점유'(공동사용·공동 운영·공동 수익) 상태에서 생산수단에 대한

---

311) Marx, *Das Kapital* III, 453쪽.
312) 점유와 소유의 차이에 유의해서 "생산수단에 대한 공동점유의 기반 위에서의 개인적 소유의 재생산"을 세계 최초로 마르크스의 사회주의적 소유 기획으로 해석해낸 논의는 참조: Hwang, *Herrschaft und Arbeit im neueren technischen Wandel*, 8-10쪽; 황태연, 『지배와 이성』, 26-30쪽. Tai-Youn Hwang, "Verschollene Eigentumsfrage. Zur Suche nach einer neuen Eigentumspolitik", *SOZIALISMUS* (Hamburg: VSA-Verlag, 1992) 2/1992, 46-52쪽; 엄명숙·황태연, 『포스트사회론과 비판이론』, 121쪽 이하. 황태연의 이 새로운 마르크스 소유 개념 해석을 둘러싼 독일자들 간의 논쟁은 참조: Jürgen Ritsert, *Subjekt und Person*, Studientext zur Sozialwissenschaft der Johann W. Goethe-Universität Sonderband 6 (Frankfurt/Main: 1991), 194-201쪽; Hans-Hennig Adler, "Gemeinbesitz", *SOZIALISMUS* (4/1992), 26-27쪽; Peter Hess, "Besitzfrage", SOZIALISMUS (4/1992), 27-30쪽; Robert Katzenstein, "Funktion", *SOZIALISMUS* (4/1992), 30-32쪽; Sozialistische Studiengruppen (SOST), "Eigentum", *SOZIALISMUS* (5/1992).

개인들의 '개인적 소유'를 회복해서 향유하게 하고 이로써 자유로운 개성의 발달을 기하는 것이다. 따라서 공자·아리스토텔레스·마르크스의 이상적 소유제도는 한통속으로 '대동적·인의적 개인소유제'라 칭할 수 있다. 이 '대동적·인의적 개인소유제"를 소크라테스·플라톤·모어·캄파넬라·모렐리·카베·데자미·바이틀링·엥겔스·레닌·스탈린 등의 공산주의적 공유제·국유제(공동 소유제)와 정면으로 대립되는 것이다.

백세시대를 위한 서양철학사 시리즈 · **8**

15 쇼펜하우어와 동양철학적 서양합리론

제1절/
칸트철학에 대한 야유와 비판
제2절/
쇼펜하우어의 성선론적 도덕철학
제3절/
인애 없는 사법적 정의국가론
제4절/
의지로서의 세계와 반야바라밀다

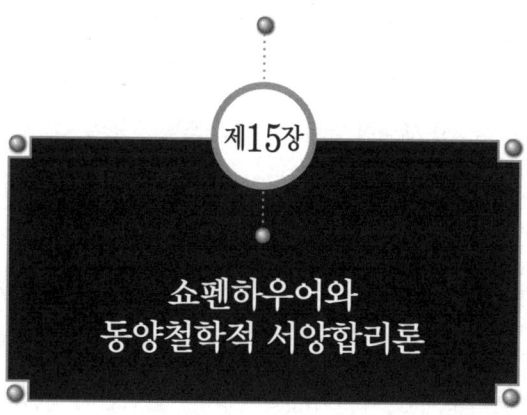

제15장
쇼펜하우어와 동양철학적 서양합리론

 아르투어 쇼펜하우어(Arthur Schopenhauer, 1788-1860)는 칸트와 헤겔에 대해 평생 아주 적대적이었다. 그는 칸트를 구구절절 비판하고 그의 도덕론과 관련해서는 그를 '비인간'으로 경멸했다. 헤겔은 "정신적 무뢰한"이라 부를 정도로 아예 혐오했다.[313] 그리고 헤겔 추종자들을 "칸트의 심오한 연구를 따라갈 능력"이 없고, "가장 텅 빈 단어 잡동사니를 철학사상으로 여기고 가장 빈약한 궤변을 명민으로, 멍청한 우둔을 변증법으로 간주하는" 어리석은, "머리가 망가진" 자들, "헤겔 짓거리(Hegelei)의 난센스로 탈구되고 썩어버린 머리들"이라고 비난했다.[314]
 쇼펜하우어가 칸트를 그토록 비판하고 헤겔을 그토록 혐오했는데 왜

---

313) Arthur Schopenhauer, *Die Welt als Wille und Vorstellung I*, Vorrede zur 2. Auflage[1844], 17-18쪽. *Arthur Schopenhauer Sämtliche Werke*, Bd.I (Frankfurt am Main: Suhrkamp, 1986).
314) Schopenhauer, *Die Welt als Wille und Vorstellung I*, "Vorrede" zur 2. Auflage[1844], 17-18쪽.

그는 합리론자로 남았는가? 그는 그럼에도 베이컨·로크·흄의 경험론을 거부하고 큰 구도에서 칸트를 따랐고 지성적·이성적 관념론과 플라톤의 이데아론을 추종했기 때문이다. 그는 "칸트의 이론은 이것을 이해한 모든 머리 안에 정신적 재탄생으로 여겨질 수 있을 정도로 큰 근본적 변화를 산출한다"는 찬사로 칸트철학을 찬미했고,[315] 또 칸트를 플라톤과 더불어 "서양의 가장 위대한 (…) 철학자"로 극찬했다.[316] 나아가 쇼펜하우어는 심지어 "참된 철학은 아무튼 관념론적일 수밖에 없다"까지 단언했다.[317]

하지만 쇼펜하우어는 특이하게도 칸트와 플라톤과 힌두이즘을 자기 사상의 토대로 자인했다. 그는 스스로 이렇게 공언한다. "명백히 나의 사상 계열은 그 내용에 있어서 칸트의 사상 계열과 아무리 다르다고 할지라도 전적으로 칸트의 사상 계열의 영향 하에 들어 있고 이 사상 계열을 전제하고 이 사상 계열로부터 출발하고, 또 나는 나 자신의 발전의 최선의 것을 직관적 세계의 각인 바로 다음에 칸트의 저작의 각인만이 아니라 힌두 경전의 각인과 플라톤 덕택이다."[318]

따라서 쇼펜하우어는 칸트·플라톤과 더불어 힌두교·불교와 아주 친화적이었고. 스스로를 '불교도'라 자임했다. 동시에 그는 유교와도 아주 친화적인 철학자였다. 그는 1830년대까지 유교보다 불교를 더 좋아했지만 1840년대에는 유교를 새롭게 발견하고 불교와 동류로 간주했다. 그의 철학에는 동양철학, 특히 힌두·불교철학과 유학이 곳곳에 삼투되어 있다.

---

315) Schopenhauer, *Die Welt als Wille und Vorstellung I*, "Vorrede" zur 2. Auflage. (1844), 21쪽.
316) Schopenhauer, *Die Welt als Wille und Vorstellung I*, §31 (247).
317) Arthur Schopenhauer, *Die Welt als Wille und Vorstellung II*, 13쪽. *Arthur Schopenhauer Sämtliche Werke*, Bd.II (Frankfurt am Main: Suhrkamp, 1986).
318) Arthur Schopenhauer, *Kritik der Kantischen Philosophie*, 563쪽. Arthur Schopenhauer, *Sämtliche Werke*, Bd.I (Frankfurt am Main: Suhrkamp, 1986).

1836년 쇼펜하우어는 이렇게 말한다. "우리는 특히 학자들과 관리들이 매우 좋아하는 공자의 지혜를 발견한다. 번역문들에 따라 판단하면 장황하고 상투적이고 압도적으로 정치적인 도덕철학, 이 철학을 뒷받침해 줄 형이상학이 없고, 완전 특유하게 김빠지고 지루한 어떤 것을 담고 있는 도덕철학이다." 그러나 불교에 대해서는 호평한다. "국민의 큰 무리를 위해서는 부처의 고상하고 사랑에 찬 교리가 있다. (…) 그 신도들의 압도적 머릿수 때문만이 아니라 그 내적 탁월성과 진리성 때문에 지상에서 가장 고결한 종교로 간주되어야 할 이 종교는 아시아의 최대 부분에서 성행하고, 최근의 연구자 스펜스 하디(Spence Hardy)에 따르면 3억 6,900만 명의 신도, 따라서 그 어떤 다른 종교의 신도보다 훨씬 더 많은 신도로 추산된다."[319]

그러나 1836년까지 유교를 저렇게 과소평가하고 불교를 격찬했던 쇼펜하우어는 5년 뒤 유교를 동류로 인정한다. "학파로부터 벗어나 권위가 없는 상태에서 나는 중국인들이 동정심(sin, 仁)을 최상석에 두는 다섯 가지 근본 덕목들을 상정한다는 사실을 인용한다. 나머지 네 덕목은 의義, 예禮, 지智, 신信이다."[320]

쇼펜하우어는 이 대목에다 친절하게도 아시아 전문 학술지 Journal Asiatique(Vol. 9)의 62쪽에 실린 맹자철학을 참조하라는 각주를 달아주고, 맹자의 저서로는 『맹자(Meng-tse)』(Stanislas판 Julien, 1824)와 기욤 포티에(Guillaume Pauthier, 1801-1873)의 *Livres sacrés de l'orient*(동

---

319) Arthur Schopenhauer, *Über den Willen in der Natur* [1836], 460-463쪽 ('Sinologie'). *Arthur Schopenhauer Sämtliche Werke*, Bd.III. Kleine Schriften (Frankfurt am Main: Suhrkamp, 1986).
320) Arthur Schopenhauer, *Preisschrift über die Grundlage der Moral* [1841·개정판 1860], §19 (785쪽). Arthur Schopenhauer, *Kleine Schriften. Sämtliche Werke*, Bd.III (Frankfurt am Man: Suhrkamp, 1986). 쇼펜하우어는 위 인용문에서 '인(仁)'의 음역을 'sin'으로 오기하고 있다. 서양에서 '仁'은 보통 'jen', 또는 'yen', 또는 'ren'으로 음역되어 왔다.

양의 경전들)에 실린 「맹자」를 보라고 소개하고 있다. 이와 같이 쇼펜하우어는 예수의 '사랑' 개념이 인도의 '자비' 개념으로부터 유래했다고 말하면서도 인도의 자비 개념과 공자의 인仁 개념의 상통성에 대한 지적도 잊지 않고 있다. 『의지와 표상으로서의 세계』의 재판(1844)에서는 『역경』까지 언급한다. 쇼펜하우어는 실재론을 네 부류의 객체들(실재 세계, 추상적 개념, 시간과 수, 의지 행위)에 따라 네 개로 분류한 다음 "피타고라스와 『역경(Das Buch von Wandlungen)』은 세 번째 부류, 즉 시간, 따라서 수로부터 출발했다"고 파악한다.[321] 그는 『역경』을 '시간과 수'라는 객체로부터 출발하는 실재론의 하나로 본 것이다.

쇼펜하우어의 이런저런 몇 가지 언급들만 보아도 그가 '자비'를 강조하는 불교와 동정심(측은지심)과 인仁을 강조하는 유교에 아주 친화적이고 아주 동양 철학적인 서양 합리론자라는 것을 알 수 있다. 따라서 그는 도덕감정을 배제하는 칸트의 성악설적·도덕 법칙적 도덕철학과 정복적 과학주의에 대해 적대적일 수밖에 없었다. 칸트철학에 대한 그의 격렬한 비판은 그의 동양 철학적 합리주의 철학에 이미 내장된 것이나 다름없었다.

---

321) Schopenhauer, *Die Welt als Wille und Vorstellung* I [1844], §7, 61쪽.

제1절

칸트철학에 대한 야유와 비판

쇼펜하우어는 부처·공맹·루소의 도덕감정론과 성선론의 입장에서 칸트 도덕합리주의의 야릇한 도착적 측면을 적확하게 집어서 비판했다. 그는 『칸트철학 비판(Kritik der Kantischen Philosophie)』(1839)과 [322] 『도덕의 기초에 관한 현상논문(Preisschrift über die Grundlage der Moral)』(1839)에서[323] "정의와 인간애의 참된 동인을 결코 포함할 수 없는" 칸트의 성악설적 도덕형이상학을 성선론의 견지에서 비판하고 실컷 조롱한다.

1.1. 칸트의 정언명령에 대한 분석적 비판

---

322) Schopenhauer, *Kritik der Kantischen Philosophie*.
323) Schopenhauer, *Preisschrift über die Grundlage der Moral* [1860], §14 (727쪽).

쇼펜하우어는 칸트 도덕철학의 공리주의적 민낯에 대한 가장 명민한 비판자다. 그의 칸트 비판은 기념비적이다. 그러나 유행에 쉽사리 휩쓸리는 강단과 재야의 학자들은 쇼펜하우어의 칸트 비판을 외면했다. 하지만 그는 특히 칸트의 두 정언명령에 숨겨진 이기적 공리주의를 가장 정확하게 간파하고 매섭게 풍자한 철학자였다.

■ 제1정언명령의 분석과 공리주의의 비판적 폭로

칸트는 『도덕형이상학의 정초』에서 제1정언명령 또는 제1도덕법칙으로 "네가 동시에 보편법칙이 '되기'를 바랄 수 있는 그런 준칙에 따라서만 행위하라(Handle nur nach derjenigen Maxime, durch die [von der] du zugleich wollen kannst, daß sie ein allgemeines Gesetz werde)"는 정식을 말한다.[324] 그런데 『실천이성 비판』에서는 "항시 너의 의지의 준칙이 동시에 보편적 입법의 원칙으로 '타당할 수 있도록' 행위하라(Handle so, daß die Maxime deines Willens jederzeit zugleich als Prinzip einer allgemeinen Gesetzgebung gelten könne)"고 말한다.[325] 그런데 쇼펜하우어는 "네가 동시에 보편법칙으로 '모든 이성적 존재자에게 타당하기'를 바랄 수 있는 그런 준칙에 따라서만 행위하라(Handle nur nach der Maxime, von der du zugleich wollen kannst, daß sie allgemeines Gesetz für alle vernünftigen Wesen gelte)"를 칸트의 제1명령으로 제시하고 있다. 그러나 이런 명령은 칸트에게 없다. 쇼펜하우어는 칸트의 의도를 더욱 선명화하기 위해 표현을 이렇게 바꾼 것으로 보인다. 아무튼 칸트는 제1정언명령을 "종합적·실천적 선험명제(synthetischer-praktischer Satz a priori)"라[326] 부른다. 그리고 『도덕형이상학의 정

---

324) Kant, *Grundlegung zur Metaphysik der Sitten*, BA52쪽.
325) Kant, *Kritik der praktischen Vernunft*, A54쪽.
326) Kant, *Grundlegung zur Metaphysik der Sitten*, BA50쪽.

초』에서 "네 준칙의 의무가 마치 너의 의지를 통해 보편적 자연법칙이 되어야 하는 것처럼 그렇게 행동하라"는 명제로 탈바꿈시켜 표현하기도 한다.[327] 그에 따르면, 이것에 대한 의식은 "이성의 사실(Faktum der Vernunft)"이다.[328]

쇼펜하우어는 이 제1정언명령을 '이성적 이기주의' 원리에 불과하다고 폭로하고 비판했다. 이 정언명령에 대해 쇼펜하우어는 단도직입적으로 이렇게 비판·풍자한다.

- 칸트가 제시한 기본 규칙은 명백히 도덕원칙 자체가 아니라, 겨우 이 도덕 원칙을 찾는 발견론적 규칙, 즉 이 도덕 원칙이 어디서 찾아져야 하는지에 대한 지침이라는 것에 머문다. 따라서 그것은 흡사 아직 현금이 아니라, 확실한 은행환과 비슷한 것이다. 누가 이 은행환을 현금화할 자인가? 즉시 진실을 토설한다면, 그자는 (…) 여기서 예상치 못한 회계담당자인 이기주의 외에 다른 어떤 자도 아니다.[329]

단번에 쇼펜하우어는 저 정언명령을 이기주의 원칙으로 폭로하고 있다. 이렇게 이기주의가 등장해 저 명령을 알아들을 수 있는 보통 사람의 말로 옮겨 놓아야 "모두가 그 준칙에 따라 행동하기를 내가 '바랄 수 있는(wollen-können)' 준칙 자체가 비로소 현실적 도덕 원칙"이 될 것이다. 이어서 그는 이렇게 예리하게 논증한다.

- 내가 '바랄 수 있음'은 주어진 지침이 맴도는 추측이다. 그러나 내가 본래 무엇을 바랄 '수 있고', 무엇을 바랄 수 없는가? 분명히 나는 이

---

327) Kant, *Grundlegung zur Metaphysik der Sitten*, BA52쪽.
328) Kant, *Kritik der praktischen Vernunft*, A56쪽.
329) Schopenhauer, *Preisschrift über die Grundlage der Moral*, §7, 683쪽.

질문된 관점에서 내가 무엇을 바랄 수 있는가를 확정하기 위해 다시 하나의 규제 원칙을 필요로 한다. 이 규제 원칙에서 나는 맨 먼저 봉인된 명령과 동일하게 주어진 지침의 문을 여는 열쇠를 얻을 것이다. 열쇠가 되는 이 규제 원칙을 어디서 찾아야 하는가? 나의 이기주의, 즉 일체의 도덕원리에 대해 적어도 선점권을 갖는 모든 의지 행위의 이 가장 가깝고 항상 준비된, 근원적이고 살아있는 규범 외에 다른 어디에서도 그것을 찾기에 불가능하다. 칸트의 지상至上 규칙 속에 들어 있는, 본래적 도덕 원칙의 발견을 위한 지침은 말하자면 나의 처지가 가장 유리할 그것만을 바랄 수 있다는 암묵적 전제에 근거한다. 내가 보편적으로 복종해야 할 준칙을 확고히 할 때 필연적으로 나 자신을 항상 능동적인 쪽으로뿐만 아니라, 경우에 따라 그리고 때때로 '수동적인' 쪽으로도 간주해야 하기 때문에, 이 수동적인 나 자신의 관점에서 나의 이기심은 정의와 인간애를 편드는 결정을 내리는 것이다. 나의 이기심은 이 정의와 인간애를 발휘하고 싶기 때문이 아니라, 자기가 이 정의와 인간애를 맛보고 싶기 때문이다.[330]

쇼펜하우어는 저 정언명령의 '모든 이성적 존재자에게' 보편법칙이 되기를 '바랄 수 있다'는 구절이 상호주의를 담고 있다는 것을 정확히 집어내고 있다. 내가 거짓말을 행동 준칙으로 삼는 경우에는 나의 이 준칙이 모든 타인이 내게 거짓말을 해도 되는 보편법칙이 되는 것을 바랄 수 없다. 만약 이것을 바랄 수 있고 이것이 실현된다면 모든 타인은 내가 그들에게 하듯이 나에게 거짓말을 할 것이다. 그러면 아니 되는가? 칸트는 아니 된다고 본다.

---

330) Schopenhauer, *Preisschrift über die Grundlage der Moral*, §7, 683-684쪽.

- 왜냐하면 누구나 거짓말하는 이 일반법칙에 따르면, 나의 미래적 행위의 관점에서 이 사칭하는 말을 믿지 않는 다른 사람들에게 내 의지를 사칭하는 것이 헛일이 되므로, 또는 이들이 성급한 나머지 이를 믿더라도 내게 동일한 동전으로 지불할 것이고, 따라서 내 준칙이 일반법칙으로 만들어지자마자 자기 파괴될 수밖에 없으므로, 본래 어떤 약속도 전혀 존재하지 않을 것이기 때문이다.[331]

거짓말 준칙이 보편화되어 도덕법칙이 되면 거짓말하려는 자가 거짓말로써 원래 노린 이기적 이익을 얻을 수 없기 때문에 이 자가 수립한 거짓말 준칙이 최초에 품은 이기적 의도와 상치된다는 것이다. 그런데 이 논증은 거짓말 준칙의 최초 수립자가 이기적 이익을 일방적으로 획득하려는 이기주의적 의도가 있음을 (부당하게도 몰래) 전제하는 것이다. 칸트는 이 거짓말쟁이의 감춰진 이기적 이익을 꼼꼼히 따져주는 충실한 회계원 노릇을 하고 있다.

그러나 우리의 통념상 모든 거짓말이 부도덕하고 모든 참말이 도덕적인 것도 아니다. 플라톤 말대로 건국 신화는 다 거짓말이고, 솔로몬 앞에서 자식을 살리기 위해 진짜 엄마는 문제의 자식이 자기의 자식이 아니라고 선한 거짓말을 하고, 수많은 영웅과 포로들은 친구와 아군을 보호하기 위해 거짓말을 하고, 정치가들은 국가 비밀을 지키기 위해 가끔 거짓말을 한다. 이 거짓말들은 다 도덕적으로 선하다. 반면, 적에게 고한 포로의 참말과 독립군을 밀고한 참말은 죄악 중의 죄악이다. 따라서 제1정언명령에 따라 수립된 '거짓말하지 말라'는 도덕법칙도 도덕적으로 그릇된 것이다.

한편, 만약 최초의 거짓말 준칙 수립자가 이익을 얻으려는 이기적 의도

---

331) Kant, *Grundlegung zur Metaphysik der Sitten*, BA19쪽.

가 아니라 만우절의 재미만을 노렸다면 저 준칙을 일반화하는 것도 '아니 될' 것이 없을 것이다. 내가 거짓말이 아니라 모종의 '인간애'를 행동준칙으로 삼는 경우에도 내가 먼저 베푼 것이 내게 돌아오도록 하기 위해 나의 이 준칙이 모든 타인이 내게 인간애를 베푸는 보편법칙이 되는 것을 바란다면, 보편화되기를 바라는 이 '인간애'는 궁극적으로 상호적 이기주의에 지나지 않는다. 그리하여 내가 이 인간애를 편드는 결정을 내린다면, 이것은 내가 타인에게 인간애를 베풀고 싶기 때문이 아니라, 순전히 타인이 내게 베푸는 인간애를 받고 싶은 이기심 때문이라는 말이다. 이것은 어떤 수전노도 이익을 받는 수동적 관점에서 세울 수 있는 보편화 가능한 준칙이다. 이것이 쇼펜하우어가 말하려고 하는 핵심 논지다. 이런 까닭에 그는 이런 풍자로 칸트의 뒤통수를 후려갈기고 있다. 내가 이기심에서 정의와 인간애의 보편화를 바라는 것은 내가 타인에게 정의와 인간애를 베풀고 싶기 때문이 아니라, "자선활동에 대한 설교를 다 들은 뒤에 '이 얼마나 대단한 말씀인가, 이 얼마나 멋진 말씀인가! 나도 거의 구걸하러 다니고 싶네'라고 외치는 저 수전노의 의미에서 정의와 인간애를 이기적으로 맛보고 싶기 때문이다".[332]

쇼펜하우어는 "칸트의 지상 원칙이 들어 있는 지침의 문을 여는 이 필수 불가결한 열쇠"를 독자의 반감을 피하려고 이 정언명과 "적당히 떨어진 지점"과 "본문에 보다 깊이 들어간 지점"에서 칸트 자신이 "덧붙이고 있다"고 폭로한다. 그는 이 두 지점에서 "고상한 선험적 장치에도 불구하고 본래 이기심이 판사석에 앉아서 결정을 내리는 것이 눈에 튀지 않게 하고, 이 이기심이 상황에 따라 수동적인 쪽의 시각에서 결정한 뒤에 이런 결정을 능동적인 쪽에다 관철시킨다"고 말한다. 그리하여 아직 정언명령을 내놓기 전의 '적당히 떨어진 지점', 즉 거짓말의 헛됨을 논하는

---

332) Schopenhauer, *Preisschrift über die Grundlage der Moral*, §7, 684쪽.

『도덕형이상학의 정초』의 19쪽에서 칸트는 "사람들이 나를 더 이상 믿지 않기 때문에, 또는 동일한 동전으로 내게 지불할 것이기 때문에 거짓말하는 보편법칙을 바랄 수 없다"고 말함으로써 저 정언명령을 해독하는 열쇠인 '이기심'을 "동전 지불"로 시사하고 있다는 것이다.

그리고 칸트가 스스로 '본문에 보다 깊이 들어간 지점'인 55쪽에서는 이렇게 말한다는 것이다.

- 누구나 곤경에 처해 있다고 생각한 뒤에 지키지 않으려는 의도로 그에게 떠오르는 것을 약속할 수 있다는 법칙의 보편성은 약속과, 우리가 이 약속으로 얻을 수 있을 목적을 스스로 불가능하게 만든다. 아무도 자신에게 뭔가 약속이 주어졌다고 믿는 것이 아니라, 이런 모든 표명을 허황된 둘러댐으로 비웃을 것이기 때문이다.[333]

또 56-57쪽에서 칸트는 타인들의 고통을 모른 체하며 자기의 삶을 살아가는 이기적 "몰인정"의 준칙에 대해 이렇게 말한다.

- 이 준칙에 따라 보편적 자연법칙이 물론 잘 존속하는 것이 가능할지라도 이러한 원칙(몰인정[Lieblosigkeit]의 원칙)이 자연법칙으로 도처에서 통용되기를 의욕 하는 것은 불가능하다. 그 까닭은 이것을 결심하는 의지는 자가당착에 부딪힐 것이기 때문이다. 그가 타인들의 사랑과 동정을 필요로 하고, 그가 그 자신의 의지로부터 생겨난 이러한 자연법칙으로 인해 그가 스스로 소원하는 원조의 모든 희망을 빼앗겨버리

---

333) Immanuel Kant, *Grundlegung zur Metaphysik der Sitten* [1785·1786], BA55쪽. *Kant Werke*, Band 6, Erster Teil (Darmstadt: Wissenschaftliche Buchgesellschaft, 1983).

는 경우들이 많이 발생할 수 있을 것이기 때문이다.[334]

칸트는 이렇게 줄곧 "그가 스스로 소원하는 원조의 모든 희망"을 갖게 만드는 엄정하고 철저한 '상호주의적 이기심'의 공리주의 원칙을 견지한다.

칸트는 『실천이성 비판』에서도 한 치도 흐트러짐 없이 엄숙한 상호주의적 공리원칙에서 이렇게 말한다.

- 순수한 실천이성의 법칙에 의해 지배받는 판단력의 규칙은 '네가 계획한 행위를, 이 행위가 너 자신도 일부로 귀속되어 있는 자연법칙에 따라 일어나야 한다면, 네가 네 의지에 의해 가능한 것으로 간주할 수 있는지'를 너 자신에게 자문해 보라는 규칙이다. 만인은 실은 이 규칙에 따라 어떤 행위가 도덕적으로 선한지, 악한지를 판단한다. 그래서 사람들은 다음과 같이 말한다. '각자가 누구나 자신의 이익을 창출한다고 믿는 경우에 기만할 허가를 받거나 생의 완전한 역겨움이 그를 엄습하자마자 자신의 생을 단축할 권한이 있다고 여기거나, 타인의 곤경을 전적인 무관심으로 바라본다면, 그리고 네가 이러한 사물의 질서에 함께 속해 있다면, 너는 네 의지의 동의로 이 안에서 잘 살 것인가?' 각자가 누구나 아는 것은 그가 자신에게 몰래 기만을 허용해도 바로 이 때문에 만인이 다 기만을 하지 않는다는 것, 또는 그가 눈치채지 못하게 무자비하더라도 만인이 즉각 그에게 무자비하지 않을 것이라는 것이다.[335]

---

334) Kant, *Grundlegung zur Metaphysik der Sitten*, BA56-57쪽.
335) Immanuel Kant, *Kritik der praktischen Vernunft*, A122-123쪽. *Kant Werke*, Bd.6. Erster Teil (Darmstadt: Wissenschaftliche Buchgesellschaft, 1983).

칸트는 자기가 기만해도 모두가 다 자기를 기만하지 않을 것이라는 기대는 "누구나" 이 사실을 "알기" 때문에 난망한 것이라고 생각하지만, 쇼펜하우어는 "너는 네 의지의 동의로 이 안에서 잘 살 것인가?'라는 칸트의 물음에 대해 "우리 자신과 배치되는 것을 우리는 얼마나 경솔하게 인정하는가!"라는 호라티우스의 말로 답한다. 우리 자신과 배치되는 것에 경솔하게 동의해 '나는 내 의지의 동의로 이 안에서 잘 살 것이다'라는 말이다. 그는 칸트가 말한 이 구절들이 "칸트의 도덕원리 속의 저 '바랄 수 있음(wollen-können)'이 어떤 의미에서 이해되어야 하는지를 충분히 설명해 준다"고 말한다.[336] 이 "바랄 수 있음"은 내 행동의 결과 타인들로부터 그 대가를 언젠가 바랄 수 있음을 뜻한다는 말이다.

따라서 쇼펜하우어는 칸트가 주장하는 정언명령을 실은 '정언' 명령이 아니라 엄숙한 계율적 변복變服의 '가언' 명령, 즉 강아지도 수행할 수 있는 '조건반사적' 명령으로 폭로한다.

- 그것은 (거부할) '자격이 있다'고 한다, '자격이 있다'고! 따라서 여기에서도, 도덕적 의무 부과가 전적으로 전제된 '상호성'에 기초하고, 따라서 단적으로 이기주의적이고, 이기심으로부터 그 해명을 얻고, 이런 이기심이 '상호성'의 조건 아래서 슬기롭게 타협에 동의한다는 사실이 언제나 가능한 대로 분명하게 천명되고 있는 것이다. 국가단체의 창건을 위해 이것은 쓸모가 있을 것이지만, 도덕원리의 정초를 위해서는 쓸모없을 것이다.[337]

따라서 『도덕형이상학의 정초』(81쪽)에서 "네가 동시에 법칙으로서 원

---

336) Schopenhauer, *Preisschrift über die Grundlage der Moral*, §7, 685쪽.
337) Schopenhauer, *Preisschrift über die Grundlage der Moral*, §7, 685쪽.

할 수 있는 보편성을 갖춘 그런 준칙에 따라 항상 행동하라는 원리는 의지가 결코 자기 자신과 배치될 수 없는 유일한 조건이다"라고 말한다면, '배치'라는 단어를 참으로 해명할 경우에 한 의지가 불의와 몰인정의 준칙을 인준했다면, 그리고 나중에 이 의지가 상황에 따라 '고통을 당하는' 쪽이 된다면, 이 의지는 이 준칙을 철회할 것이고 이를 통해 '자기모순'에 빠지게 될 것이다. 쇼펜하우어는 단언한다.

- 이 설명으로부터 완전히 명백해지는 것은, 저 기본 규칙이 그가 부단하게 주장하는 것과 달리 '정언' 명령이 아니라, 실은 '가언' 명령이라는 것이다. 이 명령의 기저에는, 나의 행동을 위해 제시된 법칙이 내가 이것을 '보편' 법칙으로 높임으로써 내가 '고통을 당하는' 법칙도 되고, 또 이 조건 하에서 사정에 따라 '수동적인' 쪽이 된 나는 불의와 몰인정을 물론 '원할 수 없다'는 '조건'이 암묵적으로 놓여 있기 때문이다.[338]

행위 준칙의 보편화에 관한 정언명령은 '정언'명령이 아니라, 실은 "불의와 몰인정을 원하지 않는다면"이라는 암묵의 가설적 조건, 즉 "타인으로부터 정의와 인애의 대우를 받기를 원한다면"이라는 암묵의 가설적 조건이 달린 '가언' 명령이다.

그러나 내가 이 가설적 조건을 폐기한다면, 어떻게 되는가? 즉, 내가 나에 대한 자신감에서 타인으로부터 정의와 인애의 대우를 받기를 바라지 않는다면, 그리하여 정의와 인애의 대우를 받는 수동적인 쪽에 놓이는 것을 아예 고려치 않는다면, 어떻게 되는가? 이에 대해 쇼펜하우어는 이렇게 답한다.

---

338) Schopenhauer, *Preisschrift über die Grundlage der Moral*, §7, 686쪽.

- 내가 이 '조건'을 폐기하고 가령 나의 우월한 정신력과 체력을 믿고 엄선된 보편타당한 준칙에 있어 자신을 항상 '능동적인' 쪽으로만 생각하고, 결코 '수동적인' 쪽으로는 생각하지 않는다면, 칸트의 도덕 토대 외에 다른 어떤 도덕 토대도 존재하지 않는다는 전제 아래서 나는 아주 당연하게 불의와 몰인정을 보편 준칙으로 원하고, 따라서 "힘 있는 자들이 빼앗아 가고 능력 있는 자들이 지키는 간단한 계획에 따라 (…)" 세계를 다스릴 수 있다.[339]

칸트의 정언명령은 "숨겨진 '가언적' 성격"의 명령이다. "이 가언적 성격에 의해 이 지상 원칙은 심지어 '이기심' 또는 상호적 '공동 이익'에 근거하고, 이 이기심은 이 지상 원칙으로 주어진 지침의 비밀스런 해석자다."[340] 칸트는 이기심의 이 숨겨진 가언판단을 바탕으로 '상호적 이기주의' 또는 상호적 '공동 이익의 준칙'을 보편법칙의 정언명령으로 만드는 불가능한 시도를 하고 있는 것이다.

쇼펜하우어는 이 상호적 공동 이익을 향해 '개명된' 이기심을 멀리 내다보는 "영리한 이기심" 또는 "이성적 이기심(vernünftiger Egoismus)"이라 부른다.[341] 그런데 그에 의하면 이따위 이성적 이기심의 원칙은 흔히 알려진 하찮은 '쌍방통행적·호혜적' 이기심 원칙에 지나지 않는 것으로서 결코 정언적 도덕원리가 될 수 없다. "왜냐하면 분명히 이것은 내가 (당연히 나의 있을지 모를 '수동적' 역할, 따라서 나의 이기심을 감안해) 오지 모두가 행동하기를 바라기만 할 수 있는 규칙이기 때문이다."[342]

따라서 제1정언명령은 철저히 '개명된 이기적 이익 관심'에서 수립된

---

339) Schopenhauer, *Preisschrift über die Grundlage der Moral*, §7, 685-686쪽.
340) Schopenhauer, *Preisschrift über die Grundlage der Moral*, §7, 687쪽.
341) Schopenhauer, *Kritik der Kantischen Philosophie*, 704쪽.
342) Schopenhauer, *Preisschrift über die Grundlage der Moral*, §7, 687쪽.

가언적 공리주의 율법인 것이다. 그러나 칸트는 이것을 깨닫지 못하고 '철저한' 자기기만 속에서 이렇게 말한다.

- 앞의 표상 방식에 입각한 명령들, 즉 보편적으로 자연 질서와 유사한 법칙성의 명령들 또는 이성적 존재자들 자체의 보편적 목적 우선의 명령들은 바로 정언적인 것으로 표상됨으로써, 그 명령하는 외양에서 동기로서의 그 어떤 이익 또는 이익 관심(Interesse)의 일체의 혼합을 배제하기는 하지만, 의무의 개념을 선언하려고 할 경우에 그와 같은 정언적 외양을 가정하지 않을 수 없기 때문에만 정언적인 것으로 가정될 뿐이다. (…) 즉, 의무로부터 의욕할 시에 일체의 이익과 결별하는 것은, 정언명령을 가언명령과 구별해주는 특유한 표식으로서, 정언명령이 내포하는 그 어떤 규정을 통해 같이 암시될 것이고, 이것은 현재 원리의 제3정식으로, 즉 보편적 입법 의지로서의 모든 이성적 존재자의 의지의 이념으로 일어난다.[343]

칸트는 '엄숙한' 자기기만 속에서 이렇게 확신하고 있다. 따라서 자기의 모든 준칙을 통해 보편적으로 입법하는 의지의 원리로서의 어떤 인간적 의지의 원리든, 한편 이것이 자기에 대해서만 정당성이 있다고 가정해본다면, 보편적 입법을 위해 "어떤 이익에도 근거하지 않고" 따라서 일체의 가능한 명령하에서 "오로지 무조건적일" 수 있는 점에서 "정언명령에 잘 어울리게 될" 것이다. 또는 칸트는 이 명제를 뒤집어 "더 좋게 말해서" 정언명령, 즉 "이성적 존재자의 어떤 의지에 대해서든 적용되는 법칙"이라는 것이 존재한다면, 정언명령은 "동시에 자기 자신을 보편적으로 입법하는 자로서 대상화할 수 있을 그런 의지의 준칙으로서의 자기 의지의

---

343) Kant, *Grundlegung zur Metaphysik der Sitten*, BA71쪽.

준칙으로부터 모든 것을 하라고만 명령할" 수 있다. 왜냐하면 "의지가 어떤 이익도 근저에 가질 수 없으므로 복종하는 명령과 실천적 원리만이 무조건적이기" 때문이다.[344]

이런 근거에서 칸트는 "도덕성의 원리를 찾기 위해 여태 기도된 종전의 모든 노력"이 "모조리 실패할 수밖에 없었던" 이유를, "사람들이 인간을 자신의 의무에 의해 법칙에 구속된 존재로 보았지만, 인간이 그 자신의 입법이되, 그럼에도 보편적인 입법인 그런 입법에만 순종한다는 사실, 그리고 인간이 그 자신의 의지이지만 자연목적에 따라 보편적으로 입법하는 의지인 그런 의지에 입각해서 행동하는 것에만 기속감羈束感을 느낀다는 사실을 떠올릴 수 없었다"는 것으로 제시한다. 이들이 이럴 수밖에 없었던 것은 "한 인간이 (그것이 무슨 법칙이든) 법칙에 순종하는 것으로만 생각했다면, 이 법칙은 그 어떤 이익을 인센티브나 강제로서 자기 안에 안고 다닐 수밖에 없었기 때문"이다. "그 까닭은 이 법칙은 그의 의지로부터 법칙으로서 생겨난 것이 아니라, 그의 이 의지가 법칙적으로 다른 어떤 것에 의해 일정한 방식으로 행동하도록 강요된 것이다. 그러나 완전히 필연적인 이 추론을 통해 의무의 지상至上 근거를 발견하려는 모든 노고는 돌이킬 수 없이 허비되고 말았다. 왜냐하면 모종의 이익으로부터는 결코 의무가 아니라, 행동의 필연성을 받았기 때문이다. 이 모종의 이익은 자기 이익일 수도 있고, 남의 이익일 수도 있었다. 그러나 명령은 그렇다면 결과적으로 항시 조건부로 나타날 수밖에 없었고, 전혀 도덕적 계명으로 유용할 수 없었다."[345] 칸트의 이 말은 그의 제1정언명령에 그대로 붙여주면 꼭 들어맞을 것이다.

쇼펜하우어는 칸트의 '이성적 이기심'의 원칙이 도덕원리로 격상되려

---

344) Kant, *Grundlegung zur Metaphysik der Sitten*, BA72-73쪽.
345) Kant, *Grundlegung zur Metaphysik der Sitten*, BA73-74쪽.

면 사랑의 의무에 기초해야 한다고 말한다. '이 지상 원칙은, 우리가 "타인이 네게 하기를 네가 원치 않는 것은 타인에게 가하지 말라'는 규칙을 '않는(non)'과 '말라(ne)' 없이 되풀이함으로써 '사랑의 의무' 없이 '법의 의무'만을 담고 있는 결함으로부터 해방시킨다면, 만인에게 알려진 이 규칙의 둔갑, 치장, 윤색된 표현"이다. 즉, 이성적 이기주의는 "타인이 네게 하기를 네가 원하는 것을 타인에게 해주어라"라는 규칙의 변질된 표현일 것이고, 이 규칙은 "그 자체가 다시 내가 모든 도덕 체계에 의해 만장일치로 요구되는 행동 방식의 가장 간단하고 가장 순수한 표현으로 제시한 명제 '아무도 침해하지 말라, 오히려 할 수 있는 한, 모든 이들을 도와주어라!'의 환언換言, 또는 원한다면 이 표현의 전제"일 뿐이다. "이 명제는 모든 도덕의 참된 순수한 내용이고 이것으로 남아 있다."346) 이 명제에는 '사랑의 의무' 또는 '동정심의 의무'가 담겨있기 때문이다.

그러나 쇼펜하우어는 모르는 체하고 수사적 자문自問을 제기한다. "이 명제는 어디에 근거하는가? 이 요구에 힘을 부여하는 것은 무엇인가? 이 것은 오래된 어려운 문제이고, 이 문제는 오늘날도 우리에게 다시 제기되어 있다. 왜냐하면 다른 쪽으로부터 큰 소리로 이기심이 이렇게 외치기 때문이다. '아무도 도와주지 말라! 오히려 네게 유익하면 모든 이를 침해하라!' 아니, 악의는 '오히려 네가 할 수 있는 한, 모두를 침해하라!' 이런 이기심과 악의에 맞설 수 있고 심지어 이것을 능가하는 전사들을 맞대결시키는 것, 이것이 모든 윤리학의 문제다." 그리고 쇼펜하우어는 칸트에게 이렇게 요구한다. "여기가 로도스다, 여기서 뛰어라(*Hic Rhodus, hic salta*)!"347)

칸트의 정언명령, "네가 동시에 보편적 법칙이 되기를 바랄 수 있는 그

---

346) Schopenhauer, *Preisschrift über die Grundlage der Moral*, §7, 687쪽.
347) Schopenhauer, *Preisschrift über die Grundlage der Moral*, §7, 687쪽.

런 준칙에 따라서만 행동하라"는 명령은 '사랑'도, '인정머리'도 없는 상업적 호혜론의 이성적 이기주의를 말하고 있다. 이것은 정언명령이 아니라, 내가 이렇게 행하면 남도 나에게 이같이 베풀 것이라는 상호 이익, 따라서 궁극적으로 나의 이익, 즉 이기적 이해관계를 전제로 하는 가언적 행동 수칙에 지나지 않는다. 상호성에 입각한 이익의 수수나 공유는 이기적 정의일 수 있지만, 어떤 이타적·사회적 정의도, 나아가 인애의 덕성도 낳을 수 없다. 여기서는 '바라는' 것은 '남이 내게 해주기 바라는 것'이나 '내가 남에게 해주고 싶은 것'이 아니라, '준칙이 보편법칙이 되는 것'이다. 이것은 아무런 공감 작용도, 사랑도 없는 '대가성對價性의 보편화'의 가언적 명제일 뿐이다.

반면, 예수의 명령, 즉 "네가 남들이 네게 해주기를 바라는 무엇이든 너도 남들에게 주어라(마태복음 7장 12절)"는 명령은[348] 공감적 사랑의 의무다. 이 명제들은 다 내가 '원하는' 감정을 남도 가지고 있다는 것을 지각하는 '공감'과 베푸는 '사랑'을 전제하고 있기 때문이다. 또한, 상술했듯이, 공자의 "무릇 인이라는 것은 자기가 서고 싶으면 남을 세워주고 자기가 달하고 싶으면 남을 달하게 해주는 것이다(夫仁者 己欲立而立人 己欲達而達人)"는 명제와 "그것은 공감이니라! 자기가 바라지 않는 것을 남에게 하지 말라(其恕乎! 己所不欲 勿施於人)"는 명제는 이기적 명제가 아니라 공감적, 인애적, 동심적 명제다. 그래서『중용』에서도 "공감에 충실한 것은 도와 거리가 멀지 않으니 그것은 자기에게 베풀어지기를 원치 않으면 남에게도 역시 베풀지 않는 것이다(忠恕違道不遠 施諸己而不願 亦勿施於人)"라고 말한다.[349] 공자의 명제들은 모두 '공감'이나 정언적 '인애'를 명

---

348) 누가복음 6장 31절에서는 "네가 사람들이 네게 해주기를 바라는 대로 너도 그들에게 마찬가지로 해주어라(And just as you want men to do to you, you also do to them likewise)"고 말한다.
349) 『中庸』(13章).

시하고 있다. 따라서 쇼펜하우어가 진정으로 정언적(무조건적)인 또는 대가 없는 이 '공감적 사랑'을 해명하는 것이 윤리학의 과업이라고 논변하는 것은 정확히 옳은 말이다. 그러나 칸트는 예수의 정언적 사랑 명제를 저 그릇된 정언명령, 즉 대가를 전제한 상인적 가언명령으로 천박화시키고 있는 것이다.

■ 제2정언명령에 대한 비판적 분석

칸트의 엄숙한 제2정언명령은 인간을 수단으로서만이 아니라 항상 '동시에' 목적으로서도 대하라는 말이다. "자기의 현존재 자체에 절대적 가치가 있는 그 어떤 것, 말하자면 목적 자체로서 확정된 법칙들의 근거일 수 있는 그 어떤 것이 존재한다고 가정해 보면, 그것에는, 그리고 그것에만 가능한 정언명령, 즉 실천 법칙이 들어 있을 것이다. 그래서 나는 말한다: 인간은, 그리고 일반적으로 모든 이성적 존재자는 목적 자체로서 실존한다. 즉, 한낱 이런저런 의지의 임의적 사용을 위한 수단으로서 뿐만이 아니라, 동시에 자기 자신과 다른 이성적 존재자들을 향한 자신의 모든 행위 속에서 언제나 목적으로도 간주되어야 한다."[350] 칸트에 의하면, 성정의 모든 대상은 오로지 조건적 가치만을 갖는다. 성향과 이것 위에 발 디딘 욕구가 존재하지 않는다면 성향의 대상은 무가치할 것이기 때문이다. 그러나 욕구의 원천들로서 성향들 자체는 이 성향들 자체를 소원할 정도의 절대적 가치가 거의 없어서, 오히려 이 성향들로부터 완전히 자유로운 것이 모든 이성적 존재자의 보편적 소원이어야 하는 것이다. 따라서 우리의 행위로 획득될 수 있는 모든 대상의 가치는 항상 "조건적"이다. 자기의 현존재를 우리의 의지가 아니라 본성에 두고 있기는 하지만 그래도, "무이성적 존재자들"이라면, "수단으로서의 상대적 가치"만 있는 존

---

350) Kant, *Grundlegung zur Metaphysik der Sitten*, BA64-65쪽.

재자들은 이런 까닭에 "물건"이라고 한다.

칸트는 인간이 도덕감정적 존재라는 것을 무시하고 '이성적' 존재자라는 것을 강조한다.

- 반면, 이성적 존재자들은 인격체라고 불린다. (…) 과연 지상의 실천 원칙이 있고 인간적 의지의 관점에서 정언명령이 마땅히 있어야 한다면, 그것은 그것이 목적 그 자체이기 때문에 필연적으로 만인에게 타당한 그런 목적의 관념을 의지의 객관적 원칙으로 만드는, 따라서 보편적 실천 법칙에 봉사할 수 있는 그러한 원칙이고 명령이어야 한다. 이 지상 원칙의 근거는 이성적 본성이 목적 그 자체로서 실존한다는 것이다. 인간은 필연적으로 자기 자신의 현존재를 그렇게 관념한다. 이런 한에서 이 지상 원칙은 주관적 원칙이 되는 것이다. 그러나 다른 모든 이성적 존재자도 나에게도 타당한 바로 그 동일한 이성 근거 때문에 자신의 현존재를 그렇게 관념한다.[351]

따라서 그 지상 원칙은 동시에 의지의 모든 법칙이 도출될 수 있는 지상의 실천 근거로서의 객관적 원칙이다. 따라서 실천명령은 다음과 같다.

- 네가 너 자신의 인격에서나 모든 타인의 인격에서나 인간을 항상 동시에 목적으로 사용하지, 결코 단순히 수단으로만 사용하지 않도록 행위하라.[352]

칸트의 말을 정리하자면, "자기의 현존재 자체에 절대적 가치가 있는

---

351) Kant, *Grundlegung zur Metaphysik der Sitten*, BA65-66쪽.
352) Kant, *Grundlegung zur Metaphysik der Sitten*, BA66-67쪽.

것"은 "확정된 법칙들의 근거일 수 있는 목적 자체"이고, '이성적 존재자'는 '목적 자체'다. 목적 자체로서의 이성적 존재자에게는 정언명령이 통하는 반면, 성향적 욕망에 따라 사는 무이성적 존재자, 가령 동물들은 오직 '수단'일 뿐이고 가언명령만이 통한다. 성향의 욕망과 이성을 둘 다 가진 이성적 인간은 따라서 수단이면서 동시에 목적 자체이므로 인간을 '동시에 목적으로 사용하지, 결코 단순히 수단으로만 사용해서는 아니 된다'.

쇼펜하우어는 '목적 그 자체'와 '절대적 가치'라는 표현을 전형적인 '형용모순'으로 비판한다. 쇼펜하우어에 의하면, 이 제2의 표현으로 가는 길을 칸트는 "최고로 기이한, 최고로 삐기는, 아니 최고로 삐뚤게 삐기는 목적과 수단의 개념 정의들"로 깔고 있다. 하지만 쇼펜하우어는 이 개념들을 "목적은 의지 행위의 직접 동기이고, 수단은 간접 동기다"라고 올바르게 정의한다. 칸트는 자신의 저 이상한 정의들을 통해 "인간, 그리고 일반적으로 모든 이성적 존재자는 목적 자체로 실존한다"는 명제로 슬그머니 다가간다는 것이다. 그러나 쇼펜하우어는 단도직입적으로 "목적 자체로서 실존한다"는 것은 "난센스, 즉 형용모순"이라고 말한다. 그에 의하면, '목적이다'는 것은 '의욕 된다'는 것을 뜻하고, 어떤 목적이든 한 의지와의 관계 속에서만 목적이기 때문이다.

- 그러므로 목적은 의지의 목적이다. 즉, 목적은 상술했듯이 의지의 직접 동기다. 의지와의 이 관계 속에서만 목적 개념은 어떤 의미를 갖고 이 의지관계를 벗어나자마자 이 의미를 상실한다. 그러나 목적 개념에 본질적인 이 의지 관계는 필연적으로 모든 '그 자체', 또는 '즉자'를 배격한다. '목적 그 자체'는 바로 '친구 그 자체 - 적 그 자체 - 백부伯父 그 자체 - 북쪽 그 자체 또는 남쪽 그 자체 - 위 그 자체 또는 아래 그

자체' 등과 같은 표현이다. 그러나 '목적 그 자체'의 이런 사정은 근본적으로 '절대적 당위'의 경우에도 똑같다. 양자의 기저에는 비밀스럽게, 심지어 무의식적으로 동일한 사상 관념, 즉 신학적 사상 관념이 조건으로서 놓여 있다. 말할 수는 있지만, 생각할 수는 없는 이런 '목적 그 자체'에 속한다는 '절대적 가치'도 사정이 낫지 않다. 왜냐하면 이 절대적 가치도 나는 가차 없이 형용모순으로 낙인찍지 않을 수 없기 때문이다. 어떤 가치든 비교 크기이고, 심지어 필연적으로 이중적 관계 속에 들어 있다. 첫째, 가치는 누군가에 대해 존재하는 점에서 상대적이고, 둘째, 가치는 가치의 평가에 있어 입각해야 하는 어떤 것과의 비교 속에 들어 있는 점에서 비교적이기 때문이다. 이 두 관계 밖에 놓이면 가치의 개념은 일체의 의미와 의의를 상실한다.[353]

쇼펜하우어는 '목적'이란 항상 '의지의 목적'이기에 의지와의 관계를 벗어던진 '목적 그 자체'는 있을 수 없는 – "말할 수는 있지만 생각할 수는 없는" '뜨거운 얼음' 또는 '둥근 네모'라는 말과 같은 – 형용모순의 표현이고, '가치'도 항상 '비교가치'이기 때문에 '절대적 가치'라는 표현도 형용모순이라고 논변하고 있다. 이어서 그는 상술했듯이 인간 파시즘적 동물모독도 가차 없이 비판한다.[354]

쇼펜하우어는 칸트의 제2지상원칙이 "너만을 고려하지 말고, 타인들도 고려하라"는 아주 간단한 명제를 "아주 인위적인 방식으로, 그리고 먼 우회로를 통해" 돌리고 돌려서 말하는 것에 지나지 않고, 그리고 이것도 다시 "남이 네게 하기를 네가 원치 않는 것은 어떤 다른 사람에게도 가하지 말라"는 명제의 천박한 "환언換言"이라고 단정한다. 이것이 천박한 까

---

353) Schopenhauer, *Preisschrift über die Grundlage der Moral*, §8, 689-690쪽.
354) Schopenhauer, *Preisschrift über die Grundlage der Moral*, §8, 690-691쪽.

닭은 "칸트의 제2 도덕 공식 속으로는 이른바 자기 의무가 의도적으로, 그리고 충분히 서툴게 함께 끌려 들어갔기" 때문이다.[355] 하지만 쇼펜하우어는 "칸트는 그의 제2정식에서 이기심과 그것의 반대상反對像을 최고로 특색 있는 특징으로 표현했다"는 것을 인정한다. 수단을 말하는 대목은 이기심을, 목적을 말하는 대목은 이기심의 반대상 이타심(사랑)을 말한다는 것이다. "예를 들면, 적군에게 쫓기는 죽음의 공포 속에서 그와 마주친 한 약장수에게 샛길을 묻는 사람이 이 장사꾼이 그에게 '내 상품 중에 필요한 것은 없소?'라고 되묻는 것을 체험할" 정도로 인간은 이기적이고, 그래서 타인을 수단으로만 이용한다. 그러나 "이것은 상황이 항상 이렇다고 말해야 한다는 말이 아니다". 오히려 반대로 "타인의 화복禍福에 직접적으로 실제적인 관심을 갖거나, 칸트의 말로 타인을 수단이 아니라, 목적으로 여길 사람들이 많을 것이다. 그러나 타인을 흔히 그렇듯이 수단으로 보는 것이 아니라 어떤 때는 목적으로 간주하려는 생각이 각 개인에게 얼마나 가까이 있고 멀리 있는가는 성격 간의 커다란 윤리적 상이성을 재는 척도다. 그리고 여기서 과연 무엇이 최종 단계에서 비중을 갖는지는 바로 윤리학의 참된 토대일 것이다." 이것, 즉 사랑을 해명하는 것이 윤리학의 과업이다. 따라서 쇼펜하우어는 이것을 결하고 있는 칸트의 제2정언명령에 대해 "애석하게도 나는 그의 윤리학의 기초를 거의 조금도 인정할 수 없다"고 선언한다.[356]

1.2. 칸트의 도덕철학에 대한 야유적 비판

쇼펜하우어는 칸트의 실천이성적 도덕론을 도덕감정의 바탕 위에서

---

355) Schopenhauer, *Preisschrift über die Grundlage der Moral*, §8, 691쪽.
356) Schopenhauer, *Preisschrift über die Grundlage der Moral*, §8, 693쪽.

비판한다. 그는 『칸트철학 비판』에서 칸트철학을 요약하고 비판을 곁들인다. 제일 먼저 그는 사이코패스를 '도덕군자'로 둔갑시켜 추앙하면서 도덕적 정상인들을 악인으로 격하하는 기만적·사이코패스적 실천이성 개념을 맹공한다. 당시에는 '사이코패스'라는 말이 없었으므로 쇼펜하우어는 대신 "비인간(Unmensch)"이라는 용어를 채택한다.

쇼펜하우어는 일단 칸트가 '실천이성'이라는 철학적 개념을 변조한 것부터 비판한다.

- 건축술적 대칭성에 대한 애호에 따라 이론적 이성은 또한 그 짝도 가져야 했다. 아리스토텔레스의 '누스 프락티코스(νοῦς πρακτικός[실천적 이성])'로부터 유래하는 스콜라학파의 'intellectus practicus'는 그 술어를 손에 쥐여주었다. 하지만 거기서 기술技術을 지향하는 이성과 달리 여기서는(칸트철학에서는 – 인용자) 이 술어로 완전히 다른 뭔가를 뜻했다. 여기서는 실천이성은 부정할 수 없는 윤리적 의의, 고결성 및 일체의 덕성과 모든 도달 가능한 등급의 거룩함의 원천과 근원으로 등장한다.[357]

칸트는 이론적 '순수이성'의 짝으로 "스콜라학파의 'intellectus practicus'"를 취해서 '실천이성'이라는 술어로 변조했다는 것이다. 아리스토텔레스와 스콜라학파의 '실천이성'은 '기술적 이성'의 의미였다. 쇼펜하우어는 칸트가 아리스토텔레스와 스콜라학파의 이 단순한 '기술적' 실천이성을 '윤리적·도덕적' 실천이성으로 변조하고 "고결성 및 일체의 덕성

---

357) Schopenhauer, *Kritik der Kantischen Philosophie*, 689쪽. 쇼펜하우어는 "누스 프락티코스(νοῦς πρακτικός[실천적 이성])로부터 유래하는"이라는 구절 뒤에 괄호를 치고 "De anima 3, 10과 『정치학』7, cap. 14: '이성은 한편으로 실천적이고, 다른 한편으로는 이론적이다'"는 주석을 써넣고 있다.

과 모든 도달 가능한 등급의 거룩함의 원천과 근원"의 의미로 격상시켜 사용했다고 비판하고 있다.

쇼펜하우어는 여기서 루소의 '실천이성' 용어를 언급하지 않고 있다. 상술했듯이 루소는 남성의 사변적 이성에 대응하는 소피의 여성적 '실천이성'을 깔보는 식으로 언급하고 있다. "여성의 이성은 실천이성이다. 이 실천이성은 여성들의 능란하게 설정된 목표에 도달할 수 있는 수단을 발견하도록 돕지만, 목표 자체를 발견하지는 못한다."[358] 칸트의 '고결하고 거룩한' 실천이성 개념은 겉보기와 달리 루소의 이 감성적·여성적 실천이성 개념으로부터 유래했다고 보는 것이 옳을 것이다. 왜냐하면 그는 실천이성을 비판하는 '실천이성 비판'을 수행했기 때문이다. 루소의 실천이성이 감성적·여성적인 까닭에 칸트는 '순수이성 비판'의 '비판' 임무(이성이 자기 경계를 넘어 감성적 경험에 간여하는 것을 막는 것)와 반대로 '실천이성 비판'의 '비판' 임무를 도덕에 적용되는 이성이 (여성에게 강한) 감성 및 감성적 경험과 뒤엉키는 것을 막는 것으로 설정했기 때문이다. 칸트는 루소가 말하는 여성적 실천이성 개념을 '비판적' 정화 조치로 깨끗이 청소하여 재활용한 것으로 보인다.

아무튼 쇼펜하우어는 칸트가 실천이성의 개념에 따라 '아주 타산적인 이성적 사이코패스 폭군'을 '선인善人'이라 칭송할 것이라는 예까지 들면서 칸트의 이 위·변조된 실천이성 개념을 통렬하게 비웃는다.

- 따라서 이 모든 것("고결성 및 일체의 덕성과 모든 도달가능한 등급의 거룩함" - 인용자)은 단순한 이성으로부터 오고, 이성 외에 다른 어떤 것도 요구하지 않을 것이다. 이성적으로 행동하는 것과 덕스럽게, 고상

---

358) Jean-Jacques Rousseau, *Emile oder Über die Erziehung* [*Émile ou de l'Education*, 1762] (Paderborn·München: Ferdinand Schöningh, 1989), 409쪽.

하게, 거룩하게 행동하는 것은 동일한 것일 것이다. 이기적으로, 악의적으로, 악덕하게 행동하는 것은 단순히 비이성적으로 행동하는 것이다. 오늘날까지도 최근 학파의 언어를 전혀 모르는 모든 이들은, 즉 소규모의 독일학자들을 제외한 전 세계가 그러듯이, 그간 모든 시대, 모든 국민, 모든 언어는 양자(이성적 행동과 도덕적 행동 - 인용자)를 언제나 아주 구별했고 완전히 두 가지 것으로 간주했다. 저 모든 사람은 덕스런 처신과 이성적 인생이력(vernüftiger Lebenslauf)을 전적으로 두 개의 완전히 상이한 것으로 이해한다.[359]

쇼펜하우어는 이성적이지 않지만 지극히 "덕스런 처신(tugendhafter Wandel)", 또는 '거룩한 삶'의 예로 예수의 살신성인적 삶과 적들이 쏜 화살을 온몸으로 막아 동포를 살린 스위스의 전설적 영웅 아르놀트 폰 빙켈리트(Arnold von Winkelried)의 고결한 최후를 예로 든다.

- 기독교의 원작자가 - 그의 인생 이력이 우리에게 모든 덕의 원형으로 제시되기 때문에 - '완전히 가장 이성적인 인간(der allervernünftigste Mensch)'이었을 것이라고 말한다면, 사람들은 이를 아주 상스런 말버릇, 아니 심지어 불경스런 말버릇이라 부를 것이고, 또 그의 규정이 오로지 완전한 이성적 삶을 위한 가장 좋은 지침을 포함한다는 것도 거의 마찬가지로 그렇게 불경스런 것으로 지칭할 것이다. 나아가 자기 자신과, 자신의 미래적 욕구를 미리 생각하는 것이 아니라 이 규정에 따라 언제나 남들의 더 큰 현재적 결핍을 더 이상의 고려 없이 제거하는 사람이 그 전 재산을 가난한 사람에게 증여하고 아무런 구조 수단도 없이 헐벗은 채 견디고 자신이 행한 덕성을 다른 사람에

---

359) Schopenhauer, *Kritik der Kantischen Philosophie*, 689쪽.

게도 설교하는 것, 이것을 누구나 당연히 존경한다. 그러나 누가 감히 이것을 이성 능력(Vernünftigkeit)의 정점으로 칭송하겠는가? 그리고 마침내 아르놀트 폰 빙켈리트가 지나치게 한껏 고결함으로 적의 창槍들을 몽땅 자기의 몸에 맞고 자기의 동포들에게 승리와 구원을 안겨주는 것을 누가 지극히 이성적인 행동이라고 칭찬하는가?[360]

이어서 쇼펜하우어는 아주 타산적인 속물과 아주 합리적인 유혈 폭군과 세계 정복자의 삶을 부덕하지만 지극히 이성적 인생 인력의 사례로 제시한다.

- 반면, 젊은 시절부터 드문 심사숙고로 걱정 없는 소득, 처자식의 부양, 사람들 사이에서의 좋은 명성, 외적 영예와 훈장을 갖추고 이러는 가운데 현재의 향유의 자극 또는 근질거림으로 인해 강자들의 오만에 저항하지 않을 것을 염두에 두는 사람, 또는 겪은 모욕이나 억울한 굴욕에 복수하려는 소원, 또는 불필요한 미학적·철학적 정신활동과 볼만한 나라들로의 여행 등, 이 모든 것이나 이와 유사한 것을 통해 헷갈리지도 않고 항상 자신의 목표를 시야에서 잃도록 오도당하지도 않는 사람을 우리가 본다면, 누가 이 속물이 완전히 비상하게 이성적이라는 사실을 감히 부정하는가? 심지어 이 자가 칭찬할 만한 것이 아니지만 위험하지 않은 수단을 감히 몸에 찬 경우에도 누가 감히 부정하겠는가? 아니 더욱이 어떤 악한이 숙고한 노회함을 갖고 잘 생각한 계획에 따라 부, 영예, 아니 권좌와 왕관까지도 스스로 장악한다면, 그런다면 아주 교묘한 간계로 이웃 나라들을 옭아매 개별적으로 압도해 세계 정복자가 되고 이러는 가운데 정당성이나 인간성에 대한 그 어떤 고려에

---

360) Schopenhauer, *Kritik der Kantischen Philosophie*, 689쪽.

헷갈리는 것이 아니라, 예리한 일관성을 갖고 자기의 계획에 어긋나는 모든 것을 짓부수고 짓뭉개고 동정심 없이 수백만을 온갖 종류의 불행 속에, 수백만을 피와 죽음 속에 고꾸라뜨려도 그의 추종자들과 조력자들이 왕답다고 칭찬하고 항시 보호하고 언제나 잊지 않고 그리하여 그의 목표를 달성한다면, 누가 이런 자가 지극히 이성적으로 일에 착수했음이 틀림없고, 계획들의 입안을 위해 강력한 지성이 요구되었던 것처럼 이 계획의 수행을 위해서도 이성의 완벽한 지배, 아니 본래적으로 실천이성이 요구되었다는 것을 통찰하지 못하는가? 아니면 영리하고 일관되고, 숙고하고 멀리 보는 마키아벨리가 군주에게 주는 지침들이 비이성적인가?[361]

쇼펜하우어는 이 두 유형의 사례들을 듦으로써 비이성적이지만 "덕스런 처신"과 부덕하지만 "이성적인 인생 이력"이 "완전히 상이한" 두 종류의 삶임을 입증하고 있다.

칸트적 실천이성의 관점에 서면 이성에 따르지 않는 도덕적 인간은 부도덕한 인간으로 전도된다. 반면, 도덕과 무관하게 이기적 타산에 따라 행동하는 "속물"이나, "아주 교묘한 간계"를 쓴 "세계 정복자", "동정심 없이 수백만을 온갖 종류의 불행 속에, 수백만을 피와 죽음 속에 고꾸라뜨림"으로써 "자신의 목표를 달성한" 군주, 마키아벨리의 "영리하고 일관되고, 숙고하고 멀리 보는" 뱀 같고 사자 같은 부도덕한 사이코패스 "군주"는 실천이성적 도덕군자로 둔갑한다.

쇼펜하우어는 『칸트철학 비판』의 앞부분에서 맨 먼저 바로 인간적 상식을 뒤집고 도덕적 현실을 파괴하는 칸트의 이 황당한 사기 논법을 비판하고 있다. 한마디로, 칸트의 '실천이성'은 사이코패스를 최고의 '도덕군

---

361) Schopenhauer, *Kritik der Kantischen Philosophie*, 689-690쪽.

자'로 날조·추앙하는 반면, 사이코패스를 제외한 96% 이상의 성선性善한 전 인류를 '성악적性惡的 좀비들'로 둔갑시키는 칸트 도덕철학의 악마적 성격을 응집한 개념이라는 것이다.

쇼펜하우어는 "악이 이성과 아주 잘 합치되는 것처럼, 아니 이 합치 속에서야 비로소 제대로 두려운 것처럼, 때로는 역으로 고결함도 비이성과 결합되어 나타난다"고 말하고, 심지어 "이성은 비상식(Unverstand)과도 아주 잘 합치될 수 있다"고 단언한다. 그리고 그는 도덕적 고결함이 비이성과 결합된 전자의 사례로 자기의 볼스키 부족(Volsker; 로마인들에게 정복당한 고대 이탈리아 부족)을 위해 수년 동안 복수를 준비하고도 원로원의 간청과 어머니와 아내의 울음에 과감하게 포기하고 죽음을 자초한 코리올라누스(Caius Martius Coriolanus)의 행동을 든다. 그리고 이성이 비상식과 결합한 후자의 사례로, 즉 세정 물정에 어두운 준칙을 일관되게 준수한 사례로 (벨기에 땅을 정복하지 못하면 3년 동안 줄곧 깨끗한 옷을 입지 않을 것이라는 서약을 지킨) 이사벨라 공주의 일관된 비상식적 행동을 든다.[362] 이 후자의 경우에 '이성'은 '일관성'으로 나타난다.

소문에 칸트가 루소를 탐독했다고 알려져 있으나, 막상 루소의 도덕철

---

362) Schopenhauer, *Kritik der Kantischen Philosophie*, 691-692쪽: "우리는 코리올라누스의 행위를 그런 경우로 칠 수 있다. 코리올라누스는 수년 동안 로마인들에게 복수를 준비하는 데 그의 전력을 쏟은 뒤, 그리고 이제 때가 온 뒤에 원로원의 간청과 그의 어머니와 아내의 울음에 의해 마음이 누그러져 그토록 오랫동안, 그리고 그토록 힘들게 준비해 온 복수를 포기하고, 아니 심지어 이로 인해 볼스키족(Volsker)의 정당한 분노를 자기의 몸으로 맞음으로써 저 로마인들을 위해 죽는다. 그는 저 로마인들의 배은망덕함을 잘 알고 있었고 이것을 아주 굉장한 노력으로 벌하기를 바랐었다. 마침내, 완전을 기하기 위해 말하자면, 이성은 비상식과도 아주 잘 합치될 수 있다. 세정 물정에 어두운 준칙을 선택해서 일관성 있게 수행할 때가 그런 경우다. 필리프 2세의 딸인 이사벨라 공주는 이런 종류의 사례를 제공했다. 그녀는, 오스텐트(오늘날 벨기에의 플랑드르 주 도시)가 정복되지 않은 한, 3년 동안 줄곧 깨끗한 옷을 입지 않을 것을 굳게 서약했다. 일반적으로 모든 서약은 여기에 속하는데, 이 서약들의 원천은 인과법칙에 따른 통찰의 부족, 즉 무지다. 그럼에도 불구하고, 사람들이 어떻든 서약을 할 정도로 제한된 지성을 가지고 있다면, 이 서약을 이행하는 것은 이성적이다." 필리프 2세는 프랑스 왕(1165-1223)이다.

학은 칸트 같은 네오스콜라철학자를 철저히 비판하는 철학이었다. 그리하여 쇼펜하우어는 칸트의 실천이성적 도덕법칙론을 분쇄하기 위해 정직한 '양심'을 기만적 '이성'과 대립시킨 루소·아리스토텔레스·스토이바이오스(Stoibaios)·키케로의 논의들을 끌어온다.

- (도덕적 행위와 이성적 행위의 상이성을) 예증한 것에 부합되게 우리는 칸트 직전에 등장한 저술가들도 양심을 도덕적 동기(moralische Regungen)의 소재지로 보고 양심을 이성과 대립시키는 것을 본다. 루소는『에밀』제4책('Profession de foi[신앙고백]', 321; 326; 328쪽)에서 이렇게 말한다. "이성은 우리를 속이지만, 양심은 결코 속이지 않는다.(La raison nous trope, mais la conscience ne trompe jamais.)" 그리고 루소는 좀 더 나아간다. "이성 자체와 독립된 양심의 직접적 원리를 우리 본성의 추론적 귀결(conséquence)에 의해 설명하는 것은 불가능하다."[363)

쇼펜하우어는 도덕성을 이성으로 설명하는 것을 비판하는 루소·아리스토텔레스·스토이바이오스·키케로 등의 논변을 계속 인용·소개한다.

- 더 나아가 루소는 말한다. "나의 본성적 정감은 공동 이익을 위해

---

363) Schopenhauer, *Kritik der Kantischen Philosophie*, 692쪽. "이성 자체와 독립된 […] 불가능하다"는 문장은 인용이 잘못되었다. 원문은 "Je ne crois donc pas, mon ami, qu'il soit impossible d'expliquer par des conséquences de notre nature le principe immédiat de la conscience, indépendant de la raison même(나는 이성 자체와 독립된 양심의 직접적 원리를 우리 본성의 논리적 귀결에 의해 설명하는 것이 불가능하다고 생각지 않는다)"인데, 쇼펜하우어가 "il est impossible d'expliquer par des conséquences de notre nature le principe immédiat de la conscience, indépendant de la raison même(이성 자체와 독립된 양심의 직접적 원리를 우리 본성의 논리적 귀결에 의해 설명하는 것은 불가능하다)"라고 잘못 옮겨 적는 통에 루소가 의도한 의미와 정반대로 뒤집히고 말았다. 여기서는 무시하고 바로잡아 읽었다.

말했고, 나의 이성은 모든 것을 나와 관련시켰다.(Mes sentiments naturels parlaient pour l'intérêt commun, ma raison prapportait tout à moi.) (…) 사람들은 헛되이 덕성을 이성 하나만으로 수립하려고 하는데, 어떤 견고한 기초를 덕성에 줄 수 있겠는가?" 또『고독한 산책자의 몽상』(산책 4)에서 루소는 말한다. "이것처럼 어려운 모든 도덕 문제에서 나는 내 이성의 빛에 의해서보다 내 양심의 판결에 의해 해결책을 매일 잘 찾았다." 아니, 이미 아리스토텔레스는 (*Ethica Magna*, 1, 5, 1185b 3-13에서) 덕성은 영혼의 "이성 부분"에가 아니라 "영혼의 비이성 부분(ἀλόγω μορίω της ψυχης)"에 그 소재를 두고 있다"라고 명시적으로 말한다. 이것에 따라 스토이바이오스는 (*Eclogae physicae et ethicae*, 2, cap. 7에서) 소요학파에 대해 언급하면서 이렇게 말한다. "윤리적 덕성에 대해서 그들은 윤리적 덕성이 영혼의 비이성적 부분과 관계된다고 생각한다. 왜냐하면 현재의 고찰에 관한 한, 그들은 영혼이 이성 부분과 비이성 부분의 두 부분으로 되어 있고, 이성 부분에는 고귀성(τὴν καλοκαγαθίν γίγνεσθαι; ingenuitatem)·현명(φρόνησις; prudentiam)·예리함·지혜·학식·기억 등 이와 유사한 것이 내재하는 반면, 비이성 부분에는 절제·정의·용기·기타 윤리적 덕성들이 내재한다고 가정한다." 그리고 키케로는 (*De natura deorum*, 3, cap. 26-31에서) 이성이 모든 범죄의 필연적 수단과 도구라는 것을 상세하게 분석한다.[364]

이어서 쇼펜하우어는 이성을 '실천적'으로 사용할 수 있음을 인정하지만, 이 경우에도 이것은 도덕과 무관하고 고전적 '현명'과 동의어라고 말한다.

---

364) Schopenhauer, *Kritik der Kantischen Philosophie*, 692-693쪽.

- 나는 '이성'을 개념들의 능력(das Vermögen der Begriffe)으로 선언했다. 직관적이지 않고 말을 통해서만 상징화되고 고정된 일반적 표상들의 이 전적으로 고유한 부류는 인간을 동물과 구별해주고 인간에게 지상의 지배권을 주는 바로 그것이다. 동물이 현재의 노예이고 직접적으로 감성적인 동기들 외에 다른 어떤 동기도 모른다면, 따라서 이 감성적 동기들이 동물에게 나타나는 경우, 쇠가 자석에 그러듯이 그렇게 필연적으로 끌려가거나 튕겨나는 반면, 인간은 이성의 품부를 통해 인간 안에서는 심사숙고 능력(Besonnenheit)이 꽃피었다. 이 심사숙고 능력은 인간으로 하여금 앞뒤로 보면서 그의 인생과 세계의 운행을 쉽사리 전체적으로 개관하게 하고, 현재로부터 독립하게 만들어 주고, 선한 일이든 악한 일이든 신사愼思해서, 계획적으로 그리고 신중하게 일에 착수하도록 한다. 그러나 그는 그가 하는 것을 완벽한 자기의식을 갖고 한다. 그는 그의 의지가 어떻게 결정되는지, 의지가 늘 무엇을 선택하는, 그리고 사리에 따라 어떤 다른 선택이 가능했는지를 정확하게 알고, 이 자기 의식적 의욕으로부터 자기 자신을 배워 알고, 자신의 행위에 비춰본다. 인간의 행위에 대한 이 모든 관계에서 이성은 '실천적'이라고 불릴 수 있다. 이성이 관심을 갖는 대상들이 사유하는 자의 행위와 관계를 가지는 것이 아니라, 다만 이론적 관심만을 가지고 있는 한에서만 이성은 이론적이다. 그러나 이 이론적 관심에 능력 있는 인간들은 아주 적다. 이런 의미에서 실천이성이라고 일컫는 것은 키케로에 의하면 'providentia'(예견력)의 축약형인 라틴어 단어 'prudentia'(현명)에 의해 아주 어지간히 표현된다. 왜냐하면 이에 반해 (…) 'ratio'는 정신력에 의해 사용되는 경우에 대부분 본래적인 이론적 이성을 뜻하기 때문이다. 하지만 거의 모든 사람 안에서 이성은

거의 배타적으로 실천적인 방향을 취한다.[365]

쇼펜하우어는 철학자들이 이성을 주로 이론적으로 사용하는 반면, 일반인들은 이성을 거의 전적으로 '실천적' 방향에서만 사용하는데, 이것은 '현명'이라 부른다고 설명하고 있다. 쇼펜하우어는 이성이 이 실천적 방향을 상실할 때 이성의 행위 관련성, 즉 행위에 대한 이성의 결정력은 완전히 사라진다고 말하면서도 비이성적 행위자가 오히려 '도덕적'이라고 설파한다.

- 그러나 이 실천적 방향이 버려지면, 사유는 행위에 대한 지배권을 잃는다. 이런 경우에 사태는 이렇다. "나는 더 좋은 것을 보고 찬양하지만, 막상 내가 따르는 것은 더 나쁜 것이다"(Ovid, *Metamorphose*, 7, 20). 또는 "아침에 작심하지만, 저녁에는 어리석은 짓을 저지른다". 따라서 인간은 자신의 행동을 자신의 사유에 의해서가 아니라, 현재의 인상에 의해 거의 동물의 방식에 따라 이끌려지도록 한다면, 인간이 본래 이성을 결한 것이 아니라 자기의 행동에 대한 이성의 적용을 결하고 사람들이 인간의 이성은 오로지 이론적일 뿐이지, 실천적인 것이 아니라고 거의 말할 수 있을지라도, 사람들은 그 인간을 비이성적이라고 부른다. (이렇게 부른다고 그에 대해 도덕적으로 악하다고 비난하는 것은 아니다.) 그래도 이 인간은 불행한 사람을 보면 반드시 이 사람을 돕고, 심지어 희생을 치러서라고 돕고 자기의 빚을 갚지 않고 놓아두는 많은 사람들과 같이 참 좋은 사람일 수 있다. 이러한 비이성적 성격은 커다란 범죄의 범행 능력이 전혀 없다. 왜냐하면 그에게는 이런 것

---

365) Schopenhauer, *Kritik der Kantischen Philosophie*, 693-694쪽.

에 늘 필요한 계획성·위장僞裝·극기가 불가능하기 때문이다.[366]

하지만 쇼펜하우어는 높은 수준의 도덕적 행위를 하는 데서 이성이 수행해야 할 완결적 역할을 적시하는 것을 잊지 않는다.

- 하지만 그(비이성적이지만 도덕적인 인간)가 아주 높은 등급의 덕성에 도달하는 것도 어렵다. 왜냐하면 그가 본성상 선에 대한 성향이 아주 대단할지라도, 어떤 사람이든 지배받는 악덕한 악의적 개별적 격정들이 없지 않을 것이고, 이성이 실천적으로 모습을 드러내면서 이 격정에 대해 불변적 준칙과 확고한 결심을 대립시키지 않는다면, 이 격정들은 행동으로 화할 수밖에 없기 때문이다.[367]

실천적 현명을 갖춘 소위 '참으로 이성적인 인물', 즉 항간에서 시쳇말로 '실천적 철학자'라고 부르는 사람들은 평범한 도덕적 인간들과 달리 의식적 도덕 준칙을 잘 수립하고 이에 확고하고 침착한 사람이다.

- 마침내 이성이 실천적인 것(praktisch)으로 나타나는 것은 전적으로 본래 제대로 이성적인 인물들에게서다. 이 때문에 항간에서 이 인물들은 '실천 철학자들'이라고 부르는데, 이들은 기분 나쁜 일에서도 기쁜 일에서처럼 견지하는 비상한 평정심, 즉 균일한 정서와 작심한 결의의 확고한 고수에서 빼어나다. 실은 그것은 그들 안에서의 이성의 우원迂遠한 지배, 즉 직관적이기보다 더 추상적인 인식, 그리고 개념들에 의한 인생의 커다란 일반적·전반적 개관이다. 이런 추상적 인식과 전반

---

366) Schopenhauer, *Kritik der Kantischen Philosophie*, 694-695쪽.
367) Schopenhauer, *Kritik der Kantischen Philosophie*, 695쪽.

적 개관은 그들로 하여금 순간적 인상의 기만, 만물의 덧없음, 인생의 짧음, 향락의 공허함, 행운의 변화무쌍함과 우연의 크고 작은 트릭들에 대해 단연코 알게 만들어 준 것이다. 따라서 그들에게는 기대치 않았던 것은 아무것도 닥치지 않고, 그들이 추상적으로 알 수 있는 것이 그들을 엄습하지 않고, 이것이 현실 속에서 개별적으로 그들과 만날 때, 그들을 당혹게 하지 않는다."[368]

쇼펜하우어는 고전적 철학 서적을 죽 더듬으며 이 항간의 '실천적 철학자' 테제를 부연한다.[369] 하지만 그는 확고한 이성적 인식의 현명 없이 도덕감정에 따라 행동하는 일반인들은 반대라고 말한다. "그러나 현재, 직관적인 것, 현실적인 것이 힘을 구사하는, 그렇게 이성적이지 않은 인물들의 경우에는 그렇지 않다. 이들의 경우에는 냉철하고 색깔 없는 개념들은 의식의 배경으로 완전히 사라지고, 의도와 준칙을 망각하고서 온갖 종류의 정감과 정열에 희생된다."[370]

쇼펜하우어는 칸트 이전에 쓰이던 이성이라는 단어의 다양한 의미를 플라톤부터 추적해 보여주고,[371] 칸트가 이성이라는 단어를 마치 "무주물無主物"처럼 점취해 그 의미를 엄청나게 부풀려 사용했다고 비판하며 이렇게 풍자한다. "사람들이 최근에 나중에 눈사태처럼 확대된 칸트의 오류의 영향을 통해 이성에 관해 어떻게 말해지는지를 읽는다면, 사람들은 어쩔 수 없이 칸트 이전의 모든 철학자만이 아니라 고대의 총체적 지자들도 전혀 이성을 가지고 있지 않았다고 가정해야 할 것이다."[372]

쇼펜하우어는 칸트가 순수이성의 범주라고 말한 '필연성'과 실천이성

---

368) Schopenhauer, *Kritik der Kantischen Philosophie*, 695쪽.
369) Schopenhauer, *Kritik der Kantischen Philosophie*, 696-697쪽.
370) Schopenhauer, *Kritik der Kantischen Philosophie*, 695-696쪽.
371) Schopenhauer, *Kritik der Kantischen Philosophie*, 697-699쪽.
372) Schopenhauer, *Kritik der Kantischen Philosophie*, 698쪽.

의 도덕적 '당위성' 간의 완전한 이질성과 본질적 차이를 들어 실천이성 개념을 기각한다. "칸트는 이론이성과 실천이성에 대한 자신의 비판에서 이성 일반의 본질로부터 출발하고, 이성의 유類를 이렇게 규정한 뒤에 이성의 두 종種의 설명으로 나아가 하나의 동일한 이성이 어떻게 그토록 상이한 두 방식으로 표현되고 그래도 주요 성질의 고수를 통해 자신을 동일한 이성으로 공증하는지를 증명해야"[373] 했지만, 그는 이를 증명하지 않았다는 것이다. 쇼펜하우어는 이성의 비판 능력에 관한 칸트의 중언부언을 지적하고, "겁 대가리 없이" 얼굴을 드민 실천이성의 '윤리적' 의미를 전면 부정한다.

- 실천이성은 이미 『순수이성 비판』에서 신고도 하지 않은 채 얼굴을 내밀고 있고, 나중에 고유하게 실천이성에 바쳐진 비판에는 더 이상의 설명도 없이, 그리고 모든 시대, 모든 국민들의 발로 다져진 어법 또는 가장 위대한 이전 철학자들의 개념 규정들에 발언권을 주는 것도 없이 기정사실로 떡 들어앉아 있다. 전체적으로 사람들은 개별 구절들로부터, 칸트의 의견은 선험적 원리의 인식은 이성의 본질적 성격이라는 것에 이른다는 것을 추측해 낼 수 있다. 행동의 윤리적 함의(ethische Bedeutsamkeit)의 인식이 경험적 원천을 갖지 않기 때문에, 이 윤리적 함의도 선험적 원리(principium a priori)이고, 따라서, 이런 한에서 실천적 이성으로부터 유래한다는 것이다. (…) 이질적인 것들의 기타 엄청난 근본적 본질 차이를 못 본 척하고 이 이질적인 것들을 통합하기 위해 여기서 경험으로부터의 독립이라는 유일한 특징만을 이용하는 것은 얼마나 피상적이고, 얼마나 불가해한 것인가. 행동의 윤리적 의미가 우리 안에 들어 있는 명령, 무조건적 당위(Soll)로부터 생겨난다

---

373) Schopenhauer, *Kritik der Kantischen Philosophie*, 699쪽.

고 (…) 가정해 보더라도, 이것은 그가 『순수이성 비판』에서 우리에게 선험적으로 의식된 것으로 증명하는 인식의 저 일반적 형식들과 얼마나 근본적으로 상이한가?[374]

그것이 실천이성의 범주라는 무조건적 당위성이 순수이성의 범주(필연성)와 그토록 "상이하다"는 것은 윤리적 당위성이 이성과 애당초 본질적으로 무관하다는 것을 이미 함의한다는 것이다.

- 우리는 이런 선험적 의식에 의해 우리는 우리에게 가능한 모든 경험에 타당한 무제약적 필연(Muß)을 미리 언명할 수 있다. 그러나 모든 객체의 – 이미 주체 속에서 규정된 – 필수적 형식인 이 필연성과 저 도덕적 당위성 간의 차이는 하늘만큼 크고 아주 눈에 튀어서, 비경험적 인식 방식의 특징 속에서의 양자의 합치를 좋이 익살스런 비유로 주장할 수 있으나, 양자의 원천을 동일시함으로써 철학적 정당성을 주장할 수는 없다.[375]

쇼펜하우어는 여기서 사실적 "필연성"과 도덕적 "당위성" 간의 차이는 "하늘만큼 크기" 때문에 "양자의 원천"을 이성으로 "동일시하는" 것은 "익살"에 불과한 것일 뿐이고 "철학적 정당성"을 결한다고 확언하고 있다. 칸트가 "실천이성의 자식, 즉 절대적 당위 또는 정언명령의 탄생지"를 "실천이성 비판에 두었는데"(『순수이성 비판』 802[830]), 쇼펜하우어는 이를 "그 탄생은 폭력적이고, '따라서(Daher)'라는 출산용 집게를 써서만 성공한다"고 풍자하고, "이 '따라서'라는 집게는 겁대가리 없고 용감

---

374) Schopenhauer, *Kritik der Kantischen Philosophie*, 699-700쪽.
375) Schopenhauer, *Kritik der Kantischen Philosophie*, 700쪽.

해서, 아니 이렇게 말해도 된다면, 뻔뻔스러워서 서로 극히 생소하고 아무런 연관도 갖지 않는 두 명제 사이에 끼어들어 이것들을 원인과 결과(Grund und Folge)로 결합시킨다"고 조롱한다.[376] 엄청난 통찰력에 엄청난 말재간이다.

이어서 쇼펜하우어는 인간을 움직이는 동기는 이성적 사유가 아니라 감정이고, 이성은 눈앞의 연필 하나를 움직이는 행동조차도 발기發起시키지 못한다는 사실에 대한 칸트의 무지를 맘껏 비웃으며 칸트의 "추상적 동기" 개념을 "나무 쇠(hölzerer Eisen)로 만든 왕홀王笏"과 같은 형용모순이라고 비꼰다. 그리고 "추상적 동기"를 운위하는 칸트의 도덕적 당위론이 천국과 지옥의 사후상벌론 논리에 불과한 '불순한' 도덕론임을 폭로한다.

- 말하자면 직관적 동기만이 아니라 추상적 동기도 우리를 규정한다는 사실은 칸트가 출발하는 명제다. 그는 이것을 이렇게 표현한다. "자극하는 것, 감각들을 직접 촉발하는 것만이 인간적 자의를 규정하는 것이 아니다. 우리는 그 자체가 보다 떨어져 있는 방식으로 이롭거나 해로운 것에 관한 표상들을 통해 우리의 감성적 욕구 능력에 대한 인상들을 극복하는 능력을 가지고 있다. 우리의 전체적 상태의 관점에서 무엇이 욕구할 만한 것인지, 즉 무엇이 좋고 이로운 것인지에 대한 이런 숙고는 이성에 근거한다." (…) "따라서(!) 이 이성은 명령, 즉 자유의 객관적 법칙이고 무엇이 일어나야 하는지(soll)를, 이것이 끝내 일어나지 않더라도, 말해주는 법칙들을 준다." 그리하여 더 이상의 인증 없이 정언명령은 세상에 튀어나와, 거기서 자신의 무제약적 당위를 갖고, 즉 나무 쇠로 만든 왕홀을 쥐고 관리를 행한다. 왜냐하면 해야 한다는

---

376) Schopenhauer, *Kritik der Kantischen Philosophie*, 700쪽.

당위(Sollen) 개념 속에는 철저히, 그리고 본질적으로 필연적 조건으로서의 처벌 위협과 포상 약속에 대한 고려가 들어 있고, 이 고려는 이 당위 개념 자체를 폐기하고 이 개념으로부터 모든 의미를 빼앗지 않고는 이 개념과 분리될 수 없기 때문이다. 따라서 무제약적 당위는 형용모순(contradictio in adiecto)이다.[377]

쇼펜하우어는 도덕감정이 결여된 칸트의 냉혹한 도덕 법칙적 당위 개념을 "형용모순"으로 비판하고 있다. 하지만 칸트에게 얼핏 보면 공적같이 보이는 점이 있지만 이것은 곧 불순성과 비일관성을 노정한다고 지적한다.

- 형용모순의 이 오류는 윤리학에서의 칸트의 커다란 공적과 아무리 친화적일지라도 질책 되어야 했다. 이 친화성은 바로 그가 윤리학을 경험 세계의 원리로부터, 즉 일체의 직간접적 행복론으로부터 해방하고, 덕성의 나라가 이 경험 세계로부터 유래하지 않는다는 것을 완전 본래적으로 보여주었다는 데 있다. (…) 기독교는 완전히 비이기적인 덕성을 훨씬 더 많이 설교하고 있다. 기독교의 이 비이기적 덕성은 – 업적이 정당화하는 것이 아니라, 믿음의 단순한 징표로서 덕성이 수반하는 믿음, 따라서 완전히 무대가無代價이고 저절로 나타나는 믿음만이 정당화하는 한에서 – 사후의 생에서의 대가 때문이 아니라 신에 대한 사랑으로부터 완전히 무대가로 발휘된다. 루터의 *De libertate Christana*를 보라. 나는 도처에서 자기 업적의 대가에 대한 소망을, 끝내 극락極樂(Seligkeit)에 이를 수 없는, '지옥으로 가는 길'로 묘사하는 성스런 책들을 가진 인도인들까지 고려하지 않을 것이다. 그런데

---

377) Schopenhauer, *Kritik der Kantischen Philosophie*, 700-701쪽.

우리는 칸트의 덕성론을 이렇게 순수하게 느끼지 않는다. 아니면 오히려 서술이 정신에 한참 뒤떨어졌다, 아니 앞뒤가 맞지 않는 비일관성에 빠졌다.[378]

왜냐하면 종국에 가서 칸트의 정언명령적 삶은 천국의 희망과 지옥의 협박, 즉 행복·불행의 논리로 귀결되기 때문이다.

- 나중에 논의되는 칸트의 최고선에서 우리는 덕성이 행복과 결혼하는 것을 발견한다. 원천적으로 그렇게 무제약적인 당위는 하지만 뒤에 본래 내적 모순을 탈피하기 위한 한 조건을 요청한다. 이 당위가 이 내적 모순에 사로잡혀서는 살 수 없기 때문이다. 최고선에서의 행복이 덕성의 동기여서는 아니 되기는 할지라도, 그 존재만으로 모든 나머지 계약을 단순한 가짜 계약으로 만들어버리는 비밀항목으로서 현존한다. 행복은 본래 덕성의 대가가 아니지만, 그래도 그것은 노역을 견뎌 낸 뒤에 몰래 손을 벌려 받으려는 자발적 선물이다. 『실천이성 비판』을 통해 이것을 스스로 확신하라.(제4판 223-266쪽; 로젠크란츠 판본 264-295쪽) 그의 전全 도덕신학도 동일한 경향이다. 이 경향을 통해 바로 이런 까닭에 본래 도덕은 스스로 폐기된다. 왜냐하면 내가 되풀이하는 바, 어떤 식으로든 대가代價 때문에 수행되는 모든 덕성은 멀리 내다본 영리한 체계적(methodisch) 이기심에 근거하고 있기 때문이다.[379]

모든 감정을 탈피한 도덕법칙의 당위, 즉 '정언명령'이라는 추상적 동기는 실제에서 인간들의 행동을 추동시킬 수 없는 내적 형용모순의 동기

---

378) Schopenhauer, *Kritik der Kantischen Philosophie*, 701-702쪽.
379) Schopenhauer, *Kritik der Kantischen Philosophie*, 702쪽.

다. 따라서 이것을 실제적 동기로 만들기 위해 칸트는 『실천이성 비판』의 끄트머리에서 도덕감정에 속하지도 못하는 사후의 비현실적 행복과 불행에 대한 욕망이라는 이기심 감정을 슬그머니 '밀반입'한다. 하지만 이것으로 칸트의 도덕철학은 주술적 도덕론으로 붕괴된다.

사람들이 도덕적 행위를 하면서, 또는 도덕 행위를 하고 나서 때로 뿌듯한 즐거움(행복감)을 느끼는 경우가 있을지라도 도덕적 행위를 기쁨이나 이익, 또는 결과적 즐거움을 얻을 이기적 목적에서 행한다면 이 행위는 더 이상 도덕적 행위가 아니다. 그리고 도덕적 행위는 대부분 기쁨이나 이익은커녕 고통과 손해, 심지어 죽음의 자기희생을 요한다. 나아가 죽은 뒤 상벌론은 보통 사람의 도덕 감정적 당위와 동기를 능가하지 못할 것이다. 왜냐하면 기독교와 이슬람교의 독실한 신도를 제외하고 영혼 불멸, 사후세계, 천당과 지옥을 믿지 않거나 비웃는 정상인들은 사후 심판의 행복·불행에 대해 아무런 이기적 욕망도 느끼지 않을 것이기 때문이다. 도덕 행위는 단순 감정 고통(아픔)과 희생을 늘 반드시 동반하는 것도 아니고 이런 것들을 동반하더라도 도덕적 즐거움은 그 도덕행위 자체 속에 들어있다. 덕행자는 고통과 물질적 희생의 상실감 속에서 도덕적 '떳떳함과 뿌듯함'의 즐거움을 느끼고 벗들을 얻어 서로 어울림(company)의 연대적 즐거움을 느낄 수 있다. "덕은 외롭지 않으니 반드시 이웃이 있기(德不孤 必有隣)" 때문이다. 따라서 덕행에 대한 사후세계의 보상은 애당초 불필요한 것이다.

대가를 초월한 것 같은 칸트의 엄숙한 정언명령 자체도 자기의 복지(Wohlsein)에 대한 이기적 욕망을 감추고 있다. 쇼펜하우어는 이것을 예리하게 간취해 내어 폭로한다. 주지하다시피 칸트가 주장한 제1도덕법칙 또는 제1정언명령의 이성적 입법 원리는 "네 의지의 준칙이 항상 동시에 일반적 입법의 원리로 타당할 수 있도록 행동하라"이다.

- 이 원리는 그 자신의 의지에 대해 규제자 또는 규제 원리를 요구하는 자에게 만인의 의지를 위한 원리를 찾을 과제를 부과한다. 그렇다면 이러한 것이 어떻게 찾아져야 할지가 궁금하다. 분명히 나는 내 품행의 규칙을 발견해 내기 위해 나만을 고려하는 것이 아니라 모든 개인 전체를 고려해야 한다. 그다음 나 자신의 복지가 아니라 무차별적 만인의 복지가 나의 목적이 된다. 그러나 목적은 언제나 변함없이 동일하게 '복지'다. 그러면 나는 누구나 자신의 이기심을 남의 이기심으로 제한하는 경우에만 만인이 동등하게 잘살 수 있다는 것을 느낀다. 여기로부터 나오는 결론은 물론, 내가 아무도 침해하지 않아야 한다는 원리가 일반적인 것으로 받아들여짐으로써 나도 침해받지 않기 때문에 내가 아무도 침해하지 않아야 한다는 것이다. 그러나 이것은 내가 도덕 원칙을 아직 보유한 것이 아니라 비로소 이 원리를 찾고 있으면서 이 원리를 일반적 법칙으로 바랄 수 있는 유일한 이유다. 그러나 분명히 이런 식으로 해서 복지에 대한 욕망, 즉 이기심은 변함없이 이 윤리적 원리의 원천으로 그대로 남아있다.[380]

따라서 칸트의 보편적 도덕법칙의 근본은 도덕이 아니라 이익을 조절하는 공리주의다. 잘 설명하던 쇼펜하우어는 그의 그릇된 국가관을 노정한다.

- 이것은 국가론의 토대로서 탁월하지만, 윤리학의 토대로서는 쓸데없다. 왜냐하면 저 도덕원리 속에 제기된, 만인의 의지에 대한 규제 원리의 확정을 위해서는, 이 만인의 의지가 이 규제 원리를 찾는 한에서, 그 자체가 필연적으로 다시 또 하나의 규제 원리를 필요로 하고, 만일 그

---

380) Schopenhauer, *Kritik der Kantischen Philosophie*, 702쪽.

렇지 않다면 이 의지에게 모든 것은 아무래도 상관없는 것이 되고 말기 때문이다. 그러나 이 규제원리는 자기의 이기심에 불과할 수 있다. 왜냐하면 타인들의 품행은 오직 이 이기심에만 영향을 미치고, 따라서 이 이기심을 매개로 해서만, 그리고 이 이기심에 대한 고려 속에서만 저 자기의 이기심은 타인들의 행동과 관련해 의지를 갖고, 타인의 행동이 그에게 아무래도 상관없는 것이 되지 않기 때문이다.[381]

비판의 요지는 복지 이익에 대한 이기적 관심을 떠나서 칸트의 도덕법칙을 논할 수 없다는 말이다. 그러나 "이것은 국가론의 토대로서 탁월하지만, 윤리학의 토대로서는 쓸데없다"는 말에서 뒷말은 옳지만 앞말은 그릇되었다. 국가도 사적 이익과 이기심을 뛰어넘는 인애와 도덕적 자기희생(가령 국방의무)의 준엄한 도덕적 존재이기 때문이다.

쇼펜하우어는 정밀 독해를 통해 칸트 자신이 제1정언명령이 '상호 이익'이라는 '싸구려 공리'라는 것을 자기 파괴적으로 인정하고 있다고 폭로한다.

- 아주 나이브하게도 칸트는 의지에 대한 준칙의 탐색을 이렇게 상술하는『실천이성 비판』(123쪽[로젠크란츠 판본 192쪽])에서 이것 자체를 인정해 주고 있다. "누구나 타인들의 곤경을 완전한 무관심으로 바라본다면, 그리고 너도 이런 '사물들의 질서'에 같이 속한다면, 이것에 동의할 것인가?" - "우리는 우리 자신과 배치되는 것을 얼마나 경솔하게 승인하는가!(Qam temere in nosmet legem sancimus iniquam!; Horatius, Sermones, 1, 3)"는 요구되던 동의의 규제 원리일 것이다. 마찬가지로『도덕형이상학의 정초』(제3판 56쪽[로젠크란츠 판본 50쪽])

---

381) Schopenhauer, *Kritik der Kantischen Philosophie*, 702-703쪽.

에서 이렇게 말한다. "곤경에 처한 어떤 사람도 원조하지 않기로 작정한 의지는 그가 타인들의 사랑과 동정을 필요로 하는 경우들이 발생할 수 있는 점에서 자가당착적일 것이다." 따라서 백광白光 속에서 고찰하면 다름 아니라 "남이 네게 하기를 네가 원치 않는 것은 어떤 다른 사람에게도 가하지 말라(quod tibi fieri non vis, alteri ne feceis - Alexander Severus 황제의 금언)"는 옛날의 단순한 원칙의 완곡한 간접 표현인 윤리학의 이 원리는 그러므로 먼저 그리고 직접적으로 수동적인 것, 당하는 것과 관계하는 것이고, 그다음에 비로소 이 수동적인 것을 매개로 행위와 관계한다. (…) 탐구 대상이 행위로서의 행위이고 직접적 의미에 있어 행위자의 귀결, 당하는 것이나 타인에 대한 행위자의 관계가 아니라 행위자를 위해 존재하는 윤리학 안에서 저런 고려는 전적으로 허용될 수 없다. 이러면 윤리학은 근본적으로 다시 행복 원리로, 따라서 이기심으로 결말지어지기 때문이다.[382]

쇼펜하우어는 순전히 도덕법칙에 따른 행위만을 도덕적 행위로 보는 칸트의 엄숙한 도덕철학을 도덕성과 거리가 먼 "이성적 이기심(vernünftiger Egoismus)"의 체계로 다시 폭로하고 철저히 해체해 버린다.

- 그러므로 우리는 칸트의 윤리학 원리가 물질적 원리, 즉 동기를 정립하는 것으로서의 객체가 아니라, 이 윤리학 원리로 하여금 『순수이성 비판』이 우리에게 가르쳐 주었을 수 있는 형식적 법칙들에 상응하게끔 만들어주는 단순한 형식적 원리라는 데서 느끼는 칸트의 기쁨을 같이 나눌 수도 없다. (…) 한편으로 우리는 이 공식을 "quod tibi

---

[382] Schopenhauer, *Kritik der Kantischen Philosophie*, 703-704쪽.

fieri non vis, alteri ne feceis(남이 네게 하기를 네가 원치 않는 것은 어떤 다른 사람에게도 가하지 말라)"라는 금언 속에 더 짧고 더 명백한 것으로 가지고 있고, 다른 한편으로 이 공식의 분석은 오로지 자기의 행복에 대한 고려만이 이 공식에 내용을 주고, 따라서 한낱 모든 법체제의 원천이기도 한 이성적 이기심에만 이바지할 수 있다는 것을 보여준다.[383]

이어서 쇼펜하우어는 동시에 그는 "진실한 심정"에서 나온 도덕 행위가 아니면 가식이라는 기독교적 논변을 동원해서 진정한 도덕적 행위란 대가를 바라고 하는 행위가 아니라 "마음에서 우러나옴" 또는 사랑에서 수행하는 행위만을 말한다고 못 박는다.

- 칸트가 누구나의 감정을 상하게 하고 종종 질책을 당하고 실러에 의해 한 경구로 풍자된 또 다른 오류는 어떤 행위가 참으로 선하고 가치가 있기 위해서라면, 그 어떤 성향에서가 아니라, 타인에 대한 호의의 느낌에서가 아니라, 마음 약한 동정심, 연민이나 '마음에서 우러나옴'에서가 아니라, 오로지 인식된 법칙과 의무 개념에 대한 공경에서 그리고 이성에 추상적으로 의식되는 준칙에 따라서만 수행되어야 한다는 현학적 정관定款이다. 동정, 연민이나 마음에서 우러나옴(Herzensaufwallung)과 같은 것은 (『실천이성 비판』[213쪽, 로젠크란츠 판본 257쪽]에 의하면) 잘 생각하는 사람들에게 이들의 심사숙고된 준칙을 혼동시키는 것으로써 심지어 아주 귀찮은 것이다. 오히려 행위는 내키지 않게, 그리고 자기 강제로 일어나야 한다. 여기에서 그럼에도 대가에 대한 희망이 영향을 미쳐서는 아니 된다는 것을 기억하고,

---

383) Schopenhauer, *Kritik der Kantischen Philosophie*, 704쪽.

이 요구의 지독한 부조리를 헤아려보라. 그러나 더 말해야 하는 것은 이 요구가 덕성의 진실한 정신과 정면 배치된다는 것이다. 행위가 아니라, 이 행위를 하는 기꺼운 마음, 즉 이 행위를 생겨나게 하는 사랑은 (…) 이 행위의 칭찬할 만한 면을 이룬다. 따라서 기독교는 모든 외적 업적은 기꺼이 행하려는 참된 마음과 순수한 사랑에 본질을 두는 저 진실한 심정에서 생겨나지 않는다면 무가치하다고 올바로 가르치고, 수행된 (결과적) 업적(opera operata)이 아니라 믿음이, 즉 법칙만을 눈앞에 두는, 자유롭고 심사숙고된 의지가 낳는 것이 아니라 성령만이 부여하는 진실한 심정이 사람을 복되게 하고 구원한다고 올바로 가르치고 있는 것이다.[384]

그리고 쇼펜하우어는 예술 천재의 진실한 예술 작품과 미학 교수의 미학이론 간의 차이에 대한 비유적 논변을 이용해 칸트의 도덕철학을 '납을 금으로 바꾸는' 것과 같은 불가능한 도덕론으로 패대기쳐 버린다.

- 어떤 덕행이든 법칙에 대한 숙고된 순수한 존경에서, 그리고 이 법칙의 추상적 준칙에 따라 차갑게, 그리고 성향 없이, 아니 성향에 반해서 일어나야 한다는 칸트의 저 요구는 어떤 진실한 예술 작품이든 미학적 규칙의 잘 숙고된 적용을 통해 생성되어야 한다고 주장하는 경우와 정황이 똑같다. 전자는 후자만큼 거꾸로 된 것이다.[385]

칸트는 『실천이성 비판』에서 자가당착적으로 도덕감정에 입각한 도덕교육론을 개진하지만, 칸트의 저 요구에 엄격히 따른다면 도덕법칙을 도

---

384) Schopenhauer, *Kritik der Kantischen Philosophie*, 704-705쪽.
385) Schopenhauer, *Kritik der Kantischen Philosophie*, 705쪽.

출하는 도덕철학자의 추론 작업만이 가능하므로 도덕성은 대중에게 가르쳐질 수 없고, 미학 교수의 주장에 따른다면 대중의 예술교육도 불가능해야 할 것이다.

- 이미 플라톤과 세네카가 취급한 물음, 즉 덕성이 가르쳐질 수 있는지 하는 물음은 부정으로 답변된다. 사람들은 마침내 기독교적 은총선택설에도 원천을 주는 것, 즉 주요사실과 내면에 따라 덕성이 얼마간 천재처럼 타고나고 모든 미학 교수가 힘을 모아 그 어떤 이에게 천재적 생산물, 즉 진실한 예술 작품의 능력을 가르칠 수 없는 것처럼, 모든 윤리학교수들과 성직자들도 천한 성격을 덕스럽고 고귀한 성격으로 탈바꿈시킬 수 없다는 것을 통찰할 것을 결단해야 할 것이다. 이 탈바꿈의 불가능성은 납을 금으로 바꾸는 것의 불가능성보다 훨씬 더 분명하다. 실천적 영향력을 갖고 진짜로 인류를 탈바꿈시키고 개선할 윤리학과 윤리학의 최고원리의 탐색은 '지자의 돌'의 탐사나 전적으로 같은 것이다.[386]

쇼펜하우어는 덕성과 행복을 통합하는 칸트의 "최고선" 개념과 관련된 궤변을 그가 도덕을 이해하지 못했다는 증거로 본다.

- "칸트는 그가 행동의 윤리적 내용의 본래적 의미 속으로 파고들어 가지 못했다는 것을 마침내 덕성이 행복의 합당한 자격(Würdigkeit)이 되는 식으로 덕성과 행복을 필연적으로 통합하는 최고선 이론을 통해서도 보여준다. 이미 여기서 척도를 이루는 '마땅한 자격' 개념이 이미 윤리학을 자신의 척도로 전제한다는, 따라서 이 척도로부터 출발해서

---

386) Schopenhauer, *Kritik der Kantischen Philosophie*, 705-706쪽.

는 아니 된다는 논리적 질책은 여기서 그를 타격한다. 우리의 제4책에서 밝혀진 사실은, 모든 진실한 덕성은 최고 수준에 도달한 뒤에 궁극적으로 모든 의식이 종말을 고하는 완전한 금욕으로 이끌린다는 것이다. 이에 반해 행복은 충족된 의욕(befriedigtes Wollen)이고, 그러므로 양자는 근본적으로 통합될 수 없다. 나의 설명으로부터 밝은 깨달음을 얻은 사람에 대해 최고선에 관한 칸트적 견해의 완전한 전도성顚倒性에 관한 논의가 더 이상 필요 없다. 그리고 나의 적극적 설명과 별도로 나는 더 이상 소극적 설명을 제공할 필요가 없다.[387]

"덕성이 행복의 마땅한 자격이 된다"는 말은 덕성이 행복의 대가를 받아야 마땅하고 또 필연적으로 받게 된다는 뜻이라면 칸트의 이 명제는 아무런 대가를 바라지 않는 인간적 도덕(대덕)의 의미를 철저히 파괴하는 것이다. 그리고 "행복은 충족된 의욕"이라는 칸트의 행복 개념은 행복을 "욕망하는 것들의 획득의 지속적 성취"로 정의한 홉스의 사이코패스적·공리주의적 행복 개념과 상통한다.

지금까지 쇼펜하우어는 칸트의 도덕철학을 칸트가 내건 명분에 충실하게 분석하고 예리하게 비판했다. 따라서 그는 동정심이 없는 칸트의 도덕론의 자기 파괴적 이기심 측면을 잘 폭로했지만, 그 '비인간적·괴물적' 측면은 손대지 않았다.

---

387) Schopenhauer, *Kritik der Kantischen Philosophie*, 706쪽.

제2절

쇼펜하우어의 성선론적 도덕철학

2.1. 동물사랑 없는 기독교적 사랑 개념에 대한 비판

동양문명은 세계사의 단계마다 서양에 큰 영향을 미쳐 왔다. 기원전에도 동양의 철학사상과 문물은 중동과 이집트, 그리고 서양 지중해 지역으로 전파되었었다. 기원전 서양문명은 거의 야만적이었다. 이런 까닭에 기원전 선진적 동양문명은 서양에 지대한 영향을 미쳤었다. 동방의 여러 곳을 방문하고 인도에서 오랫동안 유학 생활을 했던 피타고라스의 수학과 기하학적 정리, 소크라테스와 플라톤의 윤회설과 상기설想起說적 인식론,[388] 알렉산더의 동방 원정에 종군해 인도에 장기 체류하며 인도철학을 배운 피론의 회의론 등은 힌두이즘이나 불교와 중국 문화의 영

---

388) 플라톤은 참조: *Paidon* (70c, 71a-e, 72e-73a, 73c-76a, 82c, 83a-c), Paidros (245b-e, 246a-249d, 249d-251b).

향을 빼면 이해할 수 없는 것이다. 소크라테스·플라톤의 『국가론』 제10권에서 윤회설('카르마'의 설), 그리고 이에 입각한 상기설과 환생, 뤼시스(해탈), 카타르모스(정화) 등에 관해 설명하고 있다. 서양 학자들은 플라톤의 이 학설이 인도 힌두이즘에서 온 것에 대해서 한결같이 침묵한다. 오늘날 '마야(幻影)의 베일'의 비유인 '동굴의 신화'까지 포함해 이것을 솔직히 인정한 서양철학자는 - 우리가 아는 한 - 마이클 에드워디스(Michael Edwardes)가 유일하다.[389]

쇼펜하우어는 기독교의 '사랑' 또는 '인간애'도 인도의 브라만교·불교로부터 왔고, '아바타(Avatar)', 또는 '화신化身' 개념도 인도로부터 이집트를 경유해 유대 땅으로 들어왔다고 주장한다.

- 이 기독교 도덕이 단지 덜 강렬하게 표현되고 끝까지 완결되지 않았을 뿐이지, 동물 관련 도덕을 제외한 나머지 측면에서 브라만교·불교 도덕과 최대의 일치성을 보여주는 만큼, 기독교 도덕의 이 결함(동물 사랑의 결여 - 인용자)에 대해 사람들은 그만큼 더욱 경악하지 않을 수 없다. 그러므로 우리는 기독교 도덕이 '아바타'의 이념도 그렇듯이 인도에서 유래하고, 이집트를 경유해 유대왕국으로 도래할 수 있었다는 것을 거의 의심할 수 없다. 그리하여 기독교는 이집트 폐허의 인도적 원광源光이 남긴 잔영일 것이지만, 이 잔영이 안타깝게도 유대 땅에 떨어졌다.[390]

여기서 쇼펜하우어는 분명 "아바타" 이념과 함께 "기독교 도덕이 인도

---

389) 참조: Michael Edwardes, *East-West Passage: The Travel of Ideas, Arts and Interventions between Asia and the Western World* (Cassell·London: The Camelot, 1971), 14쪽.
390) Schopenhauer, *Preisschrift über die Grundlage der Moral* [1841·1860], §9 (709쪽).

에서 이집트를 경유해 유대왕국으로 도래했다"고 말하고 있다.[391] 쇼펜하우어는 동물 사랑까지 포괄하는 힌두교와 불교의 사랑(자비) 이념이 동물 도살로 얻은 육류를 주식으로 하는 유대 땅에 떨어진 통에 기독교에 인간 파시즘적 '인간사랑'만 남고 '동물사랑'은 탈락한 것을 안타까워하고 있다.

쇼펜하우어는 피타고라스·소크라테스·플라톤의 철학이 인도철학의 영향을 받았다는 사실도 언급한다. 이것으로써 그는 그리스철학이 간접적으로 공자철학의 영향을 받았다는 것도 함의하는 셈이다. 기원전 인도와 중국 사이에는 사상 교류가 활발히 벌어졌기 때문이다. 이어서 쇼펜하우어는 "신화적 설명의 저 극치"로서의 윤회사상을 "이미 피타고라스와 플라톤이 인도나 이집트로부터 전해 들었고, 경탄 속에 이해했고, 숭배했고, 적용했고, 우리가 그들이 얼마만큼 믿었는지 몰라도 그들 자신이 윤회사상을 믿었다"고 말한다.[392]

쇼펜하우어는 『도덕의 기초에 관한 현상 논문』(1839)에서 플라톤의 윤회설과 이데아론이 인도에서 유래했다는 것에 대해 더욱 분명하게 말한다.

- 플라톤의 저 윤회 신화는 칸트가 그 추상적 순수성 속에서 이지적 성격과 경험적 성격의 학설로서 제시한 저 위대하고 심오한 인식의 비유로 간주될 수 있다는 사실과, 따라서 이 인식이 본질적으로 플라톤보다 이미 수천 년 전에 획득되었다는 사실, 아니 이보다 훨씬 더 높이 거슬러 올라간다는 사실을 독자는 인식할 것이다. 왜냐하면 포르퓌리오스(Porphyrios, 232-305)는 플라톤이 이 인식을 이집트로부터 넘겨받

---

391) Schopenhauer, *Die Welt als Wille und Vorstellung I*, §63 (467쪽).
392) Schopenhauer, Die Welt als Wille und Vorstellung I, §63 (467쪽).

았다는 견해를 갖고 있기 때문이다. 그러나 이 인식은 브라만교의 윤회설 속에 이미 들어 있고, 이집트 성직자들의 지혜는 지극히 개연적으로 이 브라만교로부터 유래하는 것이다.[393]

그러나 쇼펜하우어의 이런 말은 19세기에 그리 충격적이지 않았을 것이다. 17세기 말 이미 윌리엄 템플과 피에르 벨이 고대 그리스 철학이 인도에 가서 유학 생활을 했던 피타고라스, 데모크리토스, 아낙사르코스, 피론 등을 통해 인도와 중국에서 유래했다고 공개적으로 말한 적이 있기 [394] 때문이다.

하지만 쇼펜하우어의 이 주장은 '하느님의 아들'인 '인간 예수'라는 관념과 예수 재림설이 인도산 아바타 개념과 윤회설에 기초한 것이고, 또 예수 그리스도가 인도에 가서 '부처의 제자'가 되었거나 브라만교도가 되어 유학 생활을 했다는 '충격적 의미'를 가질 수 있다. 또한 쇼펜하우어는 "기독교가 이집트 폐허가 남긴 인도적 잔영"이라는 것을 입증하는 근거로 기독교 도덕이 "동물 관련 도덕을 제외한" 모든 측면에서 "브라만교·불교 도덕과의 최대의 일치성을 보여주는" 인간사랑(자비) 도덕이라는 사실을 들고 있다. 인도의 보편적 자비론과 동정심 교설이 그 그림자를 "안타깝게도" 사람과 동물에 대한 사랑을 모르고 정의 제일주의와 투쟁 유일주의에 젖은 유대 땅에 떨어뜨렸다는 것이다. 그래서 인도의 자비 이념이 메마른 유대 땅에서 제대로 꽃필 수 없었다는 말이다.

쇼펜하우어에 의하면, 인도의 자비 개념이 담긴 기독교 신약성서는 사

---

393) Schopenhauer, *Preisschrift über die Grundlage der Moral*, §9 (709쪽 주해).
394) 피에르 벨은 아낙사르코스(Ανάξαρχος, 기원전 380-320?)와 피론(Πύρρων, 기원전 360-270?)이 알렉산더대왕을 수행해 인도에 가서 체류하며 회의론(龍樹의 '中論'으로 보임)을 배워 그리스로 들어왔다고 말한다. Pierre Bayle, *Historical and Critical Dictionary* (1697), selections (Indianapolis·Cambridge: Hackett, 1991), 'Pyrrho' 항목 (194-209쪽).

랑을 가르친다는 것을 상기시키면서 사랑을 모르고 동해보복적同害報復 的 정의와 '정의의 검'만 아는 유대교적 구약성서와 사랑을 제일로 치는 신약성서 간의 모순을 지적한다.

- 정의와 인간애로부터 총체적 덕목들이 발원하고, 따라서 이 두 덕목은 윤리학의 초석이 도출되어 정초 되는 근본 덕목이다. 정의는 구약성서의 전 윤리적 내용이고, 인간애는 신약성서의 전 윤리적 내용이다. 바울(로마서 13:8-10)에 의하면, 인간애는 모든 기독교적 덕목이 담겨 있는 새로운 계명(καινὴ ἐντολή; 카이네 엔톨레)이다(요한 13:34).[395]

그러나 신약성서의 새로운 '사랑' 계명은 이성의 정의를 내세우며 이성이 없는 동물을 우습게 아는 구약성서의 유대주의에 의해 실천적으로 형해화된다. 이런 까닭에 쇼펜하우어는 기독교에 동물 사랑의 덕목이 결여된 것을 단도직입적으로 유대교 탓으로 돌리고 있다.

구약은 "땅을 정복하라, 바다의 물고기와 하늘의 새와 땅의 움직이는 모든 생물을 다스리라", "온 지면의 씨 맺는 모든 채소와 씨 있는 열매를 맺는 모든 나무를 너희의 먹을거리로 가져라"라고 가르침으로써(창세기 1장 28-29절), 동물 사랑을 말하는 것이 아니라, 오히려 땅을 정복 대상으로, 그리고 모든 동식물을 '통치' 대상으로 못 박는다. 그러면서 사랑을 말하기는커녕 "생명은 생명으로, 눈은 눈으로, 이는 이로, 손은 손으로, 발은 발로, 덴 것은 덴 것으로, 상하게 한 것은 상함으로, 때린 것은 때림으로 갚는" 동해同害보복법의 정의(출애굽기 21장 23-25절)만 가르치는 구약성서! 이에 대항해 신약은 "이웃을 네 자신같이 사랑하라"고만 가르치는 것(마태 22:39)이 아니라, "네 이웃을 사랑하고 네 원수를 미워하라

---

395) Schopenhauer, *Preisschrift über die Grundlage der Moral*, §18 (764쪽).

했다는 것을 너희가 들었으나 나는 너희에게 이르노니 너희 원수를 사랑하라"(마태 5:43-44)고 하여 원수도 '이웃'으로 사랑하라고 가르친다.

쇼펜하우어는 유럽의 도덕적 낙후성과 동물 학대 관습을 유대교 탓으로 돌리는 것이다.

- 우리는 모든 시대와 모든 나라가 도덕성의 원천을 잘 인식했지만, 유럽만이 그렇지 못했음을 본다. 이에는 여기 유럽에서 만물만사에 미만해 있는 유대교적 악취(foetor Iudaicus)에 죄책이 있다. 여기에서는 단적으로 의무계명, 도덕법칙, 명령, 간단히 말해서, 순종해야 할 지시와 호령만이 존재해야 한다. 유럽인들은 이것을 떠나지 못하고, 그와 같은 것이 언제나 이기주의만을 기초로 삼고 있다는 것을 보지 않으려고 한다.[396]

그리하여 쇼펜하우어는 '유대교적 악취' 때문에 예수도 인도로부터 들어온 사랑 개념을 축소시켜 동물 사랑을 빼놓게 되었다고 지적하면서 서구의 유대교적·기독교적 '동물 경멸자들'과 '이성 우상 숭배자들(Vernunftidolater)'을 비판한다.

- (…) 유대교화된 서구적 동물 경멸자와 이성 우상 숭배자에게 우리는 동물 경멸자가 그의 어미에 의해 젖 먹여 길러졌듯이 개도 그의 어미에 의해 젖 먹여 길러졌다는 사실을 상기시켜야 한다. (…) 나는 칸트조차도 동시대인들과 동포들의 저 오류에 빠졌다고 비판한 바 있다. 기독교 도덕이 동물을 고려치 않는다는 것은 기독교 도덕의 결함이고,

---

396) Schopenhauer, *Preisschrift über die Grundlage der Moral*, §19 (786쪽).

이 결함은 영구화시키기보다 자백하는 것이 더 좋다.[397]

쇼펜하우어에 의하면, 기독교 도덕이 인도 도덕과의 커다란 일치성에도 불구하고 안고 있는 결함(동물 경멸과 이성숭배)을 상징하는 사건으로 이해될 수 있는 것은 세례자 요한이 완전히 인도 사냣시(Saniassi; 미치광이 흉내를 내는 인도 축제) 방식으로 등장하면서 여기서 동물 가죽을 뒤집어쓰고 나타난다는 사실이다! 동물 가죽을 뒤집어쓰고 나타나는 것은 어떤 힌두교도에게든 전율을 일으킬 것이다. 왜냐하면 콜카타의 왕립협회는 베다 경전의 인쇄본을 유럽 방식으로 가죽 끈으로 묶지 않을 것이라는 약속 아래서만 얻을 수 있었기 때문이다. 왕립협회 도서관의 이 베다 경전 인쇄본은 비단으로 묶여 있다. 유사하게, 구세주가 배들이 가라앉을 정도로 물고기로 가득 채워지는 식의 기적으로 축복하는 베드로의 고기잡이에 관한 복음 이야기(누가 5장)는 이집트의 지혜를 비전적으로 전수받은 피타고라스의 이야기와 특징적 대조를 제공한다. 이것은 인도에서 유학 생활을 한 것으로 알려진 피타고라스의 '방생放生' 이야기다.

- 피타고라스는 어부들에게서 그들이 한 번 그물을 끌어당겨서 잡는 물고기를 그물이 아직 물속에 있을 때 몽땅 산 다음, 잡힌 모든 물고기에게 자유를 선물했다(Apuleius, *De magia*, 36쪽, Bipontini판).[398]

이에 잇대서 쇼펜하우어는 "동물들에 대한 동정심"이 "성격의 선량함과 아주 정확하게 연관된 것이라서, 동물들에게 잔학한 자는 선한 인간일 수 없다"고 강조한다. "이 동정심은 인간들에게 발휘되는 덕성과 동일한

---

397) Schopenhauer, *Preisschrift über die Grundlage der Moral*, §19 (776쪽).
398) Schopenhauer, *Preisschrift über die Grundlage der Moral*, §19 (776-780쪽).

원천으로부터 생겨나는 것"이기 때문이다. 그는 "동물 세계 전체를 물건으로 취급하도록 만드는, 인간들의 이익과 기쁨을 위해서만 그 존재를 인정하는" 유럽의 "기이한 개념들"은 유럽에서 "동물을 거칠게, 완전 무자비하게 취급하는 짓의 원천"이고, 이 '기이한' 개념들은 "구약성서적 기원을 갖는다"는 것이다.[399]

쇼펜하우어는 이 '기이한' 개념을 칸트에게서도 그대로 발견한다. 그는 "이성 없는 존재자들(따라서 동물들)이 '물건'이고, 따라서 수단임과 동시에 목적이기도 한 것으로서가 아니라 단지 '수단'으로서만 취급해도 된다는 칸트의 명제는 진짜 도덕을 모욕한다"고 비판한다. 그는 이 비판과 합치되는 『덕성론의 형이상학적 발단 근거』(§16)의 명시적 문장을 들이댄다. "인간은 단지 인간들에 대한 의무만 있고 이외에 그 어떤 존재자들에 대해서도 의무가 있을 수 없다."[400] 그리고 이와 모순되게도 인간의 도덕성 함양에 지장을 초래한다는 이유에서 동물 학대에 반대하는 칸트의 말(§17)을 인용하고 동시에 비판한다. "동물들을 잔학하게 대하는 것은 자기 자신에 대한 인간의 의무와 대립된다. 왜냐하면 이런 학대로 인해 동물들의 고통에 대한 공감이 인간 안에서 무디어지고 이 때문에 다른 인간과의 관계에서 도덕성에 아주 쓸모 있는 본성적 자질이 약화되기 때문이다."[401] '이성우상숭배자' 칸트가 '공감'을 운위하는 것도 우습지만 쇼펜하우어는 칸트의 이 논변에 대해 "그의 말에 따르면 사람은 단지 자기훈련을 위해서만 동물들에게 동정심을 가져야 한다"고 말하는 셈인데, 이것은 동물들을 "흡사 인간에 대한 동정을 훈련하기 위한 정리적情理的 실습모형"으로 취급하는 것 같다고 신랄한 비판을 가한다.[402]

---

399) Schopenhauer, *Preisschrift über die Grundlage der Moral*, §19 (776-780쪽).
400) Schopenhauer, *Preisschrift über die Grundlage der Moral*, §8 (690쪽).
401) Schopenhauer, *Preisschrift über die Grundlage der Moral*, §8 (690-691쪽).
402) Schopenhauer, *Preisschrift über die Grundlage der Moral*, §8 (691쪽).

그러나 쇼펜하우어의 통렬한 비판은 이것으로 그치지 않고 계속된다.

- 나는 이슬람 지역을 뺀 전 아시아와 함께 이 명제들을 불쾌하고 혐오스럽게 느낀다. 동시에 여기서, 상술했듯이 단지 변복한 신학적 도덕에 불과한 이 철학적 도덕이 어떻게 본래 성서 도덕에 매여 있는지가 다시 한번 드러난다. 말하자면 (…) 기독교적 도덕은 동물들을 고려하지 않기 때문에, 동물들은 철학적 도덕 안에서도 즉시 들새 밥으로 내던져지고, 단순한 '물건', 즉 임의적 목적을 위한 수단에 지나지 않고, 따라서 가령 생체해부, 힘으로 하는 사냥, 투우, 경주, 움직이지 않는 석재수레 앞에서 죽도록 채찍질 당하는 것 등을 위해 있는 것이다. 생명을 가진 모든 것 안에 현존하고 또 햇빛을 보는 모든 눈으로부터 규명될 수 없는 함의를 갖고 비춰 나오는 영원한 본질을 보지 못하는 이러한 파리아-찬달라-믈레차 도덕은 다 '제기랄!'이다. 그러나 저 도덕은 오로지 자기의 가치 있는 종족만을 알고 고려할 뿐인데, 이 종족의 징표인 이성은 어떤 존재자가 이 종에게 도덕적 고려의 대상이 될 수 있는 조건이다.[403]

"이슬람 지역을 뺀"이라는 말은 '유대교화된 지역을 뺀다'는 말이다. 쇼펜하우어는 이슬람교를 유대교의 한 변형으로 보기 때문이다. 데카르트에서 칸트를 잇는 이성 숭배적 서양철학에 대한 범애론적 비판을 쇼펜하우어는 칸트로부터 거슬러 올라가며 일반화한다. 그는 자기가 제시한 도덕적 동인動因이 "다른 유럽적 동물체계 안에서 아주 무책임할 정도로 불량하게 배려되는 동물들도 보호 속에 받아들인다는 점에서 진정한 도덕적 동인"이라고 스스로 확인한다. "동물들은 권리가 없다는 그릇된 관

---

403) Schopenhauer, *Preisschrift über die Grundlage der Moral*, §8 (691쪽).

념, 즉 동물들에 대한 우리의 행동은 도덕적 의미가 없다"는 망념, 또는 "저 도덕의 언어 속에서 그렇듯이 동물들에 대해서는 의무가 존재하지 않는다는 망념"은 바로 "그 원천이 유대교에 있는 서구의 격분케 하는 조야성과 야만성"이다. 철학에서 이 그릇된 관념은 "인간과 동물 간의 전적인 상이성" 테제에 근거한다.

- 인간과 동물 간의 상이성은 주지하다시피 데카르트에 의해 그의 오류의 필연적 귀결로서 가장 단호하고 가장 귀청이 떨어질 듯이 크게 천명되었다. 말하자면 데카르트-라이프니츠-볼프 철학이 추상적 개념들로 합리적 영혼론을 수립하고 불멸의 '이성적 영혼(anima rationalis)'을 구성했을 때, 동물 세계의 자연적 요구들은 인간 종족의 이 배타적 특권과 불멸성 특허장과 대립해서 등장했고, 자연은 이러한 모든 기회에 그렇듯이 조용히 항의를 제기했다. 자기들의 지성적 양심에 의해 불안해하던 철학자들은 합리적 영혼론을 경험적 영혼론으로 뒷받침하려고 시도하지 않을 수 없었고, 따라서 온갖 자명성에도 불구하고 인간과 동물을 근본으로부터 상이한 것으로 서술하기 위해 인간과 동물 사이에 엄청난 간극, 헤아릴 수 없는 간격을 벌리려고 노력했다.[404]

쇼펜하우어는 사랑이 아니라 이성을 도덕의 기초로 들이밀고 내세우며 온갖 미사여구로 치장하는 서양의 합리주의적 도덕철학을 유대 전통의 '사변적 신학'으로 경멸한다. 이 '사변적 신학'은 철학의 옷으로 변복하는데, 사람들은 "칸트에 의해 우리의 인식에 대해 전적으로 그리고 영원히 차단된 온갖 경험 저편의 영역"에서 바로 "유대교화하는 현대적 낙

---

[404] Schopenhauer, *Preisschrift über die Grundlage der Moral*, §19 (773-774쪽).

관주의 기독교의 근본 교리들"을 "직접 계시하고 있는 것을 (…) 발견한다."[405]

쇼펜하우어에 의하면, 합리주의적 서양철학의 비극은 이 '사변적 신학'을 대변하는 무능한 철학자들이 작당作黨해서 철학의 참된 진보를 방해해 왔다는 데 있다.

- 참되고 진실한 것은 이런 것을 산출할 능력이 없는 자들이 이런 것을 흥기하지 못하게 하려고 일제히 작당하지 않는다면 보다 수월하게 세상 안에 터를 잡을 것이다.[406]

그러나 서양철학은 지금까지도 대강 이런 '작당' 철학이다. 그리하여 서양문명에 고유한 잔인한 동물 학대는 동물 학대로만 그친 것이 아니라, '동물적' 인간들로 지목된 '열등한 백성 대중'과 '열등 민족'에 대한 계속된 대학살과 홀로코스트로도 참담하게 징험 되었다.

동물 학대를 '이성의 이름'으로 공식화하는 서양 합리주의에 대한 통렬한 비판은 동정심을 도덕성의 토대로 삼은 '자칭 불교 신자' 쇼펜하우어에게 당연한 것이고, 필자의 공자주의적 도덕철학에서도 당연한 것이다. 쇼펜하우어는 "우리는 모든 시대와 모든 나라가 도덕성의 원천을 잘 인식했지만, 유럽만이 그렇지 못했음을 본다"는 자신의 입장을 입증하기 위해 앞서 시사했듯이 브라만·불교 경전을 넘어 공맹 경전도 제시했다.[407]

---

405) Schopenhauer, *Die Welt als Wille und Vorstellung I*, "Vorrede" zur 2. Auflage[1844], 24쪽.
406) Schopenhauer, *Die Welt als Wille und Vorstellung I*, "Vorrede" zur 3. Auflage[1859], 27쪽.
407) Schopenhauer, *Preisschrift über die Grundlage der Moral*, §19 (785쪽).

2.2. 동정심과 사랑에 기초한 성선론적 도덕철학

쇼펜하우어는 동물에까지 미치는 보편적 사랑과 동정심을 결한 자를 "비인간(Unmensch)"이라 부른다. 이 '동정심 없는 비인간'은 오늘날 사이코패스로 정의한다. 따라서 쇼펜하우어는 동정심을 결하고 배격하는 칸트의 도덕철학을 사이코패스에게나 먹힐 비인간적 철학으로 단죄할 단서를 이미 제공해 주었다. 그러나 쇼펜하우어는 동정심과 인간애를 극구 배격하는 칸트 도덕철학의 사이코패스적·비인간적 측면에 초점을 맞춰 비판적으로 조명했지만, 동정심을 극구 부정하고 비하하는 철학자 칸트 자신이 사이코패스인지에 대해서는 전혀 조명하지 않았다.

하지만 동정심을 인간 본성으로 보는 쇼펜하우어의 동정심 없는 "비인간" 개념은 칸트를 사이코패스로 낙인찍을 만큼 명확하고 엄정하다.

- 동정심은 근원적으로, 그리고 직접적으로 인간 본성 자체에 들어 있고, 바로 이 때문에 온갖 관계 아래서도 오래 버티고, 모든 나라와 모든 시대에 나타나는 것이다. 이런 까닭에 모든 인간 마음속에 필연적으로 현존하는 것으로서의 동정심에 도처에서 믿고 호소한다. 어디에서도 동정심은 '낯선 신들'에 속하지 않는다. 반대로, '인간애'라는 말이 종종 동정심과 같은 동의어로 사용되는 것처럼 사람들은 동정심을 결한 것 같은 사람을 '비인간'이라 부른다.[408]

이 사이코패스적 '비인간' 개념의 관점에서 쇼펜하우어는 칸트가 도덕적 행위의 유일한 동기로 삼은 '이기심'이 '동정심'에 의해 제어·조절되지 않을 때 펼쳐지는 '비인간적 세계'를 홉스적·사이코패스적 전쟁상태로 그

---

408) Schopenhauer, *Preisschrift über die Grundlage der Moral*, §17 (745쪽).

렸다. 말하자면, 이기심이 들끓고 아귀다툼하는 전쟁적 자연 상태는 보통 사람들의 강렬한 본성적 도덕감정이 이기심을 일정한 경계 안에 가두고 박애의 힘을 떨치는 이 현존하는 세계가 아니라, 바로 칸트가 이기심이 박애심을 단순히 수동적인 쪽으로 편향시키는 도덕 법칙적 정언명령의 세계다.

칸트적 정언명령의 세계는 모든 도덕감정을 제거해 버림으로써 완전히 고삐 풀린 이기심이 합리적 타산 속에서 설치는 만인의 만인에 대한 사이코패스적 전쟁상태다. 쇼펜하우어는 만인의 만인에 대한 전쟁상태를 자연 상태(인간들의 본성 상태)로 본 것이 아니라, 상상의 세계에서 논리적으로 추론된 '사이코패스 좀비들의 아귀다툼 상태'로 규정한 것이다.

■ 무제한적 이기심과 좀비들의 만인의 만인에 대한 전쟁

무제한적 이기심만이 판치는 상상적 추론의 '사이코패스 좀비들의 아귀다툼 상태'는 쇼펜하우어가 『의지와 표상으로서의 세계』에서 묘사한 유아독존 단계와 비견된다. 그는 말한다.

- 전全 자연 속에서 의지의 모든 객관화 단계에서는 모든 유類들의 개체 간에 끊임없는 투쟁이 있고, 바로 이를 통해 자기 자신에 대한 생의지의 내적 다툼(Widerstreit)이 표현된다.[409]

쇼펜하우어는 "다른 모든 것처럼 저 현상도 제고된 명료성 속에서 표출되는 최고의 객관화 단계에서 그 이상으로 해독할" 목적을 위해 일단 "모든 투쟁의 출발점으로서의 이기심"을 그 원천으로부터 탐지하려고 한다. 그는 부처가 제기한 '유아독존唯我獨存' 단계에서처럼 "시간과 공

---

409) Schopenhauer, *Die Welt als Wille und Vorstellung* I, §61 454쪽.

간을 통해서만, 그리고 이 시간과 공간 속에서만 동종同種의 수다성數多性이 가능하기에 시간과 공간을 '개체화 원리'라고 부른다."410)

쇼펜하우어는 도덕감정이 없는 이 단순한 이기적 개체화의 단계를 탐욕의 난무로 묘사하고 있다.

- 누구나 모든 것을 자신을 위해 의욕하고, 모든 것을 소유하고, 최소한 지배하려고 하고, 그에게 반항하는 것을 섬멸하고 싶어 한다. 인식하는 존재자에게 있어서 이에 추가되는 것은 개체가 인식주체의 담지자擔持者이고, 이 인식주체가 세계의 담지자라는 사실이다. 즉, 인식주체 바깥의 전 자연, 따라서 나머지 모든 개체가 주체의 표상 속에서만 실존한다는, 따라서 이 의식주체의 담지자가 나머지 개인들을 항상 자신의 표상으로만, 따라서 단순히 간접적으로만, 그리고 이 담지자 자신의 본질과 현존재에 의거한 것으로서만 의식한다는 사실이다. 왜냐하면 인식주체의 담지자에게는 그의 의식이 없어지면 필연적으로 세계도 함께 몰락하기 때문이다. 즉, 그에게는 세계의 존재와 비존재가 동의同義이고 구별 불가능하기 때문이다. 그러므로 어떤 인식개체든 진리 속에 들어있고, 자신을 전체적 생生 의지나 세계 자체의 즉자卽自로서 발견하고, '표상으로서의 세계'의 보완적 조건으로서도 발견하며, 따라서 대우주(Makrokosmos)와 대등하게 평가되는 소우주(Mikrokosmos)로서 발견한다. 언제나, 그리고 도처에서 참된 자연 자체는 이미 근원적으로, 그리고 일체의 반성으로부터 독립적으로 그에게 이 인식을 간단하게, 직접적으로 확실하게 준다.411)

---

410) Schopenhauer, *Die Welt als Wille und Vorstellung* I, §61 454쪽.
411) Schopenhauer, *Die Welt als Wille und Vorstellung* I, §61 454-455쪽.

"자신"을 "전체적 생 의지"나 "세계 자체의 즉자"로 발견하고, 또 자신의 "소우주"를 "대우주와 대등하게" 여긴다는 말, 곧 '자기'를 '전부'로 여긴다는 유아독존적 표현은 사이코패스의 세계 인식 단계를 말하는 것처럼 들린다.

- 상술된 두 필연적 규정으로부터 해명되는 사실은 광대무변의 세계 속에서 완전히 사라지고 무無로 왜소화되는 개체가 그럼에도 자신을 세계의 중심점으로 만들고 자기 자신의 생존과 복지(Wohlsein)를 다른 모든 것에 앞서 고려한다는, 아니 자연적 관점에서 다른 모든 것을 자기의 실존에 희생시킬 용의가 있다는, 단지 대양 속의 이 물 한 방울에 불과한 자기 자신의 자아를 좀 더 오래 유지시키기 위해서라면 세계를 절멸시킬 용의가 있다는 사실이다. 이 심정이 자연 속의 어떤 사물에도 본질적인 모든 이기심이다. 그러나 의지의 내적 자기 갈등이 가공스런 계시啓示에 도달하는 것은 바로 이기심을 통해서다. 이 이기심은 소우주와 대우주의 저 대립 속에, 또는 의지의 객관화가 개체화의 원리(principium individuationis)를 형식으로 삼고 이를 통해 의지가 무수한 개체들 속에서 스스로에게 동일한 방식으로 현상한다는 사실 속에, 그것도 이 각각의 개체 안에서 두 측면(의지와 표상)에 따라 온전하고 완전하게 현상한다는 사실 속에 그 존속과 본질을 둔다. (…) 그러므로 각 개체에게는 그 자신의 존재와 보존이 다른 모든 개체들 전체보다 앞선다. 누구나 그 자신의 죽음을 세계의 종말로 보는 반면, 지기知근들의 죽음도 상당히 무관한 일로 여긴다.[412]

여기로부터 결과하는 '최상급의 이기심', 즉 극악한 탐욕으로 빚어지는

---

412) Schopenhauer, *Die Welt als Wille und Vorstellung I*, §61 455쪽.

세계는 동정심 없는 무자비한 폭군·악한과 같은 이기적·비인간적 사이코패스 좀비들이 날뛰는 홉스적 '만인의 만인에 대한 전쟁상태'다.

- 최상급으로 상승한 의식 속에서, 즉 인간의 의식 속에서 인식·고통·쾌락처럼 이기심도 최상급에 도달하지 않을 수 없었고, 이기심에 의해 야기되는 개인들의 갈등도 가장 경악스럽게 출현하지 않을 수 없다. 우리는 이것을 크건 작건 도처에서 목전에 보고 있고, 이것을 거대한 폭군과 악한의 생 속에서, 그리고 세계를 유린하는 전쟁 속에서 가공할 측면을 보는가 하면, 그것이 희극의 주제가 되고 완전히 특히 자만 속에서 라로쉬푸코(Larochefoucault)가 가장 잘 파악하고 추상적으로 묘사한 허영으로 출현하는 곳에서는 가소로운 측면을 본다. 우리는 그것을 세계사 속에서, 그리고 자기의 경험 속에서도 본다. 그러나 그 어떤 떼거리 인간들이 일체의 법률과 질서에서 풀려나자마자 그것이 가장 선명하게 출현한다. 이곳에서는 홉스(『리바이어던』 I, 13)가 『시민에 관하여(De cive)』의 제1절에서 정확하게 묘사한 'bellum omnium contra omnes'가 즉각 가장 선명하게 드러난다. 여기에서는 각자가 어떻게 타자로부터 그 자신이 가지려는 것을 빼앗고, 나아가 심지어 종종 한 사람이 자기의 복지를 사소한 추가로 늘리기 위해 어떻게 타인의 전全 행복이나 생명을 파괴하는지가 밝혀진다. 이것은 이기심이 최상으로 표출되는 것이다.[413]

"본래적 악의"는 "아무런 자기 이익 없이 타인들의 손해와 고통을 완전히 비이기적으로 추구하는" 악감정이다.[414] 전쟁은 이런 악의 없이도 이

---

413) Schopenhauer, *Die Welt als Wille und Vorstellung I*, §61 455-456쪽.
414) Schopenhauer, *Die Welt als Wille und Vorstellung I*, §61 456쪽.

기심의 탐욕에 의해서 발발한다. 왜냐하면 침략이 없으면 전쟁이 없지만, 침략은 남의 물건과 영토, 그리고 사람에 대한 이기적 탐욕에서 발생하기 때문이다.

 욕망 또는 욕구로서의 '이기심'은 기쁨·슬픔·성냄 등의 다른 단순 감정처럼 도덕적이지도 않지만 부도덕하지도 않은 '비도덕적' 감정이다. 욕심은 생활수단의 장차 안전한 공급을 확보하는 관점에서 '현재 시점에 필요한 양'에 대한 욕심의 수준을 넘어 확대될 수 있다. 그러나 화폐가 없는 자연 상태에서는 생활수단의 보존기간이 수일, 또는 수개월로 제한적이기 때문에 이 이기적 욕심도 자연적으로 제한된다. 그러므로 보존기간을 넘어 썩어 문드러질 수 있는 정도로 많은 의식주 재료는 그 잉여분을 다른 인간·동물들에게 후하게 나눠줄 수밖에 없다. 그러나 자연 상태에서 기본적 이기심만 있는 것이 아니지만, 기아 상태와 재난 상황에서는 이기심이 타인을 배려하지 않는 '탐욕'으로 변할 수 있다. 따라서 이기심으로부터 '만인의 만인에 대한 전쟁상태'로서의 홉스적 자연 상태를 도출하는 것은 이론적으로 가능한 것이다. 따라서 '탐욕'이 날뛰는 세계는 필연적으로 전쟁상태에 들어가는 것이다.

 그래서 쇼펜하우어는 『도덕의 기초에 관한 현상 논문』(1839)에서 이기심을 "반反도덕적 동인들(antimoralische Triefedern)" 중의 근본적 주요 동인으로 논한다. 일단 그는 이기심(Egoismus), 사욕(Selbstsucht), 사익(Eigennutz)을 개념적으로 구분한다.

- 동물에게처럼 인간에게도 주요·근본 동인은 Egoismus(이기심), 즉 생존과 복지를 향한 충동(Drang)이다. 독일어 Sebstsucht(사욕)는 병이라는 잘못된 부차적 개념을 지니고 있다. 그러나 독일어 Eigennutz(사익)는 이성의 지도 아래 들어 있는 이기심을 가리킨다.

'사익'은 이성으로부터 반성을 통해 자신의 목적들을 '계획적'으로 추구할 능력을 부여받은 이기심이다. 그러므로 사람들은 동물들을 '이기적'이라고 일컬을 수 있지만, '사익적'이라고는 일컫지 못하는 것이다. 따라서 나는 '이기심'이라는 단어를 일반개념으로 견지할 것이다. 이 '이기심'은 인간에게서와 마찬가지로 동물에 있어서도 동물의 가장 내밀한 핵과 본질에 가장 정확하게 연결되어 있다. 아니, 본래 동물의 본질과 동일하다. 따라서 인간을 그 어떤 목표에 따라 조종하려고 하는 모든 수단의 타산도 또한 이기심에 일반적으로 기초하는 것처럼, 동물의 모든 행동도 이기심으로부터 발원하고, 맨 먼저 이 이기심으로부터 항상 주어진 행위의 설명이 시도되어야 한다.[415]

쇼펜하우어는 이기심이 "본래 동물의 본질과 동일하다"고 갈파함으로써 명쾌하게 인간의 이기심을 인간의 '동물적' 실존 측면의 본성으로 파악하고 있다.

그리고 이어서 쇼펜하우어는 이기심의 본질적 측면들을 상세하게 해부해 들어가서 '너 죽고 나 살자'는 인간의 동물적 단계에서 "이기심은 그 본성에 따라 한계가 없다(grenzenlos)"고 말한다.[416] 그러나 이 말은 이기심이 끝이 없다고 이해하기보다 자기를 위해서라면 못할 짓이 없다는 질적 의미로 이해해야 할 것이다. 왜냐하면 인간의 모든 욕망 충족이 양적인 면에서 역치閾値가 있는 만큼 이기심도 양적인 면에서는 역치가 있기 때문이다. 다만 이 단계의 자아는 자기가 몰락하면 전 세계도 몰락한 것으로 여길 수밖에 없는데, 이 경우의 세계는 '표상으로서의 세계'에 지나지 않는다. 이 '표상'은 칸트의 '표상(관념)' 개념과 같다. 따라서 '표상으

---

415) Schopenhauer, *Preisschrift über die Grundlage der Moral* [1860], §14 (727쪽).
416) Schopenhauer, *Preisschrift über die Grundlage der Moral* [1860], §14 (727-729쪽).

로서의 세계'는 인식주체가 다섯 외감으로 지각하는 세계다. 이 세계는 내가 지각하지 않으면 존재하지 않는다. 그러므로 '표상으로서의 세계'는 인식주체가 있으므로 있는 세계, 인식주체에 종속된 세계다. 쇼펜하우어는 동물적 자아의 단계에서 "타인을 돕는" 것이 "기적"이라고 하고, 어려운 처지의 남을 돕고 싶은 인간의 감정인 '동정심'이 바로 '무無한계의 이기심'에 대한 가장 강력한 근본적 제동장치라는 사실을 넌지시 암시한다.[417]

쇼펜하우어는 동정심(사랑)의 도덕과 다른 '예의범절(에티켓)'을 이기심을 단지 가리고 덮을 뿐이고 억제하지는 못하는 장막에 불과한 것으로 이해한다. "예의범절은 말하자면 일상적 교류의 사소한 것들 속에서의 이기심의 협약적·체계적 부정이다. 예의는 다만 승인된 위선이다. 그럼에도 예의는 요구되고 칭찬 된다. 왜냐하면 예의가 감추는 것, 즉 이기심은 아주 역겨워서(garstig) 사람들이 그것이 거기에 있다는 것을 알지라도 그것을 보려고 하지 않을 정도다. 이는 사람들이 불쾌한 대상들을 적어도 장막을 쳐서라도 가려졌음을 알고자 하는 것과 비슷하다."[418]

그러나 쇼펜하우어는 예의를 뛰어넘는 정의 도덕을 이기심에 대한 '소극적' 대항 기제로 내세운다. 그는 동정심 또는 인간애의 '적극적' 제동장치가 없는 상태에서 국가로 제도화된 이 정의의 대항 기제마저 없으면 세상은 만인의 만인에 대한 전쟁상태의 아수라장이 된다고 생각한다. 그러나 "이런저런 이유에서 전쟁에서 첫 번째로 할 일은 적을 적으로 승인하는 것이다. 당면한 전투에서 이기심은 그의 반도덕적 진영의 주력군인데, 나의 견해에 의하면 최초의 참으로 본래적인 대덕大德(Kardinaltugend)

---

417) Schopenhauer, *Preisschrift über die Grundlage der Moral* [1860], §14 (728-729쪽).
418) Schopenhauer, *Preisschrift über die Grundlage der Moral* [1860], §14 (729쪽).

인 정의 덕목과 특히 대치할 것이다."⁴¹⁹⁾

그런데 쇼펜하우어는 '악심(Übelwollen)' 또는 '증오심(Gehässigkeit)'을 두 번째 반도덕적 동인으로 든다.⁴²⁰⁾ 쇼펜하우어는 악심과 증오심을 구별하지 않는다(못한다). '악심' 또는 '악의(malice)'는 타인의 기쁨·즐거움·행복을 교감적으로 인지하고 무단히 이를 불쾌하게 여겨 이 타인을 아프게, 또는 괴롭게, 불행하게 만들거나 해코지하려는 부정적 교감 감정이다. 악심은 어떤 경우에도 도덕적으로 악한 감정이다.⁴²¹⁾ 자신이 무관한 타인을 아프게 하거나 괴롭게 만들면서 여기서 기쁨(희열)까지 느끼는 악심은 사이코패스적 '잔학성(cruelty)'이다.⁴²²⁾ 이와 달리 '미움' 또는 '증오심'은 호감을 품은 자아에게 보이는 타아의 냉담함이나 무시하는 표정을 교감적으로 인지하고 여기서 생기는 좌절감에서 타아를 짓찧거나, 또는 사랑하던 사람의 배신을 교감적으로 인지하고 느끼는 배신감에서 배신한 타아를 짓찧는 교감 감정이다. '미움(증오심)'은 본질적으로 사랑이 좌절되어 사랑을 갈구하는 심정(crying for failed or frustrated love)이다. 따라서 미움은 사랑을 주면 바로 해소되는 부도덕하지 않은 인간적 감정이다.⁴²³⁾

한편, '증오심'은 '적개심(animosity)' 또는 '적의(enmity)'와 착각해서도 아니 될 것이다. '적개심'(적의)은 사랑에 의해 해소되는 증오심과 본질적으로 다르고, 또 증오심과 본질적으로 무관하다. 적개심은 오직 방어적 텃세본능(영역 본능)에서 자기의 생명·육체·재산을 공격·강탈하는 폭

---

419) Schopenhauer, *Preisschrift über die Grundlage der Moral* [1860], §14 (729-730쪽).
420) Schopenhauer, *Preisschrift über die Grundlage der Moral* [1860], §14 (730-731쪽).
421) 황태연, 『도덕의 일반이론(상)』(서울: 한국문화사, 2024), 671쪽.
422) 황태연, 『도덕의 일반이론(상)』, 671쪽.
423) 황태연, 『도덕의 일반이론(상)』, 661쪽.

력배와 강도의 악의나 자기의 '터'에 침입한 침략자의 침략적·정복적 악의를 교감적으로 인지한 경우에 침략자의 격퇴를 위해 발동되는 본능적 교감 감정이다. 여기서 하늘이 개체와 집단에게 생존과 번식을 위해 품부한 '터' 또는 '터전'은 자기의 생명·육체, 그리고 자기와 가족의 거주지, 공동체의 안전을 지키고 양식을 구하는 영역을 포괄하는 개념이다. 따라서 '적개심' 또는 '적의'는 본질적으로 방어적이기 때문에 침략·정복욕에 대해 정확히 반대되는 생존 도덕적 감정이다. 성인들의 적개심은 타인의 침략적 야심을 분쇄하고 싶은 감정이기에 '사물'에 대해서는 발동되지 않는다.[424]

따라서 "악심이 불가피한 '이기심의 충돌'로부터 생겨난다"고 생각하는 쇼펜하우어의 감정 분석은[425] 문제가 있다. 그가 상술한 대로 '악의'는 자기의 이익이나 쾌락의 증진과 관계없이 해코지하려는 감정이다. 따라서 악의는 단순히 자기의 이익을 극대화하려는 단순감정인 이기심과 다른 감정이다. 어떤 인간은 얼마간 악심이 있다. 그러나 이런 인간들이 다 성악性惡한 사이코패스인 것은 아니다. 얼마간 변덕스런 악의가 있는 사람들도 이 악의를 적절히 통제하고 완전히 억제하는 강력한 본능적 동정심·인간애·정의감·시비지심 등이 갖춰져 있기 때문이다.

쇼펜하우어의 감정 분석은 많이 빗나간다. 가령 "악심의 주요 원천은 마침내 질투심이거나, 오히려 이 질투심 자체가 이미 남의 행운, 재산이나 장점에 의해 야기된 악심이다"고 하는 둥, "질투의 반대는 고소함(Schadenfreude)이다"고 하는 둥, "하지만 질투를 느끼는 것은 인간적이다"고 하는 둥, "고소함을 즐기는 것은 악마적이고, 순수하게 충심으로 고소해 하는 성격은 완전히 나쁜 마음과 깊은 도덕적 비열성의 가장 명백

---

424) 황태연, 『도덕의 일반이론(상)』, 663-666쪽.
425) Schopenhauer, *Preisschrift über die Grundlage der Moral* [1860], §14 (730-731쪽).

한 표징이다"라고 하는 둥[426] 비과학적 분석으로 치닫는다.[427] 쇼펜하우어는 여기서 "질투심 자체가 이미 악심"이라고 함으로써 악심의 의미를 파괴해 버리고 있다. 이런 까닭에 그는 질투심이 부러움(남의 좋은 점을 좋게 여겨 본뜨려는 선망羨望)일 수도 있고, 질투심이 남의 '부당한' 출세와 이익 획득에 대한 교정·조절 욕망일 수도 있다는 것을 모른다. 따라서 질투가 늘 도덕적으로 나쁜 것은 아니다. 남의 '부당한' 획득과 출세를 질투하는 것은 인간적이다. 그리고 쇼펜하우어의 말대로라면 악당과 범죄자의 처벌을 고소해 하는 것까지 "악마적"이라고 비난해야 할 것이다.

하지만 쇼펜하우어의 이 옳거나 그른 이기심과 악심 분석에서 전체적으로 부각되는 도식은 보통 사람들이 이 비非도덕적·반反도덕적 동인들을 도덕감정에 의해 통제해서 도덕적 사회생활의 틀을 수립한다는 것이다. 따라서 쇼펜하우어가 분명하게 천명하지는 않았으나 은연중에 제공하는 각성은 도덕감정과 공감 없이 이기심과 악심만 있는 인간들은 사이코패스 좀비들이고, 이들의 세계는 만인의 만인에 대한 전쟁상태일 것이라는 것이다. 홉스와 칸트의 '전쟁적 자연 상태'는 보편적 동정심·정의감·공경심을 비롯한 본성적 도덕감정들이 완전히 청소된 사이코패스 좀비들의 세계, 곧 존재할 수 없고 존재한 적도 없는 불가능한 인간세계다.

■ 본성적 도덕감정의 이기심 제압과 성선론

쇼펜하우어는 『도덕의 기초에 관한 현상 논문』에서 칸트의 정언명령적 윤리학을 윤리학이 아니라 "상호주의적 이기심의 약관約款"이라고 비판한 데 이어, 그의 윤리학을 '정의와 인간애의 참된 동인들'을 결여한, 따라서 "철학적 오류들의 매울 수 없는 깊은 나락으로 침몰한" 유형의 '인

---

426) Schopenhauer, *Preisschrift über die Grundlage der Moral* [1860], §14 (731쪽).
427) 인간과 동물의 여러 감정에 대한 분석은 참조: 황태연, 『도덕의 일반이론(상)』, 445-955쪽.

위적 개념 조합'에 불과한 것으로 비판한다. "그것은 대부분이 입증되지 않고, 허공으로부터 움켜쥔 주장들, 동시에 칸트의 논증도 그렇듯이 가장 미세한 구분들을 요청하고 가장 추상적인 개념들에 기초한, 쓸데없이 세밀하고 까다로운 논변들, 어려운 조합, 발견론적 규칙들, 바늘 끝에서 균형을 이루는 명제들, 그 높이에서는 현실적인 삶과 그 삶의 분망함을 내려다볼 수 없는 높은 의족義足에 올라선 준칙들이다. 따라서 (…) 그 같은 것은 '바르게 행위하고 잘 행위하라'는, 어떤 인간 안에서든 현실적으로 현전하는 외침을 산출하는 것일 수도 없고, 불의와 냉혹성의 강력한 동력에 대해 균형을 유지할 수도 없고, 양심의 비판의 기저에 놓여 있을 수도 없다. 이 양심의 비판을 저런 지나치게 세세한 억지 준칙으로 환원하려고 하는 것은 이 준칙을 우습게 만드는 데만 이바지할 뿐이다. 따라서 저런 유형의 인위적 개념 조합들은 사실을 진지하게 받아들인다면 정의와 인간애의 참된 동인을 결코 포함할 수 없다."[428]

이 단계에서 쇼펜하우어는 논의 방향을 돌려 본능적으로 인간의 마음속에서 우러나와 우리에게 도덕적 행동을 하도록 몰아붙이는 도덕감정적 충동에 주목한다.

- 오히려 이 참된 동인들은 숙고 작용을 거의 필요치 않는 것, 추상과 개념 조합은 더더욱 필요치 않는 것, 지성 형성과 독립적으로 모든 인간을, 아니 가장 조야한 인간도 움직이게 하는 것, 단지 직관적 포착에만 기초하고 직접 사물들의 토대로부터 솟아나는 것이어야 한다. 칸트의 윤리학이 이런 유형의 토대를 제시할 게 없는 한에서 (…) 현실적 삶은 이 윤리학을 비웃는다.[429]

---

428) Schopenhauer, *Preisschrift über die Grundlage der Moral* [1860], §13 (715-716쪽).
429) Schopenhauer, *Preisschrift über die Grundlage der Moral* [1860], §13 (716쪽).

쇼펜하우어는 이 칸트 비판을 "나는 윤리학자들에게 먼저 인간의 삶 속에서 조금이나마 주변을 둘러보라는 역설적 조언을 할 수밖에 없다"는 말로[430] 끝맺는다.

그리고 쇼펜하우어는 인간을 성악性惡한 사이코패스적 좀비로 보는 종교 율법에 따라 국가 법규와 같은 인공적 도덕률로 인간을 통제·지배하려고 한 서양 2000년의 신학적(교부 철학적·스콜라 철학적) 도덕철학의 거시적 관점에서 칸트의 원죄설적·성악설적 도덕철학을 조롱한다.

- 확실한 도덕의 기초를 찾으려는, 2000년 동안 헛되이 되풀이된 시도들에 대한 회고로부터 어쩌면 나오는 결론은 (인정법人定法과 같은 - 인용자) 인간적 정관定款과 독립된 어떤 본성적 도덕도 존재하지 않고 도덕은 철두철미 인공물이라는 결론, 즉 사욕적·악의적 인간 종족을 보다 잘 억제하기 위해 고안된 수단이라는 것, 그리고 따라서 도덕은 아무런 내면적 증빙도, 본성적 기초도 없기에 적극적 종교 수업의 뒷받침이 없다면 무너져버릴 것이라는 결론인가?[431]

이 냉소적 자문自問에 대해 쇼펜하우어는 이렇게 올바로 자답한다.

- 사법司法과 경찰은 도처에서 충분할 수 없다. 공공 보호기제가 우리를 방치하는 곳에서는 적발하기 어려운 비행, 아니 처벌이 힘든 비행들이 존재한다.[432]

쇼펜하우어는 공법이 이 문제를 감당할 수 없는 이유를 하나 더 든다.

---

430) Schopenhauer, *Preisschrift über die Grundlage der Moral* [1860], §13 (716쪽).
431) Schopenhauer, *Preisschrift über die Grundlage der Moral* [1860], §13 (716쪽).
432) Schopenhauer, *Preisschrift über die Grundlage der Moral* [1860], §13 (716쪽).

- (…) 공법은 여기서 사람들이 누구나 수동적인 쪽이려고 하지, 능동적인 쪽이려고 하지 않을 것이기 때문에 인간애와 선행이 아니라 잘해야 정의를 강제할 수 있을 뿐이다. 이것은 도덕은 오로지 종교에 기초하고 도덕과 종교, 이 양자는 국가 제도와 입법의 필연적 불충분성에 대한 보완물임을 목적으로 삼는다는 가설을 세우도록 유인한다.[433]

쇼펜하우어는 "적발하기 어려운 비행, 아니 처벌이 힘든 비행들이 존재하고" 또 공법이 정의만을 강제할 수 있을 뿐임에도 왜 아시아·아프리카·남미대륙의 원시사회에서 서울·맨해튼까지 모든 인간 사회가 멀쩡하게 존속하는지를 생각하게 하고 있다.

제임스 Q. 윌슨의 범죄학적 분석에 의하면 1986년 미국의 경우 모든 절도 중 4분의 1만이 경찰에 신고되었고, 경찰에 신고된 100건의 절도 중 3건만 처벌받았다. 따라서 절도의 경우에 진짜 처벌 건수는 100분의 1 미만이다. 즉, 발생한 모든 절도 중 0.25%만이 처벌된다. 그럼에도 거대한 광역국가와 대도시에서도 인간의 사회생활이 지금 충분히 가능하다. 이것은 종교 수업, 경찰, 법적 처벌 기구 때문에 가능한 것이 아니라, 인간의 본성적 도덕감정 덕택에 가능한 것이다.

종교에 기초한 "도덕과 종교"가 "국가 제도와 입법의 필연적 불충분성에 대한 보완물임을 목적으로 삼는다"는 저 "가설"은 바로 엄격한 종교적 제재를 이를 모방한 실천이성의 엄숙한 정언명령과 도덕법칙으로 대체하고 신국론과 사후의 상벌제재론에서 기독교 신학적 윤리학을 반복하는 칸트의 도덕론에 그대로 타당하다.

쇼펜하우어는 성백설적性白說的 인공도덕론은 좀 그럴싸하게 보인다고 인정하고, 그 주장자들을 피로니스트들로 지목한다.

---

433) Schopenhauer, *Preisschrift über die Grundlage der Moral* [1860], §13 (717쪽).

- 이 의견은 겉보기에 그럴싸한 점이 없지 않다. 이미 피론 학파가 이 의견을 내세운 바 있다. "티몬(Τίμων)이 말하듯이, 자연에는 선한 부분도, 악한 부분도 없다. 이 차이는 인간 의견이 만든 것이다."(Sextus Empiricus, *Adversus mathematicos*, 11, 140쪽.) 그리고 우리 시대에도 뛰어난 사상가들이 이 견해를 신봉함을 공언한 상태다. 따라서 이 견해는 (…) 주도면밀한 검토를 받을 가치가 있다.[434]

"우리 시대에도 뛰어난 사상가들" 중에 성백론적 공리주의를 공언한 대표적 철학자는 존 로크, 맨드빌 등이다. 그런데 출발점의 성백설性白說을 성악설로 바꾸면 그대로 칸트 도덕철학이다.

쇼펜하우어는 칸트의 도덕철학을 이처럼 강력하게 반대하고 이에 맞서 동정심과 타인의 고난에 대한 공감을 유일하게 진정한 도덕적 동인으로 제시하는 성선론적 윤리학을 본격적으로 정초하려고 든다.

- 불가피하게 필요한 지금까지의 준비 뒤에 나는 진정한 도덕적 가치가 있는 모든 행동의 근거에 놓인 참된 동인을 증명하러 나아간다. 이 참된 동인은 지금까지의 윤리학 체계들이 도덕적 행위의 원천으로, 그리고 윤리학의 기초로 만들려고 했던 일체의 지나친 세세함, 억지, 궤변, 허공에서 포착된 주장, 그리고 선험적 비누 거품과 - 그 진지성을 통해, 또 그 의심할 없는 실재성을 통해 - 아주 멀리 이격된 그런 동인으로 밝혀질 것이다. 나는 이 동인을 임의적 가정으로 제안하려고 하는 것이 아니라, 유일하게 가능한 가정으로 진짜 증명하려고 하기 때문에, 그러나 이 증명이 많은 사상들의 종합을 요하기 때문에, 증명 수행의 전제가 되고 심지어 공리로 통할 수 있는 몇 개의 전제들을 앞세운

---

434) Schopenhauer, *Preisschrift über die Grundlage der Moral* [1860], §13 (717쪽).

다. 여기에 포함된, 아래의 마지막 두 전제는 위에서 주어진 분석에 기초한 것이다.[435]

쇼펜하우어가 열거하는 "몇 개의 전제들"은 무려 9개 항목에 달한다.

1. 어떤 행동이든 충분한 동기 없이 일어날 수 없다. 이것은 돌멩이가 충분한 가격加擊이나 당김 없이 움직일 수 없는 것과 같다.
2. 마찬가지로 하나의 행동은 행위자의 성격에 대해 충분한 동기가 현전한 경우에, 더 강력한 대항 동기가 그 중지를 필연적으로 만들지 않는다면 불발할 수 없다.
3. 의지를 움직이는 것은 오로지 일반적으로, 그리고 가장 넓은 어의로 받아들인 복福과 화禍(Wohl und Wehe)일 뿐이다. 이는 거꾸로 복과 화가 '의지와의 합치와 배치'를 뜻하는 것과 같다. 따라서 어떤 동기든 복·화와 관계를 가져야 한다.
4. 그러므로 어떤 행동이든 복과 화에 대해 감수성이 있는 존재자를 궁극목적으로 관계한다.
5. 이 존재자는 행위자 자신이거나 행동에 있어서 수동적으로 참여하는 타자다. 행동은 타인의 손해나 이익을 위해 발생하기 때문이다.
6. 행위자 자신의 복福과 화禍를 궁극목적으로 삼는 어떤 행동이든 이기적 행동이다.
7. 여기서 행동들에 관해 말해진 모든 것은 마찬가지로 동기와 대항 동기가 현전하는 그러한 행동의 부작위(Unterlassung)에도 타당하다.
8. 선행하는 패러그래프들에서 주어진 분석에 따라 어떤 행동의 이기심과 도덕적 가치는 단적으로 상호 배제한다. 하나의 행동이 이기적 목

---

435) Schopenhauer, *Preisschrift über die Grundlage der Moral*, §16, 737쪽.

적을 동기로 가진다면, 그것은 아무런 도덕적 가치를 가질 수 없다. 하나의 행동이 도덕적 가치를 가졌다면, 어떤 이기적 목적도 직접적으로나 간접적으로나, 가까이나 멀리나 그 동기이어서는 아니 된다.

9. (…) 언필칭 '자기 자신에 대한 의무'의 제거를 단행한 결과, 한 행동의 도덕적 의미는 오직 타인들과의 관계에만 있다. 타인들의 관점에서만 이 행동은 도덕적 가치나 비난받아야 마땅함을 가질 수 있을 뿐이고, 또 이에 따라 정의나 인간애의 행동이 될 수도 있고, 이 양자와 반대가 될 수도 있다.[436]

제7항까지는 공리적公理的 명제들이고, 제8·9항은 도덕 가치와 도덕감정(인간애)을 이기심에 대한 대항 동기로 제시하고 있다. "이기심과 도덕적 가치는 단적으로 상호 배제한다"는 것이다. 말하자면 도덕감정은 이기심을 제한하는 기능을 수행해 인간의 행위를 선하게 만든다. "이기적 동기의 행위는 아무런 도덕적 가치가 없다"는 명제와 "이기심과 도덕적 가치는 단적으로 상호 배제한다"는 명제는 대덕(인의적 정체성 도덕)의 견지에서만 타당한 것이다. 소덕의 경우에는 이기심과 도덕적 가치는 "단적으로 상호 배제한다"는 명제가 타당할 수 없다. 따라서 "하나의 행동이 이기적 목적을 동기로 가진다면, 그것은 아무런 도덕적 가치를 가질 수 없다"는 제8항의 명제는 오직 부분적으로만 옳다. 근면·성실(정직)·검소·절약·청결·인내심 등은 행위자 자신에게로 직접 귀속되는 이익과 관련된 점에서 매우 이기적이지만 '소덕(생존 도덕)'으로서 도덕적 가치를 가진다. 상공업과 농·임·어업·목축업을 비롯한 인간들의 모든 생업 활동은 이기심에 의해 추동되지만, 그래도 '상도商道'가 있고 양보·공정경쟁·ESG 등 '업종별 도리'가 있다. 이 상도와 업종별 도리는 이익과 직결되어 있으

---

436) Schopenhauer, *Preisschrift über die Grundlage der Moral*, §16, 737-738쪽.

면서도 소덕 차원에서 엄연히 도덕적이다. 가령 손님을 더 끌기 위해 고객에게 친절한 상점은 불친절한 상점보다 상대적으로 도덕적이라고 말해야 하는 것이다. 또한 공자가 말했듯이 '이인利仁'은 자기의 이익 때문에 인仁을 베푸는 행위이고, 그 결과적 효과에서는 안인安仁과 다름없는 행위다. 이인의 행위는 부분적으로 이기적(공리적)이고, 동시에 부분적으로 도덕적이다. 죄 지을까 무서워서 인을 행하는 외죄자畏罪者의 '강인强仁'도 이에 저항하지 않는 한에서 부분적으로 이기적이고 부분적으로 도덕적이다. 뭇사람을 사랑하는 행위로서의 인仁은 선善이고 인의 실천은 도덕적 선행이다. 이 때문에 인행仁行은 부분적·상대적이더라도 도덕 행위인 것이다. 이 세상은 순수한 도덕적 행위도 많지만 이 부분적으로만 도덕적인 행위는 이보다 더 많다.

따라서 복잡다단하게 아름다운 세상을 부당하게도 이기적 행위와 도덕적 행위로 엄격히 양분하고 이 두 행위를 상호 배타적인 것으로 단순화한 쇼펜하우어의 저 테제들은 대덕의 경우를 염두에 둔 것으로 이해되어야 할 것이다. 쇼펜하우어는 위의 9개 항목으로부터 '인간의 모든 행동은 이익을 동기로 삼는다'는 명제와 '이 복과 화가 자기의 복과 화인 경우에는 그 행위가 도덕적 가치가 없다'는 명제를 "자명한" 것으로 도출하는 논변을 계속 밀고 나가면서 인간 행위의 동기를 '복·화'의 단일 범주로 단순화한다.[437)]

그리하여 쇼펜하우어는 남의 화복禍福과만 관련된 행위를 도덕적 행위나 부도덕한 행위로 정의한다.

- 저 이익 동기가 자리 잡지 않는 단 하나의 유일한 경우가 존재하는데, 그것은 어떤 행동이나 부작위의 궁극적 작용 근거가 바로, 그리고 배

---

437) Schopenhauer, *Preisschrift über die Grundlage der Moral*, §16, 738-739쪽.

타적으로 여기에 수동적으로 참여한 그 어떤 타인의 화복禍福에만 놓여있는 경우, 즉 능동적인 측이 그의 행동이나 부작위에 있어서 타인의 화복만을 의도하고, 저 타인이 변함없이 침해를 입지 않거나 심지어 도움·원조·경감을 얻는 것 외에 어떤 것도 전혀 목표로 하지 않는 경우다. 이 목적만이 어떤 행위나 부작위에 도덕적 가치의 인장을 압인押印해준다. 이에 따라 도덕적 가치는 행동이 단지 타인의 이익을 위해서만 발생하거나 불발하는 것에만 배타적으로 근거한다. 이것이 사실이 아니라면, 어떤 행동으로든 몰아붙이거나 이 행동으로부터 만류케 하는 화복禍福은 단지 행위자 자신의 화복에 불과하다. 그러나 이렇게 되면 행동이나 부작위는 항상 이기적이고, 따라서 도덕적 가치가 없다.[438]

쇼펜하우어의 논의는 여기서도 빈틈이 적지 않다. "도덕적 가치는 행동이 단지 타인의 이익을 위해서만 발생하거나 불발하는 것에만 배타적으로 근거한다"는 명제는 일괄적으로 옳다고만 할 수 없다. 나의 도움을 받는 타인이 나보다 처지가 좋은 사람이라면 이 도움은 악행도 아니지만 선행도 아니고, 잘해야 아첨일 것이다. 그래서 공자는 "내가 들은 말인데, 군자는 다급한 사람을 도와주지, 부자를 더 부자로 만들어주지 않는 것이다(吾聞之也 君子周急不繼富)"라고 언명했던 것이다.[439] 그리고 심지어 타인이 악당이나 적, 범죄자라면 도덕적 가치는 전도될 것이다. 즉, 범죄자, 악당이나 적을 돕는 것은 아예 악인 반면, 이들을 제압하거나 해치는 것은 역으로 도덕적 선일 것이다.

아무튼 쇼펜하우어는 빈틈이 없지 않고 대체로만 타당한 논변, 즉 대강

---

438) Schopenhauer, *Preisschrift über die Grundlage der Moral*, §16, 739쪽.
439) 『論語』「雍也」(6-4).

만 옳은 논변은 계속되어 동정심 또는 연민 개념에 이른다. 쇼펜하우어는 우리의 삶 속에 나를 남과 "동일화"하는 현상이 있다고 말한다.[440] 이 현상의 정체는 도대체 무엇인가? 그는 이 현상을 바로 동정심(Mitleid) 또는 연민(Teilnahme)으로 파악한다.

- 그것은 일상적 동정심 현상, 즉 일단 타인의 고난에 대한, 이를 통해 이 타인의 고난의 저지나 폐지에 대한 완전 직접적이고 다른 고려들로부터 독립된 연민의 현상이다. 타인의 고난을 이렇게 저지하거나 폐지하는 것에 궁극적으로 모든 만족과 모든 안녕과 행복이 들어 있다. 전적으로 이 동정심만이 모든 자유로운 정의와 모든 진정한 인간애의 현실적 기반이다. 한 행동이 이 동정심으로부터 생겨났다면, 이 행동은 도덕적 가치가 있고, 또 그 어떤 다른 동기로부터 출현하는 일체의 행동은 아무런 도덕적 가치가 없다.[441]

쇼펜하우어는 타인의 고난(Leiden)에 대한 '동정심(측은지심)'만을 염두에 두고 타인의 복리 성취에 대한 '축하지심'은 고려치 않고 있다. 시기 질투심의 반대 감정인 동락적同樂的 '축하지심'의 표현도 '측은지심'에 비하면 사소하지만 도덕적 행위다. 가령 선거전에서 패배한 후보가 패배감을 억누르고 이긴 후보의 승리를 축하해주는 것은 참으로 어려운 일이지만 도덕적 행위다. 이 축하 행위는 이긴 후보를 지지한 더 많은 유권자의 의사를 존중하는 뜻이 담겼기 때문이다. 그리고 자기를 돕거나 축하하는 타인에게 감사의 마음을 표현하는 사은謝恩 행위도 도덕적 행위다. 쇼펜하우어는 이런 유형의 도덕 행위를 다 잊어버리고 있다. 이처럼 그의

---

440) Schopenhauer, *Preisschrift über die Grundlage der Moral*, §16, 739-740쪽.
441) Schopenhauer, *Preisschrift über die Grundlage der Moral*, §16, 739-740쪽.

사고는 계속 빈틈이 많다.

하지만 쇼펜하우어의 논변은 대강 바른 방향으로 나아간다. 그는 자아와 타아를 '동일화'하는 연민 또는 동정심을 "윤리적 신비", 모든 형이상학을 초월한 "윤리적 신비"로 본다. "본성의 빛"은 "존재자를 존재자와 철저히 분리시키는 칸막이벽을 폐지하고 비아非我를 어느 정도 자아로 만든다"는 것이다.[442] 그런데 이 "본성의 빛"이라는 쇼펜하우어의 어법에는 공자의 숨결이 남아있다. 상론했듯이 "본성의 빛"은 발리냐노와 산데가 1590년 『교황청 방문 일본사절단』에서 공자철학을 "본성의 빛을 지침으로 취하는 철학"으로 소개한[443] 이래 서양 철학계에서 유행이 된 말이기 때문이다.

한편, 쇼펜하우어는 19세기 학자로서 공감 개념을 깊이 알지 못하기 때문에 연민 현상 속에서 "본성의 빛에 따라 존재자를 존재자와 철저히 분리시키는 칸막이벽이 폐지되고 비아非我가 어느 정도 자아가 되었다"고 표현함으로써 '자아와 비아의 동일화'를 말하고 있다. 그러나 '자아와 비아의 동일화' 명제는 오류다. 왜냐하면 자아와 비아는 아무리 충심으로 공감하더라도 하나가 될 수 없기 때문이다. '공감'은 개념적으로 자아와 비아의 분리를 전제하고, 또 이 분리는 뇌과학적으로 입증된다. 한마디로, '공감'이란 자타가 입장 또는 관점을 바꾸거나 서로를 동일시함이 없이 자아가 타아의 감정을 같이 느끼는 감정능력인 것이다.

쇼펜하우어는 여기에 더 많은 말을 덧붙이면서 더욱더 빈틈과 무지를 노정한다. 그에 의하면, 일반적으로 인간 행동에는 다음의 세 가지 근본

---

442) Schopenhauer, *Preisschrift über die Grundlage der Moral*, §16, 740-741쪽.
443) Alessandro Valignano & Duarte de Sande, *Japanese Travellers in Sixteenth-Century Europe: A Dialogue Concerning the Mission of the Japanese Ambassador to the Roman Curia* [1590], edited and annotated with introduction by Derek Massarella, translated by J. F. Moran (London: Ashgate Publishing Ltd. for The Hakluyt Society, 2012), 289쪽.

동인만 있다. 그리고 오로지 이 동인들의 유발을 통해서만 그 어떤 가능한 모든 동기들도 작용한다고 하면서 다음 a·b·c 세 가지를 근본 동인으로 제시한다.

a) 자기의 복리를 의욕 하는 이기심(이것은 무한하다).
b) 남의 재화災禍를 의욕 하는 악의(이것은 극단적 잔인성으로까지 나간다).
c) 남의 복리를 의욕 하는 동정심(이것은 고결성이나 고매성에까지 이른다).[444]

그리고 쇼펜하우어는 루소·플라톤·볼테르까지 동원해 연민을 고난에 처한 자에 대한 연민에 한정하는(고난에 처하지 않은 아기, 자식, 수고하는 사람 등에 대한 연민이나 자애심은 배제하는) 반면, 타인의 행복과 즐거움에 대한 공감은 '우리의 자식, 아버지, 친구, 친척, 하인, 신민 등'에 한정한다. 따라서 쇼펜하우어는 "행복한 사람, 만족한 사람 그 자체는 우리를 무관심하게 한다"고 말한다.[445] 그런데 과연 그럴까? 하지만 어쩔 수 없이 타인의 행복에 대한 공감을 인정하는데 이것을 '연고자들'의 행복과 기쁨에 대한 공감으로 한정한다.[446] 여기서 쇼펜하우어는 자기의 이 논변의 모순을 못 느끼고 있다. 그는 '우리의 자식, 아버지, 친구, 친척, 하인, 신민 등'으로 연고적 사랑의 대상을 확대하고 있는데 이러다 보면, 그가 말하는 '인간애'의 관점에서 인류까지 확대되고, 결국 맹자의 "여민동락與民同樂"의 일반개념을 인정해야 할 것이다. 일반적으로 사이코패스를 뺀 모든 인간은 우리의 시기 질투를 야기하지 않는 사람들의 이익·기쁨·

---

444) Schopenhauer, *Preisschrift über die Grundlage der Moral*, §16, 741-742쪽.
445) Schopenhauer, *Preisschrift über die Grundlage der Moral*, §16, 742-743쪽.
446) Schopenhauer, *Preisschrift über die Grundlage der Moral*, §16, 743쪽.

행복(즐거움)에 공감한다. 시기 질투심은 타인이 부당하게 이익과 기쁨을 얻을 때나 일어나지, 타인의 정당한 행복, 경사 또는 부당하지 않은 행운(가령 로또 일등 당첨)에 대해 일어나는 것이 아니다. 타인의 부당한 행복과 기쁨에 대한 시기 질투심이란 사회적 위화감의 일종으로서 인간의 본능적 평등주의 정서에 배치되는 사태에 대한 일종의 교정·응징·조절 감정으로서 적어도 부도덕하지는 않다.

그러나 쇼펜하우어는 일체의 시기 질투심을 타인의 모든 행복과 기쁜 일에 대해 일어나는 부도덕한 악감정으로 변질시킨다.[447] 쇼펜하우어는 시기·질투심의 분석에서도 선의의 감정인 '부러움(羨望)'을 몰각한 데 이어 '정당한 시기 질투심'도 몰각하는 결정적 오류를 범하고 있다.

타인의 고통과 고난에 대한 공감으로 일어나는 자의 동정심(연민)을 '자타동일시'로 파악하는 것은 자아가 타인의 고통을 자아의 고통으로 착각하는 듯한 그릇된 이해다. 그러나 쇼펜하우어는 마침내 '자타 동일시' 명제를 버리고, 이번에는 명확한 자타 분리 속에서 타인의 고통을 그 타인과 '함께' 느낀다는 논점을 분명하게 밝힌다.

- 상술했듯이 동정심을 타인의 고난을 통해 직접 동기화되는 것으로 설명한 까닭에, 우리는 종종 거듭 되풀이되는 카씨나(Cassina, 이탈리아 철학자 - 인용자)의 오류를 꾸짖어야 한다. 이 오류는 우리가 고난당하는 자의 처지에 우리를 이동시키고 상상 속에서 그의 고통을 우리의 몸에서 당하는 것으로 망상함으로써 동정심이 상상의 순간적 기만을 통해 발생한다고 생각한다. 그것은 결코 그렇지 않다. 우리에게 바로 매 순간, 우리가 아니라 그가 고난 당하는 자라는 사실이 내내 명백하고 현재적인 것으로 남아있다. 그리고 우리의 몸속이 아니라 바로

---

447) Schopenhauer, *Preisschrift über die Grundlage der Moral*, §16, 743쪽.

그의 몸속의 고난을 우리의 슬픔으로 느낀다. 우리는 그 사람과 같이, 따라서 그 사람 안에서 고난 당한다. 우리는 그의 고통을 그의 고통으로 느끼고, 이 고통이 우리의 것이라는 상상을 갖지 않는다. 아니, 우리 자신의 상태가 행복하면 행복할수록, 그리고 우리의 상태에 대한 의식이 타인의 처지와 대비되면 대비될수록, 우리의 동정심은 그만큼 더 민감하다. 이 최고로 중요한 현상의 가능성에 대한 설명은 카씨나가 시도했듯이 그렇게 쉽사리 단순히 영혼론적인 방도로 달성할 수 없다.[448]

쇼펜하우어는 우발도 카씨나(Ubaldo Cassina)의 망상적·기만적 동정심론을[449] 비판하는 가운데 자기 자신의 저 '자타 동일화' 테제를 분명히 버리고 있다. 대표적 도덕감정으로서의 동정심은 타인의 어려움과 힘듦(고통·고난·곤경·슬픔·불행·연약함·수고 등)에 대한 공감에 기초해서 일어나는 '도덕적 공감 감정(moral empathic emotion)'이고, 이 공감은 자타의 입장·위치·관점을 바꾸지 않고도 타인의 감정을 인지하고 자기 마음속에서 타인과 같이 느낄 수 있는 감정능력이기 때문이다.

이어서 쇼펜하우어는 공맹처럼 동정심을 모든 도덕의 토대로 보고 이 동정심을 소극적 형태와 적극적 형태로 구분하고 소극적 형태를 '정의'로 이해한다.[450] 쇼펜하우어는 "아무도 해치지 말라"는 부분은 소극적 동정심으로서 '정의'라 부르고, "오히려 할 수 있는 한, 모든 이들을 도와주어라"는 부분은 적극적 동정심으로 이해하고 '인간애'라 부른다. "반대로, '인간애'라는 말이 종종 동정심의 동의어로 사용되는 것처럼, 동정심

---

448) Schopenhauer, *Preisschrift über die Grundlage der Moral*, §16, 743-744쪽.
449) Ubaldo Cassina, *Saggio analitico sulla compassione* (Parma: Nella Stramperia Reale, 1788). 독역본 (Pockels, 1790).
450) Schopenhauer, *Preisschrift über die Grundlage der Moral*, §16, 744쪽.

을 결한 것 같은 사람을 비인간(Unmensch)이라 부른다."[451] 공자는 '참 달지심憯怛之心'(측은지심)에서 확충된 덕목을 '인仁'이라고 하고, '인'을 "인간애(愛人)"로 정의했다.[452] 유사하게 쇼펜하우어는 소극적 동정심과 적극적 동정심, "불不침해"와 "원조"를 각각 '정의'와 '인간애'라 부르고, "'인간애'라는 말이 종종 동정심의 동의어로 사용된다"는 사실을 상기시키고 있다. 그러나 그는 "동정심을 결한 것 같은 사람"인 칸트를 "비인간"으로 지목하는 선까지 나아가지 못하고 있다.

그리고 쇼펜하우어는 침해와 폭력을 막는 '소극적 동정심'을 '정의'로 상론한다. 그는 "우리의 욕망, 우리의 욕구, 우리의 분노와 증오가 직접 의식 속으로 들어오고 따라서 선점권을 가졌다"고 하고, "누구에게도 선한 심정이 악한 심정보다 앞서 도움이 되지 않는다"는 세네카의 말을 인용한다.[453] 그러나 쇼펜하우어의 말이나 세네카의 말은 자칫 성악설로 비춰질 수 있는 위태로운 서양적·기독교적 명제들이다. 극동 제국의 유학에서 본성적 우선권은 욕망·분노·증오가 아니라, 언제나 사랑과 동정심에 있기 때문이다. 사람은 사랑 없이 살 수 없다. 그래서 공맹이 "사랑은 사람이다(仁者人也)"고 천명한 것이다.[454] 인간을 포함한 모든 포유동물은 사랑 없이 살 수 없다.[455]

아무튼 쇼펜하우어는 동정심의 원조援助 기능보다 먼저 타인을 해치는 것을 만류·저지하는 기능을 정의의 덕행으로 분석한다. 여기서 이성의 역할은 "neminem laede(아무도 해치지 말라) 준칙"을 "확고한 계획"으

---

451) Schopenhauer, *Preisschrift über die Grundlage der Moral*, §17, 744-745쪽.
452) 『論語』「顔淵」(12-22): "樊遲問仁. 子曰 愛人."
453) Schopenhauer, *Preisschrift über die Grundlage der Moral*, §17, 745-746쪽.
454) 『中庸』(二十章): "仁者人也 親親爲大(인은 사람이니 부모를 친애하는 것이 가장 큰 것이다).";『孟子』「盡心下」(14-16): "孟子曰 仁也者 人也, 合而言之 道也(인이란 사람이니, 인과 사람을 합쳐 말하면 도다)."
455) 참조: 황태연, 『도덕의 일반이론(상)』, 567-626쪽.

로 고양시키는 데 있다.[456] 그리고 "원칙들과 추상적 인식 일반"은 "도덕적 품행에 필수 불가결한", "도덕성의 원천으로부터 생겨난 심정을 보관하는" 일종의 "저장고, 보관소"다. 쇼펜하우어는 "반도덕적 동인에 저항하기" 위한 "확고하게 각오한 원칙"의 필요성을 강조하고, "원칙과 대립되는 동기들에 맞서 원칙을 단단히 붙들고 이에 순종하는 것"을 "극기"라 칭한다.[457]

여기까지 무난했던 이성의 역할과 극기 논변은 여성비하로 빠진다. 루소를 좋아하는 쇼펜하우어는 루소의 보수 반동적 여성관을 계승하고 있다.

- 여성들이 보편적 원칙들을 이해하고 단단히 붙들고 기준으로 취할 이성의 취약성 때문에 정의의 덕목에서 남성들보다 훨씬 덜 능력 있고, 따라서 정직성과 양심성에서도 남성보다 뒤처지는 이유도 여기에 있다. 따라서 불의와 거짓은 여성들의 가장 잦은 악덕이고, 거짓말은 여성들의 본래적 기본 요소다.[458]

극악한 여성비하다. 그러나 쇼펜하우어는 '인간애' 측면에서 여성이 남성보다 우월하다고 평가한다.

- 반면, 여성들은 인간애의 덕목에서 남성을 능가한다. 왜냐하면 이 덕목에서 유인誘因은 대부분 직관적이고, 따라서 여성들의 감수성이 결정적으로 더 쉽사리 반응하는 동정심에 직접 대고 호소하기 때문이다. 그러나 직관적인 것, 목하 현재적인 것, 직접 실재적인 것만이 여성들

---

456) Schopenhauer, *Preisschrift über die Grundlage der Moral*, §17, 746쪽.
457) Schopenhauer, *Preisschrift über die Grundlage der Moral*, §17, 746-747쪽.
458) Schopenhauer, *Preisschrift über die Grundlage der Moral*, §17, 747쪽.

에게 참된 실존을 갖는다. 개념들을 매개해서만 인식되는 먼 것, 부재한 것, 지나간 것, 미래적인 것은 그녀들에게 잘 파악될 수 없다. 따라서 여기에서도 대상代償 작용이 있다. 정의는 보다 많이 남성적인 덕목이고, 인간애는 보다 많이 여성적인 덕목이다. 여성들이 판사직을 운영하는 것을 보는 생각은 웃음을 일으킨다. 그러나 자애로운 누이들은 자애로운 형제들을 능가한다.[459]

여기서 여성 비하만 빼면 쇼펜하우어의 이 논의는 전체적으로 탁월하고 루소의 여성비하론을 극복한 측면이 있다. 특히 "정의는 보다 많이 남성적인 덕목이고, 인간애는 보다 많이 여성적인 덕목이다"는 그의 명제는 자애慈愛의 원천으로부터 자라난 인仁의 모성애적 본질에 대한 이안 서티(Ian D. Suttie)의 강조,[460] 또는 정의는 차라리 남성적 도덕이고 배려는 여성적 도덕이라는 캐롤 질리건(Carol Gilligan)의 성性분리적 도덕 명제와[461] 합치된다.

그리고 동물 사랑을 외치는 쇼펜하우어는 지론과 모순되게도 동물을 도덕성의 관점에서 낮게 본다.

- 그러나 동물도 추상적 인식 또는 이성적 인식을 완전히 결하기 때문에 원칙은커녕 전혀 어떤 계획도, 따라서 어떤 극기도 따르지 않고 인상

---

459) Schopenhauer, *Preisschrift über die Grundlage der Moral*, §17, 747-748쪽.
460) Ian Dishart Suttie, *The Origins of Love and Hate* (Oxford·New York: Routledge, 1935; Digital Printing 2007), 6쪽.
461) Carol Gilligan, "In a Different Voice: Women's Conceptions of the Self and of Morality". *Harvard Educational Review* 47 (1977) [481-517쪽]; Carol Gilligan, *In a Different Voice: Psychological Theory and Women's Development* (Cambridge: Harvard University Press, 1982); Carol Gilligan, S. Langsdale, N. Lyons & J. M. Murphy, "Contributions of Women's Thinking to Developmental Theory and Research". *Final Report to national Institute of Education* (1982).

과 정감에 무방비로 몸을 맡기고 있다. 따라서 동물은 종마다 성격의 악의와 선량의 커다란 차이를 보이고, 최상의 부류들 자체에서는 개체들도 커다란 차이를 보일지라도 전혀 의식적 도덕성이 없다.[462]

최상의 고등동물들도 "전혀 의식적 도덕성이 없다"는 쇼펜하우어의 단정은 동물비하다. 개·코끼리와 원숭이·고릴라·침팬지·오랑우탄 등 영장류들은 선악을 판별하는 도덕감각의 형태로 얼마간의 의식적 도덕성을 갖추고 있어서 다른 개체를 때리거나 해치는 것을 가로막고(심지어 반려견은 견주가 자기 새끼 강아지를 때리려고 하면 앞발로 가로막을 뿐만 아니라, 사람이 아기를 때리는 시늉이나 아내가 남편을 때리는 시늉을 해도 앞발로 가로막거나 몸으로 저지한다), 무리 안에서 소소한 원시적 사법 작용과 경찰 활동이 존재하고,[463] 심지어 독재적 알파에 대한 무리 전체의 단결된 혁명적 응징도 벌어지기[464] 때문이다. 당시 쇼펜하우어는 동물의 도덕 행위에 대한 관찰이 너무 부족했다.

쇼펜하우어는 사람이 정의의 원칙에 따라서 행동하더라도 동정심은 조용히 작용한다고 주장한다.

- 상술된 것에 따르면 의인義人의 개별 행동 안에서 동정심은 간접적으로만, 원칙을 매개로 해서만 작용하고, 현실적으로(actu) 작용하지는 않지만 잠재적으로는(potentia) 작용한다. (…) 하지만 동정심은 그 가운데 항상 현실적으로도 출현할 준비가 된 채 있다. 따라서 가령 개별 사례에서 언급된 정의 준칙이 흔들린다면, 어떤 동기도 (이기적 동기

---

462) Schopenhauer, *Preisschrift über die Grundlage der Moral*, §17, 748쪽.
463) 개코원숭이 떼 안에서 우두머리 원숭이의 경찰·사법활동에 대해서는 참조: 황태연, 『도덕의 일반이론(상)』, 859-902쪽.
464) 폭군적 알파 보노보에 대한 보노보 무리의 추방과 사회적 매장에 대해서는 참조: 황태연, 『도덕의 일반이론(하)』, 1157쪽.

를 제쳐놓을 때) 원천 자체, 즉 동정심으로부터 길어낸 동기보다 더 정의 준칙의 뒷받침과 정의로운 계획의 활성화에 효과적인 동기는 없다. 이것은 인신의 침해와 관계된 곳에서만 아니라, 소유의 침해와 관계된 곳에서도 타당하다. 가령 어떤 사람이 습득한 가치 있는 물건을 갖고 싶은 욕심을 느꼈다면 – 이를 막는 모든 현명의 동기와 모든 종교적 동기를 제외하고 – 어떤 동기도 분실자의 걱정, 마음고생, 비탄의 표상만큼 그를 그렇게 쉽게 정의의 길로 되돌려 놓지 않을 것이다. 이 진리의 느낌 속에서 종종 벌어지는 것은 잃어버린 돈을 다시 가져다 달라는 공개 촉구에 '분실자는 가난한 사람이다, 피용자다'라는 확언 보증을 붙이는 것이다.[465]

'분실자는 가난한 사람이다, 피용자다'라는 확언 보증을 붙이는 것은 분실자에 대한 습득자의 동정심을 더 강하게 자극할 것이다.

동정심은 정의의 구현을 순조롭게 하고 누군가가 제삼자의 몫을 침해하는 것을 우리가 막고 제삼자의 몫을 복원하게 만드는 데 돕는다. 하지만 동정심의 사랑은 소극적이든 적극적이든 정의의 1차적 원천이 아니다. 정의는 나의 고유한 몫, 너의 고유한 몫, 그의 고유한 몫을 분명하게 나누고 그 몫을 각자에게 보장하는 것이기 때문이다. 여기서 도덕감정으로서의 정의감은 동정심이 아니다. 내 몫이 침해당할 때 나는 침해자를 응징하고 싶은 욕망을 발동시키는 '억울함'이라는 '이기적 정의감'을 느끼고, 제삼자는 억울한 나의 몫을 되찾아주기 위해 침해자를 응징하러 들 때 의분 또는 공분이라는 '이타적 정의감'을 느낀다. 이 이타적 정의감에는 바로 쇼펜하우어가 지나치게 주목하는 나의 억울함에 대한 제삼자의 동정심이 개재한다. 하지만 정의와 관련해서는 이 동정심보다 (1) 각자의

---

465) Schopenhauer, *Preisschrift über die Grundlage der Moral*, §17, 748쪽.

고유한 몫의 분명한 분리와 보장과, (2) 상대방이 이를 침해할 때 자아가 느끼는 억울한 감정이 발동시키는 침해에 대한 자아와 제삼자의 응징적 복수심을 먼저 고려해야 하는 것이다.

'정의감'은 정당한 복수심으로서 동정심과 독립된 별개의 도덕감정이다.[466] 그러나 쇼펜하우어는 계속 독립적 도덕감정 '정의감'을 몰각하고 정의의 근원을 '소극적 동정심'으로 착각하며, 정의의 근원이 이기적·이타적 정의감(억울함과 공분)이 아니라 동정심에 있다고 주장한다.

- 이 고찰들은 첫눈에 그렇게 보이지 않을지라도 진정한 자유로운 덕목으로서의 정의도 그 근원을 동정심에 둔다는 사실을 바라건대 분명하게 밝혀줄 것이다. 그럼에도 불구하고 저 위대한, 참으로 본래적인 대덕이 단지 이 토대에만 뿌리박을 수 없을 정도로 이 토대를 너무 초라하게 여기는 사람은 상술한 것으로부터, 인간들 사이에 나타나는, 꾸미지 않은 진정한 자발적·비이기적 정의의 정도가 얼마나 적은지를, 이 정의가 언제나 오직 깜짝 놀랄 예외로서만 출현해 질과 양에 따라 사이비 유형의 정의, 즉 단지 현명에 기초할 뿐인지를 (…) 기억하라.[467]

쇼펜하우어는 이와 같이 정의의 근원을 동정심으로 단정하면서도 '아무도 해치지 말라(neminem laede)'는 원칙을 '정의'라고 말하는 가운데 '각자에게 자기 몫을 주는 것'이라는 또 다른 정의 개념을 슬며시 함의하고 있다.

이와 같은 개념적 동요 속에서 쇼펜하우어는 국가를 안팎으로 개개인

---

466) 폭군적 알파 보노보에 대한 보노보 무리의 추방과 사회적 매장에 대해서는 참조: 황태연, 『도덕의 일반이론(상)』, 860-895쪽.
467) Schopenhauer, *Preisschrift über die Grundlage der Moral*, §17, 748-749쪽.

에 대한 침해를 막는 강제 기제로, 즉 사랑(적극적 동정심) 없는 '정의국가'로 규정한다. "아무도 해치지 말라는 준칙"으로서의 정의만을 살피는 "강제 시설"로서의 국가는 "개개인을 서로에 대해, 그리고 전체를 외적에 대해 보호하는 것"을 "국가의 유일한 목적"으로 삼는다.[468] 이것은 바로 플라톤 이래 서양의 국가론적 전통에 속하고 애덤 스미스 등 근대 자유주의자들이 대변한 야경국가적 정의국가다.

개개인을 안팎으로 보호하는 것만을 존재 이유로 삼는 '정의국가'와 반대되는 국가는 '인의仁義국가', 즉 공평한 물질적 복지와 교육복지를 담당하는 '양민·교민국가'(공자) 또는 '인정仁政국가'(맹자)다. 공맹 인정론仁政論의 두 기둥인 양민養民과 교민教民 중에서 '교민'은 백성에게 도덕교육만 실시하는 것이 아니라, 문자·언어·철학·정치·행정·경제·기술·의술·직업교육 등 온갖 교양·시무時務교육을 다 실시하는 것을 말한다. 그러나 좀 우습게도 쇼펜하우어는 '정의국가'와 반대되는 중국의 양민·교민국가를 모방한 유스티·헤겔 등의 중국식 양호養護국가론(Polzeistaatstheorie; 복지국가론)을 '도덕과 종교를 주입하는' 도덕·교육·선도善導 시설로 착각하고 비방한다.

- 이 매수된 시대의 몇몇 독일 사이비 철학자들(Philosophaster)은 국가를 도덕·교육·선도善導 시설(Moralitäts-Erziehungs-und-Erbauungs-Anstalt)로 뒤틀고 싶어 한다. 이러는 데는 개개인을 중국식 국가·종교 기제의 단순한 톱니바퀴로 만들기 위해 개개인의 인신적 자유와 개인적 발전을 폐지하려는 예수회적 목적이 배후에 잠복해 있다. 이것은 예전에 종교재판, 화형과 분서(Autos da Fé, 또는

---

468) Schopenhauer, *Preisschrift über die Grundlage der Moral*, §17, 749-750쪽.

autodafé), 그리고 종교전쟁에 이른 길이다.[469]

"몇몇 독일 사이비 철학자들(Philophaster)"은 유스티·헤겔과 이들을 추종하는 당대 독일의 사회복지국가론자들을 가리킨다. "개개인을 중국식 국가·종교 기제의 단순한 톱니바퀴로 만들기 위해 개개인의 인신적 자유와 개인적 발전을 폐지하려는 예수회적 목적이 배후에 잠복해 있다"는 쇼펜하우어의 비난은 빗나가도 한참 빗나간 말이다. 첫째, 중국은 도덕과학으로서의 유학과 정치 경제학적 시무론을 '국학'으로 삼았기 때문에 태고대부터 정교분리가 실현되어 있어서 중국을 두고 "도덕·교육·선도 시설"이니, "국가·종교 기제"니 하는 말은 난센스다. 둘째, 예전에 "종교재판, 화형과 분서, 그리고 종교전쟁"은 예수회 구교만이 아니라, 신교(성공회·장로파·청교도파·루터파)도 못지않게 자행했다. 쇼펜하우어의 난센스 논변들은 평생 경쟁자 헤겔을 너무 증오한 탓인가?

쇼펜하우어는 소극적·적극적 동정심을 이기심을 제한·방지·조절하는 도덕감정으로 본다. '적극적 동정심'은 '인간애(Menschenlibe)'다. 그는 소극적 동정심으로서의 '정의' 다음의 도덕감정으로 '인간애'를 제시하고 윤리학의 또 다른 정초로 본다. '인애'보다 '정의'를 앞세우는 이런 덕목 서열은 '인의仁義'를 불변적 순서로 규정한 공맹 윤리학에 반하는 것이다. 아무튼 그는 정의를 중시하면서 '인간애'를 '국가 밖'의 일로 취급한다.[470] 제2등급 동정심으로서의 인간애는 제1등급 동정심으로서의 정의와 그 적극성에서 구별된다.

● 그 근원적 측면에서 비밀스러울지라도 위에서 사실적으로 증명된 동

---

469) Schopenhauer, *Preisschrift über die Grundlage der Moral*, §17, 750쪽.
470) Schopenhauer, *Preisschrift über die Grundlage der Moral*, §18, 759-760쪽.

정심을 매개로 남의 고통이 그 자체에 있어서, 그리고 그 자체로서 직접 나의 동기가 되는 정도의 제2등급은 이것으로부터 생겨나는 행동들의 적극적 성격에 의해 제1등급과 뚜렷이 구별된다. 동정심은 타인을 침해하지 않도록 나를 억제할 뿐만 아니라, 심지어 타인을 돕도록 나를 추동시키기까지 한다.[471]

그리하여 쇼펜하우어는 순수한 인간애와 관련해 빈자에게 동냥을 주어 얻는 것이 무엇인가에 대해 이렇게 자문자답한다.

- 어떤 사람이 동냥을 주면서 내게 이것으로부터 무엇을 얻느냐고 묻는다면, 나의 양심적인 답변은 이것이다. "저 빈자에게 그의 운명이 그만큼 가벼워지는 것이고 그 외에 단적으로 아무것도 없다. 네가 이것을 아무런 쓸모가 없다고 여기고 본래 이것을 전혀 중시하지 않는다면, 너는 원래 동냥을 주려고 한 것이 아니라, 매입을 하려고 한 것이다. 그렇다면 너는 네 돈을 사취당한 것이다. 그러나 궁핍이 짓누르는 저 사람이 더 적은 고통을 겪는다는 사실을 네가 중시한다면, 너는 너의 목적을 달성했고, 너는 그가 더 적은 고통을 겪는다는 사실로부터 이 목적을 달성하고, 너의 기부가 얼마나 값어치가 있는지를 정확하게 보게 된다.[472]

그리고 나서 쇼펜하우어는 '동정심(Mitleid)'이나 '연민(Teilnahme)'과 구별된 'Mitempfinden'이라는 단어를 써서 '공감' 개념을 처음 사용한다.

---

471) Schopenhauer, Preisschrift über die Grundlage der Moral, §18, 760-762쪽.
472) Schopenhauer, *Preisschrift über die Grundlage der Moral*, §18, 762쪽.

- 그러나 나의 고통이 아닌 고통, 나와 관계없는 고통이 다른 경우에 오직 나 자신의 동기만이 내게 직접적인 것과 똑같이 그렇게 직접적으로 나를 행동하도록 움직이는 것이 어떻게 가능한가? 말했듯이 이것은 내가 이 고통을, 내게 외적인 고통으로서만, 단지 외적 직관이나 기별을 매개해서만 주어질지라도 공감해서(mitempfinden) 이 고통을 나의 고통으로 느끼되, 내 안에서가 아니라 타인 안에서 느낌으로써만 가능할 뿐이다.[473]

이로써 쇼펜하우어는 다시 공감 개념을 '자타 동일화'와 명확하게 분리시키고 있다. "이 고통을 나의 고통으로 느끼되, 내 안에서가 아니라 타인 안에서 느낀다"는 표현은 남의 고통을 남의 고통으로 인지하면서도 내 안에서 그 고통을 재생해서(시뮬레이션해서) 느낀다는 뇌과학적 사실을 당시의 언어로 어수룩하게 말한 것이다.

그러나 쇼펜하우어는 불행히도 다시 '아我와 비아非我 사이의 경계'가 일순간 없어지는 '아와 비아의 동일화'로 되돌아 가버리고 만다.

- 고통을 보는 것과 고통을 당하는 것 간에는 어떤 차이도 없다네(No siempre el peor es cierto, Jornada 2, p.229). 그러나 이것은 내가 나를 타인과 어느 정도 동일화하는 것을, 따라서 아와 비아 간의 경계가 일순간 폐지되는 것을 전제한다. 오로지 이럴 경우에만 타인의 용무, 타인의 요망, 타인의 곤궁, 타인의 고통이 직접 나의 것이 된다. 그다음 나는 타인을 더 이상 경험적 직관에 그를 제시하듯이 내게 낯선 것으로서, 내게 아무래도 상관없는 것으로서, 나와 완전히 상이한 것으

---

473) Schopenhauer, *Preisschrift über die Grundlage der Moral*, §18, 762쪽. Pedro Calderon de la Barca(1600-1681)은 스페인 극작가다.

로서 보는 것이 아니라, 그의 피부가 나의 신경을 포함하고 있지 않음에도 그 안에서 같이 동고同苦한다(mitleiden). 이를 통해서만 타인의 재화災禍, 타인의 곤궁이 나에게 동기가 될 수 있다. 그밖에는 전적으로 나 자신의 곤궁만이 동기가 될 수 있을 따름이다." 이 현상은, 내가 반복하는바, 신비스럽다. 왜냐하면 이 현상은 이성이 아무런 직접적 설명서도 낼 수 없는 어떤 것이고, 그 근거는 경험의 경로로 알아낼 수 없는 어떤 것이기 때문이다. 하지만 이 현상은 일상적이다. 누구나 이 현상을 종종 자기 자신에 있어서 체험하고, 심지어 가장 냉혹하고 가장 사욕적인 자에게도 이 현상은 낯설게 남겨지지 않았다. 이 현상은 매일 우리 눈앞에서, 상세하게, 소규모로, 그리고 인간이 직접 자극에 의해 많은 심사숙고 없이 타인을 돕고 구하러 달려가고, 아니 그가 처음 본 사람을 위해 종종 자신의 생명도 지명한 위험에 빠뜨리고, 이러면서도 그가 타인의 커다란 곤궁과 위험을 본다는 것 이상의 것을 생각지 않는 도처에서 발생한다.[474)]

쇼펜하우어는 "1860년에도 아직 미국에서 노예제에 관해 논쟁할 때 어떤 사람이 아브라함과 야곱도 노예를 보유했다는 사실을 인용했다는 것을 숙고하라"고 하면서 이 인간애적 행동이 기독교와 무관한 본능적 동정심의 행동임을 아주 간명하게 논증한다. 그리고 그는 노예제 반대가 기독교에서 유래한 것이 아니라 우리의 본성적 동정심에서 유래했다는 것을 "전全 신약성서 속에서 노예제를 반대하는 말이 한마디도 언표되지 않고 있다"는 확인으로 간명하게 입증하고 있다.[475)] 성서는 노예제 폐지에 오히려 불리한 경전일 뿐이다.

---

474) Schopenhauer, *Preisschrift über die Grundlage der Moral*, §18, 763-764쪽.
475) Schopenhauer, *Preisschrift über die Grundlage der Moral*, §18, 763-764쪽.

쇼펜하우어는 동정심을 도덕의 토대로 단정한 자신의 성선설적 윤리학 테제를 잔학행위에 대한 인간들의 동정적 반응들을 경험적 사례로 확인한다. 이 확인을 통해 기독교적 천당·지옥의 사후 처벌론도, 그 아류인 칸트의 도덕법칙론도 둘 다 부정한다.

- 잔인성 또는 잔학성만큼 그렇게 지극히 깊은 밑바탕에서 우리의 도덕감정을 격분시키는 것은 없다. 우리는 다른 모든 범죄를 용서해 줄 수 있지만, 다만 잔학성만큼은 용서하지 못한다. 그 이유는 잔학성이 동정심의 반대라는 것이다. 그러므로 어떤 (동정적) 소행에다 지극히 깊은 도덕적 사악성과 혐오성의 낙인을 찍는 것은 동정심의 최대 결여다. 따라서 동정심이 본래적인 도덕적 동인이다.[476]

쇼펜하우어는 잔학행위에 대한 우리의 소스라치는 경악이 "모든 이성적 존재자에게 보편법칙이 되기에 전혀 적합지 않은 준칙에 따라 행동하는 것이 가능하지 않기"(칸트의 제1정언명령) 때문에 일어난 경악은 "확실히 아닐 것이다"라고 못 박음으로써 칸트 윤리학의 정초를 '확실히' 분쇄해 버리고 있다. 그리고 그 경악의 이유를 "동정심의 최대 결여" 때문이라고 자답하고, 그러므로 "동정심이 본래적인 도덕적 동인이다"라고 확인·확언한다.[477] 그는 "일반적으로 내가 제시한 도덕론의 기반과 도덕성의 동인은 그 실재적인, 정말이지 그 광범위한 효과를 칭찬받을 수 있는 유일한 기반이자 동인이다"고 거듭 말하고, "불행은 동정심의 조건이고, 동정심은 인간애의 원천"이라고 덧붙인다.[478]

---

476) Schopenhauer, *Preisschrift über die Grundlage der Moral*, §19, 766쪽. 괄호는 인용자.
477) Schopenhauer, *Preisschrift über die Grundlage der Moral*, §19, 766-767쪽.
478) Schopenhauer, *Preisschrift über die Grundlage der Moral*, §19, 7771-772쪽.

그리고 쇼펜하우어는 방향을 돌려 동정심을 부정하거나 폄하하는, 칸트에까지 이르는 서양의 사이코패스적 윤리학 전통을 모조리 비판한다. 공맹철학의 영향을 받은 영국 모럴리스트들(섀프츠베리·허치슨·흄·스미스)과 호흡을 같이한 루소의 도덕철학을 인용하고 급기야 나중에는 유학의 5덕론도 인용한다.

- 내가 윤리학에 부여한 이 (동정심의) 정초定礎 때문에 나는 강단 철학자들 사이에서 나의 선행자가 없다. 아니, 이 정초는 이 철학자들의 교습 의견들과의 관계에서 역설적이다. 이들 중 적지 않은 철학자들, 가령 스토아학파(세네카, *De clementia*, 3, 5), 스피노자(*Ethica*, 4, prop. 50), 칸트(*Kritik der praktischen Vernunft*, A213쪽)는 동정심을 단도직입적으로 비난하고 나무랐다.[479]

이런 지적에 이어 쇼펜하우어는 자신의 윤리학 정초를 루소로부터 넘겨받았음을 떳떳이 밝힌다.

- 그러나 이에 반해 나의 정초는 전全 근대 시대의 최대 도덕론자의 권위를 자기 것으로 지니고 있다. 왜냐하면 의심할 바 없이 이 권위는 자기의 지혜를 책으로부터가 아니라 생으로부터 길어내고 또 자기의 학설을 강단을 위해서가 아니라 인류를 위해 주기로 결심한 인간 심성의 심오한 전문가 장-자크 루소이기 때문이다. 그는 편견의 적이자, 자연(본성)의 학생이다. 자연(본성)은 지루하게 함이 없이 도덕 훈화할 수 있는 재능을 그에게만 주었다. 그는 진리의 정곡을 치고 심장을 움직

---

479) Schopenhauer, *Preisschrift über die Grundlage der Moral*, §19, 781쪽.

이기 때문이다.[480]

극찬이다. 그러나 쇼펜하우어는 루소가 콩맹의 도덕철학을 수용한 섀프츠베리·허치슨·흄·스미스 등 영국 모럴리스트들로부터 이들의 책과 인적 교류를 통해 배웠다는 사실을 까맣게 모르고 있는 것 같다.

철학계의 헛소문, 즉 근대의 사이코패스적 성악설을 대표하는 칸트가 루소의 책 『에밀』을 정신없이 읽다가 자기의 정해진 산책 시간을 어겼다는 헛소문과 정반대로 루소의 도덕감정적 도덕론은 도덕감정 없는, 아니 차라리 도덕감정을 부정·비난하는 칸트의 도덕철학과 상극이다. 이런 헛소문을 의식했음인지 쇼펜하우어는 "나는 지금까지 인용을 가급적 절제해온 끝에 그로부터 나의 견해를 확인하기 위해 몇 구절을 인용할 것을 내게 허용코자 한다"는 말과 함께 루소를 아주 길게 인용하며 그의 도덕론을 비교적 상세하게 소개한다. 일부러 길에 인용한다.

- 『인간 불평등기원론(Discours sur l'origine de l'inégalité les hommes)』 91쪽(Bioponti본)에서 루소는 말한다. "홉스가 주목하지 않은, 일정한 상황 아래서 (자기애 또는 자기애의 탄생 이전의 자기보존욕의 맹렬성을 완화시키기 위해) 인간에게 주어져서, 그의 동류同類가 고통을 당하는 것을 보는 데에 대한 본유적 거부감으로 자기 복리에의 열정을 절제하는 또 다른 원리가 있다. 나는 인간 덕성을 가장 극단적으로 폄하하는 자도 인정하지 않을 수 없었던 유일한 본성적(자연적) 덕목을 인간에게 허용하는 데 있어 어떤 반대도 두려워할 필요가 없다고 생각한다. 나는 (…) 동정심(pitié)을 말하고 있다." 92쪽에서는 이렇게 말한다. "맨드빌은 인간들이 그들의 모든 도덕성을 위해 자연 본성

---

480) Schopenhauer, *Preisschrift über die Grundlage der Moral*, §19, 781-782쪽.

이 이성을 지원해 인간들에게 동정심을 주지 않았다면 괴물 이외에 어떤 것도 아니었을 것이라는 것을 명백히 지각했지만, 이 단일한 속성으로부터 그가 인간들에게 부정하고 싶어 하는 모든 사회적 덕목이 발원한다는 것을 보지 못했다. 정말이지, 동정심이 약자, 죄인, 또는 인간 종족 일반에게 적용되지 않는다면, 활수함·관대함·인간애가 무어란 말인가? 인애와 우정조차도 정확하게 이해된다면 특별한 대상에 초점이 맞춰진 꾸준한 동정심의 소산이다. 누군가가 고통당하지 않기를 바라는 것이 누군가가 행복하기를 원하는 것 외에 그 밖의 무엇을 위한 것이겠는가? (…) 정말 측은지심(불어 원단어: commisération)은 관찰하는 동물이 고통당하는 동물을 자신과 동일시하는 것이 밀접하면 밀접할수록 그만큼 강렬할 할 것이다." 94쪽에서는 이렇게 쓰고 있다. "그러므로 동정심이 모든 개인 안에서 자기애의 활동성을 절제시킴으로써 전 인간 종족의 상호적 보존에 기여하는 자연 본성적 감정이라는 것은 아주 확실하다. 우리를 반성 없이 우리가 고통당하는 것을 보는 사람들의 지원으로 몰고 가는 것은 동정심이다. 자연상 태에서 아무도 그 점잖은 목소리에 불복하도록 유혹하지 못할 우월적 힘으로써 법·도덕·덕성의 자리를 대신하는 것은 동정심이다. 어떤 강건한 야만인도 그가 그 자신의 생계를 다른 곳에서 발견하기를 바랄 수 있다면 힘들게 얻은 생계를 약한 어린이나 허약한 노인으로부터 박탈하지 못하게 지키려는 것은 동정심이다. '네가 타인들이 너에게 해주게 하고 싶은 대로 타인들에게 해주어라'는 추리된 정의의 저 고상한 준칙 대신에 '타인들에게 가급적 가장 적은 해악이 가도록 너의 선을 하라'는, 훨씬 덜 완벽하지만, 어쩌면 첫 번째 준칙보다 더 유용한 자연 본성적 선善의 이 다른 준칙을 모든 사람 안에 고취하는 것은 동정심이다. 한 마디로, 모든 인간이 심지어 교육의 준칙과 독립적으로도 느낄 악행에 대한 거부감의 원인을 우리가 찾아야 하는 곳은 교묘한 논변이라기보다는 이 본성적 감정이다."[481]

쇼펜하우어는 위 논변들이 '정언명령'이니 '도덕법칙'이니 '이성의 입법'이니 하는 "교묘한 논변"을 장황하게 늘어놓은 칸트에 대한 비판을 선취하는 루소의 명제들이기 때문에 길게 인용하고 있다. 특히 "모든 인간이 심지어 교육의 준칙과 독립적으로도 느낄 악행에 대한 거부감의 원인을 우리가 찾아야 하는 곳은 교묘한 논변이라기보다는 이 본성적 감정이다"는 루소의 명제가 그렇다. 여기서 '칸트가 루소에 매료되었다'는 저 '철학계의 헛소문'은 진짜 완전히 헛소문임을 알 수 있다.

쇼펜하우어는 루소로부터 인용하는 첫 번째 구절을 옮겨 쓰는 과정에서 "자기애, 또는 자기애의 탄생 이전의 자기보존욕의 맹렬성을 완화시키기 위해"라는 구절을[482] 빼먹었다. 그리고 두 번째 인용구의 생략 표시 "(…)"에서 생략된 구절은 아주 길다. "측은지심(commisération)이 우리를 고통당하는 사람 자리에 놓는 감정, 즉 야만인 안에서 애매모호하고 생동하는, 그리고 문명인 안에서는 발달되었지만 약한 감정 외에 아무것도 아니라는 것이 사실일지라도, 이 관념이 내가 말하는 것의 진리성에 추가적인 힘을 주는 것 외에 이 진리성에 대해 무슨 차이를 만들 수 있겠는가?"[483]

그리고 쇼펜하우어는 칸트가 읽었다는 『에밀』도 직접인용 방식으로 칸

---

481) Schopenhauer, *Preisschrift über die Grundlage der Moral*, §19, 782-784쪽.
482) Jean-Jacques Rousseau, *The Discourses on the Origin and Foundations of Inequality among Men*, 152쪽. Rousseau, *The Discourses and other early political writings*, edited by Victor Gouresvitch (Cambridge: Cambridge University Press, 1997-2008). G. D. H. Cole판(Everyman)은 73쪽.
483) Rousseau, *The Discourses on the Origin and Foundations of Inequality among Men*, 153쪽. Cole판(Everyman)은 74-75쪽.

트의 코 앞에 들이댄다.

- 루소가 『에밀』 제4책 115-120쪽(Bipontini본)에서 말한 것을 이것과 비교해 보라. 그곳에서 특히 이렇게 쓰고 있다. "실로 우리를 우리 자신 바깥으로 옮겨 놓고 우리를 고통받는 동물(animal souffrant)과 동일시함으로써가 아니라면, 우리가 소위 우리 자신을 포기하고 그의 자아를 받아들임으로써가 아니라면, 우리가 우리를 동정심 쪽으로 움직이게 하는 것이 어떻게 가능할까? 그 가운데서 우리는 우리의 자아가 고통받는다고 믿는 만큼만 우리는 고통받는다. 우리는 우리 안에서 고통받는 것이 아니라, 그 사람 안에서 고통받는 것이다. (…) 그의 마음의 확장적 힘이 확증될 수 있는 대상들, 그의 마음을 확장시키는 대상들, 그의 마음을 다른 본질들을 넘어 확장시키는 대상들, 그의 바깥 도처에서 자신을 재발견하도록 그를 유인하는 대상들을 젊은 사람에게 보여주어야 한다. 그러나 그의 마음을 좁히고 축소시키는 모든 것, 인간적 자아의 동인을 묶는 모든 것을 주도면밀하게 피해야 한다.[484]

이 인용문에서 루소가 동정심을 자타 동일시("우리를 고통받는 동물과 동일시함")와 자타 분리("우리 안에서 고통받는 것이 아니라, 그 사람 안에서 고통받는 것") 사이에서 오락가락하는 것이 분명하게 드러나고 있다. 이것을 보면 쇼펜하우어의 유사한 오락 가락이 바로 루소로부터 유래한 것임을 알 수 있다. 그러나 "우리는 우리 안에서 고통받는 것이 아니라, 그 사람 안에서 고통받는 것이다"는 말은 뇌과학적으로 그릇된 것이다. 우리는 공감작용으로 통해 상대방의 가령 괴로운 표정과 거동을 보고 그의 고통감정을 내 뇌 속의 변연계에서 낮은 강도로 재현해서 내 뇌 안에서

---

484) Schopenhauer, *Preisschrift über die Grundlage der Moral*, §19, 784-785쪽.

느끼기 때문이다. 나의 체험적 고통과 남의 공감된 고통 간의 차이는 다만 전자가 내 뇌의 해당 부위를 강렬하게 발화시키는 반면, 후자는 내 뇌의 같은 부위를 보다 약하게 발화시킨다는 차이로 나타날 뿐이다.[485]

쇼펜하우어는 루소가 공맹 도덕철학을 수용한 영국 모럴리스트들로부터 배웠다는 사실을 까맣게 모르지만 동정심을 자기 윤리학의 정초로서 확증하기 위해 힌두이즘이나 '동정심의 신'을 최고신으로 모신 평범한 아테네인의 풍속만이 아니라 유학의 도덕철학도 인용한다. 이어서 동정심 없는 명령 도덕을 주창한 유대주의를 비판하면서 암암리에 칸트를 비판한다.

- 상술한 바대로 나는 학파로부터 벗어나 권위가 없는 상태에서 중국인들은 동정심(sin: 仁)을 최상석에 두는 5대덕(tschang?)을 상정한다는 사실을 인용한다. 나머지 네 덕목은 의義·례禮·지智·신信(Aufrichtigkeit)이다. 이에 상응하게 우리는 힌두교도들에게 있어서도 선왕들의 추념을 위해 건립된 기념 표지판에 그들을 칭송하는 덕목들 사이에 인간과 동물들에 대한 동정심이 첫 번째 자리를 차지하고 있는 것을 본다. 아테네에서 동정심은 광장에 제단을 하나 가졌다. "아테네인들은 아고라(ἀγορα)에 동정심의 신神("Ελεος), 즉 그리스인들 사이에서 아테네인들만이 존경을 표하는 신의 제단이 있었다. 왜냐하면 동정심의 신은 모든 신 중에서 가장 많이 인간적 삶에서, 그리고 삶의 부침 속에서 영향을 미치기 때문이다."(Pausanias, Periegesis, I, 17[1]). 이 동정심의 신 제단은 루키아노스(Lukianos)도 『티몬(Timon)』 §99에서 언급한다. 스토바이(Stobaios)가 보존해 우리에게

---

485) 공감에 대한 다마시오·리촐라티·야코보니의 뇌과학적 설명에 대해서는 참조: 황태연, 『감정과 공감의 해석학(1)』(파주: 청계, 2014·2015), 101-124쪽.

전해주는 포키온(Phokion - 고대 아테네의 성공한 정치가)의 언명은 동정심을 인간 안에서 가장 신성한 것으로 묘사하고 있다. "그 제단을 사원에서 떼어내서도 아니 되고, 물론 동정심을 인간 생활에서 떼어내서도 아니 된다."(*Florilegium*, I, 220쪽) 『판자탄트라(*Pandschatantra*)』의 그리스어 번역본인 『인도의 지혜(*Sapientia Indorum*)』(sectio 3, 220쪽)에는 이렇게 쓰여 있다. "동정심은 모든 덕목의 첫째로 간주된다."[486]

여기서 쇼펜하우어가 말하는 'sin'은 인仁의 음역('ren')의 오기로 보이고 'tschang'은 '덕德'의 음역의 오기로 보인다. 그리고 'Aufrichtigkeit'는 '신信'의 부정확한 번역으로 보인다. 그리고 여기에 그는 *Journal Asiatique*, vol. 9, p. 62라는 각주를 달고 1824년 불역본 『맹자(*Meng-tse*)』(Stanislas판 Julien, lib.1) §45와 기욤 포티에(Guillaume Pauthier) 사에서 간행한 *Livres sacrés de l'orient*(동양의 성스런 책들), 281쪽의 『맹자(*Meng-tse*)』를 참조하라고 하고 있다. 그리고 오늘날 보통 *Panchatantra*로 표기되는 *Pandschatantra*는 인도 최고最古의 산스크리트어 우화집이다. 이 책은 '친구와 이별', '친구를 얻음', '갈까마귀와 올빼미의 싸움', '얻은 것의 상실', '사려 없는 행위' 등 '다섯 편의 이야기'라는 뜻의 설화집이다. 한 비슈누마사르만이라는 브라만이 아마라샤크티 왕의 요청으로 세 왕자에게 처세술·외교·윤리 등을 깨닫게 하기 위해 들려주는 이야기다. 유럽에는 그 낭송자의 이름을 따 *The Fables of Bidpai*라고도 번역되었다. 아랍에는 6세기경 페르시아어로 번역되고, 이것을 바탕으로 시리아어로는 '칼릴라와 딤라'로 번역되었다.

그런데 쇼펜하우어는 자칫 '반유대주의'를 비칠 수 있는 유대교 비난도

---

486) Schopenhauer, *Preisschrift über die Grundlage der Moral*, §19, 785쪽.

서슴지 않는다.

- 우리는 모든 시대와 모든 나라가 도덕성의 원천을 잘 인식했지만, 유럽만이 그렇지 못했음을 본다. 이에는 여기 유럽에서 만물만사에 미만해 있는 유대적 악취(foetor Iudaicus)가 죄책이 있다. 여기에서는 단적으로 의무계명, 도덕법칙, 명령, 간단히 말해서, 순종해야 할 지시와 호령만이 존재해야 한다. 유럽인들은 이것을 떠나지 못하고, 그와 같은 것이 언제나 이기주의만을 기초로 삼고 있다는 것을 보지 않으려고 한다. 물론 개개인과 우월한 자들에게서는 감지되는 진리가 알려졌다. 위에서 인용했듯이 루소에게 있어서 그랬다. 레싱도 1756년 한 편지에서 이렇게 말했다. "가장 동정적인 인간이 가장 선한 인간, 모든 사회적 덕목을, 온갖 고매함을 가장 발휘하고 싶어 하는 기분인 인간이다."[487]

의무계명·도덕법칙·정언명령으로 이루어진 칸트의 철학은 모두 유대교의 전통에서 서서 이 전통을 배경으로 사이코패스 윤리학을 수립해서 유럽을 다시 유대화해서 자잘한 유럽인을 동정심이 제거된 '후천적 사이코패스 좀비'로 만들고, '선천적 사이코패스'를 '도덕군자'로 만들려는 철학이다. 이것이 쇼펜하우어가 이해한 칸트다. 칸트의 윤리학은 "유대적 악취"가 진동하는 대표적인 사이코패스적·원죄적·성악설적·계명적 윤리학이라는 것이다.

쇼펜하우어의 칸트 비판은 그가 단지 순수한 개념으로 언급한 동정심 없는 "비인간(Unmensch)"의 현실태인 사이코패스 개념을 의학적·심리 과학적으로 몰랐기 때문에 한계가 있다. 또한 그의 비판 자체도 간간

---

487) Schopenhauer, *Preisschrift über die Grundlage der Moral*, §19, 785-786쪽.

이 필자가 지적했듯이 많은 문제점을 안고 있다. 그럼에도 불구하고 그는 사상사적 맥락에서 칸트의 윤리학을 구약의 창세기에 집약적으로 표명된 유대교의 원죄적 성악설과 십계명식 명령을 인간 도덕으로 정당화하는 교부철학과 스콜라철학을 이성적 정언명령과 도덕법칙으로 재포장해 '신장개업'한 것으로 제대로 폭로·비판하고 있다. 이와 동시에 '동정심'을 '제일의 도덕감정'으로 정립한 본성론적 윤리학을 주창함으로써 확실한 도덕감정론적 성선설의 윤리학을 대안으로 제시하고 있다. 이 점에서 그의 칸트 비판은 오늘날까지도 칸트 비판 중에서 가장 탁월하다고 할 수 있다.

제3절

인애 없는
사법적 정의국가론

쇼펜하우어는 애덤 스미스만큼 사랑(인간애·동정심)을 중시하고 자기 도덕철학의 중심 개념으로 삼을지라도 국가론에서는 사랑을 국가의 의무에서 배제하는 플라톤·홉스·로크·스미스의 정의국가 전통을 고수한다. 그는 도덕과 구분 지어 국가의 과업을 협소하게 한정하기 때문이다.

3.1. 사랑 없는 순수한 형사법적 정의국가

쇼펜하우어는 『의지와 표상으로서의 세계』에서 국가 업무를 이렇게 좁게 '형사법적 정의'로 한정한다.

- 도덕이 배타적으로 정당 행위나 부당 행위(Recht- und Unrecht-Tun)만을 겨냥하고, 가령 부당 행위를 안 하려고 결심한 자에게 그의

행동의 경계를 표시해 줄 수 있는 반면, 국가론(Staatslehre), 즉 '입법의 학'은 전적으로 부당 행위를 당하는 것만을 겨냥하고, 부당행위가 이것의 늘 필연적인 상관자 때문에, 즉 법학이 대결하는, '부당 행위를 당하는 것' 때문에 법학의 표적이 되지 않는다면, 부당한 짓을 저지르는 행위에 결코 신경 쓰지 않는다. 물론 다른 측에서 '부당한 짓을 당하는 것'과 연결되어 있지 않은 부당한 짓을 저지르는 행위가 생각될 수 있어도, 국가는 일관되게 이것을 결코 금지하지 않을 것이다. 나아가 도덕 안에서는 의지, 즉 심정(Gesinnung)이 고찰 대상이고 유일하게 실재적인 것이다. 이 때문에 도덕은 외적 권력만이 물리치고 무효로 만드는, 저질러질 수 있는 부당 행위를 향한 확고한 의지를 현실적으로 저질러진 부당 행위와 완전히 같은 것으로 여기고, 이러한 의욕자를 '도덕의 법정'에서 부정不正한 것(ungerecht)으로 단죄한다. 반면, 국가는 단순한 의지와 심정 그 자체에 대해 전혀 신경 쓰지 않고, 오히려 행위에만 (이것이 단순히 未遂든, 旣遂든) 그 상관자, 즉 다른 쪽에서 당하는 것 때문에 신경 쓴다. 그러므로 국가는 '행위', 즉 '사건'을 유일하게 실재하는 것으로 여긴다. 심지心志나 의도는 단지 이로부터 행위의 의미가 인지되는 한에서만 조사된다. 그러므로 국가가 칼과 환형轘刑바퀴에 대한 공포가 저 의욕의 작용 결과들을 끊임없이 저지할 것임을 확실히 알고 있기만 하면, 국가는 타인에 대한 살인과 독약을 생각 속에 끊임없이 담고 있는 것을 누구에게도 금지하지 않는다. 국가는 또한 결코 부당 행위를 저지를 성향, 즉 악의적 심정을 멸하려는 어리석은 계획이 없다. 국가는 오히려 단지 부당 행위를 저지르려는 어떤 가능한 동기에 대해서든 언제나 피할 수 없는 형벌로 이 부당 행위를 중단하려는 압도적 동기를 대비시키려는 계획이 있을 따름이다.[488]

---

488) Schopenhauer, *Die Welt als Wille und Vorstellung I*, §62 (471-470쪽).

이 논변은 옳은 것같이 들리지만 실은 그리 옳지 않다. 대역죄의 경우에는 국가가 미수범도 처벌하고 계획만 하고 실행하지 않은, 또는 실행하지 못한 단순기획자도 처벌하기 때문이다. 쇼펜하우어는 당대의 자유주의적 야경국가론에 사로잡혀 법이 '도덕의 최소한'이라고만 생각하고 있다. 이 때문에 그는 법이 경우에 따라 '도덕의 최대한'이기도 하다는 사실을 몰각하고 있다.

쇼펜하우어에 의하면 국가는 국민들의 "집단적 이기심에 복무하기 위해" 이 이기심을 저해하는 개인적 행동들을 처벌하는 일을 하는 '최소한의 정의'의 시설에 불과하다.

- 국가는 (…) 이기심 일반, 이기심 그 자체에 맞서는 제도가 아니다. 역으로, 국가는 스스로를 잘 이해하고, 체계적으로 처리하고, 일방적 관점으로부터 일반적 관점으로 이동하고 이로써 합산을 통해 공동체적 만인의 이기심에서 생겨나고 이 집단적 이기심을 위해 복무하기 위해서만 현존하고, 순수한 도덕성, 즉 도덕적 이유에서의 정당행위(Rechthandeln)가 기대될 수 없다는 올바른 전제 아래 설치된 것이다. 그렇지 않다면, 국가는 그야 물론 불필요할 것이다. 그러므로 국가는 결코 이기심에 맞서 설치된 것이 아니라, 다만 복수複數의 이기적 개인들로부터 그들 모두에게 교호적으로 생겨나 그들의 안녕을 방해하는 이기심의 불리한 결과들에만 맞서 이 안녕을 목적으로 설치된 것이다. 따라서 이미 아리스토텔레스는 (『정치학』 3, 9[280b 39]에서) "국가의 목적은 사람들이 잘 사는 것이다. 그러나 이것은 사람들이 행복하고 아름답게 사는 것이다"고 말하고 있다. 또한 홉스도 국가의 이 기원과 목적을 완전히 올바로 그리고 탁월하게 분석했다. 가령 "일반 복리가 제1의 법률이어야 한다"는 모든 국가의 옛 원리(Cicero, *De legibus*

3, 3, 8: "민복은 최고법이어야 한다")도 동일한 것을 지칭한다. 국가가 자기의 목적을 완벽하게 달성한다면, 국가는 마치 심정의 완벽한 정의(Gerechtigkeit)가 일반적으로 지배하는 것과 같은 현상을 산출할 것이다. 그러나 두 현상(국가의 집단적 이기심을 위한 복무와 심정의 정의 - 인용자)의 내적 본질과 기원은 거꾸로 된 것이다. 말하자면 후자(심정의 정의)의 경우에 내적 본질은 아무도 부당행위를 저지르려고 하지 않을 것이라는 것이지만, 전자(국가의 집단적 이기심을 위한 복무)의 경우에 그 내적 본질은 아무도 부당행위를 당하려고 하지 않을 것이고, 알맞은 수단들이 이 목적을 위해 완벽하게 적용될 것이라는 것이다. 그리하여 이 동일한 직선은 양쪽의 반대 방향에서 기술될 수 있고, 맹수도 입마개를 씌워두면 초식동물과 같이 해롭지 않다. 그러나 국가는 이 지점 이상으로 이룩할 수 없다.[489]

쇼펜하우어는 여기서 아리스토텔레스·홉스·키케로를 동일선상에 놓고 있는데, 이것은 독자의 눈을 흐리게 하는 눈속임이다. 주지하다시피 아리스토텔레스는 공자처럼 "제가齊家 속에서 처음으로 우리는 우애와 정치조직과 정의의 기원과 출처를 얻는다"고 갈파함으로써[490] 모든 국가를 필리아(사랑)에 기초한 조직 시설로 파악했다. 그리고 군주정은 부자관계에, 귀족정은 부부관계에, 민주정은 형제관계에 그 기원을 둔다고 말함으로써[491] 국가형태들까지도 가족적 필리아(친애) 관계의 형태를 비유해서 분류했다. 즉, 군주가 백성의 이익을 위해 다스리는 군주정은 부자관계에

---

489) Schopenhauer, *Die Welt als Wille und Vorstellung I*, §62 (472-473쪽).
490) Aristotle, *The Eudemian Ethics*, 1242b1. *Aristotle*, vol. 20 (Cambridge, MA: Harvard University Press, 1935·1981).
491) Aristoteles, *Die Nikomachische Ethik*, übersetzt v. Olof Gigon (München: Deutscher Taschenbuch Verlag, 1955·1986), 1160b20-1261a5; Aristoteles, *Politik*, 1259b10-16.

빗댄 반면, 군주가 자기의 이익을 위해 다스리는 정체는 '참주정'으로 격하시키셨다. 그리고 귀족들이 군주와 더불어 통치권을 행사하되 군주를 다만 '동등한 자들 중 제1인자(primus inter pares)'로 대우할 뿐인 귀족정은 부부관계에 빗대고, 만인이 동등하게 다스리는 민주정은 평등한 형제관계에 빗댔던 것이다. 따라서 아리스토텔레스의 이 국가론은 실은 쇼펜하우어의 정의국가론을 부정하는 이론이다. 또한 "가령 "일반 복리가 제1의 법률이어야 한다", 또는 "민복은 최고법이어야 한다"고 천명한 키케로의 국가관도 글자 그대로라면 인정仁政 없는 단순한 사법적 정의국가를 부정하는 이론이다. 아리스토텔레스와 키케로는 이들이 인정仁政국가론을 전개한 적이 없을지라도 그들은 단순한 정의국가론을 내세운 적도 없다. 그럴지라도 그들의 국가적 필리아와 민복 논변을 엄격히 현실에 적용할 때 적어도 인민의 평균적 복지수준으로부터 추락한 적빈자들에 대한 자선적 구제와 난민들을 위한 구조 정책을 실시해야 할 것이고, 이 정책의 시행만으로도 이 국가는 쇼펜하우어가 국가의 고유업무로 범주화한 그 협소한 소극적 정의의 사법을 현격히 초월한다.

   쇼펜하우어는 아리스토텔레스와 키케로의 오용에 이어 "홉스도 국가의 이 기원과 목적을 완전히 올바로 그리고 탁월하게 분석했다"고 말함으로써 홉스를 극찬하고 있는데, 이것은 그가 플라톤만이 아니라 홉스로부터도 (악)영향을 받았음을 말해주고 있다. 그러나 홉스는 인민들이 리바이어던이 자기들의 생명과 재산의 안전을 위해 설립했지만, 설립된 뒤 리바이어던을 자기의 권력 이익을 '정의'로 규정하고 인민의 복리와 안전보장을 등지는 '참주'라고 밝힘으로써 국가에서 인민의 복리를 사라지게 만든 트라시마코스적 정의국가를 기획했다. 그러나 쇼펜하우어의 정의국가론에서 전제하는 '정의'는 적어도 트라시마코스적 정의와 본질적으로 다른 한에서 그의 '홉스 극찬'은 정말 일종의 '망언'이다.

3.2. 인정仁政의 방기와 사회단체로의 위임

국가 일반을 만인의 상호적·집단적 이기심을 위한 정의국가로 규정한 쇼펜하우어는 국가가 인애심, 인간애의 사업, 시혜와 자선사업, 사랑의 의무 등 인정仁政을 강제할 수 없다고 천명한다.

- 그러므로 국가는 교호적인 보편적 인애와 사랑에서나 생겨날 수 있을 그런 현상과 동일한 현상을 보여줄 수 없다. 왜냐하면 국가가 그 본성상 다른 쪽이 부당 행위를 당하는 것을 전혀 동반하지 않을 부당 행위의 행사를 금하지 않을 것이고 이것(금지 - 인용자)이 있을 수 없으므로 일체의 부당 행위를 방지하는 것을 우리가 방금 깨달은 것처럼, 국가는 거꾸로, 만인의 안녕을 지향하는 국가의 성향에 따라, 인애심과 인간애 사업(Wohlwollen und Werke der Menschenliebe)이 시혜와 자선사업의 실행에서 불가피한 상관자를 얻지 못할지라도, 누구나 온갖 인간애의 사업과 인애심을 경험하는 것을 아주 기꺼이 배려할 것이기 때문이다.[492]

쇼펜하우어의 사랑 없는 단순한 사법적 정의국가는 시혜와 자선사업의 시행을 삼가고 다만 "누구나 온갖 인간애 사업과 인애심을 경험하는 것을 아주 기꺼이 배려하는 것"까지만 국무로 여긴다는 것이다. 국가는 빈민·병자·이재민을 구제하고 고아·노약자·장애인을 지원하는 자선사업 시민운동의 편의를 봐주는 선을 넘어서 정부로 하여금 이 사업을 직접 시행하게 해서는 아니 된다는 말이다.

---

492) Schopenhauer, *Die Welt als Wille und Vorstellung I*, §62 (473쪽).

- 그러나 이 시혜와 자선사업에서 국가의 시민들은 누구나 수동적 역할을 떠맡으려고 할 것이고, 한 사람도 능동적 역할을 떠맡으려고 하지 않을 것이다. 그리고 능동적 역할은 어떤 이유에서든 다른 사람도 아니고 하필 어떤 사람에게 요구할 수도 없을 것이다. 따라서 소극적인 것만이 강제될 수 있는데, 이 소극적인 것이 바로 권리이다. 사랑의 의무나 불완전한 의무의 명칭 아래 이해하는 적극적인 것은 강제될 수 없다.[493]

독일은 일본과 유사하게 국민성 측면에서 수전노와 구두쇠가 많은, 따라서 시민운동이 아주 취약한 대표적 국가다.[494] 그럼에도 쇼펜하우어는 이 독일 풍토를 일반화해서 모든 나라의 성향으로 규정하고서 "이 시혜와 자선사업에서 국가의 시민들은 누구나 수동적 역할을 떠맡으려고 할 것이다"고 단정하고 있다. 그리고 여기로부터 논리적으로 위태롭게도 국가는 오직 "소극적인 것만이 강제될 수 있고 (…) 사랑의 의무나 불완전한 의무의 명칭 아래 이해하는 적극적인 것은 강제될 수 없다"는 결론을 도출하고 있다.

그러나 이 국가론은 그간 복지국가 된 독일에서도 타당하지 않을 소리다. 미국·프랑스·영국·독일은 18세기 말 19세기 초 근대국가로 재탄생하면서 '수전노'를 '공화국의 적'으로 규정했다. 그리고 독일은 19세기 말 사회민주당의 혁명적 도전에 직면하여 유럽에서 제일 먼저 사회복지제도를 국가 제도로 제정했고, 그리고 기타 유럽 선진국들은 20세기 초부터 국법으로 복지제도를 도입했다. 따라서 쇼펜하우어의 정의국가론은 홉스와 스미스의 정의국가처럼 곧 역사의 수레바퀴에 의해 짓밟히고 말

---

493) Schopenhauer, *Die Welt als Wille und Vorstellung I*, §62 (473쪽).
494) 참조: 황태연, 『사상체질 사람과 세계가 보인다』(서울: 생각굽기, 2023), 563-625쪽 (소음인의 나라 일본과 독일의 국민성과 민족문화).

았다.

3.3. 복수 없는 예방적 형벌로서의 정의?

쇼펜하우어에게 국가란 사랑과 연대의 공동체가 아니라 정의(정당성)를 보장하는 실정법을 입법·집행하기 위한 "수단"에 불과한 것이다. 쇼펜하우어는 '본성적 정의감'으로서의 '정의의 자연법'을 "순수법학"이라 부르면서 이렇게 말한다.

- 입법은 도덕으로부터 순수법학을, 즉 정당성과 부당성의 본질과 경계의 학설을 빌려와서, 이 학설을 도덕에 낯선 목적을 위해 반대편 쪽으로부터 적용하고 이에 입각해 실정법 입법(positive Gesetzgebung)과 이 실정적 입법의 유지를 위한 수단, 즉 국가를 창설한다. 따라서 '실정입법'이란 반대편 쪽으로부터 적용된 도덕적 순수법학이다. 반대편 쪽으로부터의 이런 적용은 특정한 백성의 특유한 관계와 사정을 고려해 벌어질 수 있다. 그러나 실정적 입법이 본질에 있어 일반적으로 순수법학의 지침에 따라 규정되고 순수법학 안에서 규칙들의 각각에 대한 근거가 입증될 수 있는 경우에만, 성립하는 입법은 원래 실정법이고, 국가는 법적 단계, 즉 말의 본래적 의미에서의 국가, 도덕적으로 허용되는, 부도덕하지 않은 시설(moralisch zulässige, nicht unmoralische Anstalt)이다. 반면, 그렇지 않은 경우라면 실정법적 입법은 실정법적 불법(positives Unrecht)의 정초일 것이고, 그 자체가 공공연하게 허용된 강제적 불법(erzwungenes Unrecht)일 것이다. 모든 전제정, 즉 대부분의 마호메트교 제국의 헌정 체제는 그와 같고, 많은 헌정 체제의 여러 부분도, 가령 농노제, 부역 등도 거기에 속

한다. 순수법학 또는 자연법(Naturrecht), 더 나은 표현으로는 도덕법(moralisches Recht)은 비록 뒤집어서일지라도 순수수학이 모든 응용수학의 모든 분야의 기저에 놓여있듯이 모든 법적 실정입법의 기저에 놓여있다. 저 목적을 위해 철학이 이것들을 입법에 넘겨주어야 하는 순수법학의 가장 중요한 항목들은 다음과 같다. 1. 부당성과 정당성의 개념들과 도덕 안에서의 이 개념들의 적용과 위치의 내적이고 본래적인 의미와 기원에 대한 설명. 2. 소유권의 도출. 3. 계약들의 도덕적 타당성의 도출. 이 타당성이 국가계약의 도덕적 기초이기 때문이다. 4. 국가의 탄생과 목적, 도덕과 이 목적의 관계, 이 관계에 합목적적으로 전도를 통해 도덕적 법학을 입법으로 이전하는 것. 5. 형법의 도출. 법학의 나머지 내용은 저 원칙들의 단순한 적용, 즉 일정한 관점과 제목 아래에서 결합되고 분할되는, 모든 가능한 생활 관계에 대한 잘잘못의 경계의 상세한 규정이다. 이 특수한 학설들에서 순수법학의 교과서들은 모두 다 아주 일치한다.[495]

본성적 정의 도덕은 개인적 정당성과 부당성만을 따지고 바로잡는 실정입법과 실정사법보다 훨씬 더 폭넓다. 본성적 정의 도덕으로서의 자연법적 정의는 자기의 몫의 침해를 원상회복하려는 '이기적 복수심'만이 아니라, '이타적 복수심(공분, 의분)', 그리고 거시적 공평 의식과 거시적 평등주의, 즉 구성원 간의 인간애·동포애를 저해하고 위화감과 불화를 야기하는 경제·사회·정치·문화적 양극화 기제를 완화·해소하고 싶은 거시적 '양적 평등주의'도 포함하기 때문이다. 따라서 "도덕으로부터 순수법학(정당성과 부당성의 본질과 경계의 학설)"에 입각한 실정법 제정과 사법을 위한 시설로서의 국가는 최소한의 정의에만 자기 업무를 한정시킨 소극

---

495) Schopenhauer, *Die Welt als Wille und Vorstellung I*, §62 (473-474쪽).

적 정의국가일 뿐이다.

이후 이어지는 쇼펜하우어의 정의국가 논의는 그릇되거나 보잘것없다. 가령 죄형법정주의가 자연법에도 필요한 양 논하면서 자연 상태에서는 형법이 없다고 강변한다.

- 칸트는 국가 바깥에서는 어떤 완전한 소유권도 없다는, 근본적으로 그릇된 주장을 제기하고 있다. 우리의 상술된 도출에 의하면, 자연 상태에서도 완벽한 자연적, 즉 도덕적 권리를 가진 소유가 존재한다. 이 소유는 부당 행위가 없다면 침해되지 않을 수 있고, 또 부당 행위를 저지르지 않고도 극단으로까지 방어될 수 있다. 반면, 국가 바깥에는 어떤 형법도 없다는 것은 확실하다. 형벌을 가할 일체의 법은 범행 전에 이 범행에 대해 형벌을 정한 실정법에 의해서만 근거 지어진다.[496]

"자연 상태에서도 완벽한 자연적·도덕적 권리를 가진 소유가 존재하고", 이 소유는 국가 이전의 자연적 공동체들(원시 집단·종족·부족) 안에서 존중되고 안전하게 보호되기 때문에 "국가 바깥에서는 어떤 완전한 소유권도 없다"는 칸트의 주장은 "근본적으로 그릇된" 것이라는 쇼펜하우어의 비판은 옳다. 그러나 "형벌을 가할 일체의 법은 범행 전에 이 범행에 대해 형벌을 정한 실정법에 의해서만 근거 지어지기" 때문에, 즉 죄형법정주의적 실정법만이 형법이기 때문에 "국가 바깥에는 어떤 형법도 없다는 것은 확실하다"는 말은 완전히 그릇된 말이다. 왜냐하면 자연법은 누구나 도덕감정과 도덕감각으로 지각하는, 즉 본성에 의해 누구에게나 알려진 도덕법이라서 죄형법정주의가 필요 없기 때문이고, 또 아직 국가 단계에까지 발전하지 못한 어떤 원시공동체든 강절도·(성)폭력·사기·위

---

496) Schopenhauer, *Die Welt als Wille und Vorstellung I*, §62 (474-475쪽).

약·위증·배신·반역 등을 처벌하는 유구한 형법과 원시적 사법절차를 가지고 있기 때문이다.

그리고 쇼펜하우어는 복수가 마냥 과거만을 지향하고 반대로 형벌은 미래만을 겨냥한다고 단정함으로써 정의 개념의 핵심에 해당하는 '복수'를 – 이기적 복수든 사회적 정의감의 이타적 복수든 가리지 않고 – 격하한다.

- 이 실정법적 형벌의 위협은 대항 동기로서 모든 임의적 범행동기들을 능가해야 할 것이다. 이 실정법은 국가의 모든 시민에 의해 비준되고 승인된 것으로 간주되어야 한다. 따라서 실정법은 공동의 계약에 기초해 있고, 국가의 구성원들은 어떤 상황에서도 이 계약을 이행할, 즉 한편에서의 형벌을 집하고 다른 한편에서 이 형벌을 참아낼 의무를 지고 있다. 따라서 이 참아내는 것은 정당하게 강제가능하다. 그러므로 개별 사례에서 형벌의 직접적 목적은 계약으로서의 법률의 이행이다. 그러나 법률의 유일한 목적은 타인 권리의 침해에 대한 위협적 방지(Abschreckung)다. 왜냐하면 누구나 부당 행위를 당하는 것으로부터 보호되도록 사람들은 결합해 국가를 이루고, 부당 행위를 포기하고, 국가 유지의 짐을 자신의 어깨에 떠맡았다. 그러므로 법률과 법률의 집행, 즉 형벌은 본질적으로 과거를 겨냥하는 것이 아니라, 미래를 겨냥한다. 이것은 형벌을 복수와 구별해준다. 이 후자는 벌어진 일, 지나간 일 자체를 통해서만 동기가 유발된 것이다. 미래를 위한 목적 없이 고통을 가함으로써 부당 행위를 되갚는 것은 모두 다 복수이고, 자기 자신이 야기한 남의 고통을 직접 봄으로써 자기가 겪은 것에 대해 자신을 위로하는 것 외에 다른 목적을 가질 수 없다. 이러한 것은 악이고, 잔인성이고, 윤리적으로 정당화될 수 없다. 누군가 우리에게 가하

는 부당 행위는 결코 그에게 부당 행위를 가할 권한을 내게 주지 않는다. 그 이상의 의도 없이 악을 악으로 앙갚음하는 것은 도덕적이지도 않고, 어떤 이성 근거에 의해 정당화될 수도 없다.[497]

쇼펜하우어는 복수를 "악", "잔인성", "윤리적으로 정당화될 수 없는 것"으로 규정하고 있다. 왜냐하면 "누군가 우리에게 가하는 부당 행위는 결코 그에게 부당 행위를 가할 권한을 내게 주지 않는다"는 것이다. 우리는 정당방위의 경우라면 다른 방법이 없을 때 위법한 방법을 써서 방어적 응징을 하더라도 위법성이 조각阻却된다는 이론을 알고 있다. 국가의 형벌도 정당방위 차원의 보복적 응징(처벌)인 것이고, 국가의 도움을 받을 시간적 여유나 다른 방도가 없을 때 개인이 가하는 보복적 반격도 그런 종류의 것이다. 공자도 "원수怨讐를 덕으로 되갚으면 어떠하냐(以德報怨何如)"는 혹자의 질문에 "그러면 덕은 무엇으로 되갚을 것인가? 원수는 정도正道로 되갚고, 덕은 덕으로 되갚는 것이다"고 답변한다(子曰 何以報德? 以直報怨 以德報德).[498] 정의는 원수에게 되갚아주지 않는 것, 즉 보복하지 않는 것이 아니라, 반드시 보복해야 하고, 다만 흥분을 동반할 수밖에 없는 앙심이 아니라 정도正道로, 즉 정해진 바른 법도대로 보복해야 한다는 것이다. 왜냐하면 정도대로 보복한다면 "원수를 원수로 보복하는 것은 백성들이라면 징벌하는 도리가 있기(以怨報怨 則民有所懲)" 때문이다. 따라서 공자도 '원수에 대한 보복', 즉 '복수'를 정의의 본질로 본 것이다.

쇼펜하우어는 굳이 형벌만이 예방효과가 있고, 예방효과만을 위해 형벌을 가하는 것인 양 주장하면서 복수도 형벌처럼 당사자의 피해에 대한

---

497) Schopenhauer, *Die Welt als Wille und Vorstellung I*, §62 (475쪽).
498) 『論語』「憲問」(14-34).

당사자나 제삼자의 보복적 응징과 유사한 피해의 재발에 대한 예방이라는 사실을 부정하고 있다.

- 형법의 독자적 궁극원리로서 제기된 *ius talionis*는 무의미하다. 그러므로 칸트의 '복수를 위한 단순한 복수로서의 형벌'의 이론은 완전히 근거 없고 도착된 견해다. 하지만 아직도 언제나 공허한 군더더기 말로 귀착되는 온갖 고상한 상투어 아래 수많은 법학 교사들의 저작 속에서 유령처럼 돌아다니고 있다. 가령 형벌을 통해 범죄가 속죄된다는 둥, 중화된다는 둥, 폐지된다는 둥 하고 있다. 그러나 어떤 인간도 감히 순수하게 도덕적 판관과 복수자인 척하고 그가 타인에게 가하는 고통을 통해 타인의 악행을 공격하고, 따라서 그에게 속죄를 부과할 자격이 없다. 오히려 이것은 지극히 오만불손한 월권일 것이다.[499]

쇼펜하우어는 형벌만이 예방효과가 있고 복수는 그런 효과가 없다고 주장하지만, 복수도 그런 예방효과가 있다. 복수를 당해본 가해자는 복수가 두려워 불법적 가해행위를 저지르지 못할 것이기 때문이다. 눈에는 눈, 이에는 이의 동해同害보복법인 '탈리오의 법(*ius talionis*)'도 마찬가지로 예방효과가 있다. 무엇보다도 쇼펜하우어는 정의가 본질적으로 응징 효과와 예방효과를 가진 '복수'라는 사실을, 따라서 문명국가의 사법작용도 그 본질이 이런 효과를 가진 복수라는 사실을 모르고 있다. '탈리오의 법'이 물러간 것은 예방효과가 없어서가 아니라 "오는 몽둥이에 가는 홍두깨" 식 복수 행동의 부정적 연쇄작용과 응징의 잔학화 위험 때문이었다. 따라서 응징의 방식이 '눈에는 눈'에서 벌금형, 자유형, 충심의 사과 행위 등으로 변화·인간화되었을 뿐이고, 형법에 입각한 사법 작용도

---

499) Schopenhauer, *Die Welt als Wille und Vorstellung I*, §62 (475-476쪽).

복수로서의 그 본질은 불변이다.

저런 오해와 몰지각 속에서 쇼펜하우어는 "복수는 나의 것"이라고 외치는 하느님의 공언公言을 피할 수 없어 당황하며 논변을 작화하고, 마치 하느님이 복수를 말한 것이 아닌 양 반대로 뒤집어 오독하고, 한다.

- 따라서 바로 성경에는 "복수는 나의 것이라고 주께서 말씀하셨고, 나는 되갚아주려고 한다고 한다"(로마서 12, 19)고 쓰여 있는 것이다. 그러나 물론 인간은 사회의 안전을 보살필 권리가 있다. 그러나 이것은 위협적 형벌인 대항 동기를 통해 범죄행위를 예방하기 위해 '범죄적'이라는 단어가 지칭하는 모든 행위들의 엄금을 통해서만 벌어질 수 있다. 이런 위협은 그럼에도 발생하는 경우에 집행을 통해 유효할 수 있다.[500]

"복수는 나의 것이다"는 하느님의 말씀과 "나는 되갚아주려고 한다"는 말씀은 분명 "복수"와 보복("되갚아주는 것")을 말하고 있다. 복수가 "무의미"하고, 심지어 "악", "잔인성", "윤리적으로 정당화될 수 없는 것"이라면 하느님은 이런 '악하고 잔인한 비윤리적 행위'를 해도 되는가? 전지전능하니까? 이렇게 되면 다시 트라시마코스 궤변으로 추락하고 만다. "복수는 나의 것이다"는 하느님의 말은 하느님도 인간처럼 복수를 통해 '정의'를 회복한다는 것을 함의한다. 즉, 정당한 몫이 침해되었을 때 이 침해를 회복하는 하느님의 정의도 인간의 정의와 마찬가지로 '복수'인 것이다. 또 쇼펜하우어는 "어떤 인간도 감히 (…) 타인에게 가하는 고통을 통해 타인의 악행을 공격하고, 그에게 속죄를 부과할 자격이 없는"데도 인간들의 조직인 국가는 감히 어떤 범죄행위든 "엄금"할 자격이 있다고

---

500) Schopenhauer, *Die Welt als Wille und Vorstellung I*, §62 (476쪽).

말하고 있다. 국가는 형벌로 개인들의 복수를 대행하는 것이다. 그는 형벌의 본질이 복수라는 사실을 모르고 있다.

결론적으로, 부당한 행위를 바로잡는 하느님의 정의도 복수이고, 국가의 정의도 복수이고, 개인적 인간의 정의도 복수다. 그리고 복수의 응징과 예방효과는 동전의 양면이고 응징 측면과 예방 측면은 분리시킬 수 없다. 그러나 쇼펜하우어는 마치 예방 측면을 응징 측면으로부터 떼어낼 수 있는 양 말한다.

- 따라서 형벌의 목적, 정확히 형법의 목적은 범행을 공포에 의해 방지하는 것이 아주 일반적으로 승인된, 아니 자명한 진리라서, 이 진리는 영국에서 심지어 검사가 지금도 형사사건에서 쓰는, 아주 오래된 고발장 문구(indictment)에서 다음과 같이 끝맺음으로써 언명되고 있다. "이것이 입증된다면, 당시, 상술된 모모 씨는 앞으로 다가올 모든 시간 동안 다른 사람들로 하여금 유사한 범죄를 단념케 하기 위해 법의 고통으로 처벌받아야 한다." 한 군주가 정당하게 유죄판결을 받은 범죄자를 사면하기를 원한다면, 그의 장관은 그에게 그러면 이런 범죄가 곧 되풀이될 것이라고 이의를 제기할 것이다. 미래를 위한 목적이 형벌을 복수와 구별해주고, 형벌은 법률 이행을 위해 집행되는 때만 미래를 위한 목적을 갖춘다. 이 법률 이행은 바로 오로지 이런 집행을 통해서만 스스로를 미래의 어떠한 경우에도 회피할 수 없는 것으로 예고하며 법률에다 법률이 목적으로 삼는 '공포에 의한 방지'의 힘을 유지시킬 따름이다.[501]

그러나 개인의 복수에 있어서든, 국가의 형벌에서든 복수의 응징 효과

---

501) Schopenhauer, *Die Welt als Wille und Vorstellung I*, §62. (476-477쪽).

와 예방효과는 동전의 양면으로써 분리시킬 수 없는 것이다. 그러므로 "미래를 위한 목적"은 결코 "형벌을 복수와 구별해주지" 못한다. 형벌과 복수는 본질적으로 다른 것이 아니라 동일한 것이고 굳이 "구별"이 있다면 행위 주체로서의 국가와 개인의 "구별"이 있을 뿐이다.

그런데 형벌에서 복수의 응징 효과로부터 예방효과를 분리시켜 내는 경우에 응징의 의미는 사라지고, 처벌받는 범죄자는 한낱 예방효과를 올리는 '수단'으로만 쓰이게 된다. 이것은 칸트의 제2도덕법칙에 반하므로 칸트주의자들의 반론이 예상된다. 이런 예상되는 반론에 대해 칸트의 이 도덕법칙 자체를 공격하는 것으로 가름한다.

- 여기서 칸트주의자는 틀림없이 "이 견해에 의하면 처벌당하는 범죄자가 '단순히 수단으로' 쓰인다"고 이의를 제기할 것이다. 그러나 모든 칸트주의자가 그토록 지칠 줄 모르고 따라 하는 이 명제 "인간을 언제나 목적으로서만 대하지, 결코 수단으로 대해서는 안 된다"는 명제는 의미 있게 들리고 그 이상의 모든 사유를 면케 해주는 문구를 좋아하는 모든 이들에게 딱 들어맞는 명제이기는 하지만, 불빛에서 보면 극도로 애매모호하고 불확정적이고 자기 의도를 완전히 간접적으로 달성하는 언표다. 이 언표는 모든 적용 사례에서 비로소 특별한 설명·규정·수정을 필요로 하지만, 그렇게 일반적으로 취하면, 불충분하고, 거의 말해주는 것이 없고, 게다가 문제가 있다. 법률에 따라 사형이 선고된 살인자는 지금 물론, 그리고 완전히 정당하게 단순한 수단으로 사용되어야 한다. 왜냐하면 국가의 주요 목적인 공공안전은, 법률이 이행되지 않는다면, 살인자에 의해 교란되어 있고, 아니 폐지되어 있고, 살인자, 상이자의 생명, 살인자의 인신人身은 지금 법률 이행을 위한 수단, 그리고 이를 통해 공공 안정을 재산출하기 위한 수단이어야 하

고, 국가 조약의 집행을 위한 그런 수단이 되어야 하기 때문이다. 국가 계약은 그 살인자도 그가 시민인 한에서 동참한 것이고, 이 계약에 따라 그 살인자는 그의 생명, 그의 자유, 그리고 그의 재산을 위해 안전을 향유할 목적으로 그의 생명·자유·소유를 만인의 안전의 담보로 잡혔었다. 이 담보가 이제 국가에 귀속된 것이다.[502]

쇼펜하우어는 살인자가 공포를 통해 유사 범죄를 예방하기 위한 수단이냐, 목적이냐 문제에 초점을 맞춤으로써 칸트와 같은 수준에서 논변하고 있다. 진정으로 중요한 문제는 살인자에 대한 응징이다. 그리고 정확하게 말하면 살인자가 아니라 살인자에 대한 응징을 예방 수단으로 쓰는 것이다. 게다가 이 예방 수단으로 쓰는 것은 정확한 응징에 따른 부수적 측면일 뿐이다.

그럼에도 쇼펜하우어는 홉스, 푸펜도르프, 포이어바흐, 플라톤, 세네카 등이 자기의 예방효과로서의 형벌의 정의 측면을 옹호한다고 이들을 다 끌어댄다.

- 여기서 제기되는, 건전한 이성에 직접 자명해지는 형벌이론은 물론 주요 사항에서 새로운 사상이 아니라, 새로운 오류들에 의해 추방된 사상에 지나지 않는다. 이런 한에서 이 사상의 극히 선명한 설명이 필요하다. 이와 동일한 설명은 본질적 측면에서 푸펜도르프가 *De officio hominis et civis* (Buch 2, cap. 13)에서 이에 관해 설명한 것에도 이미 포함되어 있다. 이 설명과 홉스도 일치한다. (*Leviathan*, cap. 15, und 28) 오늘날은 주지하다시피 포이어바흐가 주장했다. 아니, 이 설명은 고대 철학자들의 언표에도 나온다. 플라톤은 『프로타고

---

502) Schopenhauer, *Die Welt als Wille und Vorstellung I*, §62 (477쪽).

라스』(S. 114)에서, 또한『고르기아스』(S. 168)에서도, 마침내『법률』의 제11책(S. 165)에서도 이 설명을 전개하고 있다. 세네카는 플라톤의 견해와 모든 형벌의 이론을 이런 짧은 말로 언명하고 있다. "지혜로운 사람은 잘못했기 때문에 처벌하는 것이 아니라, 잘못하지 않도록 처벌한다."(De ira,『분노에 관하여』, I, 16)[503]

국가 형벌의 예방 측면만 유일 시 하고 응징 측면을 무시하는 것은 형벌을 도덕·법학 교육으로 변질시켜 버릴 것이다. 형벌이 교육과 다른 점은 형벌이 응징에 본질을 두는 반면, 교육은 응징을 포함하지 않는다는 데 있다.

국가가 연대적 공동체 노릇을 전혀 하지 않고 만인의 개인적·집단적 이익(이기심)에 대한 침해를 예방하고 침해된 이익을 회복시키기 위해 형벌을 내리는 '사랑 없는 소극적 정의의 사법 작용 수단'으로 축소된다면, 사랑(연대) 없는 이런 수단적 정의국가는 내부의 강도·조직 폭력·반란과 외적의 침략을 막을 수 없어 사라져 버릴 것이다. 내부의 강도·조직 폭력·반란과 외침을 막으려면 이 국가에 속한 개인들이 내우(內憂)분자들이나 외적과 싸우는 데 목숨을 바쳐야 할 것인데 싸우는 개인이 전사한다면 자기를 위해 어떤 이익도 얻을 수 없고 어떤 개인적 이기심도 충족시킬 수 없을 것이다. 따라서 공동체를 사랑하지 않는 이기적 개인들은 아무도 자기에게 '무익하기' 짝이 없는 이런 범죄와의 투쟁과 외적과의 전쟁에 떨쳐 나서지 않을 것이다. 이런 까닭에 쇼펜하우어의 사랑(동포애와 애국심) 없는 이 순수한 이기적 정의국가는 조직된 강도·조직 폭력·반란·외침에 직면하면 그 존속을 이어갈 수 없을 것이다. 이 비판 앞에서는 "우리가 이성을 갖춘 이기심이 자기에 반하는 자기의 나쁜 결과들을 회피하는 것을 추

---

503) Schopenhauer, Die Welt als Wille und Vorstellung I, §62 (477-478쪽).

구하게 하고 누구나 자기의 복리가 만인의 복리 안에 포함되어 있는 것을 보기 때문에 국가를 이 만인의 복리를 촉진하게 하는 수단으로 인식하게 된다"는 쇼펜하우어의 논변도[504] 무력화된다. 왜냐하면 강력범죄와의 투쟁과 전쟁에 참여한 개인들이 나라와 타인을 위해 자기 생명을 내놓을 각오, 아니 자기의 복리를 다 포기할 각오를 해야만 하는 '조폭·강도·반란·외침' 상황에서는 "자기의 복리"가 결코 "만인의 복리 안에 포함되어 있지" 않기 때문이다. 동포애도 없고 '이기심을 증진시키는 수단'에 불과한 국가에 대한 애국심도 없는 개인들의 이기심과 만인의 집단적 이기심은 타인을 위한 자기희생 정신과 상극이다. 오직 동포애를 가진 개인들만이 자기가 사랑하는 동포적 타인들을 위해 목숨을 바칠 각오를 할 따름이다.

3.4. 소극적 동정심으로서 정의 개념?

상론했듯이 쇼펜하우어는 정의를 동정심의 소극적 형태로 규정했다. 이렇게 보면 그의 정의국가는 '수동적 인정仁政국가' 또는 '최소주의 인정국가'로 이해될 수 있다. 이것은 희한한 사고방식이 아닌가? 정의는 각자에게 인애와 인공적 재화를 고유한 몫과 마땅한 등급에 따라 나눠주는 "인애의 절도節度(仁之節)"이지, 인애의 근본이 아니기[505] 때문이다.

상론했듯이 쇼펜하우어는 자기의 고뇌나 다름없는 타인의 고뇌에 대한 감정적 인지 속에서 타인에게 고통을 가하는 것을 그치게 하는 것을 자기애의 유무에 따라 두 등급으로 나눈다. 그는 자기애를 견지한 상태에서 동정심으로 타인의 고통을 감지해 타인에게 고통을 주는 것을 그치게

---

504) Schopenhauer, *Die Welt als Wille und Vorstellung I*, §62 (478쪽).
505) 『禮記』「禮運 第九」(9-35): "정의는 기예의 분절이고 인애의 절도이니, 기예와 협화하고 인애를 강하니 정의를 체득한 자는 굳세다. 인애는 정의의 근본이고 순종의 본체이니 인애를 체득한 자는 높이 우러러본다.(義者 藝之分 仁之節也, 協於藝 講於仁 得之者强. 仁者 義之本也 順之體也, 得之者尊)"

하는 '수동적 동정심'을 '정의'로 규정한다. 그리고 자기애조차 버리고 희생적으로 타인을 고통으로부터 구제하려는 '적극적 동정심'을 '순수한 사랑', 즉 '아가페'로 규정한다.

쇼펜하우어는 윤리적 행위에서 이성의 '추상적 인식'에 대해 동정적 도덕감정의 '직관적 인식'의 근본적 선차성을 거듭 강조했다.

- 심정의 진실한 선량성, 즉 비이기적 덕성과 순수한 고결심은 추상적 인식으로부터 출발하지는 않지만, 아무튼 인식으로부터, 말하자면 이성적 논증으로 제거되거나 도외시될 수 없는 직접적·직관적 인식으로부터, 즉 추상적이지 않기 때문에 전달될 수 있는 것이 아니라, 각자 자신에게 떠올라야 하는 인식으로부터 출발한다. 따라서 본래적인 적절한 표현을 말 속에서가 아니라 전적으로 오로지 인간의 행위·행동·인생 이력 속에서만 얻는 인식으로부터 출발한다. 덕성에 관해 이론을 구하고 따라서 덕성의 기저에 놓인 인식의 본질을 추상적으로 표현해야 하는 우리는 그래도 이 표현 속에서 저 인식 자체를 제공할 수 있는 것이 아니라, 이 인식의 개념만을 제공할 뿐이다. 우리는 이 개념의 경우에 언제나 저 인식이 유독 가시화되는 행동으로부터 출발하고, 저 인식의 유독 적절한 표현으로서 이 행동을 참조하도록 지시하고, 이 표현을 다만 해석하고 설명할 뿐이다. 즉, 추상적으로 언명할 뿐이다. 이것이 본래 '개념'에서 벌어지는 일이다.[506]

쇼펜하우어는 이런 직관적 인식으로서의 수동적 동정심을 전제로 적극적 동정심의 순수한 사랑(아가페)으로 가는 중간단계로 '정의'를 논한다. "정의"는 자신처럼 고통스런 타인의 고통을 같이 느껴 타인에게 고통

---

506) Schopenhauer, *Die Welt als Wille und Vorstellung I*, §66 (503-504쪽).

을 가하는 "악"에 대한 "단순부정"이라는 것이다. "부당성과 정당성 간의 저 단적인 도덕적 경계를 자발적으로 승인하고 국가나 그 밖의 권력이 이 경계를 보장하지 않는 곳에서도 이 경계를 타당하게 만드는 사람, 따라서 우리의 설명에 따라 자기 자신의 의지의 긍정에서 결코 다른 개인 안에서 펼쳐지는 의지의 부정으로까지 가지 않는 사람은 정의롭다"라고 "말할 수 있다". 따라서 이런 사람은 그 자신의 안녕을 증가시키기 위해 다른 사람에게 고통을 가하지 않는다. 즉, 그는 어떤 범죄도 저지르지 않고, 모든 이들의 권리와 재산을 존중할 것이다. 이러한 의인義人은 "이미 악인과 달리 개체화 원리를 더 이상 절대적 분리벽으로 여기지 않는다". 의인은 "저 악인과 달리 그 자신의 의지 현상만을 긍정하지 않고 다른 모든 사람을 부정하지 않는다." 그리고 그는 "타인들을 그의 본질과 완전히 다른 본질을 가진 단순한 가면들로 여기지 않는다". 오히려 "그 자신의 행동방식"은 그 자신의 본질, 즉 "물자체로서의 생의지"를 "그에게 단순히 표상으로 주어진 타인 현상 속에서도 그가 재인식하고, 따라서 자기 자신을 이 타인 형식 안에서 일정한 정도까지, 즉 비非부당 행위, 불가침의 정도까지 재발견한다는 것을 공시한다". 그는 바로 이럴 정도로까지 "개체화 원리", 즉 "마야(幻影)의 베일"을 꿰뚫어 들여다본다. 즉, '투시'한다. 이런 정도로 "그는 자기 밖의 본질을 자기의 본질과 동일시하고", 따라서 "이 본질을 해치지 않는다".[507]

　아가페, 적극적 동정심으로 가는 초급 단계로서의 '수동적 동정심'을 정의로 재규정하면, 쇼펜하우어의 정의국가는 '수동적 인정국가'로 이해될 수 있다. 그러나 국가가 아무리 수동적 인정국가라도 국가라면 응당 외침의 불의不義를 물리치는 '국방 업무'를 포함한다. 국방을 맡은 군인들과 이 의무를 짊어진 국민들은 그 자신의 안녕을 증가시키기 위해 다른

---

507) Schopenhauer, *Die Welt als Wille und Vorstellung I*, §66 (504쪽).

사람에게 고통을 가하지 않는, 어떤 범죄도 저지르지 않고, 모든 이들의 권리와 재산을 존중하는 것으로 그칠 수 없다. 군인으로 참전한 이등병도 '살신성인'해야 한다. 쇼펜하우어는 정의국가차원에서도 불가피한 자위적 전쟁을 망각했다. 침략을 막는 방어 전쟁을 고려한다면, 국가를 유지하기 위해서는 자기 목숨까지 버리도록 만드는 적극적 동정심으로서의 아가페적 사랑이 불가피하다는 것을 인정하지 않을 수 없을 것이다. 외침의 위험 앞에서는 누구나 목숨을 내놓아야 하기("見危授命") 때문이다. 따라서 수동적 동정심으로서의 정의의 국가와 적극적 동정심(아가페)의 국가와 초국가 단계로 나뉘는 것이 아니라, 국가 단계에서 적극적 동정심, 즉 순수한 사랑을 국민의 의무로 부과해야 하는 것이다.

이렇게 보면 쇼펜하우어의 '사랑 없는' 정의국가론은 수동적 동정심으로 정의를 재再정의함으로써도 그 문제를 피해 갈 수 없고, 적극적 동정심으로서의 순수한 사랑을 도입해야만 국가로서 유지될 수 있을 것이다. 그리고 전쟁만이 아니라 천재지변과 각종 재난 시에 발생하는 기민飢民, 이재민, 그리고 죽음의 위험에 처한 난민難民들을 구하는 구황救荒 문제까지 생각하면 국가는 '수동적 동정심'만으로 수립하고 수호·유지하기에 족하지 않다. 국가의 수립과 수호·유지에는 자기의 재물도 내놓고 때로는 목숨도 내놓는 '적극적 동정심'이 필수적이다. 결국 그의 정의국가는 적어도 인정국가로 탈바꿈되어야만 하는 것이다.

제4절

의지로서의 세계와
반야바라밀다

 쇼펜하우어는 세계를 '표상으로서의 세계'와 '의지로서의 세계'로 양분했다. 여기서 '표상'은 오감으로 지각되는 관념이고 '표상으로서의 세계'는 '관념으로서의 세계'다. 이 '표상으로서의 관념적 세계'는 오감에 종속되어 있다. 오감의 주체인 자아가 없으면 '표상으로서의 세계'도 없고, 자아가 지각하지 않아도 '표상으로서의 세계'는 사라진다. 따라서 이 세계는 본질적으로 독립적 객관성이 없고 주관적이다.

 반면, '의지로서의 세계'는 자아가 세계 또는 세계의 물자체를 '의지'로 파악함으로써 세계의 독립적 객관성을 자각한 단계의 세계다. 이 단계에서 세계의 본질로서의 이데아의 세계를 보고 불교의 반야심경의 해탈세계로 이입한다. 이 '의지로서의 세계'는 물자체를 나름의 독자적 고집을 가진 '의지'로 파악함으로써 칸트의 불가지적 물자체 개념을 극복하는 측면이 있으나 인간의 '의지' 개념을 세계 전반에 적용하는 물활론적 의인화의 신비주의 문제가 있고, 아리스토텔레스에 의해 충분히 비판된 문제 많은 플라톤의 이데아 개념을 칸트처럼 재도입하는 점에서 공리공담·공언무실空言無實의 형이상학 문제가 있다.

4.1. 표상으로서의 세계

상론했듯이 칸트에게는 라이프니츠가 '영점靈點(psychic point)'으로서의 단자로 번안한 극동의 '기氣' 또는 헤겔의 '힘(Kraft)'의 개념이 결여되었다. 당연히 오감으로만 작업한 칸트는 '기'나 '힘'을 느낄 수 있는 인간과 동물의 제6감인 '근감각'도[508] 몰랐다. (근감각을 모른 것은 헤겔도 쇼펜하우어도 마찬가지였다.) 이런 까닭에 칸트는 물자체를 '기'나 '힘'으로 지각하지 못하고 사유할 수 있으나 인식할 수 없는 '불가지의 그 무엇'으로 내던져버렸다. 이로 인해 그는 객관적 사물들의 세계를 저항적 '자립체(Selbststand)'가 아니라 한낱 지각 주체에 종속된 '대상(Gegenstand)'으로만 봄으로써 인식주체의 감성적 지각(Wahnehmen) 속에서 나타나는 '표상'으로 주관화해 소멸시키고 말았다.

그리하여 칸트는 가령 색깔·맛 등의 모든 감각을 "그것들이 물체의 직관에 의존하는 물체의 성질들"에 대응하는 인간의 선험적·보편적 심상이 아니라", 단지 "일정한 방식으로 촉발되는" 시각과 미각의 "양상 변화"에 지나지 않는 것으로 보고 대상들을 "모든 직관의 주관적 조건들(시간·공간)과의 관계"에서 "독자적으로 주어지는 사물들이 아니라 단순한 현상

---

[508] 근감각(muscle sense[muscular sense]; myesthesia; kinaesthesia)은 근육의 수축·긴장·변화 등의 내적 자극을 느끼는 근육의 감각이다. 근감각의 수용기(受容器)은 근방추(筋紡錘; 가로무늬근의 수축 상태를 감지하는 방추 모양물레 모양의 근육 속 신경기관)와 건방추(腱紡錘; 힘줄이 당겨지거나 근육이 수축할 때 자극을 받아들이는 힘줄 신경의 말단)다. 이 두 기관은 근육의 수동적 신장이나 능동적 수축을 검지하는 장력수용기이며 힘의 감각을 일으킨다.

들"로 간주했다.509) 이 현상들은 모조리 "그 자체로서 실존하는 것이 아니라 단지 주체가 감각기능을 갖는 한에서만 주체와 관계해서만 실존하는 것"일 뿐이다.510) 근감각을 모르는 칸트는 5감에 갇혀 힘을 담고 있는 사물의 객관적·독립적·자립적 실존을 부정하고 있다. 따라서 "나에게 주어진 현상"은 "관념들의 총체일 뿐"이고, "그 자체로서 우리 바깥에서 발생할 수 없고 오로지 우리 감성 안에서만 실존하는" 것이다.511) 따라서 칸트에게 가령 나의 귀로 들을 수 없는 초음파와 내 눈으로 볼 수 없는 초미세 물질은 실존하지 않는다.

그러나 개와 같은 동물들은 초음파를 잘 듣고, 물고기들은 인간의 눈으로 보이지 않는 초미세한 플랑크톤을 잘 찾아 먹는다. 칸트는 다른 동물들이 지각할 수 있는 이런 초음파와 초미세 물질의 객관적·자립적(독립적) 실존을 내 또는 인간이 지각할 수 없다는 이유에서 깡그리 부정한 것이다. 칸트에 따르면 모든 현상은 "우리 감성의 단순한 양상 변화"로서, "우리 안에 있는" 것, "순전히 우리 안에 있는 대상"이고, 더 심하게 말하면 "나의 동일한 자기의 규정들"이다.512) 대상들이 "순전히 우리 안에 있는 대상들"에 불과한 것이라면 모조리 내가 지각하는 관념(표상)들(Vorstellungen)일 뿐이다. 따라서 내가 지각하지 않는다면 이 표상들과 더불어 대상도 사라져 버린다. 대상의 객관적 독립성이 부정되는 것이다. 대상은 내가 보니까 있고, 만지니까 있는 것이다. 대상의 객관적 독립성을 부정하는 칸트의 이 망발은 '물자체'를 지각할 수 없고 따라서 알 수 없다는 그의 다른 가정에 근거한다.

쇼펜하우어의 '표상으로서의 세계'는 칸트의 이런 주관적 망념 단계의

---

509) Kant, *Kritik der reinen Vernunft*, B66.
510) Kant, *Kritik der reinen Vernunft*, B164.
511) Kant, *Kritik der reinen Vernunft*, B236, A127.
512) Kant, *Kritik der reinen Vernunft*, B236, A129.

세계 인식이다. 이 단계의 자아는 자기가 몰락하면 전 세계도 몰락한 것으로 여긴다. 쇼펜하우어의 '표상'은 칸트의 '표상(관념)' 개념과 같다. 따라서 '표상으로서의 세계'는 인식주체가 다섯 외감으로 지각하는 세계다. 이 세계는 내가 지각하지 않으면 존재하지 않는다. 그러므로 '표상으로서의 세계'는 인식주체가 있으므로 있는 세계, 인식주체에 종속된 세계다. "인식하는 존재자에게 있어서 이에 추가되는 것은 개체가 인식주체의 담지자擔持者이고, 이 인식주체가 세계의 담지자라는 사실이다. 즉, 인식주체 바깥의 전 자연, 따라서 나머지 모든 개체가 주체의 표상 속에서만 실존한다는, 따라서 이 의식 주체의 담지자가 나머지 개인들을 항상 자신의 표상으로만, 따라서 단순히 간접적으로만, 그리고 이 담지자 자신의 본질과 현존재에 의거한 것으로서만 의식한다는 사실이다. 왜냐하면 인식주체의 담지자에게는 그의 의식이 없어지면 필연적으로 세계도 함께 몰락하기 때문이다. 즉, 그에게는 세계의 존재와 비존재가 동의同義이고 구별 불가능하기 때문이다."[513]

따라서 인식하는 자아가 전부이고 자연 사물의 세계는 그의 존재를 확증해 주는 보조물에 불과하다. "그러므로 어떤 인식 개체든 진리 속에 들어있고, 자신을 전체적 생生 의지나 세계 자체의 즉자卽自로서 발견하고, '표상으로서의 세계'의 보완적 조건으로서도 발견하며, 따라서 대우주와 대등하게 평가되는 소우주로서 발견한다. 언제나, 그리고 도처에서 참된 자연 자체는 이미 근원적으로, 그리고 일체의 반성으로부터 독립적으로 그에게 이 인식을 간단하게, 직접적으로 확실하게 준다."[514]

이 단계에서 인식하는 개체는 "이 광대무변의 세계 속에서 완전히 사라지고 무無로 왜소화되지만" 그럼에도 "자신을 세계의 중심점으로 만

---

513) Schopenhauer, *Die Welt als Wille und Vorstellung I*, §61 454-455쪽.
514) Schopenhauer, *Die Welt als Wille und Vorstellung I*, §61 454-455쪽.

들고 자기 자신의 생존과 복지를 다른 모든 것에 앞서 고려한다." 차라리 "자연적 관점에서 다른 모든 것을 자기의 실존에 희생시킬 용의가 있다. 단지 대양 속의 물 한 방울에 불과한 자기 자신의 자아를 좀 더 오래 유지시키기 위해서라면 세계를 절멸시킬 용의가 있다." 그러므로 "각 개체에는 그 자신의 존재와 보존이 다른 모든 개체 전체보다 앞선다. 누구나 그 자신의 죽음을 세계의 종말로 보는 반면, 지기知己들의 죽음도 상당히 무관한 일로 여기는 것이다."[515]

그리하여 세계는 아무리 무한대로 넓더라도 '나의 표상'일 뿐이다.

- '세계는 나의 표상이다' – 이것은 인간만이 이 진리를 반성적·추상적 의식 속으로 옮겨 놓을 수 있을지라도 모든 살며 인식하는 존재자와 관련하여 타당한 하나의 진리다. (…) 그렇다면 인간에게 분명하고 확실해지는 것은 인간이 태양을 알고 땅을 아는 것이 아니라 늘 단지 태양을 보는 눈과, 땅을 감촉하는 손만을 가지고 있을 뿐이라는 것, 그를 에워싼 세계는 단지 표상으로서만 현존한다는 것, 즉 전적으로 다른 것과의 관계에서만, 즉 인간 자신인 '표상하는 자(das Vorstellende)'와의 관계에서만 현존할 뿐이라는 것이다. (…) 인식에 대해 현존하는 모든 것, 따라서 이 전체 세계는 주체와의 관계 속에서의 객체일 뿐이고, 직관하는 자의 직관(Anschauung des Anschauenden), 한 마디로 '표상'이다. (…) 세계에 속하고 또 속할 수 있는 그 어떤 모든 것은 불가피하게 주체에 의해 이렇게 제약됨에 사로잡혀 있고, 주체에 대해서만 현존할 뿐이다. 세계는 표상이다.[516]

---

515) Schopenhauer, *Die Welt als Wille und Vorstellung I*, §61 455쪽.
516) Schopenhauer, *Die Welt als Wille und Vorstellung I*, §1 (31-32쪽).

이것이 대상 세계가 인식주체에 나타나는 최초의 진정한 모습 또는 양상이다. 그러나 이 표상 세계에서도 인과관계가 인식된다.

그런데 쇼펜하우어는 불행히도 이 인과관계를 경험에서 얻는 것이 아니라는 칸트의 선험적·범주적 인식을 추종한다.

- 인과법칙이 이미 직관과 경험의 조건으로서 선행하고, 따라서, (흄이 의미하는 것과 달리) 이 직관과 경험으로부터 배워질 수 있는 것이 아닌 것처럼, 제1조건으로서의 객체와 주체는 일체의 인식보다 앞서고, 따라서 이유율 일반(Satz vom Grunde überhaupt)보다도 앞선다. 왜냐하면 이 이유율(동기·원인·형태·시공과 관련된 근거와 귀결의 연결규칙 - 인용자)은 오로지 모든 객체의 형식, 즉 모든 객체의 일반적 현상 방식일 따름이지만, 객체는 늘 이미 주체를 전제하기 때문이다. 따라서 주체와 객체 간에는 어떤 원인(근거)과 결과의 관계도 없다. (…) 외부 세계의 실재성에 관한 논쟁은 바로 주체에 대해 인과 원리의 타당성을 그릇되게 확장하는 데에 근거하고, 이 오해로부터 출발했기에 결코 이해될 수 없었다. (…) 왜냐하면 이미 객체로서 객체는 거듭거듭 주체를 전제하고, 따라서 늘 주체의 표상으로만 남아있기 때문이다. (…) 여기서 독단론과 회의론의 두 논변에 대해서는 첫째로 객체와 표상이 동일하다는 깨우침이 필요하다. 그다음, 직관할 수 있는 객체들의 존재가 바로 객체들의 작용이라는 것, 즉 이 작용에 사물의 현실성이 있고, 주체의 표상 바깥의 객체의 현존재에 대한 요구와, 현실적 사물의 '작용'과 다른, 현실적 사물의 '존재'에 대한 요구는 전혀 무의미하고 모순된다는 깨우침, 따라서 '직관되는 객체'의 작용 방식의 인식도, 객체가 '직관되는 객체'인 한에서, 즉 표상인 한에서, 바로 객체 자체를 모조리 까발리는 것이라는 깨우침이 필요하다. 왜냐하면 인식의

경우에는 표상 외에 객체에 남아있는 것이 전혀 없기 때문이다. 이런 한에서, 순수한 인과성으로 알려지는 이 직관되는 세계는 따라서 시간과 공간 속에 들어 있고, 완전히 실재적이고, 철두철미하게도, 그것이 스스로를 드러내는 것이고, 이 직관되는 세계는 스스로를 완전히, 그리고 남김없이, 인과법칙에 따라 연결되는 표상으로 드러낸다. 이것이 세계의 경험적 실재성이다.[517]

"객체와 표상이 동일하고", 따라서 "직관되는 세계는 스스로를 완전히 인과법칙에 따라 연결되는 표상"일 뿐이고, 이것이 '표상으로서의 세계' 단계에서 "세계의 경험적 실재성"이다. 그런가? 인과관계가 단순히 주관적 표상인가? 인과관계의 믿음이 생성되기 위해서는 경험의 일정한 '반복적 누적'이라는 경험사건이 조건으로 필요하지 않은가?

쇼펜하우어는 "객체는 늘 이미 주체를 전제하기" 때문에 "주체와 객체 간에는 어떤 원인과 결과의 관계도 없다"고 말하면서도 객체를 '주체'의 '표상'으로 봄으로써 슬그머니 객체를 '주체의 결과'로 정립하고 있다. "객체는 늘 이미 주체를 전제한다", "객체는 늘 주체의 표상으로만 남아있다", "사물의 '작용'과 다른, 현실적 사물의 '존재'에 대한 요구는 전혀 무의미하다"는 등의 구절들은 주객 관계에 슬쩍 인과 원칙을 적용하여 표상을 객체의 원인으로, 객체를 표상의 결과로 규정하고 이로써 인식 차원에서 객체의 실재성을 부정하는 증거 구절들이다. 그는 객체를 주체의 결과로 보는 칸트와 피히테의 독단적 관념론을 말만 바꿔 그대로 재현하고 있는 것이다. 이는 세계의 주관적 표상에 대응하는 '세계 자체'를 조금도 밝히지 않은 채, 세계의 표상을 '세계 자체'로 우격다짐하여 '세계의 경험적 실재성'이라고 우기기 때문에 빚어진 것이다.

---

517) Schopenhauer, *Die Welt als Wille und Vorstellung I*, §5 (44-46쪽).

세계는 오감적 지각의 단계에서도 경험적 지각의 반복적 누적이라는, 우리와 독립된, 그리고 우리의 지각과 독립된 얼마간의 '자립적·자생적' 사건들을 일으킨다. 가령 바람에 나뭇잎이 떨어지는 것을 보는 '경험적 지각의 반복적 누적'은 다음에도 바람이 불면 나뭇잎이 떨어질 것이라고 믿는 습관을 생성시키는데, 우리는 '경험적 지각의 반복적 누적'이 일으킨 이 습관적 믿음을 소위 인과법칙이라 부르는 것이다. 그런데 쇼펜하우어는 "인과법칙이 이미 직관과 경험의 조건으로서 선행하고, 따라서, (흄이 의미하는 것과 달리) 이 직관과 경험으로부터 배워질 수 있는 것이 아니다"고 단정하고 있다. 그는 경험적 지각의 '반복적 누적'이라는 포인트를 몰각했기 때문이다.

하지만 바람이 불어 나뭇잎이 떨어지는 '경험적 지각의 반복적 누적'은 인식주체가 일으킨 것도 아니고 인식주체의 지각에 따라 일어나는 것도 아니라는 의미에서 얼마간 '자립적·자생적' 사건이다. 그러나 쇼펜하우어는 나중에 인과관계를 '인식의 이유율'이 아니라 '생성의 이유율'이라는 개념을 도입하여 이 오류를 가린다. 이렇든 저렇든 그는 인과관계의 인식을 칸트처럼 선험적 지성 능력으로 보는데, 칸트와 다른 점은 동물에게도 이 선험적 지성의 인과성 인식을 인정한다는 것이다. "원인과 결과의 인식이 일반적 지성 형식으로서 심지어 선험적으로도 동물들 안에 본유한다는 사실은 이 인식이 우리에게처럼 동물들에게도 외부 세계의 모든 직관적 인식의 선행조건이라는 것으로부터 이미 완전히 확실하다."[518]

'표상으로서의 세계' 단계에서는 세계의 표상이 '세계 자체'이기에 '세계의 경험적 실재성'도 '실재'가 아니라 '표상'이다. 따라서 이 '세계의 경험적 실재성'은 인식주체의 지각과 지성에 맞설 수 없다. 이에 쇼펜하우

---

518) Schopenhauer, *Die Welt als Wille und Vorstellung I*, §6 (57쪽).

어는 칸트식으로 모든 인과성을 지성에 집어넣고 '세계의 경험적 실재성'에다 인식주체의 '세계의 선험적 관념성'을 대립시킨다. "모든 인과성은 지성 속에만, 그리고 지성에 대해서만 존재한다. 저 전체적인 현실적인 세계, 즉 작용하는 세계는 따라서 그 자체로서 늘 지성에 의해 제약되어 있고, 지성이 없다면 아무것도 아니다. 그러나 이것 때문에만이 아니라, 이미 주체 없는 어떤 객체도 모순 없이 전혀 생각될 수 없기 때문에도, 우리는 외부세계의 실재성을 주체에 대한 외부 세계의 독립성으로 설명하는 독단론자에게 외부 세계의 이러한 실재성을 단적으로 부인하지 않을 수 없다. 객체들의 전체적 세계는 표상이고 또 표상으로 남아 있고, 바로 이 때문에 전적으로 그리고 모든 영원성 속에서 주체에 의해 제약되어 있다. 즉, 객체들의 세계는 선험적 관념성을 가지고 있다. 그러나 그것은 이 때문에 거짓말도 아니고 허상도 아니다."[519] 객체들의 세계가 "선험적 관념성"을 가지고 있다는 것이다. 경험을 지성화하는 여기까지 아주 칸트적이다.

그러나 쇼펜하우어는 칸트의 불가지적 물자체 개념을 '비非개념(Unbegriff)'으로 부정한다.

- 이 세계는 이 세계인 것으로, 그것도 자기들의 공동적 연결고리를 이유율로 갖는 일련의 표상들로 스스로를 드러낸다. 이 세계는 그 자체로서 건전한 지성에게 이 세계의 가장 내밀한 의미에까지도 가지적可知的이고, 건전한 지성에게 완전히 분명한 언어를 말한다. 궤변을 꾸며대다 뒤틀어진 정신에게는 이 세계의 실재성을 두고 논란할 생각이 떠오를 수 있다. 이 논란은 매번 이유율의 그릇된 적용을 통해 벌어진다. 그런데 이 이유율은 어떤 방식의 표상들이든 온갖 표상을 서

---

519) Schopenhauer, *Die Welt als Wille und Vorstellung I*, §5 (46쪽).

로 결합시키기는 하지만, 결코 이 표상들을 주체와 결합시키거나, 주체도 객체도 아니고 단순히 객체의 근거인 어떤 것(칸트의 물자체 - 인용자)과 결합시키지 않는다. 주체도 객체도 아닌 어떤 것은 비개념(Unbegriff)이다. 왜냐하면 객체들만이 근거일 수 있고, 그것도 거듭거듭 객체들의 근거일 수 있기 때문이다.[520]

칸트는 "물자체로서의 대상들"을 "비록 인식할 수는 없지만 적어도 사유할 수는 있는" 것이라고 주장하면서 "그렇지 않으면 현상하는 어떤 것(etwas, was da erscheint) 없는데도 현상이 있다는 앞뒤가 맞지 않는 명제가 결과할 것이다"는 설명을 붙임으로써[521] 슬그머니 인과적 필연성을 적용했다. '물자체와 현상의 관계'는 인과관계라는 말이다. 쇼펜하우어는 "사유할 수만 있는 인식 불가능한 물자체"를 인과적으로 도출하는 칸트의 이 인식론적 논변을 '생성의 이유율'로서의 인과관계를 '인식의 이유율'로 혼동해서 잘못 적용했다고 비판한다.

- 우리가 외부 세계의 실재성에 대한 물음의 근원을 더 정밀하게 탐구해 들어간다면, 우리는 이유율의 영역 바깥에 대한 이유율의 저 그릇된 적용 외에 이 원칙의 형태들을 잘못 아는 또 하나의 특별한 혼동이 추가되는 것을 발견하게 된다. 이 원칙이 단순히 개념들이나 추상적 표상들과의 관점에서 갖는 그런 형태가 직관적 표상, 즉 실재적 객체들 위로 옮겨지고, 인식의 근거가 생성의 근거 외에 아무런 다른 것을 가질 수 없는 객체들에 의해 요청된다. '추상적 표상들', 즉 '판단으로 묶인 개념들'에 대해 이유율이 지배하는데, 이런 경우에는 물론 오

---

520) Schopenhauer, *Die Welt als Wille und Vorstellung I*, §5 (46쪽).
521) Kant, *Kritik der reinen Vernunft*, "Vorrede", BXXVI.

로지 어떤 판단들이든 판단 바깥에 있는 그 어떤 것, 말하자면 판단이 늘 소급되어야 하는 인식근거에 대한 판단의 관계를 통해서 자신의 가치, 자신의 타당성, 여기서 진리라고 불리는 자신의 전체적 실존을 얻는 방식으로 이유율이 지배한다. 반면, 실재적 객체들, 즉 직관적 표상들에 대해서는 이유율이 인식의 이유율로서가 아니라 생성의 이유율로서, 즉 인과법칙으로서 지배한다. 어떤 판단이든 그것이 생성됨으로써, 즉 그것이 한 원인으로부터 결과(Wirkung)로 생겨남으로써 이미 이유율에 대해 책임을 다한 것이다. 따라서 여기서 인식근거의 요청은 어떤 타당성도, 어떤 가치도 갖지 않는다. 인식근거의 요청은 완전히 다른 부류의 객체들에 속한다.[522]

인식근거와 생성의 근거를 구별하고 인식의 이유율과 생성의 이유율(인과율)을 구별하는 쇼펜하우어의 이 비판적 논변은 칸트가 스스로 현상에만 적용되어야 한다고 한 인과율을 물자체에도 적용하여 인식 불가능한 물자체를 사유할 수 있는 대상으로 도출하는 자가당착적 논변을 비판하는 것으로서는 의미 있을지 모르겠다. 그러나 쇼펜하우어의 이 비판적 논변은 그가 앞서 인과법칙은 "흄이 의미하는 것과 달리" 직관과 경험으로부터 배울 수 없다고 말함으로써 반복적 경험에 의해 습관적으로 인과관계에 대한 믿음이 생성된다고 갈파한 흄의 이론을 내쳤다가 뭔가 문제를 느끼고 중언부언한 것이다. 따라서 그의 이 논변은 더 따져볼 가치가 없다.

그런데 위 인용문에서 마지막 말, "인식근거의 요청은 완전히 다른 부류의 객체들에 속한다"는 구절은 인식근거가 인식주체의 지성과 이성 능력이나 '의지로서의 세계'에 속한다는 뜻을 함의한다. 그 전 단계에서 직

---

522) Schopenhauer, *Die Welt als Wille und Vorstellung I*, §5 (46-47쪽).

관적으로 지각되는 세계는 '직관적 표상으로서의 세계'일 따름이다.

- 따라서 또한 직관적 세계는 이 세계에 머물러 있는 한 관찰자 안에서 망설임도 의심도 일으키지 않는다. 여기에는 오류도 진리도 없다. 이런 것은 추상의 영역, 반성의 영역으로 추방되어 있다. 그러나 여기에는 감각과 지성에 대해 세계가 열려 실존하고, 나이브한 진리성을 갖고(mit naiver Wahrheit) 스스로를 이 세계 자체인 것(das, was sie ist)으로, 즉 인과성의 연결고리에 따라 법칙적으로 펼쳐지는 직관적 표상으로 드러낸다.[523]

대강 맞는 말이지만 "직관적 세계"에는 "오류도 진리도 없다"는 말은 그릇된 말이다. 직관적 지각의 세계에서도 착시와 착각으로 인한 오류나 관점주의적 오류(동굴의 우상과 종족의 우상)가 있기 때문이다. 관점주의적 오류는 다양한 관점과 수많은 인식주체의 다문다견에 의해서만 극복할 수 있다.

쇼펜하우어에 의하면 표상은 직관적 지각과 지성으로부터 생성된다. 인과성은 지성의 범주다. 그에 의하면, 지성은 인과성의 인식만을 담당하고 이성은 '개념 구성(Bildung des Begriffes)'만을 담당한다. "지성이 오직 하나의 기능, 원인과 결과의 직접적 인식과 현실적 세계의 직관의 기능만을 가지고 있듯이, 또한 모든 현명, 총명, 발명의 재능이, 이것들의 적용이 아무리 다양할지라도 완전히 공공연하게 저 단순한 기능의 표현에 불과하듯이, 이성도 하나의 기능을 갖는다. 그것은 개념 구성이다. 그리고 유일한 기능으로부터 아주 쉽사리, 그리고 전적으로 저절로, 인간의 삶을 동물의 삶과 구별시켜 주는 상술된 저 모든 현상이 설명된다. 그리

---

523) Schopenhauer, *Die Welt als Wille und Vorstellung I*, §5 (47쪽).

고 사람들이 도처에서 그리고 언제나 이성적 또는 비이성적이라고 부른 모든 것은 단적으로 저 기능의 적용 또는 비적용을 가리킨다."[524] 쇼펜하우어의 지성과 이성 개념은 이렇게 단순 명쾌하다. 이런 단순명쾌한 이성 개념으로부터 그는 부지이작不知而作하는 칸트의 사변적 이성을 비판하고 있다.[525]

끝으로 쇼펜하우어의 표상과 의식 개념을 정리하자. 칸트는 주로 '사유'를 '의식'과 등치시켰다. 그가 '감각'도 '의식'에 포함시키는지는 명확지 않다. 하지만 쇼펜하우어는 칸트의 '표상' 개념을 답습했지만 '표상'을 '의식 일반'으로 간주하면서 '직관적 표상'(인상)을 '직접적 의식', '추상적 표상'(관념)을 '추상적 의식'으로 구분하고, 동물도 '직접적 의식'을 지녔다고 인정한다.[526]

여기까지가 대상 세계를 단지 '표상으로서의 세계'로 직관하고 지식으로 파악하는 단계에서 인식주체의 역할이다. 이 인식주체는 표상의 세계에 머물러 있는 까닭에 대상 세계의 궁극적 진상, 즉 '물자체'를 알지 못한다. 이것은 주체가 인식의 주체를 넘어 육체적 행동 단계로, 행동을 추동하는 의지의 주체로 전진하여 '물자체'로서의 '육체 자체'가 의지라는 것, 나아가 '물자체'로서의 '물체 자체'가 의지라는 것을 알아야 한다.

4.2. 의지(힘)로서의 세계

대상 세계의 물체들이 힘을 가진 사물들이라면 대상 세계는 더 이상 '표상으로서의 세계'로 그치는 것이 아니라, 인식주체와 독립된 자립적

---

524) Schopenhauer, *Die Welt als Wille und Vorstellung I*, §9 (77쪽).
525) Schopenhauer, *Die Welt als Wille und Vorstellung I*, §§8-9 (72-77쪽).
526) Schopenhauer, *Die Welt als Wille und Vorstellung* I, §5 (47쪽), §6 (52쪽), §10 (94쪽).

사물들로 구성된 '힘으로서의 세계'가 된다. 쇼펜하우어는 이 '힘'을 굳이 '의지'로 표현하고자 한다. 물자체는 힘이다. 그런데 사물의 '외부'로부터는 힘으로서의 물자체에 도달할 수 없다.

- 우리는 여기서 이미 외부로부터는 사물들의 본질에 결코 이를 수 없다는 것을 알게 된다. 우리가 아무리 궁리하더라도 우리는 심상과 이름 외에 아무것도 얻지 못한다. 우리는 헛되이 입구를 찾고 한동안 정면을 스케치하며 성을 맴도는 사람과 닮았다. 하지만 이것은 나 이전의 모든 철학자가 밟았던 길이다.[527]

쇼펜하우어는 내부로부터 물자체에 도달할 수 있는 통로를 인간의 육체에서 찾는다. 육체도 일종의 물체이기 때문이다. 그는 힘 또는 의지로 행동하는 인간 주체의 육체를 통해 이 힘으로서의 의지를 포착하고 육체와 힘의 동일성을 통해 물자체와 힘의 동일성을 포착한다. 그가 만약 인간과 동물이 공히 지닌 제6감 '근감각'을[528] 알았더라면 '물자체는 힘이다'는 간단한 사실을 인식하는 데 육체와 행위 동기의 의지를 통하는 이런 우회로 거칠 필요가 없었을 것이다.

육체는 움직이고 행동하는 데 힘을 필요로 하고 이 힘이 바로 인간의 경우에 의지라는 것이다. 육체를 움직이고 행동하는 데 육체적 힘으로서의 체력이 필요하지만, 움직임과 행동을 추동하는 동기로서의 정신적 의

---

527) Schopenhauer, *Die Welt als Wille und Vorstellung I*, §18 (156쪽).
528) 상술했듯이 근감각(muscle sense[muscular sense]; myesthesia; kinaesthesia)은 근육의 수축·긴장·변화 등의 내적 자극을 느끼는 근육의 감각이다. 근감각의 수용기(受容器)는 근방추(筋紡錘)와 건방추(腱紡錘)로 구성된다. 근방추는 가로무늬근의 수축 상태를 감지하는 방추 모양(물레 모양)의 근육 속 신경 기관이고, 건방추는 힘줄이 당겨지거나 근육이 수축할 때 자극을 받아들이는 힘줄 신경의 말단이다. 이 두 기관은 근육의 수동적 신장이나 능동적 수축을 검지하는 장력 수용기이며 힘을 감지할 수 있게 한다.

지도 필요하다. 쇼펜하우어는 이 육체적 힘과 정신적 의지를 동일시하여 '의지' 개념으로 뭉뚱그린다. (그러나 실은 육체적 힘과 의지는 본질적으로 다르다. 의지가 행동을 결정했더라도 체력이 없으면 움직이거나 행동하지 못하기 때문이다.)

인식주체에 맞서 있는 표상적 대상도 물체이고, 인간의 육체가 자기를 움직일 힘을 가지고 있다면 물체도 마찬가지로 운동하고 정지할 힘을 가지고 있다. 인간 육체 자체가 힘(의지)이라면 물자체도 힘이다. 따라서 물자체는 사유할 수 있지만 인식할 수 없는 것이 아니라 이제 힘으로 인식할 수 있는 존재자다.

쇼펜하우어는 이 논변에서 독일어 "Köfper"가 '육체'와 '물체'를 동시에 뜻하는 양의성兩義性을 은근히 활동한다. 따라서 대상 세계도 '힘으로서의 세계'다. 따라서 육체와 물체를 포괄하는 전체 세계는 '힘으로서의 세계'요, '의지로서의 세계'다. 육체와 물체가 "Körper"로서 같다면, 육체의 의지와 물체의 힘도 같다. 그리하여 쇼펜하우어는 의지와 힘을 동일시한다.

쇼펜하우어는 "인식가능성의 측면"에서 포착한 이 '표상으로서의 세계'라는 관념적 테제를 '세계는 나의 의지다'라는 다른 관념적 테제로 보완하면 인식 측면의 세계 개념의 '표상적' 일면성이 해소될 것으로 본다. 그는 주장한다. "세계는 나의 의지다. (…) 의지만이 세계의 다른 측면을 이룬다. 왜냐하면 이 세계는 한편으로 철저히 표상인 것처럼 다른 한편으로 철저히 의지이기 때문이다. 그러나 이 둘 중 하나가 아니라, '객체 자체'인 실재는 꿈에 지어낸 엉터리이고(칸트의 물자체도 그에게는 안타까운 일이지만 슬그머니 이 '객체 자체'로 퇴화해 버렸다), 이 '객체 자체'의 가정은 철학 속의 도깨비불(Unding)이다."[529]

---

529) Schopenhauer, *Die Welt als Wille und Vorstellung I*, §1 (33쪽).

■ **의지와 육체의 동일성 테제**

상술한 바와 같은 전반적 구도의 관점에서 쇼펜하우어는 육체와 의지의 관계에 대한 추적과 탐색을 시작한다. 그는 표상적 대상 세계의 '의미' 또는 이 대상 세계의 표상 이상의 의미로 이행할 수 있는 통로는 '육체'를 가진 주체를 떠올림으로써만 찾을 수 있다고 말한다.

- 내게 다만 나의 표상으로서 대립해 있는 세계의 탐구되는 의미, 또는 인식주체의 단순한 표상으로서의 이 세계로부터 표상 이상의 것일 수도 있는 것으로의 이행 통로는 만일 탐구자 자신이 순수하게 인식하기만 하는 주체(가령 몸뚱이 없는 날개 달린 천사 머리)라면 결코 찾을 수 없을 것이다. 그러나 탐구자 자신은 저 세계에 뿌리박고 있고, 개체로서 이 세계 안에 처해 있다. 즉, '표상으로서의 세계'의 담지체인 탐구자의 인식 행위가 그럼에도 육체에 의해 전적으로 매개되어 있고, 이 육체의 감흥들(Affektionen)은 상술했듯이 지성이 저 세계를 직관하는 출발점이다. 이 육체는 순수하게 인식하기만 하는 주체 자체에게 다른 모든 표상과 같이 하나의 표상이고, 객체들 중의 한 객체일 따름이다. 이런 한에서 육체의 움직임, 행동은 다른 모든 직관적 객체의 변화들과 다르지 않게 주체에게 알려져 있지만, 만일 육체의 의미의 수수께끼가 주체에게 가령 완전히 다른 방식으로 풀려있지 않다면, 육체의 이 움직임과 행동은 주체에게 마찬가지로 낯설고 불가지적일 것이다. 그렇지 않다면 탐구자는 표현된 동기에 따른 그의 행동을 원인·자극·동기에 따른 다른 객체들의 바로 그런 변화들처럼 자연법칙의 항구성으로 일어나는 것으로 볼 것이다. 그러나 탐구자가 그에 대한 동기의 영향을, 그에게 현상하는 다른 모든 결과와 원인의 연결을 이해하는 것 이상으로 자세하게 이해하고 있는 것은 아닐 것이다. 그렇다면

탐구자는 그의 육체의 저 표현과 행동의 – 그에게 불가지적인 – 내적 본질을 임의적으로 힘, 또는 성질이나 성격이라 부르지만 이에 대한 그 이상의 통찰을 가지고 있지는 못할 것이다. 하지만 이 모든 것이 그렇지 않다. 오히려 개체로서 현상하는 인식의 주체에게는 수수께끼의 낱말이 주어져 있다. 이 낱말은 '의지'라 한다. 이것은, 그리고 이것만이 주체에게 그 자신의 현상 속으로 들어갈 수 있게 하는 열쇠를 부여하고, 주체에게 '의미'를 계시해 주고, 주체에게 그의 본질의, 그의 행위의, 그의 움직임의 내적 운영을 보여준다.[530]

쇼펜하우어는 육체와 육체적 움직임과 행동을 통해 '의지'를 도출하고 있다. 그는 육체와 육체적 움직임·행동·의지는 '행동의 주체'에게 당연한 낱말들이지만 '인식의 주체'에게는 낯설고 수수께끼 같은 낱말이라고 말하고 있다. 그러나 그가 '근감각'을 알았더라면 '인식의 주체'도 육체와 육체적 움직임·행동·의지를 친숙한 단어로 여긴다고 말했을 것이다.

이어서 쇼펜하우어는 자아와 육체의 동일성 때문에 인식의 주체에게 육체가 직관적 표상과 물자체의 이중적 방식으로 주어져 있지만 동시에 의지와 육체의 움직임으로 주어져 있다고 말한다. 그리하여 육체의 움직임은 내면적으로 직관·인식할 수 있는 의지의 작용이다.

- 자아와 육체의 동일성을 통해 개체로서 등장하는 인식의 주체에게 이 육체는 두 가지 완전히 상이한 방식으로 주어져 있다. 한번은 지성적 직관 속의 표상으로서, 객체들 중의 객체로서, 이 객체들의 법칙에 굴복한 것으로서 주어져 있다. 그러나 그다음은 완전히 다른 방식으로도, 말하자면 의지라는 낱말이 기술하는, 각자에게 직접 알려진 그것

---

530) Schopenhauer, *Die Welt als Wille und Vorstellung I*, §18 (157쪽).

으로써도 주어져 있다. 그의 의지의 모든 참된 작용은 즉시 그리고 불가피하게 또한 그의 육체의 움직임이기도 하다. 의지는 의지가 육체의 작용을 진짜로 의욕하면 동시에 반드시 육체의 움직임으로 현상하는 것을 지각한다. 의지의 작용과 육체의 동작은 인과성의 끈이 연결시키는 객관적으로 알려진 두 개의 상이한 상태가 아니고, 즉 원인과 결과의 관계에 들어 있는 것이 아니고, 단지 두 가지 완전히 상이한 방식으로 주어진, 즉 한번은 완전히 직접적으로, 다른 한 번은 지성을 위한 직관 속에서 주어진 동일자다. 육체의 동작은 객관화된, 즉 직관으로 들어온 의지의 작용이다.[531]

쇼펜하우어는 '의지의 작용'과 '육체의 동작'을 인과관계로 보는 것이 아니라, '의지'의 직접적 형태와 육체적 '동작'의 직관적·지성적 인식형태로서의 동일자의 이중화로 보고 있다. 의지가 육체적 동작으로 의욕 하면 의지는 반드시 이 동작을 지각한다. 따라서 육체적 동작은 의지 작용의 직관될 수 있는 객관적 표현이다. 여기서 쇼펜하우어는 의지를 인식을 동반하는 의욕으로, 즉 너무 고차적인 기능으로 관념하고 있다. 그가 의지 이전에 '감흥'을 말하고 의욕과 직격시켜 '의욕'을 말하는 것에서 알 수 있듯이 의지는 '욕구(욕망)'일 뿐이다. 욕구는 감정이다. 감정은 욕구만이 아니라 기쁨, 분노, 두려움, 사랑 등도 있다. 모든 감정은 행동을 유발한다. 기쁨은 기쁨의 원인적 대상에 대한 욕구를 유발하고 그 대상을 획득하게 만든다. 분노는 분노의 원인적 대상에 대한 타격을 욕구하고 타격하도록 유발한다. 두려움은 도망치는 행동을 유발한다. 사랑은 교제 행위를 유발한다. 그리고 의지만이 상황을 인식하고 육체적 행동을 인식하는 것이 아니다. 욕구·기쁨·분노·두려움·사랑과 같은 감정들도 상황의 인지를

---

531) Schopenhauer, *Die Welt als Wille und Vorstellung I*, §18 (157-158쪽).

전제로써 포함하고 그로 유발되는 동작과 행위도 인지한다. 의지를 너무 고차적인 기능으로 그렇게 특화시킬 이유가 없는 것이다. 의지도 '의욕'으로서의 하나의 '감정'이고, 다른 감정들과 마찬가지로 생기生氣·활기活氣·심기心氣로서의 감정적 '기氣'(힘)일 뿐이다.

아무튼 쇼펜하우어는 여기서 더 나아가 육체를 객관적 표상으로 인식되는 '의지'로 파악하고, 육체와 의지의 동일성 테제를 비수의적非隨意的 움직임에 대해서도 확대한다.

- 나아가 우리에게 밝혀질 것은 이것이 육체의 모든 움직임에 타당하고, 단순히 동기에 따라 일어나는 움직임에만이 아니라 단순한 자극에 따라 일어나는 비수의적非隨意的인 움직임에도 타당하다는 것, 아니 전全 육체가 객관화되는, 즉 표상으로 화化 하는 의지와 다름없다는 것이다. (…) 사람들은 어떤 의미에서 '의지는 육체의 선험적 인식이고, 육체는 의지의 후험적 인식이다'고도 말할 수 있다. 미래와 관련된 의지의 결의는 사람들이 장차 의욕할 것인 것에 대한 이성의 단순한 심사숙고이지, 본래적 의지 작용이 아니다. 오직 수행만이 그때까지 항상 가변적인 고의일 뿐이고 단지 이성 속에서만, 추상 속에서만 존재할 뿐인 결심에 도장을 날인한다. 단지 반성 속에서만 의욕과 행위는 다르다. 현실 속에서 의욕과 행위는 하나다. 의지의 모든 참된, 진실한 직접적 작용은 즉시, 그리고 직접적으로 육체의 현상하는 작용이기도 하다. 이에 상응하게 다른 한편으로 육체에 대한 모든 영향은 즉시, 그리고 직접적으로 의지에 대한 영향이기도 하다. 육체에 대한 영향은 의지에 배치되면 그 자체로서 고통이라고 하고, 의지에 합당하면 상쾌, 쾌락이라고 한다. 양자의 등급은 아주 다양하다. 그러나 고통과 쾌락을 표상이라고 부른다면, 이는 완전히 그릇된 것이다. 이것들은

표상이 아니라, (→159) 의지의 현상, 즉 육체에 나타난 의지의 직접적 감흥(Affektionen)이다. 즉, 육체가 받는 압박적 각인(Eindruck)의 강요된 순간적 호불호(Wollen oder Nichtwollen)다. (…) 나아가 육체와 의지의 동일성은 의지의 모든 격렬하고 과도한 움직임, 즉 모든 격정(Affekt)이 완전히 직접적으로 육체와 육체의 내적 운영을 뒤흔들고, 육체의 생체기능의 진행을 교란하는 데서도 특히 입증된다.[532]

쇼펜하우어는 내 의지에 대한 나의 인식이 시간과 공간 속에서 나타나는 나의 '육체'를 통해서만 가능하다고 주장한다.

- 마침내 나의 의지에 대한 나의 인식은 직접적 인식이더라도 나의 육체와 분리될 수 없다. 나는 나의 의지를 전체 속에서, 통일체로서, 완벽하게 그 본질에 따라 인식하는 것이 아니라, 의지 개별적 작용들 속에서만, 따라서 객체의 현상 형식처럼 나의 육체의 현상 형식인 시간 속에서만 인식한다. 따라서 육체는 나의 의지의 인식의 조건이다. 따라서 이 의지를 나는 나의 육체 없이 본래 표상할 수 없다.[533]

의지를 육체적 통로로 인식할 수 있기 때문에 쇼펜하우어는 '육체와 의지의 동일성에 대한 인식 자체'를 이보다 더 직접적인 선행적 인식으로부터 도출할 수 없는 최고의 직접적 인식'으로 위치 짓는다.

- 이제 잠정적으로 서술된 육체와 의지의 동일성은, 여기에서, 그것도 처음으로 서술되었고 앞으로 논의 과정에서 점점 더 많이 서술되어야

---

532) Schopenhauer, *Die Welt als Wille und Vorstellung I*, §18 (158-159쪽).
533) Schopenhauer, *Die Welt als Wille und Vorstellung I*, §18 (159-160쪽).

하는바, 단지 소개될 수 있을 뿐이다. 즉, 직접적인 의식으로부터, 구체적 인식으로부터 이성의 지식으로 고양되거나, 추상적 인식 속으로 이전될 수 있을 뿐이다. 반면, 이 동일성은 본성상 결코 증명될 수 없다. 즉, 보다 직접적인 다른 인식으로부터 간접적 인식으로서 도출될 수 없다. 왜냐하면 육체와 의지의 동일성에 대한 인식 자체가 가장 직접적인 인식이고, 우리가 이 인식을 그 자체로서 파악하고 굳게 견지하지 않는다면, 우리는 이 인식을 그 어떤 간접적으로 도출된 인식으로서 재획득하는 것을 헛되이 기대하게 될 것이기 때문이다.[534]

나의 의지와 나의 육체는 하나다. 이 명제는 다양하게 변형시켜 표현할 수 있다. 가령 내가 직관적 표상으로서 나의 육체라고 부르는 것을 나는 육체를 완전히 상이한 방식으로, 어떤 다른 것과 비교할 수 없는 방식으로 의식하는 한에서 나의 의지라고 부른다. 또는 '내 육체는 내 의지의 객체성이다'. '내 육체가 내 표상이라는 것을 도외시하면, 내 육체는 내 의지에 지나지 않는다.'

■ 힘으로서의 의지의 개념

쇼펜하우어는 '육체와 의지의 동일성' 테제를 바탕으로 '의지와 힘의 동일성' 테제를 향한 논변을 준비한다. 그는 먼저 '표상으로서의 세계'의 객체들로부터 표상을 털어내고도 남는 잔존물(물자체)을 '육체의 비유(Analogie jenes Leibes)'로 인식하는 길을 뚫음으로써 이 잔존물을 '의지'와 동일시한다.

- 우리는 (…) 우리 자신의 육체의 본질과 작용에 관해 우리가 가진, 이제

---

534) Schopenhauer, *Die Welt als Wille und Vorstellung I*, §18 (160쪽).

판명성으로 고양된 이중적 인식을, 즉 완전히 이질적인 두 가지 방식으로 주어진 인식을 여전히 자연 속의 모든 현상의 본질을 열어 밝히는 열쇠로 사용해 우리 자신의 육체가 아니라, 따라서 이중적 방식으로가 아니라 표상으로서만 우리의 의식에 주어지는 모든 객체를 바로 저 '육체의 비유'에 따라 판단하고, 따라서 다음과 같이 가정한다. 자연 속의 모든 객체가 한편으로 저 육체와 똑같이 표상이고 이 점에서 육체와 동류이고, 또한 다른 한편으로 주체의 표상으로서의 객체들의 현존재를 제쳐놓으면 그다음 아직 남아있는 것은 이것의 내적 본질에 따라 우리가 우리 자신에 있어서 '의지'라고 부른 것과 동일한 것이어야 한다. 우리가 남은 물체 세계(Körperwelt)에 어떤 다른 종류의 현존재나 실재성을 부여해야 한단 말인가? 우리가 이러한 물체 세계를 구성하는 데 쓰이는 요소들을 어디서 가져와야 한단 말인가? 의지와 표상 외에는 우리에게 알려져 있고 생각할 수 있는 것은 전혀 아무것도 없다. 우리가 우리의 표상 속에서만 직접적으로 현존하는 물체 세계에다 우리에게 알려진 최대의 실재성을 부여하려고 한다면, 우리는 이 세계에다 각 객체에다 이 객체 자체의 물체가 갖는 실재성을 주는 것이다. 왜냐하면 물체는 각 객체에게 가장 실재적인 것이다. 그러나 우리가 이 육체와 이 육체의 행동의 실재성을 분석한다면, 우리는 물체가 우리의 표상이라는 것 외에 그것 안에서 의지 외에 아무것도 만나지 못한다. 이것으로써 육체의 실재성이 완전히 드러난다. 따라서 우리는 물체 세계에 다른 양상의 실재성을 주기 위해 이 다른 양상의 실재성을 어디에서도 찾을 수 없다. 그러므로 물체 세계가 단순히 우리의 표상인 것보다 약간 더 많은 것이어야 한다면, 우리는 이 물체 세계가 표상 외에 그 자체에서 있어, 그리고 이 물체세계의 내적 본질에 따라, 우리가 우리 자신 안에서 직접적으로 의지로서 발견하는 것이라고

말해야 한다.[535]

여기까지 쇼펜하우어가 물체 자체(=물자체)를 '의지'로 규정하는 것을 보면 꼭 칸트의 물자체 개념을 대하는 것 같다. 칸트는 『순수이성 비판』「서문」에서 물자체로서의 사물이 "인과율에 종속되지 않는다면 바로 동일한 의지가 현상 속에서(가시적 행동 속에서) 자연법칙에 필연적으로 입각하게 되지만, 다른 한편으로 모순이 발생하는 일 없이 물자체에 속한 것으로서, 저 인과법칙에 종속되지 않는 것, 따라서 자유로운 것으로 사유될 수 있다"고 말했다.[536] 이 대목에서 칸트는 '의지'를 '물자체'에 귀속시킴으로써 물자체를 '의지'와 동일시하고 있다. 여기까지는 칸트와 쇼펜하우어가 유사한 길을 걷고 있다. 그러나 양인의 유사성은 여기까지다. 왜냐하면 쇼펜하우어가 물자체를 '힘'의 유물론적 개념으로도 규정하지만, 칸트는 그런 적이 없기 때문이다. 반대로 칸트는 '물자체의 원형'을 "이념(이데아)"라 불렀다.[537]

그리고 바로 이어서 쇼펜하우어는 돌멩이의 낙하하는 '힘'까지도 '의지'와 동일시한다. '돌멩이의 힘'과 '인간의 의지'의 차이는 돌멩이에는 지각이나 인식이 없고 인간의 의지에는 인지나 인식이 있다는 것이다.

- 나는 '물체 세계의 내적 본질에 따라'라고 말하지만, 우리는 의지의 이 본질을 무엇보다도 먼저 더 상세하게 알아야 한다. 그래야만 우리는 의지 자체에 속하는 것이 아니라 많은 등급을 가지는 의지의 현상에 속하는 것을 의지와 구별할 줄 알게 된다. 가령 인식에 의해 동반됨 및

---

535) Schopenhauer, *Die Welt als Wille und Vorstellung I*, §18 (164쪽).
536) Immanuel Kant, *Kritik der reinen Vernunft*, "Vorrede", BXXVIII. *Kant Werke*, Bd.6. Erster Teil (Darmstadt: Wissenschaftliche Buchgesellschaft, 1983).
537) Kant, Kritik der reinen Vernunft, B370쪽.

인식에 제약되어 동기에 의해 규정됨 같은 것이 그와 같은 것이다. 이런 것은 우리가 앞으로 논의 과정에서 통일할 것이지만 의지의 본질에 속하는 것이 아니라, 동물과 인간으로서의 의지의 가장 명백한 현상에 속하는 것에 지나지 않는다. 따라서 내가 '돌멩이를 지구로 추동하는 힘이 그 본질상 일체의 추상을 벗어나 그 자체에서(an sich) 의지다'라고 말한다면, 사람들은 이 명제에다 '인간 안에서 의지가 그렇게 현상하기 때문에 돌멩이도 인식된 동기에 따라 움직인다'는 미친 견해를 달아놓지 않을 것이다.[538]

쇼펜하우어는 이 인용구의 말미에다 각주를 달아 물체나 행성도 사람처럼 지각·인식하면서 움직인다고 생각한 베이컨과 케플러의 "미친 견해"를 소개한다. "베이컨이 (*De dignitate et augmentis scientiarum*, lib. 4 in fine에서) 물체들의 모든 물리·화학적 운동이 사전의 지각에 따라 비로소 이 물체들 안에서 일어난다고 생각한다면, 우리는 (…) 결코 그에게 동의하지 않을 것이다. 케플러가 그의 논문 '*De planeta Martis*'(1609)에서 행성들이 그 타원궤도의 표면의 삼각형이 항상 변함없이, 그 행성들이 그 표면의 밑변을 달리는 시간에 비례할 정도로, 그렇게 정확하게 타원궤도를 맞추고 그렇게 그 운동의 속도를 맞추려면 인식(Erkenntnis)을 가지고 있어야 할 것이라고 말한 그의 주장도 마찬가지다."

쇼펜하우어는 여기까지 잠정적으로 서술된 것을 더 상세하고 더 분명하게 입증하고 그 전체적 범위에서 전개한다. 그는 "모든 수의적隨意的 운동(functiones animalis 활기기능)은 의지 작용의 현상現像이다"는 테제는 "직접적으로 확실한 진리"라고 언명한다.[539] 그리고 '식물적 삶'이

---

538) Schopenhauer, *Die Welt als Wille und Vorstellung I*, §18 (164-165쪽).
539) Schopenhauer, *Die Welt als Wille und Vorstellung I*, §18 (167쪽).

든 '동물적 삶'이든 '의지의 현상'이고, 동물과 인간의 육체의 부위와 기관들은 인간의 특수한 의지들에 부응해야 한다고 천명한다.

- 식물적 삶(functiones naturales, vitales, 생명적 자연 기능)의 자연학적 설명이 언제든 아무리 번창하더라도 그렇게 발전하는 이 전체적인 동물적 삶 자체가 의지의 현상(Erscheinung des Willens)이라는 진리를 폐할 수 없다. 위에서 논구했듯이 일반적으로 모든 원인학적 설명은 개별적인 현상의 필연적으로 규정된 시공적 장소, 즉 확고한 규칙에 따른, 바로 그곳에서의 필연적 등장 이상의 것을 제시할 수 없다. 반면, 모든 현상의 내적 본질이 이런 길로는 언제나 해명 불가한 것으로 남아 있고, 모든 원인학적 설명에 의해 전제되고, 단지 힘이나 자연법칙 등의 명칭, 또는 행위를 거론하면, 성격·의지 등의 명칭을 통해서 기술될 따름이다. 그러므로 규정된 성격의 전제 아래서의 모든 개별적 행위가 필연적으로 생겨난 동기에서 일어난다 하더라도, 그리고 동물적 육체 안에서의 성장·섭생 과정과 전체적 변화가 필연적으로 작용하는 원인들(자극들)에 따라 벌어진다하더라도, 전체적 연쇄의 행동, 따라서 모든 개별적 행위와 이 행위들의 조건, 즉 이 행위들을 수행하는 전 육체 자체, 따라서 육체가 생성되고 존속하는 과정도 의지의 현상, 의지의 가시화, 의지의 객체성 외에 다른 어떤 것도 아니다. 여기에 인간적이고 동물적인 의지 일반에 대한 인간적이고 동물적인 육체의 완벽한 적합성이 근거한다. 이 적합성은 제작자의 의지에 대해 의도적으로 제작된 도구가 갖는 적합성과 유사하지만, 이런 적합성을 훨씬 뛰어넘고, 이 때문에 육체의 합목적성, 즉 육체의 목적론적 설명 가능성으로 현상한다. 이런 까닭에 육체의 부분들은 의지를 표명하는 주요욕망(Hauptbegehrung)에 완벽하게 상응해야 하고, 이 주요 욕망의 가

시적 표현이어야 한다."[540]

쇼펜하우어에 의하면, "모든 현상의 내적 본질", 즉 물자체를 "힘"이라는 부르든 "자연법칙"이라 부르든, 행위의 측면에서 성격이나 의지라 부르든 모두 다 '의지'를 뜻할 뿐이다. 따라서 "전체적 연쇄의 행동", "모든 개별적 행위와 이 행위들의 조건, 즉 이 행위들을 수행하는 전 육체 자체, 따라서 육체가 생성되고 존속하는 과정"은 "의지의 현상", "의지의 가시화", "의지의 객체성"일 뿐이다. 이런 까닭에 "인간적·동물적 의지 일반"에 대해 "인간적·동물적 육체"가 "완벽한 적합성"을 갖추는 것이다.

이어서 쇼펜하우어는 동식물의 성장력, 정신력, 물리적 자력, 인력, 중력 등 모든 힘을 '의지'로 정식화한다. 그는 일단 '의지'는 "구체적으로 누구나 직접적으로 보유하는, 즉 감정으로 보유하고", 말하자면 "그의 행동을 통해서만이 아니라 이 행동의 불변적 기체, 즉 그의 육체를 통해서도 그에게 표상으로 표현되는 그 자신의 현상의 본질 자체"이고 "이 의지가 그의 의식 중 가장 직접적인 의식을 이룬다"고 설명한다.[541]

쇼펜하우어는 의지를 이렇게 '인식'한 사람은 "이 인식을 그에게 그 자신의 현상처럼 간접적 인식과 나란히 직접적 인식으로도 주어져 있는 것이 아니라, 단순히 간접적 인식으로만, 따라서 일면적으로만, 표상으로만 주어져 있을 뿐인 저 모든 현상에 전용할 것"이라고 말한다. 그리고 동식물의 성장력, 정신력, 물리적 자력, 인력, 중력 등 모든 힘을 '의지'로 정식화하는 명제를 부연·설명한다.

- (의지에 대한 그런 인식을 갖고 모든 현상에 전용하는) 사람은 그 자신의

---

540) Schopenhauer, *Die Welt als Wille und Vorstellung I*, §18 (167-168쪽).
541) Schopenhauer, *Die Welt als Wille und Vorstellung I*, §18 (169쪽).

현상과 완전히 유사한 그런 현상들 안에서, 즉 인간들과 동물들 안에서만 저 동일한 의지를 이들의 가장 내밀한 본질로 인정할 뿐만 아니라, 계속되는 반성은 식물 안에서 움직이고 도생하는 힘(Kraft)도, 아니 수정체水晶體가 결정結晶 되게 하는 힘, 자석을 북극으로 향하게 하는 힘, 이질적인 금속들의 접촉으로부터 그에게 경험하게 하는 타격의 힘, 소재들의 선택적 친화 관계 속에서 회피와 추구, 분리와 결합으로 나타나는 힘, 아니 최종적으로 심지어 모든 물질 속에서 그토록 강력하게 애쓰며 돌멩이를 지구로, 지구를 태양으로 당기는 중력 - 이 모든 힘들은 현상 속에서만 상이한 것으로 인식되지만, 그 내적 본질상 동일한 것으로, 그에게 직접적으로 아주 내밀하게, 그리고 다른 모든 것보다 더 잘 알려진 것으로서 인식되어야 한다. 그리고 저 힘들이 이것이 가장 명백하게 등장하는 곳에서는 의지라 부른 것으로서 인식되어야 한다. 반성의 이러한 적용은 우리를 더 이상 현상에 머물러있게 하는 것이 아니라, 물자체 건너편으로 인도하는 것일 뿐이다. 현상은 표상이라고 하고, 그 이상의 것이 아니다. 어떤 양상을 하고 있더라도 모든 표상, 모든 객체는 현상이다. 그러나 물자체는 오로지 의지일 따름이다. 의지는 그 자체로서 전혀 표상이 아니라, 표상과 전적으로 다른 것이다. 의지는 그것의 모든 표상, 모든 객체가 현상·가시성·객체성인 원천이다. 의지는 가장 내면적인 것, 각 개체의 핵이자 전체의 핵이다. 의지는 맹목적으로 작용하는 어떤 자연력(Naturkraft)으로도 현상한다. 의지는 인간의 숙고된 행동에서도 현상한다. 하지만 이 양자의 커다란 상이성은 현상의 등급(Grad)과 관계된 것이지, 현상하는 것의 본질과 관계된 것이 아니다.[542]

---

542) Schopenhauer, *Die Welt als Wille und Vorstellung I*, §18 (170쪽).

쇼펜하우어는 "물자체는 오로지 의지일 따름이다"라고 천명함으로써 "의지"는 물자체의 모든 표상, 모든 객체의 현상·가시성·객체성의 "원천"으로 규정한다. 왜냐하면 "의지는 가장 내면적인 것, 각 개체의 핵이자 전체의 핵이기" 때문이다. 따라서 의지에 대한 인식을 갖고 모든 현상에 전용하는 사람은 "그 자신의 현상과 완전히 유사한 그런 현상들"인 "인간들과 동물들"의 "인간의 숙고된 행동" 안에서 의지를 "그들의 내밀한 본질"로 인정하고, 나아가 식물의 성장력("식물 안에서 움직이고 도생하는 힘"), "수정체가 결정되게 하는 힘", 자력("자석을 북극으로 향하게 하는 힘"), 타격력("이질적 금속들의 접촉으로부터 그에게 경험하게 하는 타격의 힘"), "소재들의 선택적 친화 관계 속에서 회피와 추구, 분리와 결합으로 나타나는 힘", 심지어 만유인력("모든 물질 속에서 그토록 강력하게 애쓰며 돌멩이를 지구로, 지구를 태양으로 당기는 중력") 등 "맹목적으로 작용하는 자연력" 안에서도 "의지를 그들의 가장 내밀한 본질로 인정한다"는 것이다.

이 "힘들"이 인간에게서 "가장 명백하게 등장하고", 가장 명백하게 현상하는 이곳에서는 "의지"라 부른다. 이 대목을 쇼펜하우어는 이렇게 부연·설명한다. "모든 객체가 이미 다시 물자체의 단순한 현상이지, 더 이상 물자체가 아니라는 바로 그 이유 때문에 그 자체로서 결코 객체가 아닌 이 물자체는 (우리는 칸트의 표현을 상비적 공식으로 견지하려고 한다) 그럼에도 객관적으로 사유되어야 한다면 어떤 객체의 이름과 개념을, 즉 어떤 식으로 객관적으로 주어진 어떤 것의 이름과 개념, 따라서 물자체의 현상들 중의 한 현상의 이름과 개념을 빌려야 할 것이다. 그러나 이 현상은 소통 지점으로 기여하기 위해서 물자체의 모든 현상 중 가장 완벽한 현상, 즉 가장 많이 전개된 인식에 의해 직접 조명된, 가장 명백한 현상 외에 다른 현상이어서는 아니 된다. 그러나 바로 이런 현상은 인간의 의지다."[543)]
쇼펜하우어에 의하면 겉으로 나타나는 이 힘들의 현상적 차이는 이 힘들이 현상하는 "명백성"의 등급차일 뿐이고, 의지로서의 본질은 동일하다. '힘' 현상의 최상등급은 인간에게서 나타나는데, 인간의 의지는 "가장 많이 전개된 인식에 의해 직접 조명된" 힘의 "가장 명백한 현상", 즉 힘의 "완벽한 현상"이다.

이 설명에서 쇼펜하우어는 '의지' 개념을 인간에게만 유보하는 것 같은 언표를 하는 듯하다가 다시 '힘' 개념과 통용하기도 한다. 그러나 그는 '의지'와 '힘'을 몽땅 '의지'라 부르려는 욕심을 부린다. 그는 플라톤까지 동원해서 이 욕심을 이렇게 정당화한다. "당연히 사람들은 우리가 여기서 물론 단지 보다 탁월한 것에 입각한 명명법(denominatio a potiori)만 사용하려고 할 뿐이라고 언급해야 한다. 이런 까닭에 의지 개념은 이 명명법을 통해 지금까지 가졌던 것보다 더 넓은 연장을 얻는다. 상이한 현상들 속에서 동일한 것의 인식과 유사한 현상들 속에서 상이한 것의 인식은 플라톤이 그토록 자주 언급했듯이 바로 철학을 위한 조건이다."[544)] 그리고 이어서 그는 의지와 힘의 동일성을 보지 못하고 이 둘을 차별해 온 종래의 철학자들을 탓한다. "사람들은 지금까지 자연 속에서 추구하고 작용하는 모든 힘의 본질과 의지의 동일성을 인식하지 못했고, 따라서 같은 유類의 상이한 종種들에 지나지 않을 뿐인 다양한 현상들을 동류同類로 여긴 것이 아니라, 이종적異種的인 것으로 간주했다. 이런 까닭에 이 류類 개념의 지칭을 위한 어떤 단어도 존재할 수 없었다."[545)] 그러나 이 타박은 그릇된 것이다. 공맹철학은 쇼펜하우어와 반대되는 방식이지만 의지력, 정신력, 생명력, 성장력, 자기력, 전기력, 타격력, 압력, 냉온기 등

---

543) Schopenhauer, *Die Welt als Wille und Vorstellung I*, §18 (171쪽).
544) Schopenhauer, *Die Welt als Wille und Vorstellung I*, §18 (171쪽).
545) Schopenhauer, *Die Welt als Wille und Vorstellung I*, §18 (171쪽).

을 모두 '기氣'라 통일해서 부르고, 생명력·성장력만을 따로 떼어 생기生氣·활기活氣라 부르고 여기로부터 의지력·정신력을 따로 떼어 심기心氣(신기·영기·혼기·백기)라 불러서 심기를 '물질적 기氣'와도 구별하고 생기와 활기와도 구별한다. 이럼으로써 중국철학은 물리적·생물적 힘들까지 '의지'라 부르는 물활론적 의인화의 혐의를 피했다. 그렇지 않고 쇼펜하우어식으로 '힘'을 '의지' 아래 포섭한다면 '기운'이 센 사람의 육체적 힘을 의지의 '심기'와 동일화하고 말 것이다. 쇼펜하우어의 '육체와 의지의 동일성' 테제는 바로 육체적 '힘'과 의지적 '심기' 사이의 중요한 차이를 깔아뭉개 사소한 것으로 만들어버리는 증거다.

그러나 쇼펜하우어는 이 물활론적 의인화의 혐의를 정면으로 감수하겠다고 선언한다.

- 나는 가장 탁월한 종種(인간 - 인용자)의 인식이 우리에게 더 가깝게 있는 직접적 인식이고 다른 모든 종의 간접적 인식으로 통하므로 이 가장 탁월한 종에 입각하여 유類를 명명한다. 따라서 여기서 요구되는 개념 확장을 수행할수 있는 것이 아니라, '의지'라는 단어에서 언제나 한낱 지금까지 이것으로 유일하게 지칭된 하나의 종만을, 즉 인식 행위에 의해 이끌어지고 배타적으로 동기에 따라, 아니 추상적 동기에 따라서만 자신을 표명하는 의지만을, 따라서 이성의 지도 아래서 자신을 표명하는 의지만을 이해하려고 할 사람, 이미 말했듯이, 의지의 가장 분명한 현상에 지나지 않는 의지만을 이해하려고 할 사람은 항구적 오해에 사로잡혀 있을 것이다. 바로 이 현상의 - 우리에게 직접적으로 알려진 - 가장 내밀한 본질을 우리는 사유 속에서 순수하게 추려낸 다음, 이것을 이 본질의 보다 취약하고 보다 불분명한 모든 현상으로 전용해야 한다. 우리는 이를 통해 의지 개념의 요청되는 확장을 수행한

다.[546]

쇼펜하우어는 자연적 힘들까지도 모두 다 반드시 '의지'라 부르려는 자기 뜻을 다짐한다. "그러나 가령 사람들이 모든 현상의 저 본질 자체를 '의지'라는 단어로 지칭하든, 그 어떤 다른 단어로 지칭하든 궁극적으로 매일반이라고 생각하는 사람은 나를 반대로 오해할 것이다." 그런데 "우리가 그 존재를 단순히 추리해 내기만 할 뿐이고, 오직 간접적으로만, 단순히 추상적으로만 인식할 어떤 것"이 "저 물자체라면" 저런 정반대의 오해는 "타당할 것"이다. 그러나 "자연 속의 모든 사물의 가장 내밀한 본질을 주문呪文처럼 우리에게 개명開明해 주는 의지라는 단어는 결코 알려지지 않은 크기, 추리를 통해 도달되는 어떤 것이 아니라, 철저히 직접적으로 인식된 것, 아주 알려진 것이라서, 우리가 의지가 무엇인지를 그 밖의 어떤 것보다 - 이것이 무엇이든 - 훨씬 더 잘 알고 이해할 정도다." 이런 까닭에 쇼펜하우어는 "지금까지 사람들이 의지 개념을 힘 개념 아래 포섭했지만, 나는 이것을 거꾸로 해서 자연 속의 모든 힘을 의지로 생각하고 알 것이다"고 선언한다.[547]

쇼펜하우어는 의지의 통칭적 명명법을 "최고의 의미와 중요성을 가진 것"이라고 단언한다. 그 이유는 "힘 개념에는 다른 모든 것처럼 최종적으로 객체 세계의 직관적 인식, 즉 현상, 표상이 기저에 놓여 있고, 힘 개념은 이것으로부터 만들어졌기 때문"이라는 것이다. "힘 개념은 원인과 결과가 지배하는 영역으로부터, 따라서 직관적 표상으로부터 추상화되었고, 원인임(das Ursachsein)이 원인학적으로 더 이상 설명할 수 있는 것이 전혀 아니라, 바로 모든 원인학적 설명의 필연적 전제인 지점에서의

---

546) Schopenhauer, *Die Welt als Wille und Vorstellung I*, §18 (171-172쪽).
547) Schopenhauer, *Die Welt als Wille und Vorstellung I*, §18 (172쪽).

'원인의 바로 그 원인임(eben das Ursachsein der Ursache)'을 뜻한다." 그러나 "반대로 의지 개념은 자신의 기원을 현상 속에 두는 것이 아니라, 즉 단순한 직관적 표상 속에 두는 것이 아니라, 모든 가능한 개념들 가운데 내부로부터 우러나오고 각자의 가장 직접적인 의식으로부터 생겨나는 유일한 개념이다."[548]

쇼펜하우어는 이 논변에서 결정적 실언과 오류를 범하고 있다. 그가 원인과 결과의 관계를 "직관적 표상"(또는 객체 세계의 "현상"으로부터 만들어진 것)으로 간주한 것은 오류다. 인과관계는 흄이 누누이 강조했듯이 직관할 수 없다. 그것은 반복적 지각의 누적된 경험으로부터 생성되는 습관적 믿음의 추리일 뿐이다. 그리고 오감에 잡히는 모든 표상 또는 현상은 연장을 갖지만, 힘은 연장이 없어서 어떤 오감적 현상으로부터도 도출될 수 없는 것이다. 연장이 없는 힘은 일정한 강도强度에 이르면 제6의 감각인 '근감각'으로 '직감'되는 것이지, 시간과 공간 속에서만 직관 가능한 현상들로부터 "만들어지거나 추상화"되는 것이 아니다.[549] 쇼펜하우어는 근감각 개념 없이 작업하다가 실언을 거듭하고 있다.

면적(연장)을 갖지 않는 '힘', 따라서 공간 속에 들어 있지 않고 오히려 중력장·자기장·전기장 같은 공간을 만드는 '힘'에 대한 그의 몰지각, 인과관계를 직관 가능한 현상으로 착각하는 오해, 그의 감각 개념 안에서의 근감각의 결여 때문에 쇼펜하우어의 실언은 계속된다. 그는 칸트처럼 단언한다. "공간 속에도 들어 있지 않고 시간 속에도 들어 있지 않는 것은 객체일 수도 없다. 따라서 물자체들은 객체적 존재가 아니라 오직 완전

---

548) Schopenhauer, *Die Welt als Wille und Vorstellung I*, §18 (172쪽).
549) 쇼펜하우어는 "모든 직관은 공간적이다"라고 말한다. Schopenhauer, *Die Welt als Wille und Vorstellung II*, 253쪽. 쇼펜하우어의 이 말은 내감 일반에 타당하지 않을뿐더러, 연장을 갖지 않는, 따라서 공간의 심상으로 지각할 수 없는 힘·에너지·기(氣)에 대한 근감각적 직관에도 타당하지 않은 말이다.

한 다른 유형의 존재, 형이상학적 존재일 뿐이다."⁵⁵⁰⁾ 그러나 '연장'을 갖지 않는, 즉 공간을 차지하지 않는 기氣(에너지)를 생각할 때 그의 이 명제는 뭔가 그릇된 것이다. '물(질)자체'로서의 '힘' 또는 '기'는 과연 지속(시간 심상의 물형物形)과 연장(공간 심상의 물형) 바깥에 있는 것인가? 시간과 공간개념을 '에너지' 또는 '힘'으로서의 '기'와 더불어 좀 더 근본적으로 재고해 볼 필요가 있다. 이 '기'(힘)을 '의지'로 총괄한 쇼펜하우어는 이렇게 말한다.

- 이 힘들 자체는 결코 결과도, 원인도 요할 수 없고, 차라리 이 힘들 자체의 본질이 전개되고 표명되는 일체의 원인과 결과의 선행적 전제조건이다. 이런 까닭에 중력의 원인, 전기력의 원인을 묻는 것은 지성적으로 이해할 수 없는 것이다. (…) 힘 자체는 결코 어떤 원인의 결과일 수도 없고, 어떤 결과의 원인일 수도 없다. – 따라서 "중력은 돌이 낙하하는 원인이다"라고 말하는 것도 그릇된 것이다. 차라리 지구가 돌을 당기는 점에서 지구의 근접성이 여기서 원인이다. 힘은 완전히 – 인과관계의 사슬이 시간과 관련해서만 의미를 가짐으로써 시간을 전제하는 – 원인과 결과의 사슬 바깥에 위치한다. 그러나 힘은 시간 바깥에 위치하는 것이기도 하다.⁵⁵¹⁾

이 말 중 "중력의 원인, 전기력의 원인을 묻는 것 지성적으로 이해할 수 없는 것이다"는 구절은 옳다. 이 인과적 물음은 힘(중력과 전기력)의 궁극적 원인(따라서 소금이 짠 원인과 같이 신만이 아는 원인)을 묻는 사변적·형이상학적 물음이기 때문이다. 하지만 "힘 자체는 결코 어떤 원인의 결과

---

550) Schopenhauer, *Die Welt als Wille und Vorstellung II*, 16쪽.
551) Schopenhauer, *Die Welt als Wille und Vorstellung I*, §26 (196-197쪽).

일 수도 없고, 어떤 결과의 원인일 수도 없고" "따라서 '중력은 돌이 낙하하는 원인이다'라고 말하는 것은 그릇된 것이다"는 구절은 그릇된 말이다. 낙하의 원인은 중력이기 때문이다.

그러나 쇼펜하우어는 이런 실언과 오류 때문에 의지를 힘 개념 아래 포섭하면 현상들로부터 추상화된 개념 속으로 몰락하는 반면, 역으로 힘을 의지 개념 아래 포섭하면 인식의 범위가 크게 확장될 것이라고 우기다.

- (의지에 대한) 각자의 이 가장 직접적인 의식 속에서 (→173) 각자는 그 자신의 개체를 그 본질에 따라 직접적으로 일체의 형식 없이, 심지어 주체와 객체의 형식도 없이 인식하고, 각자는 동시에 자기 자신이다. 왜냐하면 여기서는 인식하는 자와 인식되는 자가 일치하기 때문이다. 따라서 우리가 힘 개념을 의지 개념으로 환원한다면, 우리는 사실보다 모르는 것을 무한히 더 알려진 것으로, 아니 우리에게 진짜 직접적으로, 그리고 전적으로 알려진 것으로 환원했고, 우리의 인식을 아주 큰 것만큼 확대했다. 지금까지 그래왔듯이, 우리가 반대로 의지 개념을 힘 개념 아래 포섭한다면, 우리는 우리가 세계의 내적 본질에 대해 가진 유일한 직접적 인식을 포기하게 된다. 우리는 이 직접적 인식을 현상으로부터 추상화된 개념 속으로 몰락하게 하기 때문이다. 따라서 이 개념으로는 결코 현상을 넘어설 수 없다.[552]

인과관계의 오해와 근감각의 결여에 기인하는 쇼펜하우어의 이 정당화 논변은 전반적으로 오류이고 억지다. 그가 연장이 없는 힘의 본성을 라이프니츠처럼 잘 알고 인과관계의 직관 불가능성을 흄처럼 잘 알았더라면 라이프니츠가 물질의 힘으로부터 식물의 생명·성장욕, 동물과 인간

---

552) Schopenhauer, *Die Welt als Wille und Vorstellung I*, §18 (172-173쪽).

의 의지, 그리고 신으로까지 통일적으로 '단자'라 부르고, 공맹철학에서처럼 통일적으로 '기氣'라 불렀을 것이다. 그의 정당화 논변은 불행히도 거꾸로 나아갔다.

지금까지 쇼펜하우어의 주장을 비판적으로 요약하자. 쇼펜하우어는 '의지' 개념을 인간과 동물의 의지와 욕구, 식물의 성장력, 사물의 온갖 '힘들'을 다 망라하는 식으로 부풀리고, 온갖 '기'(인간의 의지와 동물의 감정적 욕구를 넘어 모든 식물의 생명력과 각종 사물의 힘, 그리고 천지의 전 에너지)를 모조리 음양陰陽 구분도 없이 물활화物活化하고 의인화擬人化하는 '의지' 개념, 말하자면 의인법적·물활론적 '기' 개념을 물자체와 등치시켜 물자체를 가지적可知的인 것으로 만들었다. 쇼펜하우어는 칸트가 '불가지不可知'로 규정한 물자체를 의지로 보고 '인식할 수 있는 것'이라고 거듭 주장했다.[553] 쇼펜하우어는 인간에게서야 비로소 뚜렷하게 형태화되는 '의지' 개념을 전 자연에 확대·적용하고 있다. 이 점에서 그의 '의지' 개념은 동아시아 철학의 '기氣' 개념과 등가물이다.

그리하여 쇼펜하우어의 '의지와 표상으로서의 세계'는 공맹철학적으로 올바로 표현하면 '기와 입상으로서의 세계'다. 그러나 그가 인간의 '의지' 개념의 의인법적 확대 적용은 개념적 엄정성을 생명으로 삼는 철학에서 용납될 수 없는 것이다. 또한 인간의 육체를 의지의 표현으로만 보는, 또는 육체를 의지와 동일시하는 것은 의지 속에 육체를 소멸시켜 버리는, 따라서 의지에 대한 지각 속에 육체에 대한 지각을 소멸시켜 버리는 과도한 단순화다. 인간은 '심기心氣'로서의 '의지'도 내감에 의해 지각하지만, 물형의 '기물氣'인 육체의 '힘'도 육체를 통해 느낀다. 또한 육체는 상하·전후·좌우의 방향 지각 및 원근의 거리 감각에서 중심을 이룬다. (육체가

---

553) 물자체의 인식가능성에 대해서는 다음도 참조: Schopenhauer, *Die Welt als Wille und Vorstellung II*, 247-258쪽.

없다면 내감의 방향·거리·지리 감각은 붕괴할 것이다.) '의지로서의 세계'라는 쇼펜하우어의 물활론적·의인법적 세계 개념과 '의지로서의 인간' 개념은 결코 '의지'로 환원될 수 없는 인간 육체의 특별한 존재감과 방향 지각상의 중심성 및 체력으로서의 육체적 물형의 '기'를 몰각한다. 그럼에도 불구하고 쇼펜하우어는 흙과 돌멩이, 산과 강, 천지의 물질의 움직임까지도 '의지'로 의인화하는 자신의 물활론적 지론을, 천심을 알려면 백성에게 자신을 비춰보라는 백성거울("民鑑")론의 관점에서[554] 천심을 민심으로 의제擬制하는 공맹의 '천심즉민심天心卽民心'론과 동일시하는 어처구니없는 억지 주장까지도 서슴지 않는다.

- 나는 이 글(*Asiatic Journal*, vol. 22, 1826에 실린 '중국의 창조 이론 [Chinesische Schöpfungstheorie'])의 원문을 이렇게 제시한다. "천天이라는 단어는 '위대한 것 중 최고의 것', 또는 '지상에서 위대한 모든 것을 초월하는 것'을 뜻하는 것으로 보인다. (…) 주희朱熹는 "하늘이 거기에서 죄악을 재판하고 판정하기 위해 한 인간(즉, 지혜로운 존재자)을 가지고 있다고 확언하는 것도 결코 얘기될 수 없지만, 다른 한편으로 이런 일들에 대해 최고 통제력을 행사할 아무것도 없다고 확언되어서도 아니 된다"고 우리에게 말해준다. 같은 저자는 천심에 관해 이것이 지성적인지 아닌지를 두고 질문을 받았을 때 자연의 마음은 비지성적이라고 얘기되어서는 아니 되지만, 인간의 인지를 닮지 않았다고 답했다. 글의 권위 있는 전거들 중의 하나에 의하면, 천天은 최고

---

554) 주지하다시피, 『書經』「周書·大誥」와 「泰誓(上)」는 "하늘은 정성어린 말을 돕고 그것을 우리 백성들한테서 알아내고(天棐忱辭 其考我民)", "백성이 바라는 것은 하늘이 반드시 따른다(民之所欲 天必從之)"고 말한다. 따라서 「周書·酒誥」는 "사람은 물거울에 비춰보지 않고 백성 거울에 비춰보아야 한다(人無於水監 當于民監)"라고 말하는 것이다. 「周書·泰誓(中)」의 "'天視自我民視 天聽自我民聽'도 이런 '民鑑'의 의미에서 이해야 할 것이다.

통제력의 관념에서 지배나 주권자(choo; 主)라 불리고, 또 다른 전거는 이렇게 표명한다. '천天이 아무런 계획적 마음을 가지지 않았다면, 소가 말을 낳고 복숭아 나무에서 배꽃이 피는 일이 벌어질 것이다.' 다른 한편으로 천심은 민심이라는 것으로부터 도출될 수 있다." 이 마지막 해명과 나의 학설의 일치성은 아주 눈에 튀고 깜짝 놀라워서 이 구절이 나의 저작이 출간된 지 꼭 8년 뒤에 나오지 않았다면, 사람들은 반드시 내가 나의 근본 사상을 저것으로부터 취했다고 주장했을 것이다.555)

쇼펜하우어가 이렇게 "천시자아민시天視自我民視 천청자아미청天聽自我民聽"이라는 천인감응적 민감民鑑(백성 거울) 의제擬制를 자신의 의인법적 물활론과 동일시하고 있으니, 어찌 터무니없는 억지라고 하지 않을 수 있겠는가? 쇼펜하우어의 '의지로서의 세계'라는 이런 물활론적 의인법의 억지 이론을 버리고 동아시아 전통의 '기로서의 세계' 개념을 현대적으로 재건하는 것이 백배 더 나을 성싶다.

인간 감성 속에서만 출현하는 '입상立象으로서의 세계'는 – 실재하는 저 광대무변의 '기의 세계'로부터 형성되어 나온 – '물형들'을 심상으로 포착되는 부분에 한정해 선택적으로 받아들이고 이 선택된 부분적 물형마저도 심상으로 변환해 지각하는, 따라서 '물형들'을 '개연적'으로만, 즉 대강만 인식하는 주관적 이미지일 뿐이다. 따라서 이 '인상으로서의 세계'에는 '기로서의 세계'가 누락되어 있다. '심상의 주체 세계'와 '물형의 객체 세계'의 배후에서 작용하는 '사물 자체'로서의 '기' 중에서 '심기'는 비물질적이지만 우리 영혼의 감성을 통해 직접 감지되는 반면, 물형의

---

555) Arthur Schopenhauer, 'Sinologie', 469쪽. *Arthur Schopenhauer Sämtliche Werke*, Band III (Frankfurt am Main: Suhrkamp, 1986).

'기氣'는 물질적이지만 보거나 듣거나 맛보거나 맡거나 감촉할 수 없기 때문이다. 물질적 '기'는 오감으로 느낄 수 없다는 이런 제한적 의미에서 '불가지'로 간주하고 '불가지'의 딱지를 붙일 수 있다.

    하지만 '기로서의 세계'도 외감의 감관을 통하지 않더라도 어떤 식으로든 인식될 수 있다. 다시 말하는바, '물질적 기'도 자연과 우리의 '힘 대對 힘', 객체와 주체의 '기 대 기', '물력物力 대 인력人力'의 '대결'에 대한 근감각적 직감을 통해 직접 인식되거나 특별한 관측·측정 도구와 탐지 동물이나 얼음과 불의 냉온기, 천둥번개, 각종 기계의 작동을 통해 간접적으로 인식된다. '기'로서의 '사물 자체'를 우리는 인지하고 일용한다. 우리는 또 외감과 내감의 심상적 지각에 심기와 물기에 대한 이 직간접적 인식을 추가해서 '사물 자체'와 '영혼 자체'의 실재성을 '확신'하고 일상적으로 잘 활용하고 있다. '물자체'로서의 '물질적 기'와, '영혼 자체' 속의 '심기'는 이처럼 얼마간 '가지적이다. 따라서 힘(에너지) 또는 '기'를 인식 대상에서 제외하고 '물자체'를 기껏 생각하는 것만이 가능할 뿐인 완전한 '불가지'의 '비실재적' 형이상자로 선언한 칸트의 순수형이상학적 '물자체' 개념은 본질적으로 그릇된 것이다. 쇼펜하우어는 물자체의 인식가능성을 거듭 주장했다. 그는 인간적 물자체로서의 '인간 자체'를 '의지'로 보고, 무생명적 사물의 물자체로서의 '힘'도 최하 등급의 '의지'로 본다. 그에 의하면, '의지'는 직접적 인식이 가능하고, 이 인식을 모든 무생명적 '힘'에 확장해 이 '힘'의 인식도 간접적으로 가능하다. 그가 의인법적 물활론으로 비치는 '의지 개념 아래 물질적 힘의 포섭'에 대한 어색한 논변을 '힘 개념 아래 의지의 포섭'으로 수정한다면 그의 논변은 대체로 옳다고 할 수 있을 것이다. 따라서 독자들은 그의 '의지'라는 단어를 마음 편하게 '힘'이나 '기'로 읽으면 될 것이다.

■ 자유롭지 않은 의지(힘)로서의 물자체

앞서 쇼펜하우어는 "물자체는 오로지 의지일 따름이다"라고 말했다. 이 명제는 "물자체는 오로지 힘일 따름이다"는 명제와 같다. 그는 일단 칸트처럼 '물자체로서의 의지' 또는 '힘으로서의 의지'를 인과관계로부터 자유로운 의지로 규정한다.

- 물자체로서의 의지는 자신의 현상과 완전히 다르고 자신의 현상의 모든 형식들로부터 완전히 자유롭다. 의지는 현상함으로써야 비로소 자신의 현상의 이 형식들 속으로 들어간다. 그러므로 이 현상의 모든 형식은 의지의 객체성과만 관계된 것으로 의지 자체에 대해 낯설다. 이미 모든 표상의 가장 일반적인 형식, 즉 주체에 대한 객체의 형식도 의지와 무관하다. 이 가장 일반적 형식 아래의 종속된 형식들, 즉 총체적으로 이유율 속에 공통적 표현을 얻고 주지하다시피 자신 속에 시간과 공간도 포함하는 이런 종속된 형식들은 더더욱 의지와 무관하고, 따라서 이 시간·공간의 형식들을 통해서만 존립하고 가능해진 다양태는 더더욱 무관하다.[556]

쇼펜하우어의 이 스콜라 철학적·칸트적 자유의지론은 그릇된 망발로서 비판적 논변을 위한 화두다. 사물들의 힘은 당구 또는 도미노식 연쇄작용, 작용과 반작용 등의 인과관계에 구속되고, 인간과 동물의 의지는 인과법칙에만이 아니라 도덕감정과 도덕적 관습에도 구속되어 있기 때문이다.

쇼펜하우어는 나중에 비판하기 위해 이 칸트적 화두를 확대·연장한다.

---

556) Schopenhauer, *Die Welt als Wille und Vorstellung I*, §26 (173쪽).

- 물자체로서의 의지는 (…) 자신의 모든 형상화물 속에서 이유율의 영역 바깥에 위치하고, 따라서 의지는 자신의 모든 형상이 전적으로 이유율에 굴복하더라도 단적으로 무無이유다. 나아가 의지는 시간과 공간 속에서의 자신의 현상들이 무수할지라도 모든 수다성數多性(Vielheit)으로부터 자유롭다. 의지 자체는 하나다. 하지만 객체 자체가 하나인 것처럼 하나인 것은 아니다. 객체의 단일성은 가능한 수다성의 대립 속에서만 인식될 뿐이기 때문이다. 또한 의지는 개념이 하나인 것처럼 하나인 것도 아니다. 개념은 수다성으로부터의 추상화를 통해서만 성립하기 때문이다. 차라리 의지는 시간과 공간 바깥에, 즉 개체화의 원리 바깥에, 즉 수다성의 가능성 바깥에 위치하는 것으로서 하나다. 이 모든 것이 의지의 현상태들과 다양한 표명 형태들을 다음에 고찰함으로써 우리에게 완전히 분명해지는 경우에야 비로소 우리는 '시간, 공간, 인과성은 물자체에 속하는 것이 아니라, 단지 인식 행위의 형식들에 지나지 않는다'는 칸트 학설의 의미를 완전히 이해할 것이다.[557]

완전히 칸트적이다. 연장(면적)이 없는 힘(의지)이 공간(연장) 바깥에 있다는 말은 맞을지 모르겠지만 미심쩍다. 왜냐하면 힘은 연장이 없어서 공간으로부터 '추상화'해 낼 수 없다는 말은 맞지만 그래도 힘은 공간(연장) 속에 들어있기 때문이다. 면적이 없는 모닥불의 열기가 주위의 공간 속으로 퍼져나가는 것이지, 공간 바깥에서 퍼진다는 말은 어폐가 있다. 그러나 힘이 시간 바깥에 있다는 말은 완전히 그릇된 것이다. 힘은 지속과 정지가 있고 이런 까닭에 우리는 힘의 지속을 우리의 시간 심상으로 포착한다. 따라서 힘은 전적으로 시간 속에 들어 있는 것이다. 또 인과성은 원인

---

557) Schopenhauer, *Die Welt als Wille und Vorstellung I*, §26 (174쪽).

과 결과 시간적 선후로 연쇄된 것이다. 그러므로 힘이 인과성 바깥에 있다는 말이나 "인과성은 물자체 속하지 않는다"는 말은 오류다.

바로 이어서 쇼펜하우어는 시공간·인과율 바깥의 물자체론, 자유의지론 등 칸트적 화두를 부정한다. 일단 그는 '의지와 그 행위는 자유롭지 않다'고 선언한다.

- 사람들은 의지의 '무無이유성(Grundlosigkeit)'을 의지가 가장 분명하게 표명되는 곳에서 '인간의 의지'로서 진짜로도 인식했고, 또 이 인간의 의지를 자유롭다고, 독립적이라고 칭했다. 그러나 사람들은 동시에 또한 의지의 무이유성을 경로로 하여 의지의 현상이 도처에서 굴복해 있는 필연성조차도 간과하고 행위를 자유롭다고 선언했다. 그러나 행위는 자유롭지 않다. 모든 개별적 행위는 성격에 대한 동기의 작용으로부터 엄격한 필연성으로 생겨나기 때문이다. 일체의 필연성은 이미 말한 대로 이유에 대한 결과의 관계이고 전적으로 그 이상의 것이 아니다. 이유율은 모든 현상의 일반적 형식이고, 인간은 자신의 행위 중에 다른 모든 현상과 마찬가지로 이유율에 굴복해야 한다. 그러나 자기의식 속에서는 의지가 직접적·즉자적으로 인식되어지기 때문에, 의식 속에도 자유의 의식이 들어 있다. 그러나 개체, 인격체, 즉 물자체로서의 의지가 아니라 의지의 현상은 그 자체로서 이미 규정당해 있고, 이미 현상의 형식 속으로, 즉 이유율 속으로 들어가 있다. 저 의지 자체로부터, 누구나 자신을 자신의 개별적 행위 속에서도 선험적으로 완전히 자유로운 것으로 여기고 누구나 매 순간 다른 처신을 개시하여 다른 사람이 되어 버릴 수 있다고 생각하는 경이로운 사실이 생겨나는 것이다. 그러나 후천적으로, 즉 경험을 통해 누구나 스스로에게 놀랍게도 그가 자유로운 것이 아니라, 필연성에 굴복해 있다는 것, 그가

모든 기도와 성찰에도 불구하고 그의 행동을 바꾸지 못하고 그의 인생의 처음부터 끝까지 그 자신이 싫어하는 그 동일한 성격을 끝까지 달고 있고 말하자면 떠맡은 역할을 끝까지 수행해야 한다는 것을 발견한다. 나는 이 고찰을 윤리적인 것으로써 이 저작의 다른 곳에 속하기 때문에 여기서 더 이상 수행할 수 없다. 우리가 자연의 현상들이 발생하는 가운데 따라야 하는 필연성 때문에, 이 현상들 안에서 의지의 표명 형태들을 인식하는 데 아무런 반감도 느끼지 않도록, 여기서 나는 그 때까지 잠정적으로 다만 "즉자적으로 이유 없는 의지의 현상은 그래도 그 자체로서 필연성의 법칙에, 즉 이유율에 종속되어 있다"고 지적해 두고 싶다.[558]

쇼펜하우어는 의지자유론을 환상으로 선언하고 의지는 필연성(이유율)·성격 등에 종속되어 있어서 "자유롭지 않다"고 천명한 다음, 이 문제를 윤리도덕의 문제로 넘기고 있다.

그러면서 쇼펜하우어는 의지가 필연성에 종속되어 있는 것을 지적하면서 맹목적 자연력, 식물의 성장력, 인간과 동물의 의욕을 다 '의지'로 싸잡는 논변을 다시 한번 다진다.

- 의지는 즉자적으로 이유율에, 즉 필연성에 종속되어 있는 것은 아니지만, 그 모든 현상에 있어서는 이 필연성에 종속되어 있다. 따라서 우리는 동물들을 그 행위에서처럼 그 전全 현존재, 체화, 그리고 조직에 있어서도 의지 현상으로 인식하는 데 머물러 있는 것이 아니라, 우리들에게만 주어진, 사물들의 본질 자체의 직접적 인식을 그 전全 운동이 자극에 따라 벌어지는 식물에도 원용할 것이다. 왜냐하면 인식과, 이

---

558) Schopenhauer, *Die Welt als Wille und Vorstellung I*, §26 (174-175쪽).

인식에 의해 야기되는, 동기에 따른 운동의 부재만이 동물과 식물의 본질적 차이를 이룰 뿐이기 때문이다. 그러므로 우리는 표상에 대해 식물로, 초목의 단순한 성장력(Vegetation)으로, 맹목적으로 추동하는 힘으로 나타나는 것을 그 본질 자체에 따라 '의지'라 호칭하고, 우리의 행위에서 그리고 이미 우리의 육체의 현존재 자체에서도 표명되는 우리 자신의 현상의 토대를 이루는 바로 그것으로 인정할 것이다.[559]

이 확장 주장의 마지막 단계는 이 식물의 성장력에 인정된 의지 개념을 무생물에도 확장하는 것이다.

- 우리에게 남겨진 것은 마지막 단계, 즉 우리의 고찰 방식을, 자연 속에서 변함없는 일반법칙에 따라 작용하는 모든 힘으로도 확장하는 것이다. 자극과 동기를 받아들일 아무런 기관도 전혀 없어 어떤 자극 수용도, 아무런 인식도 갖지 않는 모든 물체의 운동은 이 법칙에 따라 발생한다. 그러므로 우리는 우리 자신의 본질의 직접적 인식만이 우리에게 줄 수 있었던 사물들의 본질 자체에 대한 인식(Verständnis)의 열쇠를 모든 것 중에서 우리로부터 가장 멀리 떨어져 있는 무기체적 세계의 이 현상들에도 적용하지 않을 수 없다.[560] 쇼펜하우어는 그래야만 "의지"라는 것을 "세계 안에서 일체의 사물들의 존재 자체(das Sein an sich)와 모든 현상의 유일한 핵"으로 "지칭"할 수 있다고 주장한다.[561]

---

559) Schopenhauer, *Die Welt als Wille und Vorstellung I*, §26 (179-180쪽).
560) Schopenhauer, *Die Welt als Wille und Vorstellung I*, §26 (180쪽).
561) Schopenhauer, *Die Welt als Wille und Vorstellung I*, §26 (181쪽).

4.3. 이데아와 반야바라밀다경(금강경)

쇼펜하우어는 완벽한 최고 등급의 의지, 따라서 '참된 지혜' 단계의 인간 의지를 '이데아'로 포착하려고 한다. 그러나 우리는 이 생각을 돌발적이라거나 창발적이라고 생각할 필요가 없다. 칸트는 플라톤의 "이데아(이념)"를 "순수이성의 개념들"로 이해하고 다시 "이데아"를 "물자체의 원형"으로 규정했었다.[562] 그리고 물자체를 인과성에 구속받지 않는 자유의지로 간주하고도 있다. 따라서 쇼펜하우어가 물자체의 본질적 정체正體인 최고 단계의 의지를 이데아로 규정한다고 해서 새로울 것은 없다.

그러나 칸트와 쇼펜하우어의 유사성은 여기까지다. 칸트는 물자체를 주체의 '자유로운 의지'로서, 동시에 순수이성이 마음대로 '부지이작不知而作'해서 개념화한 '이데아'로서 이성이 범주적·자연 법칙적 제약을 받지 않고 난장亂場을 펼 수 있는 영역으로 만들었다. 하지만 쇼펜하우어는 의지의 등급을 견지함으로써 이기적 개체성에게 드리워진 필연적 환영幻影의 장막인 '마야의 베일'을 해체해서 불교적 대지大智(반야)의 이상 세계로 나아간다. 즉, '바라밀다' 한다.

■ **의지의 확고한 객관화 단계로서의 이데아**

쇼펜하우어는 "참된 지혜"를 "개별체를 전적으로 궁구해냄"을 통해 얻을 수 있다"고 말하고 참된 지혜를 갖추게 되는 '의지의 객관화 단계'를 플라톤의 '이데아 세계'와 결합시킨다.

- 그것(플라톤의 어떤 제자들에게든 이 대목에서 이미 저절로 부지불식간에 떠오른 이런 것)은 수없는 객체들 속에 표현되어 이 개체들의 도달

---

562) Kant, *Kritik der reinen Vernunft*, B370쪽.

할 수 없는 모범 형상들로서 또는 사물들의 영원한 형식들로서 현존하는, 의지의 저 상이한 객관화 단계들이란 (…) 확고하게 서서 어떤 변화에도 굴복하지 않고 언제나 존재하며 결코 생성되지 않은 것인 반면, 이 개체들은 생겨나고 사라지고, 언제나 생성되기만 하고 결코 존재하지 않는다(immer werden und nie sind)는 것이다. 그리고 내가 말하는바, 의지의 이 객관화 단계들은 플라톤의 이데아들과 다른 어떤 것도 아니라는 것이다. 나는 앞으로 이데아라는 단어를 이런 의미로 사용할 수 있게끔 여기서 이것을 잠정적으로 언급한다. 그러므로 이 이데아라는 단어는 나에게서 언제나 플라톤에 의해 이 단어에 부여된 진실한 근원적 의미로 이해될 수 있고, 이 단어를 이해하는 가운데 스콜라 교리적 이성(die scholastisch dogmatische Vernunft)의 저 추상적 산물들은 전혀 생각될 수 없다. 하지만 이런 스콜라적 산물들을 지칭하기 위해 칸트는 플라톤이 이미 소유권을 얻어 최고로 합목적적으로 사용한 이 단어를 부당하게만이 아니라 부적합하게 오용했다. 그러므로 나는 이데아를, 물자체인 의지, 따라서 수다성數多性에 낯선 의지의 규정된, 확고한 각 객관화 단계로 정의한다. 이 각 객관화 단계는 개별적인 사물들과 물론 이 사물들의 영원한 형식들이나 모범상들처럼 관계한다. 디오게네스 라에르티오스(Diogenes Laertios)는 (…) 저 유명한 플라톤의 도그마를 가장 짧고 가장 간명하게 표현해 놓고 있다. "플라톤은 이데아들이 자연 속에 마치 모범상들로서 현존하지만, 나머지 사물들은 이 모범상들을 닮기만 하고, 모범상의 복제상像들로서 존재한다고 가르친다."[563]

쇼펜하우어는 저 칸트적 오용에 대해서 더 이상 지적하지 않고 부록으

---

563) Schopenhauer, *Die Welt als Wille und Vorstellung I*, §25 (195-196쪽).

로 넘긴다.

쇼펜하우어는 플라톤의 이데아들이 피라미드 단계 구조로 짜여 있듯이 '이데아로서의 인간'을 상정하고 이 '인간 이데아'를 무기체로부터 식물계를 거쳐 동물들의 형성 거치는 계열적 이데아들의 피라미드의 정점으로 이해한다.

- '(플라톤의) 이데아로서의 인간' 안에서 의지가 자신의 가장 명백하고 가장 완벽한 객관화를 얻을지라도, 이 '인간의 이데아'가 홀로 인간의 본질을 표현할 수는 없을 것이다. '인간의 이데아'는 적절한 의미로 현상하기 위해서 홀로 단절되어서 표현되는 것이 아니라, 동물들의 모든 형상들을 거쳐, 식물계를 거쳐 아래로 무기체에까지 내려가는 단계적 계열에 의해 수반되어야 할 것이다. 이 모든 것들이 서로 보충하여 의지의 완벽한 객관화가 된다. 이 모든 것을 '인간의 이데아'도 나무의 꽃이 잎사귀, 가지, 줄기와 뿌리를 전제하듯이 전제한다. '인간의 이데아'는 인간을 정점으로 하는 피라미드를 이룬다.[564]

쇼펜하우어는 먼저 단순한 표상(주체에 대한 객체)으로 표현된 세계를 '의지'로 밝히고 '표상 외에 이 의지만이 스스로를 저 세계로 산출한다는 사실을 발견한 다음 이 발견의 인식에 따라 전체와 부분에서 '표상으로서의 세계'를 역으로 '의지의 객체성'으로 규정했다. 따라서 이 '표상으로서의 세계'는 "객체가 된 의지", 즉 "표상이 된 의지"다. 의지의 이러한 객관화(=객체화)는 "등급방식으로 상승하는 명백성과 완성도"에 따라 '의지의 본질이 표상으로 들어간', 즉 '대상으로 표현된 특정한 많은 단계들'을 가졌다. 쇼펜하우어는 이 '단계들'을 바로 특정한 종種들, 또는 모든 자연적

---

564) Schopenhauer, *Die Welt als Wille und Vorstellung I*, §25 (226-227쪽).

무기물·유기물들의 불변적인 근원적 형태들과 속성들 및 자연법칙에 따라 자신을 드러내는 일반적 힘들로 보고 이 '단계들'을 플라톤의 이데아들과 동일시했다.

여기서부터 쇼펜하우어는 플라톤의 이데아를 '복제물(Nachbilder)'에 대립되는 '전범典範(Vorbild)'으로 설명한다.

- 이 이데아들 전체는 무수한 개체들과 개별태들로 나타나고, 이 개체들의 이 복제물들에 대해 이 이데아들은 이상적 전범 노릇을 한다. 이러한 개체들의 수다성數多性(Vielheit)은 시간과 공간에 의해서만, 그것들의 생성과 소멸은 인과성에 의해서만 표상할 수 있고, 이 모든 형식 속에서 우리는 일체의 유한성과 일체의 개체화의 궁극적 원리인, 그리고 개체 자체의 인식에 속하는 일반적 표상 형식인 '이유율'의 상이한 형상들을 인식한다. 이에 반해 이데아는 이 이유율의 원리 속으로 들어가지 않는다. 따라서 하나의 특정한 이데아(die Idee)에는 수다성도, 변화(Wechsel)도 속하지 않는다. (→246) 이 이데아가 표현되는 개체들이 무수하고 제지하기 어렵고 또 소멸하는 반면, 이 이데아는 불변적으로 동일한 이데아로 머물러 있고, 이유율은 이 이데아에 대해 아무런 의미를 갖지 않는다. 그러나 이 이유율이 개체로서의 인식주체의 모든 인식이 지배받는 형식이기 때문에, 이데아들은 또한 그 자체로서 전적으로 이 주체의 인식범위 바깥에 위치해 있을 것이다. 그러므로 이데아들이 인식의 객체가 되어야 한다면, 이것은 인식주체 안에서의 개체성의 지양 하에서만 벌어질 수 있다.[565]

"하나의 특정한 이데아(die Idee)에는 수다성도, 변화도 속하지 않는

---

565) Schopenhauer, *Die Welt als Wille und Vorstellung I*, §25 (245-246쪽).

다"는 명제는 이데아가 단수인 한에서 옳으나, 복수의 이데아'들'에 대해서는 옳지 않다. '이데아들'에는 이데아들과 동일시된 저 '특정한 많은 단계'의 수다성과 단계적 변화가 있기 마련이기 때문이다. 그리고 이데아를 대상으로 인식할 수 있게 해주는 '개체성의 지양' 문제를 앞질러 말하면, 쇼펜하우어는 그가 브라만교의 용어에 따라 '마야의 베일'이라 부르는 개체와 개체를 가르는 개체성의 지양은 주체의 '동정심'에 의해 이루어질 수 있다고 생각한다. 따라서 아가페적 동정심을 가진 주체만이 이데아를 인식할 수 있다.

쇼펜하우어는 플라톤의 이데아와 칸트의 물자체 간 비교를 통해 이 이론 간의 상통성과 시각적 상이성을 천착한다. 칸트와 플라톤의 글을 직접 인용하며 두 개념(이데아와 물자체 개념)의 상통성(일치성)을 주장하고 상이성은 시각적 차이에 불과하다고 말한다. "플라톤의 이데아는 필연적으로 객체, 인식되는 것, 하나의 표상이고, 바로 이로 인해, 그러나 오직 이로 인해서만 (칸트의) 물자체와 다르다."[566] 그는 이 한 가지 점만 빼면 플라톤과 칸트는 서로 통한다고 말한다.

- 우리에게 의지가 물자체이고, 이데아가 일정한 단계에서의 저 의지의 직접적 객체성이라면, 우리는 칸트의 물자체와, 온토스 온(ὄντως ὄν, 참으로 존재하는 것)으로서의 플라톤의 이데아, 서양의 가장 위대한 두 철학자의 이 두 커다란 애매모호한 역설들은 동일하지 않기는 하지만, 아주 긴밀하게 친화적이고, 단 하나의 유일한 규정에 의해서만 구별된다고 느낀다. 이 두 커다란 역설들이 온갖 내적 일치성과 온갖 친화성에도 불구하고 원작자들의 유별나게 상이한 개성으로 인해 아주 극히 상이한 소리로 들리기 때문에, 이 역설들은 하나의 목표로 통하되,

---

[566] Schopenhauer, *Die Welt als Wille und Vorstellung I*, §32 (252쪽).

전혀 사이한 두 길을 서로 닮음으로써 심지어 이 역설이 저 역설에 대해 교대로 최선의 주석이 되어줄 정도다. 이것은 약간의 말로 분명하게 될 수가 있다. - 이른바 칸트가 말하는 것은 본질적으로 다음과 같은 것이다. "시간, 공간, 그리고 인과성은 우리의 인식의 형식들 외에 다른 것이 아니기에 물자체의 규정들이 아니라, 물자체의 현상들에 속하는 것이다. 그러나 온갖 수다성과 온갖 생성·소멸이 시간·공간·인과성 때문에 가능하기에, 이 형식들은 물자체에 달라붙어 있는 것이 아니라, 현상에만 달라붙어 있다는 결론이 나오는 것이다. 하지만 우리의 인식이 이 형식들에 의해 제약되어 있기 때문에, 경험 전체는 현상의 인식이지, 물자체의 인식이 아니다. 따라서 또한 현상의 법칙들은 물자체에 관철될 수 없다. 말한 것은 우리 자신의 자아에까지도 확장되고, 우리는 이 자아를 단지 현상으로만 인식할 뿐이지, 자아의 즉자태에 따라 인식하지 않는다."[567]

쇼펜하우어는 칸트와 플라톤의 역설이 서로에 대해 "교대로 최선의 주석이 되어줄 정도"라고 표현함으로써 두 교설의 상통성과 일치성을 주장하고 있다. 그다음 플라톤의 이데아론을 소개한다.

- (…) 플라톤은 말한다. "우리의 감각들이 지각하는 이 세계의 사물들은 전혀 참된 존재를 가지고 있지 않다. 이 사물들은 언제나 생성되지만, 결코 존재하지 않는다. 이 사물들은 상대적 존재만을 가질 따름이고, 모조리 저들의 상호 관계 속에서만, 그리고, 이 상호 관계를 통해서만 존재한다. 따라서 사람들은 사물들의 전 현존재를 비존재라고도 부를 수 있다. 그러므로 사물들은 또한 본래적 인식(에피스테메, ἐπιστή

---

567) Schopenhauer, *Die Welt als Wille und Vorstellung I*, §31 (247쪽).

μη)의 대상도 아니다. 왜냐하면 즉자대자적으로, 그리고 언제나 동일한 식으로 존재하는 것에 대해서만 본래적 인식이 존재할 수 있을 뿐인 반면, 사물들은 감각을 통해 야기된 의견(δόξα μετ᾽ αἰσθήσεως ἀλόγου, 이성 없는 지각에 따른 단순한 의견)의 객체일 뿐이기 때문이다. 우리가 사물들의 지각에 국한되어 있는 한, 우리는 어두운 동굴 안에 아주 꽁꽁 묶인 채 들어앉아 있어서 머리도 돌릴 수 없고, 그들이 마주하는 벽에서 자기들의 등 뒤에서 타는 불의 불빛에 의해 그들과 불 사이에서 넘어오는 진짜 사물들의 그림자(Schattenbilder)들을 보는 것 외에 아무것도 보지 못하고, 심지어 서로에 대해서도, 아니 각자가 자기 자신에 대해서도 아무것도 보지 못하는, 다만 저 벽의 그림자만을 보는 그런 인간들을 닮았다. 그들의 지혜란 경험으로부터 배운 일련의 저 그림자들을 예언하는 것일 것이다. 반면, 언제나 존재하지만, 결코 생성도 소멸도 하지 않는 것이기 때문에 유일하게 참으로 존재하는 것(온토스 온 ὄντως ὄν)이라 불리는 것은 저 그림자들의 실재적 원형들(Urbildder)이다. '온토스 온'은 영원한 이데아, 모든 사물의 본보들(Urformen)이다. 이 이데아들에는 어떤 수다성도 속하지 않는다. 왜냐하면 각 이데아는 아무거나 원형 자체이기에 그 본질에 따라 오직 하나일 뿐이고, 그림자 없는, 이 원형의 복제물들은 원형과 이름만 같은 동류의 모든 개별적·소멸적 사물들이기 때문이다. 이데아들에는 어떤 생성·소멸도 귀속되지 않는다. 왜냐하면 이데아들은 참으로 존재하는 것이지, 이 이데아들의 사라져 버리는 복제물들처럼 결코 생성도 몰락도 하지 않기 때문이다. (그러나 이 두 부정하는 규정들 속에는, 시간·공간·인과성이 이데아들에 대해서는 어떤 의미도, 타당성도 갖지 않고, 이데아들은 이 시간·공간·인과성 속에 현존하지 않는다는 사실이 전제로 필연적으로 포함되어 있다.) 따라서 이데아들에 대해서만 하나의 본

래적 인식(에피스테메)이 존재한다. 이러한 본래적 인식의 대상은 오직 언제나 존재하는, 그리고 어떤 관점에서든 (그러므로 즉자적으로) 존재하는 바로 그것뿐이지, 사람들이 그것을 바라보는 여하에 따라 존재하다가 또다시 존재하지 않는 것이 아니기 때문이다." – 이것이 플라톤의 이론이다.[568]

쇼펜하우어는 칸트와 플라톤의 이론을 이렇게 소개한 다음, 두 이론을 완전히 동일하다고 결론짓는다.

- 두 이론의 내적 의미가 완전히 동일하다는 것, 양자가 가시적 세계를 현상으로 – 이 현상이란 즉자적으로는 있으나 마냐 하고(nichtig), 현상 속에서 자신을 표현하는 것(칸트에게는 물자체, 플라톤에게는 이데아)을 통해서만 의미를 가지고 와서 꾸어온 실재성이나마 갖춘다 – 설명한다는 것은 명백하고, 더 이상의 입증이 필요치 않다. 그러나 두 이론에 의하면, 이 후자, 즉 참된 존재자에게는 모든 현상만이 아니라, 이 현상의 가장 일반적이고 가장 본질적인 형태들이 전적으로 생소한 것이다. 칸트는 이 형식들을 부정하기 위해 이 형식들을 직접적인 그 자체로 추상적 표현으로 파악했고, 물자체에게서 바로 현상의 단순한 형식들로서의 시간·공간·인과성을 박탈했다. 반면, 플라톤은 최상의 표현에까지 도달하지 않았고, 저 형식들을 통해서만 가능한 것들, 즉 동류적인 것의 수다성과 생성·소멸을 이데아들에 관하여 부정함으로써 그의 이데아들에서 저 형식들을 오직 간접적으로만 박탈했다.[569]

---

568) Schopenhauer, *Die Welt als Wille und Vorstellung I*, §31 (247-248쪽).
569) Schopenhauer, *Die Welt als Wille und Vorstellung I*, §31 (248-249쪽).

쇼펜하우어는 도덕 이론에서 칸트를 아주 격렬하게 비판했지만 이 물자체·이데아론에서는 칸트주의자로, 플라톤주의자로 돌변하고 있다.

말이 나온 김에 플라톤과 칸트의 일치성에 관한 쇼펜하우어의 부연 설명을 좀 더 들어보자.

- 우리 앞에 생명력이 팔팔한 동물이 한 마리 있다고 하자. 플라톤은 말한다. "이 동물은 참된 실존을 가진 것이 아니라, 단지 가상적 실존, 항구적인 생성, 즉 존재라고도 할 수 있고 비존재라고도 할 수 있는 상대적 현존재만을 가졌을 뿐이다. 저 동물 속에 모사模寫된 이데아 또는 아무것에도 종속되지 않고 즉자대자적으로(καθ᾿ ἑαυτό, ἀεὶ ὡσαύτως - Platon, 『파이돈』, 78 D; 즉자적으로, 언제나 같은 방식으로) 존재하는, 생성된 것이 아니라, 즉 끝나는 것이 아니라, 언제나 동일한 방식으로 존재하는(ἀεὶ ὄν, καὶ μηδέποτε οὔτε γιγνόμνον, οὔτε ἀπολλύμενον - Platon,『티마이오스』, 27 D; 언제나 존재하는, 하지만 결코 생성도 소멸도 몰락도 하지 않는) 그 동물 자체(αὐτό τό θηρίν)만이 참으로 존재하는 것이다. 우리가 이 동물 속에서 이 동물의 이데아를 인식하는 한에서, 우리가 이 동물을 지금 우리 앞에 가졌든, 또는 수천 년 전에 산 이 동물의 조상을 가지고 있든, 나아가 이 동물이 여기에 있든 또는 먼 나라에 있든, 그것이 이런 방식·자리·행위로 표현되든, 저런 방식·자리·행위로 표현되든, 마지막으로 그것이 그의 동종의 이 개체든, 그 어떤 다른 개체든 아무래도 상관없다. 이 모든 것은 있으나 마나 하고, 단지 현상과만 관련될 뿐이다. 동물의 이데아만이 참된 존재를 가졌고, 진짜 인식의 대상이다." 플라톤은 이렇다. 칸트는 가령 이렇게 말한다. "이 동물은, 모조리 물자체의 규정들이 아니라, 경험의 가능성의 - 우리의 인식능력 속에 들어 있는 - 선험적 조건들인 시간·공간·인

과성 속의 현상이다. 따라서 이 동물은 우리가 이 동물을 경험의 연관 속에서, 즉 원인과 결과의 사슬들에 묶여 생성된, 그리고 마찬가지로 필연적으로 소멸할 개체로 이 특정한 시간에, 이 주어진 장소에서 지각하듯이, 물자체가 아니라 우리의 인식과의 관계 속에서만 타당한 현상이다. 이 동물을 이것이 즉자적으로 무엇일 수 있는지에 따라 인식하기 위해서는, 따라서 시간·공간·인과성 속에 들어 있는 모든 규정과 독립적으로 인식하기 위해서는 감각들과 지성을 통해 우리에게만 가능한 인식방식과 다른 인식 방식이 요청된다."570)

쇼펜하우어는 플라톤과 칸트를 더 근접시켜 이해할 수 있는 다른 방식도 소개한다.

- 칸트의 표현을 플라톤의 표현에 더 가깝게 가져오기 위해 사람들은 또한 이렇게 말할 수 있을 것이다. 시간·공간·인과성은 우리의 지성의 설비이고, 이 설비를 써서 어떤 종류의 본래 단독으로 현존하는 단 하나의 어떤 본질이든 우리에게 무한계열 속에서 동류의 - 항상 새로이 생성하고 소멸하는 - 존재자들의 수다성으로 표현된다. 얘기된 설비에 의한, 그리고 이에 따른 사물들의 파악은 내재적 파악이다. 반면, 저 하나의 본질의 상황을 의식해 가는 파악은 초험적 파악이다. 이 초험적 파악을 사람들은 순수이성의 비판을 통해 추상적으로 받아들이지만, 예외적으로 이 파악이 직관적·직감적으로(intuitiv) 찾아들 수도 있다. 이 후자는 내가 덧붙인 것인데, 이것이 내가 바로 현재의 제3책을 통해 해명하려고 노력하는 것이다.571)

---

570) Schopenhauer, *Die Welt als Wille und Vorstellung I*, §31 (249-250쪽).
571) Schopenhauer, *Die Welt als Wille und Vorstellung I*, §31 (250쪽).

쇼펜하우어가 덧붙이는 이데아의 "초험적 파악"에 대한 "직관과 직감"은 어떻게 가능한가? 예견컨대 그것은 아마 이 '세상의 번뇌'를 나의 번뇌로 여기는 범아일체의 불교적 방식일 것이다.

이어서 쇼펜하우어는 다른 철학자들이 플라톤도 제대로 이해하지 못했고, 칸트도 제대로 이해하지 못했다고 타박한다.

- 사람들이 언젠가 칸트의 이론을 본격적으로 이해하고, 칸트 이래 플라톤을 본격적으로 이해하고 파악했더라면, 전자의 기교적 표현들을 마구 물 쓰듯 하고 후자의 스타일을 패러디하는 대신에 두 위대한 대가의 이론의 내적 의미와 내용을 숙려했더라면, 사람들이 두 위대한 지자들이 얼마나 아주 일치하고 양인의 이론의 순수한 의미와 목표점이 얼마나 전적으로 동일한 것인지를 일찍이 깨닫는 일이 반드시 있었을 것이다. 그랬더라면 사람들은 마치 선대先代의 위대한 사상가들의 넋을 조롱하려는 듯이 플라톤을, 플라톤의 정신을 전혀 떠받들지 않는 라이프니츠와 끊임없이 비교하거나, 심지어 아직 살아 있는 알려진 사람(Friedrich Heinrich Jacobi - 쇼펜하우어의 각주)과 비교하지 않을 뿐만 아니라, 일반적으로 현상태보다 훨씬 더 진보해 있거나, 오히려 지난 40년 동안 그렇게 해온 것처럼 치욕스럽게 아주 퇴보하지 않았을 것이다. 그랬더라면 오늘은 이 허풍선에게, 내일은 저 허풍선에게 코가 꿰여 끌려다니지 않을 수 있었을 것이고, 그렇게 의미심장하게 도래를 알린 19세기를 독일에서 철학적 익살극들로 개막하지 않았을 것이다. 이 익살극들을 사람들은 (고대인들이 때때로 가족들의 장례식에 공연했듯이) 칸트의 무덤 위에서 타국 국민들의 그럴만한 조롱을 받으며 공연했다. 왜냐하면 그와 같은 익살극은 진하고 심지어 딱딱하기까지 한 독일인들에게 어울리지 않기 때문이다. 그러나 진실한 철학자들

의 본래적 청중은 아주 작아서 이 진정한 철학자들을 이해하는 제자들조차도 이 철학자들에게는 수 세기로부터 아주 근소하게만 생겨났다. - '많은 사람이 바쿠스의 지팡이를 가지고 다니지만, 바쿠스의 신도가 되는 사람은 소수다.'(오르페우스교의 속담 - 쇼펜하우어의 각주; 플라톤, 『파이돈』, 69c) "철학은 사람들이 철학에 올바로 종사하지 않기에 경멸에 빠졌다. 왜냐하면 가짜 철학자들이 아니라 진짜 철학자들이 철학에 종사해야 하기 때문이다."(플라톤, 『국가론』, 7, 535c)[572]

쇼펜하우어의 전후 철학자와 동시대 인물들에 대한 신랄한 비난이다. 이런 비난이 타당하려면, 칸트와 플라톤이 그들의 철학을 몰랐거나 제대로 이해하지 못했다고 남들을 그렇게 비판할 가치가 철학자들인지를 제대로 따져야 할 것이다. 그리고 여기서는 쇼펜하우어의 말보다 칸트의 물자체로서의 이념의 이론과 플라톤의 이데아론이 본질적으로 다르다고 결론지은 다른 철학자들의 판단에 더 귀 기울여 볼 가치가 있다. 그들은 "원原 개념(Urbegriffe)이기도 해야 하고 나아가 참으로 존재하는 사물들의 - 생에 선행한 - 직관으로부터의 '상기'이기도 해야 하는 플라톤의 이데아들이 가령 (상기할 필요 없이 - 인용자) 선험적으로 우리의 의식 속에 들어 있다는 칸트의 직관·사유 형식들과 동일한 것인지"를 의문시했다. 그리고 사람들은 "완전히 이질적인 이 두 이론, 개인의 인식을 현상에 한정하는 형식들에 관한 칸트의 이론과, 이데아의 인식이 저 형식들을 명시적으로 부정하는 이데아에 관한 플라톤의 이론"은 "정반대인 이 이론들"이라는 것, 따라서 전혀 "같은 것이 아니라는 것"을 깨닫고 나서, "플라톤의 이데아론과 칸트의 이성비판은 전혀 일치점이 없다고 결론지었다"는

---

572) Schopenhauer, *Die Welt als Wille und Vorstellung I*, §31 (250쪽).

것이다.[573] 독자들에게는 오히려 당대의 보통 철학자들의 이 판단이 더 옳은 것으로 보일 것이다. 칸트철학에는 의지 아래 포섭되는 '힘' 개념과도 동일시되지 않는 물자체를 바로 "순수이성의 개념들"로, "이데아"로 정식화함으로써 이데아를 기억에서 깨워내는 상기설을 추방한 반면, 플라톤의 이론은 이데아론 및 인도산產 윤회설과 불가분적으로 얽힌 '상기설'이 필수적이기 때문이다.

그럼에도 쇼펜하우어는 칸트와 플라톤의 이론적 합치성을 주장하며 그 차이를 시각적인 것에 불과한 것으로 축소한다. "우리의 지금까지의 고찰에 따라 칸트와 플라톤 사이의 온갖 내적 일치성, 양인이 염두에 둔 목표의 동일성, 또는 그들을 철학 함으로 자극하고 인도한 세계관의 동일성에도 불구하고 우리에게 이데아와 물자체는 단적으로 똑같은 것이 아니다. 오히려 우리에게 이데아는, 단지 그 자체가 의지인 물자체, 즉 아직 객체화되지 않은, 아직 표상이 되지 않은 의지로서의 물자체의 직접적인, 따라서 적합한 객체성일 뿐이다. 왜냐하면 물자체는 바로 칸트에 의하면 인식 행위 자체에 달라붙은 온갖 형식들로부터 자유롭기 때문이다. 그리고 칸트가 다른 모든 것보다 '주체에 대해 객체임'(das Objekt-für-ein-Subjekt-Sein)을 이 형식으로 치지 않은 것은 (부록에서 입증되고 있듯이) 다만 칸트의 오류일 따름이다. 바로 이 '주체에 대해 객체임'은 모든 현상, 즉 모든 표상의 최초의 가장 일반적인 형식이기 때문이다. 따라서 칸트는 그의 물자체로부터 이 객체임을 명시적으로 박탈했어야 했다. 그랬었더라면 그는 저 커다란, 일찍이 발각된 비일관성으로부터 보호되었을 것이다. 반면, 플라톤의 이데아는 필연적으로 객체, 인식되는 것, 하나의 표상이고, 바로 이로 인해, 그러나 오직 이로 인해서만 물자체와 다르

---

573) Schopenhauer, *Die Welt als Wille und Vorstellung I*, §31 (250쪽).

다."574)

하지만 쇼펜하우어는 이데아와 물자체가 대국적으로 일치한다고 주장한다.

- 이데아는 단지 우리가 이유율 아래 몽땅 싸잡는 현상의 하위 형식들만을 떼어버렸을 따름이다. 또는 차라리 이 하위 형식들 속으로는 아직 들어가지 않았다. 그러나 이데아는 최초의 가장 일반적인 형식, 즉 표상 일반의 형식, 한 주체에 대해 객체 임의 형식을 간직하고 있다. 이 최초의 형식에 종속된 하위 형식들(이것들의 일반적 표현이 이유율이다)은 이데아를 개별적·사멸적 개체들로 다양화하는 것이고, 이 개체들의 수는 이데아와 관련하여 전적으로 아무래도 상관없다. 따라서 이유율은 다시 이데아가 개체로서의 주체의 형식 속으로 들어감으로써 이데아가 들어가는 형식이다. 이유율에 순응해 현상하는 개별 사물은 따라서 (의지로서의) 물자체의 간접적 객체화일 뿐이다. 이 물자체와 저 사물 사이에 의지의 유일한 직접적 객체성으로서의 이데아가 끼어 있다. 이데아는 표상 일반의 형식, 즉 '한 주체에 대해 객체임'의 형식 외에 어떤 다른 형식, 인식 행위 자체에 고유한 어떤 다른 형식도 취하지 않았기 때문이다. 따라서 또한 이데아만이 의지 또는 물자체의 가장 가능한 정도로 적합한 객체성이고, 그 자체가 표상의 형식 아래 들어 있다는 사실만 빼면 전全 물자체(das ganze Ding an sich)다. 그리고 - 최대의 엄격성에 따르면 플라톤과 칸트가 말하는 것이 같지 않을지라도 - 여기에 두 사람 사이의 커다란 일치의 근거가 있다.575)

---

574) Schopenhauer, *Die Welt als Wille und Vorstellung I*, §32 (252쪽).
575) Schopenhauer, *Die Welt als Wille und Vorstellung I*, §32 (252-253쪽).

이 구절들을 읽으면서 쇼펜하우어가 플라톤과 칸트 사이의 넘을 수 없는 차이를 자꾸 사소한 것으로 만드는 것으로 느껴져 마음이 불편하다. 그렇지 않다면 이해할 수 없이 신비스런 논변이다.

나아가 쇼펜하우어는 인식주체가 "개체가 아니라면", 같은 말이지만 인식적 의식을 인과적 형식들로만 할 수 있는 "육체"에 의해 "매개되지 않다면"이라는 "불가능한 전제" 아래 이데아에 대한 "순수한 인식"의 가능성을 추구한다. 이 "불가능한 전제"가 허용된다면 육체나 감성의 형식들에 의해 흐려지지 않은 "순수한 인식" 속에서 "오직 이데아(저 단일한 의지의 객체화 단계, 곧 참된 물자체의 객관화 단계)만"을 파악할 수 있을 것이라고 한다. 이렇게 순수한 인식으로 파악된 이데아의 세계는 "영속적 지금, 영구적 현재(nunc stans)"일 것이다. 시간이란 "개체적 존재자가 시간 바깥에 있고 따라서 영원한 이데아들을 직시하는 부분화된, 잘게 쪼개진 모습(Ansciht)에 지나지 않는다"는 것이다. 플라톤이『티마이오스』(37d)에서 "영원의 동적 형상形像"일 뿐이라고 말했다는 것이다.[576]

■ 순수한 인식주체의 힌두교적·범아일여적 이데아 인식

쇼펜하우어에 의하면, 상술했듯이 "불가능한 전제"가 허용된다면 "개별 사물들의 통상적 인식"으로부터 "이데아의 인식으로의 이행"이 가능하되, "예술"로서만 간주될 수 있는 이행은 갑자기 일어난다. 인식은 의지에 대한 복무로부터 벗어나고, 바로 이럼으로써 주체가 단순한 개체적 주체이기를 그쳐 이제 의지 없는 "순수한 인식주체"가 될 수 있기 때문이다. 이 "순수한 주체"는 그 어떤 다른 객체들과의 제시된 객체의 관련을 떠나 "이 객체의 확고한 관상觀賞(feste Kontemplation)"에 근거하여 "이

---

576) Schopenhauer, *Die Welt als Wille und Vorstellung I*, §32 (253-254쪽)

관상 속에 함몰된다."^577) 쇼펜하우어는 이 주장의 "의아스러움"이 설명이 다 끝나면 저절로 사라질 것이라고 하면서 이 "의아스러운" 주장에 대한 상세한 논변을 일단 건너뛴다.

그리고 쇼펜하우어는 순수한 직관 방식으로 이데아를 순수하게 인식하고 주객이 통일되는 것에 대해 논한다.

- 우리가 정신력에 의해 고양되어 사물들에 대한 통상적 고찰 방식을 버리고, 이유율의 형태들을 실마리로 삼아 사물들의 상호 관계에만 (…) 몰입하는 것을 그친다면, 따라서 더 이상 사물들에서 그것들이 '어디에서 그러는가', '언제 그러는가', '왜', '무엇을 위해 그러는가' 등이 아니라 유일하게 '그 사물들이 본질적으로 무엇인가(das Was)'를 고찰한다면, 또한 추상적 사유, 즉 이성의 개념들이 의식을 다 차지해 버리도록 하는 것이 아니라 이 모든 것들 대신 우리의 정신의 전全 위력을 직관에 바치게 하여 풍경이든, 한 그루 나무든, 한 채의 건물이든, 또는 그 무엇이든 바로 현재의 자연적 대상의 고요한 관상을 통해 완전히 이 직관에 침잠하고 전 의식을 채우도록 한다면, 우리가 의미심장한 독일어 어투에 따라, 마치 대상을 지각하는 누군가 없이 대상이 홀로 현존하는 양 보일 정도로 이 대상 속에 스스로를 완전히 상실하고, 따라서 전 의식이 유일한 직관적 상像에 의해 완전히 채워지고 점령당하게 되기에 더 이상 직관자直觀者를 직관과 분리시킬 수 있는 것이 아니라 양자가 하나가 됨으로써, 따라서 이런 식으로 객체가 객체 바깥의 어떤 것과의 일체의 관계로부터, 그리고 주체가 의지와의 일체의 관계로부터 벗어났다면, 이렇게 하여 인식되는 것은 더 이상 개별 사물들 자체가 아니라, '이데아'이고, '영원한 형식'이고, 이 영원한 형식

---

577) Schopenhauer, *Die Welt als Wille und Vorstellung I*, §34 (257쪽).

단계에서의 의지의 직접적 객체성이다.[578]

쇼펜하우어는 논변은 이데아(영원한 형식)를 직관하는 순수한 인식주체의 단계에서 어느덧 무아지경의 인식론적 신비주의로 빠져들고 있다.

- 그리고 바로 이것을 통해 동시에, 이 직관 속에 잠긴 자는 개체가 아니다. 왜냐하면 개체는 이 직관 속에서 상실되었기 때문이다. 이 직관 속에 잠긴 자는 無무의지·無무고통·無무시간의 순수한 인식주체다.[579]

이 직관 속에 잠긴 자의 무아지경이나 "순수한 인식주체"의 가설이 신비스럽고 "이상하다'는 것을 쇼펜하우어도 인정하고 "숭고한 것에서 우스꽝스러운 것까지 거리는 한 걸음이다"는 토머스 페인의 금언까지 동원하며 이 '이상함'을 희석시키려고 애쓴다. "스피노자가 '정신은 사물들을 영원의 관점에서 파악하는 한에서 영원하다'(*Ethica*, 5, prop 31, schol)라고 썼을 때 그의 염두에 두었던 것도 저런 서술이다."[580] 여기에다 쇼펜하우어는 이런 각주를 달고 있다. "또한 나는 바로 이 책(*Ethica*) lib. 2, prop. 40, schol. 2, 동시에 lib. 5, prop. 25-38에서 '제3방식의 인식' 또는 '직관적(intuitiva) 인식'에 관해 말하는 것을 여기서 언급되는 인식방식의 해명을 위해 읽으라고 권한다. 그것도 완전히 특별하게 prop. 29, schol.; prop. 36, schl. und prop. 38 demonstr. et schol."
그리고 쇼펜하우어는 순수한 인식주체의 본질직관적 관상에 의해 포착되는 이데아에 대해 언급한다.

---

578) Schopenhauer, *Die Welt als Wille und Vorstellung I*, §34 (257쪽).
579) Schopenhauer, *Die Welt als Wille und Vorstellung I*, §34 (257쪽).
580) Schopenhauer, *Die Welt als Wille und Vorstellung I*, §34 (257-258쪽).

- 이러한 관상 속에서 일격에 개별 사물은 이 개별 사물의 유類의 이데아가 되고, 직관하는 개체는 순수한 인식주체가 된다. 개체 그 자체는 오직 개별 사물들만을 인식하지만, 순수한 인식주체는 오직 이데아만 인식한다. 왜냐하면 개체는 의지의 특정한 개별적 현상과의 관계 속에서의 인식 행위의 주체이고 이 개별적 의지현상을 위해 복무할 수 있기 때문이다. 이 개별적 의지 현상은 그 자체로서 온갖 형태의 이유율에 굴복해 있다. 따라서 같은 개체와 관련되는 인식은 이유율에도 복종하고, 의지를 위해서는 언제나 오직 관계들만을 객체로 삼는 이 인식 외에 어떤 다른 인식도 쓸모없다. 인식하는 개체 자체와, 이 개체에 이해 인식되는 개별 사물은 언제나 그 어떤 곳에, 그 어떤 때에 있고, 원인과 결과의 사슬 속의 지절들이다. (그러나) 순수한 인식주체와 그의 상관자 이데아는 이유율의 모든 저 형식들로부터 해방되었다. 시간, 장소, 인식하는 개체와 인식되는 개체는 이 순수한 인식주체와 이데아에 대해 아무런 의미가 없다. 맨 먼저 서술된 방식으로 인식개체가 순수한 인식주체로 고양되고 바로 이로써 고찰되는 객체가 이데아로 고양됨으로써 '표상으로서의 세계'는 완전하게, 그리고 순수하게 출현하고, 의지의 완벽한 객체화가 일어난다. 이데아만이 의지의 적합한 객체성이기 때문이다. 이 이데아는 객체와 주체를 동일한 방식으로 자기 안에 포괄한다. 이 주체와 객체는 이데아의 유일한 형식이기 때문이다. 그러나 이데아 안에서는 양자가 완전히 균형을 유지한다. 그리고 객체가 여기에서도 주체의 표상 외에 아무것도 아닌 것처럼, 주체도 직관되는 대상 속에 완전히 함몰됨으로써 대상 자체가 되었다. 전全 의식은 대상의 가장 분명한 상像 이상의 것이 아니기 때문이다. 이 의식은 바로 우리가 이데아들 전체 또는 의지의 객체성의 단계들 전체를 순서대로 이 의식을 관통하여 사유함으로써 본래적으로

'표상으로서의 세계'를 이룬다. 모든 시간과 공간의 개별 사물들은 이 유율(개체들 자체의 인식 형식)을 통해 다양화되는, 그리고 이로 인해 개별 사물들의 순수한 객체성 속에서 흐려진 이데아들 외에 아무것도 아니다. 주체와 객체가 서로를 완전히 채워주고 삼투하는 점에서 이데아, 즉 의지의 적합한 객체성, 본래의 '표상으로서의 세계'가 창설되기 때문에, 이데아가 출현함으로써 이데아 속에서 주체와 객체가 더 이상 분별될 수 없는 것처럼, 이 경우에 인식하는 개체와 물자체로서의 인식되는 개체도 구별되지 않는다. 왜냐하면 우리가 저 본래의 '표상으로서의 세계'를 완전히 도외시한다면, 의지로서의 세계만이 남아있기 때문이다. 의지는 이 의지를 완벽하게 객체화하는 이데아의 즉자卽自다. 의지는 또한 개별 사물의 즉자이고, 이 개별 사물을 인식하는 개체의 즉자이고, 이 두 즉자는 의지를 완벽하게 객체화한다. 표상과 모든 표상형식 바깥에 위치한 의지로서, 관상되는 객체 속의 의지와, 이 관상 속에서 고양되어 전율하며 순수한 주체로서 자기의 이 관상을 의식하게 되는 개체 속의 의지는 하나의 동일자다. 따라서 양자는 즉자적으로 구별되지 않는다.[581]

인식주체가 객체가 없다면, 표상이 없다면 인식주체인 것이 아니라 단순한 맹목적 의지인 만큼, 인식주체로서의 '나'가 없다면 인식되는 사물도 객체가 아니라, "단순한 의지, 맹목적 충동"이다. 이 의지는 즉자적으로, 즉 표상 바깥에서 나의 의지와 동일하다. 최소한 주체와 객체를 형식으로 삼는 '표상으로서의 세계' 안에서만 우리는 "인식되는 개체"와 "인식하는 개체"로서 분리되어 등장한다. 인식 행위, 즉 '표상으로서의 세계'가 폐지되자마자, "단순한 의지, 맹목적 의지"만이 남는다. "이 단순한 의

---

581) Schopenhauer, *Die Welt als Wille und Vorstellung I*, §34 (258-259쪽).

지가 객체성을 얻어 표상이 된다는 사실이 일격으로 객체와 동시에 주체를 정립한다." 그런데 이 객체는 "순수하고 완벽하고 의지의 적합한 객체"다. 이 사실이 객체를 이데아로 정립해 주고, 주체를 의지에 대한 복무가능성과 개체성으로부터 자유로운 순수한 인식주체로 정립해 준다는 것이다.[582] 쇼펜하우어의 논변은 갈수록 신비설 속으로 돌진한다.

상술했듯이 쇼펜하우어는 순수하게 사물의 본질에 직관적 관상에 속으로 침잠한 순수한 인식주체는 주객 구분이 없는 무아지경, 힌두 경전 우파니샤드에서 말하는 범아일여梵我一如의 경지에 오른다고 말한다.

- (…) 자기가 단지 순수한 인식주체로서만 현존할 정도로 자연의 직관 속으로 아주 깊이 침잠해서 자기 자신을 잃어버린 자는 바로 이것을 통해, 자기가 이런 순수한 인식주체로서 세계와 모든 객체적 현존재의 조건이라는 것, 따라서 이 세계와 이 모든 현존재의 대들보(Träger)라는 것을 깨닫는다. 왜냐하면 이 객체적 현존재는 이제부터 이 사람의 현존재에 종속된 것으로 표현되기 때문이다. 그러므로 이 사람은 자연을 자신 속으로 끌어들이고, 자기가 자연을 단지 자기의 본질의 우유태遇有態로만 느끼게 된다. 이런 의미에서 바이런은 말한다.

  산과 파도와 하늘이 나의 일부, 내 영혼의 일부가 아닐까?
  내가 이것들의 일부이듯이
  (Childe Harold 3, 75)

  이것을 느끼는 자가 어떻게 자기 자신을 불멸적 자연과 반대로 절대 소멸적인 것으로 여기겠는가? 오히려 베다의 우파니샤드가 말하는 것

---

582) Schopenhauer, *Die Welt als Wille und Vorstellung I*, §34 (259-260쪽).

을 깨달을 것이다. "이 삼라만상은 몽땅 나이고, 나 말고는 어떤 다른 존재도 현전하지 않는다."(Oupnekhat [editio Anquetil Duperon] I, 122)[583]

마침내 쇼펜하우어는 플라톤의 이데아에 대한 순수한 직관적 인식과 관련하여 힌두교적 범아일여론의 신비한 무아지경 속으로 함몰되고 있다.

의지로부터 자유롭게 분리된 인식주체, 곧 '순수한 인식주체'는 이데아를 순수하게 직관할 수 있고, 이데아는 주체와 객체의 구분이 없는 참된 존재자, 참된 형식, 본본 개념이기에 이데아를 인식한 경지에서는 주객이 통일된 무아지경無我之境에 이른다는 말이다. 이것을 쇼펜하우어는 자연과 나의 동일성을 노래한 바이런의 시적 감흥과 빗대고, 힌두 경전 우파니샤드에서 말하는 브라만(우주)과 아트만(자아)의 통일, 즉 범아일여梵我一如와도 빗대고 있다.

■ 예술을 통한 물자체의 직관적 인식

쇼펜하우어는 시인 바이런이 자연과 나의 동일성을 시적으로 간취하듯이 천재적 예술가들이 예술을 통한 이데아(물자체)를 순수하게 인식할 수 있다고 말한다.

쇼펜하우어는 일단 (1) 역사학, (2) 자연과학적 원인학, (3) 자연과학적 형태학, (4) 수학을 분류한다. (1) 역사학은 사건들의 실마리=동기를 인식하는 연구 분야다. 역사학은 현상하는 의지를 이미지가 인식에 의해 조명되는 그곳에서 동기의 법칙에 따라 사건들을 도출하는 한다. 쇼펜하우어의 이 '역사학'은 인간과학 전체(인문·사회과학)를 포괄하는 의미로 쓰

---

583) Schopenhauer, *Die Welt als Wille und Vorstellung I*, §34 (260쪽).

었다. 역사학의 "동기"를 말하는 것은 그가 플라톤·아리스토텔레스·데카르트·칸트·헤겔과 달리 동기적 '이유(reason)'와 '원인(cause)'을 구별할 줄 안다는 것을 보여준다. (2) 자연과학적 원인학은 의지가 인식 없이 작용하는 의지의 보다 낮은 객체성 단계에서 이 의지 현상들 가운데 영속적인 것을 고찰한다. (3) 자연과학적 형태학은 거의 무한한 자연과학적 주제들을 일반화하여 수적으로 축소시켜 '개념화'한다. (4) 수학은 개체로서의 주체의 인식에 대해 이데아들이 수다성數多性으로 분열하여 현상하는 단순한 형식들인 시간과 공간을 탐구한다. '과학'이라는 말을 공통 이름으로 쓰는 이 모든 학문들, 곧 역사학·자연과학·수학 등은 상이한 형태로 나타나는 이유율을 대상으로 삼아 불변적 현상들, 현상의 법칙, 연관, 여기서 생겨나는 관계들을 주제로 탐구하는 것이다.[584]

쇼펜하우어는 예술이 이른바 '의지(물자체)의 적합한 직접적 객체성'으로서의 '이데아'를 천재적 방식으로 인식할 수 있다고 주장한다. 예술적 이데아 인식? 바이런의 '자연과 나의 동일성' 인식? 이 예술적 이데아 인식이라는 것은 예술가의 자기도취적 감흥 속의 착각에 지나지 않은 것이 아닌가? 아무튼 그는 '예술적 이데아 인식'을 고창高唱한다.

- 일체의 관계 바깥에서 그리고 이 관계와 독립적으로 존재하는 저것, 세계의 홀로 본래 본질적인 것, 세계 현상의 참된 내용, 어떤 변동에도 굴하지 않는 것, 따라서 모든 시간에 대해 동일한 진리로 인식되는 것, 한마디로 물자체인 의지의 적합한 직접적 객체성인 이데아를 어떤 인식 방법이 고찰하는가? – 그것은 예술, 천재의 일(Werk)이다.[585]

---

584) 참조: Schopenhauer, *Die Welt als Wille und Vorstellung I*, §36 (264-265쪽).
585) Schopenhauer, *Die Welt als Wille und Vorstellung I*, §36 (265쪽).

예술은 대상에 대해 '순수한 관상(contemplation)'을 수행하는가? 아무튼 "예술은 순수한 관상을 통해 파악된 영원한 이데아들을, 모든 세계 현상의 본질적인 것과 영속적인 것을 재현한다"는 것이다. 쇼펜하우어는 이데아를 재현하는 "소재"에 따라 예술을 "조형예술·시문·음악"으로 분류한다. 그리고 그는 주장한다. "예술의 유일한 원천은 이데아들의 인식이다. 과학이 네 가지(동기·원인·형태·시공 – 인용자)로 형태화된 근거와 귀결의 부단한, 무상한 흐름에 전념하며 도달한 목표에서마다 더 나아가도록 지시받고, 우리가 달려서 구름이 지평선에 닿는 지점에 도달하지 못하는 것처럼, 마지막 목표도, 완전한 만족도 얻을 수 없는 반면, 예술은 도처에서 목표에 도달해 있다. 왜냐하면 예술은 자신의 관상의 객체를 세계 운행의 흐름으로부터 떼어내어 자기 앞에서 고립시키기 때문이다. 그리고 저 흐름 속에서 사라질 듯 작은 부분이었던 이 개별자가 예술에서는 전체의 대표자, 시공 속에 무한히 많은 것과의 등가물이 된다. 따라서 예술은 이 개별자에 머물러 있다. 예술은 시간의 수레바퀴를 정지시킨다. 예술에서는 관계들이 사라진 것으로 나타난다. 오로지 본질적인 것, 이데아만이 예술의 객체다."[586]

상술했듯이 경험과 과학은 이유율(동기·원인·형태·시공과 관련된 근거와 귀결의 연결 법칙)을 고찰한다. 반면, 예술은 이유율과 독립된 사물들을 고찰한다. 이것을 쇼펜하우어는 개념적으로가 아니라 문예적 비유로 설명한다.

- 따라서 우리는 예술을 막바로 (…) 이유율로부터 독립적인 사물들의 고찰 방법이라 지칭할 수 있다. 이유율에 몰입하는 고찰 방법은 과학에서만이 아니라 실천적 삶에서 유일하게 타당하고 도움을 주는 이성

---

[586] Schopenhauer, *Die Welt als Wille und Vorstellung I*, §36 (265쪽).

적 고찰 방법이다. 저 이유율의 내용을 도외시하는 고찰 방법은 예술 속에서만 타당하고 도움을 주는 천재적 고찰 방법이다. 전자는 아리스토텔레스의 고찰 방법이고, 후자는 대강 플라톤의 고찰 방법이다. 전자는 시작과 목표가 없이 떠나가 모든 것을 구부러뜨리고 움직이고 잡아채 가는 강력한 폭풍을 닮았고, 후자는 이 폭풍의 길을 이 폭풍에 조금도 흔들리지 않고 횡단하는 고요한 햇살을 닮았다. 전자는 항상 변동하며 한순간도 쉬지 않는 무수한, 강하게 흔들리는 폭포의 물방울을 닮았고, 후자는 이 미쳐 날뛰는 혼란 위에 조용하게 쉬는 무지개를 닮았다.[587]

그리고 쇼펜하우어는 예술과 천재를 동일시하면서 순수관상과 이데아의 인식 사이의 관계를 논한다.

- 오로지 위에 서술된, 객체 속에 완전히 빠져드는 순수관상을 통해서만 이데아들은 파악되고, 천재의 본질은 바로 이러한 관상에 대한 압도적 능력에 있다. 이러한 관상이 자기의 인신人身과 그 관계들의 완전한 망각을 요구하기 때문에, 천재성은 다름 아닌 정신의 가장 완벽한 객체성, 즉 정신의 객체적 방향이다. 이 방향은 자기의 인신, 즉, 의지를 향하는 주체적 방향과 대립된다. 따라서 천재성은 순수한 직관 태도를 취하고 직관 속으로 빠져들어 자신을 잃어버리고 근원적으로 의지에 복무하기 위해서만 현존하는 인식을 이 복무로부터 탈피시킬 수 있는, 자신의 관심·의욕·목적을 완전히 시야에서 빼놓고, 순수한 인식주체로, 밝은 태양(klares Weltauge)으로 남아있기 위해 한동안 자신의 인격(Persönlichkeit)조차도 완전히 포기할(entäußern) 수 있는 능력이

---

587) Schopenhauer, *Die Welt als Wille und Vorstellung I*, §36 (265-266쪽).

다. 또 이것은 순간이 아니라, 숙고된 예술에 의해 파악된 것을 재현하고 "흔들리는 현상 속에서 떠도는 것을 영속적 관념 속에 고정시키는 데 필요한 만큼"(Goethe, Faust I, Vers 348쪽 이하) 아주 지속적이고 아주 많은 깊은 명상을 동반한다.[588]

쇼펜하우어는 예술가가 '인간의 물자체', 즉 '인간 자체(인격)'를 잃어버리는 자기 상실·자기소외의 무아지경을 '예술적 이데아 인식'으로 착각·오인하는 것으로 보인다. 예술적 미감은 사물의 본질을 느끼지 못하고, 다만 사물·동식물·인간의 '대상적 중화中和(균형과 조화)'만을 볼 뿐이다.[589] 결코 이데아를 보는 것이 아니다.

아무튼 쇼펜하우어는 이 '예술적 이데아 인식'을 고수하며 천재적 예술성과 광기의 상통성을 주장하기 위해 먼저 예술정신과 수학의 대립성을 논한다.

- 이유율의 내용에 대해 관심을 기울이는 것에 대한 천재적 개인들의 혐오는 존재의 이유에 대한 관점에서 수학에 대한 혐오감으로 나타날 것이다. 수학의 고찰은 현상의 가장 일반적인 형식들, 즉 그 자체가 이유율의 형태들에 지나지 않는 시간과 공간을 지향하고, 따라서 온갖 관계를 떠나 바로 현상의 내용만을 찾는, 즉 현상 안에서 표현되는 이데아만을 찾는 그런 고찰과 정반대다. 게다가 수학의 논리적 취급은 천재의 마음에 거슬린다. 수학은 본래의 통찰을 닫아버리고서 만족을 주는 것이 아니라 추리들의 단순한 연쇄적 연결을 인식적 이유율에 따라 제시하면서 모든 정신력 중 기억력을 가장 많이 요구하여, 증거로 끌

---

588) Schopenhauer, *Die Welt als Wille und Vorstellung I*, §36 (266쪽).
589) 공자의 '중화' 개념의 관점에서 예술과 미학에 대한 체계적 논의는 참조: 황태연, 『예술과 자연의 미학』(서울: 지식산업사, 2025).

어대는 모든 이전 명제들을 언제나 현재적으로 보유한다. 또한 경험은 예술에서의 위대한 천재가 수학에 아무런 능력도 없다는 것도 입증했다. 한 인간이 이 두 영역에서 동시에 뛰어난 적이 없었다.[590]

쇼펜하우어는 예술가가 수학을 싫어한다고 주장하고 있다. 수학은 예술의 혐오 과목이다. 그러나 꼭 그런 것은 아닌 것 같다. 악보는 정교한 수적 계산을 담고 있어서 작곡은 정교한 산술 의식이 없으면 불가능하고, 웅장한 교향곡(심포니)의 작곡은 더 복잡한 산술적 구조를 요한다. 이것이 바로 수학을 싫어하는 이탈리아에서 성악이 발달했다면 작곡은 수학에 뛰어난 독일에서 발달한 것으로 보인다.

쇼펜하우어는 이것을 몰각했다. 이런 까닭에 이런 무식한 망발을 쏟아내는 것이다.

- 알피에리(Alfieri, 이탈리아 극작가 Vitorio Alfari - 인용자)는 유클리드의 제4정리도 이해하지 못했다고 얘기한다. 괴테는 (→271) 그의 『색채론』의 무식한 적대자들에 의해 수학 지식이 없다고 호되게 비난받았다. (…) 괴테의 『색채론』이 나온 지 거의 반세기가 지난 오늘날 아직 독일에서도 뉴턴의 허튼 생각이 흔들림 없이 강단을 점령하고 있고, 사람들이 계속 7종의 동질적 빛과 그것들의 상이한 굴절성에 관해 진지하게 논하고 있다는 것은 언젠가 인류와 특히 독일인의 커다란 지성적 특징으로 나열될 것이다.[591]

쇼펜하우어는 죽을 때까지 괴테의 색채론이 옳다고 믿었다. 그러나 오

---

590) Schopenhauer, *Die Welt als Wille und Vorstellung I*, §36 (270쪽).
591) Schopenhauer, *Die Welt als Wille und Vorstellung I*, §36 (270-271쪽).

늘날 괴테의 색채론은 19세기 말에 이미 오류로 판명났고, 뉴턴의 물리학은 20세기 초까지 내내 '정상과학'이었고, 아인슈타인의 상대성이론에 의해서야 비로소 극복되었다. 그러나 아인슈타인의 상대성이론은 뉴턴의 물리학을 분쇄한 것이 아니라 이것을 지구와 태양계를 기준으로 삼는 특정 사례의 특정한 진리로서 포함하고 있다. 쇼펜하우어의 무식은 이런 수준이니 여기서 더 거론할 것이 없겠다.

쇼펜하우어는 수학자와 예술의 대립성을 말하면서 수학 천재를 망각하고 천재 일반을 수학에 무지한 예술가로 보고 일반적 천재들의 '비이성적 격정과 열정'을 거론한다.

- 이와 반대로 순수한 수학자들이 예술의 작품들에 대한 감수성이 거의 없다는, 마찬가지로 알려진 사실은 상술된 동일한 이유에서 자명하다. 이것은 특히 저 프랑스 수학자(Gilles personne de Robrvall)의 알려진 일화에서 천지하게 나타나고 있다. 이 수학자는 라신느의 『이피게니』를 통독하고 나서 어깨를 들썩하며 "이것이 무엇을 증명하는 것이지?"라고 물었다고 한다. – 나아가 인과성과 동기의 법칙에 따른 관계들의 파악이 현명을 이루지만 천재적 인식이 관계를 지향하지 않기 때문에, 현명한 자는 현명한 한에서, 그리고 현명한 동안 천재적이지 않고, 천재적인 사람은 천재적인 한에서 그리고 천재적인 동안 현명하지 않다. – 마침내 일반적으로, 자기 영역 안에 이데아를 전적으로 포함하는 직관적 인식은 인식 행위의 이유율이 이끄는 이성적·추상적 인식에 정면으로 반한다. 또한 사람들이 위대한 천재성이 우월한 이성성과 짝지어져 있는 것을 발견하는 경우는 주지하다시피 드물다. 오히려 거꾸로 천재적 개인들은 종종 격렬한 감정과 비이성적 열정에 사로잡힌다. 이러는 원인은 그럼에도 이성의 취약성이 아니라, 한편으로 온

갖 의지 작용의 격렬성으로 표현되는 천재적 개인으로서의 전체적 의지 현상의 평범하지 않은 에너지이고, 다른 한편으로 직관적인 것을 향한 추상적·결정적 지향에 대한 감각과 지성의 직관적 인식의 우월성이다. 천재적 개인들에게서 최고로 정력적으로 나타나는, 직관적인 것의 인상은 색깔 없는 개념들을 그토록 아주 압도할 정도로 빛나서 이 개념들이 아니라 저 인상이 바로 이것으로 인해 이성적으로 되는 행위를 이끈다. 따라서 이 천재적 개인들에 대한 현재의 인상은 아주 위력적이고 그들을 매료시켜 숙고하지 않은 것으로, 격정으로, 열정으로 끌고 간다. 따라서 또한 그리고 일반적으로 그들의 인식이 부분적으로 의지를 위한 복무를 탈피했기 때문에 그들은 자기들이 말하며 상대하는 사람을 생각하는 것이 아니라 자기들이 말하는, 그들의 뇌리에 생생하게 떠오르는 사실을 더 생각할 것이다. 그러므로 그들은 사실의 이익을 위해 너무 객관적으로 판단하거나 보다 현명하게 숨겨야 하는 것 등을 침묵하는 것이 아니라 얘기한다.[592]

쇼펜하우어는 수학 천재를 망각하고 "천재적 개인들"을 몽땅 수학을 혐오하는 예술가로 착각하고 있다. 그리고 바로 천재적 개인들의 비이성적 격정과 열정을 '광기'와 동일시한다. 이를 위해 철학자들과 시인의 말을 모두 끌어댄다.

- 따라서 마침내 천재적 개인들은 독백으로 기울어져 있게 되고, 진짜 광기에 가까운 몇몇 약점들을 일반적으로 보여줄 수 있다. 천재성과 광기는 서로 경계를 접하는, 아니 서로 뒤바뀌는 측면이 있다는 것은 종종 지적되었고, 심지어 시인적 영감은 일종의 광기라 칭해졌다. 호

---

592) Schopenhauer, *Die Welt als Wille und Vorstellung I*, §36 (271-272쪽).

라티우스는 천재성을 '사랑스런 광기(amabilis insanis)'라고 부르고 (Odes [Carmina] 3, 4), 빌란트(Wieland)는 『오베른』 도입부에서 '귀여운 광기'라고 부른다. 아리스토텔레스조차도 세네카의 인용(*De tranquillitate animi*, 15, 16)에 따르면 "광기의 혼효 없이 그 어떤 위대한 천재도 없었다"고 말했다. 플라톤은 동물 바깥에 참된 햇빛과 진짜 존재하는 사물들(이데아)을 본 사람들은 그들의 눈이 어둠에 익숙함을 잃어서 더 이상 동물 안에서 더 이상 볼 수 없고 그 아래의 그림자 상들을 더 이상 제대로 인식하지 못하고 이런 까닭에 오해 때문에 이 동굴로부터 한번도, 그리고 이 그림자들로부터 벗어난 적이 없는 다른 사람들에 의해 조롱받는다고 말함으로써 위에서 인용된 어두운 동물의 신화(『국가론』 7)에서 천재와 광기의 접점을 표현한다. 또한 그는 『파이드로스』(317쪽)에서 얼마간의 광기가 없다면 그 어떤 참된 시인도 있을 수 없다고, 아니 덧없는 사물들 속에서 영원한 이데아들을 인식하는 사람은 누구나 광기 어린 것으로 현상한다고(327쪽) 직설적으로 말한다. 또한 키케로도 "왜냐하면 데모크리토스가 미치광이 끼가 없으면 그 위대한 시인도 있을 수 없다고 주장하기 때문이다. 같은 말은 플라톤도 한다"고 인용하고 있다.(*De divinatione*, I, 37 [80]) 마침내 포우프는 말한다.

위대한 슬기는 광기와 확실히 긴밀히 동맹해 있고,
얇은 칸막이가 이 둘의 경계를 나누고 있다.
[Dryden, 'Absalom and Achitophe' I, 163]

이 관점에서 괴테가 천재 자신의 수난 즉 본질적인 순도殉道뿐만 아니라 광기로의 천재성의 항상적 이행을 눈앞에 그려 보이는 괴테의

'Toquato Tasso'는 특히 교훈적이다. 마침내 천재성과 광기의 직접적 접촉의 사실은 부분적으로 가령 루소·바이런·알피에리 등 아주 천재적인 인간들의 전기를 통해, 그리고 타인들의 삶의 일화를 통해 확증되고, 다른 한편으로 나는 병신병원의 빈번한 방문에서 오인할 수 없이 위대한 자질을 가진 개별 주체들을 발견했다고 언급하지 않을 수 없다. 이들의 천재성은 광기를 뚫고 뚜렷이 나타나지만, 여기서는 광기가 완전히 우세를 얻었었다.[593)]

쇼펜하우어는 이데아를 직관할 수 있는 예술가의 천재성과 광기의 동일성을 입증하기 위해 괴테·포프(Alexander Pope)·키케로·플라톤·아리스토텔레스·빌란트(Christoph Martin Wieland)·호라티우스 등 고대와 근현대의 여러 철학자와 문인들을 열거하고 있다. 그런데 그는 "직관적인 것"을 향한 철학자와 과학자들의 "추상적·결정적 지향"보다 천재적 예술가의 "감각과 지성의 직관적 인식"이 "우월하다"고 말하면서 이데아를 부정하는 아리스토텔레스 같은 철학자를 끼워 넣은 것은 우습다. 또한 유클리드 기하학을 조금도 알지 못했던 이탈리아 극작가 비토리오 알피에리를 수학에 상당히 조예가 깊었던 루소와 나란히 열거하는 것도 우습다.

쇼펜하우어의 언어유희에서 빠져나와 정신을 제대로 차리고 냉정하게 생각하자. 그리고 '입은 삐뚤어졌어도 말은 바로 해야 한다'는 속담에 따라 제대로 말하자. 수학·과학천재 중 몇몇 천재에게서 나타나는 광기는 그냥 조현증일 뿐이고 예술성이 전혀 없다. 그리고 예술가의 예술적 '천재성'을 '광기'라 부르는 것은 '진짜 광기'가 아니라 '경이로운' 예술적 표현력에 대한 '과찬'일 뿐이다. '과장된 찬사'는 진실과 거리가 있는 것이다. 쇼펜하우어는 진실과 거리가 먼 '과장된 찬사'를 '진실'로 착각하고

---

593) Schopenhauer, *Die Welt als Wille und Vorstellung I*, §36 (272쪽).

진지하게 논변하는 태도를 취하고 있다. 따라서 그의 논변은 아무리 많은 철학자와 문인을 증인으로 끌어대더라도 설득력이 없는 것이다. 그의 논변은 위험하기까지 하다. '천재'라 불린 니체와 히틀러의 '예술적 광기'를 상기시키기 때문이다. 불타는 광경의 '아름다움'을 감상하기 위해 로마에 불을 지른 폭군의 '예술적 광기'도 생각나게 한다.

그리고 백 보 양보하더라도 예술은 진리나 물자체나 이데아를 인식하는 행위가 아니다. 예술의 거장 피카소는 예술의 기능은 진리의 인식이 아니라 '거짓'이고, 이 예술적 거짓의 역할은 진리의 인식을 안내하는 '가설'과 같은 것이라고 했다. 피카소는 말한다.

- 우리는 모두 예술이 진리가 아니라는 것을 안다. 예술은 우리에게 진리를, 적어도 우리가 인간으로서 파악할 수 있는 진리를 파악하는 것을 가르쳐주는 거짓이다. 예술가는 어떤 방식으로 타인들을 그의 거짓의 진실성을 확신케 할 수 있을지를 알아야 한다. (…) 시원적 화가들, 명시적으로 자연과 구별되는 작품을 가진 원시인들로부터 다비드(Jacques-Louis David), 앵그르(Jean-Auguste-Dominique Ingres), 심지어 부게로(William-Adolphe Bouguereau)처럼 자연이 있는 그대로 그려져야 한다고 생각한 저 예술가들에 이르기까지 예술은 언제나 예술이지, 자연이 아니었다. 예술의 관점에서 보자면, 구체적 형태도, 추상적 형태도 존재하지 않고, 많건 적건 확신을 주는 거짓인 형태만이 존재한다. 이 거짓말이 우리의 정신적 자아에 필수적이라는 사실은 의문의 여지가 없다. 왜냐하면 우리는 이 거짓의 도움으로 생의 미학적 직관을 우리에게 형성하기 때문이다.[594]

---

594) Pablo Picasso. Volker Gerhardt, "Nietzsches ästhetische Revolution", 38-39쪽에서 재인용. Volker Gerhardt, *Pathos und Distanz* (Stuttgart: Philipp Reclam, 1988).

"예술은 거짓이다"는 명제는 '예술은 자연의 모방이 아니라 창작이다'는 뜻이다. 피카소는 '예술은 거짓'이라는 이 명제로써 예술의 본질을 모방으로 보는 아리스토텔레스의 미메시스 미학을 배격하는 한편, 예술은 단지 우리를 위로하고 무의미한 생에 의미를 주는 단순한 거짓말이 아니라, "확신을 주는 형태"를 갖추고 우리를 '진리'에 안내하는 창조적 거짓말임을 분명히 하고 있다. 예술은 진리의 과학적 탐구를 위한 일종의 '거짓 설정', 즉 '가설假設(hypothesis)'과 같은 역할을 하는 거짓이다. 저 "확신을 주는 형태"는 바로 '독창적 거짓'으로 창작된 유형적有形的 대상의 외형적·객관적 구성을 가리킨다. 예술은 진리 인식을 안내해 주는 가설과 같은 거짓이지, 결코 철학과 과학을 대체할 진리 인식의 방법이 아닌 것이다. 따라서 예술을 통한 물자체와 이데아의 직관적 인식이라는 쇼펜하우어의 핵심 명제는 예술의 거장 피카소의 예술적 거짓 명제에 비춰 보면 결코 받아들일 수 없는 명제다.

■ 의지·물자체·이데아의 상호관계

쇼펜하우어는 세계의 본질에 대한 보다 깊은 통찰을 얻기 위해서는 "물자체로서의 의지"를 의지의 "적합한 객체성"과 구별하고, 그다음 이 "적합한 객체성"이 더 분명하게, 더 완성되어 출현하는 "상이한 단계들", 즉 "이데아들 자체"를 이 이데아들이 단순히 이유율로 형태화되는 현상과 구별하는 것, 즉 "개체들의 편파적 인식 방식"과 구별하는 것을 배우는 것이 필수 불가결하다고 주장한다. 그러면 이데아들에만 본래적 존재를 부여하는 반면, 시간과 공간 속의 사물들에 대해서는, 즉 개체에 실재하는 이 세계에 대해서는 단지 "가상적이고 몽환적인 실존"만을 인정하는 플라톤에게 찬성할 것이라고 한다. 그는 그러면 동일한 이데아가 어떻게 그토록 많은 현상 속에서 자신을 드러내고, 인식하는 개체들에 자신의 본질을 오직 조금씩만, 한 측면 한 측면 단계적으로만 표현하는지를 통찰하게 될 것이라고 단언한다. 그러면 또한 이데아 자체를 이데아의 현상이 개체의 관찰에 귀속하는 방식과 구별하고 전자의 이데아 자체를 본질적인 것으로, 후자의 현상을 비본질적인 것으로 인식하게 된다는 것이다.[595]

쇼펜하우어는 우리는 이것을 예증적으로 "가장 사소한 것" 속에서 탐구하고, 그다음은 "가장 위대한 것" 속에서 고찰한다.

- 구름이 움직일 때, 구름이 지어내는 모양들은 구름에 비본질적인 것이고 구름에 아무래도 상관없다. 그러나 구름은 탄력적 증기이고 바람의 충격에 압축되고 내쫓기고 팽창되고 흩어진다. 이것은 구름의 본성이고 구름 속에서 객체화되는 힘들의 본질이고, 이데아다. 개체적 관찰자에게만 그때그때의 모양들이 존재한다. – 자갈 위로 흘러내리는 시냇물에는 이 시냇물이 보여주는 소용돌이, 파도, 물거품은 무관하고 비본질적이다. 시냇물이 중력을 따른다는 것, 비탄력적인, 완전히 밀어낼 수 있는 무형의 투명한 유체 상태에 있다는 것, 이것은 시냇물의 본질이고, 이것이 직관적으로 인식된다면, 이것이 이데아다. 우리가 인식하는 개체로서의 우리에게만 저 형상들이 존재할 따름이다. – 유리창에 낀 얼음은 여기서 출현하는 자연력의 본질을, 즉 이데아를 밝혀 보여주는 결정結晶 법칙들에 따라 결정화된다. 그러나 얼음이 이러는 가운데 빚어내는 나무들과 꽃들은 비본질적인 것이고, 오직 우리에게만 현존하는 것이다. – 구름, 시냇물, 얼음결정 속에 현상하는 것은 식물 안에서 더 완성되어, 동물 안에서 훨씬 더 완성되고, 인간 안에서 가장 완성된 것으로 출현하는 저 의지의 가장 약한 반향이다. 그러나

---

595) Schopenhauer, *Die Welt als Wille und Vorstellung I*, §36 (261쪽).

의지의 객체화의 저 모든 단계의 본질적인 것만이 이데아를 이룬다. 반면, 이 이데아가 이유율의 형태화 속에서 다양하고 다면적인 현상들로 분해되는 이 이데아의 전개는 이데아에게 비본질적인 것이고, 단순히 개체의 인식 방식 속에 들어 있고, 개체에 대해서만 이 실재성을 갖는다.[596]

쇼펜하우어의 이 설명에는 여러 오류와 무지가 뒤섞여 있다. 그가 열거한 구름의 연상적聯想的 모양들(양 떼 모양, 새털 모양 등)과 유리창의 얼음이 빚어내는 "나무와 꽃" 모양은 시냇물의 "소용돌이·파도·물거품"과 본질적으로 다른 것이다. 구름의 연상적 모양들과 유리창 얼음의 '나무와 꽃'은 우리가 자연 사물들의 가변적·우연적 형태들에다 기억 속의 동식물 형상들을 연상하여 갖다 붙인 감정이입(Einfühlen)의 모양들인 반면, 시냇물의 "소용돌이·파도·물거품"은 감정이입이 전혀 없는 시냇물의 우연적·가변적 운동 형태 자체다. 쇼펜하우어는 이 감정이입의 형상과 사물적 형상을 같은 것으로 착각하고 있다. 또 그는 바람의 충격에 압축되고 내쫓기고 팽창되고 흩어지는 탄력적 증기가 구름의 이데아이고, 완전히 밀어낼 수 있는, 중력을 따르는 무형의 투명한 비탄력적 유체가 시냇물의 이데아이고, 자연력이 결정結晶 법칙에 따라 결정화된 결정체가 유리창에 낀 얼음(성애)의 이데아라고 말하고 있는데, 이것도 엉터리 논변이다. 탄력적 증기인 구름이 바람의 충격에 압축되고 내쫓기고 팽창되고 흩어지는 것은 인과적 현상이지, 이것이 구름의 이데아가 아니다. 구름이 아니더라도 주방의 증기나 솥 속의 증기도 그렇기 때문이다. 그러나 아무도 주방의 증기나 솥 속의 증기를 '구름'이라 하지 않는다. 완전히 밀어낼 수 있는, 중력을 따르는 무형의 투명한 비탄력적 유체는 시냇물의 이데아가

---

596) Schopenhauer, *Die Welt als Wille und Vorstellung I*, §36 (261-262쪽).

아니다. 그런 유체는 바닷물이든, 컵 속의 물이든, 병 속의 기름이든, 글리세린이든 모두 다 중력을 따르는 무형의 투명한 비탄력적 유체이기 때문이다. 아무도 바닷물이나 컵 속의 물, 병 속의 기름, 글리세린 등을 시냇물이라 부르지 않는다. 자연력이 결정結晶 법칙에 따라 결정화된 결정체도 유리창 얼음(성애)의 이데아가 아니다. 아무도 겨울에 얼어붙은 시냇물이나 호수, 동결된 강물이나 바닷물을 유리창의 '성애'로 인식하지 않기 때문이다. 따라서 "구름, 시냇물, 얼음결정 속에 현상하는 것은 식물과 동물 안에서 더 완성되어 인간 안에서 가장 완성된 것으로 출현하는 저 의지의 가장 약한 반향이다"는 그의 결론은 그릇된 것이다. 차라리 지상의 물을 미세 물방울로 증발시키는 힘(열기), 이 미세 물방울들을 하늘 높이 떠오르게 하는 힘(열기), 이 작은 물방울들을 구름 형태로 모여 있도록 당기는 힘(인력), 시냇물의 형태로 물을 높은 데서 낮은 데로 끌어내리는 힘(중력), 유리창에 서린 입김의 물 분자들을 서로 견인해서 결착하게 만드는 힘(냉동력) 등 이 힘들의 객체성이 – 굳이 '이데아'라는 말을 쓴다면 – '이데아'일 것이다. 그는 이 '힘들'에서 벗어나 인과관계들을 묘사해 놓고 이것을 이데아라고 하고 있다. 그에 의하면, 시공간 속의 인과성은 이 유율의 낮은 종류로서 시공간을 초월하는 이데아에 낯선 것이다.

그럼에도 불구하고 이 같은 식으로 이데아의 인식을 "가장 위대한 것" 속에서도 예증하고자 한다.

- 동일한 것은 의지의 가장 완성된 객체성인 그런 이데아의 전개에 대해서도 타당하다. 따라서 인류의 역사, 사건들의 쇄도, 시대의 교체, 상이한 나라와 세기의 인간적 삶의 다각적인 형태들 – 이 모든 것은 이데아의 우연적 현상 형식들에 지나지 않고, 유일하게 의지의 적합한 객체성을 내포하는 이 이데아 자체에 귀속되는 것이 아니라, 개체의 인

식에 속하는 현상에만 귀속되며, 이데아 자체에 대해 아주 낯설고 비본질적이다. 이것은 마치 구름에 대해 이 구름이 빚어내는 모양들이, 시냇물에 대해 이 시냇물의 소용돌이와 물거품의 형상들이, 얼음에 대해 이 얼음의 나무와 꽃들이 그런 것과 마찬가지다.[597]

이 논변의 오류성에 대해서는 논평하지도 않아도 될 것이다. 다만 "인류의 역사, 사건들의 쇄도, 시대의 교체, 상이한 나라와 세기의 인간적 삶의 다각적인 형태들"을 관통하는 이데아, 즉 "유일하게 의지의 적합한 객체성을 내포하는 이 이데아 자체"는 생존 의지와 도덕성(선)일 수밖에 없다고 예측해 본다. 쇼펜하우어는 부연한다.

- 이것을 잘 터득하여 의지를 이데아와 구별하고, 이 이데아를 그 현상과 구별할 줄 아는 사람에게 세계 사건들은 이 사건들이 오직 인간의 이데아를 읽어낼 수 있는 철자들인 한에서만 의미를 갖지만, 즉자대자적으로는 아무 의미가 없을 것이다. 이런 사람은 일반사람들과 어우러져 시간이 진짜 새롭고 의미심장한 것을 산출한다고 믿지 않고, 시간을 통해, 또는 시간 안에서 단적으로 실재적인 어떤 것이 현존재에 이르거나 시대 자체가 하나의 전체로서 시작과 종말, 계획과 전개를 가지고, 가령 지난 30년 동안 사는 인류의 (일반사람들의 개념에 따른) 최고의 완벽화를 최종적 목표로 갖고 있다고 믿지 않을 것이다. (…) 인간 생활의 다양한 형태들 속에서 그리고 사건들의 부단한 변동 속에서 이런 사람은 이데아만을 영속적이고 본질적인 것으로 간주할 것이다. 이 이데아 속에서 생生에의 의지(der Wille zum Leben)는 자신의 가장 완벽한 객체성을 얻고, 이 이데아는 인류의 성질·정열·오류·장점 속에

---

597) Schopenhauer, *Die Welt als Wille und Vorstellung I*, §36 (262쪽).

서, 그리고 모두가 다 수천 가지 형태들(개체들)로 모이고 결합되며 지속적으로 크고 작은 세계사를 공연하는 이기심·증오심·사랑·공포·용기·경솔·우둔·슬기·위트·천재 속에서 이데아의 상이한 측면들을 현시하는데, 이런 것을 움직이는 것이 호도(?)인지 왕권인지는 즉자적으로 아무래도 상관없다.[598]

쇼펜하우어는 "인류의 역사, 사건들의 쇄도, 시대의 교체, 상이한 나라와 세기의 인간적 삶의 다각적인 형태들"을 관통하는 이데아가 무엇인지는 아직 함구하고 있다. 겨우 이데아의 곁가지 개념인 '생에의 의지(der Wille zum Leben)'만 살짝 보여주고 있다.

- 그러나 대지의 혼령(Erdgeist)은 웃으며 말할 것이다. "개인들과 이들의 힘이 흘러나오는 샘은 마르지 않고, 시간과 공간처럼 무한하다. 저것들은 모든 현상의 이 형식들처럼 그래도 의지의 현상, 즉 의지의 가시성에 불과하기 때문이다. 저 무한한 샘은 어떤 유한한 맥주잔으로 다 퍼낼 수 없다. 따라서 맹아 단계에서 질식된 어떤 사건 또는 사업에 대해서든 회귀(Wiederkehr)를 위해 줄지 않는 무한성이 언제나 열려있다. 이 현상의 세계에서는 참된 득도 참된 실도 불가능하다. 의지만이 존재할 따름이다. 의지는 물자체이고, 의지는 저 모든 현상의 샘이다. 의지의 자기 인식, 그리고 이에 따라 결정되는 긍정이냐 부정이냐가 유일한 사건 자체다.[599]

쇼펜하우어는 아직 인간·사회·역사의 이데아에 대해서 변죽만 울리고

---

598) Schopenhauer, *Die Welt als Wille und Vorstellung I*, §36 (262-263쪽).
599) Schopenhauer, *Die Welt als Wille und Vorstellung I*, §36 (264쪽).

있다. 이 이데아를 언급하기 위해서는 더 높은 개념 도구들이 필요하기 때문이다. 따라서 그는 "이 마지막 문장은 다음 책을 모르면 이해될 수 없을 것이다"는 말로써 『의지와 표상으로서의 세계』의 제4권을 읽도록 촉구하고 있다. 제4권은 "자기 인식에 달성하는 때 생에의 의지의 긍정과 부정"을 논한다.

■ 세계를 자기와 동일시하는 의지의 자기인식 문제

쇼펜하우어는 종결적 논의의 화두로서 의지가 자기를 의지의 행위와 세계로 아는 문제를 제기한다. 이것은 곧 의지의 자기 인식 문제다.

- 우리의 전체적 견해에 따르면, 의지는 자유로울 뿐만 아니라, 심지어 전능하다. 의지로부터 의지의 행위가 나올 뿐만 아니라, 의지의 세계도 나온다. 의지가 존재하는 바대로 의지의 행위는 현상하고, 의지의 세계도 현상한다. 의지의 자기 인식은 의지의 행위와 세계, 이 양자이고, 그렇지 않으면 아무것도 아니다. 의지는 자신을 규정하고 이럼으로써 이 양자를 규정한다. 왜냐하면 의지 바깥에는 아무것도 없고, 이 양자는 의지 자체이기 때문이다. 오직 이럼으로써만 의지는 참으로 자율적이되, 어떤 다른 견해에 따르면 타율적이다.[600]

그런데 이 자연적 생생의 세계는 맹목적 의지의 세계이고 세계는 의지의 전개를 볼 수 있는 '의지의 거울'(의지의 객체성)이고, 의지의 의욕 대상이 언제나 생이기 때문에 '의지'는 곧 '생에의 의지'다.

- 우리가 의지를 무기적 자연과 식물적 자연 및 이 자연의 법칙들 속에

---

600) Schopenhauer, *Die Welt als Wille und Vorstellung I*, §53 (377쪽).

서, 그리고 또한 우리 자신의 생生의 자율신경적 부분에서 현상하는 것을 보듯이, 순수하게 즉자적으로 고찰하면 인식 없고 단지 맹목적이고 저지할 수 없는 충동인 의지는 이에 추가된 의지를 위한 복무 속에서 전개되는 '표상으로서의 세계'를 통해 의지의 의욕意慾함 및 의지가 의욕 하는 대상에 관한 이런 인식, 즉, 이 의욕함 및 이 대상은 다름 아니라 이 세계, 생生이고, 바로 이 생이 현존하는 바대로의 것이라는 인식을 얻는다. 이런 까닭에 우리는 현상하는 세계를 의지의 거울, 의지의 객체성이라고 칭한다. 의지가 의욕 하는 대상이 언제나 생이기 때문에, 바로 이 동일한 대상이 표상에 있어서의 저 의욕함의 표출 이상의 것이 아니기 때문에, 우리가 단적으로 '의지'를 말하든 '생에의 의지'를 말하든, 매일반이고, 이는 동어반복(Pleonasmus)이다.[601]

쇼펜하우어는 의지는 언제나 '생'을 대상으로 하는 '생에의 의지', 곧 '생의지'라고 생각한다. 세계는 이 생의지의 객관화다. 따라서 생으로서의 현상적 세계는 '의지의 거울'이다. "의지가 물자체이고 세계의 내적 내용이고, 본질적인 것이기에, 그러나 생, 가시적 세계, 현상이 의지의 거울에 지나지 않기에, 이 현상은 그림자가 물체를 따르듯이 의지를 분가분적으로 따라다닌다. 그리고 의지가 현존한다면, 생, 세계도 현존한다."[602] 생의지에 대해서 생은 확실하고, 우리가 생의지로 충만되어 있다. 쇼펜하우어는 이런 한에서 우리는 우리의 생존을 걱정해서는 아니 되고, 또한 죽음에 직면한 순간에도 걱정해서는 아니 된다고 말한다. 물론 우리는 개인이 생성·소멸하는 것을 본다. 그러나 이것은 '개체'의 차원의 문제일 뿐이다. "개인은 현상에 지나지 않고, 이유율 속에, 즉 개인화 원리 속에 사

---

601) Schopenhauer, *Die Welt als Wille und Vorstellung I*, §53 (380쪽).
602) Schopenhauer, *Die Welt als Wille und Vorstellung I*, §53 (380쪽).

로잡힌 인식에 대해서만 현존한다. 이 인식에서 물론 개인은 자신의 생을 선물처럼 수령하고, 무無에서 출현하여 죽음을 통해 저 선물의 상실을 겪고 다시 무無 속으로 되돌아간다. 그러나 우리는 생을 철학적으로, 즉 생의 이데아들에 따라 고찰하려고 하고, 이것에서 우리는 의지, 즉 온갖 현상으로 나타나는 물자체도, 인식주체, 즉 온갖 현상들의 관찰자도 탄생과 죽음에 어떤 식으로든 영향받지 않는다는 것을 깨달을 것이다. 탄생과 죽음은 바로 의지의 현상으로서의 생生에 속한다. 그리고 이 생生에 본질적인 사실은 즉자적으로 전혀 시간을 모르지만, 자신의 본래적 본질을 객체화하기 위해 그 개체의 방식으로 자신을 표출해야 하는 것의 - 시간 형식 속에 출현하는 - 덧없는 현상들로서 생성·소멸하는 개체들 속에서 자신을 표출하는 것이다. 탄생과 죽음은 같은 식으로 생에 속하고, 이 탄생과 죽음은 균형을 서로의 교호적 조건으로, 가령 이런 표현을 좋아한다면, 전체적 생生현상의 양극단으로 유지한다."603)

쇼펜하우어는 "인도의 신화"를 "모든 신화 중에서 가장 지혜로운 신화"로 소개하면서 생生현상을 이 "인도의 신화"의 이야기로 설명한다.

- 이 인도 신화는 (삼신일체의 가장 죄 많고 가장 저급한 신 브라마가 생식과 생성을 상징하고 비슈누가 보존을 상징하듯이) 파괴와 죽음을 상징하는 신, 바로 시바에게 해골의 목걸이와 동시에 (시바의 상징인) 남근상(Lingam), 즉 여기서 죽음의 중화물로 출현하는 생식의 이 상징물을 추가로 준다. 이것은 생식과 죽음이 서로를 중립화시키고 서로 지양止揚하는 본질적 상관자라는 것을 시사한다.604)

---

603) Schopenhauer, *Die Welt als Wille und Vorstellung I*, §53 (380-381쪽).
604) Schopenhauer, *Die Welt als Wille und Vorstellung I*, §53 (381쪽).

쇼펜하우어는 "화려한 석관을 꾸미도록 그리스·로마인들을 충동한 것도 이와 완전히 동일한 심사(Gesinnung)였다"고 한다고 덧붙인다.

- 우리는 그들이 축제, 무용, 결혼식, 사냥, 동물싸움, 바쿠스 축제, 말하자면 심지어 가장 강력한 생生충동의 표현들로 꾸미는 것을 아직도 본다. 그들은 우리에게 이 생충동을 이러한 오락거리들 안에서만이 아니라, 사티로스와 염소의 교미까지도 공연하는 육욕적 집단들 안에서도 우리에게 보여준다. 목적은 명백하다. 그것은 상喪 당한 개인의 죽음으로부터 극대 강조로 자연의 불멸적 생을 시사하고 이를 통해 추상적 지식이 없을지라도, 전 자연이 현상이고 '생의지'의 충만이기도 하다는 것을 암시하는 것이다.[605]

쇼펜하우어는 힌두교와 그리스·로마인들의 이런 상례喪禮를 철학적으로 이렇게 해석한다.

- 이 현상의 형식은 시간·공간·인과성이지만, 이것들에 의해 개체화(개인화)가 있는 것이고, 이 개인화는 필연적으로 개체(개인)가 생성·소멸하지 않을 수 없는 사태를 초래한다. 그러나 이런 사태는 자연 전체가 한 개체의 죽음에 의해 고통받지 않는 것처럼, 개체를 개별 사례나 견본으로 삼는 '생의지'를 조금도 부정하지 않는다. 왜냐하면 자연의 책임에 맡겨진 것은 이 개체가 아니라 유類만이고, 자연은 엄청난 과잉의 씨앗들과 거대한 위력의 성욕으로 그토록 낭비적으로 이 유를 배려함으로써 온갖 진지성으로 이 유의 보존을 고집한다. 반면, 개체는 자연에 대해 아무런 가치를 가지지 않고, 또 무한한 시간, 무한한 공간,

---

605) Schopenhauer, *Die Welt als Wille und Vorstellung I*, §53 (381쪽).

그리고 이 무한 시공 속에서 무한한 수의 가능한 개체들이 자연의 나라이기에 아무런 가치를 가질 수 없다. 따라서 자연은 개체를 언제든 포기할 준비가 되어 있고, 개체는 따라서 수천 가지 방식으로, 즉 무의미한 우연들을 통해 몰락에 처해 있을 뿐만 아니라, 이미 근원적으로 몰락으로 규정되어 있고, 개체가 유의 보존에 쓸모 있게 된 순간부터 자연 자체에 의해 몰락을 맞아들이도록 만들어진다. 이를 통해 자연 자체는 완전히 천진하게 '개체들이 아니라 이데아들만이 본래적 실재성을 갖는다', 즉 '이데아들만이 의지의 완벽한 객체성이다'는 위대한 진리를 천명하는 것이다.[606]

이 말은 '이데아만이 생의지의 본래적 실재성이다'는 명제와 같다. 생이 세계이고, 인간도 자연적 세계에 속하므로 개인의 생사도 세계 전체의 견지에서 전혀 본질적 변화가 아니고 불변적 자연적 생의지의 지속·유지 과정의 한 계기일 뿐이다. 이런 관점에서 남근상과 해고 목걸이를 동시에 가진 것도 이해할 수 있고 자연이 개체의 죽음을 슬퍼하지 않는 이유도 이해할 수 있게 된다.

- 인간이 자연 자체이기에, 그것도 자기의식의 최고 등급에서 있어서의 자연 자체이기에, 하지만 자연이 객체화된 생의지에 지나지 않기에, 인간은 이 관점을 파악했고 이 관점에 눌러앉는다면 물론, 그리고 정당하게, 생의지 자체인 '자연'의 불멸적 생에 대한 회고를 통해 자신과 자신의 친구들의 죽음에 대해 자위自慰할 수 있다. 따라서 남근상을 가진 시바신이 이해될 수 있고, 맹렬하게 타오르는 생의 상像들을 가지고 비탄하는 관찰자에게 "자연의 심기心氣는 슬퍼지지 않는다

---

606) Schopenhauer, *Die Welt als Wille und Vorstellung I*, §53 (381-382쪽).

(natura non contristatur)"고 외치는 저 고대 석관石棺들이 이해될 수 있다.[607]

"생식과 죽음"이 생 자체에 속한 것이다. 그리고 이 생식과 죽음은 이런 생의지의 현상에 대해 본질적인 것으로 간주된다. 이런 사실은 생식과 죽음이 우리에게 나머지 전체 생(철두철미 형식의 확고한 고수 하에서 물질의 항상적 변동)을 구성하고 있는 바로 그것의 보다 강조된 표현들로 나타난다는 사실로부터도 밝혀진다.

이쯤에서 쇼펜하우어의 안내에 따라 지금까지의 논의를 요약·정리해 보자. 자연 속의 어떤 사물이든 일정한 영향 작용에 대해 일정하게 반응하고 자기의 성격을 이루는 자기의 힘과 성질(Qualitäten)을 가진 것처럼, 인간도 동기가 자신의 행동을 필연적으로 불러내는 자신의 성격을 가졌다. 이 행동 방식 자체 속에서 '경험적 성격'이 계시啓示되지만, 이 '경험적 성격' 속에서는 다시 인간의 "예지적 성격(intelligibler Charakter)", 곧 "즉자적 의지(der Wille an sich)"가 계시된다. "이 '즉자적 의지'의 한정된 현상이 인간이다." 그러나 인간은 의지의 가장 완벽한 현상인데, 인간으로서의 이 의지의 가장 완벽한 현상은 앞서 입증된 것처럼 존속을 위해 아주 높은 등급의 인식에 의해 조명되지 않을 수 없어서, 우리가 앞선 논의에서 "세계 본질의 완전 적합한 재현(Wiederholung)"을 알게 된 것처럼, 이 현상 속에서 심지어 "이데아의 파악"이 가능해졌다. 이 "이데아의 파악"이란 곧 "세계의 순수한 거울(der reine Spiegel)", 또는 "세계의 본질"의 "완전 적합한 재현"이었다. 그러므로 인간 안에서 의지는 "완전한 자기의식"("완전한 자기 인식")에 도달할 수 있다. 즉 전 세계 속에 반영되는 의지 자체의 본질에 대한 명백하고 남김 없는 인식에 도달할 수

---

607) Schopenhauer, *Die Welt als Wille und Vorstellung I*, §53 (382쪽).

있다. 이런 최고 등급의 인식의 현실적 현존으로부터 "예술"이 출현했다.[608]

그리고 쇼펜하우어의 안내에 따라 향후 전개될 내용을 미리 예견할 수 있다. 그러나 전 고찰의 마지막에서 의지가 이 최고 등급의 인식을 자기 자신에게 관련시키기 때문에 동일한 인식을 통해 자신의 가장 완벽한 현상에 이른 동일한 의지 자체의 폐절과 자기부정(자살)이 가능하다는 사실도 또한 밝혀질 것이다. 그리하여 그렇지 않으면 물자체에만 속하는 것으로서 결코 현상 속에서 드러날 수 없는 자유가 이러한 경우에는 이 현상 속에서도 출현하고, 또한 이 자유는, 이 현상 자체로서의 현존하는 인간 자체가 시간 속에 계속 존속함에도 자유가 현상의 근저에 있는 본질을 폐절하기 때문에 현상의 자기모순을 야기하고, 바로 이를 통해 "거룩함(Heiligkeit)과 자기부정(Selbstverleugnung)"을 표현한다는 것이 밝혀진다.[609] 쇼펜하우어는 『의지와 표상으로서의 세계』의 끝에 가서야 비로소 이 모든 것을 완전히 이해할 수 있게 기술한다.

그리고 이유율로부터의 의지의 독립성이라는 자유는 물자체로서의 의지에만 속할 뿐이다. 따라서 자유는 현상과 모순되지만, 문제는 필연적으로 현상의 자기모순으로 표현되더라도, 인간에게서는 필시 현상 속에도 출현함으로써 인간이 어떻게 의지의 다른 현상들과 구별되는지다. 이유율로부터의 의지의 독립성이라는 의미에서라면 의지 자체만이 아니라, 인간도 물론 자유롭다고 지칭되고, 이를 통해 모든 다른 존재자들과 구별될 수 있다. 쇼펜하우어는 이것이 어떻게 이해되어야 하는지는 뒤따를 것을 다 읽어야만 비로소 분명해질 수 있다고 하면서 이 단계에서는 이를 완전히 도외시한다고 말한다. 왜냐하면 일단 특정한 개별 인간의 행

---

608) Schopenhauer, *Die Welt als Wille und Vorstellung I*, §53 (397-397쪽).
609) Schopenhauer, *Die Welt als Wille und Vorstellung I*, §53 (397쪽).

위가 어떤 필연성에도 굴복하지 않을 것이라는 오류, 즉 동기의 힘이 원인의 힘 또는 전제로부터 도출되는 추론의 귀결에 못지않게 확실할 것이라는 오류가 방지되어야 하기 때문이다. 물자체로서의 의지의 자유는 상술한 것처럼 언제나 예외와만 관련된 위의 경우를 도외시하는 한에서 결코 직접 의지의 현상으로 넘어가지 않고, 따라서 또한 이 현상이 최고 단계의 가시성에 도달하는 곳에서도, 개인적 성격을 가진 이성적 동물, 즉 "인물(die Person)"로도 넘어가지 않는다. "사람은 자유의지의 현상일지라도 결코 자유롭지 않다." 왜냐하면 사람은 바로 자유의지의 자유로운 의욕함의 한정된 현상이기 때문이고, 이 현상이 모든 객체의 형식인 이유율 속으로 들어감으로써 사람은 저 의지의 단일성을 행위들의 수다성數多性으로 전개하기는 하지만, 저 의욕함 자체의 시간 외적 단일성 때문에 하나의 자연력의 법칙성을 가지고 스스로를 표현하는 수다성으로 전개하기 때문이다. 그러나 그럼에도 저 자유의지가 사람과 그 전 거동 속에서 가시적이 되는 것, 사람의 전 거동을 개념이 정의定義를 대하듯 대하는 것이기 때문에 사람의 어떤 개별 행동이든 자유의 탓으로 돌려져야 하고, 의식에 직접 그 자체로서 통지된다. 누구든 "선험적으로", 여기서는 자기의 근원적 감정(Gefühl)에 따라 자신을 개별 행위들 속에서 – 어떤 주어진 경우에 어떤 행위든 가능하다는 의미에서 – "자유로운 것"으로 여기고, 비로소 후험적으로, 즉 경험으로부터, 자기의 행위가 성격과 동기의 합치로부터 "완전히 필연적으로" 생겨난다는 것을 인식한다.[610]

따라서 지극히 거친 자들은 누구나 자신의 감정에 개별 행위에서 완전한 자유를 극히 격렬하게 방어하는 반면, 모든 시대의 위대한 사상가들, 아니 보다 깊은 지각을 가진 신앙 교설조차도 완전한 자유를 부정해 온 사태가 발생하는 것이다. 하지만 인간 의지의 전 본질과 인간 자체가 이

---

610) Schopenhauer, *Die Welt als Wille und Vorstellung I*, §53 (397-398쪽).

자유의지의 현상이지만, 이런 현상이 이유율을 실로 이 경우에는 "동기부여(Motivation)의 법칙"으로 형태화되는 필연적 형식으로, 주체로부터 인식될 수 있는 필연적 형식으로 갖는다는 사실을 분명히 인식한 사람에게 주어진 성격과 당면적 동기가 갖춰진 경우에 수행된 행위의 불가피성에 대해 일어나는 의심은 삼각형의 세 각이 2직각과 같다는 것에 대한 의심과 같은 것일 것이다.[611]

쇼펜하우어는 필연과 의지 자유가 공존할 수 있는 것, 즉 '필연'과 '현상 바깥의 의지'가 공존하는 것은 칸트가 "예지적 성격"과 "경험적 성격" 간의 구별을 제시함으로써 입증했다고 하면서 "여기서 칸트의 공적은 특히 크다"고 칸트를 찬양한다. 이 구별을 그는 "예지적 성격"이 특정한 개인 안에서 특정한 정도로 현상하는 물자체로서의 의지이지만, "경험적 성격"이 시간에 따라 행동 방식으로, 그리고 실로 공간에 따라 "체화體化"로 표현되는 이 현상이기 때문에, 이 구별을 전적으로 견지한다. 양자의 관계를 가지적可知的으로 만들기 위해 가장 좋은 표현은 "각 인간의 예지적 성격은 시간 외적인, 따라서 불가분적이고 불변적인 의지 작용으로 고찰되어야 하고 시공과 이유율의 온갖 형식들 속에서 전개되고 분산되는 현상은 이 인간의 전 행동양식과 인생 이력 속에서 경험적으로 표현되는 경험적 성격이다"는 표현이다. 나무 전체가 섬유 속에서 가장 단순하게 표현되고 나뭇잎·꽃자루·가지·줄기의 합성 속에서 재현되고 이 안에서 쉽사리 인식될 수 있는 동일한 충동의 끊임없이 재현되는 현상에 지나지 않듯이, 인간의 모든 행위는 그의 "예지적 성격"의 끊임없이 재현되는, 형식 속에서 얼마간 교대로 나타나는 표출에 나지 않는다.[612] 인간의 '예지적叡智的 성격'이란 결국 인간의 '예정된 성격'이라는 말이 되고 만다.

---

611) Schopenhauer, *Die Welt als Wille und Vorstellung I*, §53 (398쪽).
612) Schopenhauer, *Die Welt als Wille und Vorstellung I*, §53 (398-399쪽).

이런 점에서 쇼펜하우어는 칸트주의자다.

쇼펜하우어는 이데아가 주객의 분리도 개체들의 분리도 부정하기 때문에 이데아의 인식을 통해 인간들을 개인들로 나누어 갈등하게 하는 '개체화의 원리(principium individuationis)', 곧 '마야의 베일'을 꿰뚫어 볼 가능성을 제기한다. "인간이 이유율에 지배되는 개별 사물들 그 자체의 인식 전체를 떠나 이데아의 인식에 의해 개체화의 원리를 꿰뚫어 본다면, 인간적 의지의 어떤 완전히 다른 현상, 동물류에서는 불가능한 어떤 현상이 출현할 수 있을까. 이럴 경우에는 '물자체로서의 의지'의 본래적 자유가 진정으로 등장할 수 있고, 이 등장을 통해 현상은 자기부정이라는 단어가 지칭하는 '자기 자신과의 모순'에 빠져든다, 아니 최종적으로 현상의 즉자적卽自的 본질이 스스로 폐지된다."[613]

의지의 선험적 자유는 그래도 개체의 원리에 구속되어 있다. 인간의 이런 의지는 도덕에 의해서도 구속된다. 개체의 개체에 대한 복수심에 기초한 '세속적 정의(die zeitliche Gerechtigkeit)'의 도덕도 자유의지를 개체화 원리 속으로 몰아넣어 무력화시킨다. 국가 안에 소재를 두는 '세속적 정의'는 복수적이거나 형벌적인 것이다. 모든 형벌과 불법행위의 복수는 정당화 없는 채로 남을 것이고, 의미도 의의도 없이 과거의 사건에 대한 두 번째 해악의 단순한 추가에 지나지 않을 것이다. 그러나 쇼펜하우어는 '영원한 정의' 도덕을 말하고 싶어 하면서 힌두교적·불교적 '윤회의 정의'를 원용한다. "영원한 정의"는 '세속적 정의'와 "완전히 다르다." 영원한 정의는 국가가 아니라 세계를 지배하고, 인간적 제도에 종속되고 우연과 기만에 굴하고 불확실하고 동요하고 헤매는 것이 아니라, 틀림없이 확고하고 확실하다. "복수復讐 개념은 이미 시간을 자기 안에 들어있다. 따라서 영원한 정의는 전혀 복수적 정의일 수 없고, 그러므로 복수적 정의와

---

613) Schopenhauer, *Die Welt als Wille und Vorstellung I*, §53 (414쪽).

달리 유예와 기한을 허용할 수 없고, 시간을 매개로만 나쁜 행위를 나쁜 결과로 메워 평준화하느라 존립하기 위한 시간을 필요로 할 수 없다. 여기서 형벌은 반드시 소멸과 결합되어 있어야 해서 양자는 하나다. (…) 이러한 영원한 정의가 진짜로 세계의 본질 속에 들어 있다는 것은 지금까지 전개된 우리의 전체적 사상으로부터 이 사상을 이해한 사람에게 곧 완벽하게 자명해질 것이다."[614]

"단일한 생의지의 현상"으로서의 "객체성"은 "온갖 수다성의 부분들과 형상들의 세계", 곧 삼라만상이다. 현존(Dasein) 자체 및 전체와 각 부분의 현존양식은 오로지 이 단일한 생의지로부터만 기원한다. 의지는 자유롭고, 의지는 전능하다. 어떤 사물 속에서든 의지는 의지가 자기 자신을 즉자적으로, 그리고 "시간 바깥"에서 규정하는 것과 똑같이 현상한다. "세계는 이 의욕의 거울에 지나지 않는다." 세계가 내포한 모든 유한성, 모든 고통, "모든 번뇌"는 의지가 의욕 하는 것을 표현하는 데 필요하고, 의지가 그렇게 의욕 하기 때문에 그런 것이다. 따라서 지당하게도 어떤 존재자든 현존 일반을 짊어지고 그 다음 자기의 양식과 있는 "자기의 특유한 개체성의 현존", "있는 그대로의 환경과 있는 그대로의 세계 속에서 우연과 오류에 의해 지배당하고 시간적으로 무상하고 항상 고난을 겪는 현존"을 짊어지고 있다. 그리고 존재자의 신상에 생기는, 아니 생길 수 있을 뿐인 모든 것에서 그 존재자에게 뭔가는 언제나 당연히 일어난다. 의지는 그의 것이기 때문이다. 그리고 "세계는 의지가 존재하는 그대로 존재한다." 현존과 이 세계의 만듦새에 대한 책임은 이 세계 자체만이 짊어질 수 있을 뿐이고, 어느 누구도 짊어질 수 없다. 그 누가 어떻게 이 책임을 떠맡을 수 있단 말인가? 인간들이 도덕적으로 보아서 전체적·일반적으로 무슨 가치가 있는지를 알려고 한다면, 인간들의 운명을 전체적·일반

---

614) Schopenhauer, *Die Welt als Wille und Vorstellung I*, §53 (479쪽).

적으로 고찰해야 한다. 인간의 운명은 결핍, 빈곤, 비탄, 번뇌, 그리고 죽음이다. "영원한 정의"가 힘을 떨친다. 인간들이 전체적으로 보아 무가치한 것이 아니라면, 인간의 운명은 전체적으로 보아 그렇게 슬프지 않을 것이다. "이런 의미에서 우리는 '세계 자체가 세계 심판이다'라고 말할 수 있을 것이다."[615] 쇼펜하우어는 헤겔을 그렇게 혐오하면서도 헤겔처럼 실러(Fr. Schiller)의 "세계의 역사는 세계의 심판이다"는 비철학적·문예적 문구를 따와서 '영원한 정의'를 뒷받침하고 있다. 그리고 그는 마무리 짓는다. "세계의 모든 비탄을 천칭의 이 판에 올려놓고 세계의 모든 죄를 다른 판에 올려놓을 수 있다면, 천칭 바늘은 틀림없이 중간에 정지해 서 있을 것이다."[616]

세계는 "의지 자체"인 "단일하고 유일한 생의지의 객체성"으로 현상하지 않는다. 반대로 세계는 인도인들이 말하는 '마야의 베일', 환영幻影의 장막 때문에 시야가 흐려진 세계, '고해苦海의 세계(사바세계)'로 현상한다.

- 오히려 인도인들이 말하듯이 '마야의 베일'이 조야한(rohe) 개인의 시선을 흐리게 한다. 이 조야한 개인에게는 물자체가 아니라, 시공 속의 현상만이, 즉 개체화 원리 속의 현상과 이유율의 기타 형상들 속의 현상만이 보인다. 그리고 이 조야한 개인의 이런 한정된 인식 형식 속에서 이 조야한 개인은 사물들의 단일한 본질을 보는 것이 아니라, 이 본질의 현상들을 별개로 떼어져 분리되고 무수하고 아주 상이한, 아니 반대로 뒤집힌 것으로서 본다. 조야한 개인에게 쾌락과 번뇌는 별개로 현상하고, 이 사람은 고문자와 살인자로, 저 사람은 인고자忍苦者

---

615) Schopenhauer, *Die Welt als Wille und Vorstellung I*, §53 (480-481쪽).
616) Schopenhauer, *Die Welt als Wille und Vorstellung I*, §53 (481쪽).

와 희생자로 나눠 현상하고, 악과 재앙은 별개로 현상한다. 조야한 개인은 이 사람이 기쁨과 과잉과 쾌락 속에서 사는 것을 보는 동시에 이 사람의 문 앞에서 궁핍과 추위로 고통스럽게 죽어가는 것을 본다. 그다음 그는 물을 것이다. 인과응보는 어디 있느냐? 그리고 그 자신은 그의 기원이자 그의 본질인 격렬한 의지 충동 속에서 생의 쾌락과 향락을 움켜주고 이것들을 꽉 껴안고 꼭 붙들고, 그가 그의 바로 이 행동을 통해 생의 모든 고통과 번뇌를 움켜쥐고 자신의 몸에 확고하게 눌러 붙이고 있다는 것을 알지 못한다. 그는 이 고통과 번뇌를 보고 전율한다. 그는 세상에서 재앙을 보고 악을 보지만, 양자가 단일한 생의지의 현상의 다른 측면들에 지나지 않다는 것을 인식하기는커녕 그는 이 양자를 아주 상이한, 아니 완전히 반대되는 것으로 간주하고, 종종 개체화 원리 사로잡힌, 즉 마야의 베일에 기만당한 채 악한 짓을 통해, 즉 남에게 고통을 야기함으로써 자기 개인의 재앙, 즉 고통을 벗어나려고 한다. 왜냐하면 사방팔방으로 한없이 울부짖으며 산더미 같은 파도를 일으키고 가라앉히며 미쳐 날뛰는 바다 위에서 한 뱃사공이 쪽배 위에 이 취약한 선박을 믿고 앉아있는 것처럼, 개별적 인간은 개체화 원리에 의지하고 또 이것을 믿고 번뇌의 세계 한복판에 또는 개인이 사물들을 현상으로 인식하는 방식 한복판에 가만히 앉아 있기 때문이다. 무한한 과거와 무한한 미래 속에 들어있는, 도처에 고苦로 가득한 광대무변의 고해苦海 세계(사바세계 - 인용자)는 조야한 개인에게 낯설다, 아니, 그에게는 하나의 동화다. 조야한 개인의 사라질 듯 작은 몸, 연장 없는 현재, 찰나적 쾌감, 이것만이 그에 대해 현실성을 갖는다. 더 나은 인식이 그의 눈을 개안開眼시켜 주지 않는 한, 이것을 보존하기 위해 그는 모든 것을 다한다. 그때까지 단지 그의 의식의 가장 내밀한 심부에만은 저 모든 것이 그에게 물론 본래 그렇게 낯선 것이 아니라 그와 연관을 가지고 있다는 완전히 막연부지漠然不知한 예감이 살아있다. 이 연관에 대해 개체화 원리는 그를 보호해 줄 수 없다. 이 예감으로부터 저 전율, 그토록 없앨 수 없고 모든 인간들에게 (아니 아마도 심지어 보통 이상으로 영리한 동물들에게도) 공통된 전율, 이유율이 그 어떤 형상 속에서 예외를 겪는 것처럼 보임으로써 인간들이 그 어떤 우연에 의해 개체화 원리에 직면하여 헤매게 되면, 가령 원인 없는 그 어떤 변화가 발생하거나 죽은 자가 환생하거나, 그렇지 않으면 그 어떤 방식으로 지나간 것이나 미래적인 것이 현재하거나 먼 것이 가까이 있다면, 갑자기 인간들을 덮치는 전율이 유래한다. 이런 어떤 것에 대한 엄청난 경악은 인간들이 그들의 고유한 개체만을 나머지 세계와 줄곧 별개로 떼어내는 현상의 인식 형식들에 직면하여 갑자기 헤매게 되는 것에 기인한다. 그러나 이 별개화(Sonderung)는 현상 속에만 있고, 물자체 속에는 없다. 그런데 '영원한 정의'는 바로 이 물자체에 근거한다. 사실 모든 시간적 행복은 허물어진 바탕에 서 있고, 모든 현명도 이런 바탕 위에서 노닌다. 이 행복과 현명이 사람을 사고에 대해 보호해주고, 사람에게 향락을 주는 것이다. 그러나 사람은 단순한 현상이고, 이 사람이 다른 개체들과 상이함과 이 개체들이 짊어진 고뭄로부터의 해탈은 현상의 형식, 즉 개체화 원리에 근거한다. 누구나 자유로운 생의지인 한, 즉 온 힘으로 생을 긍정하는 한, 사물의 참된 본질에 따르면 누구나 세계의 모든 고뭄를 자기 것으로, 아니 가능성에 지나지 않는 모든 고뭄를 그에게 현실적인 것으로 간주해야 한다. 개체화 원리를 꿰뚫어 보는 인식에 대해서는 시간 속에서의 행복한 삶이 우연에 의해 선사된 것이거나, 무수한 타인들의 고해苦海의 한복판에서 우연으로부터 현명에 의해 얻어진 것이다. 하지만 이것은 자기가 왕인 거지의 꿈에 지나지 않은 것이고, 이 꿈으로부터 그는 깨어나 단지

무상한 미혹이 자기를 생의 고난으로부터 분리시켰을 뿐임을 알게 된다.[617]

쇼펜하우어는 이데아의 인식으로 '마야의 베일'을 걷어내고 윤회로부터 '영원한 정의'를 구하고 고꿈로부터의 해탈의 지혜를 베다의 우파니샤드 경으로부터 구한다. "이유율을 따르는 인식"은 "개체화 원리에 사로잡힌 시각"이고 이 인식과 시각에는 "영원한 정의"가 뵈지 않기 때문이다. 이 개체화 원리에 사로잡힌 시각은 가령 허구로 영원한 정의를 구하지 않는다면 이 영원한 정의의 부재를 완전히 한탄한다. 이 시각은 악인 온갖 비행과 잔학행위 뒤에 쾌락 속에 살고 아무런 공략을 받지 않고 세상을 뜨는 것을 보는 시각이다. 이 시각은 피억압자가 고난으로 가득 찬 삶을 끝까지 끌고 가는 것을 본다.[618] 이제는 이것을 초탈해야 한다. 이데아를 보고 개체화의 분리 장벽을 뛰어넘어야 한다.

- 그러나 이유율의 단서를 잡고 계속 전진하는 저 인식, 즉 개별 사물들에 묶인 저 인식을 초탈해 이데아를 인식하고 개체화 원리를 꿰뚫어 보고, 물자체에 현상의 형식들이 속하지 않는다는 것을 깨닫는 사람만이 영원한 정의를 포착하고 이해한다. 이런 사람은 덕성을 발휘하기 위해서 이런 추상 인식이 결코 요구되지 않을지라도 이러한 인식으로써 현재의 고찰과의 관련 속에서 곧 우리에게 밝혀질 덕성의 참된 본질을 이해할 수 있는 자뿐이다. 그러므로 언급된 이데아의 인식에 도달한 사람은 이것과 저것이 표현되는 현상들이 완전히 상이한 개체들로 현존하고 심지어 먼 시간과 공간에 의해 분리되어 있더라도, 의지

---

617) Schopenhauer, *Die Welt als Wille und Vorstellung I*, §53 (481-483쪽).
618) Schopenhauer, *Die Welt als Wille und Vorstellung I*, §53 (483쪽).

가 모든 현상의 즉자卽自이기 때문에, 다른 사람들 위에 떨어진 번뇌와 자기가 경험하는 번뇌, 악인과 재앙이 언제나 저 동일한 본질과 관련된 것이라는 사실을 분명하게 안다. 이런 사람은 고난을 내리는 자와 고난을 감내해야 하는 자 사이의 상이성이 단지 현상에 지나지 않는다는 것, 이 둘 속에 사는 의지인 물자체와 관련된 것이 아니라는 것을 통찰한다.[619]

"다른 사람들 위에 떨어진 번뇌와 자기가 경험하는 번뇌"을 "동일한" 것으로 알게 만들어주고 개체화의 원리를 뚫는 이데아의 인식을 가능케 해주는 근원적 도덕원리는 '동정심'이라는 도덕 가정이다. 그러나 쇼펜하우어는 이 단계에서 이 도덕감정에 대해 침묵한다.

- 이 의지는 여기에서 의지를 위한 복무에 묶여 있는 인식에 의해 미혹당하고 저 자신을 오인하여 자기의 현상들 중 이 현상 속에서 안녕의 제고提高를 찾고, 저 현상 속에서는 그가 언제나 저 자신만을 다치게 하는 것을 모르고, 또 모르는 만큼 그가 자기 내심에 담고 있는 자기갈등을 개체화의 매개로 계시하며 커다란 고난을 산출하고 이럼으로써 결렬한 충동 속에서 자기의 살 속에 이빨을 박아 넣는다. 고통의 가해자와 피해자는 하나다. 저 자는 고통에 무관하다고 믿음으로써 미혹되고, 이 자는 책임과 무관하다고 믿음으로써 미혹된다. 이 양인의 눈이 뜨인다면, 고난을 내리는 자는 그가 넓은 세계 속에서 고통을 당하는 만물 속에서 살고 있고, 이성을 품부받았다면 왜 만물이 그 귀책 관계를 알 수 없는 고난을 그리 크게 당하게끔 생존 속에 불러내졌는지를 숙고하는 것이 헛되다는 것을 인식할 것이고, 고통을 당하는 자는,

---

[619] Schopenhauer, *Die Welt als Wille und Vorstellung I*, §53 (483-484쪽).

세상에서 자행되거나 이전에 자행된 모든 악이 그의 본질을 이루는 저 의지로부터 발원하고, 또한 그의 안에서 현상하기도 하고, 스스로가 이런 의지인 한에서, 그가 이 현상과 현상의 긍정을 통해 이러한 의지로부터 생겨나는 모든 고난을 자기가 떠맡았고, 또 당연히 그가 이 고난을 감내하고 있다는 것을 통찰하게 될 것이다.[620]

영원한 법칙에 따라 죽음이 탄생에 근거하고 있으니 탄생이 어찌 죄가 아닐 것인가? 쇼펜하우어는 이런 희한한 관점에서 기독교적 원죄설을 타당한 것으로 수용한다.[621] 이 원죄설은 사람들이 탄생과 동시에 죄인이라는 뜻이 아니라 인간 고통의 원인이 탄생에서부터 비롯되었다는 뜻일 뿐이다.

■ 의지와 세계의 통일로서의 힌두교적 범아일여

아무튼 쇼펜하우어는 초탈을 위해 인도 힌두교의 신비주의적 해법을 기꺼이 수용한다.

- 영원한 정의에 대한 인식, 즉 malum culpae(죄의 해악)과 malum poenae(형벌의 해악)을 불가분적으로 결합하는 저울대에 대한 인식은 개체성과 개체성의 가능성의 원리를 초탈할 것(Erhebung)을 요한다. 따라서 이 인식은 이 인식과 친화적이고 즉시 논구되어야 할, 모든 덕성의 본질에 대한 순수하고 분명한 인식과 마찬가지로 대부분의 사람에게 항상 접근할 수 없는 것으로 남아 있을 것이다. 따라서 인도 백성의 지혜로운 시조들은 세 재생족 카스트(drei wiedergeborene

---

620) Schopenhauer, *Die Welt als Wille und Vorstellung I*, §53 (484쪽).
621) Schopenhauer, *Die Welt als Wille und Vorstellung I*, §53 (484쪽).

Kasten)에게만 허용된 베다, 즉 비의적秘意的 지혜론으로 – 개념과 언어가 그것을 포착하고 언제나 비유적이기도 광상적狂想的이기도 한 설명 방식이 허용하는 한 – 직접 언명하기는 했으나, 민간신앙이나 대중적 공개 교설로는 오직 신비적으로만 전달했다. 직접 설명을 우리는 최고의 인간적 인식과 지혜인 베다에서 발견한다. 우파니샤드(베다의 마지막 시기 최고 경전)에 들어 있는 베다의 핵심은 금세기의 최대 선물로서 마침내 우리가 입수하게 되었다. 그 핵심은 여러 가지 방식으로 표현되지만, 특히 제자의 눈앞에 생명이 있고 생명이 없는 세계의 모든 존재자를 순서대로 지나가게 하고 이 존재자에 대해 각각 성구가 된 말, 즉 그 자체로서 마하바키아(Mahavakya)라고 부르는 말을 언명하는 방식으로 표현된다. 이 말 중 '타토우메스(tatoumes)', 보다 제대로는 '타트 트밤 아시(tat tvam asi; 마하바키아 중 네 번째 말)'가 있는데, 이는 "네가 바로 그것이다 (또는 그것이 바로 너다)"라는 뜻이다. 그러나 일반백성에게는 저 위대한 진리가, 백성들이 자신들의 편협함 속에서 이 진리를 이해할 수 있는 한에서, 이유율을 따르는 인식 방식으로, 즉 그 본질상 저 진리를 순수하게 그 자체에 있어서 전혀 받아들일 수 없는, 심지어 저 진리와 모순에 처하기는 하지만 신화의 형식으로 그 대용물을 수용한 인식 방식으로 옮겨졌다. 이 대용물은 자기의 윤리적 의미를 이 의미 자체에 영원히 낯선 이 인식 방식으로, 즉 이유율에 따르되 비유적 설명을 쓴 인식 방식으로 이해할 수 있게 만들어 줌으로써, 행동을 위한 규정으로 충분했다. 모든 신앙적 가르침이 모조리 조야한 인간 지각에 포착될 수 없는 진리의 신화적 표현인 점에서 비유적 설명의 인식 방법으로 이해할 수 있게 하는 것은 모든 신앙적 가르침의 목적이다. 또한 이런 의미에서 저 신화는 칸트의 말로 하면

실천이성의 요청이라고 부를 수 있을 것이다.[622]

"마하바키아(Mahavakya)"가 칸트식 실천이성의 요청이다? '마하바키아'는 아트만과 브라만의 궁극적 통일성, 즉 '범아일여梵我一如'를 지칭하는 네 개의 위대한 말씀('The Great Sayings')을 가리킨다. 네 개의 말씀은 다음과 같다.

① "prajnanam brahma"(프라주냐반야가 바로 브라만이다. 또는 브라만이 반야다). '프라주냐(=Prajna, 프라주냐)', 즉 '반야般若'는 순수의식·지혜·지성·깨달음을 가리킨다.
② "ayam atma brahma"(이 아트만이 바로 브라만이다).
③ "aham brahmasmi"(내가 바로 브라만이다 또는 내가 바로 신이다).
④ "tat tvam asi"(네가 바로 그것이다).

힌두교에서 '재생족(dvija)'은 처음에 몸으로 태어나고 그다음 스승에게서 배워 정신적으로 태어난 집단이다. "세 재생족 카스트"는 브라만, 크샤트라, 바이샤 카스트를 가리킨다.

■ 윤회와 영원한 정의

이어서 쇼펜하우어는 힌두이즘의 신화적 '윤회' 개념과 불교를 끌어들여 '영원한 정의' 개념을 뒷받침한다.

- 그러나 그 자체로 고찰하면 저 신화는 우리 목전의 현실성의 나라 안에 들어있는 요소들을 전혀 포함하지 않고 따라서 그의 모든 개념들

---

622) Schopenhauer, *Die Welt als Wille und Vorstellung I*, §53 (485-486쪽).

에다 직관을 붙일 수 있는 커다란 장점을 갖는다. 여기서 의미하는 것은 윤회(Seelenwanderung)의 신화다. 이 신화는 우리가 생 속에서 다른 존재자들에게 가하는 모든 고난이 다음 생 속에서 바로 이 세상에서 정확히 동일한 고난을 통해 다시 속죄될 수밖에 없다고 가르친다. 이 속죄는 동물 한 마리를 죽이는 사람이 언젠가 무한한 시간 속에서 또 바로 그 동물로 태어나 동일한 죽음을 당하게 될 것이라는 데까지 이른다. 윤회의 신화는 악한의 윤회는 미래에 이 세상에서 고난당하고 경멸당하는 존재자들로 태어날 것을 초래한다고, 따라서 우리는 그 다음에 보다 낮은 카스트로, 또는 여성으로 또는 동물로, 파리아나 찬달라(카스트 외의 천민 신분)로, 문둥병자로, 악어 등으로 다시 태어난다고 가르친다. 윤회 신화가 협박하는 모든 번뇌에다 이 신화는 자기들이 어떻게 자기 번뇌를 죄책으로 짊어지게 되었는지를 알지도 못하는 고난당하는 존재자들을 통해 현세의 직관을 붙여놓는다. 따라서 윤회 신화는 (윤리적 - 인용자) 도움을 받기 위해 다른 지옥을 설정할 필요가 없다. 반면, 윤회 신화는 포상으로 보다 나은, 보다 고귀한 인물상들로의 환생, 브라만·지자·성자로서의 환생을 약속한다. 가장 고귀한 행위와 완전한 체념을 기다리는 최고의 포상, 7번의 생에서 연방 자발적으로 남편의 화장火葬 장작더미 위에서 죽은 여성에게도 주어지고 못지않게 단 한 번도 거짓말을 하지 않은 깨끗한 입을 가진 사람에게도 주어지는 최고의 포상, 이 포상을 윤회 신화는 이승의 언어로 "그대는 다시 현상적 실존을 받지 않을 것이다"(Chandogya-Upanischad, 8, 15), 또는 베다도 카스트도 인정하지 않는 불교도들처럼 "그대는 열반에 이를 것이다, 즉 생로병사의 네 가지가 없는 상태에 이를 것이다"라고 전혀 더 이상 환생하지 않을 것이라는 빈발하는 언

질을 통해서 오직 부정적으로만 표현할 수 있다.[623]

쇼펜하우어는 힌두교의 우파니샤드, 윤회 신화, 불교 등 인도 신화와 종교를 '철학적 진리에 가장 가까이 근접한 것'으로 극찬한다.

- 어떤 신화도 그토록 적은 소수인에게만 접근가능한 철학적 진리에 가장 고귀하고 가장 오래된 민족의 이 태고대적 가르침보다 더 밀접하게 접합하지 않았고, 또 어떤 신화도 이렇게 접합하지 않을 것이다. 이 철학적 진리는 이 태고적 민족에게서 지금 여러 조각들로 변질되어 있을지라도 아직 일반적 민간신앙으로 지배하고, 오늘날도 4000년 전이나 다름없이 생에 결정적 영향을 미치고 있다.[624]

그리고서 쇼펜하우어는 방향을 바꿔 피타고라스와 플라톤이 이 힌두교와 불교의 신화적·철학적 요소들이 인도로부터, 또는 이집트를 우회해서 전해 받았고 이 신화를 믿었다고 언명한다. 그리고 인도에 대한 서양인들의 선교사업을 경멸조로 기술한다.

- 따라서 이 극치의 신화적 설명은 이미 피타고라스와 플라톤이 이 경이驚異로써 인도나 이집트로부터 전해 받아 이해하고, 숭배하고, 적용했고, 얼마나 믿었는지 우리가 모르지만 이 신화적 설명을 스스로들 믿었다. 그런데 우리는 반대로 동정심에서 브라만들에게 보다 나은 것을 가르쳐주고, 그들에게 그들이 무無로부터 만들어졌고 고맙게도 이에 기뻐해야 한다고 타일러 주도록 지금 영국 성직자와 헤른후터

---

623) Schopenhauer, *Die Welt als Wille und Vorstellung I*, §53 (486-487쪽).
624) Schopenhauer, *Die Welt als Wille und Vorstellung I*, §53 (487쪽).

(Herrnhuter)파의 아마포 직조공들을 그들에게 파견하고 있다. 그러나 우리는 바위에 총을 쏘는 사람이 당하는 꼴을 당하고 있다. 인도에서 우리의 종교는 결코, 그리고 앞으로도 뿌리박지 못한다. 인류의 원초적 지혜는 갈릴리의 사건들에 의해 밀려나지 않을 것이다. 반대로 인도의 지혜가 유럽으로 역류하여 우리의 지식과 사유에 근본적 변화를 제기할 것이다.[625]

쇼펜하우어는 천당과 지옥을 말하지 않는 윤회적 상벌로 즉각 복수의 '세속적 정의'를 체념하듯 초월하여 인과응보로 몇 세대에 걸쳐 복수 없이 구현되는 '영원한 정의'을 말하고 있다. 그리고 "인도에서 우리의 종교는 결코, 그리고 앞으로도 뿌리박지 못한다"는 단언, 그리고 "인류의 원초적 지혜는 갈릴리의 사건들에 의해 밀려나지 않을 것"이고 "반대로 인도의 지혜가 유럽으로 역류하여 우리의 지식과 사유에 근본적 변화를 제기할 것이다"는 단언도 가히 예지적豫知的이다. 그러나 힌두이즘을 받아들여 자기의 "지식과 사유에 근본적 변화"를 일으킨 니체의 인종주의 철학은 파시즘·나치즘 민행의 지침이 되었다.

쇼펜하우어는 인도 종교의 신비주의에 의거하여 개체성 원리의 초탈과 '영원한 진리'를 설명하는 것으로 그치는 것이 아니라, 이것들을 '윤리적'으로도 설명한다. 그는 "영원한 진리"에 대한 "신화적 설명"이나 "철학적 설명"이 아니라, "영원한 진리에 대한 단순한 감정적 인식(bloß gefühlte Erkenntnis)", 즉 이 영원한 진리와 관련된 "양심과 행동의 윤리적 함의"를 고찰하고자 한다. 이 고찰은 철학적 설명과 친화적이다. 그는 이 대목에서 "인간 본성의 두 가지 특유성(Eigentümlichkeit)"에 주목한

---

[625] Schopenhauer, *Die Welt als Wille und Vorstellung I*, §53 (487쪽). '헤른후터파'는 찐쩬도르프(Nikolaus L. Zinzendorf, 1700-1760)가 창립한 루터주의적 경건주의 종파다.

다. 이 인간 본성의 이 두 특유성은 각자가 어떻게 저 영원한 진리의 근거인 "의지의 통일성과 동일성(Einheit und Identität)"과 저 "영원한 정의의 본질"을 최소한 "모호한 느낌"으로나마 의식하는지를 분명하게 밝히는 데 기여할 수 있기 때문이다.[626] 쇼펜하우어가 말하려는 "인간 본성의 두 특유성"을 미리 말하면, 그 가운데 하나는 영원한 정의를 위해 자기 목숨까지도 던지는 '공분公憤'이고, 다른 하나는 개체성의 원리인 '마야의 베일'을 걷어버리는 아가페적 '동정심'이다.

쇼펜하우어는 죄악과 복수의 연관을 개체성의 원리와 '세속적 정의'의 관념에 갇힌 것이라고 비판하는 자신의 논지를 더욱 구체적으로 설명한다. 가령 어떤 악행이 일어난 뒤에 다른 사람에게 고통을 야기한 사람이 바로 동일한 정도의 고통을 다시 당하는 것을 보는 것은 대부분 복수심에 불타는 피해자뿐만 아니라 전혀 무관한 관찰자에게도 만족을 보장한다. 이 속에서 바로 저 영원한 정의의 의식이 표명되고 있는 것처럼 보이지만, "영원한 정의"의 의식을 이런 식으로 표명하는 것은 "부정한不淨한 감각(ungeläuterter Sinn)에 의해 즉시 오해되고 변조된다." 왜냐하면 이 "부정한 감각"은 개체화 원리에 사로잡혀, 모호한 중의적 개념들을 말하고, 현상에다 대고 오직 물자체에만 속하는 것을 요구하고, 모욕자와 피모욕자가 그 자체에서 얼마만큼 하나인지, 그 자신의 현상 속에서 자기 자신을 재인식하지 않고 죄책과 번뇌를 같이 짊어지고 있는 것이 얼마만큼 동일한 본질인지를 통찰하는 것이 아니라, 오히려 죄진 동일한 개인에게서 번뇌를 또 다시 보기를 요청하기 때문이다. 따라서 대부분의 사람은 아주 높은 정도의 악의를 지녔지만 자기 안에 갖춘 성질들과 다른 성질들을 함께 갖추지 않고 그 밖의 많은 성질들을 갖추었을지도 모를 어떤 사람, 요컨대 여기서 비상한 정신력으로 타인들을 훨씬 능가하고 이에 따라

---

626) Schopenhauer, *Die Welt als Wille und Vorstellung I*, §64 (487쪽).

가령 세계 정복자로서 말할 수 없는 고난을 수백만의 타인들에게 가하는 어떤 사람, 내 말이지 이런 사람이 모든 고난을 언젠가, 어느 곳에선가 동일한 정도의 고통을 통해 속죄하기를 요구하고 싶을 것이고 또 요구할 것이다. 왜냐하면 대부분의 사람은 고통을 주는 가해자와 고통을 받는 피해자들이 즉자적으로 하나이고, 이 피해자들로 하여금 현존하고 생존하게 하는 의지가 저 가해자 안에서 현상하는 바로 그 의지와 동일하다는 것, 바로 이 가해자를 통해 그의 본질의 가장 분명한 계시에 도달하는 바로 그 의지와 동일하다는 것, 마찬가지로 피압박자들 안에서와 같이 압박자 안에서도 고난을 당하는, 그것도 의식이 보다 명백하고 분명하고 의지가 보다 더 맹렬한 만큼 이 압박자에게서 더 많이 고난을 당하는 바로 그 의지와 동일하다는 것을 인식하지 못하기 때문이다.[627]

그러나 개체화 원리에 사로잡히지 않은 "보다 심오한 인식", "일체의 덕성과 고결한 마음(Edelmut)을 낳는 보다 심오한 인식"은 "저 복수를 요구하는 심정(Gesinnung)"을 더 이상 품지 않는다. 이것은 이미 악을 악으로 되갚는 것을 단적으로 포기하고 "영원한 정의"로 하여금 물자체 세계에서 힘을 떨치게 하는 기독교윤리가 증명한다. "복수는 나의 것이니라, 나는 되갚아주려고 한다."(로마서 12:19)[628]

쇼펜하우어는 경험영역에서 표명되는 '영원한 정의'를 자기초월적 정의감(공분)의 사례로 설명한다. 때로 우리는 자기가 경험한, 아니 필경 단지 목격자로서 체험했을 뿐인 "엄청난 '못 볼 것(Unbild)'에 깊이 분격하여" 저 범죄의 범행자에게 복수를 가하기 위해 숙고 끝에 그리고 목숨 구원 없이 자기의 생명을 거는 사람을 본다. 우리는 가령 힘센 억압자를 수년 동안 찾아다니다가 마침내 그를 죽이고, 그런 다음 그가 예견한 대로,

---

627) Schopenhauer, *Die Welt als Wille und Vorstellung I*, §64 (488쪽).
628) Schopenhauer, *Die Welt als Wille und Vorstellung I*, §64 (488쪽).

아니 자기의 생명이 자기에게 단지 복수를 위한 수단으로만 가치를 갖기에 그가 종종 전혀 피하려고 꾀하지 않은 것처럼 스스로 단두대 위에서 죽는 사람을 본다. 특히 스페인 사람들 사이에 이러한 사례들이 있다. 쇼펜하우어는 과거 전쟁에서 자신과 프랑스 장군들을 그 식탁에서 동시에 독살한 저 스페인 주교는 이 전쟁에서 생겨난 여러 사실처럼 여기에 속한다. 그리고 몽테뉴의 『수상록』(제2권 제12장)에도 이런 사례들이 기록되었다고 한다. 쇼펜하우어는 이런 복수심의 정신을 정밀하게 들여다보면, 저 복수심이 자기가 당한 고통을 야기된 고통을 직접 봄으로써 완화하려고 하는 "상스런 복수와 아주 다르다"고 말한다. 그는 이 사례들이 "인간 본성의 훨씬 더 현저하지만 훨씬 더 진기하기도 한 특징"을 보여주는 것들이라고 설명한다. 이 특징은 영원한 정의를 경험의 영역(개체화의 영역) 안으로 끌어들이라는 저 요청을 표명함과 동시에 생의지가 큰 비극과 희극을 자기 부담으로 공연하고 동일한 생의지가 모든 현상 속에서 산다는 "느끼는 의식(ein gefühltes Bewußtsein)"을 시사하는 특징이라는 것이다.[629]

    쇼펜하우어는 이 사례들을 스페인 주교의 저 복수심과 같은 복수심이 목적으로 하는 것이 "복수"가 아니라 "형벌"이라 불릴 만한 것이라고 판단한다. 왜냐하면 이 복수심 속에는 원래 본때를 보이는 것으로 미래에 영향을 미치려는 의도가 들어 있고, 그것도 여기에서 그가 몰락하므로 복수하는 개인을 위한 이기적 목적도, 또 법률로 스스로에게 안전을 마련하고 있는 사회를 위한 이기적 목적도 없이 아무튼 일체의 이기적 목적이 없이 미래에 영향을 미치려는 의도가 들어 있기 때문이다. 저 벌罰은 국가에 의해서나, 법률의 이행을 위해서 집행되는 것이 아니라 개인에 의해 집행되고, 오히려 언제나 저 벌은 "국가가 처벌하려고 하지 않거나 처벌

---

[629] Schopenhauer, *Die Welt als Wille und Vorstellung I*, §64 (488쪽).

할 수 없는, 또는 처벌하는 것에 찬동하지 않는 행위"와 관련된다. 쇼펜하우어는 이러한 사람을 "일체의 자기애의 경계를 그토록 멀리까지 뛰어넘도록 몰아붙이는 분노"가 모든 존재자 안에서 모든 시대를 관통하여 현상하는 "온전한 생의지 자체", 따라서 가장 먼 미래도 현재와 동일한 방식으로 자기에게 귀속시키고 무관한 것으로 여기지 않는 "온전한 생의지 자체"라는 "가장 깊은 의식"으로부터 생겨나는 것으로 보인다. 이 사람은 이 온전한 생의지를 긍정하면서 그래도 그의 본질을 묘사하는 연극에서 어떤 엄청난 '못 볼 것'도 이제 다시 현상하지 않기를 요구하고, 죽음의 공포가 복수자를 겁주어 그만두게 하지 못하기 때문에 어떤 방어벽도 존재하지 않는 그런 복수의 본때를 통해 일체의 미래적 모독 행위자들을 겁박하려고 한다. 생의지는 긍정될지라도 여기서 더 이상 개별적 현상, 즉 개체에 연연하지 않고, 생의지의 가장 높은 객관화로서의 "인간의 이데아"를 감싸안고, 자기의 "이데아의 현상"을 격분시키는 이러한 엄청난 '못 볼 것'으로부터 깨끗하게 보존한다. 개별자가 자신을 "영원한 정의의 팔"로 만듦으로써 자신을 희생하도록 하는 것은 "진기한, 의미심장한, 아니 고상한 성격적 특징"이다. 물론 이런 고상한 성격을 지닌 이 개별자도 아직 영원한 정의 본래적 본질을 잘 알지는 못할 것이다.[630]

 이것이 보편적 생의지의 가장 높은 객관화로서의 '인간의 이데아'가 경험적 개인의 진기한 성격과 행동으로 나타나는 경우다. 그럼에도 이런 경우는 "영원한 진리에 대한 단순한 감정적 인식"의 사례이고, 따라서 개인들이 영원한 정의의 본질"을 적어도 "모호한 느낌"으로나마 의식하는 사례. 여기에는 이 진기하고 고상한 성격의 개별적 보유자가 보여준 "양심과 행동의 윤리적 함의"가 있다. 이것은 자기의 목숨까지도 버리는 점에서 '개인적 복수심'이나 보통의 '사회적 복수심'(통상적 공분의 정의감)

---

[630] Schopenhauer, *Die Welt als Wille und Vorstellung I*, §64 (488-489쪽).

을 완전히 초월하는, 차라리 '살신성인殺身成仁'의 경지에 접근하는 자기초월 형태의 극적 '사회적 복수심(정의감)'을 표현하는 것이다. 이런 행위의 '윤리적 함의'는 공자가 강조해 마지않은 인의예지의 '대덕大德'이라고 할 만하다. '대덕'은 인간에게 인간다운 정체성을 만들어주는 '정체성 도덕'이다. 따라서 쇼펜하우어가 말하는 '인간의 이데아'는 어려운 개념이 아니라 '인간의 정체성'과 같은 것이다.

■ **선악 개념과 양심의 가책**

쇼펜하우어는 "인간 본성의 두 특유성" 가운데 다른 하나인 아가페적 '동정심'의 설명으로 나아가기 위해 선과 악, 그리고 '양심의 가책(Gewissenspein)' 문제를 먼저 탐구한다.

- 선 개념은 본질적으로 상대적이고, 의지의 그 어떤 특정한 추구에 대한 객체의 적절성을 가리킨다. 그러므로 의지의 그 어떤 표출에서 이 의지에 들어맞는, 즉 이 의지의 목적을 실현해 주는 모든 것은 그밖에 아무리 다르더라도 좋다(gut)라는 개념으로 생각된다. 이런 까닭에 우리는 좋은 음식, 좋은 길, 좋은 날씨, 좋은 무기, 좋은 징후 등을 말한다. 간단히, 우리는 우리가 바로 의욕 하는 대로 되어 있는 모든 것을 좋다고 부른다. 따라서 이 사람에게는 좋음의 정반대인 것이 저 사람에게는 좋을 수 있는 것이다. 좋음의 개념은 두 가지 부류로 분할된다. 그때그때 의지의 직접적·현재적 충족의 부류와 오직 간접적일 뿐인 충족의 부류다. 즉, 기분 좋은 것(das Angenehme)과 이로운 것(das Nützliche)이다.[631]

---

631) Schopenhauer, *Die Welt als Wille und Vorstellung I*, §65 (491-492쪽).

쇼펜하우어는 독일어 'das Gut'의 도덕적 의미와 비도덕적 의미 중 비도덕적 의미를 먼저 말하고 있다. 아무튼 의지의 목적에 대한 객체의 "적절성"이라는 선의 정의에는 중화中和 개념이 들어가 있다. 반대는 나쁨(악)이다.

- 반대의 개념은 인식하지 않는 존재자(사물 - 인용자)에 관해 말하는 한 '나쁘다(schlecht)'라는 단어로, 보다 드물게, 그리고 보다 추상적으로 '불량하다(übel)'라는 단어로 표현된다. 그러므로 이것은 의지의 그때그때의 추구에 들어맞지 않는 모든 것을 가리킨다.[632]

어떤 사물이 '나쁘다' 또는 '불량하다'는 것은 비도덕적 의미다. 도덕적으로 나쁜 것, 즉 '악하다'는 'böse'라는 단어를 쓰기 때문이다. 사람에게 'gut'이라는 단어를 쓰면 이 'gut'도 도덕적으로 변한다.

- 의지와의 관계 속에 들어올 수 있는 다른 모든 존재자처럼, 우리는 바로 의욕 되는 목적들에 유리하고 촉진적·친화적인 인간들도 동일한 의미에서 그리고 언제나 상대성을 견지하면서 '좋다, 선하다, 착하다(gut)'고 한다. 이 상대성은 가령 "이 사람은 내게 좋지만, 네게는 그렇지 않다"라고 말하는 어법에서 드러난다. 그러나 일반적으로 남의 의지 추구 자체를 방해하는 것이 아니라 오히려 증진해 주는 것을 필연적으로 초래하고, 따라서 돕기 좋아하고 호의적이고 친절하고 자선적인 성격을 가진 인간들은 타인들 일반의 의지에 대한 그들의 행동양식의 이런 관계 때문에 '좋은 사람', '선한 사람', '착한 사람'이라 불려 왔다. 우리는 이와 대립되는 개념을 독일어로, 그리고 수백 년 이래 프랑

---

[632] Schopenhauer, *Die Welt als Wille und Vorstellung I*, §65 (492쪽).

스어로도 '인식하는 존재자들'(인간과 동물)의 경우에 인식이 없는 존재자들의 경우와 다른 단어로, 즉 '악하다(böse, méchant)'라고 지칭하는 반면, 거의 모든 다른 언어에서는 이 차이가 나타나지 않고, κακός, malus, cattivo, bad가 특정한 개인적 의지의 목적에 배치되는 무생물들에 대해 쓰이듯이 인간에 대해서도 쓰인다. 그러므로 고찰이 전적으로 선의 수동적 부분으로부터 출발해서 나중에야 비로소 능동적인 부분으로 넘어갈 수 있었고, '선하다'고 불리는 인간의 행동 방식을 더 이상 타인들과의 관계에서가 아니라 그 자신과의 관계에서 연구하고, 선한 인간이 타인의 존경과 자기만족을 다른 종류의 희생을 지불하고 얻었기 때문에 한편으로 선한 인간의 저 행동 방식이 타인들에게서 불러일으킨 순수하게 객관적인 존경에 대한 설명과, 다른 한편으로는 저 행동 방식이 그에게서 분명히 불러일으킨 특유한 자기만족에 대한 설명을, 또한 반대로 악한 심보가 아무리 많은 외적 이점을 악한 심보를 품은 사람에게 가져다줄지라도 이 악한 심보를 따라다니는 내적 고통(양심의 가책 - 인용자)에 대한 설명을 스스로에게 부과할 수 있었다.[633]

쇼펜하우어는 이 '양심의 가책'에 대한 논의로부터 행복을 덕성과 연결시키려는 '철학적 윤리학 체계'와 '종교적 윤리학 체계'가 생겨났지만, 덕성의 본질은 '안녕과 생을 향한 추구'로 이해된 '행복'과 아무런 관련이 없다고 주장한다.

- 여기로부터 윤리학 체계들이 철학적 교설만이 아니라 신앙 교설에 뒷받침되어 생겨났다. 이 두 체계는 항상 행복을 덕성과 어떤 식으로든

---

633) Schopenhauer, *Die Welt als Wille und Vorstellung I*, §65 (492쪽).

결합시키려고 모색하는데, 전자, 즉 철학적 교설의 뒷받침을 받는 윤리학 체계들은 모순율이나 이유율을 통해 언제나 궤변적으로 행복을 덕성과 동일한 것이나 덕성의 결과로 만들려고 모색하지만, 후자, 즉 신앙교설의 뒷받침을 받는 윤리학 체계들은 경험에게 가능한 방식으로 알려진 세계와 다른 세계들을 주장함으로써 동일한 것을 모색했다. 이와 반대로 우리의 고찰에 따르면 덕성의 내적 본질은 행복, 즉 안녕과 생을 향한 추구와 완전히 대립적인 방향의 추구로 드러날 것이다.[634]

쇼펜하우어가 덕성의 본질은 '안녕과 생을 향한 추구'의 충족으로 이해된 '행복'과 아무런 관련이 없다고 주장할 때 그가 염두에 둔 덕성은 근면·검소·절약·청결·민완·생활력·상호적 gibe & take 등의 '소덕'이 아니라 인의仁義의 '대덕', 즉 정체성 도덕이다. 소덕은 덕행자의 기쁨과 이익을 증진하는('안녕과 생을 향한 추구'를 충족시켜 주는) 덕성이다. 따라서 그것이 소덕이라면 그의 이 주장은 어불성설일 것이기 때문이다.

쇼펜하우어는 선 개념을 그가 애지중지하는 동정심과 정의감 도덕감정으로부터 정의하지 않고 생의지에 대한 적합성으로부터 정의했기 때문에 거듭 선의 의미를 '상대적'이라고 주장한다.

- 상술한 바에 따르면, 선善은 그 개념에 따라 톤 프로스 티(τῶν πρὸς τί), 즉 관계적으로 타당한 것이고, 따라서 모든 선은 본질적으로 상대적인 것이다. 왜냐하면 선은 욕구하는 의지와의 관계 속에서만 자신의 본질을 갖기 때문이다. 따라서 절대선은 모순이다. 최고선(summum bonum)도 동일한 것을 뜻한다. 말하자면 본래 어떤 새로운 의욕도 일

---

634) Schopenhauer, *Die Welt als Wille und Vorstellung I*, §65 (492-493쪽).

어나지 않게 하는 의지의 궁극적 충족, 그 동기가 달성된다면 의지의 파괴할 수 없는 충족을 줄 최종적 동기를 뜻한다. (…) 이따위 것은 생각할 수 없다. 시간 끝나거나 시작할 수 없는 만큼, 의지도 그 어떤 충족을 통해서도 항상 다시 새로이 의욕 하는 것을 그칠 수 없다. 자신의 추구를 완전하게, 그리고 영원히 충족시키는 영속적 충만은 의지에 존재하지 않는다. 의지는 다나이데스의 물통이다. 의지에는 최고선도, 절대선도 없고, 한시 오직 한동안의 선만이 있을 뿐이다. 그럼에도 습관에서 완전히 폐지하고 싶지 않은 옛 표현에 흡사 퇴직자에게 주는 것처럼 명예직을 주는 것이 좋다면, 의지의 완전한 자기 지양과 부정 否定, 유일하게 의지의 충동을 영원히 잠재우고 누그러지게 하지만 다시 교란될 수 없는 저 만족을 주고 세상을 구제하는 참된 무의지, 전 고찰의 종결부에서 이제 곧 다루게 될 이 참된 무의지를 절대선, 최고선이라 부르고, 이것들을 – 이 병病에 다른 모든 재화, 말하자면 모든 채워진 소원과 모든 얻어진 행복이 진통제 아노다나(Anodyna)밖에 될 수 없는 – 그런 병의 유일한 근본적 치료제로 간주해도 된다. 이런 의미에서 그리스어 텔로스(τέλος)는 finis bonum(최종선)처럼 사물에 훨씬 더 잘 조응한다. 선·악이라는 말에 대해서는 이 정도로 족하다.[635]

"자신의 추구를 완전하게, 그리고 영원히 충족시키는 영속적 충만은 의지에 존재하지 않는다"는 쇼펜하우어의 말은 그릇된 것이다. 인간과 동물의 의욕은 뚜렷한 역치閾値가 있다. 그래서 끼니때 밥 한 그릇은 좋지만 세 그릇, 네 그릇은 때려죽인다고 해도 먹지 못하는 것이다. "의지에

---

635) Schopenhauer, *Die Welt als Wille und Vorstellung I*, §65 (493-494쪽). '다나이데스'는 다나이오스로부터 아르고스의 왕위를 찬탈한 이집트의 왕자 린케우스에게 처형된 뒤 지옥에서 구멍 뚫린 항아리에 영원히 물을 채워야 하는 형벌을 받은 다나이오스왕의 딸(다나이스)들인 49인의 여인들이다.

는 최고선도, 절대선도 없고, 한시 오직 한동안의 선만이 있을 뿐이다"는 그의 말도 그가 도덕감정으로부터 선 관념에 접근했더라면 하지 않을 말이다.

쇼펜하우어에 의하면, 어떤 사람이 유인誘因이 생기고 어떤 다른 힘도 그를 막지 않자마자 항시 잘못을 저지르려는 성향을 보인다면, 우리는 이 사람을 '악하다'고 부른다. 잘못(부당성)은 이 사람이 그의 육체 안에서 현상하는 생의지를 긍정할 뿐만 아니라 이 긍정에서 다른 개인들 안에서 현상하는 의지를 부정한 선까지 나가는 것을 말한다. 이것은 그가 다른 개인들의 힘을 그의 의지에 대한 복무를 위해 요구하고, 다른 개인들이 그의 의지의 추구와 대립한다면, 다른 개인들의 생존을 없애버리려고 한다는 것에서 입증된다. 이거의 궁극적 원천은 고도의 이기심이다. 여기서 두 가지 것이 분명해진다. 첫째, 이러한 인간에게서는 "자기 자신의 생의 긍정을 넘어가는 지극히 격렬한 생의지"가 표명되다는 것이다. 둘째, 이런 인간의 인식은 이유율에 완전히 헌신하며 개체화 원리에 사로잡혀 있어 이 개체화 원리에 의해 정해진 "자기의 인신과 다른 모든 인신 간의 구별"에 고착되어 있다는 것이다. 그러므로 이런 인간은 다른 모든 인간의 인녕에 대해 완전히 무심하게 그 자신의 안녕만을 추구한다. 다른 모든 인간의 본질은 오히려 그에게 완전히 낯설고, 넓은 간격에 의해 그의 본질과 분리되어 있다. 아니, 다른 모든 인간은 원래 "일체의 실재성이 없는 가면"으로밖에 보이지 않는다. 쇼펜하우어는 이 두 가지 특성을 악한 성격의 기본 요소라고 한다.[636] 이 악인이 양심의 가책을 못 느낀다면 여기까지 악인에 대한 쇼펜하우어의 설명은 오늘날 '사이코패스'로 포착되는 인물형과 같은 것이다.

쇼펜하우어는 타인의 생의지를 유린할 정도로 격렬한 의지, 또는 격렬

---

636) Schopenhauer, *Die Welt als Wille und Vorstellung I*, §65 (494-495쪽).

성을 '고품'의 원인으로 본다.

- 의지의 저 대단한 격렬성은 이미 즉자대자적으로 그리고 직접적으로 고품의 항시적 원천이다. 첫째, 모든 의욕 그 자체는 결핍으로부터, 따라서 고품로부터 생겨나기 때문이다. (…) 둘째, 사물들의 인과적 연관으로 인해 대부분의 욕구가 미충족 상태에 있을 수밖에 없고, 의지가 만족되는 것보다 훨씬 더 자주 좌절되고, 따라서 그리고 이런 까닭에 격렬하고 많은 의욕이 격렬하고 많은 고품를 필연적으로 불러오기 때문이다. 왜냐하면 모든 고품는 미충족되고 좌절된 의욕 외에 다른 것이 전혀 아니기 때문이다. 그리고 육체의 고통조차도 육체가 다치거나 파괴되면 그 자체로서 오직 육체가 '객체가 된 의지 자체' 외에 다른 것이 아니라는 사실을 통해서만 가능할 뿐이다. 많고 격심한 고품는 많고 격렬한 의욕과 불가분적이기 때문에 아주 악한 인간들의 얼굴 표정은 내적 고품의 인상(고의 인상이 아니라, 악의 인상일 것이다 - 인용자)이 새겨져 있다. 아주 악한 인간들은, 모든 외적 행복을 달성했을지라도, 순간적 환호 중이지 않거나 억지로 표정을 꾸미지 않는 즉시로 항시 불행하게 보인다. 그들에게 완전히 직접적으로 본질적인, 이 내적 번뇌로부터 심지어 단순한 이기심에서 생겨나는 기쁨이 아니라 남의 고품에 대한 비이기적 기쁨조차도 생겨나는데, 이 기쁨은 본래적 악성惡性이고, 잔악성殘惡性으로까지 상승한다. 이 기쁨에 대해 남의 고품는 자기 의지의 목적을 달성하는 수단이 아니라, 목적 자체다.[637]

악인이 "남의 고품에 대한 기쁨"조차 느낀다면 이것은 "잔악성"까지 상승하는 그의 "본래적 악성"이고 그 악인은 단순한 악인이 아니라 사이

---

637) Schopenhauer, *Die Welt als Wille und Vorstellung I*, §65 (495-496쪽).

코패스다. 쇼펜하우어는 남의 고통을 자기의 목적으로 삼는 이 사이코패스적 현상을 이렇게 설명한다. "인간이 가장 명백한 인식에 의해 조명되는 의지의 현상이기에 인간은 그의 의지의 현실적이고 느껴지는 충족을, 인식이 그의 눈앞에 들이대 주는 단지 가능할 뿐인 충족에 빗대어 재고 헤아린다. 여기로부터 질투가 생겨난다. 모든 궁핍은 남의 향유에 의해 무한히 상승되고, 다른 사람들도 동일한 궁핍을 인내하고 있다는 지식에 의해 경감된다. 만인에게 공통적이고 인간적 생과 불가분적인 해악은 우리를 거의 슬프게 하지 않는다. 마찬가지로 기후와 온 나라에 속하는 해악도 슬프게 하지 않는다. 우리의 고난보다 더 큰 고난에 대한 기억은 우리의 고난의 고통을 잠재운다. 남의 고뇌를 직접 보는 것도 자기의 고난을 완화시켜 준다. 어떤 인간이 극도로 격렬한 의지적 충동에 의해 채워져 이기심의 목마름을 냉각시키기 위해 불타는 욕망으로 만사를 종합하고 필요한 것처럼 이러는 가운데 모든 충족이 표면적일 뿐이고 욕구 되는 것이 약속한 것, 즉 지독한 의지적 충동의 궁극적 진정을 완수하는 것이 아니라 충족을 통해 소원이 다만 그 형태만 바꾸고 이제 다른 형태로 번뇌케 한다면, 아니 마침내 이 모든 형태가 고갈되고 의지적 충동 자체가 인지된 동기도 없이 남아 있고 구제할 수 없는 번뇌를 동반한 가장 경악스런 고독과 공허의 느낌으로 나타난다면, 즉, 특출난 악의로까지 상승하는 의지의 현상 형태인 인간의 경우에, 오직 적은 정도로 느껴지는 통상적 정도의 의욕의 수준에서 통상적 정도의 슬픈 기분만을 산출할 뿐인 이 모든 것으로부터 필연적으로 과도한 내적 번뇌, 영원한 동요, 치유할 수 없는 고통이 자라 나온다면, 이런 인간은 간접적으로 그가 직접 할 수 없는 이 고통의 완화를 간접적으로 도모한다. 즉, 그는 이 고통의 완화를 남의 고난을 직접 봄으로써 도모하는데, 남의 고난을 그가 자기의 고난을 누그러뜨리는 자신의 권능의 표현으로 동시에 인식한다. 남의 고난은 그에게 목적 자체로 변하고 그에게 그가 속 시원하게 바라보는(an dem sich weiden) 장면이 된다. 그리하여 역사가 종종 보여주는 본격적 잔학성, 즉 피의 갈증의 현상이 역사 속의 네로, 도미티안, 아프리카의 데이스(Deis), 로베스피에르 등에게서 나타나는 것이다."[638] 누군가 자기의 고통을 완화하는 간접적 방법이 "남의 고난을 직접 보는 것"이고, "남의 고난"을 "자기 고난을 누그러뜨리는 자신의 권능의 표현"으로 "인식하는 것"이라면 이 자는 사이코패스다. 그에게 "남의 고난"은 "목적"이고, "속 시원하게 바라보는 장면"일 뿐이다.

반대로 남에게 상습적으로 악행을 가하는 자가 그때마다 '양심의 가책'을 느낀다면 그는 단순한 후천적 악인일 뿐이다.

- 악을 악으로 앙갚음하는 복수욕, 형벌의 성격인 미래에 대한 고려로부터가 아니라 단순히 일어난 일, 지나간 일 자체 때문에, 따라서 자기에게 이익이 없이, 수단으로서가 아니라, 사람들이 스스로 야기하는 가해자의 고통을 속 시원하게 보기 위한 목적으로 앙갚음하는 복수욕은 이미 악의와 친화적이다. 복수를 순수한 악의와 구별해 주고 어떤 점에 있어서 용서해 주는 것은 법(정당성)의 외양이다. 지금 복수인 것과 동일한 행동이 법률적으로 처리되는 한에서 그렇다. 즉, 이 행동이 사전에 규정되고 알려진 규칙에 따라 이 규칙을 승인한 단체 안에서 처리되는 한에서 그렇다. 말하자면, 이 행동이 형벌, 따라서 법이 되는 한에서 그렇다. 악으로서 뿌리로부터, 즉 아주 격렬한 의지로부터 싹 터 나오는, 따라서 악의와 분리될 수 없는 상술된 고난 외에 이 악의에는 이런 고난과 완전히 상이한 별개의 고통이 짝으로 따라다닌다. 이

---

638) Schopenhauer, *Die Welt als Wille und Vorstellung* I, §65 (496-497쪽). 아프리카의 '데이스'는 1830년까지 알제리 민병대의 사령관이었다.

고통은 악의적 행동을 할 때마다 - 이것이 이기심에서 나온 부당성이든, 순수한 악의든 - 느껴질 수 있고, 그 지속성의 길이에 따라 '양심의 가책', 또는 '양심의 불안'이라고 부른다.[639]

쇼펜하우어는 뜨끔 하는 찰나적 양심의 고통은 '양심의 가책'이고 그 지속성이 길면 '양심의 불안'이라고 하고 있다. 양심의 가책이나 불안을 느끼는 악행자는 사이패스적 악인이 아니다. 그는 그저 어쩌다 악을 저지르는 보통 사람일 뿐이다.

생의지는 '생 자체'를 언제나 '자신의 단순한 모상 또는 거울'로 확신한다. 쇼펜하우어는 '양심의 가책'을 두 부분으로 나눠 설명한다. 그러나 이 두 부분은 "완전히 합치되고 완전히 통합하여 사유되어야 하는" 부분들이다. 첫 번째 인식은 이렇다.

- 마야의 베일이 아무리 두껍게 악인의 감각을 감싸고 있을지라도, 즉 악인이 개체화 원리에 아무리 꽁꽁 붙들려 있을지라도, 따라서 그가 자기의 인신을 다른 모든 사람과 절대적으로 상이한 것, 광폭의 균열로 분리된 것으로 여길지라도 - 이 악인은 이러한 인식을, 인식이 거의 언제나 의지에 매수되어 있는 것처럼 그의 이기심에만 적합하고 이 이기심의 밑받침이기에 온갖 억지로 확고하게 붙들고 있다 - 그의 의식의 가장 내밀한 곳에서 이러한 사물의 질서가 그래도 현상에 지나지 않고 즉자적 상태는 이와 완전히 다르다는 비밀스런 예감, 시간과 공간이 그를 다른 개인들과 분리시켜 주고, 그를 이들이 자신 때문에 겪을 수밖에 없는 번뇌와 분리시켜 주고 이 개인들을 그와 완전히 낯선 자들로 나타나게 할지라도 즉자적으로 보면, 그리고 표상과 그 형식을

---

639) Schopenhauer, *Die Welt als Wille und Vorstellung I*, §65 (497쪽).

도외시하면 그들 모두 안에서 현상하는 의지, 여기서 자기 자신을 오인하여 자기의 무기를 자기 자신에게 돌리고 의지의 현상 중 이 현상 속에서 고조된 안녕을 찾음으로써 이를 통해 저 현상에 대해 최대의 고난을 부과하는 의지가 바로 단일한 생의지라는 예감, 그가, 즉 악인이 바로 이 온전한 의지라는 예감, 따라서 그가 가해자일 뿐만 아니라 바로 그 피해자이고, 시간과 공간을 형식으로 삼는 기만적 몽환만이 가해자를 피해자의 고난과 분리시켜놓고 이 고난으로부터 자유롭게 유지해 주고 있을 뿐이고, 이 몽환이 사라지고 나면, 가해자가 진리에 따라 쾌락의 대가를 번뇌로 지불해야 하고, 개인의 인식에 대해서만, 즉 개체화 원리에 의해서만 가능성과 현실성, 시간과 공간의 원근이 상이하지만 즉자적으로 보면 그렇지 않기에 그가 단지 가능한 것으로 인식하는 모든 고난이 생의지로서 현실적으로 그와 관련되어 있다는 예감이 일어난다. 이 진리가 이유율에 적응하여 현상의 형식으로 번역되어 윤회를 통해 표현되는, 즉 신비스럽게 표현되는 그 진리다. 이 진리가 사람들이 '양심의 불안'이라 부르는 바로 저 애매모호하게 느껴지지만 위로받을 수 없는 번뇌 속에서 온갖 혼효물로부터 정화되어 표현되는 것이다.[640]

이것이 쇼펜하우어가 설명을 시도한 양심의 가책에 대한 첫 번째 인식이다. '양심의 가책'의 진리에 대한 두 번째 인식은 악한의 내면에서 스스로를 강렬하게 긍정할 때 이 생의지의 강렬성에 대한 인식으로부터 자라난다.

- 이 진리(양심의 가책의 진리)는 이 첫 번째 인식과 정확히 결합된 직접

---

640) Schopenhauer, *Die Welt als Wille und Vorstellung I*, §65 (498쪽).

적인 두 번째 인식, 즉 악한 개인 안에서 생의지가 스스로를 긍정하는 강렬성의 인식, 즉 낯선 개인들 속에 현상하는 동일한 생의지의 완전한 부정으로까지 생의지의 개인적 현상을 훨씬 넘어서는 강렬성의 인식으로부터 생겨난다. 따라서 그가 감추고자 하는 자기 자신의 행위에 대한 악인의 내적 전율은 개체화 원리와 이 원리에 의해 정립된 악인과 타인의 구별의 허사성虛事性과 단순한 가식성에 대한 저 예감 외에 동시에 자기 의지의 격렬성에 대한 인식도 내포한다. 자기 의지의 격렬성에 대한 이 인식은 바로 그가 생을 움켜쥐고 생에 배어든 힘에 대한 인식이다. 그는 그에 의해 억압당하는 자의 고통 속에서 이 생의 경악스런 측면을 자기 코앞에서 보고, 이 생과 아주 단단하게 합체되어 있어서, 이로 인해 전율적인 것이 그 자신의 의지를 완전히 긍정하는 수단으로서 그 자신으로부터 출발한다. 악인은 자신을 생의지의 집중된 현상으로 인식하고, 그가 어느 정도까지 생의 포로인지, 따라서 이 생에 본질적인 무수한 고난의 포로인지를 느낀다. 왜냐하면 생은 무한한 시간과 무한한 공간을 가지고 있어, 가능성과 현실성의 구별을 폐하고, 이 악인에 의해 지금으로서 단순히 인식된 것에 불과한 번뇌를 느껴지는 번뇌로 바꿔놓기 때문이다. 전 과거와 현재가 개념 속에서만 들어 있듯이, 항시적 환생의 수백만 년도 단지 개념 속에만 존재한다. 실현된 시간, 즉 의지의 현상 형식은 현재일 뿐이고, 개인에게는 시간은 항상 새롭다.[641]

쇼펜하우어는 "죽음은 일몰을 닮았다"고 말하자면 보편적 생의지의 격렬성에 대한 두 번째 인식을 통해 도달하는 '양심의 가책'의 진리 앞에서는 '자살'도 무의미하다고 말한다. "태양은 겉으로만 밤에 의해 삼켜지는

---

641) Schopenhauer, *Die Welt als Wille und Vorstellung I*, §65 (498-499쪽).

것 같지만, 현실적으로 그 자체가 모든 빛의 원천으로서 항시 일출과 일몰 속에서 중단 없이 작렬하며 새로운 세계에다 새로운 낮들을 가져다준다. 시작과 종말은 시간에 의해, 즉 표상에 대한 이 현상의 형식에 의해 개체와만 관련된다." 시간 바깥에는 오직 "의지", "칸트의 물자체"와 "그 적절한 객체성인 플라톤의 이데아"만이 존재한다. 따라서 "자살은 아무런 구제를 주지 않는다." 누구나 가장 내밀한 곳에서 의욕 하는 것은 "자기의 필연적 본질이고(das muß er sein)"이고, 누구나 "자기의 본질(was jeder ist)"을 의욕 한다. 따라서 "양심에 가책을 주는 것은 개인들을 분리시키는 표상 형식들의 가식성과 허사성에 대한 단지 감지될 뿐인 인식 외에 자기 의지와 그 강렬성의 정도의 자기인식이다." 생의 이력은 "예지적 성격"을 원천으로 삼는 "경험적 성격"의 상像을 작동시키고, 악인은 경험적 성격의 이 상을 접하고 경악한다. 왜냐하면 이 상은 그와만 직접 관계하기 때문이다. 자기 자신을 부정하지 않는 이 경험적 성격이 자신을 모든 시간으로부터 자유로운 것으로, 이 시간을 뚫고 불변적인 것으로 느끼지 않는다면, 지나간 과거의 것은 단순한 현상으로서 아무래도 상관없는 것이고, 양심을 불안하게 할 수 없을 것이다. 경험적 성격이 자신을 불변적인 것으로 느끼는 까닭에 일찍이 일어난 일들도 언제나 양심에 짐이 된다. "나를 유혹에 들지 않게 하소서"라는 간청은 "나로 하여금 내가 누구인지를 보지 못하게 하소서"라는 간청을 말한다. 악인이 생을 긍정하는 강력한 힘, 그가 타인들에 대해 가하는 고난 속에서 그에게 드러나는 힘에서 그는 저 의지의 단념과 부정, 즉 이승과 이 이승의 번뇌로부터의 유일하게 가능한 구원이 그로부터 얼마나 멀리 떨어져 있는지를 헤아려 안다. 그는 자신이 이 세계에 얼마나 속하고 또 얼마나 굳게 이 세상에 결박되어 있는지를 본다. 타인들의 인식된 고난은 그를 움직일 수 없었다. 그는 생과 느껴지는 고난의 포로가 된다. 이것이 그의 의지의 격렬성을

부수고 극복할지는 여전히 불확실하다.[642]

양심의 가책의 진리에 대한 인식을 완결한 이 단계에서 쇼펜하우어는 선善 개념의 재정의를 시도한다. 그것은 선이란 무엇인가? 선이란 한마디로 남을 자기로 인식하고 남의 생의지를 존중하는 것이다.

- 근거 정립 없는 도덕, 따라서 단순한 도덕 훈화는 작동할 수 없다. 왜냐하면 이런 도덕은 동기를 유발하지 않기 때문이다. 그러나 동기를 유발하는 도덕은 오직 자기애에 대한 영향 작용을 통해서만 이 동기유발을 할 수 있다. 그러나 이 자기애에 기인基因하는 것은 아무런 도덕적 가치도 없다. 이것으로부터 나오는 결론은 도덕과 추상적 인식을 통해서는 아무런 진정한 덕성도 전혀 생길 수 없고, 도리어 덕성은 자기 안에서 인식하는 것과 동일한 본질을 낯선 개인 안에서 인식하는 직관적 인식(intuitive Erkenntnis)에서 기원해야 한다는 것이다. 왜냐하면 덕성은 인식으로부터 출현하기는 하지만, 말로 전달할 수 있는 추상적 인식에서 출현하는 것이 아니기 때문이다. 만일 말로 전달할 수 있다면 덕성은 가르칠 수 있는 것이고, 우리가 여기서 덕성의 본질과 덕성의 근저에 놓인 인식을 추상적으로 언명하는 점에서 우리는 이것을 이해하는 모든 사람을 윤리적으로 더 선하게 만들 수도 있을 것이다. 그러나 결코 그렇지 않다. 오히려, 아리스토텔레스의 미학 이래 모든 미학이 각기 단 한 명의 시인도 만들지 못한 것처럼 윤리적 강론이나 설교를 통해서는 한 명의 덕자도 낳을 수 없다. 왜냐하면 덕성의 본래적·내적 본질에 대해서도 개념은 예술에 대해 그렇듯이 불모의 것이고, 도구로서 완전히 종속됨으로써만 다른 식으로(직감적으로 - 인용자) 인식되고 결심된 것의 수행과 보존에 이바지할 수 있을 따름이기 때문

---

642) Schopenhauer, *Die Welt als Wille und Vorstellung I*, §65 (499-500쪽).

이다. "의욕은 배울 수 없다(velle non discitur)." 덕성, 즉 심지心志의 선량함(Güte der Gesinnung)에 대해 추상적 도그마들(Dogmen)은 영향력이 없다. 거짓된 도그마도 덕성을 방해하지 못하고, 참된 도그마도 덕성을 증진하기 어렵다. 만약 인간적 삶의 주요항목, 즉 영원성에 대해서도 타당한 인간적 삶의 윤리적 가치가 도그마·신앙 교설·철학설과 같이 아주 우연히 획득되는 어떤 것에 달려있다면, 이것도 참으로 아주 나쁜 것이다. 도덕성에 대해 도그마들은 곧 논구되어야 할 다른 식의 인식 때문에 이미 덕성을 갖춘 사람이 이 도그마들에서, 그 자신의 이성, 즉 이 사람 자신이 개념적으로 파악하지 못하는 그의 비이기적 행위에 대해 대부분 날조되었을 뿐인 설명을 그 자신의 이성에게 제출하는 하나의 도식, 공식을 얻는다는 단순한 가치를 가진다. 이미 덕성을 갖춘 사람은 이성을 이런 설명에 만족하도록 길들인다.[643]

"덕성의 본래적·내적 본질에 대해서도 개념은 예술에 대해 그렇듯이 불모의 것이다"는 말은 그릇된 것이다. 덕성이든 예술이든 선천적 '생득'과 후천적(학습적·연습적·자기 연마적) '획득'이 둘 다 역할을 하기 때문이다. 범인도 수신하면 도덕인이 될 수 있는 것은 척추에서 뻗어나는 미주신경이 29세까지 계속 발달한다는 사실이 발견됨으로써 과학적으로 증명되었다. 음악에 문외한도 배우면 어느 정도 악기를 다루고 어느 정도로 노래를 부를 수 있다. 이것은 과학적으로 증명할 것도 없는 사실이다. 도덕도, 예술도, 의욕도 배울 수 없다는 말은 인간이 모방할 수 없다는 말과 같고, 이것은 최고의 '모방의 동물'인 인간에 대한 부정이다. 그러나 쇼펜하우어는 바로 이어지는 다음 구절에서 "습관과 본보기는 행동에 대해 강력한 영향을 미친다"고 인정함으로써 '모방적 인간'을 부정하는 이

---

643) Schopenhauer, *Die Welt als Wille und Vorstellung I*, §66 (501쪽).

말을 일부 수정한다. "습관과 본보기는 행동에 대해 강력한 영향을 미친다. (이것들이 이런 영향을 갖는 것은 보통 사람이 자기 판단의 취약성을 의식하기에 자기의 판단을 신뢰하는 것이 아니라, 자기나 남의 경험만을 따르는 까닭이다.) 이 습관과 본보기처럼 도그마도 행동, 즉 외적 행위에 대해서는 강력한 영향을 미칠 수 있다." 그러나 쇼펜하우어는 "이것으로 심지가 바뀌지는 않는다"는 말을 끝내 덧붙인다.[644] 그리고 쇼펜하우어는 여기에다 각주를 달아 교회의 반대 주장을 소개한다. "중생重生(=재생再生)", "거듭남(Wiedergeburt)"을 홍보하는 교회에서 "만일 은총이 중생으로 통하는 신앙을 선물하지 않는다면 아무 소용도 없는데", 역으로 만일 은총이 중생으로 통하는 선물을 가져다준다면 도덕적으로 의미가 아주 큰데, 이것은 "단순한 '사효事效(opera operata)'일 뿐이라고 말할 것"이라는 것이다. '중생'은 신앙을 독실하게 믿어 은총을 받고 새로운 도덕인으로 다시 태어나는 것을 가리킨다. 사효론은 성사聖事가 교회의 의향에 따라 거행되면 집전자의 개인적 성덕과 관계없이 은총이 성사를 통해서 틀림없이 전해진다는 가톨릭의 가르침이다.

쇼펜하우어는 습관, 본보기 모방, 동기부여 등이 덕성에 영향을 미치지만 의지를 바꾸는 것이 아니라 '의지의 방향'만을 바꿀 뿐이라고 그 도덕적 영향을 축소한다.

- 모든 추상적 인식은 동기만을 줄 뿐이다. 그러나 동기는 상술했듯이 의지 자체를 바꾸는 것이 아니라, 의지의 방향만을 바꾼다. 모든 전달가능한 인식은 의지에 대해 동기로서만 작용을 가할 따름이다. 따라서 도그마가 아무리 의지를 조종하더라도, 이런 경우에 인간이 본래 일반적으로 의욕하는 것은 언제나 동일한 것으로 남아 있다. 단지 의욕 하

---

644) Schopenhauer, *Die Welt als Wille und Vorstellung I*, §66 (502쪽).

는 것을 달성하는 방도들에 대해서 인간은 여러 다른 생각들을 품어왔다. 그리고 상상의 동기도 현실적 동기와 동일하게 의지를 이끈다. 따라서 가령 내세에 모든 것을 다시 열 배로 얻는다는 것을 굳게 확신하고 사고무친한 사람들에게 커다란 선물을 하든, 또는 그가 동일한 금액을 나중의 이윤이기는 하지만 보다 확실하고 보다 상당한 이윤을 낼 영지의 개량에 동일한 금액을 쓰든, 이것은 그의 윤리적 가치의 관점에서 아무래도 상관없다. 정통 신앙적으로 이단자를 화염에 불태워 죽이는 자도, 아니 이 사람처럼 천국에서 한 자리를 얻는다고 미신적으로 믿기 때문에 본래 그런 짓을 한다면, '약속된 땅'에 사는 터키인들을 교수絞首하는 자도 내면적 정상에 따라서도 대가를 받는 살인자나 강도다. 왜냐하면 이들도 저 강도처럼 자기만을, 자기들의 이기심만을 신경 쓰려고 하기 때문이다. 이들은 수단이 황당무계한 것 때문에만 강도들과 구별될 뿐이다. – 이미 말한 것처럼, 언제나 동기를 통해서만 외부로부터 의지에 도달한다. 그러나 이 동기는 의지가 표현되는 방식만을 바꿀 뿐이고, 결코 의지 자체를 바꾸지 못한다.[645]

그리고 쇼펜하우어는 끝내 "의욕은 배울 수 없다(velle non discitur)"는 말을 덧붙이며 끝맺고 있다.

쇼펜하우어는 대가를 생각하고 선행을 하는 것은 아무런 도덕적 의미가 없고 오직 도덕감정, 즉 도덕적 심정(심지)에서 우러나와서 알게 모르게 하는 선행만이 도덕적으로 의미를 가진다고 자기의 지론을 다시 확인한다.

- 그러나 도그마에 근거해서 행해진 선생善行의 경우에, 이 도그마가

---

645) Schopenhauer, *Die Welt als Wille und Vorstellung I*, §66 (502쪽).

현실적으로도 이에 대한 동기인지, 또는 상론했듯이 가상적 설명 이상의 것이 아닌지를 언제나 구별해야 한다. 이 설명을 통해 행위자는 그가 선하기 때문에 수행하지만 그가 철학자가 아니기 때문에 적절하게 설명할 줄 모르는, 그럼에도 이 경우에 뭔가 생각하고 싶은, 완전히 다른 원천에서 발원하는 선행에 대해 그 자신의 이성을 만족시킨다. 그러나 이 구별은 발견하기 어렵다. 이 구별은 심중에 있기 때문이다. 따라서 우리는 다른 사람들의 행위를 결코 올바로 판단할 수 없고, 우리 자신의 행위도 올바로 판단하는 때가 드물다. 개인과 한 국민의 행동과 행위 방식은 도그마·선례·습관을 통해 아주 수정될 수 있다. 그러나 즉자적으로 일체의 '사효事效(opera operata)는 공허한 상들에 지나지 않고, 우리를 이 행동으로 이끌어가는 심지 또는 심정(Gesinnung)만이 이 행동에 도덕적 의미를 준다. 그러나 이 행위는 아주 상이한 외적 현상에도 현실적으로 완전히 동일한 것일 수 있다. 동일한 정도의 악의의 경우에도 한 사람은 환형轘刑에 처해져 죽고, 다른 사람은 자기 가족의 품에 안겨 조용히 죽을 수 있다. 동일한 정도의 악성이 한 민족에게서 거친 특징·살인·식인풍습으로 표현되는 반면, 다른 민족에게서는 온갖 궁정 음모·탄압·책략으로 축약되어 섬세하고 낮은 소리로 표현될 수 있다. 그래도 본질은 변함없이 동일하다. 죽음 저편의 완벽한 국가 또는 아마 완벽하게 단단히 믿어지는 상벌의 도그마가 어떤 범죄든 저지한다는 것은 생각될 수 있을 것이다. 이로써 정치적으로는 많은 것이 얻어질 것이지만, 도덕적으로는 아무것도 얻어지지 않고, 오히려 생을 통한 의지의 모사模寫(Abbildung)만이 저지당할 뿐이다.[646]

---

646) Schopenhauer, *Die Welt als Wille und Vorstellung I*, §66 (502-503쪽).

그리하여 쇼펜하우어는 사람의 행위·행동거지·인생 이력 속에서만 간취되는, 각자에게 저절로 떠오르는 '직관적 인식'에 기인하는 '심지의 선성善性'만을 도덕적으로 '진실한' 선성으로 규정한다. "따라서 심지의 진실한 선성, 즉 비이기적 덕성과 마음의 순수한 고결성(Edelmut)은 추상적 인식(지성적·이성적 인식 – 인용자)으로부터 출발하지 않지만, (…) 이성적 논증으로 제거되고나 도외시될 수 없는 직접적·직관적 인식으로부터, 즉 추상적이지 않기 때문에 전달될 수 있는 것이 아니라, 각자 자신에게 떠올라야 하는 인식으로부터 출발한다. 따라서 적절한 본래적 표현을 말 속에서가 아니라 전적으로 오로지 인간의 행위·행동거지·인생 이력 속에서만 얻는 인식으로부터 출발한다. 덕성에 관해 이론을 구하고 따라서 덕성의 기저에 놓인 인식의 본질을 추상적으로 표현해야 하는 우리는 그래도 이 표현 속에서 저 인식 자체를 제공할 수 있는 것이 아니라, 이 인식의 개념만을 제공할 뿐이다."[647]

■ **개체성 원리를 투시하는 정의**

쇼펜하우어는 '정의正義'를 '소극적 동정심'으로 규정했다. 그런데 여기서 그는 '정의'가 개체성의 원리, 마야의 두터운 베일을 투시透視하고 주객의 동일성, 보편적 생의지로서의 세계와 자기 의지의 통일성을 꿰뚫어 보게 하는 선성이라고 말한다. 그런데 이번에는 정의를 '소극적 동정'이 아니라 '악의 단순부정'으로 규정한다.

- 상술된 악과 대립해서 본래적 선성善性, 선량(Güte)에 관해 논하기 전에, 중간단계로서 악의 단순부정이 취급되어야 한다. 이 '악의 단순부정'은 정의(Gerechtigkeit)다. (…) 여기서 우리는 부당과 정당 간의

---

647) Schopenhauer, *Die Welt als Wille und Vorstellung I*, §66 (503-504쪽).

저 단적인 도덕적 경계를 자발적으로 승인하고 국가나 그 밖의 권력이 이 경계를 보장하지 않는 곳에서도 이 경계를 타당하게 만들고 따라서 우리의 설명에 따라 자기 자신의 의지의 긍정에서 결코 다른 개인 안에서 펼쳐지는 의지의 부정으로까지 가지 않는 사람은 '정의롭다(gerecht)'고 몇 마디 말로 말할 수 있다. 따라서 이런 사람은 그 자신의 안녕을 증가시키기 위해 다른 사람에게 고난을 가하지 않는다. 즉, 그는 어떤 범죄도 저지르지 않고, 모든 이들의 권리와 재산을 존중할 것이다. 우리는, 이러한 의인義人은 이미 악인과 달리 개체화 원리를 더 이상 절대적 분리벽으로 여기지 않는다는 것을 보고, 저 악인과 달리 그 자신의 의지 현상만을 긍정하지 않고 다른 모든 사람을 부정하지 않는다는 것을 보고, 타인들을 그의 본질과 완전히 다른 본질을 가진 단순한 가면들로 여기지 않는다는 것을 본다. 오히려 자신의 행동 방식을 통해 그는 그가 그 자신의 본질, 즉 물자체로서의 생의지를 그에게 단순히 표상으로 주어진 타인 현상 속에서도 재인식하고, 따라서 자기 자신을 이 타인 형식 안에서 일정한 정도까지, 즉 비非부당 행위, 불가침의 정도까지 재발견한다는 것을 공시한다. 바로 이런 정도로 그는 개체화 원리, 즉 마야의 베일을 꿰뚫어 들여다본다. 이런 정도로 그는 자기 바깥의 본질을 자기의 본질과 동일시한다. 즉, 그는 그 본질을 해치지 않는다.[648]

정의도 아직 소극적이지만 그는 "타인들을 그의 본질과 완전히 다른 본질을 가진 단순한 가면들로 여기지 않을" 정도로 개체화 원리, '마야의 베일'을 꿰뚫어 들여다보고, "그 자신의 안녕을 증가시키기 위해 다른 사람에게 고난을 가하지 않을" 정도로까지는 자기 바깥의 본질을 자기의

---

648) Schopenhauer, *Die Welt als Wille und Vorstellung I*, §66 (504쪽).

본질과 동일시한다. 따라서 최고 수준의 정의 의식은 적극적으로 타인의 생의지를 도와주고 키워주는 '본래적 선성'인 적극적 동정심의 아가페적 사랑과 짝할 수 있다.

- 정의의 가장 내밀한 것에 유의한다면, 타인의 의지 현상들을 강요하여 자기 의지에 복무하도록 만듦으로써 자기 의지의 긍정 속에서 남의 의지 현상들을 부정하는 선까지 가지 않으려는 의도가 이 정의 안에 이미 들어 있다. 따라서 타인들로부터 받는 만큼 타인들에게 반대급부로 베풀 것이다. 심지의 이런 정의의 최고치는 언제나 – 더 이상 단순히 소극적이지 않는 성격을 보이는 – 본래적 선성과 이미 짝을 이루고, 세습재산에 대한 자신의 권리를 회의하고, 육체를 자기의 정신적·육체적 힘에 의해서만 유지하려고 하고 어떤 낯선 서비스든, 어떤 사치든 비방으로 느끼고 최종적으로 자발적 빈곤을 선택하는 선까지 나아간다. 그리하여 우리는 금욕적 방침을 채택하고 많은 시종들을 데리고 있었을지라도 어떤 시중도 더 이상 받지 않으려고 했었던 파스칼을 떠올린다. 파스칼은 끊임없는 병환에도 불구하고 잠자리를 스스로 마련했고, 자신이 자기 음식을 부엌에서 가져다 먹었다. (『파스칼의 생애(*Vie de Pascal*)』, 그의 누이동생 페리에르 부인[Mme Perier] 저.) 이것과 완전히 일치하게 보고되는 것은 많은 힌두교도들은 왕족조차 많은 부富가 있어도 이 부를 그의 식구, 그의 궁정과 시종들에게만 사용하고, 엄격하게 꼼꼼하게 그 자신이 손수 씨 뿌리고 거둔 것 외에는 아무것도 먹지 않는 준칙을 따랐다. 하지만 여기에는 일정한 오해가 기저에 놓여있다. 왜냐하면 개인은 부유하고 힘이 있기 때문에 인간 사회 전체에 대해, 그가 이 사회 덕택에 보장받는 세습재산에 맞먹을 정도로 그렇게 현저한 이바지를 할 수 있기 때문이다. 이러한 힌두교도들의 저 지

나친 정의는 본래 이미 정의보다 많은 것, 즉 생의지의 현실적 단념, 부정, 금욕보다 많은 것이다. 이것에 대해 우리는 마지막에 논할 것이다. 반면, 그 어떤 것도 하지 않은 채 세습재산에 얹혀사는, 타인들의 힘에 의한 순수한 무위도식은 실정법에 의해서는 변함없이 정당한 것임이 틀림없을지라도 이미 도덕적으로 부당한 것으로 간주될 수 있다.[649]

쇼펜하우어는 정의가 마야의 베일을 투시해서 보게 되는 지경에 이르면 저절로 인애仁愛행위와 인간애로 나아가게 된다고 말한다.

- 우리가 깨달은 것은 자발적 정의가 개체화 원리에 대한 일정한 정도의 투시透視에서 가장 내밀한 기원을 갖는 반면, 정의롭지 못한 자는 이 원리에 전적으로 사로잡혀 있다는 것이다. 이 투시는 이것에 필요한 정도로 벌어질 뿐만 아니라, 보다 높은 정도로도 벌어지는데, 후자의 보다 높은 정도의 투시는 우리를 적극적 인애심과 자선 행위(Wohlwollen u. Wohltun)로, 인간애로 내몬다. 그리고 이것은 '이러한 개체 안에서 현상하는 의지'가 즉자적으로 아무리 강렬하고 아무리 정력적일지라도 벌어질 수 있는 것이다. 언제나 그 투시적 '인식'은 이 개인에게 균형을 유지시켜줄 수 있고, 부당성의 유혹에 저항하는 것을 가르쳐주고, 그 자체가 어느 정도의 선성, 아니 체념(resignation)을 산출할 수 있다. 그러므로 선한 인간은 결코 악인보다 근원적으로 더 취약한 의지 현상으로 간주될 수 없는 것이다. 오히려 투시적 인식은 이 선한 인간 안에서 맹목적 의지 충동을 제어한다. 그들 안에 현상하는 의지의 취약성 때문에 단지 선한 마음을 가진 것처럼 보일 뿐인 개인들이 존재하기는 하지만, 그들이 무엇인가는 곧 그들이 정의롭거나

---

649) Schopenhauer, *Die Welt als Wille und Vorstellung I*, §66 (504-505쪽).

선한 행위를 수행할 만큼 현전한 극기克己 능력도 없다는 사실에서 밝혀진다. 가령 현저한 소득을 보유하지만 이 중 조금만 쓰고 나머지 모두를 궁한 사람들에게 주는 반면, 그 자신은 많은 향락과 기분 좋은 일들 없이 지내는 사람이 진귀한 예외로서 우리에게 떠오르고, 우리가 이 사람의 행위를 우리에게 분명히 밝히려고 한다면, 우리는 이 사람이 스스로 어느 정도 자신의 행위를 자신의 이성에게 개념적으로 이해되도록 만들려고 하는 데 필요한 도그마들을 완전히 도외시하고, 그의 행동 방식의 가장 단순한 보편적 표현으로서, 그리고 본질적 성격으로서, 그 사람이 그렇지 않으면 일어날 것보다 더 적게 자신과 타인 간의 구별을 만든다는 사실을 발견할 것이다.[650]

그렇다면 영원한 정의에 근접한 사람은 하여 자타의 구별을 더 적게 만들고 자타의 구별을 하찮게 여긴다. 이런 정의는 높은 경지의 사랑과 나란히 설 수 있다. 그리하여 정의로운 사람은 장차 인애행위와 인간애, 아가페적 사랑, 적극적 동정심으로 나아가고, 이 적극적 동정심은 궁극적으로 마야의 베일을 '투시'하는 것을 넘어 거둬버리고 이데아에 대한 대지大智의 인식에 도달할 것이다.

쇼펜하우어는 자신과 타인 간의 구별을 의미 있는 것으로 보지 않을 뿐 아니라 덧없는 '기만'으로 보고 주객의 동일성을 투시하는 도덕인을 유교적 "der Edle(고상한 자)'라 부른다. 'der Edle'는 독일인들이 전통적으로 공자의 '군자'를 독역獨譯할 때 동원하던 단어다.

- 바로 이 구별이 많은 다른 사람들의 눈에 아주 커 보여서 남의 고난이 악인에게 직접적인 기쁨이고 불의한 사람에게는 자기의 안녕을 위한

---

650) Schopenhauer, *Die Welt als Wille und Vorstellung I*, §66 (505-506쪽).

환호할 수단이라면, 또 단적으로 정의로운 의인이 이 고난을 야기하지 않는 것을 고집하고 머물러 있다면, 무릇 대부분의 사람이 타인들의 셀 수 없는 고난을 가까이서 알고 인지하지만 약간의 궁핍을 스스로 떠맡아야 하기 때문에 이 고난을 완화시킬 것을 결심하지 않는다면, 따라서 이 모든 사람 중 누구에게나 자아와 타아 사이에 강력한 구분이 지배하는 것처럼 보인다면, 반대로 우리가 생각하는 저 군자(jener Edle)에게는 이 구별이 그렇게 의미 있는 것이 아니다. 현상의 형식인 개체화 원리는 이 군자를 더 이상 그렇게 굳게 사로잡지 못한다. 그가 타인들에게서 보는 고난은 거의 그 자신의 고난처럼 아주 가까이 그와 관련된다. 따라서 이 군자는 두 고난 사이에 균형을 산출하려고 모색하고, 스스로에게 향락을 거부하고, 남의 고통을 완화하기 위해 궁핍을 떠맡는다. 그는 악인에게 그렇게 큰 격차인, 그와 타인 간의 구별은 단지 무상한 기만적 현상에만 속할 뿐이라는 것을 깨닫는다. 그는 그 자신의 현상의 즉자卽自가 남의 현상의 즉자이기도 하다는 것, 즉 모든 사물의 본질을 이루고 만물 속에 들어 살고 있는 저 생의지이기도 하다는 것, 나아가 이 사실이 심지어 동물들과 전 자연으로 확장된다는 것을 추리 없이 직접적으로 인식한다. 따라서 그는 어떤 동물도 괴롭히지 않을 것이다.[651]

쇼펜하우어는 바로 여기에 각주를 달아 동물보호의 정도를 논한다. "동물들의 생명과 힘에 대한 인간의 권리는 의식의 명료성이 상승할수록 고난이 정비례로 상승하기 때문에 동물이 죽음이나 노동을 통해 겪는 고통이 인간이 단순한 노동을 통해 겪는 고통만큼 그렇게 크지 않고, 인간이 동물의 살이나 힘의 결핍으로 인해 겪을 고통만큼 그렇게 크지 않

---

651) Schopenhauer, *Die Welt als Wille und Vorstellung I*, §66 (506-507쪽).

고, 따라서 인간이 그 자신의 생존을 긍정하는 데 있어 동물의 생존의 부정에 이르기까지 이를 수 있고 생의지 전체가 이를 통해 거꾸로 가는 것보다 더 적게 고난을 짊어진다는 사실에 근거한다. 이것은 동시에 인간이 동물의 힘을 부당하지 않게 사용해도 되는 사용의 정도를 정해준다. 그러나 사람들은 짐 싣는 짐승과 사냥개의 경우에 종종 이 사용 정도를 넘어선다. 따라서 동물보호단체들의 활동은 특히 이 짐승들을 겨냥한다. 또한 이 권리는 내 견해에 의하면 특히 고등 동물의 생체해부에 확대되지 않는다. 반면 곤충은 죽더라도 인간이 바늘에 찔리는 것만큼도 고통받지 않는다. 힌두교도들은 이것을 통찰하지 않는다." 이 마지막 말에는 동물 사랑을 외친 쇼펜하우어도 힌두교도를 제쳐두더라도 움터 오르는 새싹을 밟지 않고 한창 자라는 나무를 베지 않고 자는 새를 쏘지 않고 물고기를 마구잡이로 잡지 않고 집짐승의 짐을 덜어주고 두 마리 소에 하나의 멍에를 매지 않고 새끼 밴 소에게 꼴을 더 주는 공맹의 자연(동물식)사랑, 즉 "애물愛物"을 생각하면 별수 없이 '양놈'이라는 느낌이 든다. 인간은 원칙적으로 자연과 동식물에 대해 아무런 '권리'가 없다. 인간은 다만 생존을 위해 동식물에 의존해 살고 있는 손님이다. 따라서 인간은 의존적 존재자답게 살면서 불가피하게 자연에 끼치는 민폐를 최소화해야 하는 것이다.

아무튼 쇼펜하우어는 자신과 타인 간의 구별이 "무상한 기만적 현상"이라는 것을 깨친 '군자'의 거동과 태도를 악인 티에스테스(Thyestes; 미케네의 왕위를 두고 동생과 싸운 펠롭스의 아들)와의 대비 속에서 좀 더 자세히 묘사한다.

- 어떤 사람이 다음 날 그가 즐길 수 있는 것보다 더 많이 갖기 위해 오늘 하루 동안 굶주림을 겪지 않을 것인 것처럼, 지금 군자도 그 자신이 없어도 되는 것들을 과잉으로 가지고 있는 반면, 타인들을 굶어 죽도록

놓아둘 수 없다. 왜냐하면 자선사업을 하는 저 군자에게 마야의 베일은 투명하게 되었고, 개체화 원리의 기만은 그를 떠났기 때문이다. 그는 자신을, 자기의 자아를, 자기의 의지를 그 어떤 존재자에게서도 인식하고, 따라서 또한 고난을 겪는 자에게서도 인식한다. 생의지가 자기 자신을 오인하여 여기 한 개인에게서 덧없는 요술 같은 쾌락을 향유하고 이를 위해 저기 다른 개인에게서 수난을 당하고 굶주리며 그렇게 고통을 가하고 고통을 견디는 도착성은 그로부터 물러났다. 이런 도착 속에 빠진 생의지는 티에스테스(Thyestes)가 그 자신의 살코기를 탐욕스럽게 쳐 먹고 여기서 자책 없이 고난에 대해 비탄해 하고 거기서 네메시스(율법의 여신 - 인용자)에 대해 수치심 없이 죄를 범하듯이, 낯선 현상 속에서 자기 자신을 오인하고 따라서 영원한 정의를 지각하지 못하기 때문에만 점점 개체화 원리 속에, 따라서 무릇 이유율이 지배하는 저 현상 방식 속에 사로잡힌다는 것을 인식하지 못한다. 마야의 이 망상과 환상으로부터 치유되었다는 것과 자선사업을 한다는 것은 하나다. 그러나 후자는 저 인식의 불가결한 징조다.[652]

군자의 자선사업은 천당 가기 위한 자선사업이 아니라 순수한 인간애에서 우러나온 자선사업이다.

한편, 쇼펜하우어는 '양심의 가책'의 반대를 '뿌듯한 양심(gutes Gewissen)'으로 제시하고, 관심을 모든 생물에게로 넓혀서 모든 생물을 자신의 본질 자체이자 자기 본인으로 인식하는 '군자' 또는 선인善人의 명랑한 기분에 대해 상론詳論한다.

- 양심의 가책의 원천과 의미는 위에서 밝혔다. 이 양심의 가책에 대한

---

652) Schopenhauer, *Die Welt als Wille und Vorstellung I*, §66 (507-508쪽).

반대는 '뿌듯한 양심', 즉 우리가 어떤 비이기적 행위에 대해서든 느끼는 만족(Befriedigung)이다. 이 만족은 우리 자신의 본질 자체를 낯선 현상 속에서도 직접 재인식하는 것으로부터 생겨나는 이런 행위가 다시 우리에게 이런 인식의 증빙, 즉 우리의 참된 자아가 내 자신의 인신人身 속에만, 즉 이 개별 현상 속에만 생존하는 것이 아니라, 살아있는 만물 속에 생존한다는 인식의 증빙을 주기도 한다는 사실로부터 발원發源한다. 이를 통해 심장은 이기심을 통해 쪼그라들었듯이 이번에는 확장되는 것을 느낀다. 왜냐하면 이 우리의 관심이 자신의 개체들의 개별 현상에 집중되고, 이 개별 현상에 있어서 인식이 이 개별 현상을 위협하는 셀 수 없는 위험들을 우리 코앞에 항상 들이대고 있고, 이로 인해 근심·걱정이 우리 기분의 주조主調인 것처럼, 모든 생물이 우리 자신의 본질 자체이자 자기自己 본인(eigene Person)이라는 인식은 우리의 관심(Anteil)을 모든 생물에게로 넓히기 때문이다. 이 때문에 심장이 확장된다. 따라서 자기의 자아에 대한 축소되지 않은 관심을 통해 자기의 자아에 대한 근심·걱정은 그 뿌리가 공격받고 제한당한다. 따라서 덕스런 심지와 뿌듯한 양심이 주는 고요하고 자신하는 명랑함이 생겨나고, 선행이 우리 자신에게 이 명랑한 기분의 근본을 증빙해 줌으로써 이 선행을 할 때마다 매번 명랑함이 보다 더 분명하게 출현하게 된다. 이기주의자는 낯선 적대적 현상들에 의해 포위된 것으로 느끼고, 그의 모든 희망은 자기의 복리에 근거한다. 선인善人은 친화적 현상들의 세계 안에 산다. 이 현상들 각각의 복리는 그 자신의 복리다. 그리하여 인간 운명(Menschenlos)의 인식 일반이 선인의 기분을 기쁜 것으로 만들어주지 못하더라도, 모든 생물 안에서 선인 자신의 본질을 영속적으로 인식하는 것은 이 선인에게 기분의 일정한 균일성(Gleichmäßigkeit)을 주고 또 기분의 명랑함도 준다. 왜냐하면 무수한 현상들 위로 넓혀진 관심은 하나의 현상에 집중된 관심처럼 그렇게 근심하게 만들지 않기 때문이다. 개인들이 만나는 우연들은 행운이나 불운을 초래하는 반면, 개인들 전체와 관련된 우연들은 서로를 상쇄시키는 것이다.[653)]

쇼펜하우어는 "덕성에 관한 규칙과 필연적으로 따라야 하는 법칙으로 내놓는 도덕 원칙들"을 제시한 것에 반대하고, "영원히 자유로운 의지 앞에 어떤 당위도 법칙도 들이대지 않는다." 반대로 그는 저 시도에 "어느 정도 부응하고 저 시도와 유사한 것"이 "의지가 일체의 현상의 즉자이고 그 자체가 그 자체로서 이런 현상의 형식들로부터, 따라서 수다성으로부터 자유롭다"는 저 "순수이론적 진리"를 주장한다. 그는 자기의 서술을 "이 진리의 단순한 개진"으로 간주한다. 그는 이 진리를 행동과 관련해서 '타트 트밤 아시(tat tvam asi)', 즉 '네가 바로 그것이다!', 또는 '그것이 바로 너다!'라는 베다의 공식이 저 진리의 "가장 품격 있는 표현"이라고 잘라 말하고, 이렇게 단언한다. "우리가 접하는 모든 존재자에 대한 명백한 투시적 인식과 확고한 내밀한 확신을 갖고 이 공식을 자기 자신에게 언명할 수 있는 사람은 바로 이것으로써 일체의 덕성과 열락(Seligkeit)을 확신하고 구원 또는 해탈(Erlösung)로 가는 지름길 위에 올라서 있는 것이다."[654)] "모든 존재자에 대한 명백한 투시적 인식과 확고한 내밀한 확신"은 모든 존재자와 자아의 동일성에 대한 명백한 투시적 인식과 확고한 내밀한 확신을 말하는 것이다.

---

653) Schopenhauer, *Die Welt als Wille und Vorstellung I*, §66 (508-509쪽).
654) Schopenhauer, *Die Welt als Wille und Vorstellung I*, §66 (509쪽).

■ 동정심(사랑)으로 주객 동일성을 투시하는 '군자'와 살신성인

쇼펜하우어는 개체화 원리의 투시, 즉 주객 동일성의 투시를 '사랑의 본질'로 인정한다. 그리고 그는 '일체의 사랑'을 '동정심(Mitleid)'에 근거하는 것으로 선언한다.

- 그러나 내가 더 나아가, 우리가 개체화 원리의 투시를 사랑의 원천이자 본질로 인식하는바, 이 사랑이 어떻게 해탈로, 즉 생의지의 완전한 포기, 즉 모든 의욕의 완전한 포기로 통하는지를, 그리고 또한 또 다른 길이 어떻게 덜 부드럽게, 그러나 더 빈번하게 인간을 그리로 데려다 주는지를 내 서술의 마지막 장절로 보여주기 전에, 여기서 역설적 명제 하나가 앞서 천명되고 해명되어야 한다. 이 명제가 역설이기 때문이 아니라, 그것이 참이고 그것이 서술되어야 할 내 사상의 완전성에 속하기 때문이다. 그것은 이 명제다. "모든 사랑(아가페 ἀγάπη, 카리타스caritas)은 동정심이다."[655]

"모든 사랑은 동정심이다"는 쇼펜하우어의 이 명제는 부분적으로 그릇된 것이다. 가령 남녀 간의 대등한 이성적異性的 사랑, 친구 간의 대등한 사랑(우정), 국민 간 대등한 사랑(애족심) 등은 동정심이 아니다. 이 대등한 사랑의 본질은 두 사람 간의 공감적 일체성이다.[656] 이와 달리 동정심은 처지와 지위가 대등하지 않은 비대칭적 인간(부모와 자식, 통치자와 백성, 형편이 나은 사람과 어려운 사람, 고난을 겪지 않는 또는 벗어난 사람과 고해 속의 인류) 간의 실질적·감상적感傷的 '내리사랑'만을 가리킨다.[657] 그래서 사랑은 '일반적 공감 감정'인 반면, 동정심은 '도덕적 공감 감정',

---

655) Schopenhauer, *Die Welt als Wille und Vorstellung I*, §66 (509-510쪽).
656) 사랑의 정의에 대해서는 참조: 황태연, 『도덕의 일반이론(상)』, 567-628쪽.
657) 동정심의 정의에 대해서는 참조: 황태연, 『도덕의 일반이론(상)』, 674-699쪽.

즉 '도덕감정'인 것이다.[658] 자기희생적 사랑은 헌신적 아가페도 단순한 대등적 사랑이 아니라, 비대칭적 상태의 사랑이다. 동정심은 한마디로 상대방을 측은하게(불쌍히) 여겨 도움을 주고 싶고 상황이 허락지 않아서 돕지 못하면 안타까워하는 사랑의 감정이다. 가령 하느님에 대한 아가페적 헌신, 임금에 대한 신하의 아가페적 사랑, 부자에 대한 빈자의 아가페, 장군에 대한 일등병의 아가페적·무조건적 순종, K-팝 가수에 대한 사생死生팬들의 아가페적 사랑은 결코 동정심이라고 할 수 없기 때문이다. 쇼펜하우어는 사랑과 동정심의 이런 차이를 몰각하고 있다. 앞으로 그의 논의는 이 점을 양해하고 읽어가야 할 것이다.

쇼펜하우어는 낯선 사람과 그의 운명을 자기의 것과 '완전히' 동일시하는 '순수한 사랑'을 그 본질상 동정심이라고 다시 확인한다.

- 우리는 개체화 원리에 대한 적은 등급의 투시로부터 어떻게 정의가 생겨나고 보다 높은 등급의 투시로부터 어떻게 타인들에게 순수한 사랑, 즉 비이기적인 사랑으로서 나타나는 심지의 본래적 선성이 생겨나는지를 살펴보았다. 사랑이 완벽해지는 경우에, 사랑은 낯선 개체와 그 운명을 자기의 것과 완전히 동일화한다. 사랑은 이것 이상으로 갈 수 없다. 낯선 개체를 자기의 개체보다 더 선호할 어떤 이유도 없기 때문이다. 그러나 물론 복리나 생명 전체가 위험에 처한 낯선 개체들의 다수성은 개별자의 자기 복리에 대한 고려를 능가할 수 있다. 이러한 경우에 최고의 선에, 또 완성된 심적 고결성(Edelmut)에 도달한 성품의 인물은 많은 타인의 복리를 위해 자기의 복리와 생명을 완선히 희생할 것이다.[659]

---

658) 단순감정과 공감감정의 차이 및 일반적 공감감정과 도덕적 공감감정의 차이에 대해서는 참조: 황태연, 『도덕의 일반이론(상)』, 473-554, 554-660쪽.
659) Schopenhauer, *Die Welt als Wille und Vorstellung I*, §66 (510쪽).

쇼펜하우어는 "최고의 선에, 또 완성된 심적 고결성에 도달한 성품의 인물", 즉 '군자'는 "많은 타인들의 복리를 위해 자기의 복리와 생명을 완전히 희생한다"고 말한다. 이것은 바로 공자가 말한 '살신성인殺身成仁'이다. 공자는 말한다. "지사志士·인자仁者는 생명을 구함으로써 인仁을 해치는 경우가 없고 자신을 죽여 인을 이루는 경우는 있다(志士仁人 無求生以害仁 有殺身以成仁)."[660] 쇼펜하우어는 이런 살신성인의 경우를 서양 역사 안에서 찾아 줄줄이 열거한다.

- 코드로스(Kodros)가 그렇게 죽었고, 레오니다스(Leonidas)도 그렇게 죽었고, 레굴루스(Regulus)도 그렇게 죽었고, 데시우스 무스(Decius Mus)도 그렇게 죽었고, 아르놀트 폰 빙켈리트(Arnold von Winckelried)도 그렇게 죽었고, 자발적으로, 그리고 의식적으로 자기 자식들을 위해, 조국을 위해 확실한 죽음에 임하는 모든 사람은 누구나 그렇게 죽는다. 또한 전 인류에게 복리가 되고 정당하게 이런 복리에 속하는 것을 주장하기 위해, 즉 일반적이고 중요한 진리를 위해, 그리고 굉장한 오류들의 제거를 위해 고난과 죽음을 기꺼이 떠맡는 모든 사람도 누구나 이런 단계에 서 있다. 소크라테스는 그렇게 죽었고, 죠다르니우스 브루누스(Jordanius Brunus; Giordano Bruno)도 그렇게 죽었고, 수많은 진리의 영웅들도 화형대의 장작더미 위에서 성직자들의 손에 죽음을 맞았다. 그러나 이제 나는 위에서 천명한 역설들의 관점에서 우리가 이전에 고난이 생에 본질적인 것이고, 생과 불가분적인 것임을 깨달았다는 것, 우리가 모든 소망이 어떻게 욕구·결핍·고난으로부터 생겨나는지를 통찰했다는 것, 그리하여 어떤 만족이든 결코 이루어낸 적극적 행복이 아니라, 감수되는 고통에 지나지 않는다는 것,

---

660) 『論語』「衛靈公」(15-9).

그리고 기쁨이 '기쁨은 적극적 선'이라고 소망에 거짓말하기는 하지만 참으로는 다만 소극적 본성에 지나지 않고 해악의 끝에 지나지 않는다는 것을 상기시켜야 한다. 따라서 남들을 위해 선성·사랑·고결성이 행하는 것은 언제나 남들의 고난의 경감일 뿐이고, 따라서 남들을 선행과 자선사업을 하도록 움직이는 것은 언제나 자기의 고난으로부터 직접적으로 이해 가능하고 자기의 고난과 동일시되는 남의 고난에 대한 투시적 인식일 뿐이다. 그러나 여기로부터 밝혀지는 것은 순수한 사랑(아가페άγάπη, caritas)은 그 본성상 동정심이라는 사실이다.[661]

쇼펜하우어는 이 대목에서 방향을 돌려 스피노자까지 동원하며 칸트의 실천이성적·개념적 도덕론을 정면으로 비판한다.

- 사랑이 경감하는 고난은 일체의 불만족한 소망이 귀속되는 크고 작은 고난일 수 있다. 우리는 칸트와 정면으로 반대되게 말하는 것을 조금도 주저하지 않을 것이다. 칸트는 참으로 선한 모든 것과 모든 덕성을 그 자체로서만 인정하려고 하여, 이것들을 추상적 반성으로부터, 그것도 의무와 정언명령의 개념으로부터 생겨나게 하고, 감지되는 동정심을 결코 덕성이 아니라 취약성으로 선언한다. 이런 칸트와 정면으로 반대되게 우리는 이렇게 말하는 것을 주저하지 않는다. 단순한 개념은 진실한 예술에 대해서 그렇듯이 진실한 덕성에 대해서도 불모의 것이다. 모든 참되고 순수한 사랑은 동정심이고, 동정심이 아닌 어떤 사랑이든 이기심(Selbstsucht)이다. 이기심은 에로스(ἔρως)이고, 동정심은 아가페(ἀγάπη)다. 이 양자의 혼합이 자주 벌어진다. 진정한 우정도 언제나 이기심과 동정심의 혼합이다. 이기심은 벗의 현전(Gegenwart)

---

661) Schopenhauer, *Die Welt als Wille und Vorstellung I*, §66 (510-511쪽).

에 대해 기뻐하는 것에 있는데, 벗의 개성은 우리들의 개성과 상응하고, 이기심은 거의 언제나 우정의 최대 부분을 이룬다. 동정심은 벗의 화복禍福에 대한 정직한 동참과, 사람들이 이것에 바치는 비이기적 희생에서 보인다. 스피노자조차도 "인애심은 동정심에서 생겨나는 바람 외에 다른 것이 아니다"고 말한다.(Ethica lib. 3, prop. 27, cor. 3, schol.) 우리의 역설적 [→512] 명제의 확증으로서 우리는 순수한 사랑의 언어의 어조와 단어들, 그리고 순수한 사랑의 애무가 동정심의 기조와 전적으로 합치된다고 언급해도 된다. 이에 덧붙여 또한 이탈리아어로 동정심과 순수한 사랑이 pieta라는 동일한 단어로 표현된다고 언급해도 된다.[662]

쇼펜하우어는 이런 이론적 토대 위에서 기독교의 '중생'과 '은총'을 자기식으로 해석하고, 『금강경』의 '반야바라밀다' 테제를 이런 식으로 풀이하면서 『의지와 표상으로서의 세계』의 대장정을 마무리한다.

■ 가톨릭적 '개체성 초월': '은총'과 '중생'

앞서 무차별적·자의적 자유를 부정했던 쇼펜하우어는 먼저 기독교적 중생과 은총의 해석을 시도한다. "실은 본래의 자유, 즉 이유율로부터의 독립은 물자체로서의 의지에만 속하는 것이지, 의지의 현상에 속하는 것이 아니다." 시간과 공간으로서의 이 현상의 형식은 도처에서 이유율, 즉 필연성이다. 그러나 저 자유가 현상 속에서 직접적으로도 가시화될 수 있는 유일한 경우는 자유가 현상하는 것을 종식시키는 경우이고, 이 경우에 그럼에도 원인사슬 속의 한 고리인 단순한 현상, 즉 생명을 가진 육체가 현상들만을 포함하는 시간 속에서 계속 존속하기 때문에 이 육체적 현

---

662) Schopenhauer, *Die Welt als Wille und Vorstellung I*, §66 (511-512쪽).

상을 통해 자신을 표명하는 의지가 이 육체적 현상이 천명하는 것을 부정함으로써 이 육체적 현상과 모순에 처한다. 이러한 경우에 가령 생식기는 성 충동의 가시성으로서 현존하고 건강하다. 그러나 그럼에도 가장 내밀한 마음속에서도 어떤 성 충족이 의욕 되지 않는다. 그리고 육체는 전체적으로 생의지의 가시적 표현에 지나지 않은데, 그럼에도 이 생의지에 상응하는 동기들은 더 이상 작동하지 않는다. 아니, "육체의 해체", "개체의 종말", "본성적 의지의 최대의 저지"가 "환영받고 소망된다". 성격의 준거에 따른 동기에 의한 의지 결정의 필연성에 관한 우리의 주장과, 이 동기들을 무력화시켜 버리는 의지의 총체적 폐기 가능성 사이의 모순은 생의지의 현상의 필연성에 대한, 어떤 필연성도 무시하는 의지의 자유 자체의 직접적 개입으로부터 생겨나는 이 실재적 모순이 철학의 반성 속에서 재현되는 것에 지나지 않는다. 그러나 이 모순들을 통합하기 위한 열쇠가 성격이 동기들의 권력으로부터 면해진 상태가 직접 동기로부터 나오는 것이 아니라, 변화된 인식 방식에서 나온다는 데 있다. 말하자면 인식이 개체화 원리에 사로잡힌, 이유율에 따르는 인식 외에 다른 인식이 아닌 한에서, 동기들의 권력도 거부할 수 없다. "그러나 개체화 원리가 투시되고, 이데아, 아니 물자체의 본질이 만물 속에서 동일한 의지로 인식되고 이 인식으로부터 의욕의 일반적 진정제가 생겨나는 한에서 개체들의 개별적 동기들은 무효가 된다. 왜냐하면 이 개별 동기들에 상응하는 인식 방식이 완전히 다른 인식에 의해 무색해져 퇴출되었기 때문이다." 따라서 성격은 조금도 변하지 않고 개별적 자연법칙의 일관적 필연성을 띠고 – 성격 전체를 사기의 현상으로 삼는 – 그 의지를 집행할 수 있기는 하지만, 이 전체, 즉 성격 자체가 인식의 상술된 변화에 의해 아예 완전히 폐기되어 버릴 수 있다.[663]

---

663) Schopenhauer, *Die Welt als Wille und Vorstellung I*, §66 (546-548쪽).

"가톨릭적 초월적 변화"라 지칭하고 놀라 바라보는 이러한 "성격의 폐기", 바로 이 폐기는 또한 기독교회에서 아주 정확하게 "중생(Wiedergeburt)"이라 불리고, 이 중생을 낳는 인식은 "은총작용(Gnadenwirkung)"이라 불렸다. 바로 성격의 변화가 아니라 성격의 완전 폐기가 입론 되기 때문에 폐기 이전에 이 폐기와 관련된 성격들이 아무리 달라도 이 성격들은 이 폐기 후에 각자가 주입된 개념들과 도그마들에 따라 아직 말은 아주 다르게 하더라도 행동양식에서 커다란 동일성을 보이게 되는 것이다. 이런 의미에서 쇼펜하우어는 "의지 자유 또는 자유의지"의 "오래된 철학설"이 근거가 없지 않고, 은총작용과 중생에 관한 교회의 도그마는 의미와 의지가 없지 않다고 인정한다. 그리고 "자유는 하나의 신비다(la liberté est un mystère)"라는 말브랑슈의 말도 "옳은 것"으로 평가한다. 왜냐하면 그리스교 신비론자들의 "은총작용과 중생"이 우리에게 "의지 자유의 유일한 직접적 표현"이기 때문이다. 의지 자유는 의지가 자신의 본질의 인식에 도달하여 이 인식으로부터 "진정제"를 얻고 바로 이것을 통해, "현상만을 대상으로 삼는 다른 인식의 영역에 있는 동기들의 작용을 면하는 경우"에야 비로소 등장한다. "이렇게 발휘되는 자유의 가능성은 동물에게 영원히 부재한 인간의 최대의 특장特長이다." 왜냐하면 현재의 각인과 독립적으로 생 전체를 둘러보게 하는 "이성의 심사숙고성(Besonnenheit)"이 이 자유의 조건이기 때문이다. "동물은 심지어 추상적 표상들일 수밖에 없을 동기들의 완벽한 선행적 갈등 뒤의 본래적인, 따라서 심사숙고된 선택 결정의 가능성조차 없듯이 자유의 일체의 가능성도 없다." 따라서 "돌이 땅에 낙하하는 바로 그건 필연성"을 띠고 굶주린 늑대는 "자신이 물어뜯는 자이자 물어뜯기는 자라는 인식의 가능성" 없이 야생동물의 살에 이빨을 박아 넣는다. "필연성은 본성의 나라이고,

자유는 은총의 나라다."⁶⁶⁴⁾

　쇼펜하우어는 별것도 아닌 내용을 여기서 거창하게 기독교적 논법으로, 그러나 기독교적 사랑과 동정심 교리를 완전히 우회하여 "중생"과 "은총"을 말하고 있다. 개체화 원리를 투시하고 이데아 또는 물자체의 본질을 만물 속에서 동일한 의지로 인식하고 이 인식으로부터 격렬한 의욕의 일반적 진정제를 만들어내서 개체들의 개별적 동기들을 무효화시키는 사랑 또는 동정심에 대한 언급 없이 기독교적 '거듭남(중생)'을 말할 수 없을 것이다.

　쇼펜하우어는 "의지의 저 자기 폐기가 인식"으로부터 출발하지만, 일체의 인식과 통찰이 그 자체로서 수의隨意와 독립적인 것이기 때문에 의욕의 저 부정, 즉 자유 속으로의 저 입장도 고의를 통해 강제로 얻어질 수 있는 것이 아니라, 인간 속에서의 의욕에 대한 인식의 가장 내밀한 관계로부터 생겨나고, 따라서 갑작스럽게, 그리고 외부에서 날아 오듯이 날아들어 온다고 말한다. 바로 이런 까닭에 "교회는 이 인식을 은총작용으로 불렀다"는 것이다. 그러나 교회가 이 인식을 은총의 접수에 달려있게 만드는 것처럼, 진정제의 효과도 최종적으로 의지 자유의 작용이다. 그리고 쇼펜하우어는 이러한 은총작용 때문에 인간의 본질 전체가 근본적으로 바뀌고 거꾸로 뒤집히기 때문에, 그리하여 인간이 지금까지 격렬하게 의욕했던 것을 더 이상 의욕하지 않고 현실적으로 새 사람이 옛 사람 대신에 등장하기 때문에, 교회는 은총작용의 이 결과를 "중생"이라고 부른다고 해석한다. 왜냐하면 교회가 말하는, 선의 능력을 모조리 부정하는 "본성적 인간"이란 다름 아니라 우리의 현존과 같은 이런 현존으로부터의 구원이 달성되어야 한다면 부정되어야 하는 "생의지"이기 때문이다. 그는 "우리 현존의 뒤편에는 우리가 세계를 뿌리침으로써 비로소 우리에게

---

664)　Schopenhauer, *Die Welt als Wille und Vorstellung I*, §66 (548-549쪽).

열리는 다른 어떤 것이 숨겨져 있다"고 말한다.[665]

쇼펜하우어는 이유율에 따라 개체들을 고찰하는 것이 아니라 "인간의 이데아"를 그 통일성 속에서 고찰하면서 기독교 신앙 교설은 "본성"의 긍정, 즉 "생의지의 긍정"을 "아담"으로 상징화했다고 해설한다. "우리에게 세습된 아담의 죄악", 즉 "생식의 끈을 통해 시간 속에서 전개되는 이데아" 속에서 "아담과 우리의 통일성"은 "우리 모두를 고난과 영원한 죽음에 참여하게 만드는" 원죄다. 이에 반해 신앙 교설은 "인간이 된 신"(예수)으로 "은총", "의지의 부정", "구원"을 상징화했다는 것이다. 그는 이 "인간이 된 신", 예수를 일체의 죄악으로부터 자유로운, 즉 일체의 생의지로부터 자유로운 존재로서, 우리가 의지의 가장 단호한 긍정으로부터 생겨날 수 있었던 것과 달리, 또 우리가 철두철미 구체적 의지(의지의 현상)에 지나지 않는 육체를 가질 수 있는 것과도 달리 순수한 동정녀로부터 출산되어 단지 "유사類似육체(Scheinleib)"만을 가진 존재로 풀이한다.[666]

쇼펜하우어는 불교를 설파하기 전에 이 설파를 위한 정지 작업으로 기독교 신비설의 "중생"과 "은총" 이론을 이렇게 해석하는 자기의 도덕철학이 "완전히 본래적으로 기독교적인 도그마와 전적으로 일치한다"고 천명하며 기독교에 부화附和한다. 자기 철학이 심지어 "본질적 측면에 비춰 보아도 기독교 도그마들 안에 들어있고 그 안에 현전한다는 것이다. 기독교에 이렇게 조공을 바친 뒤 그는 "이 윤리학이 어떻게 완전히 다른 형태로 강의 되는 인도 서적들의 교설 및 윤리적 방침들과도 정확히 일치한다"고 주장한다. 이것이 그가 결론적으로 하고 싶은 말이다.

---

665) Schopenhauer, *Die Welt als Wille und Vorstellung I*, §66 (549쪽).
666) Schopenhauer, *Die Welt als Wille und Vorstellung I*, §66 (549-550쪽).

■ 이데아의 세계와 반야바라밀다

쇼펜하우어는 『의지와 표상으로서의 세계』의 제4권 종장終章에서 이데아와 불교 경전 『반야바라밀다경(일명: 금강경)』의 "반야바라밀다(큰 지혜로 피안에 이름)" 경지와 결합시킨다. 그리고 종장을 반야바라밀다경을 직접 인용함으로써 끝마친다. 초점은 불교적 '진공眞空'의 고찰이다. 쇼펜하우어는 이 종장에서 "윤리학의 개요와 하나의 사상의 전반적 서술을 마칠 것"이라고 밝힌다. 이 "하나의 사상"이란 불교를 말하는데 그는 "이 하나의 사상의 전달이 나의 목적"이라고 언명한다. 이럼으로써 그는 '진공眞空'으로 종결되는 불교사상에 대한 '비난'을 의식하고 과감하게 이렇게 말한다. "나는 이 서술의 마지막 부분과 관련된 비난을 결코 감추지 않고, 오히려 저 사상이 사실의 본질에 들어 있고, 이 사상을 제거하는 것은 단적으로 불가능하다는 것을 보여주려고 한다." 세인들의 "비난"은 바로 "우리의 고찰이 최종적으로 우리가 완벽한 신성함 속에서 모든 의욕의 부정과 폐기, 바로 이를 통해 자신의 전全 현존재를 우리에게 고난으로 보여주는 세계로부터의 해탈을 눈앞에 갖는 경지에 도달한 뒤에 바로 이것이 공허한 무無(das leere Nichts) 속으로의 이행으로 나타난다는 비난이다."[667] 이 "공허한 무無"가 바로 '진공眞空'인데, 이 '진공'이란 유무有無의 이원적 대응 관계나 유무의 상호 대립 관계도 없는 '진짜 공空'이다. 그래서 쇼펜하우어가 "공허하다(leer)"는 형용사를 붙인 것이다.

이 비난에 대해 쇼펜하우어는 칸트의 무無 개념을 비판하면서 불교적 진공 개념을 난해한 추상적 장광설로 방어한다.

- 나는 제일 먼저 무無 또는 공空 개념이란 본질적으로 상대적인 개념이고, 언제나 무無 개념이란 부정하는 특정한 어떤 것과만 관련되어 있

---

667) Schopenhauer, *Die Welt als Wille und Vorstellung I*, §71 (554쪽).

을 따름이라고 언급하지 않을 수 없다. 사람들은 (말하자면 칸트는) 이 속성을 플러스(+)와 마이너스(-)의 대립으로 표시되는 것인 결핍적 무(nihil privatum)에만 귀속시켰다. 그런데 이 마이너스(-)는 거꾸로 뒤집어 보는 시각에서는 플러스(+)가 될 수 있을 것이다. 그리고 사람들은 이 결핍적 무에 맞서 부정적 무(nihil negativum)를 제시한다. 이 부정적 무는 어떤 관계에서도 아무것도 아닐 것이다. 이 부정적 무를 위해서는 사람들이 자가당착의 논리적 모순을 사례로 사용했다. 그러나 더 자세 고찰하면, 절대적 무, 어떤 전적으로 본래적인 부정적 무는 생각해 보는 것만도 불가능하다. 오히려 이런 식의 부정적 무는 보다 고차적인 관점에서 고찰하면, 즉 보다 폭넓은 개념 아래 포섭되면 거듭거듭 하나의 결핍적 무에 지나지 않을 뿐이다. 어떤 무든 다른 무엇과 관계 속에서만 무로 생각되고, 이 관계를 전제하고, 따라서 저 다른 관계도 전제한다. 논리적 모순조차도 상대적 무에 불과하다. 이 논리적 모순은 이성의 사상이 아닌 것이다. 이런 까닭에 논리적 모순이란 절대적 무가 아니다. 왜냐하면 논리적 모순은 언어적 구성물이고, 사람들이 논리학에서 사유의 법칙들을 증명하기 위해 필수적으로 필요한 사유불가능태(das Nichtdenkbare)의 한 사례이기 때문이다. 따라서 사람들이 이 목적을 위해 끝까지 이런 사례로만 쏠린다면, 사람들은 이 난센스(Unsinn)를 사람이 찾는 긍정태로 여겨 고수하는 반면, 진의眞義(Sinn)를 부정태로 여겨 뛰어넘게 될 것이다. 따라서 그렇게 어떤 부정적 무든, 또는 절대적 무든 보다 고차적인 개념에 종속된다면 단순한 '결핍적 무'나 '상대적 무'로 현상할 것이다. 이 '상대적 무'는 언제나 자기 부정하는 것과 부호를 교환할 수 있어서, 전자가 부정으로 생각될 것이지만 그 자체는 긍정으로 생각될 것이다. 이것은 플라톤이 『소피스트』(258d)에서 전개하는 무에 관한 난해한 변증법적 탐구의 결과와도 일치한다. "다른 존재의 본성이 존재하고 이 다른 존재와 상호 대립 관계 속에 있는 모든 존재자에로 확장된다는 것을 증명함으로써, 그리고 우리가 이 본성의 모든 개별 부분을 존재자에 대립시킴으로써 감히 우리는 바로 이것이 실은 비존재자라고 주장하는 것이다."[668]

쇼펜하우어는 쉬운 말로 '긍정적인 것(플러스)'이 '존재(유有)'이고 이것의 부정이 '무'라고 함으로써 저 뜬구름 잡는 것 같이 난해한 무無 논의를 요약·정리한다. "일반적으로 긍정적인 것으로 받아들여지는 것은 우리가 존재자라로 부르고, 이 긍정적인 것으로 받아들여지는 것의 부정을 가장 일반적 의미의 무라는 개념이 언명한다."[669] 그런데 그는 "일반적으로 긍정적인 것으로 받아들여지는 것"을 바로 "의지의 객체성"으로서의 "의지의 거울", 또는 "의지의 거울"로서의 "표상의 세계"와 등치시킨다.[670]

"표상의 세계"는 "의지의 객체성"="의지의 거울"로서 '유有(존재)' 또는 존재자다. 반면, '의지의 부정'은 '표상 세계의 부정'이고, 이 '부정'은 곧 '무無', '공空'이다.

- 이 의지와 이 세계는 바로 우리 자신이기도 하고, 이 세계에는 표상 일반이 세계의 한 측면으로서 속한다. 이 표상의 형식은 공간과 시간이고, 따라서 이 시간과 공간의 입지점에 대해 존재하는 모든 것은 그 어느 곳에, 그 어느 때에 존재해야 한다. 표상에는 개념도, 철학의 재료도, 궁극적으로 말도, 개념의 부호도 속한다. 의지의 부정·폐기·전환은 '의지의 거울'인 세계의 폐기와 소멸이기도 하다. 우리가 이 거울 속에

---

668) Schopenhauer, *Die Welt als Wille und Vorstellung I*, §71 (554-556쪽).
669) Schopenhauer, *Die Welt als Wille und Vorstellung I*, §71 (556쪽).
670) Schopenhauer, *Die Welt als Wille und Vorstellung I*, §71 (556쪽).

서 더 이상 의지를 간취하지 못한다면, 우리는 의지가 어디로 방향을 틀었는지를 헛되이 물은 다음, 의지란 장소도, 시간도 갖지 않기 때문에 의지가 무無 속으로 상실되었다고 한탄한다.[671]

그리하여 관점을 뒤집으면 '유'(존재)가 '무'가 되고 역으로 '무'는 '유'(존재)가 된다.

- 거꾸로 뒤집힌 관점은 이것이 가능하다면 부호들을 바꾸게 하고 우리에 대한 존재자를 무無로, 그리고 저 무를 존재자로 보여줄 것이다. 우리가 생의지 자체인 한에서 저 후자의 무無는 우리에 의해 부정적으로만 인식되고 표시될 수 있다. 왜냐하면 '동일한 것은 동일한 것에 의해서만 인식된다'는 엠페도클레스의 옛 명제는 바로 여기서 우리에게서 모든 인식을 앗아가 버리기 때문이다. 이것은 거꾸로 우리의 모든 현실적 인식의 가능성, 즉 '표상으로서의 세계' 또는 의지의 객체성이 최종적으로 바로 이 명제에 근거하는 것과 같은 이치다. 왜냐하면 세계는 의지의 자기 인식이기 때문이다.[672]

"우리가 생의지 자체인 한에서 저 후자의 무無는 우리에 의해 부정적으로만 인식되고 표시될 수 있다"는 구절은 "저 후자의 무"가 생의지의 객체성(표상적 세계)이라는 '유有(존재)'의 부정이기 때문에 '무'는 '무' 자체로서 결코 인식될 수 없고 '유'와의 '부정적' 관계 속에서만 '인식'되고 마이너스(-)로 '표시'될 수 있다는 뜻이다. 마찬가지로 '유'도 '유' 자체로서 결코 인식될 수 없고 오로지 '무'와의 '부정적' 관계 속에서만 인식되

---

671) Schopenhauer, *Die Welt als Wille und Vorstellung I*, §71 (556쪽).
672) Schopenhauer, *Die Welt als Wille und Vorstellung I*, §71 (556쪽).

고 플러스(+)로 표시될 수 있다. "'동일한 것은 동일한 것에 의해서만 인식된다'는 엠페도클레스의 옛 명제는 바로 여기서 우리에게서 모든 인식을 앗아가 버린다"는 명제는 '유는 유 자체에 의해서만, 무는 무 자체에 의해서만 인식된다'는 명제이기 때문에 결국 유와 무를 인식할 수 없게 만든다는 말이다.

그런데 자기 의지의 부정을 통한 보편적 생의지의 객체성(표상적 세계)의 긍정은 부정이 긍정을 낳는 식으로 '무'가 '유'를 낳는 정식이다. 이 '의지의 부정을 통한 세계의 긍정'은 자아와 타아의 개체화 장벽을 뚫고 자타 동일성을 투시하는 것이다. '인간의 이데아'에서 부정을 통한 긍정의 산출은 열반(불생불멸의 법을 체득한 경지)에 이르러 '무아경의 열락'에 드는 것과 같다. 이것은 이미 '인식'의 차원을 뛰어넘는 세계 변동의 경지다.

- 그럼에도 불구하고 만약 철학이 단지 부정적으로 의지의 부정으로서만 표현할 수 있는 것에 대해 그 어떤 식으로든 긍정적 인식을 획득할 것이 단적으로 주장된다면, 우리에게는 의지의 완전한 부정에 도달한 모든 이들이 경험했고 사람들이 열락(Ekstase)·무아경(Entrückung)·깨달음(Erleuchtung)·신과의 합일 등으로 묘사하는 경지를 가리켜 보이는 것 외에 아무 일도 할 일이 없을 것이다. 그러나 이러한 경지는 본래 '인식'이라고 부를 수 없다. 왜냐하면 이 경지는 더 이상 주체와 객체의 형식을 갖지 않고, 또한 게다가 그 이상 전달할 수 없는 자기 고유의 체험에 대해서만 접근가능하기 때문이다.[673]

"열락·무아경·깨달음·신과의 합일"의 경지는 주체도, 객체도, 충동과

---

673) Schopenhauer, *Die Welt als Wille und Vorstellung I*, §71 (556-557쪽).

격동도, 시간도, 공간도, 의지도, 표상도, 세계도 없는 경지다.

- 그러나 완전히 철학의 입지점에 머물러 있는 우리는 여기서 긍정적 인식의 마지막 경계석에 도달한다는 데 만족하여 부정적 인식 수준을 납득해야 한다. 따라서 우리가 '의지로서의 세계'의 본질 자체를, 그리고 이 세계의 모든 현상들 속에서 의지의 객체성만을 인식했고, 이 객체성을 어두운 자연력들의 무無인식적 충동으로부터 가장 의식적인 인간 행위에까지 추적했다면, 우리는 의지의 자유로운 부정, 즉 의지에 대한 단념으로써 저 모든 현상도 같이 폐기되는 귀결을 피하지 않을 것이고, 목표도 쉴 새도 없는 저 끊임없는 충동들과 격동이 세계가 존재하고 또 세계를 존재하게 하는 모든 객체성 단계에서 폐기되고, 단계적으로 뒤를 잇는 형식들의 다양성도 폐기되고, 의지와 함께 의지의 전 현상도 없어지는 귀결을 피하지 않을 것이고, 마침내는 이 현상의 일반적 형식인 시간과 공간도, 그리고 현상의 궁극적 근본 형식인 주체와 객체도 폐기되는 귀결을 결코 피하지 않을 것이다. 의지도 없고, 표상도 없고, 세계도 없다.[674]

의지도, 표상도, 세계도 없는 경지에서 우리가 마주하는 것은 '유무의 대립 관계마저 초월한' 불교적 의미의 '진공眞空'이다. 이 '진공'은 실은 '세계를 극복한 사람들' 안에서 의지가 완전한 자기인식에 도달하여 삼라만상의 표상에서 자신을 재발견하고 자기 자신을 자유로이 부정하는 경지다. 의지의 마지막 흔적마저 육체와 함께 사라지기를 바라는 이 세계 극복자들에게는 '진공'으로서 '평화', '마음의 대양 같은 완전한 고요함', '깊은 평온'이 깃든다.

---

674) Schopenhauer, *Die Welt als Wille und Vorstellung I*, §71 (557쪽).

- 물론 우리 앞에 남는 것은 단지 공空 일 뿐이다. 그러나 공 속으로 녹아 없어지는 것에 저항하는 것, 즉 우리의 본성은 물론, 생의지가 우리의 세계인 것처럼 바로 우리 자신과 같은 생의지에 불과하다. 우리가 무를 아주 꺼린다는 사실은 우리가 생을 아주 의욕하고, 우리가 이 의지 외에 아무것도 아니고, 우리가 이 의지 외에 아무것도 알지 못한다는 사실의 다른 표현 이상의 것이 아니다. 그러나 우리가 우리 자신의 궁핍성과 편견으로부터 세계를 극복한 사람들, 그들 안에서 의지가 완전한 자기 인식에 도달해서 삼라만상에서 자신을 재발견하고 자기 자신을 자유로이 부정한 사람들, 그런 다음 의지의 마지막 흔적만이 이 흔적이 활기를 주입하고 있는 육체와 함께 사라지는 것을 보기를 기다리고 있는 사람들에게로 방향을 돌려보면, 우리에게 보이는 것은 쉴 새 없는 충동과 격동이 아니라 (…) 일체의 이성보다 고차적인 저 평화, 마음의 대양 같은 저 완전한 고요함, 저 깊은 평온, 흔들리지 않는 신뢰감과 명랑함이다.[675]

쇼펜하우어는 '진공'으로서 '평화', '마음의 대양 같은 완전한 고요함', '깊은 평온'을 라파엘(Raffael)과 코레조(Correggio)가 그린 초상화의 얼굴에서 다시 발견한다. "라파엘과 코레조가 묘사한 얼굴에 어린 저 명랑함의 단순한 여운은 완전하고 확실한 복음이다."[676] 그런데 '진공'을 말하는 대목에서 쇼펜하우어는 앞에서 말한 것과 상충되는 말을 한다.

- 인식만이 남고, 의지는 사라졌다. 그러나 우리는 깊고 고통스런 동경을 안고 이 경지를 바라본다. 이 경지 옆에는 우리 자신의 상태의 비참

---

675) Schopenhauer, *Die Welt als Wille und Vorstellung I*, §71 (557558쪽).
676) Schopenhauer, *Die Welt als Wille und Vorstellung I*, §71 (558쪽).

하고 구원할 길 없는 것이 대비를 통해 완전한 빛 속에서 현상한다. 그럼에도 이 고찰은 우리가 한편으로 치유할 수 없는 고난과 한없는 비참을 의지의 현상인 세계로 본질적으로 인식했고, 다른 한편으로 폐기된 의지의 경우에 세계가 녹아 없어지는 것을 보고 진공(공허한 무)만을 우리 앞에 보지保持할 때 우리를 영속적으로 위로해 주는 유일한 인식이다.[677]

"인식만이 남고, 의지는 사라졌다", 또는 "고난과 비참을 세계로 인식했다", "우리 자신의 상태의 비참하고 구원할 길 없는 것이 대비를 통해 완전한 빛 속에서 현상하는 것에 대한 이 고찰은 유일한 인식이다"는 구절 등은 "이러한 경지는 본래 인식이라고 부를 수 없다"는 앞말과 그대로 상충된다. 이 경지는 뒤에 쇼펜하우어가 '반야바라밀다'를 번역해 알려주듯이 '모든 인식의 피안'이기 때문이다. '인식'이 아니라 "완전한 빛"과 진공("공허한 무") 속에서의 "영속적 위로"라고 해야 할 것이다. 이 경지에서는 의지와 육체도, 의지의 자기 인식도 폐기되었으므로 고난과 비참에 대한 느낌과 인식도 사라졌고, 오로지 평화와 평온, 열락과 무아경만이 '체험'될 뿐이기 때문이다.

쇼펜하우어는 이 평화와 평온, 열락과 무아경을 체험하기 위해서 궁극적으로 진공眞空의 칠흑 같은 어둠의 인상印象과 이에 대한 두려움을 떨치고 진공을 우회하지 말고 진공을 '신봉'할 것을 주장한다.

- 따라서 이런 방식으로, 성자들의 생과 품행에 대한 고찰을 통하여 – 물론 우리 자신의 경험 속에서 이런 성자들을 만나는 것은 드물게 허락되지만, 그들의 기록된 역사와, 내적 진리의 인장으로 보증된 예술이

---

[677] Schopenhauer, *Die Welt als Wille und Vorstellung I*, §71 (558쪽).

이분들을 우리 눈앞에 데려다준다 – 우리는 모든 덕성과 거룩함의 뒤편에서 마지막 목표로서 떠돌고 있고 우리가 어린이들이 어둠을 두려워하듯이 두려워하는 저 공空의 칠흑 같은 인상을 일소해야 한다. 인도인들이 열반 속으로의 흡수(입적)와 같은 브라만이나 불교도의 신화나 의미 없는 말들을 통해 우회하는 것처럼 우리는 스스로 이 공을 우회하지 않아야 할 것이다. 우리는 오히려 이 공을 신봉함을 자유롭게 공언한다. 의지의 완전한 폐기 후에 남아있는 것은 아직 의지로 가득한 모든 사람에게 물론 아무것도 아니다. 그러나 또한 거꾸로 그 마음속에서 의지가 방향을 돌려 자신을 부정한 이들에게는 온갖 태양과 은하수를 가진 우리의 이 아주 실재적인 세계가 공인 것이다.[678]

마지막 패러그래프, 즉 의지를 완전히 폐기한 뒤 남아있는 것은 보통 사람들에게 물론 "아무것도 아니지만" 거꾸로 그 마음속에서 의지가 자신을 부정한 이들에게는 "이 실재적 세계가 공인 것이다"는『반야바라밀다밀경』의 '색즉시공色卽是空 공즉시색空卽是色'이라는 핵심 구절과 거의 동일하다.『반야바라밀다밀경』의 요점만 간추린『반야심경』에서 부처는 임종 시에 제자 사리자舍利子에게 이런 비밀스런 가르침을 내린다. "사리자야, 색은 공과 다르지 않고 공은 색과 다르지 않으니, 색이 곧 공이고 공이 곧 색이니라. 감각·생각·행동·인식도 이와 같도다.(舍利子, 色不異空 空不異色 色卽是空 空卽是色 受想行識 亦復如是.)" ① '색色'은 물질적 표상(현상) 또는 표상 세계다. ② '수受'는 감각적 지각이다. ③ '상想'은 내상을 구체적으로 파악해서 반난하는 기능이다. ④ '행行'은 '수'와 '상'을 제외한 모든 마음 작용이다. ⑤ '식'은 색·수·상·행의 이 네 가지(四蘊)를 인식하는 것을 말한다. 이 다섯 가지를 '오온五蘊'이라 한다. 부처는

---

678) Schopenhauer, *Die Welt als Wille und Vorstellung I*, §71 (558쪽).

"감각·생각·행동·인식도 이와 같도다"고 함으로써 사온을 아는 '인식'까지 다 '공'이라고 하고 있다.

'공'은 유무有無의 상대적·이원적 관계를 초극한다. 공은 무無와 달리 없는 것도 아니라 유有와 달리 있는 것도 아니기 때문이다. '공'은 '유(무)'와 하나도 아니고 둘도 아니다. '공'은 있는 듯이 보이지만 주객의 동일성을 깨달은 사람이 보기에 유有의 실체가 없어 진짜로 빈 공간과 같고, 역으로 없는 듯이 보이지만 의지의 객체성으로서 표상적 세계로 현상하는 것이다. 이 오온이 모두 공空인 것을 깨닫고 이 '진짜 공'(진공)을 회피하지 않고 이에 눌러앉으면 모든 고액苦厄에서 벗어날 수 있다는 것이 『반야바라밀다밀경』의 핵심이다. 그것은 오온이 모두 공인 것을 깨닫는 인식조차 '공'이라는 가르침을 통해 삼라만상만이 아니라 부처의 모든 가르침까지도 궁극적으로 공이라는 파천황의 궁극설이다.

그런데 쇼펜하우어는 자기의 생의지를 부정함으로써 자기와 타아의 구별을 폐절하고 자타의 동일성을 깨달음으로써 얻는 가톨릭의 '중생'에 대해 논할 때 주객의 차이만이 아니라 우적의 차이마저 초극하기 위해 '원수를 사랑하라'고 가르친 예수의 '큰 사랑' 없이 '은총'과 '신앙'만을 언급했다. 그런데 범아일여에 대해 논하는 이 불교적 논의 부분에서는 우주를 자아와 동일시할 만큼 인간세계의 타인과 자연 세계의 보편적 생의지를 깊이 사랑하고 가엾게 여기는 '큰 자비', 즉 대자대비大慈大悲한 '큰 동정심'을 잊고 있다.

의지를 완전히 폐절한 뒤에도 남는 것은 '진공'이다. 불교에서 '진공'은 사물의 있는 그대로의 모습이라는 뜻의 '진여眞如'의 고유한 성질이 모든 중생의 미혹한 생각을 털어버린 상태다. 따라서 '진공'은 의지로 가득한 색계色界의 모든 중생이 "아무것도 아닌 것"으로 여기는 것이다. 쇼펜하우어는 '열반 속으로의 흡수(입적)'라는 신화적 논변으로 이 진공을 우회하는 불교도를 비판하고, 우회 없이 아예 '진공'을 '신봉'하라고 설파하고 있다. 그러나 그가 이 "열반으로의 흡수"를 신화적 우회라고 비판하는 것은 기독교 세계에서 기독교도의 눈을 속이려는 양동陽動화술(페인트 모션)에 불과하다. 왜냐하면 그가 스스로 마지막 구절에 다음과 같은 각주를 달아 놓고 있기 때문이다. "이것은 또한 불교도들의 '반야바라밀다'이기도 하다. 즉, '모든 인식의 피안', 즉 주체와 객체가 더 이상 존재하지 않는 지점이기도 하다." 쇼펜하우어는 이작 슈미트(Isaak Jakob Schmidt)의 *Über das Mahayana und Pradschna-paramita der Bauddhen* (대승불교와 불교의 반야바라밀다경[출판연도 미상])을 인용하고 있다

'Pradschna-paramita'는 '반야바라밀다般若波羅蜜多'로 음역하기도 하고, '브라지나 바라밀다'로 음역하기도 한다. 산스크리트어 'Pradschna' 또는 'Prajna'의 음역어인 '반야般若'는 진실한 생生을 깨달았을 때 나타나는 '근원적 지혜'인 인식초월적·체험적 '무분별지無分別智'를 가리킨다. 이 '반야'는 인식·분별하는 'Vijnana(비즈냐나)', 즉 인식적 '분별지分別智'와 대립된다. '바라밀다(paramita)'의 '바라(para)'는 '저 너머(beyond)' 또는 '저편 강안(=피안彼岸), 저쪽 강변, 저쪽 경계(the further bank, shore or boundary)'를 뜻한다. 그리고 '밀다(mita)'는 '도달한 것(that which has arrived)', 또는 '가는 것(that which goes)'이다. '바라밀다(Pāramitā)'는 '피안으로 간(가는) 것', 또는 '초월적인 것(transcendent)'을 뜻한다. 그러므로 '반야바라밀다(Pradschna-paramita)'는 '인식 초월석·제험석 지혜에 의거해 피안으로 건너가는 것'을 말한다.

불교에서 '열반으로의 입적入寂'은 진공의 우회가 아니라 진공을 신봉하며 진공 속에 눌러앉아 삶으로써만 이루어진다. 따라서 쇼펜하우어가

'열반으로의 입적'과 '진공의 신봉'을 구별하고 전자를 우회적 회피로 비판한 것은 『의지와 표상으로서의 세계』의 최종 문단을 『반야바라밀다경(금강경)』의 인용으로 마치는 데서 알 수 있듯이 페인트모션 화법일 뿐이다. 그는 평생토록 스스로를 불교도라 자칭했다. 쇼펜하우어의 저런 불교 해석을 세계의 대승大僧들이 어떻게 평가하고 있는지는 알 수 없다. 과문이기 때문이기도 하지만 『의지와 표상으로서의 세계』를 최종 패러그래프까지 읽은 사람을 아직까지 만나본 적이 없기 때문이다.

   쇼펜하우어가 불교와 유교를 어느 부분에서 제대로 이해했을 수도 있고, 또 다른 부분에서는 자의적으로 이해하거나 오해했을 수도 있다. 하지만 그의 이해가 어찌 되었든 그가 '동양 철학적 서양 합리주의자'임에는 틀림이 없다. ∎

참고문헌

⟨공맹경전⟩

사서삼경,『大學』,『中庸』,『論語』,『孟子』,『書經』,『詩經』,『易經(周易)』,
기타 공맹경전,『禮記』,『春秋』,『大戴禮』,『孝經』.
『春秋左氏傳』.
『春秋公羊傳』.
『春秋穀梁傳』.
司馬遷(정범진 외 역),『史記本紀』(서울: 까치, 2002).
廖名春 釋文,「馬王堆帛書'二三子'」.
황태연·엄명숙,『포스트사회론과 비판이론』(서울: 푸른산, 1994).
황태연,『지배와 이성』(서울: 창작과비평사, 1996).
황태연,「자본주의의 근본적 변화와 제국주의의 종식」, 계간『사상』, 1999·겨울호(통권 43호).
황태연,『계몽의 기획』(서울: 동국대학교출판부, 2004).
황태연,『실증주역(하)』(파주: 청계, 2009).
황태연,『감정과 공감의 해석학(1-2)』(파주: 청계, 2014·2015).
황태연,『공자의 인식론과 역학: 지물과 지천의 지식철학』(파주: 청계, 2018).
황태연,『공자와 미국의 건국(하)』(서울: 한국문화사, 2023).
황태연,『도덕의 일반이론(상·하)』(서울: 한국문화사, 2024).

⟨서양문헌⟩

Adler, Hans-Hennig, "Gemeinbesitz", *SOZIALISMUS* (4/1992).
Arendt, Hannah, *Macht und Gewalt* [*On Violence*, New York: 1970] (München/Zürich: Piper Verlag, 1990).

Aristoteles, *Politik*, übersetzt v. Olof Gigon (München: Deutscher Taschenbuch Verlag, 1955·1986).
Aristoteles, *Die Nikomachische Ethik*, übersetzt v. Olof Gigon (München: Deutscher Taschenbuch Verlag, 1955·1986).
Aristotle, T*he Eudemian Ethics. Aristotle*, vol. 20 (Cambridge, MA: Harvard University Press, 1935·1981).
Avineri, Shlomo, *Karl Marx: Philosophy and Revolution* (New Haven: Yale University Press, 2019).
Bacon, Francis, *The New Organon* [1620], edited by Lisa Jardine and Michael Silverthorne (Cambridge: Cambridge University Press, 2000), Book I, XLIX(49).
Bayle, Pierre, *Historical and Critical Dictionary* (1697), selections (Indianapolis·Cambridge: Hackett, 1991).
Benjamin, Walter, "Zur Kritik der Gewalt". Water Benjamin, *Zur Kritik der Gewalt und andere Aufsätze* (Frankfurt am Main: Suhrkamp, 1965).
Bischoff, Joachim, und Michael Menard, *Marktwirtschaft und Sozialismus. Der dritter Weg* (Hamburg: VSA Verlag, 1990).
Brie, Michael, *Wer ist Eigentümer im Sozialismus? Philosophische Überlegungen* (Berlin: Dietz Verlag, 1990).
Descartes, René, *The Principles of Philosophy* [1647]. *The Philosophical Wrings of Descartes*, vol.I, translated by John Cottingham·Robert Skoothoff·Dugald Murdoch (Cambridge·New York·Melborne: Cambridge University Press, 1985, 19th printing 2007).
Descartes, René, *Rules for the Direction of the Mind* [1701]. *The Philosophical Wrings of Descartes*, Volume I.
Edwardes, Michael, *East-West Passage: The Travel of Ideas, Arts and Interventions between Asia and the Western World* (Cassell·London: The Camelot, 1971).
Engels, Friedrich, und Karl Marx, *Die heilige Familie, oder Kritik der kritischen Kritik. Gegen Bruno Bauer & Consorten* (Frühjahr 1845). *MEW* 4 [*Marx Engels Werke*, Band 4 (Berlin: Dietz Verlag, 1982)].
Engels, Friedrich, "Beschreibung der in neuerer Zeit entstandenen und noch bestehenden kommunistischen Ansiedlungen". *MEW* 2 [*Marx Engels Werke*, Band 2 (Berlin: Dietz Verlag, 1982)].
Engels, Friedrich, "Zwei Reden in Elberfeld". *MEW* 2.
Engels, Friedrich, "Grundsätze der Kommunismus" [1847]. MEW 4.
Engels, Friedrich, *Herrn Eugen Dührings Umwälzung der Wissenschaft* [1878] (*Anti-Dühring*). *MEW* 20.

Engels, Friedrich, "Einleitung zu Sigismund Borkheims Broschüre 'Zur Erinnerung für die deutschen Mordspatrioten. 1806-1807'"[15. Dezember 1887]. *MEW* 21.
Engels, Friedrich, "Zur Kritik des sozialdemokratischen Programmenentwurfs". *MEW* 22.
Engels, Friedrich, "An Joseph Bloch" (21-22 Sept. 1890). *MEW* 37.
Engels, Friedrich, "An August Bebel" (24-26. Okt. 1891). *MEW* 38.
Engels, Friedrich, Kann Europa abrüsten [1893]. *MEW* 22.
Engels, Friedrich, "An Franz Mehring" (Ende April 1895). *MEW* 39.
Foucault, Michel, *Vom Licht des Krieges zur Geburt der Geschichte* (Berlin: Merve, 1986).
Gerhardt, Volker, "Nieztsches ästhetische Revolution". Volker Gerhardt, *Pathos und Distanz* (Stuttgart: Philipp Reclam, 1988).
Gilligan, Carol, "In a Different Voice: Women's Conceptions of the Self and of Morality". *Harvard Educational Review* 47 (1977).
Gilligan, Carol, *In a Different Voice: Psychological Theory and Women's Development* (Cambridge: Harvard University Press, 1982)
Gilligan, Carol, S. Langsdale, N. Lyons & J. M. Murphy, "Contributions of Women's Thinking to Developmental Theory and Research". *Final Report to national Institute of Education* (1982).
Gramsci, Antonio, *Zu Politik, Geschichte und Kultur* (Frankfurt am Main: Röderberg, 1980).
Habermas, Jürgen, *Technik und Wissenschaft als 'Ideologie'* (Franfurt am Main: Suhrkamp, 1968).
Habermas, Jürgen, "Replik auf Einwände"[1980]. Habermas, *Vorstudien und Ergänzungen zur Theorie des kommunikativen Handelns* (Frankfurt am Main: Suhrkamp, 1984).
Habermas, Jürgen, *Philosophisch-politische Profile* (Frankfurt am Main: Suhrkamp, 1987).
Habermas, Jürgen, "Replik auf Einwände" [1980]. Jürgen Habemas, *Vorstudien und Ergänzungen zur Theorie des kommunikativen Handelns* (Frankfurt am Main: Suhrkamp, 1984).
Hawkins, Mike, *Social Darwinism in Europe and American Thought 1860-1945* (Cambridge: Cambridge University Press, 1997).
Hegel, Georg W. F., *Die Verfassung Deutschlands* [1800-1802]. *G.W.F. Hegel Werke*, Bd.1, *Frühe Schriften* (Frankfurt am Main: Suhrkamp, 1986).
Hegel, Georg W. F., *Grundlinien der Philosophie des Rechts. Hegel Werke*, Bd.3 (Frankfurt am Main: Suhrkamp, 1986).

Hegel, Georg W. F., *Enzyklopädie der philosophischen Wissenschaften. Hegel Werke*, Bd.10 (Frankfurt am Main: Suhrkamp, 1986).
Hess, Peter, "Besitzfrage", *SOZIALISMUS* (4/1992)
Hickel, Rudolf, *Ein neuer Typ der Akkumulation?* (Hamburg: VSA-Verlag, 1987).
Hirsch, Joachim, *Kapitalismus ohne Alternativ? Materialistische Gesellschaftstheorie und Möglichkeiten einer sozialistischen Politik heute* (Hamburg: VSA Verlag, 1990).
Hobbes, Thomas, *Leviathan or The Matter, Form, and Power of a Commonwealth Ecclesiastical and Civil. The Collected Works of Thomas Hobbes*. Vol. III. Part I and II, collected and edited by Sir William Molesworth (London: Routledge/Thoemmes Press, 1992).
Honneth, Axel, "Arbeit und instrumentales Handeln". Axel Honneth und Urs Jaeggie (Hg.), *Arbeit, Handlung, Normativität: Theorien des Historischen Materialismus 2* (Frankfurt am Main: Suhrkamp, 1980).
Huang, Alfred, *The Complete I Ching* (Rochester & Vermont: Inner Traditions, 1998).
Hwang, Tai-Youn, *Herrschaft und Arbeit im neueren technischen Wandel* (Frankfurt/Paris/New York: Peter Lang Verlag, 1992). 국역본: 황태연, 『지배와 이성』(서울: 창작과비평사, 1996).
Hwang, Tai-Youn, "Verschollene Eigentumsfrage. Zur Suche nach einer neuen Eigentumspolitik", *SOZIALISMUS* (Hamburg: VSA-Verlag, 1992) 2/1992.
Kant, Immanuel, *Idee zu einer allgemeinen Geschichte in weltbürgerlicher Absicht* [1784]. Kant Werke, Bd.9, Teil 1 (Darmstadt: Wissenschaftliche Buchgesellschaft, 1983).
Kant, Immanuel, *Grundlegung zur Metaphysik der Sitten* [1785·1786]. Kant Werke, Band 6, Erster Teil (Darmstadt: Wissenschaftliche Buchgesellschaft, 1983).
Kant, Immanuel, *Kritik der reinen Vernunft* [1781·1787]. *Kant Werke*, Bd.4 (Darmstadt: Wissenschaftliche Buchgesellschaft, 1983).
Kant, Immanuel, *Kritik der praktischen Vernunft* [1788]. *Kant Werke*, Bd.6. Erster Teil (Darmstadt: Wissenschaftliche Buchgesellschaft, 1983).
Kant, Immanuel, *Metaphysische Anfangsgründe der Tugendlehre. Die Metaphysik der Sitten* [1797·1798], Zweiter Teil. *Kant Werke*, Bd.7. *Schriften zur Ethik und Religionsphilosphie*. Zweter Teil (Darmstadt: Wissenschaftliche Buchgesellschaft, 1983).
Kant, Immanuel, *Die Religion innerhalb der Grenzen der bloßen Vernunft* [1793·1794]. *Kant Werke*, Bd.10 (Darmstadt: Wissenschaftliche Buchgesellschaft, 1983).

Katzenstein, Robert, "Funktion", *SOZIALISMUS* (4/1992).
Kelso, Louis Orth, "Karl Marx: The Almost Capitalist", *American Bar Association Journal* (March, 1957). Center for Economic and Social Justice' Reprint.
Kelso, Louis Orth, and Patricia Hetter Kelso, "Looking in a Marxist Mirror", *The Journal of Commerce* (January 11, 1991). The Kelso Institute's Reprint.
Krüger, Hans-Peter, *Kritik der kommunikativen Vernunft*: Kommunikationsorientierte Wissenschaftsforschung im Streit mit Sohn-Rethel, Toulmin und Habermas (Berlin: Akademie Verlag, 1990).
Lenin, Wladimir I., "Zur sogenannten Frage der Märkte". *Lenin Werke*, Bd.1 (Berlin: Dietz Verlag, 1962).
Lenin, Wladimir I., *Staat und Revolution. Lenin, Ausgewählte Werke*, Bd.II (Berlin: Dietz Verlag, 1970).
Karl Marx und Friedrich Engels, *Ein Komplott gegen die Internationale Arbeiterassoziation* [1873]. MEW 18 [*Marx Engels Werke*, Band 18 (Berlin: Dietz Verlag, 1982)].
Marx, Karl, "Debatten über die Preßfreiheit der Landständlichen Verhandlungend"[Die Verhanlungen des 6. rheinischen Lantags: Erster Artikel]. *MEW* 1 [*Marx Engels Werke*, Band 1 (Berlin: Dietz Verlag, 1982)].
Marx, Karl, "M. an R." (Kreuznach, im September 1843), Marx Briefe aus dem *Deutsch-Französischen Jahrbüchern. MEW* 1.
Marx, Karl, "Rechtfertigung des ††-Korrespondenten von der Mosel" [*Rheinische Zeitung*, Nr.19 vom 19. Januar 1843]. *MEW* 1.
Marx, Karl, "Zur Kritik der Hegelschen Rechtsphilosophie. Einleitung" [1844]. *MEW* 1.
Marx, Karl, "Sieg der Kontrerevolution zu Wien" [1848]. *MEW* 5.
Marx, Karl und Friedrich Engels, Die Deutsche Ideologie. *MEW* 3.
Marx, Karl, Ökonomische-philosophische Manuskripte [1844]. *MEW* 40. Ergänzungsband 1(Erster Teil).
Marx, Karl, "Privateigentum und Kummunismus". *Ökonomisch-philosophosche Manuskripte* [1844]. *MEW* 40. Ergänzungsband 1(Erster Teil).
Marx, Karl, *Das Elend der Philposophie* [18461847]. *MEW* 4.
Marx, Karl, *Manifesto der Kommunistischen Partei* [1848]. *MEW* 4.
Marx, Karl, "Die Chartisten" [*New York Dalily Tribune*, 25 August, 1852]. *MEW* 8 (Berlin: Dietz Vwerlag, 1981).
Marx, Karl, *Der achtzehnte Brumaire des Louis Bonaparte* [1852], *MEW* 8.
Marx, Karl, *Zur Krititik der politischen Ökonomie. MEW* 13.
Marx, Karl, *Resultate des unmittelbaren Produktionsprozesses* [1863-1865] (Frankfurt am Main: Verlag Neue Kritik KG Frankfurt, 1969).

Marx, Karl, "Instruktionen für die Delegierten des Provisorischen Zentralrats zu den einzelnen Fragen". *MEW* 16.

Marx, Karl, *Kritik des Gothaer Programms* [1875], *MEW* 19.

Marx, Karl, "Enwürfe einer Antwort auf den Brief von V. I. Sassulitsch" [Erster Enfwurf]. *MEW* 19.

Marx, Karl, *Das Kapital I*, *MEW* 23.

Marx, Karl, "Vorwort zur ersten Auflage" des *Kaptals I*. *MEW* 23 (Berlin: Dietz Verlag, 1984).

Marx, Karl, *Das Kapital II*. *MEW* 24.

Marx, Karl, *Das Kapital III*. *MEW* 25.

Marx, Karl, *Theorien über den Mehrwert I*. *MEW* 26.1

Marx, Karl, "Rede auf dem Polenmeeting in London am 22. Januar 1867". *MEW* 16.

Marx, Karl, [Aus dem Protokol der Sitzung des Generalrats vom 20. Juli 1869]. *MEW* 16.

Marx, Karl, "Rede von Karl Marx über die politische Aktion der Arbeiterklass". *MEW* 17.

Marx, Karl, "Aus dem Protokol der Sitzung der Londoner Konferenz der Internationalen Arbeiterassoziation" (21. September 1871). *MEW* 16.

Marx, Karl, "Rede über den Haager Kongreß" (15. September 1872). *MEW* 18.

Marx, Karl, "Nachwort zue französischen Ausgabe": "An den Leser", *Das Kapital I*, *MEW* 23.

Marx, Karl, *Grundrisse der Kritik der politischen Ökonomie*. *MEW* 42. Marx & Engels, *MEGA* II/ (*Le Capital* 1872-1875)

Marx, Karl, *Le Capital* [1872-1875]. *Marx Engels Gesamtausgabe* (*MEGA*) II (Berlin: Diets Verlag, 1982; Seit 1990, Amsterdam: Internationale Marx-Engels-Stiftung [IMES]).

Marx, Karl, *New York World*: "Interview with Karl Marx, Head of L'Internationale; Revolt of Labor against Capital - the Two Faces of L'Internationale Transformation of Society - its Progress in the United States" (1871: July 3 Interview, July 18 report) [open.conted.ox.ac.uk (beta). Date created: Monday, September 17 2012. http://history.hanover.edu/texts/marx/MARXINT2.html: 검색 2023. 9. 22일; 또는 Marx-Engels Internet Archive].

Mersmann, Arno, und Klaus Novy, *Gewerkschaften Genossenschaften Gemeinwirtschaften - Hat eine Ökonomie der Solidarität eine Chance?* (Köln: Bund-Verlag, 1991).

Nietzsche, Friedrich, *Der Antichrist. Fluch auf das Christenthum* [1888-1889]. Giorgio Colli und Mazzino Montarinari (Hg.), *Nietzsche Werke*. 3.Bd. v. VI.

Abteilung (Berlin: Walter de Gruyter & Co, 1968).
Nietzsche, Friedrich, *Menschliches, Allzumenschliches*. Erster Band [1878]. Giorgio Colli und Mazzino Montarinari (Hg.), *Nietzsche Werke*. 2.Bd. v. IV. Abteilung (Berlin: Walter de Gruyter & Co, 1967).
Platon, *Phaidon*. *Platon Weke*, Bd.III in Acht Bänden. Herausgegeben von G. Eigler. Deutsche Übersetzung von Friedrich Schleiermacher (Darmstadt: Wissenschaftliche Buchgesellschaft, 1977).
Platon, *Der Staat*. *Platon Werke*, Bd.III. Plato, *The Republic*, Vol. II in Two Volumes. With an English Translation by Paul Shorey. Leob Classical Library(Cambridge, MA·London: Harvard University Press, 1946). 플라톤 (박종현 역), 『국가·政體』(서울: 서광사, 2007).
Platon, *Phaidros*. *Platon Werke*, Bd.V in Acht Bänden. Herausgegeben von G. Eigler. Deutsche Übersetzung von Friedrich Schleiermacher (Darmstadt: Wissenschaftliche Buchgesellschaft, 1977).
Pufendorf, Samuel von, *The Whole Duty of Man According to the Law of Nature* [1673] (Indianapolis: Liberty Fund, 2003).
Radzinsky, Edvard, *Stalin: The First In-depth Biography Based on Explosive New Documents from Russia's Secret Archives* (Albany, New York: Anchor, 1997).
Rifkin, Jeremy, *The Age of Access* [2001]. 리프킨, 『소유의 종말』(서울: 민음사, 2001).
Ritsert, Jürgen, "Handlungsgründe und Verhaltensursachen" (Reasons and Causes). Jürgen Ritsert (Hg.), *Gründe und Ursachen gesellschaftlichen Handelns* (Frankfurt am Main/New York: Campus Verlag, 1975).
Ritsert, Jürgen, *Der Kampf um das Surplusprodukt. Einführung in den klassischen Klassenbegriff* (Frankfurt/New York: Campus Verlag, 1988).
Ritsert, Jürgen, *Das Bellen des toten Hundes. Über Hegelsche Argumentationsfiguren im sozialwissenschaftlichen Kontext* (Frankfurt am Main/New York: Campus Verlag, 1988).
Ritsert, Jürgen, *Ästhetische Theorie als Gesellschaftskritik. Umrisse der Dialektik in Adornos Spätwerk* (Frankfurt am Main: Campus Verlag, 1990).
Ritsert, Jürgen, *Subjekt und Person*, Studientext zur Sozialwissenschaft der Johann W. Goethe-Universität Sonderband 6 (Frankfurt/Main: 1991).
Römer, Peter, *Entstehung, Rechtsform und Funktion des kapitalistischen Privateigentums* (Köln: Kleine Bibliothek, 1978).
Rousseau, Jean-Jacques, *Emile oder Über die Erziehung* [*Émile ou de l'Education*, 1762] (Paderborn·München: Ferdinand Schöningh, 1989).
Scheler, Max, *Wesen und Formen der Sympathie* [증보판, 1922], hrg. v. Manfred

S. Frings (Bern·München: Francke Verlag, 1973 [6. Aufl.]).
Schopenhauer, Arthur, *Die Welt als Wille und Vorstellung* I [1818·1859]. *Arthur Schopenhauer Sämtliche Werke*, Bd.I (Frankfurt am Main: Suhrkamp, 1986).
Schopenhauer, Arthur, *Die Welt als Wille und Vorstellung II. Arthur Schopenhauer Sämtliche Werke*, Bd.II (Frankfurt am Main: Suhrkamp, 1986).
Schopenhauer, Arthur, *Über den Willen in der Natur* [1836], 'Sinologie'. *Arthur Schopenhauer Kleine Schriften. Sämtliche Werke*, Band III (Frankfurt am Main: Suhrkamp, 1986).
Schopenhauer, Arthur, *Kritik der Kantischen Philosophie. Anhang zu Die Welt als Wille und Vorstellung I*. Arthur Schopenhauer, *Sämtliche Werke*, Bd.I (Frankfurt am Main: Suhrkamp, 1986).
Schopenhauer, Arthur, *Preisschrift über die Grundlage der Moral* [1841·개정판 1860]. Arthur Schopenhauer, *Kleine Schriften. Sämtliche Werke*, Bd.III (Frankfurt am Man: Suhrkamp, 1986).
Schopenhauer, Arthur, 'Sinologie'. *Arthur Schopenhauer Sämtliche Werke*, Band III (Frankfurt am Main: Suhrkamp, 1986).
Seidel-Höppner, W., und J. Höppner, *Sozialismus vor Marx. Beiträge zur Theorie und Geschichte des vormarxistischen Sozialismus* (Berlin: Akademe-Verlag, 1987).
Singh, Rustam, "Status of Violence in Marx's Theory of Revolution", *Economic & Political Weekly*, vol.4 (Jan. 28, 1989).
Sorel, Georges, *Reflections on Violence* (Cambridge: Cambridge University Press, 1999).
Sozialistische Studiengruppen (SOST), "Eigentum", *SOZIALISMUS* (5/1992).
Spinoza, Benedict de, *Tractatus Theologoco-Politicus* [1670]. *The Chief Works of Benedict de Spinoza*, Vol. I (London: George Bell and Sons, 1891).
Suttie, Ian Dishart, *The Origins of Love and Hate* (Oxford·New York: Routledge, 1935; 1999·2001 reprinted; Digital Printing 2007).
Valignano, Alessandro, & Duarte de Sande, *Japanese Travellers in Sixteenth-Century Europe: A Dialogue Concerning the Mission of the Japanese Ambassador to the Roman Curia* [1590], edited and annotated with introduction by Derek Massarella, translated by J. F. Moran (London: Ashgate Publishing Ltd. for The Hakluyt Society, 2012).
Weber, Max, *Wirtschaft und Gesellschaft* (Tübingen: J.C.B. Mohr)